U0113898

人 的 行 为

Human Action: A Treatise on Economics

〔奥〕路德维希·冯·米塞斯　著

夏道平　译

吴惠林　校订

上海社会科学院出版社

Shanghai Academy of Social Sciences Press

图书在版编目（CIP）数据

人的行为 /〔奥〕米塞斯著；夏道平译. —上海：上海社
会科学院出版社，2015.9

ISBN 978-7-5520-0849-4

Ⅰ.①人… Ⅱ.①米… ②夏… Ⅲ.①个人行为－研
究 Ⅳ.① C912.68

中国版本图书馆 CIP 数据核字 (2015) 第 099915 号

启蒙文库系启蒙编译所旗下品牌

本书版权、文本、宣传等事宜，请联系：qmbys@qq.com

人的行为

著　　者：〔奥〕路德维希·冯·米塞斯

译　　者：夏道平

责任编辑：路征远

出版发行：上海社会科学院出版社

地　　址：上海顺昌路 622 号　　　　邮　　编：200025

电话总机：021-63315947　　销售热线：021-53063735

http://www.sassp.cn　　　　E-mail: sassp@sassp.cn

印　　刷：北京市十月印刷有限公司

开　　本：710×1000　1/16 开

印　　张：53.75　插　页：1　字　数：800千字

版　　次：2015年9月第1版　2024年6月第16次印刷

ISBN 978-7-5520-0849-4/C·097　　　定价：148.00 元

出 版 弁 言

　　奥地利经济学派是经济学思想史上一个重要的学术流派,起源于十九世纪七十年代,创始人是门格尔,其代表作《国民经济学原理》是奥地利经济学派理论的开山之作。如果追根溯源,该学派思想的源头甚至可以上溯几个世纪。从十九世纪末到二十世纪二十年代末是该学派的鼎盛期,对欧洲的政治经济有较大影响。西方前所未遇的"大萧条",使得凯恩斯学派成为显学,凯恩斯主义被奉为圭臬。奥地利经济学派很快衰落,逐渐退出经济学主流。但是,作为奥地利经济学派最重要的理论大师,米塞斯和哈耶克等人执着地坚守该学派的基本信念和学理,用普及和宣教的方式继续传播奥地利经济学派的学术主张,一直到二十世纪七十年代,奥地利经济学派走出低谷,重新获得社会的认同。在这个过程中,米塞斯的功绩最为突出,成为奥地利经济学派公认的理论大师和精神领袖,米塞斯于二十世纪四十年代末出版的《人的行为》,起到了极为重要的作用。学界公认,《人的行为》这部著作是奥地利经济学派集大成之作,为该学派提供了坚实的理论基础。同时,米塞斯通过这部巨著,使奥地利经济学派走出经济学的学科围墙,使该学派的理论生命牢牢扎根于社会民间,重又获得旺盛的生命力。米塞斯《人的行为》是二十世纪人类最重要的思想成就之一。

　　一部学术经典往往与一位优秀学者的名字紧密相连,这样的例子不胜枚举。杰出的经济学家和翻译家夏道平的名字就是与米塞斯《人的行为》紧紧联系在一起的。尽管经典杰作往往有多个译本,但是,读者会对夏道平的译本格外垂青,格外信任。在二十世纪五六十年代的思想运动中,夏道平教授是一位十分重要的人物,他与殷海光、周德伟等学者发挥了重要作用。夏道平教授独辟蹊径,致力于经济理性启蒙,开启民智。他倾全力翻译的米塞斯《人的行为》,正是经济理性启蒙的重要成就,启发了许许多多的读者和知识分子。后出转精是读者的期待,但在一个阶段内,却未必是必然。就已有的译本和当代学者的学养来看,达到夏道平译米塞斯《人的行为》的高度并非易事,也不是短期内就能实现的。可惜的是,如此重要的经济学经典巨著,如此杰出的译文,长期未能以简体字在大陆出版,这是学术界的憾事。现在《人的行为》夏道平译本的简体字版能在大陆出版,实在是一件值得欣慰的文化事件。

此次出版夏道平译《人的行为》简体字版,是以一九九一年台湾远流出版事业股份有限公司的修订版(吴惠林校订)为底本,基本遵照底本原貌,只是部分译名按照大陆的惯用译名做了更改。我们也遵照底本的做法,没有在封面和内封等处列出副书名,但完整列出了英文全名。由于时间仓促,水平有限,在排校方面会有差错,欢迎读者详细指出,便于以后更正。作为出版者,我们很认真地编校出版各种学术流派的代表性著作,以期获得它山之石,促进学术繁荣,但这不意味着我们完全认同这些学理和主张,相反,有些思想观点是我们明确不赞同的。米塞斯《人的行为》为经济学开辟了新的路径,使古典经济学与社会学、人的行为学相结合,丰富和发展了经济学的基础理论。但是,米塞斯的许多主张过于偏激和绝对,脱离具体的现实环境;他的方法论带有鲜明的主观唯心主义的色彩,这些都是应该值得注意的。

我国学术界与出版界一向重视翻译出版世界上各种经济学流派的重要著作,即便在二十世纪六七十年代,出版界也没有完全停止对西方经济学著作的译介,哈耶克与马克斯·韦伯的部分著述就是在这个时期翻译出版的。这是中国出版界的百年传统,我们愿意继承出版业先辈的荣耀和使命。

汪 宇

二〇一五年七月三十日

目　录

第一篇　人的行为

第五篇 没有市场的社会合作

第六篇 受束缚的市场经济

修订版译者序

不朽的名著，没有时效问题，因而也没有"过时"的翻译；有的，只是无常的"时运"。这句话的前半截，是十多年前我在本书初版（台银经研室出版）译者序中写的，后半截是今天我准备写这篇序的前一刹那想到的。

一向浸润于这本不时髦的冷门书的译者，好像是寻芳于幽谷的人，虽然也常享有独乐之乐，终不免有点寂寞之感。所幸近年来在"中华经济研究院"结识了吴惠林博士。他是年轻辈难得的向往自由哲理而不满足于技术层面的经济学者之一。尤其在芝加哥大学进修回来以后，他更有兴趣追索奥国学派的理论渊源。于是在我们二人的日常谈论中每每提到米塞斯、哈耶克诸人的著作。于是在他书架上尘封已久的那本《人的行为》初版，他又拿出翻阅，并进而细读它的整章或整篇。

本书的初版，我早已知道其中有不少错误。我也早想好好把它全盘修订。但因它的篇幅太多，而我的精力随年龄的增长而衰退，也就愈来愈不敢动手了。现在，它之得以全盘修订以及修订后得以出版，其过程已经吴惠林先生"校订者的话"中讲到，在这里我只想对这位志趣相投的吴先生及具有识见的远流出版公司之朋友表示谢意。以下我将把这次修订的地方提出几点报告。

这次的修订，绝大部分是在单字和标点符号的改错，以及文句的润饰上。这种地方几乎每页都有。有些太长的复合句子，尽可能地改成中文式的几个短句。但译者的翻译功力毕竟差劲，为避免损及原文的意义，还没有把所有这样的长句都改过来。关于名词的翻译部分，在初版的译者序中曾有些说明。现在我又发现有一最不可原恕的错误，就是同一名词前后的译名不一致，甚至凌乱：米塞斯在本书所用的 ultimate given 和 ultimate datum（或 ultimate data）两词是同义的，都是指行为学上的终极据点，不容再分析，也即不容再追究的据点。本书的初版，是断断续续经过四个年头译完的，译者不小心，竟把 ultimate given 译成三个不同的中文名词，分见于前后的篇章。它们是"极据"、"基据"和"最后的与件"；ultimate data 或 datum 我又译作"基料"。现在我已把这几个凌乱的译名统统改为"极据"。

此外，还要特别提及的，就是 category 这个名词，我大都译作"元范"，而没有完全照惯例译作"范畴"。这是为的要显出米塞斯所经常强调的"先验"观念。在米塞斯的论著中用到 category 这个词的时候，大都是先验的；尽管在他的行文中有时用 a priori category，有时又省掉了 a priori。在省掉了 a priori 的时候，大部分仍含有先验的意思。我遇到这种地方，一概译作"元范"，而不译作"范畴"。因为"范畴"一词的中文通义并不排除"经验"的成分。但是，米塞斯又在少数几处把 category 与 type 二字交换使用，这可从上下文意看出。这时，我就把 category 译作"类型"。

严谨的翻译，尤其是理论性的翻译之求严谨，真是一件难事。我相信这个译本如再修订一两次，仍不免还有缺失。但是这本大部头的书，其中的主旨曾经作者反反复复申论，已很明白显出。间或的小小误译，想不致使读者有严重的误解。这是我的一点想法，但决不敢用这句话来自我宽恕。

最后，我想向某些读者提出一个建议。

大家都知道，今天的读书人，包括在校的学生和已有某些成就的学者专家，多半是些连散步也要抄捷径的效率迷。效率迷要找精神食粮，喜欢去的是速简餐厅，看到大部头的书，很少不皱眉头而肯耐心从头到尾啃下去的。何况这本巨著又是当代经济学界的冷门书哩！所以我建议：凡是稍有意愿接触这本书的人士,请首先翻翻目录,找自己有点兴趣的章节看一看、想一想,如果觉得有些"实获我心"之处,我想,就可能逐渐乐于进而追索其理论体系而再从头细读全书。

夏道平
一九九〇年一月于台北市

校订者的话

　　早在七年前，我就踏入"自由经济"的思路，而渐渐相信，一个个活生生的"个人"才是经济思考的起点和终点。在七年的摸索过程中，我虽摸到了这一思考方式，但对此种思考方式的渊源以及这派先辈大师们的思想修养却极度陌生，我只是就自己所接触过的一般学理反复思索，再以实际社会所发生的现象相互印证推敲而已。

　　就在夏道平先生也来到"中华经济研究院"之后，于相互言谈中得其教诲，才对几位古典经济学大师的哲理得知一二。米塞斯（Ludwig von Mises）这个名字，也是自那时起才知道的。但是，由于俗务缠身，一直无从获得研读米塞斯大作的时间，虽经夏先生屡次暗示甚至明说，也都无所动作。

　　眼看时间一年复一年地过去，我对自由经济理论的精髓没有下过苦功钻研，就在快被夏先生视为"朽木不可雕"的当儿，远流出版公司的詹宏志和苏拾平两位先生竟然提议，要将夏先生早年花下心血翻译的米塞斯三本大作，重新校订再行出版。校订工作理当由原译者来作，将更为美好，然而夏先生却以年岁已大作藉口，要求由我负责校订工作。

　　事情也真巧，就在当时，香港信报财经新闻发行人林行止先生，于一九八九年六月的《信报财经月刊》上，发表一篇名为《中国驻美大使索取米塞斯的〈人的行为〉》一文，拜读之余，不禁又对米塞斯产生莫大的兴趣。米塞斯是批评社会主义最烈，而为资本主义极力辩护的，而他的代表作《人的行为》，竟受到社会主义的中国驻美大使的重视，可以想见这本书的影响力了！

在两方面的配合下，我就接受了夏先生的要求，而开始阅读米塞斯的三本中文译作——《反资本主义的心境》、《经济学的最后基础》，以及《人的行为》。第一本属于较通俗的作品，将反对资本主义者的心态描绘得令当事人血脉偾张，但也对被误解了的资本主义作了一番别开生面的澄清，这是一本易于阅读的著作。第二本是将经济学的根基作深刻的探索，比较艰深，普通的读者难以领悟，本人建议先读第三本巨作之后，再来消化它。

第三本可说是米塞斯全盘思想体系的综合，在中文本一千多页的篇幅里，米塞斯巨细靡遗地一步步阐释自由经济或市场机能的真义，赞叹之余，不禁沉思这位哲人何来如此博大精深的思维。本书所陈述的道理，许多已一一在今日印证了。但在巨作完成当时，米塞斯却是受到极大的排斥，是否先知们一定是不见容于当代呢？

遗憾的是，由于从事的是校订工作，又赶时效，个人只负责阅读译文，而只在不通顺和有质疑处提出疑问和修正，尚未能仔细咀嚼并对照原文，因此，我也仅能摸出个大概，还来不及作深一层的了解和思考。

不过，单只这种稍嫌浮面的校订，我已觉获益良多，尤其对我正走上的"自由经济的思路"更加了一份信心。等到新书问世之后，当再详读，相信将有更多、更深的收获。

所以，对我本人而言，虽说负责校订，实在是从事一项"学习"的工作。感谢夏先生和远流出版公司的朋友们给了我这个绝佳机会，同时，也深盼读者们和我有同样的感觉和收获。

吴惠林

一九九〇年元月二日

初版译者序

这个中文译本《人的行为——经济学研论》在原著 *Human Action — A Treatise on Economics* 出版后二十七年才出现。时间的差距,可算是很长了。但是,比起门格尔(Carl Menger, 1840—1921)——奥国学派的奠基者——的《经济学原理》之有英文译本,还早了五十多年。门格尔的德文原著 *Grundsätze der Volkwirthechftslehre* 是一八七一年出版的,James Dingwall 和 Bert F. Hoselitz 合译的英文本(有芝加哥学派的始祖 Frank H. Knight 写的一篇长序)出版于一九五〇年,前后竟相差七十九年!

不朽的名著,没有时效问题,也就没有"过时"的翻译。

本书著者米塞斯(Ludwig von Mises, 1881—1973)是奥国学派第三代的大师。这个学派的学术思想,经由第三代的他,和第四代的哈耶克(Friedrich A. Hayek, 1899—1992[1])之发扬光大,其辉煌的贡献已不限于经济学范围,更扩展到一般性的社会哲学。我们也可以换句话说,米塞斯和哈耶克这两位大师的经济思想,是有其深厚广博的社会哲学基础的。所以米塞斯写了经济学方面的专书,如《货币和信用理论》等等以外,还能写这本《人的行为》;哈耶克除写了《价格与生产》、《资本纯论》等书以外,还写了《自由的宪章》(*Constitution of Liberty*)。可是,当代大多数经济学者所宗奉的凯恩斯(John Maynard Keynes, 1883—1946),除几本经济学的专著以外,留给我们的就是一本《概率论》。由此可以看出:米塞斯和哈耶克这个学派的

---

[1] "1992"为编辑所加。夏道平先生写"初版译者序"时,哈耶克还健在。

经济学家,是把经济学纳入社会哲学或行为通论的架构中来处理;凯恩斯则偏于把经济学寄托于数学或统计学部门。这一差异,关乎他们个人学问造诣之深浅广狭者,乃至关乎经济学之是否被确实了解者,其事小;关乎其影响于人类文明演化之分歧者,其事大。面对这个关系重大的分歧路口,我们能不审慎取舍于其间吗?

由于先天的性向,更由于数十年来关于世局的体验与思索,我对奥国学派的经济思想和其相关的社会哲学,竟持有一份浓厚的偏好。由于这份偏好,我先后译过米塞斯的另一本书——《经济学的最后基础》和哈耶克的《个人主义与经济秩序》。那两本书,当然不能算是他们的代表作。可以代表他们思想体系的,就哈耶克讲,是他的《自由的宪章》;就米塞斯讲,就是这本《人的行为》。

米塞斯的论著,凡是在一九四〇年以前发表的,大都是用德文写的。一九四〇年迁居美国以后,他才开始用英文写书。本书的原著就是其中之一。它的第一版,于一九四九年在美英两国发行。一九六三年在美国发行修订版,扩增了若干节。一九六六年的第三版,是一九六三年版的重排,除掉改正前版一些打字的错落以外,内容没有什么变动。我这个译本,起先是照一九四九年的英国版译的,后来找到一九六六年的第三版,就拿第三版续译,并把已译的部分按第三版增补。所以,这个译本比原著第三版多出了一篇《第一版前言》。

这一本八十多万字的巨著,我是在四个年头当中断断续续地把它译完的。译完后,排版校对又拖延了将近一年。照说,用了这么多的时间,应该可以做到很满意了。可是事实上并不如此。下面的话,我是抱着候教或道歉的心情向读者陈述的。

I. 本书原名 *Human Action*,我译作"人的行为",不译作"人类行为"或"人的行动",其理由分别说明如下:

(1)"人类"是个集体名词,单数的"人"字,固也可用以泛指所有的人,但究不同于"人类"这个集体名词之会发生误导。在奥国学派的思想体系中,是不轻易使用集体名词的。当他们谨慎地用到某一集体名词时,他们是用以意指那实实在在的组成这个集体的诸分子在某一特定目的下的集合,而不是意指超越那些分子,或脱离那些分子,而独立存在的什么东西。超越或脱离组成分子的集体,对于头脑清明的人而言,是不可思议的。可是,古今中外竟有各形各色的巫师,常能用某些法术,使某些集体名词对大众发挥魔力,因而使我们原可持久而全面分工合作、和平竞争的社会关系,经常受到严重破坏,乃至引起旷世浩劫。这当然不是集体名词本身的罪过,而是滥用集体名词,或故弄玄虚地运用集体名词,以及一般大众盲目接受集体名词的歪义,而酿成的恶果。本书译名不轻率使用"人类"一词,为的是避免不应有而可能有的误导。这段话,自明智的读者看来,或许是多余的。但在奥国学派的思想体系中,这段话所表达的观念,是主要成分之一。趁着说明译例的机会,我顺便指出,对于初步接近这个思想体系的读者,我想该有点帮助。

(2)"行为"与"行动"两词,通常是可以互换使用的。如果要加以区分,我以为前者是指"有所为(为字读去声)的"动作,后者是指"无意识的"活动。米塞斯所讲的 action,正是有目的、有所为的行为,不是无意识的行动。至于有人把现代心理学的一个派别 behaviorism 译作"行为主义",我认为那是误译。正确的译名应该是"行动主义"。因为 behaviorism 的特征,是把"人"和"动物"的学习过程与认知过程相提并论,作为研究对象;凡是涉及心灵方面或主观方面的那些概念,一律排斥;而且在其研究的进行中,还要凭藉实验室的试验。这样的 behaviorism,怎可译作上述定义的"行为"主义呢?我觉得我们不应该因为 behaviorism 已被译为"行为主义",为避免与之混淆,而把 Human Action 译为"人的行动"。这是以自己的误译来肯定别人的误译,我们不应该这样做。我们应该做的,是指出 behaviorism 译作"行为主义"是个误译,而无改于 Human Action 之译为"人的行为"。在台湾畅销的《最新英华大辞典》是以释注正确著名的。它也是把 behaviorism 释作"行动主义"。

II. 米塞斯写的英文,流利明畅,而且对于某些关键性的论点,每每反复申述,甚至使读者有时感觉到词费。所以大体上讲,这本书是易懂易译的。可是有些地方,碍于中英文法结构的不同,译者也不免有时要搔搔头或啃啃笔杆。尤其是涵意复杂、包括着两三个子句的长句子,要译成流畅可读的中文,就会把原意割裂得走样。在这种场合,为着求"信"、求"达",就难于顾及到"雅"。我的办法就是把长句中的子句用括号括起来,当作一个词看。这样一来,即令是很长的句子,也容易看出它的结构,从而了解它的意义。

关于人名地名的译例是这样:凡是已有通用的中文译名者,沿用那些译名,仅于第一次出现的地方把原名注在括号里。至于不常见的人名地名,就用它的原名,不用中文音译。这也许是个不妥当的译例。可是这个译例,事实上还不见得彻头彻尾地遵守,因为译稿是断断续续地完成的。最后一次的校对,也不是一气呵成。关于人名地名的处理可能有些不一致的地方,没有完全校正过来。

在各国的语言文字中,总有些成语或单字具有特殊复杂的含义,或指称特殊的事物,不是别国文字所可完全代替的。所以严谨不苟的作家,在其著作中有时要选用若干别国的成语或单字,这不是为的炫耀博学,而是为要把特殊的事物或观念尽可能地用最适当的工具表达出来。在《人的行为》这本英文原著里面,米塞斯也是如此。他采用了一些拉丁、希腊、法、德,乃至西班牙、意大利、阿拉伯、土耳其、印度、俄罗斯的成语和单字,尤以拉丁的最多。这大都不是一般的读者所熟识的,一些附有外国字或外国成语的英文大字典也查不到。所幸 Percy L. Greaves Jr. 教授,特为这本书编了一本辞典,书名叫作 *Mises Made Easier — A Glossary for Ludwig von Mises' Human Action*(1974 年出版)。这本书给我不少的便利,如果没有它,我这个译本的缺陷一定更多。这里,我得感谢王抚洲(公简)先生。因为这本辞典是王先生知道我在翻译这本书,特意从美国买来送我的。[①]

我应当感谢的还有周德伟(子若)先生。他是哈耶克的学生,也是 *Constitution of Liberty* 的中译本《自由的宪章》的译者。他对奥国学派思想体系的精研,在台湾是数一数二的人物。我译米塞斯这本书,常常受到他的鼓励和指教。他对于中国古籍，有超过常人的造诣。所以他所创译的若干名词，如 ideology 译作"意理"，egalitarism 译作"比同主义"，既典雅又正确，我都乐于沿用。本书第三章第二节及第三节的标题，是我向他请教后改译的。比我的原译要高明得多。至于这本书名《人的行为》，我没有接受他的意见译为《人的行动》，这点意见的相左，无损于我对他的感佩。

夏道平
一九七六年五月于台北市

注　释

① 美国有个经济教育基金（The Foundation for Economic Education, Inc.）是承袭米塞斯的精神，阐扬自由主义经济理论，以期大众了解为宗旨的财团法人，经常举办研讨会、辩论会、演讲会，并出版有关书籍及定期和不定期刊物。王抚洲先生是这个基金的赞助人之一，经常收到他们的书刊，有时与他们通讯。因而他事先知道这本辞典将出版，及时订购了一本送给我。这个基金的地址是 IRVINGTON-ON-HUDSON, NEW YORK 10533. U. S. A. 凡是有兴趣研究自由主义思想体系的人，可去函该基金联系，即可收到他们的一些刊物。

原著第三版前言

我很高兴看到这本书由一卓越的出版家印出了这第三次修订版,印刷装订都很精美。

这里有两点关于名词的说明:

第一,我用"自由"这个名词,其意义是十九世纪所用的意义,也是现在欧洲大陆若干国家还在用的意义。这个用法是不得已的,因为简直没有一个别的名词可以用来指称"以自由企业和市场经济替代资本主义以前的生产方法;以宪政代议政府替代君主或寡头专制;以人人自由替代各种奴役制度"这种伟大的政治和文化运动。

第二,最近几十年来,"心理学"这个名词所指称的,愈来愈限之于实验的心理学,这是用自然科学方法的一门学问。另一方面,把以前叫作心理学的那些研究,贬之为"文学的心理学",贬之为非科学方法的理论,这已成为现在人云亦云的说法。在经济学中,凡是提到心理学的时候,我们的心中正是这文学的心理学,所以引进一个特别名词来代替它,似乎是适当的。我在 *The Theory and History* 那本书里面(New Haven,1957,pp. 264~274)提出"thymology"这个名词,我也把这个名词用在最近出版的 *The Ultimate Foundation of Economic Science* (Princeton, 1962)。但是,我的意思并不是追溯既往而把以前出版的各书中"心理学"这个名词改变过来,所以在本书的这个新版里面,我还是照第一版一样,继续用"心理学"这个名词。

《人的行为》第一版,已有了两个译本:一个是意大利 Univerita Boeconi

in Milano 的教授 Tullio Bagiotti 先生的意大利文译本，书名是 *L' Azione Umana*，*Trattato di economia*，一九五九年由 The Unione Tipografico-Editrice Torinese 出版。一个是西班牙的 Joaquin Reig Albiod 先生用 *La Acciòn Humana*（*Tratado de Economia*）这个书名译的西班牙文译本，一九六〇年由 Fundación Ignacio Villalonga in Valencia（Spain）出版。

我感谢许多好朋友对于本书的准备给予帮助和指教。

首先我要提到两位已去世的学者：Paul Mantoux 和 William E. Rappard，他们给我在瑞士著名的 Graduate Institute of International Studies in Geneva 教书的机会，并给我充分的时间和鼓励，使我得以写成这个长程计划的书。

我还要感谢 Arthur Goddard 先生、Perey Greaves 先生、Henry Hazlitt 博士、Israel M. Kirzner 教授、Leonard E. Read 先生、Yoaquin Reig Albiol 先生和 George Reisman 先生所给的宝贵而有益的指教。

我尤其要谢谢吾妻自始至终不断的鼓励和帮助。

Ludwig von Mises
一九六六年五月于纽约

原著第一版前言

从一九三四年秋天一直到一九四〇年夏季我荣幸地在瑞士日内瓦担任 The Graduate Institute of International Studies 的国际经济关系讲座。这个学术研究机构是由两位卓越的学人，Paul Mantoux 和 William E. Rappard 创立而且继续指导的。在这个宁静的学术气氛中，我着手完成我的一个旧计划——写一本经济学的综合性论著。这本书 *Nationalökonomie, Theorie des Handelns und Wirtschaftens* 于一九四〇年五月那个惨澹的时期在日内瓦出版。

这本书不是上述那本书的翻译。尽管这本书的一般结构与前书类似，但各部分都是重写的。

我要向我的朋友 Henry Hazlitt 表示深深的感谢，承他的好意读完我的全稿，并给我一些最有价值的指示。我也得感谢 Arthur Goddard 先生在语言学和文体方面给我的指教。还有耶鲁大学出版部的编辑 Fugene A. Davidson 先生和经济教育基金会的理事长 Leonard E. Read 先生的鼓励和支持，我也深深感谢。

这些先生们对于本书的任何见解不负任何直接的或间接的责任。这是无待赘言的。

Ludwig von Mises
一九四九年三月于纽约

绪　论

一、经济学与人的行为通论

经济学是所有科学当中最年轻的。在过去的二百年，虽然有许多新的科学从古代希腊人所熟习的学问中成长出来，可是，那不过是些在旧学问体系中已有了地位的部分知识，现在成为独立的学科而已。研究的领域，划分得更精细，而且也用些新的方法；在这领域内，有些从来未被注意的地方被发现了，而且人们开始从一些不同于前人的观点来看事物。领域的本身并没有扩大。但是经济学却给人文科学开辟了一个新的领域，这个领域是以前不能接近的，而且也从未想到的。从市场现象的相互依赖和因果关系中，发现了它们的规律性，这却超越了传统学问体系的范围。经济学所传述的知识，不能当作逻辑、数学、心理学、物理学或生物学来看。

自古以来，哲学家们一直是热心于探索上帝或自然，想在人类历史行程中实现些什么目的。他们寻求人类的归趋和演化的法则。但是，他们这些努力完全失败了，甚至那些摆脱了一切神学倾向的思想家也是如此，因为他们都被一个错误的方法所害。他们是把人类当作一个整体来处理，或以其他的整体概念，例如国、民族或教会来处理。他们十分武断地建立了一些目的，以为这样的一些整体一定是趋向于这些目的的。但是，他们不能圆满地解答下面这个问题：是些什么因素逼得各种各样的行为人，不得不为达成他们所谓的整体的不可阻挠的演化所要达成的目的而行为。他们曾经用一些无可奈何的说法来解答这个问题。例如，神透过圣灵启示，或透过代表神的先知，或透过神化的领袖，而作的神秘干涉、预定的和谐、注定的命运，或神秘无稽的"世界精神"或"民族精神"的运作。其他的思想家则说到，在人的冲动中有个"自然的巧妙"（cunning of nature），驱使他不知不觉地遵照"自然"所指定的途径走。

另外，有些哲学家比较实在。他们不去推测自然或上帝的意旨。他们从政治的观点来看人事。他们一心一意想建立一些政治行为的规律，好像是作为政治的和政治家的一种技术。有些爱用思想的人，拟出一些野心勃勃的大计划，想把社会来个彻底改革和重建。比较谦虚的人，则满意于收集历史经验的资料而加以系统化。但是所有这些，都是充分相信在社会事件发生的过程中，没有像在我们的推理中所曾断定的和在自然现象的因果关系中所曾发现的那样的规律和不变的现象。他们不去寻求社会合作的一些法则，因为他们以为，人是可以随自己的意思来组织社会的。如果社会条件不符合改革者们的愿望，如果他们的理想国无法实行，那就归咎于人的道德不够。一些社会问题被当作伦理问题来考虑。他们认为，为着建造理想的社会，需要的是优秀的君主与善良的公民。有了善良的人，任何理想国都可以实现。

由于市场现象相互依赖这一事实的发现，上述的见解就被抛弃了。人们不免惊慌失措，但他们必须面对这一崭新的社会观。他们恍恍惚惚地知道，在善与恶、正与邪、公道与不公道以外，还有另一个看法，可以用来看人的行为。在社会事件发展的过程中，总有个规律在发生作用，如果你想成功，你就得服从这个规律来调整你的行为。假若以检察官（用些十分武断的标准和主观的价值判断来臧否事物的人）的态度来接近社会事实，那是毫无所得的。我们必须研究人的行为与社会合作的一些法则，如同物理学家之研究自然法则。作为一门研究既定关系的科学之对象来看的人的行为与社会合作，再也不被看作应该如何如何的事情——这是对于知识与哲学，如同对于社会行为方面，发生惊人影响的一次大革命。

可是,在一百多年当中,推理方法的这种激变所应有的效果,大大地受到拘限;因为,人们以为这些方法只涉及人的行为全部领域的一狭小部分,也即,只涉及市场现象这一部分。古典学派的经济学家,在他们的研究进程中遇到了他们所不能撤除的一个障碍,这个障碍就是显而易见的价值论的矛盾。他们的价值论是有缺陷的,因而使得他们不得不把他们的科学拘限于一个较小的范围。一直到十九世纪后期,政治经济学(political economy)还是人的行为中"经济"方面的一门科学,也即关于财富与自利的学理。它所处理的人的行为,只限于由那个被称为利润动机所激起的行为,而且它声明,此外的行为是其他学科所要处理的。古典学派经济学家所传授的这一思想的转变,是由现代主观学派的经济学来完成的。主观学派的经济学,把市场价格理论变成人的选择行为的通论。

人们有段很长的时期没有看出,从古典的价值论转到主观的价值论,决不止于是以一个较满意的市场交易论代替一个较不满意的。这个选择通论,远超出康第隆(Cantillon)、休谟(Hume),以及由亚当·斯密(Adam Smith)一直到约翰·穆勒(John Stuart Mill)这些经济学家所讨论的那些经济问题的眼界以外。它决不止于讨论人们在"经济方面"的努力——为取得财货,为改善他的物质福利而作的努力。它是人的全部行为的科学。选择,是人的一切决定之所以决定。在作选择的时候,他不只是在一些物质的东西和一些劳务之间选择。所有的人类价值,都在供他选择。一切目的与一切手段,现实的与理想的,崇高的与低下的,光荣的与卑鄙的,都在一个排列中任人取舍。人们所想取得的或想避免的,没有一样漏在这个排列以外。这个排列,也即独一无二的等级偏好表。这个现代价值论,扩张了科学的眼界,也扩大了经济学研究的范围。从古典学派的政治经济学里面挣脱出人的行为通论——行为学(praxeology)①。一些经济的或交换的(catallactis)②问题,都纳入一门较概括的科学里面,再也不会与这个关联分离。经济问题本身的处理,决不能避免从选择行为开始;经济学成了一门较普遍的学科——人的行为通论或行为学——的一部分,截至现在,这一部分还是行为学当中最精密的一部分。

二、人的行为通论在认识论上的一些问题

在这门新的科学里面,每件事似乎都是有问题的。在传统的知识体系中,它是一位"外来的客人";人们被它弄糊涂了,不知道如何把它分类而摆在适当地方。但在另一方面,他们又相信把经济学纳入知识的总目中,并不需要把整个体系重新安排或扩大。他们认为他们的总目是够完全的。如果经济学不适于摆进去,其咎只在经济学家处理问题所用的方法不妥当。

把那些关于经济学的本质、范围和逻辑特征的辩论,看作卖弄学问的教授们无聊的争吵而不予理睬,这是对于这些方面的意义的一个完全误解。许多人这样误想:虽然学究们对于什么是最适当的程序法讲了许多废话,而经济学本身,却不管这些无益的争辩,照它自己的途径发展。在奥国经济学家与那自命为霍亨索伦皇室(The House of Hohenzollern)的知识卫队的普鲁士历史学派之间的方法论之争,以及在克拉克(John Bates Clark)学派与美国制度主义(American Institutionalism)之间的讨论,远比"何种程序是最有效果的"这个问题更关重要。实质的争点是人的行为科学认识论的根基及其逻辑的正当。许多著作家,出发于一种对行为学的思维(Praxeological thinking)完全陌生的认识论体系,同时出发于只把(在逻辑与数学以外)经验的自然科学和历史看作是科学的这种逻辑,从而来否认经济理论的价值与有用。历史自足主义(historicism)③是要把经济史来取代经济理论的地位;实证论(positivism)则推荐应隶属于牛顿数学的逻辑结构和模型的那种虚构的社会科学来代替。这两派一致地极力否认经济思想的一切成就。就经济学家来讲,面对这些攻击而保持沉默,是不可能的。

对于经济学一概抹煞的这种激烈主张,不久被一个更概括的虚无主义超过。从太古以来,人们在思想、在说话、在行动的时候,都是把人心的逻辑结构之一致性和不变性看作一个不容置疑的事实。可是,在讨论经济学认识论的特征时,有些作家竟把这个命题也否认掉,这是人类有史以来的第一遭。马克

思主义断言,一个人的思想是由他所属的阶级决定的。每个社会阶级有它自己的一种逻辑。思想的结果,只是思想者自私的阶级利益的一个"意理的伪装"(an "ideological disguise"),决不会是别的。揭开各种哲学和科学理论而显出它们的"意理的空虚",这是"知识社会学"(sociology of knowledge)的任务。经济学是"资产阶级"一时的手段,经济学家是资本家的"谄媚者"。只有社会主义理想国的无阶级社会,才会以真理代替"意理的"谎言。

这种"多逻辑说"(polylogism),后来也以种种其他方式讲述。历史自足主义断言,人的思想行动之逻辑结构是会跟着历史演化的过程而变动的。种族的多逻辑说则认为每个种族都有他们自己的逻辑。最后还有"无理性说"(irrationalism),认为理性本身不适于说明支配人的行为的那些非理性的力量。

这样的一些学说,都大大地超出了经济学的范围。它们不仅是怀疑经济学和行为学,而且也怀疑所有其他的人类知识和一般的推理。它们对数学和物理学的态度也和对经济学一样。所以,对于它们加以反驳,好像不是知识体系中任何某一个单独部门的责任,而是认识论和哲学的责任。这样才有显著的理由让经济学家安静地继续做他们的研究,而不烦心于认识论的问题以及多逻辑说和无理性说所提出的反调。对物理学家来说,如果有人诬蔑他的理论是资产阶级的,是西方的,或犹太的,他都不会在意;同样地,经济学家好像也该无视诬蔑与诋毁。他似乎应记着斯宾诺莎(Spinoza)的格言:"的确,正同光明为它自己及黑暗下界说一样,真理也为它自己及谬论下界说。"

但是,经济学所遭遇的情况,与数学和自然科学所遭遇的,毕竟不完全一样。多逻辑说和无理性说,是对行为学和经济学加以攻击。尽管它们所作的一般说辞涉及知识的所有部门,可是它们真正的攻击目标还是人的行为科学。他们说,相信科学的研究可以为所有的时代、所有的种族、所有的社会阶级的人们获致有效的成果,这是一个妄想,他们乐于把某些物理学的和生物学的理论诬蔑为资产阶级的或西方的。但是,如果有些实际问题之解决要靠这些被诬蔑了的理论,他们就忘掉了他们的指责。苏俄的生产技术,毫不迟疑地利用了资产阶级的物理学、化学和生物学的一切成果,这又是承认了这些学问对于所有阶级都有效。纳粹党的工程师和物理学家并不藐视"劣等"种族和"劣等"国的人民所提出的理论、发现和发明,而要利用之。所有一切种族、国、宗教、语言集团和社会阶级的人们的行为,都在明明白白地证明,他们对于多逻辑说和无理性说,并不像对于逻辑、数学和自然科学那样的信任。

但是,就行为学和经济学来讲,那就完全不一样。多逻辑说、无理性说和历史自足主义之所以发展的主要动力,是在找一个理由,以便在决定经济政策的时候漠视经济学。社会主义者、种族主义者、民族主义者、国邦主义者,都没有办法反驳经济学家的一些理论以显示他们自己所捏造的那些学说的正确性。正是这种受挫折的心情,怂恿了他们来否认人类在日常生活中,以及在科学研究中一切推理所依据的逻辑和认识论的一些原理。

我们不容许仅以他们受了一些政治动机的影响为理由而抹煞这些反对论。科学家绝没有权力可以预先假定他的批评者受了情感与政党偏见的影响,因而他的批评、非难一定是无根据的。他应该答复每一批评或非难,而不管它背后的动机或背景。同样不容许的,是面对下述的这个常常听说的见解而保持缄默:"经济学的一些公理只有在某些假设下才有效,而这些假设在实际生活中永远不会实现,所以就实际情形的了解来讲,它们是无用的。"很奇怪,有些学派似乎承认这种见解,可是他们仍在安安静静地继续画他们的曲线,列他们的方程式。他们并不心烦于他们的推理有无意义,也不心烦于他们的理论与实际生活以及和实际行为的关系。

当然,这是一个不足取的态度。每项科学研究的第一件工作,是要把它的种种陈述所赖以有效的一切条件和假设作详尽的说明和界定。把物理学作为经济研究的一个典型与模式,那是错误的。但是,那些犯了这种错误的人们,至少应该知道一件事:物理学决不认为,对于物理学的一些公理所依据的某些假设和条件予以澄清,是物理研究范围以外的事情。经济学所不得不答复的主要问题是:经济学的陈述与人的行为的实际(对于人的行为之了解是经济研究的目标)是怎样的关系。

所以,彻底驳斥下面这个论调的责任,是落在经济学家的身上:"经济学的一些教义,只在那短命的而且已经过去了的西方文明自由时期的资本主义制度下有效。"为了说明人的行为的一些问题而检讨那些来自各种观点（反对经济理论之有用性的各种观点）的反对论调，这只是经济学本身的责任，而不能期待于其他部门的知识。经济思想的体系，必须建构得经得起那些来自无理性说、历史自足主义、泛物理主义（panphysicalism）、行动主义（behaviorism），以及所有各种变相的多逻辑说的任何批评。如果那些攻击经济学为荒唐无用的新奇论调天天提出，而经济学家却装做一点也不知道，这是一种难于忍受的事态。

在传统的架构以内，再也不足以处理一些经济问题了。现在，我们必须在人的行为通论或行为学的坚实基础上，建立交换学（catallacties）的理论。这个程序不仅是保护它免于许多荒谬的批评，而且也把许多现在尚未圆满解决，甚至尚未足够了解的问题予以澄清。尤其是经济计算这个基本问题。

三、经济理论与人的行为之实际

通常有许多人指责经济学落后了。我们的经济理论之不完全，本来是很明显的事实。在人类知识方面，没有"完全"这样的东西。在人类其他的任何成就方面，也没有什么可叫作完全的。人不是全知的。即令那似乎可以完全满足我们求知欲的最精致的理论，也会有一天要修改或被一个新的理论替代。科学并不给我们绝对的和最后的确定。它只在我们心智能力和科学思想当时造诣的限度以内，给我们某些确信。一个科学体系在寻求知识的无尽进程中，只是一个中途站。它必然要受人类每项努力所固有的缺陷之影响。但是，承认了这些事实并不等于说现在的经济学是落后的。它只是说，经济学是个活生生的东西。活生生，就意含既不完全而且是变动的。

以所谓"落后"来指责经济学，这是从两个不同的观点引起的。

一方面，有些博物学家和物理学家，他们因为经济学不是一门自然科学，不采用实验的方法和程序而非难它。像这样的一些观念所犯的谬误，我们必须揭发，这是本书的任务之一。在这绪论里面，只要把他们的心理背景简单地提一提就够了。凡是心眼窄狭的人,对于别人与他不同的地方都看得不顺眼。童话中的骆驼攻讦其他的动物,因为它们没有驼峰。清教徒因为拉谱坦岛的居民(Laputanian)不是清教徒而挑剔他们。在实验室里的研究人员总以为:实验室是唯一足以做研究工作的场所,微分方程式是唯一可以表达科学思想成果的健全方法。他简直不能了解人的行为的知识论方面的一些问题。自他看来,经济学必然也是机械学的一种。

其次,有些人硬是说社会科学一定是有毛病,因为社会情况这么叫人不满意。自然科学在过去二三百年当中有惊人的成就,其成果的实际应用,把一般人的生活水准提高到空前的程度。但是,这些批评者又说,社会科学完全没有使社会情况较好一点。苦难与贫困、经济恐慌与失业、战争与暴政,都没有消灭。社会科学是无用的,对于人类福利的增进没有什么贡献。

讲这些怨言的人们,没有想到生产技术惊人的进步,以及财富与福利的因此而增加,只有靠那些依照经济学的教义而制定的自由政策之运用才会可能。撤除那些古老的法规——关税、偏见等等对于技术进步的障碍,而把一些天才的改革家、发明家,从那些行会、政府管制,以及各种社会压力的束缚中解放出来的,是古典经济家们的那些思想。贬低那些征服者和剥夺者的威望,并论证由工商业活动所产生的利益,也是他们。假若资本主义前夕的心理状态,没有被那些经济学家彻底摧毁,那就不会有任何伟大的现代发明让我们享受。通常所谓"工业革命",正是这些经济学家的学说所引起的意理革命的一个结果。这些经济学家们推翻了下面这些陈旧的格言:"用价廉物美的产品来击败竞争者是不公平的";"违背传统的生产方法是不应该的";"机器是个坏东西,因为它带来了失业";"防止有效率的商人发财,保护效率低的商人免于效率高者的竞争,是政府的职务之一";"用政府的权力或其他的社会强制力量来限制企业家的自由,是促进国民福利的适当手段"。其实,英国的政治经济学和法国重农主义的学说是现代资本主义的带路人。使那些增进大家福利的自然科学有进步之可能的,是这些经济理论。

我们这个时代的错误,偏偏是普遍地不了解这些经济自由政策过去二百年在生产技术的进步方面所完成的任务。人们陷于一个错误观念,以为生产方法的改进与自由政策的运用之在同一时期,不过是偶然的巧合。他们受了马克思神话(Marxian Myths)的影响[1],以为现代的工业制度,是一些决不依靠意理因素而存在的神秘的"生产力"运作的结果。他们不相信古典经济学是资本主义兴起的一个因素,而以为是资本主义的结果,是它的"意理的上层结构"(ideological superstructure),也即,专为资本主义的剥削者辩护的一种学说。因此,废弃资本主义而以社会主义的极权主义代替市场经济和自由企业,将不会有损于生产技术的继续进步,相反地,由于消除了资本家自私自利的障碍,因而会促进技术进步。

具有毁灭性的战争和社会解体之危险的这个时代,其特征是对于经济学的反叛。卡莱尔(Thomas Carlyle)把经济学叫作"悲惨的科学",马克思则视经济学家为"资产阶级的献媚者"。一些江湖郎中——自夸他们的秘方和进入人间天堂之捷径的人们——则用"正统的"、"反动的"这类形容词,来表示对于经济学的藐视以取乐。政治的煽动家自称打垮了经济学而自傲。实行家自吹瞧不起经济学,也不理睬学院的经济学家的那一套教义。最近几十年的一些经济政策,都是这样一个心理状态的产品,即:对于任何健全的经济理论都加以嘲笑,而推崇诽谤者们的一些伪说。被称之为"正统的"经济学,在大多数邦国竟被一些大学排斥于校外,而一些居于领导地位的政治家、政客、作者,实际上也不知道它。经济情况之不如人意,我们不能归咎于统治者和大众所藐视、所不理睬的这门科学。

过去二百年,由白种人发展出来的现代文明,其命运与经济学的命运有不可分的关联,这一点是必须强调的。这个文明之所以能产生,就是因为人们都接受经济学的教义应用到经济政策的问题上面。如果目前的这个途径大家还要继续走下去(目前这个途径是由于迷上了那些反对经济思想的学说而走上的),现代文明将会,而且一定会消灭。

的确,经济学是一门理论科学,因而它不作任何价值判断,它的任务不在

---

〔1〕　作者在本书中对马克思主义、列宁主义、社会主义和计划经济等有多处言辞激烈的批评,甚至攻击,这是缘于作者所处的时代和立场。本书出版,不代表我们赞同作者的观点。——编者注

于告诉人们应该追求什么目的。它是一门手段科学。手段是为达成已经选定的目的而采用的。当然,它不是一门选择目的的科学。关于目的的最后决定、评价和选择,都超出科学的范围。科学决不告诉人应该如何行为;它只指出如果你想达到某一既定目的,你就得如何行为。

从许多人看来,这似乎是不足道的。一门科学既限之于只观察"是"什么,而不能对最高和最后的目的表示一个价值判断,那么,对于我们的生活与行为,就没有什么重要性。这也是一个错误的想法。可是,剖析这个错误,不是这篇绪论所要作的事,而是本书本体的目的之一。

四、摘　　要

为着解释为什么本书要把经济问题放在人的行为通论这个大的架构以内来讨论,必须预先作一些说明。现阶段的经济思想和政治讨论,都涉及社会组织的一些基本问题,再也不能把交换问题的处理孤立起来。这些问题只是一般性的行为科学的一部分,因而必须照这样处理。

注　释

① "Praxeology"这个字,是一八九○年 Espinos 第一次使用的。参考他的论文 *Les Origines de la technotogie*,刊在 *Revue Philosophique*,xvth year,XXX,pp. 114～115 以及一八九七年他在巴黎以相同的题目发表的那本书。

② "Catallactics"这个字或"the science of exchange"这个词是 Whately 第一次使用的。参考他的 *Introductory Lectures on Political Economy*(London,1831),p. 6。

③ 译者注:这个中文译名,是张佛泉教授用起的。见张著《自由与人权》(香港·民 48)页 280 及 289 注⑪。

第一篇

人 的 行 为

第一章 行 为 人

一、有目的的行为与动物的反应

人的行为是有目的的。我们也可这样说：行为是见之于活动而变成一个动作的意志，是为达成某些目的，是自我对于外界环境的刺激所作的有意义的反应，是一个人对于那个决定其生活的宇宙所作的有意识的调整。这样改换词句而重复地讲，或许可使这个定义更清楚而免于误解。这个定义本身是恰当的，是用不着作什么补充或注释的。

有意识的或有目的的行为，与无意识的行动有个显明的对比，后者是身体的细胞和神经对于刺激的反射作用和不自觉的反应。人们有时会认为，有意识的行为与无意识的反应都是人体内部的一些力的活动，而这两者之间的界限或多或少是不明确的。这种想法只有在这样的场合才是对的，即：有时我们不容易把某一具体行为看作有意的或无意的。但是，无论如何，有意与无意是有显著的区别而可明白断定的。

身体的器官和细胞的不自觉的动作，就行为的自我(the acting ego)而言，和外界的其他事件，同样是资料。行为人必须把他自己内部的一切活动和其他的一些外在资料统统考虑到，后者例如天气，或邻居的态度。当然，在某一个限度以内，有目的的行为也可消除体内因素的动作。也即是说，在一定的限度内,使身体受到控制是可能的。人,有时经由自己的意志力,很成功地克服了疾病,补偿了生理上先天的或后天的缺陷,或抑制了一些反射作用。意识行为的领域之扩大,只能在这些事有其可能的限度以内。如果一个人,虽然他可以控制细胞和神经中枢的非本意反应,但他却不去控制,从我们的观点来看,他的行为也是有意的。

我们这门科学的领域是人的行为,而不是形之于行为的心理事象。这一点正是人的行为通论或行为学不同于心理学的地方。心理学的课题是那些形之于或可以形之于行为的内在事象。行为学的课题是行为本身。这也决定了行为学与下意识的精神分析概念之间的关系。精神分析也是心理学,它不研究行为,而只研究促使一个人采取具体行为的那些力量和因素。下意识的精神分析是属于心理学范畴而不属于行为学范畴。一个行为,或是来自明白的考虑,或是来自遗忘了的记忆和被压抑的愿望,而这些记忆和愿望,在一个意识不到的地方指挥意志;尽管行为之所以形之于外的有这样的不同,但不影响行为的性质。一个受下意识冲动而犯谋杀罪的人,和一个患神经病的变态行为者(从一个未受训练的观察者看来,这种人的行为简直是毫无意义),他们都是在行为;他们也同任何别人一样,为达到某些目的而行为。精神分析的功绩,在于它曾经证明:即令是神经病者和精神病者的行为也是有意义的,他们都是为达到目的而行为,尽管自认为正常和清醒的我们,把他们那些决定其行为目的的推理称之为荒唐,把他们所选择的手段称之为矛盾。

行为学所用的"无意识的"一词与精神分析学所用的"下意识的"和"无意识的",属于两个不同的思想和研究体系。行为学得力于精神分析学的地方之多,绝不次于其他知识部门。因此,我们更要注意到行为学与精神分析学的分界线。

行为不单是表示偏好。人在无可如何或以为无可如何的情势下,也会表示偏好。一个人常会喜欢阳光而不喜欢下雨,因而希望太阳驱散阴霾。这种情势下只怀抱希望的他,并不积极地去干涉事物的进程和他自己的命运造化。但是,行为人却是在选择、决定,和企图达到一个目的的。对于两件不能兼而有之的事物,他取其一而舍其他。所以,行为总是一方面取,一方面舍。

说出自己的希望与说出所计划的行为,就它们本身都是想达成某一目的这一点来看,也算是些行为的方式。但是这些方式决不可与它们所指涉的那些行为相混。它们本身与它们所说的、所推荐的,或反对的行为,不是同一件事。行为是一实在的东西。算数的是一个人的全部行动,而不是关于他计划中尚未实现的行为所讲的空话。另一方面,行为必须与使用劳力明白地区分。行为是为达成目的而采取手段。在通常情形下,行为人的劳力是所采的手段之一。但并不总是如此。在特殊情况下,所需要的只是一句话。发命令或发禁令的人,不必消耗劳力。讲话或不讲,笑一笑或保持严肃,也会是行为。消费和享乐之为行为,并不异于节制消费和节制享乐。

所以,行为学并不区分"积极的"或奋发的人,与"消极的"或懒惰的人。勤勤勉勉努力于改善生活环境而奋发的人,其行为既不多于,也不少于一切听其自然的懒惰的人。因为不做什么而闲闲散散的,也是行为,它们也决定事情进展的方向。凡是有"人所可干涉的情况"存在的地方,不管他干涉与否,他都是在行为。一个人忍耐他所能改变的而不去改变,其行为并不异于另一个人为达成另一情况而起来干涉。能够影响生理与本能因素的作用而不去影响它们的人,也是在行为。行为不仅是做,而且也包括能做而不做。

我们也可以说,行为是一个人的意志之表现。但是,这个说法对于我们的知识并不增加什么。因为"意志"一词的意义不是别的,只是指一个人对于不同的情况加以选择的能力,选择这,放弃那,以及按照所作的决定以达到所选择的情况,放弃另一情况。

二、人的行为的先决条件

一个人会处在不至于有何行为或不会有何行为的情况,我们把这种情况叫作知足或满足。行为人是极想以较满意的情况代替较不满意的。他心里想到一些更适于他的情况,他的行为是以实现这个想望中的情况为目的。促动一个人去行为的诱因,总是某些不安逸。① 一个充分满足于现状的人,不会有改变事物的诱因。他既没有什么希望,也没有什么欲求;他会充分快乐。他将不行为;他过着无牵无挂的生活。

　　但是,要使人行为,仅仅是不安逸和想象一个较满意的情况,还不足够。第三个必要条件:即预料其行为足以消除或至少足以减轻所感觉的不安逸。不具备这个条件,就不可能有行为。人,对于必然的事情只好服从。注定的命,莫可如何。

　　这三者是人的行为的一般条件。人是在这些条件之下生活的。他不仅是异于其他动物的人(homo sapiens),他也是作为行为人的人(homo agens)。那些由于先天或后天的缺陷而不适于任何行为(就"行为"一词严格的意义而不止于法律的意义来讲的)的人,在这个意义下,他不是人。尽管法律和生物学把他看作人,但从行为学的观点看,他缺乏人的本质。初生的婴儿也不是一个行为人。它还没有走完从人性的孕育到人性的充分发展这一长程。但是,在这个演进的终点,他将成为一个行为人。

论　快　乐

　　在口头语里面,我们把一个达成了他的目的的人叫作快乐的人。更适当的描述,应该是说他比以前较快乐。但是无论如何,我们没有充分的理由来反对把人的行为界说为快乐的追求。

　　但是我们必须避免一些流行的误解。人的行为的最后目的总是行为人的想望之满足。满足的程度较大或较小,除掉个人的价值判断以外,没有任何标准;而个人的价值判断是因人而异的,即令是同一个人,也因时而异。使人觉得不安逸和较少不安逸的是什么,是由他从他自己的愿望和判断来决定的,从他个人的和主观评价来认定的。谁也不能决定什么事物会使别人更快乐。

　　对于这个事实的认定,并不涉及利己与利他、物质主义与理想主义、个人主义与集体主义、无神论与宗教这些对立。有些人只求改善他们自己的生活环境而不顾其他;也有些人把别人的不安逸视同自己的不安逸,甚至有过于自己的不安逸。有些人只求满足他们的性欲、食欲和住好房子,以及其他一切物质享受;也有些人更重视普通所谓"较高级的"和"理想的"满足。有些人极愿调整自己的行为以适应社会合作的要求；也有些人执拗到把社会生活的一些规律不看在眼下。有些人以为尘世间旅程的最后目的是为准备天国的至福生活；也有些人不相信任何宗教的教条，不让自己的生活受到它们的影响。

行为学不关心行为的一些最后目的。它的发现，对于所有各种行为都有效，不管它们所要达成的目的是些什么。它用"快乐"一词，是就形式上的意义讲的。在行为学的术语里面，"人的独特目的是在谋取快乐"这个命题，是个异词同义的反复语（tautology）。它对于"人所希望得到的快乐是来自什么情形"这个问题，没有提示任何的说明。

"人的行为的诱因，总是某些不安逸，而它的目的总是尽可能地消除这些不安逸，也即是说，要使行为人觉得比较快乐"，这个观念是幸福主义（eudaemonism）和快乐主义（hedonism）的精髓。伊壁鸠鲁的心灵宁静的境界（Epicurean άγαρξία）是人的一切活动所想达到而又从未完全达到的那种充分快乐与满足的情况。不管这个认识是多么庄严，要是这派哲学的许多代表们，没有看出痛苦与快乐这两个概念的纯形式上的特征，而给它们物质和肉欲的意义，那就不怎样有用了。神学的、神秘主义的，以及他律伦理（heteronomous ethic）的其他学派，都没有动摇伊壁鸠鲁主义的核心，因为他们除掉反对它忽视"较高级的"和"较高尚的"快乐以外，提不出任何其他的反对理由。在早期的幸福主义、快乐主义和功效主义的拥护者们的著作中，确有些地方是容易引起误解的。但是现代哲学家的语言，尤其是现代经济学家的语言，明确直爽，不可能发生误解。

论本能和冲动

谁也不能靠本能社会学（instinct-sociology）的方法来促进对于人的行为的基本问题的理解。这一派的社会学把人的行为的许多具体目的予以分类，每一类有一个特别的诱因，促动这一类的行为。人，好像是一个被固有的本能和气质所驱使的东西。他们以为这个解释干干脆脆地把经济学的教义和功效主义的伦理一下子推翻了。可是费尔巴哈（Feuerbach）说得很对，他说，每个本能都是求快乐的本能。②本能心理学(instinct-psychology)和本能社会学的方法,在于对行为的一些直接目的所作的一个武断的分类,也在于它们把本质或实在归因于概念。行为学是说行为的目的在于消除某一不安逸,而本能心理学却说它是个本能冲动的满足。

本能学派的拥护者,有许多是深信他们已证明了:行为不是决定于理知,而是发动于一些"深藏于密"的先天力量——冲动、本能和癖好,这些力量之发生作用,都是没有什么理由可讲的。他们确信他们已成功地暴露理性主义的肤浅,而且贬损经济学为"从一些错误的假设而得到一些错误结论的构成体"。③可是理性主义、行为学和经济学,并不讨论行为的最后原动力和行为的目的,而只讨论用以达成目的的手段。不管冲动或本能的来源如何深奥莫测,为着冲动或本能的满足,人所选择的一些手段,总是由一个理性的考虑(考虑它的代价和成功的可能)来决定的。④

在感情冲动下行为的人,也是在行为。出于感情的行为与其他的一些行为之区别,在于对支付和取得的评值之不同。感情激动时的人,与冷静考虑时比较,每每把目的看得较重而把他所必须支付的代价看得较轻。人们从不怀疑:即令在感情激动时,手段和目的也会被考虑到,只是所考虑的结果,可能是支付的代价太大。刑法上对于感情冲动下的罪犯处罚较轻,这等于鼓励这样的放纵。严重报复的威胁,并非不能阻止人们之被"似乎不可拒的冲动"所驱使。

我们解释动物的动作,是假定动物是受当时的冲动的支配。当我们看到动物吃东西、雌雄同栖、相互攻击或攻击人类的时候,我们说这是它的求生本能、生殖本能和侵略本能。我们是假定这样的一些本能都是先天的,而且毫不容缓地要满足。

但是讲到人,那就不同了。人究竟不是不能不屈服于冲动的动物。人能够抑制他的本能、情感和冲动;他能够使他的行为合理化。他会放弃一个热烈冲动的满足而满足其他的一些愿望。他不是他情欲的傀儡。一个男人并不倾倒于每一个挑逗他的女人;他并不贪吃每一份叫他垂涎的食物;他也不打击他所痛恨的每一个人。他把他的一些希望和情欲安排得有度,他会选择;简言之,他行为。人之异于禽兽者,正在于他会着意于调整他的行动。人这个东西,有自制力,能够操纵他的冲动和情欲,有能力抑制本能的情欲和本能的冲动。

有时会发生这种情形:一个冲动显得那么强烈,以至于由它的满足而所引起的后果无论怎样坏,也不足以阻止这个人去满足它。在这种场合也是一个选择。情愿屈服于某一情欲,也是一个决定。[⑤]

三、作为极据(Ultimate Given)的人的行为

自远古以来,人们就已急于想知道一切存在和一切变动的原因或原动力,也即每一事物所从来而又成为它本身的原因的最后本体。科学就比较谦虚,它觉得人的心力和人所研求到的知识是有限的。它只追溯每一现象的直接原因。但是,它体会到这些努力终会碰到一些难于超越的壁垒。有些现象,不能加以分析、不能追溯到其他现象。它们是些极据。科学研究的进步也会证明从前认为是极据的某些事物,可以分析为若干成分。但是,毕竟总有些不可分析的现象,也就是说,总有些极据。

一元论(monism)告诉我们,最后的本体只有一个;二元论说是两个,多元论说是多个。关于这些问题,没有争论的必要。这样的玄学争辩是永无止境的。我们现有的知识还不能提供一个方法来解决这些争辩,而使每一个明白道理的人都会满意。

唯物主义的一元论以为,人的思想和意志是脑细胞和神经细胞这些肉体的器官发生作用的产品。人的思想、意志和行动,都是从一些物质程序产生出来的,而这些物质程序总有一天会由物理和化学的研究法来完全解释。这也是一种玄学的假说,尽管它的支持者认为这是不可动摇、不可否认的科学真理。

对于心灵与肉体的关系提出解释的,有种种不同的学说。它们只是些猜测,没有任何可观察的事实根据。所可确信的,只是心理与生理的过程有些关

系存在。至于这种关系的性质和运作究竟怎样，要说我们知道，也知道得不多。

一些具体的价值判断和一些明确的人的行为，都是不易于进一步分析的。我们很可以假定或相信它们是被它们的一些原因所决定。但是，只要我们还不知道外在的一些事实（物理的和生理的）如何在人心中产生一定的思想和意志，而终于有具体的行为，我们就得面对这一道无法超越的壁垒：方法论的二元论（methodological dualism）。就我们现有的知识来看，实证论（positivism）、一元论和泛物理学主义（panphysicalism）的一些基本陈述，只是些玄学的假定，没有任何科学基础。对于科学研究，既无意义也无用处。理智和经验都告诉我们，有两个各别的领域：一是物理现象、化学现象、生理现象的外在世界；一是思想、感情、价值取向和有意行为的内在世界。就我们今天所知道的，这两个世界之间还没有桥梁联系起来。同一的外在事件，人的反应有时不同；不同的外在事件，人的反应有时相同。我们不懂得这是什么道理。

面对这种事象，我们对于一元论和唯物主义的一些基本陈述不得不保留判断。我们或相信或不相信，自然科学有一天可能会用那解释化合物之所以产生的同一方法来解释某些观念、价值判断和行为之所以发生，是由于若干元素在某种结合下必然不可避免的结果。可是，在这一天到来之前，我们不得不老老实实地接受方法论的二元论。

人的行为是引起变动的动力之一。它是宇宙的活动和变动的一个元素。所以它是科学观察应有的一个对象。由于不能追溯它的原因（至少在现在的情形下是如此），我们必须把它看作一个极据，而且必须把它当作极据来讨论、来研究。

人的行为所引起的一些变动，如果与一些庞大的宇宙力量运作的后果相比较，确实是渺小得很。从永恒和无限的宇宙观点来看，人是一个无限小的颗粒。但是就人而言，人的行为和行为的变动不居，却是些真实的事。行为是他的本性和存在的要素，是他保持生命以及把他自己提升到高于禽兽和植物水准的手段。不管人类所有的努力如何地不经久，如何地易于消失，但就人来讲、就人文科学来讲，人的努力总是至关重要的。

四、合理性和无理性；行为学研究的主观论和客观论

人的行为必然总是合理的。所以"合理的行为"这个名词是个赘词，我们必须拒绝使用它。合理的和不合理的这两个形容词，如果用在行为的最后目的，那是不妥当而且无意义的。行为的最后目的总是行为人某些愿望的满足。既然谁也不能够以他自己的价值判断来代替行为人的价值判断，那么，对别人的目的和意志下判断，这是白费的。谁也没有资格断言，什么事情会使另一人更快乐或较少不满意。批评者或者告诉我们，如果他处在某人的地位，他相信他会以什么为目的；或者，以专断傲慢的态度抹煞某人的意志和抱负，而宣称这位某人要如何如何才更适合于他自己（批评者）。

一种行为如果是牺牲"物质的"和有形的利益，以达成"理想的"或"较高的"满足，通常是把它叫作不合理的行为。在这个意义下，人们常说，例如——有时是表示赞赏，有时是表示反对——一个牺牲自己的生命、健康或财富以成就"较高的"善——像忠于他的宗教的、哲学的和政治的信念，或邦国的自由和荣耀——的人，是被不合理的考虑所驱使。其实，追求这些较高的目的，既不比追求其他的目的更合理，也不比较更不合理。如果说，求取生活和健康的基本需要比追求其他的财货或乐事更合理、更自然或更应当，这是一个错误。诚然，求温饱是人之常情，也是其他哺乳动物的常态；一个缺乏食物和住所的人，通常是倾全力以求这些迫切需要的满足而不大关心到其他的事情，这也是真的。求生欲、保持自己的生命，并利用一切机会来增强自己的活力，这是生活的基本特征。但是，就人而言，服从这个欲望，并不是非如此不可的必然。

其他所有的动物都是绝对地被求生欲和生殖欲所驱使，至于人，甚至对于这些冲动也有力量操纵。他既可以控制他的性欲，也可控制他的求生欲。当他的生活环境到了不可忍受的时候，他会牺牲自己的生命。人是能够为一个大义而死的，能够自杀的。就人而言，活着，是一选择的结果，是价值判断的结果。

想在富裕的环境中生活，也是一种选择。由于有禁欲主义者以及那些为

固守其信念或保持其自尊而牺牲物质所得的人们之存在,即可证明人们之追求有形的乐事,并不是必然的,而是选择的结果。绝大多数的人是贪生怕死、爱财富、恶贫穷的。

仅仅把生理的需要看作"自然的",因而"是合理的",把其他的一切事物都看作"矫揉造作的",因而"是不合理的"。这种看法是武断的。人不像其他的动物只是寻求食物、住所和异性,而且也求其他种类的满足,这是人性的特征。人,有专属于人的愿望和需要,我们称这些愿望和需要为"较高的",比较那些与其他哺乳动物共有的愿望和需要为高。⑥

合理的与不合理的这两个形容词,当用来形容手段的时候,那就含有判断的意思,关于所采的程序是否方便与适当的判断。批评者赞成或不赞成某一方法,是看这个方法是不是最适于达到所要达到的目的。人的理智不是没有错的,人常常在选择方法和应用方法的时候犯错误,这是个事实。不适于目的的行为,是达不到愿望的。这种行为与目的相违,但它是合理的,也即,理智(尽管是错误的)考虑的结果,而且是企图(尽管是无效的)达成一个明确的目的。百年前的医生们治疗癌症的那些处方,是今天的医生们所拒绝采用的。那时的医生,从现代病理学的观点来看,大都知识浅陋或荒谬,所以他们的医术是无效果的。但是他们并非不合理地行为。他们是尽力而为之。在今后百年当中,大概会有更多的医生用更有效的方法来治疗这个病。他们比我们这个世代的医生更有效,但不是更合理。

相反的行为,不是不合理的行动,而是身体的官能以及不能由当事人的意志来控制的本能,对于外来刺激的反应。对于同一刺激,人在某种情形下,既会反应,也会行为。如果一个人吃进了毒物,他的器官会发生抗毒作用的反应,同时他会采取消毒的行为。

关于合理与不合理这种对立关系的问题,在自然科学与社会科学之间没有什么差异。科学总是而且一定是合理的。科学是藉助于对可利用的知识之全体作一有系统的安排,来求得关于宇宙现象的一个理解。可是,像前面曾经指出的,事物的分析,迟早总会分析到不可再分析的一点。人心不可能想象有一种不受限于极据(即不能再分析的)的知识,把我们的理解推进到这一点的科学方法,完全是合理的。至于极据也许可叫作不合理的事实。

今天所流行的,是指责社会科学为纯理性的。经济学所受到的最普遍的攻击,是说它忽视了实际生活的无理性,而且企图把无穷尽的种种现象套在一些枯燥的理性的计划和一些无生气的抽象概念。没有任何责难比这个更荒谬的。如同每一部门的知识,经济学也是靠合理的方法尽可能地把它向前推展。一直推展到遇着一个极据,也即一个不可能(至少就我们现有的知识讲)再分析的现象为止。⑦

行为学和经济学的教义对于人类所有的行为都是有效的,不管它的动机、原因和目的是什么。最后的价值判断和最后的行为目的,对于任何种类的科学研究,都是既定的,不受进一步的分析。行为学只处理为达成那些最后目的而选择的手段和方法。它的研究对象是手段,不是目的。

我们说到行为科学的主观论,是在这个意义下说的。行为科学把行为人所选择的一些最后目的当作极据(data)看,它对于它们完全中立而不加任何价值判断。它所持的唯一标准,是看那些被选择的手段是否适于达成所要达成的目的。如果幸福主义(eudaemonism)说快乐,如果功效主义和经济学说效用,我们必须以主观论的方法把这些名词解释为行为人所企求的,因为在他的心目中这是可欲的。幸福主义、快乐主义和功效主义的现代意义,发展到与较旧的物质意义相反,以及现代的主观价值论,发展到与古典的政治经济学所说明的客观价值论相反,都在于这种形式主义(formalism)。同时,我们这门科学的客观性也在于这种主观论。因为它是主观性的而且把行为人的价值判断看作极据不再受任何检讨,它本身是超出所有党派斗争的,它对于所有学派的纷争都是中立的,它没有评价,也没有先入的观念和判断,它是普遍有效的,而且是绝对地、明白地合乎人性。

五、作为行为条件的因果关系

人能够行为,因为他有能力发现那些宇宙间事物变化和形成的因果关系。

行为必须先有因果关系的范畴。只有人会就因果关系来观察世界，所以只有人够格行为。在这个意义下，我们可以说因果关系是行为的范畴。手段与目的这个范畴必须先有原因与结果这个范畴。在一个没有因果关系和现象规则性的世界，也就没有人的推理和人的行为。这样的世界，一定是一大混乱。生活于其间的人，势将找不着方向和指标而惶惶不知所措。这样混乱的一个宇宙，甚至不是人所可想象的。

在不知道任何因果关系的场合，人无法行为。这句话不能反过来说。即令在他知道了其中因果关系的时候，如果他不能影响这个原因，他也无法行为。

因果关系的探究，其原型是这样：为要改变事情的趋势，使其适合我的愿望，我应该从何处以及如何去干涉它？在这个意义下，人提出这个问题：何人或什么东西是这些事情的主动者或主因？因为他想干涉，他寻求这里的规则性和"法则"。这种寻求经形而上学扩展到追求事物存在的最后原因，这只是后来的事情。需要几个世纪才把这些过分夸张的想法再带回到这个比较谦逊的问题：为要达成这个或那个目的，必须从何处干涉或能否干涉。

在最近几十年当中，关于因果关系问题的处理，由于某些杰出的物理学家所引起的混淆，颇为令人失望。我们希望在哲学史上这不适意的一章，对于将来的哲学家会成为一个警告。

有一些变动，其原因是我们所不知道的，至少就现在讲是如此。有时我们能够得到一部分知识，因此我们可以这样说：在所有 A 的情事当中有百分之七十会归结于 B，其余的将归结于 C，或者甚至归结于 D、E、F 等等。为要得到比较详明的知识以代替片断的知识，那就必须剖析出 A 的一些成因。如果这一点做不到，我们只好勉强承认所谓的统计法则。但是，这并不影响因果关系在人的行为学上的意义。在某些方面的全部无知或局部无知，并不毁损因果关系这个范畴。

因果关系和不完全的归纳法，在哲学方面、认识论方面和形而上学方面所引起的一些问题，超出了人的行为学范围。我们只要证实这个事实：人要行为，必须知道一些有关事情的因果关系。他为达成所追求的目的而行为，其可达成的程度,取决于他对其中的因果关系知道到什么程度。我们充分观察到这种说法是在兜圈子。因为要证实我们已经正确地知道了因果关系,那只有靠这个事实:这个知识所指导的行为得到了所期望的结果。但是我们无法避免这种不好的循环论证,正因为因果关系是个行为范畴。而且因为它是这样一个范畴,人的行为学不得不对于哲学的这个基本问题予以相当注意。

六、另一个我

如果我们准备把因果关系这个名词作广义解释,那么,目的论(telealogy)就可叫作因果研究的一个变形。最后的一些原因是一切原因的开始。一件事情的原因是被认为企图某个目的的行为或准行为(quasiaction)。原始人和小孩,在一种天真的神人同形同性的想法下(anthropomorphic attitude),满以为每一事情的变动和发生都是一个存在体的行为结果,而这个存在体像他们一样地行为。他们相信动物、植物、山岳、河流和泉水,乃至石头和天体,都像他们自己一样,有感觉、有意志、有行为。只是在文化发展的较后阶段,人才放弃这些精灵论的想法(animistic ideas)而代之以机械论的世界观。机械论被认为是极良好的一种行为原则,以致人们终于相信它能够解决思想方面和科学研究方面的一切问题。唯物主义和泛物理学主义把机械论当作一切知识的精髓,把自然科学的实验和数学的方法当作唯一的科学思想模式来宣扬,把一切变动当作受一些机械法则所支配的运动来理解。

机械论的拥护者,对于因果律的"逻辑和认识论"的基础以及不完全的归纳法这些迄今尚未解决的问题,并不烦心。在他们的心目中,这些法则都是健全的,因为它们有效。他们说,实验室的实验得到理论所预期的一些结果,工厂的机器按照技术所预定的情况开动,这个事实证明现代自然科学的方法和发现是健全的。即令科学不会给我们真理——而且谁知道真理究竟是什么?无论如何,它会指导我们成功,这是确实可靠的。

但是,正在我们接受这个实用的观点时,泛物理学主义者的教条显出了它的空虚。前面曾经讲过,科学不能解决心灵与身体关系的一些问题。泛物理学主义者绝不能说他们所推崇的方法用在人际关系和社会科学方面已经有效。但是无疑地,一个"我"(ego)与每个人打交道时所遵守的原则,是把别人看作像自己一样的会思想、会行为。这个原则,在世俗生活中,在科学研究中,都已证明有用。这是不容否认的。

无疑地,把人类同胞看作自己一样会思想会行为的人,其结果的确是好的;另一方面,如果希望对那必须把他们当作自然科学的对象来处理的假设,求得同样实用的证明,这个希望是会落空的。由于对别人的行为求了解而引起的认识论的一些问题,并不比因果关系和不完全的归纳法所涉及的认识论的问题较为简单。我的逻辑即是所有其他的人的逻辑,而且必定绝对的只是人类的逻辑;我的行为范畴即是所有其他的人的行为范畴,而且必定绝对的是所有人类行为的范畴。对于这样的命题,虽然不可能提出明确的证据,可是,实用主义者应该记着,这些命题在实际生活方面和科学研究方面都是有效的;实证论者应该不会忘掉这个事实:在和别人交谈的时候,总得预先假定——暗含地——逻辑法则在人人的心灵中是互通的,因而另一个我的思想和行为有其实在的界域。这是人类显著的特征。⑧

思想和行为是人类所专有的特征。所有的人都具有这两个特征。人之所以为人而超越动物学上的人,就因为有这些特征。思想与行为的关系之研究,不属于行为学的范围。行为学只要确定这个事实:人心所可会通的逻辑只有一种,人的行为方式而又为人心所可共同理解的也只有一个。至于是否在什么地方还有异于我们人的东西——超人或次级人——而其思想和行为与人类不同,那是我们人心所无法想象的。我们必须把我们的研究限之于人的行为。

与人的思想连结得解不开的人的行为,决定于逻辑的必然。人心不可能想到与我们心灵中的逻辑结构相矛盾的逻辑关系,人心也不可能想到一种行为方式而其元范是不同于决定我们自己行为的元范。

人要理解现实,只有两种原理可以应用:目的论的原理和因果关系的原理。凡是不能纳入这两个元范之一的东西,就为人心所绝对无法理解。一个事象如果不能用这两个原理之一来解释,那就是不可思议,就是神秘。凡是变,可以看作:或是机械的因果关系的后果,或是有意行为的结果;就人心来想,没有第三个解释。⑨前面曾讲过,目的论也可看作因果关系的一种,这固然不错,但是这种讲法并不是取消这两个元范之间的本质上的差异。

泛机械论的世界观,犯了方法上一元论的错误;它只承认机械的因果关系,因为它把任何认识的价值或者至少把一个比目的论较高的认识的价值,归因于且只归因于机械的因果关系。这是一种玄学的迷信。由于人的理知是有限的,因果关系和目的论这两种认识原理,都是不完全的,都不会传达最后知识。因果关系的解释只是在无限中作一下回归(a regressus in infinitum),而无限是我们的理知所决不能穷尽的。目的论一遇到问及原动力的动因是什么,也就显出它的缺陷。这两个方法的任何一个,一碰到不能分析、不能解释的极据,也都无能为力。推理和科学研究,永不能做到叫我们完全心安,永不能得到无可怀疑的确定,永不能做到对一切事物完全认知。想做到这种境界的人,必须寄托于信仰,皈依一种教义或玄学的教条而求心安。

如果我们不超越理知和经验的范围,我们就不得不承认我们的人类同胞行为("行为"二字作不及物动词用——译者附注)。我们不可由于时髦的偏见和武断的见解,而无视这个事实。日常的经验不仅证明研究自然环境唯一的适当方法是因果关系这个元范所提供的,而且也同样有力地证明我们人类同胞正如同我们自己一样都是行为人。为要了解行为,解释和分析的方法只有一个,就是靠对于我们自己有意的行为加以认知和分析。

对于别人的行为之研究和分析,这个问题与"灵魂"存在或"不灭的灵魂"存在的问题决无关系。实用主义、动作主义(behaviorism)⑩和实证论对于任何种类的灵魂学说都是反对的;尽管如此,它们对于我们的问题完全无益。我们所要处理的问题是:如果我们不把人的行为当作有意义的、有目的的行动来了解,我们是否可能在心智上把握着人的行为。动作主义和实证论想把自然科学的方法应用到人的行为。它们把人的行为解释为对于一些刺激的反应。但是这些刺激的本身不是自然科学的方法所可记述的。要记述这些刺激必须涉及行为人加在它们上面的意义。我们也可以把一件货物之提供出卖叫作一个"刺激"。但是,要记述这样的提供异于其他一些提供的要件,那就不得不涉及有关的行为人对于这个情况所认为的意义。人是为要达到某些目的而行为的,任何诡辩都不能否认这个事实。我们这门科学的论题就是这有目的的行动——即,行为。如果我们无视行为人对于一个情况所赋予的意义以及对于他自己应付这个情况所采取的行动所赋予的意义,我们就无法接近我们的问题。

物理学家不应当去研求最后原因,因为构成物理学论题的一切事物不可解释为人的行为的结果。反之,行为学家不应当无视行为人意志的作用;行为人的意志是既定的事实。如果行为学家不管它,他就应该停止研究人的行为。有些事物,很多时候——但不是经常,既可以从行为学的观点,也可以从自然科学的观点来研究。但是从物理学和化学的观点来研究枪炮放射的人,不是行为学家。他不管行为科学所要阐明的那些问题。

论本能的有用性

我们做研究工作只有两个途径可走:因果关系或目的论;这个事实,由于本能的有用性所涉及的问题得到证明。有些式样的动作,既不能完全用自然科学因果关系的方法来解释,也不能看作有目的的人的行为。为着了解这样的动作,我们不得不想一个权宜的办法。我们用"准行为"(quasi-action)一词来指称这些动作的特点;我们说这是些有用的本能(serviceable instincts)。

我们观察到两件事情:第一,一个生物生来就会有规律地对于一个刺激起反应;第二,这种动作的效果就是加强或维持这个生物的生活力。如果我们能够把这样的动作解释为产生于有目的的意图,我们就可以把它叫作行为,而以行为学目的论的方法来研究它。但是,我们在这类动作的背后看不出有意志作用的迹象,我们只好假定一个未知的因素——我们把它叫作本能——在发生作用。我们说,本能指挥动物的动作,这些动作是"准故意的"(quasi-purposeful),也指挥人的肌肉和神经的反应。这些反应是下意识的,但是有用的。我们把这类动作的未经解释的因素看作一个力量,而把它叫作本能。可是仅就这个事实讲,对于我们的知识并没有什么增进。我们决不可忘记,本能这个名词不过是一个界限的标志,我们不能——至少就目前讲是不能——

超越这个界限去作科学研究。

　　生物学对于以前被认为本能作用的许多现象,已经成功地发现了一个"自然的",也即机械的解释。可是,还有一些其他的现象不能解释为机械的或化学的刺激所引起的机械的或化学的反应。动物所表现的姿势,有许多是不能理解的,除非我们假定有一个什么因素在指挥它。

　　动作主义是要用动物心理学的方法从外面来研究人的行为,这是个幻想。动物的动作,一到超越了纯生理的过程(像呼吸和新陈代谢),那就只有藉助于行为学所发展出来的一些意义概念(the meaning concepts)来研究。动作主义者是抱着目的和成功这些人类的概念来从事他的研究的。他很不愿意地把"有用"和"有害"这些人类的概念应用到他所研究的主题。他在语言字句中决不提到意识和目的的追求,因而自己欺骗自己。其实他的内心到处都追求目的,而且对于每个态度都用一种"被曲解的有用性"的看法去衡量。人的行为科学——就其不是生理学来讲——不能不涉及意义和目的。它不能从动物心理学以及对初生婴儿无意识反应的观察上学到任何东西。相反地,动物心理学和婴儿心理学却不能不要行为科学所提供的帮助。没有行为学的范畴,我们就无法想象和了解动物和婴儿的动作。

　　对于动物的本能动作加以观察,会叫我们大为惊奇,而且会引起一些无人可以圆满解答的问题。可是,动物甚至植物,会以"准故意的"方式来反应。这个事实的神秘,与人会思想、会行为的神秘,是一样的,也与无机的宇宙中物理学所描述的那些功能反应的神秘,以及有机的宇宙中生物过程所显现的神秘,没有不同。这些都是同一意义的神秘,在这个意义下,神秘就是一个极据,为我们的心所不能进一步分析或解释的。

　　我们所说的动物本能也是这样的一个极据。如同运动、力量、生命、意识这些概念一样,本能这个概念,也只是一个指称极据的名词。的的确确,它既不"解释"什么,也不指出一个原因或一个最后原因。[11]

绝　对　目　的

　　为了免除对于行为学范畴的任何误解,强调一项明明白白的道理,似乎是有益的。

　　行为学,同人的行为的历史学一样,是处理有目的的人的行为。如果它谈到"目的",它所指的就是行为人所企图的目的。如果它说到"意义",它是指的行为人对其行为所赋予的意义。

　　行为学和历史都是人心的显现,因此它们都受限于人类的心智能力。关于绝对的和客观的心灵的意向,关于在事物的趋势中和历史的演化中固有的客观意义,以及关于上帝或自然或世界精神(weltgeist)或天数(manifest desting)在宇宙和人事的统制中所想实现的东西,行为学和历史并不假装知道什么。它们与所谓历史哲学没有相同的地方。它们不像黑格尔(Hegel)、孔德(Comte)、马克思(Marx)以及其他一些作家的著作那样,自以为是启示生命和历史的"真正的、客观的和绝对的"意义。[12]

植 物 人

　　有些哲学劝告人们完全放弃一切作为,以实现人生的最高境界。它们把生活看作一个绝对的祸害,充满着烦恼、痛苦和灾难;它们明白地否认任何有目的的努力会使生活变得可忍受。要得到快乐,只有靠意识、意愿、和生命的完全消灭。走上至福和解放的唯一途径,就是变得完全消极、不在乎、像植物那样不动作。至善的境界就是不思想、不行为。

　　这是印度哲学,尤其是佛教以及叔本华(Schopenhauer)哲学的精义。行为学不评论它们。关于一切价值判断和最后目的的选择,行为学是中立的。它的任务不是赞成或反对,而是陈述。

　　行为学的主题,是人的行为。它所研究的是行为人,而不是变成了一个植物而无所作为的人。

注　释

① 参考 Locke, *An Essay Concerning Human Understanding*, ed. Fraser (Oxford, 1894),

I, pp. 331～333；Leibniz, *Nouveaux essais sur l'entendement humain*, ed. Flammarion, p. 119。

② 参考 Feuerbach, *Sammtliche Werke*, ed. Bolin and Jodl(Stuttgart, 1907), X, p. 231。

③ 参考 William McDougall, *An Introduction to Social Psychology*(14th ed. Boston, 1921), p. 11。

④ 参考 Mises, *Epistemological Problems of Economics*, trans. by G. Reisman(New York, 1960), pp. 52 ff。

⑤ 在这样的场合,发生重大作用的是当时的这种情况,即：有关的两个满足不是同时的。一个是屈服于冲动所可预测得到的；一个是避免那不好的后果所可预期得到的。参考第十八章第一至二节。

⑥ 有关于这一段的工资铁律的错误,见第二十一章第六节以下；以及马尔萨斯学说的误解,见第二十四章第二节。

⑦ 在第二章第七、八两节,我们将可看到经验的社会科学如何处理极据。

⑧ 参考 Alfred Schütz, *Der sinnhafte Aufbau der sozialen Welt*(Vienna, 1932), p. 18。

⑨ 参考 Karel Englis, *Begründung der Teleologie als Form des empirischen Erkennens*(Brunn, 1930), pp. 15 ff。

⑩ 译者注：Behaviorism 通常译作"行为主义"。译者鉴于本书所用的 action、act、acting 是特指有意义、有目的的"行为"。为避免混淆,故把 Behaviorism 译作"动作主义"。

⑪ "生命,是我们所不懂的一个最初原因,和一切最初原因一样；而且不是实验的科学所要处理的。"Claude Beruard, *La Science Experimental*(Paris, 1878), p. 137。

⑫ 关于历史哲学,参考著者的 *Theory and History*(New Haven. 1957), pp. 159 ff。

第二章　行为科学的一些认识论的问题

一、行为学与历史

人的行为科学有两个主要部门：行为学与历史。

历史是关于人的行为一切经验资料的搜集与有系统的安排。它研究人在无限复杂与变化的环境中所作的一切努力，以及含有偶然的、特殊的和个别的意义的一切个人行为。它检讨对于行为人发生指导作用的那些观念以及行为所引起的后果。它包含人的活动的各方面。既有通史，也有范围较狭的各种专史。有政治和军事史，有思想与哲学史，有经济史、技术史、文学艺术科学史、宗教史、礼仪风俗史，以及人的生活其他许多方面的历史。人种学和人类文化学就其不是生物学的部分而成为两门独立的学科。心理学就其不是生理学、不是认识论、也不是哲学的这个范围内而成为心理学。语言学就其不是逻辑、也不是语言生理学的范围内而成为语言学。[①]

所有历史学的主题都是过去。历史学不能告诉我们对于所有的人的行为都有效的东西；也就是说，不能鉴往以知来。研究历史固然可使人明智，但历史本身并不提供可以用在实际事务上的任何知识和技能。

自然科学也是处理过去的经验。每个经验都是过去事情的经验，绝没有发生在将来的经验。但是自然科学所赖以成功的经验是试验出来的，在试验中各个变动因素可以分隔地来观察。用这种方法累积起来的一些事实可以用来归纳。归纳法这个推论程序已证明有它的实用性，尽管在认识论方面，还有未圆满解决的问题。

人的行为学所必须处理的经验，总是一些复杂现象的经验。

人的行为不能在实验室里做试验。我们决不能做到使其他一切情事保持不变而只观察一个因素的变动。历史经验，也即一些复杂现象的经验，绝不能像自然科学那样为我们提供一些经过了隔离的试验的"事实"。历史经验所传达的消息不能用来作为理论建构的材料，也不能作为预测将来的根据。每个历史经验都会有种种解释，而且事实上是以各种不同的方法去解释它。

所以实证论以及各派玄学的一些基设（postulates）都是幻想。想以物理学或其他自然科学作楷模来改良人的行为学，这是不可能的。我们没有方法可以建立一套关于人的行为和社会事象的归纳理论。自然科学靠实验室的经验来肯定或否定一个假设，历史不能像自然科学那样来证明或反驳任何陈述。在历史的领域内，对于一般性的命题既不可能用实验来证明它是对的，也不可能用实验来证明它是错的。

在生产过程中，由许多因果关系错综交织而形成的一些复杂现象，不能考验任何理论。相反地，这样的一些现象只有用一些从其他的出发点预先发展出来的理论来解释才可了解。就自然现象来讲，对于一个事象的解释，绝不可与那些已经由实验充分证实了的理论不合。就历史的事象讲，就没有这样的限制。注释历史的人们可以很自由地来些十分武断的解释。凡是有些事物需要解释的场所，人的心灵很容易特为这些事物捏造些不合逻辑的理论。

在人类历史的领域内有一个限制，是由人的行为学所提供的，这个限制类似那些实验过的理论对于自然科学者所加的限制：自然科学者不可以解释或阐释"个别的"物理的、化学的和生理的事象。人的行为学是一门理论的和系统的科学，而不是历史学。它的范围就是人的行为本身，至于与实际行为有关的一切环境，经常的、偶然的、个别的，一概不管。行为学的知识是纯形式的、一般地，而不涉及实质的内容和个别的情况。它所研求的知识，是要在其情况完全符合它的假设和推理的所有场合都可适用的。它的一些陈述和命题不是来自经验。它们像逻辑和数学的陈述命题一样，是演绎的。它们不靠经验和事实的证明，也不受它们的反驳。这些陈述和命题，从逻辑上讲，从时间上讲，都是先于历史事实的任何理解。它们是了解历史事象的先决条件。如果没有它们，我们就不能在事象的趋势中了解任何事物，只是看到千变万化的一团混乱。

二、行为学的形式的和演绎的特征

现代哲学有个时髦的趋势，就是不承认有先验的知识。据说，所有的人类知识都是来自经验。这种态度之形成不难了解，它是对于神学的夸张以及历史和自然哲学的虚妄之矫枉过正。玄学家急于想靠直觉来发现道德教条、历史演化的意义、精神与物质的本体以及统摄物理、化学和生理事象的一些法则。他们的一些胡思乱想，显得他们一味地无视事实上的知识。他们深信：用不着参考经验，理智就会解释所有的事物，解答所有的问题。

现代自然科学的成功，得力于观察和试验的方法。无疑地，经验主义与实用主义，如果只是用在自然科学的一些程序方面，它们是对的。但是，如果否认任何先验的知识，而把逻辑、数学和行为学视同经验的和实验的学科，或视为不过是些异词同义反复语，其作为十分错误，也是同样无疑的。

哲学家们关于行为学的谬见，是由于他们对经济学完全无知，[②] 而且也常常由于他们的历史知识贫乏得惊人。在哲学家们的眼光中，哲学问题的处理是一庄严崇高的事业，不可以与赚钱的低级职业等量齐观。大学的教授极不愿靠研究哲学来赚取他的所得；他一想到他是和工匠农民一样地赚钱，就感到耻辱。金钱的事情是卑鄙的，探究真理和永恒价值这类崇高问题的哲学家，不可以分心于经济问题而弄脏他的心灵。现代哲学家，关于最基本的经济知识，一点也没有。

人类的思想有没有一些先验的成分（即，在思想过程中必要而且必然的一些心智的条件，先于任何实验的概念或经验而存在的），这个问题决不可与"人如何获得他所特有的人类的心智能力"这个关于创生的问题相混淆。人的祖先是一些不具备这种心智能力的非人（nonhuman ancestors）。他们只具有某些潜能，而这些潜能经过长期的演化，把人类变成理知的动物。这种转变之完成，是由于不断变动的大环境积世累代的影响。因此，经验主义者得到了这一个结论：推理中的一些基本原理是经验的结果，而且表现人类对于环境的适应。

从这个概念，可以顺理成章地导出另一个结论：在我们人前的祖先（our prehuman ancestors）与我们后代人之间，有些不同的中间阶段。在那些阶段中，我们的祖先尽管还没有具备人类的智能，却已懂得一点推理的初步原理。他们所有的还不是逻辑的智慧，而是逻辑前期的（或不完全逻辑的）智慧。他们那些散漫而不完整的逻辑机能，从逻辑前期的状况一步一步地演进到逻辑的状况。理知、智能和逻辑，都是历史现象。逻辑之有历史，正如同技术之有历史。我们所知道的逻辑，决不是智力演进的最后阶段。人类的逻辑是介乎人前的非逻辑（prehuman nonlogic）与超人的逻辑（superhuman logic）之间的一般历史形象。理知和智慧，人类在生存竞争中这项最有效的装备，是动物学事象不断演化中的成分。它们既不是永恒的，也不是不可变的，而是短暂和无常的。

再者，每个人在其人格的发展中所反复重演的，不仅是生物学的变形——从一个单细胞变到一个高度复杂的哺乳动物，而且也是心智上的变质——从一个纯植物的和动物的存在，变到一个理知的心灵。这种变化不在人出生前的胎孕期完成，只是在出生以后渐渐地觉悟到人的意识。所以每个人在其幼年总是从黑漆一团的蒙昧，一步步地走完人心逻辑结构的各阶段。

其次，就动物来讲。我们充分察觉到在我们人类的理知与动物头脑和神经的反射作用之间，有一条不可逾越的鸿沟。但同时我们也察觉到，在动物的身上有些力量在为求对事物的理解而挣扎。这些力量如同狱囚一样急想摆脱长期黑暗的劫数。我们之所以有此察觉，因为我们的情形也是一样：想突破我们心智的限制而无效，想求得对事物的完全认知而终不可能。

但是，先验的问题是属于不同的性质。它不涉及意识和理知如何产生出来的问题，它所涉及的是人心逻辑结构的主要特征。

　　一些基本的逻辑关系既不会得到实证,也不会受到反证。凡是想证明它们的每一企图,都须预先假设它们是有效的。因为我们不可能对一个心里不具备逻辑关系的人解释逻辑关系。所以,想遵照下定义的规则来给逻辑关系下定义,必定是失败的。它们是在任何名目的或实质的定义之前而存在的一些最初的命题。它们毕竟是些不可分析的元范。人心决不会想得出不符合逻辑元范的逻辑元范。不管超人究竟怎样,就人而言,一些基本的逻辑关系是不可免的,而且是绝对必要的。它们是认知、明了和经验的先决条件。

　　基本的逻辑关系同样也是记忆的先决条件。在自然科学里面有一个趋势,是把记忆看作一个较普遍的现象。每个生物都会保存早期刺激的后果,无机物的现状是由过去所受的一切影响的后果而形成的。宇宙的现状是来自它的过去。所以我们可用一个不太恰切的比喻来说:我们地球的地质结构保存着一切早期的宇宙变化,而一个人的身体是他祖先的和他自己的一切命运和际遇的沉淀。但是记忆则完全不同于宇宙演变在结构上的调和与连续。它是一个意识的现象,因而它是以逻辑的演绎为条件的。心理学家曾经迷惑于为什么我们不记得胎孕时期和哺乳时期的任何事物。照佛洛伊德(Freud)的解释,这是由于不愉快的回忆之受压制。其实那是由于无意识的情况没有什么可回忆的。动物性的无意识的行动以及对生理上刺激的自动反应,对于胎儿,对于婴儿,乃至对于成年人来讲,都是不会回忆到的。

　　人心并不是一张白纸,让外在的事物在这上面写它们自己的历史。人心装备了一套用以理解现实的工具。人,从阿米巴(amoeba)进化到他的现状的过程中,获得这些工具,这些工具就是他心中的逻辑结构。可是这些工具必然是在任何经验之前的。

　　人不只是一个完全受环境支配的动物。他也是一个主动的行为人。而且行为的元范必然是在任何具体行为之先而存在的。

　　人不可能想象到与基本逻辑关系相冲突,以及与因果关系和目的论的原则相冲突的元范,这个事实使得我们不得不接受可名之曰方法论的先验论。

　　每个人在日常生活中,一再地证明思想与行为的一些范畴之不变性和普遍性。他与别人交谈,他想教导和说服别人,他向别人提出问题和答复别人的问题,他之所以能够如此,只是靠的大家有个共同的东西——也即人类理知的逻辑结构。"A 同时也即非 A"或"取 A 舍 B,同时也会是取 B 舍 A"这样的一些念头,简直是人心所不能想象的、荒唐的。我们不能领悟先乎逻辑或后乎逻辑的想法。我们不会想象一个不具有因果关系和行为意志的世界。

"在人心所可想象的范围以外,是否还有些其他境界,而在那些境界里面有点什么东西在元范上是不同于人类思想和行为的"这个问题对于人没有什么关系。人心决不会有任何知识是来自这样的境界。如果问:一些事物的本身是不是不同于它们表现在我们眼前的? 是否还有些我们所不能想象的世界和我们所不能领悟的想法? 问这一类的问题是白问的。因为这些问题超出人的认知范围以外。人的知识受限于人心的结构。如果它(指人的认知——译者注)选择人的行为作它探究的对象,那么,它就不会是别的,而只是一些行为元范,这些行为元范为人心所固有的,同时是人心对外在变动世界的投影。行为学所有的定理只指涉这些行为元范,也只有在这些行为元范的运作轨道内才有效。这些定理,对于梦想不到的、不可思议的世界和关系,并不能提供任何知识。

因此,"行为学是人的行为学"这句话有双重意义。它是人的,因为在基本假定下严格界定的范围内,它的一些定理对于所有的人的行为都是普遍有效的。而且,因为它只处理人的行为而不想知道关于非人(次人或超人)的行为,所以它是人的。

所谓"原始人的逻辑不同"

有一个普遍的谬见,认为 Lucien Lévy-Bruhl 的一些著作是支持这样一个学说的:原始人心中的逻辑结构与我们文明人的绝对不同。相反地,Lévy-Bruhl 对于人种学全部可利用的资料仔细查究之后,关于原始人心智功能的报告,明白地证实了:基本的逻辑和思想行为元范,在野蛮人的心智活动中与在我们自己的生活中所发生的作用,是相同的。原始人的思想内容与我们的思想内容虽然不同,但形式的与逻辑的结构则是相同的。

不错,Lévy-Bruhl 本人是坚持原始人的心理状态在本质上是"神秘的和逻辑的"；原始人的一些共同想象力是受制于"参与律"（the law of participation）的，因而与矛盾律毫无关系。可是 Lévy-Bruhl 对于逻辑前的思想与逻辑的思想所作的区分，是指思想的内容，并不是指思想的形式和结构。因为他还说到，在像我们这样的人当中，受制于"参与律"的观念以及诸观念之间的关系，是与那些受制于推理律的观念同时并存的。也即是说，"逻辑前的和神秘的思想与逻辑的思想是并存的"。③

Lévy-Bruhl 把基督教的一些基本教义贬之于逻辑前的心灵境界。④现在，对于基督教的一些教条，以及神学给它们的一些注释，都可以提出许多反对的理由。但是，从来没有人敢于说基督教的前辈和其哲学家们——例如其中的奥古斯丁（Augustine）和圣托马斯（St. Thomas）——所具有的心，其逻辑结构与我们现代人的完全不同。一个相信奇迹的人和一个不相信奇迹的人之间的争论，只涉及思想内容，并不涉及它的逻辑形式。企图论证奇迹的可能性和实在性的人，会是错误的。但要揭发他的错误——像休谟和穆勒的那些明畅的论著所表现的——的确不比探究任何哲学的或经济学的谬误较少逻辑上的复杂问题。

据一些探险家和传教士的报告，非洲和波利尼西亚（Polynesia）的原始人，对于一切事物只具有最粗浅的认识，如果他可以避免，他不会去推究。⑤欧洲和美国的教育家，有时也报导他们的学生有这同样的情形。关于奈遮河（The Giner）的土人（The Mossi），Lévy-Bruhl 引了一位传教士的观察报告："和他们谈话，只是讲些关于女人、食物和（在雨季当中）收获这些事情。"⑥可是许多现代的人以及牛顿的、康德（Kant）的和 Lévy-Bruhl 的邻人们，曾谈过一些其他的什么问题吗？

要从 Lévy-Bruhl 的一些研究得到结论，最好是用他自己所说的："原始的心灵，也和我们一样，急想找些理由来解释所发生的事情，但是它寻找理由的方向，不同于我们的心灵所找的方向。"⑦

一个急想有丰富收获的农夫，可能——依照他的想法——选择各种不同的方法。他也许举行某些魔术仪式，他也许来一趟朝山拜香，他也许向他所供奉的神灵贡献一番香火，或者他使用更多更好的肥料。但是不管他做什么，那总归是行为,也即,为达到目的而采用手段。魔术,在较广的意义下,是技术的一种。驱邪赶鬼是一个有意的、有目的的行为,作为这种行为之基础的那个世界观,我们现代人大都斥之为迷信,所以被认为不适当的。但是,行为这个概念并不意含行为是由一个正确的理论和一个可成功的技术所指导,也不意含行为会达到所追求的目的。它只意味着,行为者本人相信他所采用的手段将可达成所想达成的结果。

所有的人——任何民族、任何邦国、任何年龄的人——心灵的逻辑结构都是相同的。⑧人种学或历史都找不出与这个断言相冲突的事实来。

三、先 验 和 真 实

先验的推理,纯粹是概念的和演绎的。它只能提出一些同义反复语和分析的判断,而别无作用。它所有的含义都是逻辑地从其前提导出,原已蕴涵在那些前提里面。因此,按照通常的指责,它不能给我们的知识有何增益。

几何的一切定理(theorem)都已蕴涵在那些公理(axiom)里面。一个直角三角形的概念已含着毕达哥拉斯定理。这个定理是一句同义反复语;它的演绎归结于一个分析的判断。虽然如此,决没有人会概括地说,几何不增加我们的知识,也决没有人会特指毕达哥拉斯定理不增加我们的知识。从纯粹的演绎推理得到的认知,也是创造的,并且为我们的心灵走进以前的禁地开辟着门径。演绎的推理之有意义,一方面,是把那些蕴涵在一些范畴、概念和前提里面的一切一切显现出来;另一方面,又使我们知道它们所不蕴涵的是些什么。它的使命,就是要使那被掩盖的、以前所不知道的东西明朗化。⑨

在货币这个概念里面,已蕴涵货币理论的一切定理。货币数量说并没有把货币概念所未蕴涵的任何东西增加在我们的知识中。它是在转换、发挥和展开货币概念;它只分析,所以它正如同毕达哥拉斯定理与直角三角形这个概念的关系一样,是同义反复语。但是,决没有人会否认货币数量说的认知价值。因为一个未受过经济理论训练的人,仍然不知道货币数量说是怎么一回事。过去曾有很多很多试图解决这些有关问题的努力，都一一失败。这正可说明我们现有的知识确是得来不易。

先验的科学，不会传递我们关于真实的充分认知，这不是先验科学这个体系的缺陷。它的一些概念和定理，都是些精神工具，这些工具为我们开辟途径，使我们得以接近真实，进而完全理解；当然，并非它们本身已经是关于一切事物的真实知识的全部。真实，是变动不居的。理论与对于真实的理解，相互间不是对立的。关于人的行为一般的先验科学，也就是理论。没有理论，就不会对于人的行为的真实有所理解。

理知与经验的关系，很久以来就是哲学的基本问题之一。哲学家们处理这个问题，如同处理关于知识批判的一切其他问题一样，只涉及自然科学。他们忽视了人的行为科学。他们的贡献，对于行为学而言是无用的。

在处理经济学认识论问题的时候，采用一种为自然科学所采用的解决法，这已是常事。有些著作家推荐 Poincaré 的因袭主义（conventionalism）。[10]他们把经济推理的一些前提看作语言的或假设的惯例。[11]其他的一些著作家又倾向于默认爱因斯坦（Einstein）所提出的观念。爱因斯坦提出这样的问题："数学——不靠任何经验的人类理知的产物——如何会这么精密地合乎真实的事物？人的理知，不藉助经验只凭纯粹的推理，就能够发现真实事物的情状吗？"他的答复是："就数学定理涉及真实的而言，那些定理是不正确的，就它们是正确的而言，它们不涉及真实。"[12]

可是，人的行为科学与自然科学根本不同。凡是想摹仿自然科学来建立一个行为科学认识论体系的人，都犯了可悲的错误。

作为行为学主题的人的行为，其赖以发生的根源，也即人的推理所由发生的根源。行为与理知是同原同质的；它们甚至可被视为同一事情的两方面。理知之所以能够（透过纯粹的推理）认清行为的基本特征，就是因为行为是由理知衍生出来的。经由正确的行为学推理而得到的那些定理，不仅是完全对的、不容争论的，如同正确的数学定理一样；而且这些定理是以其充分的正确性来指点见之于现世的和历史的行为的真实面。行为学教给我们关于一些真实情事的正确知识。

行为学的起点不是对于一些公理的选择,也不是关于处理方法的决定,而是关于行为本质的深思熟虑。"行为学的一些范畴未在其中充分而完全显现的"行为,事实上决不会有。"手段与目的,或者成本与收益,不能在其中明白区分的"行为方式,也决无法可以想象。决不会有什么事情仅仅是近乎或不完全合乎"交易"这个经济范畴。要么,就是"交易";要么,就是"非交易"。对于任何交易而言,所有关于交易的一般定理,连同它们的一切含义,都是充分有效的。绝没有从交易到非交易或从直接交易到间接交易过渡的情事。我们的经验决不会与这些论述相冲突。

与这些论述相冲突的经验之所以不可能有,因为凡是关于人的行为的一切经验,都限之于行为学的一些范畴,只有经由这些范畴的应用,经验才成为可能。如果在我们的心灵中不具备行为学推理所提供的一些分类表,我们决不能辨识和了解任何行为。我们只会看到一些活动,但不会了解购买或出售,也不会了解价格、工资、利率等等。我们之所以能够获有关于买卖行为之经验,而又无关乎我们的感官是否也同时接触到外在世界这方面的一些活动,这只是由于行为学分类表的应用。不藉助于行为学的知识,我们对于交易媒介决不会有任何了解。假若我们不具备这类先在的知识而看到一些铸币,我们只会认为那是一些金属的圆块而已。关于货币经验的获得,必须首先知道"交易媒介"这个行为学的范畴。

关于人的行为的经验之所以不同于关于自然现象的经验,就是由于前者以行为学的知识为必要条件。自然科学的方法之所以不能适用于行为学、经济学和历史之研究者,原因就在于此。

当我们断言行为学之先验性的时候,我们并不是想为将来计划一门不同于传统的行为科学的新科学。我们并不是说关于人的行为之理论科学"必须"是先验的,而是说它"是"如此,而且"总是"如此。凡是考虑到人的行为所引起的问题的时候,必然地要涉及先验的推理。不管讨论问题的人们是追求纯知识的理论家,还是那些想了解周遭的变故,想发现什么政策或行为最符合他们自己的利益的政治家、政客或一般公民,就这一点来讲,他们都是如此。人们在开始讨论的时候,也许会涉及某些具体经验的意义,但是这个论辩必然会离开有关事件的那些偶然的和枝节的部分,而转到一个基本原则的分析,而且不知不觉地会把那些引起辩论的事件完全抛弃了。自然科学的历史,就是一些被经验所否定的学说或假设的记录。试回想被伽利略(Galileo)所驳倒的力学的谬误和燃素理论(The phlogiston theory)的命运。在经济学史上没有这样的记录。在逻辑上互不相容的一些理论,其主张者每每把同一事件来证明他们的理论是得到经验支持的。其实是这样:在人的行为领域所呈现的现象,都是复杂现象;凡是关于一个复杂现象的经验,总可以用各种相反的学说来解释。至于这个解释是否叫人满意,那就要靠对那些预先凭先验推理而成立的有关学说的鉴定。⑬

历史不会教我们任何通则、原则或法则。我们无法从历史经验归纳得到关于人的行为和政策的任何理论或定理。历史的资料,如果不能靠有系统的行为学知识来澄清、来安排、来解释,那就只是一大堆乱七八糟的事象而已。

四、方法论的个人主义的原理

行为学是研讨各"个"人的一些行为。至于人类合作的知识之被获得,以及社会行为之被当作人的行为这个更普遍的范畴之一特例,那只是行为学研究中进一步的课程。

这种方法论的个人主义受到各种玄学派的激烈攻击而被污蔑为唯名论(nominalism)的谬误。批评的人们这样讲:"个人"这个概念是一个空间的概念。实在的人,必然总是社会整体的一分子。我们甚至于不可能想象,有一个脱离别人而不与社会发生关联的个人会存在。人之为人,是社会进化的产物。人的最大特点——理知,只有在社会关联的架构中才会产生。人的思想没有不会依赖语言所表达的一些概念和观念。语言很明显地是一社会现象。人,总是一个集体的分子。从逻辑上讲,从时间上讲,整体都是先于部分或分子的,因而对于个人的研究必须后于对社会的研究。对于人类问题作科学的研究,唯一适当的方法,就是全体主义(universalism)或集体主义。

究竟是整体先于部分呢,还是部分先于整体,这种争论是白费的。从逻辑上讲,整体和其部分这两个概念是互相关联的。作为逻辑的概念,它们都与时序无关。

实在论(realism)与唯名论,就中古繁琐哲学所赋予它们的意义来讲,两者间的对立,也与我们所讨论的问题无关。在人的行为方面,社会的存在是真实的,这是不容争辩的。谁也不敢否认国、邦、城市、政党、宗教团体,是些决定人事历程的事实因素。方法论的个人主义,决不争论这些整体的意义,而是把这些整体的形成、消灭、变迁和运用加以描述,加以分析。这种描述和分析是方法论的个人主义的主要任务;而这种工作要做得满意,也只有个人主义的方法,才是适当的方法。

首先,我们必须了解:一切行为都是由一些个人做出来的。一个集体之有所作为,总是经由一个人或多个人作些有关于这个集体的行为而表现出来的。一个行为的性质,决定于行为的个人和受此行为影响的多个人对于这一行为所赋予的意义。某一行为之为个人行为,另一行为之为国的行为或市的行为,是靠这个意义来识别的。死刑的执行者是做刽子手的那个人,不是国。至于把刽子手的行为认为是国的行为,那是一些有关的人们所赋予的意义。一群武装的人们占领一个地区,而不说这个占领是现场的那些军官和士兵干的,而归咎于他们的国,这也是一些有关的人们所赋予的意义。如果我们仔细追究个人们各种行为的意义,我们总会知道关于集体作为的种种。因为在各个成员的行为以外,决没有一个集体存在。集体生活是生活在组成这个集体的一些个人的行为中。我们想象不出不靠某些个人的行为而有所作为的集体。所以要认识整个的集体,就得从个人行为的分析着手。

人,从他的"人前阶段"(his prehuman existence)演化出来的时候,已经是一个社会的动物,会思想、会行为。理知、语言和合作,其发展是同一过程的结果;它们一定是相互关联而不可分开的。但是,这个过程是发生于人与人之间。个人们的行为之变动不居,就是这个过程的进展。除掉了一些个人,就没有这样的过程。除掉了个人们的一些行为,就没有任何社会基础。

国邦、民族、教会,以及在分工下的社会合作,只有在某些个人的一些行为当中才可看得出来。如果没有可以看得见的国民，就没有可以看得见的国。在这个意义下，我们就可以说一个集体是经由个人们的一些行为而存在的。这并不意含在时间上个人是先于社会的，这只是意指个人们的一些确定行为构成了这个集体。

我们无须乎辩论：一个集体是不是它的一些分子相加的总和，还是加上了更多的什么，它是不是属于它自身的一个特殊存在，以及说到它的意志、计划、目的和行为，乃至认为它有一特殊"精神"，这是不是合理，像这种学究式的唠叨，是无用的。一个集体只是许多个人的行为之某一面，因而它可以决定某些情事的发展。

可是，如果你以为集体是可以具体化的，那就是妄想。集体决不是看得见的；集体之被认知，总是由于了解那些行为人赋予它的意义。我们会看见许多人在一块。至于这许多人究是乌合之众，还是一个组织的社会团体，这个问题的答复，只有靠对这些人对于他们自己的到场所赋予的意义求了解。而这个意义总是个人们的意义。使我们认知一些社会团体之存在的，不是我们的感官，而是我们的了解；了解是一心理过程。

凡是想从集体来着手研究个人行为的人们，都要碰到一个不可克服的障碍。那就是，事实上每个人同时会属于而且（除最原始部落的分子）确属于几个不同的集体。由于同时并有的社会团体的众多，和它们之间的利害冲突而引起的一些问题，只有方法上的个人主义，⑭才能解决。

我 与 我 们

"我"（the ego），是行为者的单元。它当然是既定的，不能用任何推理或诡辩来分解或消除。

"我们"（the we）则是把两个以上的"我"加在一起的总称。如果某人说到"我"，其意义已足够明了，无须进一步追究。同样地，关于"你"（the thou）或"他"（the he），如果所意指的人是确定的，也无须进一步追究。但是，如果一个人说到"我们"，那就需要更多的信息才可知道这个"我们"包括着谁。说"我们"的，总是一个一个的人；即令他们齐声说出，那仍然是些各个人的发音。

"我们"的行为,不过是其中的每一个人为着自己而行为;除此之外,"我们"不能有所行为。这些人或者全体一致行动,或者其中一人为全体而行为。在第二种情形下,其余的一些人之合作在于他们所形成的一个情势,这个情势使一人的行为对于他们也有效。只有在这一意义下,一个社会团体的职员是为全体而行为的;这个人的行为之所以关系到集体的诸分子,或者是他们所使然,或者是他们所允许。

心理学想把"我"拿来分解,并且想把"我"说成一个幻觉,这些努力是白费的。行为学里面的"我"决无疑问。不管是什么人,也不管他会变成什么人,只要他有选择,有行动,他就是一个"我"。

我们必须把"逻辑的多数"(the pluralis logicus)与"光荣的多数"(the pluralis glorious)分辨清楚。如果有一位从未滑过冰的加拿大人夸口说"我们是世界上第一流的冰上曲棍球的打手",或者有一位意大利的文盲骄傲地说"我们是世界上最杰出的画家",决没有人会被愚弄。但是,关涉到政治经济问题的时候,"光荣的多数"就发展到邦国主权,因而在国际经济政策的理论方面发生了重要作用。

五、方法论的独特性原理

行为学从个人的行为来开始它的研究,也就是不外乎从个人的行为来开始。它决不笼统含糊地研讨一般人的行为,而是研讨一个确定的人在一确定的时间,一确定的地点所作的具体的行为。当然,它并不研讨这个行为的偶然的和局部的一些特点,也不研讨这个行为异于其他所有行为的地方,它只研讨行为之为行为而普遍必要的因素。

全体主义的哲学,自古以来就堵塞了理解行为问题的途径,而现代的全体主义者对于行为问题简直不得其门而入。全体主义、集体主义,以及概念的实在论(conceptual realism)只知道一些整体和一般概念。他们所涉想的是人类、民族、邦国、阶级、善与恶、对与错,以及欲望和财货完整的类别。他们所问的,例如:何以"金"价比"铁"价高? 所以他们除了一些矛盾谬论以外,永久得不到解决。最著名的例子,是那个使古典经济学家的著作为之减色的价值说。

行为学是问:行为中发生什么? 如果说"在那时那地、此时此地或任何时地,有一个人在行为",这句话是什么意思? 如果他选择某一事物,舍弃另一事物,其结果是什么?

选择行为总是在当前几种不同的情况中作一决定。人,决不会在善与恶之间选择,他只在我们基于一个适用的观点而名之曰善的或恶的两种行为方式之间,加以选择而已。一个人决不会在"金"与"铁"之间选择,而只是在一定量的金与一定量的铁之间选择。每一个行为,严格地被它的一些直接后果所限。如果我们想达到正确的结论,最要紧的是注意这些限制。

人生是由一个一个单独的行为不断地连续起来。但是,各个行为决不是孤立的。多个行为连结起来成为一个较高层次的行为,以之达成一个较远的目标。每个行为都有两方面,一方面,是一个远大行为当中的部分行为,是在完成那个远大行为所预期的目标之一部分;另一方面,就它自己这部分所要完成的行为来讲,它本身就是全部,而非部分。

至于明白显现出来的,是那个较远大的行为,还是只在于达成直接目标的一部分行为,那就决定于行为人当时所要完成的那个设计的范围。行为学不必提出形态心理学(gestaltpsychologic)所提出的那样的一些问题。大事业的完成,总得从部分工作做起。一个大教堂当然不同于许多石块连结在一起。但是,建筑一个大教堂的唯一程序,却是一个石块砌上一个石块。就这位工程师讲,他的全部计划是这个大教堂;就泥水匠讲,是那一面墙;就砌石的工人讲,只是那些石块。完成大事业的唯一方法,但从基本上一步一步、一点一点地做起,这是行为学所重视的一个事实。

六、人的行为的个性和变动性

人的行为的内容,也即,所要达成的一些目的以及为达成这些目的而采用的一些手段,是决定于每一行为人的品质。个人是动物学上一长串演化过程的产物,在这演化过程中,他承袭了生理上的遗传。他,生而为其祖先的后裔,祖先们所有的经验,是他所继承的生物学上的遗产。当他出生的时候,他并没有进到这个广大的世界,而只是投入一个有限的环境。先天遗传的品质以及后天生活的影响,使一个人成为他那样而终生如此。这就是他的命运。就"自由"一词在玄学上的意义来讲,他的意志是不"自由"的。他的意志决定于他的背景以及他自己和其祖先们所受到的一切外来影响。

遗传与环境,支配一个人的行为。它们为他提示目的与手段。他不单是作为一个抽象观念的人而生活;而是作为他的家庭、他的种族、他的民族以及他的同辈中的一个人而生活;作为他的国邦之一公民;作为某一社团的一个会员;作为某一职业的一个从业员;作为某一宗教的、玄学的、哲学的以及政治的思想的一个信仰者;作为许多党争和论战的一个参与者。他自己并不创造他的思想和价值标准,而是从别人方面借来。他的意理(ideology)是他的环境所教的。只有极少数人具有创造力,能够提出崭新的、原始的思想,能够向传统的信念和教条挑战。

平凡的人不会思考大的问题。关于大的问题,他只信赖他人的权威,他按照老好人的榜样好好做人,他像羊群中的一头羊。正是这种心智上的惰性使一个人成为平凡的人。但是平凡人也是要作选择的。他选择了传统的模式或别人所用的模式,因为他深信这样做是最适于达成他自己的福利。而且他也会改变他的意理,因而改变他的行为方式,当他深信这样做会更有利于自己的时候。

一个人的日常行为,大部分是些简单的惯行。他做这些事情,用不着特别注意。他之这样做,是因为他从小就被训练得如此,因为别人也同样地做,因为这样做是他生活环境的习俗。他养成了这些习惯,他会自动地反应。但是,他之耽于这些习惯,只是因为他喜欢这些习惯的效果。一旦他发现遵守老办法有妨害,他就会变更态度。一个在水源清洁的区域生长出来的人,习惯于毫不注意地吃水、用水洗衣物以及洗澡。可是当他到了一个水源被病菌污染了的地方,他就得特别注意到从来没有烦心的问题。他得时时刻刻提醒自己,不要像以前那样毫不思索地吃水、用水,以免受害。一种行为在正常情形下好像是自发自动的,这个事实并非表示这种行为不是有意选择的。耽于一种可能改变的惯行,也是一个行为。

行为学不处理变动的行为"内容",它只处理它的纯形式和它的范畴结构。关于人的行为中的偶然性和环境特征,则是历史所要处理的问题。

七、历史的范围和其特殊方法

历史的范围包括对于人的行为经验之全部资料的研究。历史家搜集并批判地挑选所有可得到的文件。基于这样的证据,历史家进入他纯正的本行工作。

有人说,历史的任务是要陈述一些事件实际上是如何发生的,不要有所假想,也不容有价值判断(即,对于一切价值判断保持中立)。历史家的报告必须俨如一件逼真的过去影像,一件心智的摄影,对于所有的事实给以完全的不偏的描述。它必须把过去再现于我们的眼前而毫不遗漏。

过去的真正再现,是人力所做不到的。历史不是一件心智的复制品,而是把过去作一凝缩的概念化。历史家并不是让过去的事件自然明白,而是按照他已有的理念来安排这些事件。他所报告的并不是所有发生过的事实,而只是一些相干的事实。他并不是不要前提假定而去接近一些文件,而是以他那个时代的全部科学知识作装备的,也即以当代的逻辑、数学、行为学和自然科学作装备的。

不待言,历史家不可以存有任何偏见。凡是把历史事实作为论战之武器的作者,不算是历史家,而只是宣传家和辩护者。他们并不热心于求知识,而是为他们党派的主张作辩护。他们是在为一个玄学的、宗教的、民族的、政治的或社会的"独格码"(dogma)而斗争。他们窃取历史的名,以掩饰他们的作品来欺人欺世。一位历史家最要紧的是力求认知。他必须把自己保持得不偏不倚。在这个意义下,对任何价值判断,他一定是中立的。

这种"不涉及价值"（wertfreibeit）的主张，在演绎的科学——逻辑、数学、和行为学与实验的自然科学的领域里，容易实现。从论理上讲，在"科学的、无偏见的论述"与"迷信、成见和情感所歪曲的论述"之间划一明确的界线，并不困难。可是在历史的论述中要遵守价值中立这个规律，却困难得多。因为历史的题材，是人的行为的内容，具体而偶然的、环境使然的，这都是些价值判断和这些判断投射在变动中的现实。历史家在他活动中的每一步骤，都关系价值判断。他所要陈述的是人们的行为，而这些人的价值判断就是他所要研究的基本资料。

有人说，历史家自己免不了价值判断。没有一位历史家会把一切事实描写得像它们所发生的那样，即令是天真的新闻记者或编年史的编者，也做不到。他一定要辨明，他一定要选择他所认为值得记述的事件，而把其余的略而不提。有人说，这番选择的本身就是一种价值判断。它必然要受限于这位历史家的世界观，因而不会公正不偏，而只是一些成见的结果。历史除掉事实的歪曲以外，没有其他的东西；它决不会是真正科学的。真正的科学，不涉及价值判断而只求发现真理。

当然，由于事实的选择，历史家所享有的自由裁量，无疑地会被滥用。历史家的选择囿于党派偏见，这种事情会发生，而且确已发生过。但是，这里所牵涉的一些问题，比上述流行的说法叫我们相信的，要复杂得多，对于这些问题的解决，必须从历史方法的更彻底研究来着手。

在处理历史问题的时候，历史家要利用逻辑、数学、自然科学，尤其是行为学所提供的一切知识。但是，这些非历史学科的心智工具，对于他的工作，并不是足够的。它们是些不可少的辅助物，但它们本身并不能解答他所要处理的一些问题。

历史过程，决定于个人们的行为和这些行为的后果。行为则决定于行为的人们之价值判断，也即，他们所急于想达到的目的，以及他们为达到目的而采用的手段。手段的选择，是行为的个人们所具有的全部技术知识的应用。在许多情形下，从行为学或自然科学的观点对那些手段所引起的结果加以评价，那是可能的。但是，还有许许多多的事情有待于说明，而没有现成的东西可用来帮助。

历史的特殊工作,是用一特殊方法,来研究那些不能靠所有其他学科来分析的价值判断和行为后果。历史家的纯正问题在于把事情解释得恰如其分。但是,他不能仅靠所有其他学科所提供的定理来解决这个问题。在他所要处理的每一问题的底层,总有些东西不是其他科学所可分析的。那就是每一事件所具有的一些个别的和独特的性质,而这些特性要靠"了解"(the understanding)来研究。

留在每一历史事实底层的那个独特性或个性,到了逻辑、数学、行为学以及自然科学所提供的解释方法统统用尽了的时候,就成为一个极据。但是,一些自然科学对于它们的极据,除掉作为最后资料以外,不能再说什么,历史却可以使它的一些极据成为可理解的。尽管不可能把这些极据分解出它们的原因——如果可能,它们就不是最后资料了——历史家却会了解它们,因为他自己是一个人。在柏格逊(Bergson)的哲学中,这种了解叫作直觉(intuition),也就是"为着鉴定某一事物的独特性,因而是不可形容的,一个人所藉以进入这一事物内部的那种感应"。⑮德国的认识论把这叫作"精神科学的特殊了解"(das spezifische Verstehen der Geisteswissenschaften)或简单地叫作"了解"(Verstehen)。这是所有历史家和所有其他的人在评论往事和预测未来的时候所常用的方法。"了解"的发现和其界限,是现代认识论最重要的贡献之一。当然,它既不是为一门新的科学(现在还不存在而有待建立的)的一个设计,也不是为任何现存的科学推荐一个新的处理法。

"了解"绝不可与"承认"混淆,即令那只是有限制的和偶然的。历史家、人种学家和心理学家,有时记述一些他们所厌恶的行为;他们只是把它们当作行为来了解,也即,从其所含的目的与所用的手段来了解。对于某一行为求了解,并不就是赞成这一行为,也不是为这一行为辩护。

"了解"也不可以与美的享受相混淆。投情(empathy)与了解是两种完全不同的态度。从历史的观点来了解一件艺术品,断定它的地位、它的意义,以及在世事沧桑中它的重要性,与从情感上把它当作一件艺术品来欣赏,完全是两回事。一个人可以用历史家的眼光来看一座教堂。但是,一个人既可以热情的欣赏者的态度,也可以无动于衷的观光客的态度来看同一座教堂。同一个人的反应方式,既可以是美的欣赏,也可以是科学的理解。

"了解"确认了这个事实:一个人或一群人出发于一些明确的价值判断和选择,从事于一明确的行为,以达成明确的目的,而且他们为达成目的,采用了一些明确的手段,这些手段是由一些技术的、治疗学的和行为学的教义所提示的。"了解"还进一步对于一个行为所引起的后果以及这些后果的强度试图评估;它也试图找出每一行为在其过程中与之相关的因素。

凡是逻辑、数学、行为学和自然科学所不能完全说明的现象,就其不能说明的部分求了解,这就是了解的范围。了解不能与这些部门的知识不相容。[16]魔鬼现形于人世间,见于无数的历史文献的记载,这些文献关于其他事项的记载都是相当可靠的。许多法庭在合法的程序中,根据见证人的证词和被告人的口供,曾确定有魔鬼奸淫女巫的事实。但是,如果有一位历史家要想坚持魔鬼并非神经失常者的幻觉,而系真正存在且干预人世间的事情,这种想法不能凭"了解"而认为是对的。

关于自然科学,这固然是公认的,可是关于经济理论却有些历史家采取不同的态度。他们认为,某些文献证明了一些事情是与经济定理不相容的,然后再用这些文献来反对经济定理。他们没有了解到,一些复杂现象既不能证明也不能反证任何理由,因而不能用来作为反对任何理论的证据。经济史之所以可能成为经济史,只是因为有经济理论可以说明经济行为。如果没有经济理论,那么,关于经济事实的一些报告,只不过是堆积一些不相关联的资料而可以任意解释。

八、概念化与了解

人的行为科学,是要对人的行为之意义和关联求理解。为这个目的,认识论上有两个不同的程序:概念化与了解。概念化是行为学的心智工具;了解是历史所独有的心智工具。

行为学的认知是概念的认知。它涉及在人的行为中什么是必要的。它是属于全称命题的认知，属于范畴的认知。

历史的认知则涉及每一事件或每类事件中什么是独一无二的。首先，它要藉助于所有其他科学所提供的心智工具，来分析它所要研究的每个对象。完成了这个准备工作以后，它就面临它本分内的特殊问题，即：凭了解来说明事件的独特性。

前面曾提过，有人说，历史决不会是科学的，因为历史的了解是凭历史家主观的价值判断。他们说，了解不过是武断的一个委婉说法。历史家的记述总是偏于一面的、不公平的；他们并不报告事实；他们歪曲事实。

我们有许多从各种观点写成的历史书籍，这自然是个事实。关于宗教改革的历史，有些是从旧教的观点写的，有些是从新教的观点写的。还有"普罗的"历史和"布尔乔亚的"历史，保守党的历史家和自由党的历史家；每个国邦，每个政党，每个语系集团，都有它自己的历史家和它自己的历史观念。

但是，由于这些解释的差异而引起的问题，与那些自称历史家的宣传家和辩护者的故意歪曲事实，不可相提并论。那些基于可用的资料以无可怀疑的方法而确定的事实，只能当作历史家的准备工作而确定。这不是靠了解的地方。这是要用历史以外的所有学科所提供的工具来完成的工作。事象的收集要以小心求证的态度去观察那些可用的记录，只要历史家用以批判资料的那些非历史的所有理论是合理可靠的，那么，在这个范围以内，关于事象的这样确定，就不会有何任意的争执发生。历史家所断言的，或者对，或者与事实相反，或者被有效的文献证实，或者被它们证妄，或者因为所用的资料不够报导性而暧昧含糊。专家们会有不同的意见，但意见的不同，只在于证据的如何合理解释这方面。讨论的内容不容许有何任意的陈述。

可是，历史家们对于一些非历史的科学指导，也常常意见不一致。因此，关于记录的研考以及研考以后的结论，也就会意见分歧。于是，就有一个不可调协的冲突发生。但是，这个冲突的原因不是关于具体的历史现象的武断，而是来自非历史的科学里面一个未决定的问题。

古代中国的历史家常会报导皇帝犯罪带来旱灾，皇帝悔过，才会下雨。现代的历史家都不会接受这样的报导。因为它是与现代自然科学基本信念相冲突的。但是，在许多神学的、生物学的和经济学的问题上面，却缺乏这样的一致。因而历史家的意见就分歧了。

凡有种族优越感的人，一听到关于其他"劣等"种族智能或道德方面的造诣，就会视为荒唐无稽之谈。他对于这种报导所持的态度，正如同现代历史家对于上述古代中国历史家的报导一样。关于基督教历史上的任何现象，不会有一致的看法，因为有的人把《福音书》奉为《圣经》，有的人认为它们都是人写的。天主教的历史家与新教徒的历史家，对于许多事实问题不能同意，因为是从不同的神学观念出发。一位重商主义者或新的重商主义者与一位经济学家，必然是意见相左。一篇关于一九一四至一九二三德国货币史的说明，当然要受作者的货币理论的限制。法国大革命的事实，由君权神授说的信仰者来写，与由别人来写，就完全不同。

历史家们在这样的一些问题上之意见不同，并不是以历史家的资格而引起的，而是由于他们把非历史的知识应用到历史主题上而引起的。他们之间的意见不一致，正如同"不可知论者"的医生们对于 Laurdes[⑰]的奇迹所持的见解，与那个为搜集奇迹的证据而成立的医疗委员会的会员们所持的见解之不一致。只有那些相信"事实把它自己的故事写在白纸似的人心中"的人们，才会责怪历史家这样的意见差异。他们不知道历史的研究决不能免于预设，关于预设（也即非历史的全部知识）的意见不同，必然地决定了历史事实的确立。

这些预设也决定历史家对于历史事实的取舍。一位现代的兽医在研究母牛不授乳的原因时，将会完全不理睬那些关于巫婆凶眼的报导；他的见解与三百年前的当然不同。历史家的选择事实，也是如此；他从那无数的事实中，挑选出他认为与他所要处理的问题有关的，而舍弃他所认为无关的。他的这种"认为"，是基于他所具有的非历史的知识。

非历史的科学知识如果有所改变，其结果必然要使历史重写。对于同样的历史问题，每个世代都会重新处理，因为每个世代有其不同的看法。古代的神学世界观导向一种与现代自然科学的定理不相容的历史论述。基于主观经济学而写出的历史著作与那些基于重商主义而写出的迥然不同。就历史著作中,由于这些差异而发生的分歧来讲,这些分歧并不是所谓历史研究中的暧昧和不确定的结果。相反地,这些分歧是由于在一些其他科学的领域内缺乏一致的意见。

为避免可能的误解,最好是再强调几点。以上讲到的那些分歧,绝不可和下面几种情形相混淆:

(1) 恶意的曲解事实。

(2) 从法律或道德的观点,想对任何行为给以辩护或加以谴责。

(3) 从事态作客观的陈述中,偶尔夹入价值判断的字句。一位细菌学家,如果他基于人的观点,认为人的生命之保持是一最后目的,而把这个标准应用到他所写的一本论著,因而把有效的抗菌法叫作好的方法,无效的叫作坏的。这并不失掉他这篇论文的客观性。如果写这本书是一个"细菌"而不是"人",它将会把这种判断颠倒过来。但是,这本书的实质内容与细菌学家所写的不会不同。同样地,一位欧洲的历史家写到十三世纪蒙古人侵略的时候,因为他基于西方文明的保护者立场,他会讲到一些"有利的"和"不利的"事件。但是,这种偏于一方面的价值标准并不一定妨害他所研究的实质内容。它可能——从当代知识的观点来看——是绝对客观的。一位蒙古的历史家,除对于那些偶有的词句以外,可能完全同意。

(4) 在外交的或军事的敌对中,某一方面的说辞。在群体之间的冲突中,任何一方都是被某些观念、动机和目的促动的,而这个冲突,可从这方面或那方面的观点来看。为要充分了解已经发生的事情,那就必须考察双方面所做过的事情。其结局决定于双方行为的相互激荡。但是,为要了解他们的一些行为,历史家也得尽可能地就当时的情况、就当时的当事人着想,而不可仅就我们现在知识的观点来看往事。在南北战争爆发前几个星期和几个月以内的林肯政策史,当然是不完全的。但是,历史的研究都没有完全的。不管这位历史家是同情联邦主义者,或同情南方的同盟主义者,或者是绝对中立的,他总可以用个客观的方法来写一八六一年春季林肯所采的政策。这样一个研究是为解答南北战争如何爆发的这个较广泛的问题所必须的准备。

最后,这些问题已经解决了,才可触及真正的问题:在历史的了解中,是否有何客观的成分，如果有的话，这个成分又如何决定一些历史研究的成果呢？

所谓了解，也就是要承认"人们的行为是被某些确定的价值判断所激动，而要达成某些确定的目标"这些事实。就这一点讲，在真正的历史家当中不会有何异议（这里所说的真正的历史家，是指那些想对往事求得认知的人们）。由于可用的资料所提供的消息不够多，可能有些不确定，可是这无害于了解。了解是指，这个历史家所要完成的准备工作。

但是，了解还有第二个工作要完成。那就是，对于一个行为所引起的一些后果，以及对这些后果的强度要加以评价；也要对每一个动机和每一种行为的相干（relevance）加以说明。

讲到这里，我们就接触到物理、化学与人的行为科学之间的一些重要差异之一。在物理学和化学所处理的那些事件当中，存在着一些不变的量的关系（至少是通常假设有这种关系存在），我们人能够藉助于实验室的试验相当正确地发现这些不变的关系。但是，在出乎物理学的和化学与治疗学范围以外的人的行为方面，却没有这样不变的关系存在。有个时期，经济学家们以为他们已经发现货币量的变动对于物价的影响有这样的不变关系，他们说货币流通量的增加或减少必定引起物价的按比例变动。现代经济学对于这种说法的谬误已经明白而正确地指出。⑱那些想把"量的经济学"来代替他们所谓的"质的经济学"的经济学者完全错了。在经济学领域内没有不变的关系，因而没有衡量的可能。如果统计家断言，在某一时期 Atlantis 的马铃薯供给量增加了百分之十，它的价格就接着跌落了百分之八，这位统计家并没有对另一个地区或另一个时期的马铃薯供给量变动所引起或将引起的结果有何陈述。他未曾"衡量"马铃薯的需求弹性。他所讲的只是一件特殊的、个别的历史事实。人们关于马铃薯和任何其他货物的行为总是变动无常的。凡是有理知的人，谁也不会怀疑这一点。不同的人对于相同的事物每每有不同的评价，而同一个人在不同的情况下对于同一事物的评价也每每发生变动。⑲

在经济史这方面以外，没有人敢主张在人的历史当中有些不变的关系。过去，在欧洲人与落后民族的武力战斗中，一个欧洲兵可以敌得过几个土著兵,这是一个事实。但是,绝没有人愚蠢到要"衡量"欧洲人的优越"量"。

这种衡量之不可能,并非由于技术上欠缺衡量的方法,而是由于没有不变的关系可以衡量。假若只由于技术上的欠缺,至少在某些情形下还可做一近似的估计。但是,主要的问题是,没有不变的关系存在。一些关于经济事象的统计数字,都是历史资料。这些数字只告诉我们,在不会重演的历史事件中发生过的情形。物理学的一些事象可以靠我们在试验中得到的知识(关于不变的关系的知识)来解释。历史事件不宜这样解释。

历史家可以把那些合力促成某一已知的后果的一切因素列举出来,也可以把那些具有相反作用的一切因素列举出来。但是,他不能用计量的方法一一指出这些因素对于这个后果所发生的作用各有多大,除非是靠了解。在历史这个领域中,"了解"相当于物理学的定量分析。

工艺学会告诉我们:为要使 Winchester 式的机关枪从三百码的距离射来而不致射穿一面钢板,这面钢板应该有多厚。因而工艺学会解答一个躲在一面钢板后面的人(钢板的厚度已经知道)何以被一射击杀伤或未受伤。但是,历史对于下面这类的问题却无法给以确切的解答:为什么牛乳的价格上涨了百分之十;为什么一九四四年的大选,罗斯福总统击败了杜威州长;为什么法国在一八七〇年至一九四〇年间是共和政体。像这样的一些问题,除靠了解以外,不容任何其他的方法来处理。

了解对于每个历史因素都会予以关联。在了解的运作中,没有武断和任意可以存在的余地。历史家的自由,受了他自己为对真实有满意的解释而努力的限制。指导他的方针是在寻求真相。但是,在了解中必然渗入主观的成分。历史家的了解总要染上他个性的色彩。也即反映他的心灵。

一些演绎的科学——逻辑、数学与行为学——在于探求一种无条件地普遍有效的知识,对于所有具逻辑结构之心灵的人们,都是有效的。自然科学所寻求的认知,对于那些不仅具有人的理知,而且具有人的感官的人们,统统有效。人心的逻辑结构和人的感觉之一致性,使得这些部门的知识具有普遍有效的特征。那至少是些物理学家作研究时的指导原则。只是,近年来他们已开始看出,他们的努力有了缺陷,放弃老辈物理学家的过份自负,发现了"不确定原则"。现在他们认识到,有些视察不到的东西,它们之不可视察,是一个认识论上的原则问题。[20]

历史的了解所得到的结论,决不是所有的人一定承认的。两位历史家,对于非历史的科学所教的东西完全同意,对于那种在不靠相关的了解而可认定的范围以内所作的事实认定,也完全同意,但他们对于这些事实之间的相干性,可能有不同的了解。他们可能完全相同地认定 a、b 和 c 这些因素合力促成一个后果 p;但是,对于 a、b 和 c 的个别贡献各有多大,就会不能同意了。关于这方面的了解,就得受主观判断的影响。自然,这些判断不是价值判断,不是表示历史家的偏好。这些判断是相干判断(judgment of relevance)。[21]

历史家们由于各种原因会意见分歧。他们对于非历史的科学所教的东西,会有不同的意见;他们对于那些作为推理根据的记录,有的精通,有的不很精通;他们对于一些行为人的动机和目的,以及所用的方法,也会有不同的了解。所有这些分歧都可用"客观"的推理来解决;也就是说,在这些方面得到一致的同意,是可能的。但是,历史家们在相干判断方面所不同意的,却无法寻求一个解决而为所有头脑清楚的人所接受。

科学方面用心的方法与普通人在世俗生活中的用心,并非种类的不同。科学家所用的思想工具与普通人的一样;他只是用得更技巧、更谨慎而已。了解并不是历史家所独有的,每个人都会了解。每个人在观察他周遭的环境时,他就是一个历史家。每个人都是用了解来对付未来的不确定,他必须为未来而调整他自己的行为。投机者的推理,也即对于那些决定未来情事的各种因素的一番了解。这里,让我提前强调一点,即:行为的目的必然是在将来,因而是在不确定下的情事,所以行为总是投机(speculation)。行为人好像是用历史家的眼光来看未来。

自然史和人类史

宇宙起源论、地质学以及生物演变史,都是属于历史方面的学科,它们所处理的是一些特殊的往事。可是,它们所用的方法只是自然科学的一些方法,无须乎了解。它们有时要依赖一些近似的计量。但是,这样的估计并不同于相干的判断。它们对于量的关系所作的估计，远不及"精确"的衡量。我们不要把它们与人的行为领域所发生的事情相混淆，后者的特征在于没有不变的关系。

如果我们说到历史，我们心目中就只有人的行为史，而它的特殊心智工具就是了解。

"现代自然科学的一切成就，都得力于试验方法"这种说法，有时可用天文学为例加以驳斥。现代的天文学，实质上是把物理学的一些法则应用到诸天体，而物理学的那些法则是在地球上靠试验发现的。可是，早期的天文学大都基于一个假定，即假定诸天体的运行并不改变它们的路线。哥白尼(Copernicus)和开普勒(Kepler)只是猜测地球绕太阳的路线是怎样一个形状。由于圆形被认为是"最完美的"曲线，所以，在哥白尼的学说中，就以圆形作为地球运行的轨迹。后来，在开普勒的学说中，以椭圆形代替圆形，同样也是猜测。一直等到有了牛顿的一些发现以后，天文学才成为一门自然科学——严格意义的"科学"。

九、论观念的类型

历史所处理的，是一些特殊的而不会重演的事件，是个一去不复返的人事流(the irreversible flux of human affairs)。一个历史事件的描述，不能不涉及有关的一些人，和其发生的地点与时间。如果可以不涉及这些而被描述的话，那就不是历史事件，而是自然科学里面的一个事实。X教授在一九四五年二月二十日，在他的实验室所完成的一篇试验报告，是一个历史事件的叙述。这位物理学家在他的报告中不提到做试验的人和时间与地点，他认为这是对的。他只提到与这个试验的结果有关的一些情况（当然是他自己认为有关的），等到再在同样的情况下重做的时候，也可得到同样的结果。这样，他是把一个历史事件转变成自然科学的一个事实。他把试验者的一些动作置之不理，并且把他想象成一个漠不关心的旁观者和陈述者，只是消极地观察和陈述纯粹的真实。对于这个哲学的认识论问题之处理，不是行为学的任务。物理学家们终于在自己惯于藉以自傲的信心中发现了瑕疵。

一切历史事件，尽管都是独特的、不可重演的，但有一个共同的特征：它们都是人的行为。历史是把它们当作人的行为来了解；历史利用行为学的知识这一工具来想象它们的意义，同时也由观察它们的个别性和独特性，来了解它们的意义。值得写成历史的，总是一些有关的人所赋予的意义：他们对于他们所想变动的那些事情赋予的意义，他们对于他们自己的行动赋予的意义，以及他们对于他们的行动所引起的后果赋予的意义。

历史对于无穷而复杂的事件之安排与分类，是按照它们的意义来作的。历史要把它所处理的那些对象——人物、观念、法制、社会组织以及人为的一切——处理得有条不紊，应遵守的唯一原则就是意义的类同（meaning affinity）。按照意义的类同，历史才可把那些繁杂的要素纳之于一些观念的类型（idea types）。

观念的类型是些特殊概念，用之于历史的研究和研究结果的陈述中。它们是一些了解的概念。因此，它们完全不同于行为学的一些范畴和概念，也不同于自然科学的一些概念。一个观念的类型并不是一个等级的概念，因为它的记述不是品题等级的高低。观念的类型，无法加以界说；它的特征，必须靠列举的方式来表达，那些特征的呈现，在具体的事例中，大体上可决定我们是否属于这个观念的类型。一个观念的类型的诸特征，没有必要在任何一个事例中全部呈现出来，这是很特别的。至于某些特征的缺少，是否会妨碍把一个具体的模范纳之于这个观念的类型，那就决定于来自了解的相干判断。观念类型的本身是了解——对于行为人的动机、观念、目的，以及所采的手段之了解——的结果。

一个观念的类型与统计学的"中位数"和"平均数"毫不相干。它的特征大部分与数字无关，仅凭这一点就不容作平均数的计算。但是，主要的理由还可从别的方面看出来。统计学的平均数是概述一个类（这个类型是已经藉助于界说或特征的记述而确立的）的分子的行为，而这种概述所涉及的不是界说以内的特征。在统计学者开始观察某些特征，而以观察的结果来确定一个平均数以前,这个类的分子必须是已知的。我们可确定美国参议员的平均年龄,我们也可以从某一年龄的人群对于某一特殊问题的行为反应,求得一个平均数。但是,如果要使一个类的分子的资格决定于一个平均数,那是不合逻辑的。

历史的问题,没有不藉助于观念的类型而可以处理的。即令历史家在处理一个单独的人,或一件单独的事时,他也免不了一些观念的类型。如果他说到拿破仑,他必然涉及总司令、独裁者、革命领袖这些观念的类型;如果他处理法国大革命这个事件,他必然涉及革命、原来的政体崩溃、无政府状态这些观念的类型。涉及一个观念的类型,其作用可能不是要把这个类型应用在当时的事件。但是,所有的历史事件都是用观念的类型来描述和解释的。普通人应付过去和未来的事情,也总是利用一些观念的类型,而且总是不知不觉地这样做。

利用一个确定的观念类型是否有利于把握诸现象,这只能取决于了解。观念的类型是用一切非历史的知识部门所发展出来的一些观念和概念构成的。每一项历史的认知,自然是受限于其他科学的发现,同时也依赖这些发现,而且也决不可与这些发现相冲突。但是,历史知识还有一个这些其他科学以外的题材和方法,而它们也无须乎了解。因此,观念的类型决不可与那些非历史的科学概念相混淆。这句话也适用于行为学的一些范畴和概念。它们确实提供了一些研究历史所必须的心智工具。可是,它们并不藉助于独特的、个别的事件之了解,而独特的、个别的事件是历史的题材。所以,一个观念的类型决不会是行为学的一个概念之应用。

在许多事例中发生这种情事:行为学用来表达行为学的一个概念的名词,也可为历史家表达一个观念的类型。于是,历史家使用"一个"字来表达两个不同的东西。他有时用这个名词来表达行为学的概念,但是,更多的时候是用来表达一个观念的类型。在后一情形下,这位历史家把一个不同于行为学上的意义之意义,加在这个字上面;他这样做,是把这个字变换到一个不同的研究部门。两个名词表达不同的事物;它们是同音的。"企业家"(entrepreneur)这个字的经济概念是属于一个社会阶层;经济史和记述经济学(descriptive economics)所用的"企业家"这个名词,是表达一个观念的类型,两者的意义截然不同。经济学里面"企业家"一词是一确定的概念,在市场经济的理论架构中,这个名词是指一项统合的功能(integrated function)。[22]历史的观念类型的"企业家"所包括的分子与经济学里面的"企业家"不同。使用"企业家"这个名词的时候,谁也不会想到擦皮鞋的孩子、出租汽车的司机、小商人和小农。经济学所指的企业家,包括这个阶层的全部分子,至于时间、地域和行业的部门则一概不管。在经济史里面,企业家一词所代表的一些观念类型,就会随年龄、地区、行业和许多其他特殊情况之不同而有差别。一般性的观念类型对于历史没有什么用处。历史所更要用的类型是像下面这样的:杰斐逊时代的美国企业家、威廉二世时代的德国重工业、第一次世界大战前几十年的新英格兰的纺织工业等等。

一个确定的观念类型,应不应该推荐利用,这就要完全取决于如何了解。目前最风行的是利用两个观念类型:左翼政党(进步党人)和右翼政党(法西斯蒂)。前者包括西方的民主党、拉丁美洲某些独裁政权、俄国的布尔什维克;后者包括意大利的法西斯和德国的纳粹。这种分类是产生于一个确定的了解方式。另一个了解方式就是把民主与独裁视作正反的对立。于是意大利的法西斯和德国的纳粹属于独裁政治这个观念类型,西方的制度则属于民主政治这个观念类型。

把经济学解释为一个观念类型——"经济人"的性格记述,这是德国历史学派和美国制度学派的一个基本错误。按照这种解释,传统或正统的经济学所处理的,不是人之所以为人的一些行为,而是一个虚拟的或假设的影像。它描绘出这样一个东西,完全被"经济的"动机驱使,也即一心一意谋取最大可能的物质或金钱利益。像这样的一个东西,在现实界是没有的,而且也从来没有过;这是冒牌的哲学家幻想出来的一个怪物。世界上决没有一个人只是追求财富而不计其他;事实上有许多人对于财富满不在乎。在处理人的生活和历史的时候,用这样一个怪物作代表,这毫无用处。

古典的经济学家对于物价的形成,力求解释。他们充分知道:物价不是某一群人的活动结果,而是市场社会全部分子相互作用而形成的。但是,古典经济学家却没有提出一个叫人满意的价值理论。他们对于一个表面上似乎矛盾的价值现象茫然不知如何寻求解答。尽管铁比金更"有用",但金的价值比铁的"更高",他们被这个矛盾迷惑住了。因而他们不能建立一个价值通论,不能从市场交换现象和生产现象追溯到这些现象的最后根源——消费者的行为。这个缺陷使他们不得不放弃他们的更大的计划——建立一个人类行为通论的计划。他们不得不自满于"只解释生意人的行为,而不回溯到最后的决定因素——每个人的选择"这样的一个理论。他们只研讨生意人贱买贵卖的行为,而把消费者置之不顾。后来的追随者不仅不知道是古典经济学的缺陷,反而把这个缺陷说成是前辈的精心结构,而且在方法上是必要的。他们说,这是经济学家们故意这样设计,使他们自己的研究限之于人的行为之一方面,即"经济的"一面。他们故意用一个虚拟的"人",只受"经济"动机的驱使而不计其他,尽管这些经济学家们充分知道,真正的人是受许多"非经济"动机驱使的。这些解释者,其中有一派人还这样说,对于非经济的动机之处理,不是经济学的任务,而是其他知识部门的任务。另一派人虽然承认处理非经济的动机,以及这些动机对于物价形成的影响,也是经济的任务,可是他们认为这得留给后代人去做。在本书的后面将要说明,把人的行为分为"经济的"动机和"非经济的"动机,这是站不住的。㉓在这里,只要指出所谓人的行为之"经济的"方面这个说法,完全误述了古典经济学家的理论。他们绝不是像这些人所说的有意如何如何。他们是想理解实在的物价如何形成,而不是追求在虚幻的假设下虚拟的物价如何决定。他们所想解释而且确已解释的物价,是实际市场的物价,尽管他们没有把物价追溯到消费者的选择。他们所说的需求和供给,是实实在在的因素,而这些因素是被那些促动人们买或卖的一切动机所决定的。他们的理论之错误,是他们没有把需求追溯到消费者的选择;他们缺乏一个叫人满意的需求理论。至于说需求完全决定于"经济的"动机,那不是他们的想法。由于他们的理论局限于生意人的行为,所以他们没有处理最后消费者的动机。可是,他们的价格理论是要对真实的价格求得解释。

现代的主观经济学一开始就从事于解决价值论表面的矛盾。它既不把它的理论局限于生意人的行为,也不处理虚拟的经济人。它是研讨那些不易变动的每个人的行为元范。它的那些定律——关于物价的、工资率的,以及利率的——涉及这些所有的现象,而不管那些促使人们买卖或不买卖的一些动机。

到了现在,我们再也不要经由"经济人"这个幻影为古典经济家的缺陷文过饰非。这种作为是枉费心机的。

十、经济学的程序

行为学的范围,限之于对人的行为元范之说明。关于行为学一切定理的推演所需要的,只是关于人的行为之本质的知识。这种知识是我们自己的知识,因为我们是人;人,除非他因病理的关系,变成了植物性的存在,决不会缺少这种知识。为要了解这些定理,无须特别经验;对于一个不会先验地知道什么是人的行为的"人",经验也不能叫他了解这些定理,不管经验如何丰富。认知这些定理的唯一途径,是我们对于行为元范的固有知识之逻辑分析。我们必须反省,并想到人的行为之结构。行为学的知识,同逻辑和数学一样,是我们所固有的,而不是外来的。

行为学的一切概念和定理,都蕴含在人的行为的元范中。我们的第一个任务,是要把它们抽绎出来而加以推演,说明它们的含义,并界定行为之所以为行为的一般条件。在说明了任何行为所必具备的一些条件以后,还得进一步来界定特殊行为所必须具备的较不普遍的条件。列举所有可想到的条件,并从这些条件推演出合乎逻辑的一切结论,藉以完成第二个任务,这当然是可能的。这样一个概括的系统所提供的理论,不仅涉及实际世界中的人的行为。它也同样适用于在想象世界中所假设的行为。

但是,科学的目的是要知道真实。科学不是精神锻炼或逻辑的游戏。所以行为学的研究限之于在现实世界的那些条件和前提下的行为。它虽也研究在未实现或不能实现的条件下之行为,但这种研究只是从两个观点出发。它研究那些在现在和过去虽不是实的,而将来可能成为实在的事象。第二,为着充分了解在现实世界的事态如何发展,如果有必要去研究未实现的和不能实现的条件时,也就作这样的研究。

但是,这样讲到经验,并不妨害行为学和经济学的先验性。经验只是指使我们的好奇心从某些问题转向到另一些问题上面去。经验告诉我们应该探究什么，但它并不告诉我们如何可以进行求知的研究。而且，在某些情况下，如要想象现实世界所将发生的事情，必得研究那些不合实况的假设。告诉我们这一点的，不是经验，而只是思想。

劳动的负效用，不是属于元范的和先验的。我们可以毫无矛盾地想到一个不以劳动为苦的世界，而且我们也可描绘出在这样的世界里面的一些事象。②但是，实际的世界是受劳动负效用之影响的。可以用来了解这个世界事象的定理，只是那些基于"劳动为不愉快的根源"这个假定上的定理。

经验使我们知道劳动的负效用。但是经验并不直接教我们。我们所接触的任何现象，决没有会自我介绍为劳动负效用的。只有若干经验的资料，基于先验的知识，被解释为：人们总是把闲暇看作比劳动更惬意的。我们知道：从较多的劳动所得到的利益是人们所不大愿意的，换句话说，这时他们宁可牺牲这个利益来换取闲暇。从这个事实，我们就可以得到一个结论：闲暇被看作一个利益，劳动被视为一个负担。假若没有以前的行为学的透视，我们决不会得到这个结论。

间接交换的理论以及基于这个理论的一切理论——例如流通信用理论——只能用来解释实行间接交换的社会里面的事象。在一个直接交换的世界，那仅是心智方面的游戏。在这样的世界里面的经济学家（如果这样的世界里也有经济学的话）不会想到间接交换、货币等等问题，可是在我们的实际世界中，这是经济学的主要部分。

以了解真实情况为目的的行为学，着重于研究有益于这个目的的一些问题，这个事实并不影响行为学理论的先验性。但是，它指出了一个途径，经济学循着这个途径已表示了它所获致的成果。到现在，经济学是行为学当中唯一的部分架构。

经济学不是按照逻辑和数学的程序而展开的。它不是一个脱离现实的纯粹演绎推理的完整体系。在把一些假设引进它的推理的时候，它只求由这些假设而得到的论断能够有益于真实情形的了解。经济学的论著并不把纯理论严格地分离于对历史的政治的具体问题的研讨。为着有系统地呈现其研究的结果,经济学的结构是先验的理论以及对历史现象的解释交织起来的。

很明显的,经济学的这种程式,是它的题材的那种性质所使然的。这种程式已经证明是方便的。但是,我们不能忽视一个事实,即:这种独特的而且在逻辑上有点奇怪的程式之操作,必须特别小心谨慎,肤浅而没有鉴定力的人,曾经在这方面一再地被引入歧途。

所谓经济学的历史方法或制度经济学,根本没有这样东西。我们有经济学,也有经济史。这两者决不可混淆。经济学的一切定理是普遍性的,凡在合乎其假设条件的场合都是有效的。自然,在那些条件不具备的情形下,经济学的定理就没有实际意义。例如关于间接交换的定律不适用于没有间接交换的地方。但这并不妨害经济学定理的有效性。⑤

这个问题,由于政府和有力的压力团体之轻视经济学和损毁经济学人而弄得叫人迷惑。君主们和民主的大众都醉心于权力。他们虽不得不勉强承认他们是受自然法支配的,但是,他们却拒绝经济法则这个观念。他们不是最高的立法者吗?他们不是有权力击溃每个反对者吗?没有一个军阀肯承认,除掉更厉害的武力给他的限制以外,还有其他的限制。有奴性的人总会找些合适的说辞以自慰。有些人把他们的一些断章取义的推测叫作"历史的经济学"。事实上,经济史是一部政策失败的记录,政策之所以失败,因为它们违反了经济法则。

经济学对于有权力的人的妄自尊大是一个挑战。如果你没有注意到这个事实的话,你就不可能懂得经济思想史。一位经济学家决不是独裁者和政治煽动家所喜欢的人物。对于他们而言,经济学家总是损害的制造者,他们在内心里愈是相信经济学家的反对是有根据的,他们就愈恨他。

面对所有这些狂乱的激动,最好是确认一个事实,即:所有行为学的和经济学的推理的出发点,也即人的行为的元范,经得起任何批评和反对。人总是有意地要达成所选择的某些目的;任何历史的或经验的考究,都不能发现这个命题有何毛病。

关于"无理性"、"人的心灵深不可测"、"生活现象的自生自发"、"自动"、"反射"以及"向性"(tropisms)等等说辞,都不能使下面这个命题失效,即:人总是为实现他的愿望而利用他的理智的。从人的行为的元范这个不可动摇的基础，行为学和经济学一步一步地靠推理的方法而展开。确定了一些假设和条件以后，它们（指行为学和经济学——译者附注）建立一个概念系统，并导出一切逻辑推理的结论。对于这样的结论，只能有两种态度：揭发这个结论的逻辑错误，或者承认它们的正确和有效。

如以"生活和现实是不合逻辑的"为理由来反对这些结论，那是枉然的。生活与现实既非逻辑的，也非不逻辑的；它们只是那样。但是为了解生活与现实，我们人只有逻辑这个工具可利用。如以"生活和历史是不可解的，是说不出的"为理由，或以"人的理智决不能洞察它们的核心"为理由来反对这些结论，也是枉然的。批评者一方面说"那是说不出的"，一方面又说些关于那不可测知的理论（这自然是些捏造的理论），这是他们的矛盾。我们相信：有许多事情是我们的心灵所接触不到的。但是，就人之能获得知识（尽管是有限的）的限度而言，他只能利用唯一的途径来接近它们，这就是理智为我们开辟的途径。

同样虚妄的，是把了解与经济学的定理对立起来，使其互不相容。历史了解只限之于说明那些非历史的科学所不能完全解释的问题。了解一定不会与非历史的科学所展开的理论相冲突。了解，除掉确认"人们是被某些观念促动，为要达成某些目的而去选择某些手段"这个事实以外，别无作为，这是一方面；另一方面，了解指出各种历史因素的相关性，而为非历史的科学所做不到的。了解并不使现代历史家可以宣称：符咒是治疗病牛的良方。了解也不容许现代历史家认为：一项经济法则在古代罗马或印加（Incas）帝国是无效的。

人，不是没有错误的。他寻求真理——也即，尽其心灵与理智之可能，寻求对于真实的适当了解。人决不会成为无所不知的。他决不能绝对地确信：他的探究不会导向歧途，而他所认为的某项真理不是错误。人所能够做的，只是把他的一切理论一再地加以最严格的检讨。就经济学家来讲，这就是把所有的定理回溯到它们的最后基础——人的行为的元范，并且对那些导源于这个基础而得到定理的一切假设和论断，加以最谨慎的考验。我们固然不能说这种程序可以保证无错误，但是，这确实是避免错误的一个最有效的方法。

行为学——因而经济学也如此——是一演绎的体系。它之所以坚强，系由于它的推论之出发点，由于行为元范。经济学定理如果不是确确实实地建立在这个基础上面，而用一种不容反驳的推理程序得出的，这种定理就不能认为是健全的。不具备这样一个联关的说明就是武断，就是半空中的浮言。如果你想处理经济学的一个特别部门，而又不把它纳之于完整的行为系统中，那就没有处理的可能。

一些经验的科学出发于一些独特的事象，从个别的进展到较普遍的。它们的处理易于专门化。它们能够处理局部问题而不注意全面。至于经济学家，决不会是一位专家。在处理任何问题的时候，他总要注意到整个制度。

历史家们在这方面常常犯错。他们每每为某一目的而发明定理。历史家们有时不承认从复杂的现象中不可能找出因果关系。他们以为：不涉及他们所蔑视的所谓先入之见，而可研究真实情况，这种想法是过于自负。事实上，他们不知不觉地在应用那些久已被揭发为谬误和矛盾的学说。

十一、行为学概念的一些限制

行为学的一些范畴和概念是为了解人的行为而设计的。如果把它们用来处理那些不同于人的生活的情事，它们就变成自相矛盾和荒谬的。天真的原始宗教的"神人同形同性论"是不合哲学家的口味的。可是，哲学家们想用行为学的概念，为一个不具备人类一切缺陷和弱点的绝对东西的属性作一明确的描述，同样的是不可置信的。

繁琐的哲学家、神学家、一神论者，以及理性时代（The Age of Reason）的自然神教者，同样地认为，有一个绝对的、完全的存在，永恒不变的，无所不能的，无所不知的，然而有计划，有行为，要达成一些目的，而且为达成目的也采用手段。但是，行为只有不满足的"人"才会有，只有无能力把不愉快的事情一举而彻底消除的"人"才会一而再地有行为。行为者是不满足的，所以不是全能的。如果他是满足的，他就不会有行为；如果他是全能的，他就会早已把他的不满足一扫而光。就一个全能者来讲，不会有何压力使他不得不在各种不愉快的情形之间加以选择;他要怎样就可怎样,不必有任何忍受。全能就是指,可以达成所有的目的,得到充分满足而不受任何限制的能力。但是,这正与行为的概念不相容。就一个全能者来讲,目的与手段的范畴,根本不存在。他是超乎人的了解、人的概念、人的领悟以上的。就全能者而言,每个"手段"都会提供无限的功用,他可用每个"手段"来达成任何目的,他也可不用任何手段达成任何目的。全能这个概念,不是人的心灵所可想象的,也即人心的逻辑结构所不能容的。这是个不能解决的问题:全能者有没有能力造就一个不接受他的干涉的东西呢? 如果他有此能力,那么,他的能力就由于这个东西之不受干涉而有限制了,既有限制就不是全能了;如果他没有此能力,那么,仅凭这个事实他就不是全能了。

全能与全知是相容的吗? 全知必须有个前提,即:将来所发生的一切事情都是已经确定了的,不再变更的。因此,如果有了全知,则全能就无法想象。预先确定了的事情既不能变更,也就无所谓全能了。

行为是有限的潜能与控制力之展现。人,受制于有限的智力和体力,也受制于环境的变迁和他的幸福所依赖的外在因素的稀少,所以人不得不有行为。行为是人的表现。如果想把某东西形容为至善至美(absolute perfection),那么,诉说人生的缺陷就毫无益处了。至善至美这个概念,从任何观点来看,都是自相矛盾的。至善至美的情况,必须想象为完全的、最后的,而且是不容任何变动的。一经变动就破坏了它的"至"善"至"美,而变到"次"善"次"美的情况;只要有变动的可能,就与至善至美这个概念发生冲突。但是,没有变动——也即:完全不变、完全固着、完全不动——就等于没有生命与生活。生命生活与至善至美是不相容的,可是死亡与至善至美也不相容。

生活不是至善至美,因为生活是在变动的;而死亡不是至善至美的,因为死亡已不生活。

在我们活生生而行动的人所用的语言中,有一些比较级和最高级的形容词。但是"绝对"一词,没有"程度"的意含;它是一个极限概念。绝对是不能决定的、不可想象的、不可名状的。它是一个虚幻的构想。像所谓"至福"(perfect happiness)、"完人"(perfect man)、"永恒的极乐"(eternal bliss)等等,根本没有这回事。凡是想描述安乐乡的情况,或天使生活的尝试,其结果总是陷于矛盾。凡是有所需要的地方,就是有缺陷而非至善至美的地方;凡是有障碍要克服的地方,就是有挫折和失望的地方。

在哲学家已经丢掉了"绝对"(the absolute)这个概念以后,乌托邦的改革家们又把它捡起来。他们编织一些至善至美的梦境。他们不了解国邦这个强迫和镇压性的社会建构,是为对付人性的缺陷而存在的,因而他们也不了解,国邦的基本功用是为保护大多数人免于少数人某些行为的伤害而惩罚那少数人。如果人都是"完善"的,那就用不着任何强迫和镇压。但是,乌托邦的改革家们没有注意到人性及人生的一些不可变的条件。葛德文(Godwin)以为在私有财产废除以后,人就可成为不腐朽的。[26]傅立叶(Charles Fourier)更是胡说八道地说到充溢着柠檬汁而非盐水的海洋。[27]马克思的经济制度则轻易地无视物质的生产要素之稀少这个事实,托洛茨基则宣称,在无产阶级的天国里面,"一般人的人格将会升华到亚里士多德、歌德或马克思的水准。在这个水准以上,还有新的高峰突起"。[28]

现在,最流行的幻想是安定与安全。后面我们将要检讨这些时髦口号。

注　释

① 经济史、记述经济学和经济统计,当然都是历史。"社会学"一词有两个意义的用法。记述社会学所研究的是记述经济学所不检讨的人的行为的历史现象;它和人种学及人类文化学的领域有点重叠。另一方面,社会学通论是用较历史其他部门更为普遍的观点来处理历史的经验。例如,纯历史所处理的是一个市镇或某一特定时期的一些市镇或一个人或某一特定地区。马克斯·韦伯(Max Weber)在他的名著 *Wirtschaft und Gesellschaft* (Tübingen,1922),pp. 513～600 中所处理的是一般的市镇,也即处理关于市镇的全部历史经验而不受历史时期、地域或人物、民族、种族和文明的限制。

② 对于现代各部门的知识具有普遍了解的哲学家,难得有比得上 Bergson 的。可是 Bergson 之完全不懂现代价值与交易理论的基本定理,已由他最近一本著作中的一句信口开河的话得到证明。关于交易,他说:"一个人如果没有问问自己这两件交换的财货是否价值相同,也即,是否可换到同样价值的第三种东西,他是不会去交易的。"(*Les Deux Sources de la morale et de la religion* 〔Paris,1932〕,p. 68)。

③ Lévy-Bruhl, *How Natives Think*, trans. by L. A. Clare(New York, 1932), p. 386.

④ 同上书, p. 377.

⑤ Lévy-Bruhl, *Primitive Mentality*, trans. by L. A. Clare(New York, 1923), pp. 27~29.

⑥ 同上书, p. 27.

⑦ 同上书, p. 437.

⑧ 参考 Ernst Cassirer, *Philosophie der symbolischen Formen* 里面明畅的陈述(Berlin, 1925), Ⅱ, p. 78.

⑨ Meyerson 说: 科学是"把我们带回到我们原先看来似乎不如此的那些事物"(*De L'Explication dans les scienees* 〔Paris, 1927〕, p. 154); 同时参考 Morris R. Cohen, *A Preface to Logic* (New York, 1944), pp. 11~14.

⑩ Henri Poincare, *La Science et l'hypothese* (Paris, 1918), p. 69.

⑪ Felix Kaufmann, *Methodology of the Social Sciences* (London, 1944), pp. 46~47.

⑫ Albert Einstein, *Geometric und Erfabrung* (Berlin, 1923), p. 3.

⑬ 参考 E. P. Cheyney, *Law in History and Other Essays*(New York, 1927), p. 27.

⑭ 见第二篇第八章第二节。

⑮ Henri Bergson, *La Pensee et le mouvant* (4th ed. Paris, 1934), p. 205.

⑯ 参考 Ch. V. Langlois and Ch. Seignobos, *Introduction to the Study of History*, trans. by G. G. Berry (London, 1925), pp. 205~208。

⑰ 译者注: Lourdes 是法国西南部 Pyrenees 山脚的一个村子, 天主教的朝圣地。据传说, 1858 年, 圣母马利亚曾在这里显现。这里有大理石的岩穴, 其中泉水以治病的奇迹闻名。因此这里有一常设的医疗机构, 从事这些奇迹的搜集与检讨。

⑱ 见第十七章第四节。

⑲ 参考第十六章第五节。

⑳ 参阅 A. Eddington, *The Philosophy of Physical Science*(New York, 1939), pp. 28~48.

㉑ 因为这不是关于一般认识论的论著, 而是一部经济学论著所不可缺少的基础, 所以这里无须强调历史关联的了解与一位医生所要完成的工作之间的类似处。生物学的认识论不在我们研究的范围以内。

㉒ 见第十四章第七节。

㉓ 见第十四章第一节及第三节。

㉔ 见第七章第三节。

㉕ 参考 F. H. Knight, *The Ethics of Competition and other Essays* (New York, 1935), p. 139.

㉖ William Godwin, *An Enquiry Concerning Political Justice and Its Influence on General Virtue and Happiness* (Dublin, 1793), Ⅱ, pp. 393~403.

㉗ Charles Fourier, *Theorie des quatre mouvements* (Oeuvres Complètes, 3d ed. Paris, 1846), J. 43.

㉘ Leon Trotsky, *Literature and Revolution*, trans. by R. Strunsky(London, 1925), p. 256.

第三章　经济学以及对理知的反叛

一、对理知的反叛

有些哲学家每每把人的理知力过分高估。他们以为：人可以靠推理来发现宇宙事象的最后原因，发现原始动力在创造宇宙和决定宇宙的演化过程时所想达成的目的。他们叨叨地解释"绝对"（the absolute），好像"绝对"是他们口袋中的挂表。他们敢于宣称永恒的绝对价值，敢于确立一些无条件地约束所有的人的道德律。

向来有许多的乌托邦的著作家。他们为人间世设计一个天国，在这个天国里面只有纯理知在作主宰。他们不了解，他们所谓的绝对理知和明显的真理只是他们自己内心的幻想。他们轻率地自以为是无错的，常常提倡排除异己而不宽容。他们是志在独裁，或者自己独裁，或者拥护那将实行他们的计划的人独裁。照他们看来，对于受苦受难的人，没有其他的方法可以解救。

这样的哲学家，我们首先讲到黑格尔。他是一位深沉的思想家，他的著作充满了刺激性的观念。但是，他是在一个幻想中做工作，即幻想所谓"精神"（geist）或"绝对"，透过他的语言文字而表现出来。宇宙间没有黑格尔所不了解的事象。所可惜者，他的语言是那么模糊不清，以致可作多种不同的解释。右翼的信徒们用它来拥护普鲁士的君主专制政体和普鲁士教会的"独格码"。

左翼的信徒们则把它看成无神论、不妥协的革命的激进主义以及无政府主义。

其次是孔德(Auguste Comte)。他以为他完全知道未来的一切。他自视为最高的立法者。例如,他认为天文学的一些研究都是无用的,而想禁止它们。他计划用一个新的宗教来代替基督教,并且选拔这个教会的一个女人来代替圣母玛利亚。孔德可以得到原谅,因为他是病理学所谓的疯人。但是,他的信徒们又怎么样呢?

这一类的事实还可以举出许多。但是,它们决没有反理知、反唯理主义,反合理性的议论。理知是不是获得充分知识的唯一正确的工具,上述的那些美梦,全然不触及这个问题。至于诚实而谨慎的"真理追求者",从来不以为理知与科学研究可以解答一切问题。他们知道,人的心灵是有限的。所以他们不会像 Haeckel 和各种唯物学派那样,提出一些粗疏、简陋的哲学。

唯理主义的哲学家们,总是专心于指示先验的理论与经验的研究这两者间的分界。①英国政治经济学的第一位代表人休谟(David Hume)、功效主义们以及美国的实用主义者们,对于"人的获得真理的能力"并未过分地夸张。如果我们说,过去二百年的哲学过分偏于不可知论(agnosticism)和怀疑论,而非过分相信人心所可获致的东西,这应该是比较公平的说法。

对理知的反叛,我们这个时代特有的心理状态,不是由于哲学家们的缺乏谦虚、谨慎和自我检讨而引起的。也不是由于现代自然科学之不进步。现代工艺学和医疗学一些惊人的成就,谁也不能否认。不管是从直观论(intuitionism)或神秘主义的角度,或从其他的观点来攻击现代科学,都是无效的。对理知的反叛是针对另一个目标。这个目标不是自然科学,而是经济学。对自然科学的攻击,只是攻击经济学的时候逻辑上必然的后果。因为只把理知从知识的某一部门中排除而在其他诸部门中不怀疑它,这是不可以的。所以连带地攻击到自然科学。

大剧变发生于十九世纪中叶。那时经济学家已完全摧毁了社会主义者的幻想。古典经济学体系固然妨碍了当时的经济学家,使他们无法了解社会主义的计划之所以不能实现;但是,他们知道把当时所有的社会主义计划的无用指出来。社会主义者对于一些致命的批评,已不能提出任何反驳来辩护。社会主义似乎就这样死亡了。

　　只有一个途径可把社会主义者从这条死巷子引出来。他们攻击逻辑和理知，而以神秘的直观代替推理。这个方法的提出，是马克思的历史任务。他以黑格尔辩证法的神秘论作基础，自以为能够预知将来。黑格尔妄称他知道"精神"在创造宇宙的时候，就已决定了普鲁士威廉三世的专制。但是，马克思对于"精神"的计划知道得更详细。他知道历史演化的最后目标是要建立社会主义的太平盛世。社会主义的社会，一定是要实现的，这是"自然法所决定，绝对必然的"。照黑格尔的说法，在历史的进化程序中，一个阶段高于一个阶段，所以最后一个阶段的社会主义社会，从任何观点来看，都尽善尽美，这是不容怀疑的。因此，关于社会主义社会的详情如何，无须乎讨论。到了那个时候，历史自会把一切安排得最好，用不着凡人操心。

　　可是，还有一个主要的障碍要克服，即经济学家厉害的批评。马克思有个现成的解答。他说，人的理知本来就不适于发现真理。人心的逻辑结构随社会阶级之不同而不同。决没有一种普遍有效的逻辑这么回事。心灵所能产生的只是意理（ideology）而已，所谓"意理"，在马克思的语汇中，是指一套掩饰着思想者本人阶级利益的观念。因此，经济学家所具有的"资产阶级的"心，除为资本主义辩护以外，决想不到其他的。"资产阶级的"科学——"资产阶级的"逻辑的一个分支——的一些理论，对于无产阶级毫无用处。无产阶级这个新兴的阶级，一定会消除一切阶级，而把人间世变成伊甸园。

　　但是，无产阶级的逻辑自然不仅是一个阶级逻辑。"无产阶级逻辑的一些观念不是党派的一些偏见，而是从单纯的逻辑衍生出来的。"[②]而且，由于一项特权，某些被选定的资产阶级者，其逻辑未染上资产阶级的原罪，马克思，是一个富有的律师的儿子，和普鲁士贵族的女儿结婚，他的合作者恩格斯是一位富有的纺织业者，可是，马克思和恩格斯却认为他们自己是超乎他们所说的法则，尽管他们有资产阶级的背景，而他们却认为自己具有发现绝对真理的能力。

　　指出这个学说之所以风行的历史环境，这是历史的任务。经济学有另一个任务：它必须分析马克思的多逻辑论以及依样画葫芦的其他牌头的多逻辑论,并揭发它们的谬误和矛盾。

二、从逻辑学驳斥多逻辑论

马克思的多逻辑论宣称:人心的逻辑结构随着社会阶级之不同而不同。种族多逻辑论与马克思的多逻辑论的差别,只在于认为每个种族各有一个特殊的人心逻辑结构,某一种族的全体分子,不管他们所属的阶级,都具有同一的特殊逻辑结构。

这些学说所使用的"社会阶级"和"种族",其概念究竟是什么,在这里无须追究。这里也无须质问马克思,如果一个无产阶级者成功地升到资产阶级,那么,他将在什么时候,以及如何把他的无产阶级的心变成资产阶级的心。这里也无须要求种族主义者来说明,如果某些人不属于纯粹的种族,而是杂种的混血儿,他们的逻辑将是怎样。关于这些方面,有更多的严肃的问难可提出。

马克思主义者、种族主义者,以及任何其他牌头的多逻辑论者,只是宣称人心的逻辑结构随着阶级或种族或国邦之不同而不同,而没有更进一步讲什么。他们从未确切地说明,无产阶级的逻辑与资产阶级的逻辑有何不同,或者 Aryan 种族的逻辑与非 Aryan 种族的逻辑有何不同,或者德国人的逻辑与法国人或英国人的逻辑有何不同。在马克思主义者的心目中,李嘉图的相对成本理论是假的,因为李嘉图是个资产阶级者。德国的种族主义者骂这个理论,因为李嘉图是一个犹太人;德国国家主义者骂这个理论,因为李嘉图是一个英国人。有些德国的教授们则合并这三个理由来反对李嘉图的理论。但是,以指摘立论者的背景来反对其理论,这是没有足够的说服力的。首先必要的是,有系统地说明那种不同于被批评者所采用的逻辑体系。接着,就是一点一点地来检视这个有争论的理论,并指出在它的推理中是循怎样的程序——尽管从立论者的逻辑观点来看是对的,但从无产阶级、Aryan 族或德国人的逻辑观点来看是无效的。最后,应当解释凭批评者自己的逻辑的正确推理代替立论者的错误推理所导致的结论是怎样的结论。人人都知道,这不是任何人所曾做到，也不是任何人所能做到的。

因而事实是这样：在同一阶级、同一种族或同一国邦的人们当中，关于某些重要问题会有不同的意见。据纳粹党人说，所不幸的是：有些不以正确的德国思想方法来思想的德国人。但是，如果一个德国人不总是必然地以他应该用来思想的方法来思想，而有时会以非德国人的逻辑来思想，那么，谁来决定哪些德国人的观念是真正德国的，哪些是非德国的呢？已故的弗朗茨·奥本海默教授说："个人在寻求他的利益时，常常犯错，一个阶级究竟是不犯错的。"③这是说，大多数的投票是不错的。可是，纳粹党人曾经把大多数的投票当作非德国人的决定而加以拒绝，马克思主义者也说是尊重多数投票的民主原则。④但是，到了他们所说的面临考验时，假若少数的决定符合他们党的利益，他们就支持少数的决定。让我们回想列宁是如何用武力解散制宪会议的，那个制宪会议是他的政府所主办的，以普选选出来的代表组成的，因为只有五分之一的代表是布尔什维克党人，所以被迫解散。

多逻辑论的主张者，如果他贯彻他的主张，他就应该坚持，某些观念之所以正确，是因为抱持这个观念的人是属于正当的阶级、正当的邦国，或正当的种族。但是，他们并没有贯彻主张的美德。马克思主义者常把"无产阶级的思想家"这个称谓送给任何人，只要这个人的学说是他们所赞成的。除此以外的所有的人，他们都骂为阶级敌人或社会叛逆。希特勒甚至更坦白地承认，他从混血儿或异族人当中筛选德国人的唯一方法，是宣布一个纯正的德国纲领，再来看谁支持它，他就是德国人。⑤一个黑头发的人，其体型绝不符合金发Aryan族人的标准，却自以为有天赋的才能，能够发现适合于德国人的唯一学说，而且能够把所有不接受这个学说的人都排斥为非德国人，不管他们的体型是怎样。讲到这里，对于他们的主张之不一贯，再也不必有更多的求证了。

三、从行为学驳斥多逻辑论

马克思用"意理"（ideology）这个名词来指一个学说，这个学说，即令从正确的无产阶级逻辑的观点来看是错的,但有利于形成这个意理的阶级。一个意理,客观地讲是邪恶的;可是,它之所以有利于形成它的那个阶级,正因为它的邪恶。许多马克思主义者以为,他们已经证实了这个说法,证实的办法是强调"人们并不是只为知识本身而渴求知识"这一点。科学家的目的在于为成功的行为铺路。理论总是为实际应用而发展出来的。所谓"纯科学"和"客观的求真理",根本没有这么回事。

为着讨论方便起见,我们也可承认,凡是寻求真理的动机,就是为达到某些目的而作的实用的考虑。但是,这并没有解答这个问题:为什么一个意理的(也即邪恶的)理论会比一个正确的理论更有用。一个理论的实用性,在于靠这个理论所预测的结果是应验的。这是大家所接受的事实。如果说,一个邪恶的理论从任何观点来看,都比一个正确理论更有用,那就是荒谬的说法。

人们使用各种武器。为着改进这些武器,他们发展了弹道学。当然,这正是因为他们要打猎,要杀别人,而发展一种正确的弹道学。至于只是"意理的"弹道学当不会有何用处。

就马克思主义者认为:"科学家只是为知识而努力"这个见解,不过是科学家用以自傲的一个掩饰的说法。于是他们宣告:(Maxwell)是为无线电报的业务而去研究电磁波的理论⑥。这个说法或对或错,都与意理问题不相干。问题是在:推动 Maxwell 去研究电磁波,因而形成正确理论的,究竟是十九世纪的工业化把无线电报看作"仙术"和"仙丹"这个所谓的事实⑦呢,还是资产阶级自私自利的意理的上层结构?无疑地,细菌学的研究不仅是为的防治传染病,而且也为的改进制酒和制乳酪。但是研究所得的结果,则确不是马克思所说的"意理的"结果。

马克思发明他的意理学说是想用以打击经济学的声望。他完全知道,他没有能力可以反驳经济学家对于社会主义实行的可能性所提出的异议。事实上,他是倾倒于英国古典经济学理论体系而深信其颠扑不破的。他既不知道古典的价值理论在聪明的学者心中引起的怀疑,即令他听见过,他也不会了解这些怀疑的重要性。他自己的那些经济观点,不过是李嘉图理论的一个断章取义的翻版。当杰逢斯(Jevons)和门格尔(Menger)在经济思想方面开创一个新纪元的时候,《资本论》(*Das Kapital*)第一卷已在前几年出版,可是他一生的事业(作为一位经济学著作家的事业)也就完了。马克思对于边际价值理论的唯一反应是,拖延《资本论》后半部的出版。它们的出版是在他死了以后的事。

马克思发展他的意理学说,是专为对付经济学和功效主义的社会哲学。他唯一的意图是在破坏经济学的声誉,因为他不能靠逻辑的推理来达到这个目的。他把他的学说弄成普遍法则的形式,对于古往今来的一些社会阶级都是有效的,因为只适用于一个单独历史事件的陈述,不能认为是一个法则,同样理由,他不把这个法则的有效性限之于经济思想,而是包括知识的一切部门。

在马克思的心目中,资产阶级的经济学对于资产阶级的功用是双重的。它帮助他们对抗封建制度和君主专制,然后又帮助他们对抗新兴的无产阶级。它把资本主义的剥削说成合理,说成合乎道德。如果我们愿意使用马克思死后发展出来的一个概念,那就可以说,这种经济学是使资本家的一些权利主张合理化。⑧资本家们,在他们下意识里面,对于自己的卑鄙贪婪的行为感到惭愧而急想避免社会的指责,因而鼓励那些向他们献媚的经济学家,宣布一些可使他们在舆论面前抬起头来的学说。

一个人或一群人想出一个理论或一整套理论体系,其动机可以用"合理化"这个概念作一心理的描述。但是,这个概念并不涉及这个想出的理论是有效或无效。如果这个理论被证明是不能成立的,则合理化这个概念就是对于使立论者犯错误的那些原因所加的一个心理解释。但是,如果我们在这个被想出的理论中找不出任何错误,则我们就不能用合理化这个概念来推翻它的有效性。假若经济学在他们的下意识里面真的只是为资本家的不当行为作辩护,而他们的一些理论也会是完全正确的。为要揭发一个错误的理论,除掉用推理来反驳它,而代之以较好的理论之外,别无他法。当我们讨论毕达哥拉斯(Pythagoras)定理或相对成本理论的时候,我们不过问促动毕达哥拉斯和李嘉图建立这些定理的心理因素,尽管这些因素对于历史家和传记家也许是重要的。从科学的观点看,这些理论经不经得起合理的考验,这才是唯一的、相干的问题。至于立论者本人的社会背景或种族背景，都是题外的事情。

人们在寻求他们私利的时候，总想利用一些或多或少被舆论所接受的学说，这是一个事实。而且，他们也极想发明，并宣传那些可用以增进他们私利的学说。但是，这并未说明为什么这样的一些理论，有利于少数人而与其余的人的利益相反的理论，会被舆论支持。不管这样的"意理的"理论是不是"错误的下意识"的产品——叫人不得不在不知不觉中为自己的阶级利益着想，也不管它们是不是有意地歪曲真理，总之，它们必然会碰上其他阶级的一些意理，而想把它们排挤掉。于是，对抗的意理就发生冲突。马克思主义者把这种冲突的胜败解释为历史注定的。"精神"（geist）这个神秘的最后动力，按照一个确定了的计划在操作。它（指 geist）引导人类通过一些预备阶段，走向最后的社会主义制度的极乐世界。每一阶段是某一生产技术的产品；至于它的一切其他特征，必然是这一生产技术的意理的上层建筑。"精神"叫人在适当时期兴起一些适于他所生活的阶段的技术观念，并求这些观念实现。其余的一切都是生产技术所孳生出来的。手推的磨子造就了封建社会；蒸汽机发动的磨子带来资本主义社会。⑨人的意志与理知只是这些变动的一个副产品。坚定不移的历史发展法则，使人们不得不依照相应于他们那个时代的物质基础的模型而思想、而行为。人们常自以为在不同的观念之间自由选择，在他们所谓的真理与错误之间自由选择，这都是自己在愚弄自己。他们自己并不思想，而是历史的意志（historical providence）在人们的思想中表现出来。

这是一个纯粹的神秘学说。它只有靠黑格尔的辩证法来支持。资本主义的私有财产是个人私有财产的第一否定。由于一个自然法则的坚定不移，它又孕育了对本身的否定，即生产手段的公有。⑩可是，一个基于直观的神秘学说，并不因其藉助于另一个较少神秘的学说而去其神秘性。这种把戏决不能解答，为什么一位思想家一定会按照他的阶级利益而发展一种意理。为了讨论方便起见，我们姑且承认，人的思想一定是归结于有利于他的那些学说。但是，一个人的利益一定是和他的整个阶级的利益相一致么？马克思本人也得承认：无产者的阶级组织以及他们的政党组织，不断地因工人们本身的竞争而被破坏。⑪按照工会工资率，被雇用的工人们和那些因为这种工资率的强制推行而失业的工人们，其间有不可否认的冲突。工会工资率防止了劳动的供需达成平衡的适当价格。还有，人口较多国的工人和人口较少国的工人，在移民问题上，彼此的利益也是冲突的。至于说，所有无产阶级的利益都是一致地要求用社会主义代替资本主义，这种说法是马克思和其他社会主义者武断的假说。这个假说不能仅凭"社会主义观念是从无产阶级的思想发放出来的，所以必然有利于无产阶级"这一断言而得到证实。

用西斯蒙第(Sismondi)、李斯特(Frederick List)、马克思和德国历史学派的观点，对英国国外贸易政策的变动所作的一个著名的解释，是这样讲的：在十八世纪的后半期及十九世纪的大部分，英国资产阶级的利益是要自由贸易政策。所以，英国的政治经济学者想出一套自由贸易学说，而英国制造业者发起一个运动，终于成功地撤除了保护关税。后来情况变更了。英国的资产阶级再也经不起外国制造业的竞争而急需关税的保护，于是经济学家又以保护理论来代替过时的自由贸易的意理，英国又回转到保护制度。

这个解释的第一个错误是，它把"资产阶级"看作利害一致的成员所组成的一个阶级。一个生意人不得不随时调整他的业务，以适应他本国的法制环境。经长期看，作为企业家或资本家的他，既不因关税的存废而受惠，也不因它的存废而受害。他总要找些在既定情况下，他最能有利地生产出来的商品来生产。至于可以损害或增进他的短期利益，只是法制方面的一些变动。但是，这方面的变动并非同样地或同等程度地影响到生产事业的各个部门和各种企业。有利于某一部门或企业的措施，对于另一部门或企业可能有害。就一个生意人来讲，关税与他有关的只是为数有限的几个税目。这几个税目对于不同部门和行号的利害关系，大都是相反的。

"在自由贸易思想占优势的时期，英国制造业的所有部门利害是一致的，他们一致地受惠于保护关税的撤销"，这种说法不符合事实。英国当时的工厂，在生产技术上远优于世界其他地方，因而不怕外国的竞争。这个说法也非事实。今天，美国的工厂也享有技术上的优势。可是，大部分的美国制造业急切需要保护，以抗拒别国落后工业的竞争。

每个部门或行号都可因政府给以各种特权而得到利益。但是，如果对于其他的部门和行号,也给以同样程度的特权,则每个商人——不仅在其作为消费者的身份,而且也在其作为原料、半制品、机器和其他设备的购买者的身份——在这方面所受的损失,将等于在另一方面所受到的利益。自私团体的利益会使某一个人去要求对他自己的那一部门或行号给以保护。但是,这种利益决不会推动他去要求对所有的部门或所有的行号都给以保护,除非他有把握他自己所受的保护大于别人。

从他们的阶级利益的观点来看,英国的工业家并不比英国其他的公民更关心谷物法的废除。地主们之反对废除这些法律,是因为农产品的价格低落将使地租降低。工业家的阶级利益这个特殊观念,是与那个久已被丢弃的"工资铁则"和"利润是剥削工人的结果"这个同样站不住的学说相关联的。

在一个分工的世界里面,每一变动必定会影响到许多集团的利益。所以,把每一个主张变动的学说说成某一集团的私利的一个"意理的"掩饰,这总是容易的事体。许多现在的著作家就是以这样的揭发为主要工作。这并不是马克思所发明的。在他以前,大家早已知道。稀奇的是,十八世纪的一些著作家,把宗教的教义解释为牧师、神父们的大欺骗,藉此为他们自己和他们同伙的剥削者诈取权力和财富。马克思学派接受这种说法而称宗教为"大众的鸦片"。⑫支持这种说法的人,从来不会想到,凡是有私利所赞成的,必然也有私利所反对的。只是说这事有利于某一阶级,这决不是一个叫人满意的解释。应该解答的问题是,为什么那些曾受害的人不能够挫败那些曾受益者的企图。

每个行号和每个商业部门,在短期当中都以增销它的产品为有利。可是,在长期当中,各种不同的生产部门,其报酬有倾向于平均的趋势。如果某一部门的产品需求增加了,因而利润增加,则有更多的资本流进这一部门,由于新加入者的竞争,利润为之减少。从社会的观点来看,有害的商品,其销售利润决不会高于有利的商品的销售利润。如果某一行业是犯法的,从事这种行业的人们承担了死刑、罚款和坐牢的危险,则其毛利润必须高到足以抵偿所冒的危险。但是,这种事实并不干扰纯利润的高度。

富人,已在营业的工厂老板,并没有什么特别的阶级利益在于自由竞争的维持。他们反对财富的没收，但他们的既得利益是赞成采取一些方法来防止新来者对他们之地位的挑战。至于那些为自由企业、自由竞争而奋斗的人们，不是在保护今天的富人的利益。他们是想让那些可成为明天企业家的和那些有天才而可以使后代的生活过得更舒适的无名人物，得以自由发展其才智。他们是想为经济的更为改善留一途径。他们是进步的发言人。

十九世纪自由贸易思想之所以成功，得力于古典经济学的一些理论。这些思想的声望是崇高的，崇高到足以使那些阶级私利受害的人们，不能够阻止舆论对它们的支持，不能够阻止这些思想表现于立法措施。观念造成历史，不是历史造成观念。

与神秘主义者和空想家辩论，是无用的。他们用直观来支持他们的论断，而不诉之于合理的检讨。马克思主义者称他们内在之音（their inner voice）所宣告的是历史的自我启示（history's selfrevelation）。如果有些人没有听到这种声音，那就证明他们不是被选的。如果在暗中摸索的人们敢于反抗通了神意的人，那就是大不敬。前者必须安分守己，趴在角落里保守沉默。

但是，科学不会不思考，即令科学决不能说服那些不承认理知的人。科学必须强调：诉之于直观并不能解决"在一些相反的学说中，哪一个是对的，哪一些是错的"这个问题。马克思主义不是我们这个时代被提倡的唯一学说。除了马克思主义以外，还有许多其他的"意理"。马克思主义者断言，实行这些其他的学说，将伤害许多人的利益。但是，这些学说的支持者也可同样说马克思主义的实行将会如此。

照马克思主义者的判断，如果某一学说的主张者不是无产阶级的背景，这个学说就是邪恶的。但是，谁是无产阶级者？马克思博士，工业家兼"剥削者"的恩格斯，俄国上流社会后裔的列宁，都不是无产阶级的背景。但是，希特勒和墨索里尼（Mussolini）倒是真正地属于无产阶级，他们的青年时期过的是贫穷生活。布尔什维克与孟什维克（Mensheviks）之间的斗争，以及斯大林与托洛茨基之间的斗争，都不能代替阶级斗争，这都是些狂热之徒的派系斗争，他们彼此都骂对方为叛徒。

马克思哲学的精髓是这样：我们是对的，因为我们是新兴的无产阶级的代言人。分歧的推理无损于我们理论的有效性,因为这些理论是来自那个决定人类命运的超越力量。我们的敌人是错的,因为他们缺少那种指导他们心智的直观。这当然不是他们的过失,只是因为他们所属的阶级不同,所以不具备纯正的无产阶级的逻辑,而被一些"意理"蒙蔽。深奥而不可测的历史,勒令选择了我们,谴责了他们。将来是我们的。

四、种族的多逻辑论

马克思的多逻辑论救不了站不住的社会主义。它想以直观代替推理,这是诉之于普通迷信。但是正是这种态度,使得马克思的多逻辑论和它的支派——所谓"知识社会学"(sociology of knowledge),与科学和理知立于不可妥协的敌对地位。

它与种族主义者的多逻辑论不同。这个牌号的多逻辑论与今天的经验主义的时髦趋势是符合的,尽管这个趋势是错误的。世界上的人类分为不同的种族,这是一个既成的事实。种族之不同,表显于身体上的特征。唯物主义的哲学家断言:思想是脑髓的分泌物,如同胆汁是胆囊的分泌物。对他们而言,如果预先否定"不同种族的思想分泌,在本质上会不同"这个假设,那就是自相矛盾。人体解剖术到现在还没有发现不同种族的脑细胞有何不同;这个事实并不能使"人心的逻辑结构随种族之不同而不同"这个学说失效。因为解剖术的研究,也许将来会发现脑细胞也有些种族性的特征。

有些种族学家告诉我们:把文明说成较高的和较低的,把外族说成落后的,这都是错误的。别个种族的文明不同于白种人的西方文明,但是它们并不是低级的。每个种族有它特殊的心境。如果以某一种族的成就作标准,来衡量任何种族的文明,这是错的。西方人把中国文明叫作滞塞的文明,把新几内亚人的文明叫作原始的野蛮。但是,中国人和新几内亚人轻蔑我们的文明,并不逊于我们之轻蔑他们的文明。像这一类的评价都是价值判断,因而都是武断的。那些其他的种族有一不同的心灵结构。他们的文明适于他们的心,正如同我们的文明之适于我们的心。我们不能了解，我们所说的落后对于他们并不是落后。就他们的逻辑观点来看，他们的文明比我们的进步主义更好，因为在他们的生活环境中，要如此才是满意的安排。

　　这些种族学家，在其强调"价值判断的表示，不是一位历史家的事情（种族学家也是历史家）"的时候，他们是对的。至于他们认为，其他种族的行为动机不同于白种人，那就完全错误了。亚洲人、非洲人之为生存奋斗，以及利用理知作为最主要的奋斗手段，并不逊于欧洲人。他们曾努力于解除野兽和疾病的侵袭、防止饥荒、提高劳动生产力。在这些努力中，他们不及白种人成功，这是事实。这可从他们之汲汲于从西方的成就中以谋利得到证明。假若被疾病所折磨的蒙古人或非洲人，因为他们的心态或人生观，使他们相信吃苦优于痛苦的解除，因而拒绝欧洲医生的诊治，那么，这些种族学家所说的才是对的。印度的甘地（Mahatma Gandhi）在接受现代医术割治盲肠的时候，他就放弃了他的整套哲学。

　　北美印第安人缺乏发明轮子的聪明。阿尔卑斯山的居民不会做雪橇以改善他们的生活。像这样的缺陷，并非由于一种异于那些早已利用轮子和雪橇的种族的心态。这些缺陷，即令从印第安人和阿尔卑斯山居民的观点来看，也是缺陷。

　　可是，这些考虑只涉及那些决定具体行为的动机，并未涉及"不同的种族之间，究竟有没有不同的人心结构"这个唯一相干的问题。这正是种族主义者所肯定、断言的。[13]

　　我们可回想，在前面几章关于人心逻辑结构的基本问题和思想行为的那些原则所讲的话。再加上若干得自观察的结论，就足够一举而完全摧毁种族的多逻辑论和其他牌号的多逻辑论。

　　人的思想和行为的诸范畴，既不是人心武断的结果，也不是一些习惯，它们不在宇宙之外，也不在宇宙事象的过程之外。它们是生物学上的事实，在生活与现实中有一定的功用。人为生存而奋斗，它们是这种奋斗的工具。人靠它们来调整自己，使自己尽可能地适应周遭的实际情况，尽可能地把不愉快的事情消除。所以，它们对于外在世界的结构是适合的，而且反映这个世界和这个现实的特性。它们工作，而且在这个意义下他们是真实的、有效的。

因此，如果断言先验的悟力和纯粹的推理对于现实和宇宙结构不会传达任何情况，这种说法是不对的。一些基本的逻辑关系和思想行为的诸范畴，是一切人类知识的最后根源。它们是符合现实结构的，它们把这种结构显现于人心，而且，在这种意义下，对于人而言，它们是些基本的本体论的事实。[14]我们不知道一个超人的智力会怎样想、怎样领悟。就人来讲，每一认知都受限于他内心的逻辑结构，而蕴含在这个结构里面。证明这个真理的，就是那些经验科学的良好结果和其实际的应用。在人的行为所可达成其目的的轨道里面，不容"不可知论"(agnosticism)存在。

如果真有一些种族发展出一种不同的心灵逻辑结构，他们就不能在生存竞争中利用理知。于是，保护他们免于灭亡的唯一工具，只是他们的本能反应。在物竞天择下，这样的种族——心灵的逻辑结构不同的种族——如要以推理来指导行为，那就一定会被消灭。只有那些专靠本能的个体才能生存。这就是说，只有那些没有超越一般动物的心态水准者，才会有生存的机会。

西方的学者们曾经聚积了关于中国、印度高度文明和亚洲、美洲、澳洲和非洲土著原始文明的大量资料。可靠的说法是，关于这些种族的值得知道的东西，已经全部知道。但是，从来没有一个多逻辑论的支持者想利用这些资料来记述这些种族和文明的所谓不同的逻辑。

五、多逻辑论和了解

有些马克思主义和种族主义的拥护者，都给他们自己的认识论的理论解释得很特别。他们乐于承认，就所有的种族、民族、阶级而言，人心的逻辑结构是一致的。他们声言，马克思主义或种族主义，决不想否认这个不可否认的事实。他们真正想说的是：历史的了解、美的感受以及价值判断都受限于一个人的背景。这种说法，当然不能靠多逻辑论者的论著来支持。可是，把它作为一个独立的学说来看，也须加以分析。

　　一个人的价值判断和他的目的选择，反映他天生的特征和他的生活的变动，关于这一点，这里无须再加强调⑮。但是，对于这个事实的承认与相信"种族遗传或阶级关系是价值判断和目的选择的最后决定因素"，这两者之间有很远很远的距离。人生观与行为方式的基本差异，并不相当于种族、民族或阶级关系的差异。

　　价值判断的差异，没有比禁欲主义者与纵欲主义者之间来得更大的。虔诚的和尚、尼姑与人类其他的人，其间有一条不可逾越的鸿沟。但是在所有的种族、民族、阶级当中，都有些人是献身于修道院的理想的。其中有些人是国王和贵族的儿女，有些人是乞丐。St. Francis，Santa Clara 和他们虔诚的信徒们是意大利人，可是，我们不能把其他的意大利人说成是厌弃世俗事物的。清教是 Anglo-Saxon 民族的，但是在 The Tudors、The Stuarts 和 The Hanoverians 王朝时代的荒淫无度，也是 Anglo-Saxon 民族的。十九世纪禁欲主义的杰出代表者是托尔斯泰（Count Leo Tolstoy），他是穷奢纵欲的俄国贵族之一员。托尔斯泰发现，他所攻击的那种哲学精神体现在贝多芬（Beethoven）的 Kreutzer Sonata，而这部奏鸣曲的作者正是极端贫穷的父母的儿子。

　　在美的价值方面也是如此。所有的种族和民族，都有古典的和浪漫的艺术。马克思主义者虽有那么多的热烈宣传，他们并没有完成一种独特的无产阶级艺术或文学。"无产阶级的"作家、画家、音乐家，没有创造新的风格，也没有建立新的审美价值。他们的特征只是把他们所不喜欢的一切都叫作"资产阶级的"，把他们所喜欢的叫作"无产阶级的"。

　　历史家与行为人的历史了解，总是了解者的人格反映⑯。但是，如果历史家和政治家具有寻求真理的热望，他们就不会自囿于派系的偏见，假若他们有本领而不愚昧。至于一位历史家或一位政治家，是把某一因素的干扰看作有利或有害，这倒是不重要的。不管他对那些发生作用的因素，低估其中之一，或高估其中之一，都得不到任何好处。只有笨拙而自以为是历史家的人们，才会相信他们可以用歪曲历史的手段来达到他们的目的。拿破仑一世和三世、俾斯麦（Bismarck）、马克思、格莱斯顿（Gladstone）、迪斯累利（Disraeli）这些在上世纪最引起争论的人物的传记，关于价值判断方面有很大的纷争，但在对这些人所扮演的角色的了解上，则几乎没有异议。

政治家的了解也是如此。一位新教的拥护者误解天主教的权力和特权，会得到什么好处；一位自由主义者误解社会主义，又会得到什么好处？一个政治家如要成功，就必须认清事实的真相，谁惯于一厢情愿的想法，谁就一定失败。事实关系的判断之不同于价值判断，在于不靠武断来评量事态。这种判断自不免于染上判断者人格的色彩，所以不会是所有的人都可一致同意的。但是，在这里我们又要提出这个问题：一个种族或一个阶级，从一"意理的"歪曲了解，又能得到什么好处？

如已指出的，在历史研究中有待发现的一些严重矛盾，都是"非历史的"科学部门里面的一些争论的结果，而不是由于了解的方法之不同。

现在，许多历史家和作者受了马克思的"独格玛"（dogma）的感染，以为社会主义制度的实现是必然的，也是至善的，而劳工运动是要以暴力推翻资本主义实现社会主义，以完成这个历史使命。从这个教条出发，他们就把"左翼"党派的屠杀政策视为当然。革命是不能靠和平手段完成的。像杀害沙皇的四个女儿、杀害托洛茨基，乃至杀害几十万个俄国的资产阶级者等等，这些"小事"是值不得计较的。"不打破鸡蛋就做不成蛋卷"；为什么要明白地提出那些已打破的鸡蛋呢？但是，如果被侵害的人们当中，有敢于自卫，甚至敢于反击者，情形就当然不同了。事实上，只有少数人仅仅提到怠工、破坏以及罢工者的暴行。但是，所有的作者都详细陈述铁路公司如何地想保护他们的财产、保护他们的员工和顾客的生命，以免于这些袭击。

像这样的分歧既不是由于价值判断，也不是由于了解的不同，而是由于关于经济与历史演化的一些相敌对的理论。如果社会主义的到来是不可避免的，而且只有靠革命手段来达成的话，"进步分子"所犯的暴行，只是一些没有什么重要性的小事。但是，那些会妨害社会主义最后胜利的"反革命分子"的自卫和反击，却是最大的重要事。事实上，他们的屠杀是异常的事件，而所谓反革命者的行为，只是当然的常态。

六、主张理知(reason)的理由

明智的理性主义者(rationalist),并不以为人的理知可以使人成为全知。他们充分知道这个事实,即：知识虽然可以增进,但总有些东西永远是最后的假定(也即极据)而不容解析清楚的。但是,他们又说,人,就其能够得到认知的这限度以内来讲,他必须依赖理知。最后的假定是个非理性的。知识,就我们已知的而言,必然是理性的。我们既没有非理性的认知模式,也没有一门非理性的科学。

关于一些未解决的问题,可容许各种不同的假说,只要它们不抵触逻辑和一致公认的经验的资料。但是,它们只是一些假说。

我们还不知道什么东西使人的智能有先天的差异。为什么牛顿和莫扎特(Mozart)富有创造才,而其余的大多数人都没有？科学对于这个问题茫然不得其解。科学尽其所能只能提供这样一个叫人不能满意的答复：天才是得之于他的祖先或他的种族。这个问题正在于：为什么这一个人不同于他的兄弟,不同于他本族的其他分子。

至于把白种人的伟大成就归因于种族的优越性,其为错误,不过稍逊而已。可是,这仍然是一个同样含糊的假设,而与"现代文明的一些基础,是由其他种族的人们所安排的"这一事实不相符。我们不会知道,将来是不是会有其他的种族取代西方文明。

可是,像这样的一个假设,必须就它本身的真实性来评价。我们不可以因为种族主义者把他们的主张建立在这个假设上,因而就说这个假设不对。种族主义者的主张是：在不同的种族之间有一不能和解的冲突,而优等种族一定要奴役劣等种族。李嘉图的协作法则(Ricardo's law of association),[17]早已把这种关于人间不平等的错误解释废弃。可是,为对付种族主义者的假设而否定明显的事实,也是荒谬的。直到现在,有些种族对于文明的发展毫无贡献,或极少贡献,因而在这个意义下,可说是劣等种族,这个事实是不容我们否认的。

如果有人一定要从马克思主义学说中找出一点真理，那么，他可以这样说：情感很影响一个人的推理。这个明显的事实，谁也不敢否认，这个发现不能归功于马克思主义。但是，它对于认识论毫无意义。成功与错误的原因都有许多。把它们列举出来而予以分类，那是心理学所要作的事情。

嫉妒是一个普遍的弱点。确确实实有些知识分子嫉妒那些发财的生意人收入多，因而倾向社会主义。他们以为，社会主义的政府给他们的薪金将会高于资本主义社会所赚得的。但是，对于这种嫉妒心理的证明，并不解除科学对于社会主义教条作最小心、最充分检讨的责任。科学家研究每个学说，必须把该学说的拥护者看作只被求知欲所驱使。各种不同牌号的多逻辑论，对于它们所反对的那些学说的处理，只是揭发那些学说的主张者的背景和动机，而不从事纯粹的理论检讨。这样一个程序，不合乎推理的基本原则。

研究一个理论而归因于它的历史背景，归因于它的时代"精神"，归因于它的发源地的物质环境，归因于该理论的主张者的人格，这都是拙劣的手段。一个理论只受理知的评判。评判的尺度永远是理知尺度。一个理论既可对，也可错。有的时候，凭我们现有的知识，不能判断它的对或错。但是，一个理论，如果对于无产阶级或中国人是无效的，则决不会对于有产阶级或美国人是有效的。

假若种族主义者之流是对的，那就无法解释为什么他们一有了政权就压制异端学说、迫害异端的主张者。有了"不容忍的政府和政党，总想压制或消灭反对者"这个事实，就是理知优越的一个证明。一个学说的正确性，固不能因为敌对者利用警察、利用刽子手、利用暴民来斗争而得到证明，但是那些人们之利用暴力来压制别人的学说，正证明他们的潜意识已承认，他们自己的学说是站不住的。

我们无法论证逻辑和行为学的一些先验基础之有效性而不涉及这些基础的本身。理知是一个极据，不能用它本身来分析、来问难的。人之有理知，是一非理性的事实。关于理知，我们只可以说：它是使人之所以异于禽兽的特征，它使那些专属于人的事物得以实现。

有些人以为：如果人抛弃了理知，专凭直觉和本能来生活，他将更快乐些。对于作这种主张的人，我们只好用一社会结构的分析作为给他们的答复。经济学在记述社会合作的起源和进行的时候，对于合理与不合理之间的最后决定，提供了所需要的一切信息。假若人还想摆脱理知支配的话，他应当知道他必须放弃些什么。

注　释

① 参考 Louis Rougier, *Les Paralogismes du rationalisme* (Paris, 1920)。

② 参考 Eugen Dietzgen, *Briefe über Logik, speziell demokratisch proletarische Logik* (2d ed. Stuttgart, 1903), p. 112。

③ 参考 Franz Oppenheimer, *System der Soziologie* (Jena, 1926), II, p. 559。

④ 这里必须强调的，赞成民主的理由，并不是基于"大多数经常是对的"这个假定，更不是假定大多数是不错的。参考第八章第二节。

⑤ 参考一九三三年九月三日他在 Nuremberg 召开的纳粹党会议上的演说(*Frankfurter Zeitung*, September 4, 1933, p. 2)。

⑥ 参考 Lancelot Hogben, *Science for the Citizen* (New York, 1938), pp. 726～728。

⑦ 同上书，p. 726。

⑧ 尽管"合理化"一词是新鲜的，但这种事象的本身在很早以前就已知的。参考 Benjamin Franklin 的话："作为一个 reasonable creature 是极其方便的，因为这使得你能够找出或造出一个理由为你想做的每件事情辩护。"(*Autobiography* ed. New York, 1944, p. 41.)

⑨ "手推的磨子给你的社会，是封建地主的社会；蒸汽机发动的磨子给你的社会，是工业资本家的社会。"马克思 *The Poverty of Philosophy*（英文译本），p. 105.

⑩ Marx, *Das Kapital* (7th ed. Hamburg, 1914), pp. 728～729.

⑪ The Communist Manifesto I.

⑫ 现代马克思主义加给这个片语的意义——宗教的麻醉是有意地施之于人们的——可能也是马克思的意义。但是在一八四三年马克思创造这个片语的文句中并不蕴含这个意义。参考 R. P. Casey, *Religion in Russia* (New York, 1946), pp. 67～69。

⑬ 参考 L. G. Tirala, *Rasse Geist and Seele* (Munich, 1935), pp. 190 ff.

⑭ 参考 R. Cohen, *Reason and Nature* (New York, 1931), pp. 202～206; *A Preface to Logic* (New York, 1944), pp. 42～44, 54～56, 92, 180～187。

⑮ 参考前面第二章第六节。

⑯ 参考前面第二章第八节的最后几段。

⑰ 见第八章第三节。

第四章 行为元范的一个基本分析

一、目 的 和 手 段

　　一个行为所寻求的结果，叫作它的目的或目标。我们在日常谈话中使用这些名词，也指称一些中间的目的或目标；行为人之所以想达到这些中间目的或目标，只是因为他相信，通过它们就可以达到他的最后目的或目标。严格地讲，任何行为的目的或目标，总是某一不舒适的感觉之解除。

　　手段是为达成任何目的或目标而服务的。手段不在既定的宇宙中；在既定的宇宙中的，只是许多东西。一件东西之成为手段，是在人的理知计划利用它以达成某一目的，而人的行为实际上在利用它以达成此目的的时候。人在思想的时候，察知了一些东西的用处，即：它们有达成他的目的的能力；人在行为的时候，就使它们成为手段。最主要的是要知道：外在世界的东西之成为手段，只有通过人的心灵和心灵所衍生的人的行为之运作。外在的东西只是自然界的一些现象而为自然科学的主题。把它们变成手段的是人的意思和人的行为。行为学并不处理外在世界，它所处理的是关于它们的人的行为。行为学的实在，不是外在的世界，而是人对于外在世界的既定情况有意识的反应。经济学无关于有形的物质的东西；它是研究人、人的意思和行为。货物、商品与财富以及有关行为的其他所有概念都非自然的要素；它们是人的意思和行为的要素。想研究它们的人，不应该向外在世界去观察；他必须在行为人的意思中去探索它们。

假若所有的人都接受一种绝对正当的哲学，同时也具备技术上的完全知识，那么，人的意思和行为应该或者将会怎样？行为学和经济学不是像这样去研究人的意思和行为的。在以"有错的人"作主题的科学里面，不容有绝对正当和全知这一类的概念存在。目的，是人们想要达成的任何事物。手段，是行为人认为它是手段的任何事物。

科学的技术学和治疗学的任务，是在探究它们各自部门的错误。经济学的任务是在揭发社会行为部门的错误学说。但是，如果人们不遵从科学的忠告，而固执他们错误的偏见，那么这些谬见是实在的，必须就其实在来处理。经济学家认为，外汇管制不适于达到采行此政策的人们所想达到的目的。可是，如果舆论不放弃它的误想，而政府终于采用了外汇管制，则事态的发展就如此决定了。现代的医药学认为曼陀罗华（Mandrake 或 Mandragora）这种植物的治疗效果是捏造的谎言。但是，只要人们把这个谎言当作真理，曼陀罗华就是一种经济财，为要获得它就必须支付代价。在处理价格问题时，经济学并不过问在别人的心目中是些什么东西，而只问，在那些想取得的人们的意念中，它们是些什么。经济学所处理的是实在的价格，在实在的交易中一付一收的实在价格，而不是"假若有关的实在的人们是另外一些人，价格又将如何"的价格。

手段必然是有限的，也即相对于人们想利用它们的用处而言，它们是稀少的。否则就不会有关于手段的任何行为。在取之不尽、用之不竭的地方，也就没有任何行为。

在习惯上，常把目的叫作最后财货（the ultimate good），把手段叫作财货（goods）。经济学者在使用这种词汇的时候，主要地是以技术学者的地位在思想，而不是以行为学者的地位在思想。他们把财货区分为自由财与经济财。凡是取之不尽、用之不竭，而无需经济使用的东西，它们叫作自由财。可是，这样的财货不是任何行为的目标。它们是人类福利的一般条件；它们是人们生活和行为于其中的自然环境的部分。只有经济财才是行为的基础。也只有它们才是经济学所处理的对象。

在经济财当中,其本身就可以直接满足人的欲望而无需其他经济财的合作者,叫作消费财或第一级的财货。手段,在其与其他财货合作时,始能间接满足欲望,这叫作生产财或生产要素,或者叫作较远级的或较高级的财货。生产财所提供的服务,在于与其他辅助的生产财合作,而生产一种产品。其产品或者是消费财,或者是另一种生产财,这种生产财再与其他生产财结合而生产消费财。生产财可按其与消费财之生产距离的远近来分级。最接近于消费财之生产的,排在第二级(第一级是消费财),生产第二级生产财的排在第三级。以此类推。

这样分级的目的,在于为生产要素的价值与价格理论提供一个基础。以下将要说明,较高级财货的价值与价格如何决定于它们所生产出来的较低级财货的价值与价格。关于外在东西的评值,最后的依据只是消费财。所有其他财货,都按照它们对于消费财的生产所贡献的大小来评价。

所以,实际上没有必要把生产财照上述的办法分级。至于对"一件具体的财货,究竟应该叫作最低级的财货或叫作较高级的"这个问题作学究式的讨论,也同样是不必要的。比方以咖啡为例来讲,应该叫作消费财的,究竟是未加工的咖啡子,还是烤过的咖啡子、或者是碾成粉末的咖啡、或者只是已经混合了乳油白糖的咖啡,这是不重要的问题。因为关于评价问题,我们对于消费财所讲的一切,都可适用于任何较高级的财货(除掉那些最高级的),如果我把它看作是产品的话。

经济财货不一定是一种具体的东西。非物质的经济财就叫作"劳务"。

二、价值的等级

行为人是在一些可供选择的各种机会中加以选择。他择其一而舍其余。

行为人,当他安排他的行为时,在他内心中有一个欲望等级或价值等级。靠这个等级,他使那有较高价值的,也即他所较迫切需要的得到满足,而让那较低价值的,也即他不太迫切需要的不满足。这是通常的说法。这个说法是一事态的陈述,不容反对。可是,我们不能忘记,这个价值等级或欲望等级只是在行为的实现中表现出来。离开了各个人的实际行为,就没有独立存在的价值等级或欲望等级。关于这种等级的知识,其唯一的来源是对于人的行为之观察。每一种行为总是完全符合价值等级或欲望等级的,因为这些等级不过是解释人的行为的一个工具而已。

伦理的一些教义,在于建立人们应该遵行、但不必总是遵行的一些价值标准。它们自负有叫人迁恶就善的使命。它们是些规范性的纪律,目的在于叫人认知"应该如何如何"。它们对于一些事实,不是中立的;它们有些自由决定的标准,从这些标准的观点来评判事实。

这不是行为学和经济学的态度。它们完全知道:人的行为的最后目标,不容以任何绝对标准来检讨。最后的目标是些极据(ultimately given),纯粹是主观的,各人不同,而且在同一个人的一生中,也随时期的不同而有变动。行为学和经济学只研讨行为人为达成他所选的目的而采取的手段。它们对于像"奢侈放纵与刻苦节俭究竟是哪一种行为好呢"这一类的问题,不表示任何意见。它们只研讨行为人所采的手段,是否适于达成他们所要达成的目标。

所以"变态"(abnormality)和"乖僻"(perversity)等概念,在经济学里面没有存在的地位。经济学决不说某人是乖僻的,因为他宁可要不舒适的、有损的乃至痛苦的,而不要舒适的、有利的乃至快乐的。它只说:这个人与别人不同;他喜欢别人所不喜欢的;他把别人所要避免的视为有用;他把别人所要避免的痛苦视为乐事而接受。"正常"与"变态"这两个极端的概念,可以用在人类学的意义上,以区别那些依大多数人的行为而行为的人与那些不合定型的人;也可以用在生物学的意义上,以区别那些善于保持健康的人与那些自我伤害的人;也可用在伦理意义上,以区别那些行为正当的人与那些行为不正当的人。但是,在一门关于人的行为的理论科学的架构中,不容有这样的区别。对于最后目标的检讨,总归是纯主观的,因而是武断的。

价值是行为人赋予最后目的的重要性。主要的或原始的价值只赋予最后的目的。至于手段的价值,则看它对于最后目的的达成有多大的贡献。所以,手段的价值是从其可达成的目的的价值引申出来的。手段对于人之所以重要，只因它有使人们达成某些目的的可能。

价值不是本来就有的，它不在事物的本身。它是在我们的心里；它是人们对于生活环境所采的反应。

价值也不在语言文字和学说中，而是反映于人的行为。它不是一个人或一群人所说的值得什么，而是他们如何行为。道德家夸张的讲演和政党的自吹自擂，好像煞有意思的。但是，它们只就其真正决定人之行为的程度而对于人事发生影响。

三、需　求　的　等　级

尽管有许多是相反的说法，绝大多数的人总是以物质生活的改善为第一目的。他们需求更多更好的食物、更好的房屋和衣着，以及其他许许多多的舒适。他们力求富有与健康。应用生理学把这些目的当作既定的，进而断定那些手段最适于达成满意的结果。从这个观点出发，应用生理学把人的"真正"需求与想象中的假欲望明白区分。它教人们应该如何作为，应该把什么作为手段以达成目的。

这种学说的重要性是很明白的。从这个观点看，生理学家把人的行为区分为明智的行为与违反目的的行为，这是对的。他指出适宜的营养方法与愚蠢的方法显然不同，这是对的。他会谴责某些行为方式是荒谬的，是违反"真正"需要的。但是，这样的判断不是一门处理人的行为的科学所应有的。行为学和经济学所处理的不是一个人"应该"做什么，而是他做什么。卫生学把酒精和尼古丁叫作毒物，也许对，也许错。但是，经济学只就事论事，解释烟草和酒类的价格，而不讲在不同的情形下，它们的价格会怎样。

在经济学领域以内，没有异乎价值等级的需要等级，价值反映在人的实际行为。经济学处理实实在在的人、脆弱而会犯错的人，并不处理只有像神那样的全知而完善的理想中的存在。

四、作为交换的行为

行为的目的是想以较满足的事态来代替较不满足的事态。我们把这样一个意愿的代替叫作交换（exchange）。以不大喜欢的情况交换较喜欢的情况。放弃前者取得后者。前者之被放弃，是为取得后者所付的代价。所付的代价也叫作成本（cost）。成本等于附着在那份必须放弃的满足值上。

代价的价值（所付的成本）与达成的目的的价值，其间的差叫作利得（gain）、利润（profit）或净收益（net yield）。利润，在这个原始的意义下是纯主观的，它是行为人的幸福之增加，它是既不能量也不能衡的一个心理现象。不愉快的感觉有时消除得较多，有时消除得较少；但是，一个满足超过另一个满足究竟超过多少，那只有凭感觉，没有客观的方法来判定，价值判断无关乎计量，它只是程度的排列、分等级。它只能以序数，不能以基数来表示。

说到价值的计算，等于白说。计算，只有利用基数才可能。两种事态的评价，其间之差异完全是心理的、个人的。它不能投射到外界。它只能由当事人感觉到，不能传递给别人。它是心理方面的一种强度。

生理学和心理学已发展了各种方法，它们以为这些方法可用以代替那个无法实行的衡量法。在经济学领域内，无须检讨这些有问题的方法。它们的支持者也体会到，这些方法不能用之于价值判断。但是，即令它们能用之于价值判断，它们对于经济问题也毫无关系。因为经济学是处理行为的本身，并不处理促成某些行为的那些心理状态。

行为也常常达不到目的。如果行为的结果，虽然不及所希求的目的，但比事前的情况较佳，那么，这还是有利（profit），尽管不及所希望的利。但是，行为的结果，有时也会比行为所要变更的情况更坏。这时，对于结果的评值与所已支付的成本的评值，两者之间的差就叫作损失。

第五章 时　间

一、作为行为学的一个因素——时间

“变”，这个概念意含着“时序”概念。固定的、永久不变的世界，是脱离了时间的世界，是死的世界。变与时间这两个概念是不可分的。行为的目的在于变，所以行为是在时间的程序中。人的理知无法想象无时间的情况和无时间的行为。

行为的人，会辨识行为以前的时间，行为所花掉的时间和行为以后的时间。关于时间的经过，他是不能中立的。

逻辑与数学所处理的，是一套理想的思想体系。它们之间的关系和蕴含，是共存的而且互相依赖的。我们也可以说：它们是同时发生的，或者说，它们是超越时间的。一个完全的心灵或可以一下子领悟它们。人却不能如此。因而思想本身也成为一个行为，一步一步地从不足够的认知，进到较满意的认知。但是，知识所赖以获得的时间程序，决不可混同于这个演绎体系各部分的逻辑同时性。在这个体系里面，“原先”与“后果”的概念只是比喻的。它们并不是指的这个体系，而是指的我们把握这个体系的行为。这个体系本身既不蕴含时间元范，也不蕴含因果元范。在一些元素之间，具有功能的一致性，但是既没有因，也没有果。

在认识论上,行为学体系不同于逻辑体系,因为它既蕴含时间元范,也蕴含因果元范。行为学体系也是先验的和演绎的。作为一个体系看,它是超越时间的。但是,"变"是它的诸元素之一。"较快"和"较缓","原因"和"结果"这些概念,是它的构成成分。原先与后果是行为学推理的基本概念。事情的结局之不可改变,也是它的基本概念。在行为学体系的架构中,凡涉及功能一致性者,其为比喻的、其为易于引起误解,并不逊于在逻辑体系的架构中之涉及"原先"与"后果"之为比喻的,之易于引起误解①。

二、过去、现在和未来

行为,使人具有时间观念,使他觉得时光的流逝。时间观点是一个行为学的元范。

行为总是趋向将来的;它本质上必然是为一个较好的将来而计划、而行为。它的目的在于,使将来的一些情况比没有行为的干预而形成的情况更好些。促动一个人去行为的那种"不安逸"之所以发生,是由于想到如果不以行为去改变的话,则将来的情况是叫人苦恼的。无论如何,行为只能影响将来,决不影响现在,现在只是无限小的一刹那,一下子就沉没在过去。一个人当他计划把一个较不满意的现状,变到较满意的将来情况的时候,就察觉到时间。

就苦思冥想来讲,时间只是绵延,"纯粹的绵延,其间之流是继续的,以小得看不出的程度,从这一情况进到另一情况:继续,实即生活(或经验)"②。现在的"现在"不断地转变为过去,而只留在记忆中。哲学家们说,人在回忆中才觉察到时间。③但是,把"变"的元范和时间元范传达给人的,不是回忆,而是想改善生活情况的那种意愿。

时间,当我们用各种机械的设计来衡量它的时候,它每每已经过去;时间,当哲学家们用这个概念的时候,它或者是过去,或者是未来。从这些观点来讲,现在,不过是观念上区分过去与未来的一丝界线而已。但从行为学的观点来讲,在过去与未来之间,有一实在的扩面的"现在"在。行为之为行为,是在这个实在的现在中,因为它利用瞬息间因而体现出它的实在④。后来的回忆辨识出,在那已过去的时刻当中,首先有行为,以及那个时刻给行为所提供的一些条件。凡是由于机会已去,而不能再做或再用的,那就是使过去与现在相对照。凡是由于条件未具备,或时机未成熟,而还不能做或不能用的,那就是使未来与过去相对照。给行为提供一些条件和任务的,是现在;前此则太早,今后则太迟。

作为绵延的现在,是给行为提供的那些条件和机会的连续。每一类的行为,必须有些特殊条件是它在寻求某些目的的过程中所要调整以适应的。所以,现在这个概念,因行为的方面不同而不同。至于以什么标准来衡量空间化的时间经过,那是没有关系的。它所包含的时间经过有多久,那是随行为的重要性而伸缩的。与现在相对照的,就看我们心中所想的是中古时期、是十九世纪、是去年、是上月,或昨天,但这些与刚刚过去的一时、一分或一秒,也同是现在的对照。假若一个人这样说"现在宙斯神(zeus)已不再受崇拜了",他说这句话时心中的现在,与一位汽车司机说"现在回去未免太早了"这句话的时候心中的现在,完全不同。

由于未来是不确定的,我们无法知道我们所说的现在能够持续多久。比方说,一个人在一九一三年这样说:"现在,欧洲思想自由是大家公认的。"当他说这句话的时候,他不能预知他所说的"现在"会不会很快就成为过去。

三、时间的经济

岁月不饶人(Man is subject to the passing of time.)。他出生、成长、老而死。他的时间是有限的。他必须像利用其他有限资源一样经济地利用它。

时间的经济有一特征,这是由于时序的独特性和不可倒退性。这些事实的重要性,出现于行为理论的每一部分。

这里只要强调一个事实。时间的经济,与经济财货和劳务的经济是两回事。即令生活在万事俱备的安乐乡的人,只要他不是长生不老的,他也不得不节用时间。即令他所有的欲望，都可毫不费力地得到满足，他也不得不好好地安排他的时间表，因为这些满足的情况是互不相容而不能同时达成的。所以，对于人而言，时间也是有限的，也有或迟或早的光景。

四、诸行为之间的时序关系

一个人的两个行为决不会是同时的，它们的时序关系是较早和较晚的关系。不同的个人们的一些行为，可以视为同时的，但这也只能就物理学上的时间度量法来讲。同时性（synchronism）只有在涉及不同的行为人们相互协作的场合，才是行为学的一个观念。⑤

一个人的一些个别行为是一个连续的另一行为。它们决不能同时发生；它们是或快或慢地彼此连接。有些行为是可以一举而达成几个目的的。但如果把这些目的的达成，看作多个行为的同时发生，那就会使人误解。

人们往往看不出"价值等级"（scale of value）这个名词的意义，因而漠视了一个人的各种行为之所以不能同时发生的原因。他们把一个人的各种行为解释为一个价值等级的结果；而这个价值等级是独立于而且先于这些行为的。他们也把它们解释为一个预先计划的结果，而这个计划是那些行为所要实现的。在某一个时期以内，使行为得以持续不变的那个价值等级和那个计划，被视为各种行为的原因和动机；于是那个不能就各种行为而言的"同时性"（synchronism），就轻易地在这价值等级和计划中发现。但是，这忽略了一个事实，即：价值等级不过是一个思想工具，它只在实际行为中表现出来；它只能从实际行为的观察中被看出。所以，我们不可以拿它和实际行为对比，而用它作为评论实际行为的尺度。

我们也同样不可以把实际行为和那些为将来的行为而事先拟定的计划作一比较，来区分合理的行为与所谓不合理的行为。有趣的是，昨天的目标，是为今天的行为而非为今天真想达成的那些目标而定的。但是，昨天的计划，并不为我们提供比任何其他的观念和规范更客观的和非武断的标准用以评判今日的实际行为。

有人曾想靠下面这个推理,来求得一个非理性的行为这个观念:如果 a 优于 b,b 优于 c,那么就逻辑讲,a 当然优于 c。但是,如果实际上有人偏好 c 而舍弃 a,我们就碰到一个行为方式而为我们所不能说是一贯和合理的。⑥这个推理忽略了这个事实:一个人的两个行为决不会是同时的。如果在一个行为中,a 被选择,b 被舍弃;在另一个行为中,b 被选择,a 被舍弃,不管这两个行为之间的时间距离是多么短,决不可以构想一个始终如一的价值等级以示 a 优于 b,b 优于 c。也不可以料想,一个后来的第三行为和以前的两个行为是一致的。这些例子所证明的不过是:价值判断不是不变的,所以从一个人的各个行为,必然非同时发生的各个行为,抽绎出的一个价值标准,是会自相矛盾的。⑦

我们不要把逻辑的一贯概念(即没有矛盾)与行为学的一贯概念(坚贞 constancy,或固执于某些不变的原则)相混淆。逻辑的一贯只在思想中有它的地位,坚贞只有在行为中有它的地位。

坚贞与合理,是完全不同的观念。如果一个人,对事物的评价已经改变了,而还继续忠于以前曾经拥护过的那些行为原则(只是为的坚贞),这不算是合理的,这简直是顽固。行为只有在一方面会是坚贞的:选择那价值较大的,舍弃那价值较小的。如果评价改变了,行为也一定改变。在改变了的环境下,忠于一个旧的计划是毫无意义的。一个逻辑系统必须是一贯而没有矛盾的,因为它要包容它所有的部分和它所有的定理,使它们可以共存。至于行为,必然发生于一个时序中,在行为方面不会有这样的一贯问题。行为一定要适合目的,而目的是要随改变的环境而调整的。

沉着镇静(presence of mind),被认为是行为人的美德。如果一个人有能力思考,而且能够敏捷地调整他的行为,以适应环境的变动而不落后,他就是沉着镇静。如果把坚贞看作对于原有计划的继续遵守而不管环境的改变,那么,沉着镇静和敏捷反应,恰好是与坚贞正相反的。

当一个投机者进到证券交易所的时候,他会有个大概如何做法的确定计划。就那些急于想把行为分为合理的与不合理的人们所给予"合理"的意义而言,不管他是否坚持他的计划,他的行为都是合理的。这位投机者在这一天当中所做的买卖,从一个不明了市况变化的旁观者看来,不能解释为行为的一贯。但是,这位投机者是坚持他的意图的,意图利得,避免损失。因而他必须调整他的行为以适应市况的变化,并适应他自己对于价格前途所作的判断之改变。[8]

　　"不合理的"行为这个观念中所谓的"不合理",总是基于一个任意的价值判断。任何人,不管他如何曲解事实,他总不能在这个基础以外,再形成另一个不合理的行为观念。让我们假想:某一个人专为反驳行为学上所讲的"没有什么不合理的行为"这句断言,故意地做些颠三倒四的事情。这种情形是这个人想达成一个确定的目的,即:为反驳行为学的定理,他做些否则他不会做的一些事情。他为反驳行为学而选择了一个不适当的手段,如此而已矣。

注　释

① 在一本经济学的论著中,无须讨论这样的一种公理体系的如何建构,即在这种体系里面,功能的概念取代了因果概念。本书的后面就要说明:公理体系不能作为讨论经济制度的一个模式。参考第十六章第五节。

② Henri Bergson, *Matière et mèmoire* (7th ed. Paris, 1911), p. 205.

③ Edmund Husserl, *Vorlesungen, zur Phänomenologische des inneren Zeitbewusstseins, Jahrbuch für Philosophie und Phänomenologische Forschung*, IX(1928), pp. 391 ff. ; A Schütz loc, cit. , pp. 45 ff.

④ "我所叫作我的现在,是我对于即刻的将来所持的心理状态,也即我的当前行为。" Bergson, op. ait, p. 152。

⑤ 为避免任何可能的误解,我们不妨强调:这个定理完全与爱因斯坦(Einstein)的关于时空的定理无关。

⑥ 参考 Felix Kaufmann, *On the Subject-Matter of Economic Science*, *Economica*, XIII, p. 390。

⑦ 参考 Ph. Wicksteed, *The Commonsense of Political Economy*, ed. Robbins (London, 1933), I. p. 32 ff; L Robbins, *An Essay on the Nature and Significance of Economic Science* (2d ed. London, 1935), pp. 91 ff.

⑧ 自然,诸计划也会自相矛盾的。它们的矛盾有时是错误判断的结果。但是,这样的矛盾有时会是故意的,为的是某一个目的。例如,一个政府或一个政党所公布的政策,一方面向生产者承诺高的价格,同时向消费者承诺低的价格,把两个不相容的目标摆在一起,其目的是在做政治的鼓动。这个公布的政策或计划是自相矛盾的;但是,制定这个政策或计划的人,是想透过这个自相矛盾的政策或计划,以达成一个确定的目的,在这个意义下,没有任何矛盾。

第六章　不确定

一、不确定与行为

未来的不确定,已蕴含在行为这个观念中。"人行为"与"未来是不确定的"决不是两件独立的事情。它们只是一件事的两个不同的说法。

我们可以假设:一切事象和变动的结果,是决定于一些支配整个宇宙的形成与发展而永恒不变的法则。我们也可以把一切现象的必然关联和相互依赖——也即它们的因果关系的连续——看作根本的和终极的事实。我们可以完全放弃"未定的机会"这个观念。但是,不管从一个全知的心灵看来究竟是怎样,从行为人看来,未来总是一个谜。如果人知道未来,他就无须选择,也不要行为。他就像一具自动机,只对刺激起反应,而没有他自己的任何意志。

有些哲学家准备推翻"个人的意志"这个观念,认为这是个幻想、是自欺,因为人必须遵照一些必然的因果法则不知不觉地行为。从原动力(prime mover)或原因本身的观点来看,这些哲学家也许对、也许错。但从人的观点来看,行为是终极的事情。我们并不断言:人在选择和行为方面是"自由"的。我们只是证实这个事实:他选择、他行为;我们不知道如何用自然科学的一些方法来解答"为什么他要这样行为,而不那样行为"这个问题。

自然科学并不使将来成为可测知的。它只可预言某些确定的行为所会引起的结果。但它对于以下的两方面毕竟是无法预知的：不足够了解的自然现象方面和人的选择行为方面。我们对于这两方面是无知的。这个无知，把人的一切行为都弄得不确定。不容置疑的确定，只存在于演绎理论的体系当中，关于现实界，我们所能得到的，至多是个大概。

行为学的任务，不在于研究可否把经验的自然科学的某些定理视为确定的。这个问题，就行为学而言，没有什么实际的重要性。无论如何，物理学与化学的一些定理，具有很高度的概然性，为着一切实际的目的，我们可以把它们看作确定的。一部按照科技法则而制造的机器，我们实际上可以预料它将如何运作。但是，一部机器的制造，只是一个较大计划的一部分，这个较大的计划，是要把这部机器的产品供给消费者。这个计划是不是最适当的，就要看将来情况的发展，这个发展在实行此计划的时候，是不能准确地预知的。所以，关于机器制造的技术结果的确定程度，不管它怎样，毕竟不能消除全部行为所固有的不确定性。未来的需要和评值、人们对于环境变动的反应，未来的科学和技术知识、未来的一些意理和政策，都不能正确地预言，至多只能说到某种程度的或然率。每一行为都涉及一个未知的将来。在这个意义下，行为总归是危险的投机。

真实与确定是关于一般的知识论问题。相反地，或然率的问题是行为学的一个主要问题。

二、或然率的意义

或然率的处理，已经被一些数学家弄混淆了。从开始处理或然率的计算时，就有了暧昧。当美和男爵（the Chevalier de Méré）向巴斯可尔（Pascal）请教关于掷骰赌博的一些问题的时候，这位伟大的数学家应该坦白地把真实告诉他的朋友，即是说，数学对于纯靠机会的赌博，毫无用处。可是，他偏要把他的答复隐藏在数学的符号语言中。几句通俗的话就很容易解释的道理，偏要用大众陌生的术语来表达，因而引起敬畏。人们总觉得，这种叫人迷惑的公式蕴含着一些重要的天机,是未入门的人所无法知晓的;他们的印象是:有一种科学的赌博方法存在,而数学的一些秘密教义为赌博提供胜利的保证。神秘主义者巴斯可尔无意地变成了赌博的守护神。一些或然率的教科书为赌博做了义务宣传,正因为它们是外行人的一些天书。

计算或然率的那些遁词,用之于科学研究的领域,流弊也不小。每一知识部门的历史都有误用或然率的记录。这种情形,像约翰·穆勒(John Stuart Mill)所说的,使它成为"数学的真正耻辱"。[①] 在我们这个时代,有些最坏的错误发生于物理学方法的解释中。

大概的推理这个问题,比起构成或然率计算领域的那些问题重要得多。只是对于数学的处理有成见,因而产生了"或然率就是频率"这个偏见。

还有一个错误,是把或然率的问题与自然科学所使用的归纳法的问题相混淆。想用一个普遍有效的或然率理论来代替因果元范这个企图,正是前几年最风行的无效的推理方式的特征。

如果我们对于某一事物的内容没有充分的知识,则关于它的陈述就是或许的。我们不知道决定某一陈述真或非真所必要的一切事项。但是,我们确实知道关于它的某些事项;我们能够比一个完全无知的人多讲一点。

关于或然率有两个完全不同的例子;我们可以把它们分别叫作类的或然率(class probability——或频繁或然率)和个案或然率(case probability——或人的行为科学的特殊了解)。前者应用的领域是自然科学,完全受因果关系的支配;后者应用的领域是人的行为科学,完全受目的论的支配。

三、类的或然率

类的或然率,意思是:我们知道或自以为知道关于某些事象全类活动的一切情形;但关于个别事象的实际情形,我们除知道它们是这一类的分子以外,毫无所知。

例如,我们知道在一次摸彩游戏中有九十张彩票,其中五张将会抽中。就是说，我们对于这全部彩票的动态完全知道。但是，关于个别的彩票，我们除了知道它们是这一类彩票的构成成分以外，什么也不知道。

在某一时期某一地区以内，我们可制出一个完全的死亡率表。如果我们假定死亡率不发生变动的话，我们就可以说，关于这个地区全部人口死亡率的动态我们都知道。但是，关于各个人的生命期，我们除知道它们是构成全部人口死亡率的因素以外，毫无所知。

或然率的计算，就是对于这缺陷的知识，用数学的专门符号来陈述。它既不扩张，也不加深，更不补足我们的知识。它只是把我们的知识变成数学语言。它的计算是在我们早已熟知的一些代数式中反复重演。其结果并没有告诉我们关于个别事象的任何情形。自然，这些计算不会增加我们关于全类动态的知识，因为这方面的知识，在一开始考虑这个事象的时候，已经是完全的，或认为完全的。

如果相信或然率的计算会为赌徒提供任何情报，藉以消除或减轻输钱的危险，那是一个严重的错误。正与通常的错误相反，或然率计算，对于赌徒是毫无用处的，这与任何其他的逻辑或数学推理对于他毫无用处是一样的。赌博的特征是在对未知的事情打赌，对纯粹的机会打赌。赌徒的成功希望，不是靠健全的考虑。不迷信的赌徒会这样想："我赢的机会是有一点的（或，换句话说，'那不是不可能的'）；我愿意下这笔赌注。我很知道，我下这笔赌注，是做傻事。但是，最大的傻子，才会有最大的幸运。管它的！"

冷静的推理就会使赌徒明白：买两张彩票并不比买一张的机会更好，因为彩票的全部彩金比它的全部销售收入要小得多。如果他把全部彩票都买来，他一定要大大赔本。可是，每个买彩票的人总坚决相信，多买比少买好。他们不想想这个事实：因为开赌的庄家相对于赌徒而言，总是操胜算的，你赌得愈多愈长，你损失的机会愈是确定。赌博之所以迷人，正由于它的不可预知和它的风险变化。

我们假想，有十张签条，每张上面各写一个不同的姓名，放进一只箱子里面。从中抽出一张，其姓名出现在这一张上面的那个人就得付出一百元。如果有一个保险人能够给这每张签条保险，每张各收保险费十元，这时他就可给这位损失者充分的赔偿。他收到一百元，也得支付一百元给这十人中之一人。但是，如他只给这十张签条当中的一张保险，按或然率计算出的费率收保险费十元，这样他就不是做保险而是赌博。他拿自己来代替被保险人。他收到十元也得到这样一个机会，即：或者净得这十元，或者失掉这十元再赔上九十元。

如果某甲承诺在某乙死亡时给付一定的金额，为提供这个承诺，某甲在某乙的生前收取一个适当的金额，此金额按或然率计算。某甲这种做法不是保险而是赌博。保险，不管是按照商业原则来做或按照互助原则来做，必须是属于全类的保险，或可以视作全类的保险。它的基本观点是凑份子（pooling），是危险分摊，而不是或然率的计算。它所需要的数学是四则的算术。或然率的计算不过是插曲戏。

凑份子来消除危险（即危险的分摊）这种事情，用不着什么保险统计。每个人在日常生活中都会这样作。每个做生意的人都会把业务中通常发生的损失计入他的正常成本中。这里所说的"通常"，其意义是：这些损失的数额，就个别项组成全类来讲，是可知的。例如，水果商会知道在这批进货中每五十枚苹果有一枚将会坏掉；但他不知究竟哪一枚会坏。他处理这种损失，如同处理成本账中任何其他项目一样。

上述的类的或然率的界说，只是逻辑上良好的界说。凡是涉及两可情况的一切界说，都不免是粗疏的循环论法，上述的界说避免了这个毛病。它是说，关于各个事项的实际情形，我们一无所知，除掉知道它是那个全体动态的构成分以外；全体动态是我们充分知道的。在这种说法下，有缺陷的循环论法就被解决了。

保险的特征是处理"全类的"事项。因为我们以为，关于全类的动态我们都知道，所以在保险业务上似乎没有什么特殊风险。

开赌场的庄家，或发行彩票的行业，也是没有任何特殊风险的。从彩票行业的观点来看，只要全部彩票都卖掉了，其结果是可以预知的。如果有些彩票未卖掉，则这个行业的主人，就其保留的那些彩票而言，与每个买彩票的人，就其买到的那张彩票而言，是处在同样的地位。

四、个案或然率

个案或然率的意思是：关于某一事项，我们知道决定其结果的某些因素，但还有一些其他的决定因素我们不知道。

个案或然率与类的或然率，除掉都是不完全的知识这一点以外，没有共同点。在其他任何方面，这两种或然率完全不同。

自然，有许多人是想凭他们关于类的动态的知识来预测某一特殊的未来事项。一位医生，如果他知道某类病人的康复机会是70％，他就会对于他的那位害同类病的病人作一个判断。如果他要把他的判断说得正确的话，他只能说康复的机会是0.7，也就是说，十个病人平均只有三个会死亡。关于外在事象，也即自然科学领域的事象的一切预测，都是属于这种性质。事实上，它们不是对于有关个案的预测，而是讲的关于各种可能结果的频率。它们或者是凭统计资料，或者仅凭非统计的经验而作的大略估计。

这种方式的预测，与个案或然率无关。事实上我们对于有关的个案毫无所知，除掉知道它是某一类动态的一个例证以外，这一类的动态是我们知道的，或我们认为是我们知道的。

一位病人准备请一位外科医生给他动手术，医生告诉他，像这样的病动手术，一百人当中平均三十人会死。如果这位病人要问到这个死亡数是否已经届满，那他就是误解了医生的话。他就是陷入了所谓"赌徒的错误"。赌轮盘的赌徒看到一连串有十次"红"出现，于是认为下一次出现"黑"的机会就更大了。这是他把个案或然率与类的或然率弄混淆了。

凡是医生，仅凭生理学的知识而作的预测，就是使用类的或然率。一位医生，听说一位他所不知道的病人患了某一明确的病症，他凭一般的治疗经验，于是说：这位病人的康复机会是7∶3。如果这位医生亲身诊断这位病人，他也许有不同的看法。这位病人年富力强，在患这种病以前的健康情形很好。在这些情况下，这位医生会想到，死亡率要低些；这位病人的康复机会不是7∶3

而是 9∶1。尽管这不是凭统计资料只是凭他的临床经验,可是逻辑方法是一样的。医生所知道的往往只是一些类的动态。就我们这个例子来看,这个"类"就是患这种病的年富力强的人这个类。

个案或然率是我们处理人的行为问题的一个特殊点。这里一讲到频率就不适当,因为我们所讲的总是些独特无二的事象,不是任何一类的分子。我们可把"美国总统选举"作为一个"类"。这个类的概念可能有用,或者为着某种推理甚至是必要的,例如,从宪法的观点来讨论这个问题的时候,这个概念是必要的。但是,如果讨论一九四四年的总统选举——或者在选举前讨论未来的结果,或者在选举以后作因果关系的分析——我们就是在处理个别、独特而不会重演的个案。这个个案的特征是它的独一无二性,它本身就是一个类。凡是可以允许把它纳入任何一类的那些迹象,都与这里的问题不相干。

两个足球队,蓝队与黄队,明天就要比赛。过去,蓝队总是打败黄队。这个知识不是关于"类"的知识。如果我们要把它当作类的知识,我们必然会作这样的结论:蓝队总是胜,黄队总是败。关于这场比赛的结果,我们将确定地知道蓝队会再胜。但是,事实上我们把关于明天比赛的预测,只看作可能,这一事实就表示我们并不这样讲。

另一方面,我们认为蓝队过去常胜,对于明天的比赛结果并不是不重要的。它有利于蓝队再胜的预测。假若我们要按照适于类的或然率的推理而正确地讲,我们就不会看重这个事实。假若我们不提防陷入"赌徒的错误"的话,那就会相反地要说:明天的比赛将是黄队胜利。

如果我们对某队的胜利的预测,冒着若干金钱的危险,懂得法律的人就会把我们的行为叫作打赌。所以,如果涉及类的或然率的行为,那就叫作赌博。

在类的或然率范围以外,而又可以统称之为或然率的每件事情,都是指一个特殊的推理方式,这个推理方式是用来处理历史的独一无二的、或个别的事象,也即历史学的特殊了解。

了解,总是基于不完全的知识。我们可能知道行为人的一些动机,他们所想达成的一些目的,以及他们为达成这些目的而计划采用的一些手段。对于这些因素所形成的后果,我们有一确定的见解。但是,这种知识是有缺陷的。

我们不能预先否定我们有错误的可能性；我们可能把那些因素的影响估量错误，我们也可能没有考虑到某些因素，这些因素的参与是我们完全没有预料到的，或者预料得不对。

赌博、工程与投机，是处理"未来"的三个不同的方式。

赌徒对于他所赌的结果所赖以发生的事情，毫无所知。他所知道的不过是他所希望的那些事象发生的频率而已，对于他的赌博，这是无用的知识。他信赖幸运，这是他唯一的计划。

人生本身冒着许多危险。随时随地会遇到不可控制或不能充分控制的意外灾祸。每个人都要靠好运。他指望不要触电，不要被毒蛇咬着。人生总有个赌博因素。人可用保险的办法消除或减轻若干灾祸的结果。要他这样做的时候，他是依赖相反的机会。在被保险人这方面，保险是赌博。如果所保的灾祸不发生，他的保险费就是白花的。②关于不可控制的自然事变，人总是处于赌徒的地位。

另一方面，工程师对于解决他的问题（比方说，一部机器的结构）所需要的一切技术知识他都具备。至于有些他不能控制的不确定的边缘，他就留着安全的余地来避免危险。他只知道可以解决的问题，以及那些现代知识尚不能解决的问题。有时，他会从不愉快的经验中发现，他自己的知识并没有他原来所想象的那么完全。也发现他没有认识到某些结果的不确定性，而这是他原来以为他能够控制的。于是他就努力增进他的知识。自然，他决不能完全消除人生当中的赌博因素，但是，他的原则是只在确定的轨道上活动，他的目的是要充分控制他的行为因素。

现在常常听到"社会工程"这个名词。和"计划"一样，这个名词是独裁或极权暴政的一个同义词。是要用工程师在建造桥梁、道路和机器时处理材料的方法来对付人。社会工程师计划用人来建造他的乌托邦，因而各阶层、各行业的人的意志都以工程师的意志来代替。人被分作两类：一方面是全能的独裁者，其他方面都是些被降到奉行他的计划的一些小卒和他的机器中的螺丝钉。假若这是行得通的，那么，社会工程师当然不烦心来了解别人的行为。他可以自由地对付他们，如同工程师之处理木材和钢铁一样。

在这个实际世界中，行为人所面对的，是一些像自己一样为着他们自己的利益而行为的人群。所以，一个行为人必须随时对着别人的行为来调整自己的行为，这个必要就使得他成为一个投机者（非恶意的——译者附注）；他的成功或失败就看他了解未来的能力或大或小。每一笔投资是一投机方式。在人生过程中没有安定，因而也没有安全。

五、个案或然率的数的估值

个案或然率不受任何种类的数的估值。通常认为是数的估值的场合，经过仔细检讨以后，就会显出一个不同的特征。

在一九四四年美国总统选举的前夕，美国人可能这样说：

（a）我愿意用三块钱对一块钱来打赌罗斯福会当选。

（b）我测想在全体选举人中将有四千五百万人参加投票，其中将有二千五百万人投罗斯福。

（c）我估计罗斯福当选的机会是 9∶1。

（d）我确信罗斯福会当选。

（d）的说法，明显地是不精确的。如果要他在发誓台上答复：确信罗斯福将要当选是否和确信一个冰块暴露在 150 度的温度下将要溶化那样地有把握，他将会答"不"。他会修正他的说法而说：就我个人讲，我充分相信罗斯福连任。这是我的意见。但是，这自然不是确定的，只是我这样想而已。

（a）的说法是同样的。这个人当他打这个赌的时候，他相信是冒很小的险。3∶1 的关系对于候选人是否当选，并未作断言。那是两个因素互相影响的结果："罗斯福将会当选"这个意见和这个人好赌的倾向。

（b）的说法，是对于这个未决事件的结果作一数的估值。这里的数字不是指或然率的或大或小，而是指预期的投票结果。这样的说法，也许是凭一种有系统的观察，像盖洛普（Gallup）民意调查那样，也许仅凭一些估计。

它与（c）的说法不同。（c）是一个关于预期结果的命题用算术名词来表示。它决不是真正地意指十个同样的个案中有九个是利于罗斯福，有一个是对他不利的。它不会涉及个案或然率。那么，它的意思是其他的什么呢？

它是一个比喻的表现法。在日常语言中的大多数比喻，总是用一个可以直接由感官察知的东西来比同一个抽象的东西。可是，这并不是比喻语言的必要特征，而只是"具体的东西通常比抽象的东西更习见"这个事实的结果。比喻的目的，是在于用大家所熟知的事情来说明较不熟知的事情。所以，大多数的比喻是以大家熟知的具体事物来比同抽象的事物。就我们这里的事例来讲，其特征是藉助数学部门的或然率计算这个类比，来说明这一个复杂事态。因为这个数学部门，比起关于领悟的认识论分析，要容易懂些。

我们用不着拿逻辑的尺度来批评比喻的语言。类比和比喻总是有缺陷的，从逻辑的观点来看，总是叫人不满意的。但是，关于我们所处理的这个比喻，甚至也是不可以允许的。因为这个比较所根据的一个概念，其本身在或然率计算的架构中就是错误的，也即"赌徒的谬误"。在断言罗斯福的机会是9：1的时候，意思就是：罗斯福在这次选举中所处的地位，等于一位买了全部彩票90％的人关于中头彩所处的地位。这是意含：这个9：1的比率告诉我们，关于那个独特案件的结果的某些实质的东西。这是一个错误的想法。

在自然科学的领域中，也同样不可以靠或然率的计算来处理假设。假设是自觉地凭些逻辑上不充足的议论而作的尝试性的解释。关于假设，我们所可说的只是：假设可能与逻辑原理冲突，也可能不冲突；可能与经验的和被认为的事实冲突，也可能不冲突。凡是与它们冲突的场合，它就站不住，凡是与它们不冲突的场合——在我们的经验知识的现况下——不是站不住的。（个人信服的强度大小则纯然是主观的）或然率也好，历史的了解也好，都与这个问题无关。

"假设"这个名词，如果用在了解历史事件的一些确定方式上，那就是一误用。假若一位历史家断言，"Romanoff 王朝崩溃这件事，与这个皇室属于日耳曼人的背景有关系"，他这种说法，并非提出一个假设。他的了解所凭藉的那些事实，都是确切无疑的。在俄国，对于日耳曼人有普遍的怨恨，二百年当中，仅和日耳曼贵族通过婚的 Romanoffs 这一统治阶级，就被许多俄国人看作日耳曼化的家族,这些俄国人当中,甚至有的人认为 Paul 沙皇不是 Peter III 的儿子。但是,这些事实与那些促成这个王朝废位的一连串事故有什么相干,仍然是个问题。像这一类的问题,除了我们的了解以外,没有任何方法可以说明。

六、打赌、赌博和竞技

打赌,是仅凭自己了解的程度对于某一事件的结果作一预测,而与另一个作不同的或相反的预测的人赌金钱或其他东西。即将到来的选举或网球比赛,都可作为打赌的对象。

赌博是仅凭关于这个全类动态的知识对于某一事件的结果作一预测,而与另一个人赌金钱或其他东西的胜负。

有时候,打赌与赌博是结合在一起的。赛马的结果,既凭人的行为——马的主人、马的训练者和赛马师——也凭非人的因素——马的品质。赛马场里面冒金钱风险的那些人,大部分只是赌徒。但是专家们认为,凭着对于有关人等的了解,他们会知道某些事情;就这种因素影响他们的决定的程度以内来讲,他们是打赌者。而且他们也许自以为懂得这些马;他们是凭自己关于这些类别的马各种动态的知识来作决定的。就这一点讲,他们又是赌徒。

本书后面的几章,将讨论工商业者应付未来不确定问题的诸方法。在这里只要多作一点观察。

竞技,会是目的,也会是手段。对于那些极想从竞技中找刺激的人们而言,或者对于那些想从表演中以满足虚荣心的人们而言,它是目的。对于那些靠此赚钱的职业竞技者而言,它是手段。

所以竞技可叫作行为。但是,我们不可以倒过来讲,把所有的行为都叫作竞技,或把所有的行为当作竞技来处理。竞技的直接目的是遵照这项竞技的规则把对方打败。这是行为的一个特例。大多数的行为并不以打败任何人或使任何人受损为目的。它们的目的是在改善生活情况。这种改善也会偶尔是损人而利己的。但这绝不总是如此。平实地讲,在一个分工的社会制度下,凡是正规的行为决不是损人利己的。

　　竞技与市场社会中的商业的行为,这两者没有一点类似的地方。玩纸牌的人是要使对手上当才可赢钱。做生意的人要供给顾客们所需要的东西才能赚钱。玩牌者与欺骗者的策略可能相类似。这里不必讨论这个问题。凡是把商业行为解释为骗子的人,是在思路上走错了方向。

　　竞技的特征是两个或两个以上的个人或团体的敌对。③在一个分工社会中的商业行为,是要和这个社会的分子合作的。一旦他们之间彼此敌对,这个社会就会趋向于解体。

　　在一个市场经济的架构里面,竞争并不是竞技中的那种敌对。不错,竞争有时候或甚至常激起竞争者的怨恨和恶意,想加害于别人。所以,心理学家易于把战斗和竞争混为一谈。但是,行为学必须明察这种引起误解的混淆。从行为学的观点看,竞争与战斗有基本的不同。竞争者的目的是要在合作的制度里面有卓越优异的成就。竞争的功用是使社会的每一分子能够为全社会或社会所有其他分子提供最好的服务。竞争是为各行各业挑选干才的方法。凡是有社会合作的地方,必定有各种不同的选择。只有在独裁者指派各人的各种工作,而那些被指派工作的人们并非凭自己的才德和利益来帮助这个独裁者的地方,才没有竞争。

　　我们必须在以后再讨论竞争的功用。④在这里只要强调:把“互相扑灭”的用语用之于“互相合作”的问题上,这是误导。军事的名词不适于拿来描述商业活动。把市场比作战场是个坏的比喻。事实上,一个公司行号提供较美、较廉的货色与同行竞争,不能说是征服。只有在比喻的意义下,商场中才有所谓“战略”。

七、行为学的预测

　　行为学的知识会使我们可能预测某些行为方式的结果。但是,这样的预测自然不会涉及量的方面。人的行为所引起的量的问题，除靠了解以外，没有任何其他方法可用来说明。

后面将要讲到，我们可以预言：在其他事情不变的条件下，某物的需求下降，其价格将会跌落。但是，我们不能预言价格跌落的程度。这个问题只能凭了解来答复。

对于经济问题作量的研究，其基本缺点在于忽视了这个事实：在所谓经济计量之间，没有固定的关系。对于各种货物的评价以及它们之间交换率的形成，既非一成不变的，也非连续不断的。每个新的事实都会使整个价格结构重新调整。了解，可以接近未来情况的预测这个问题，因为了解是靠试图把握有关的人们内心中所想的是什么。我们可以说，这个方法是不能叫人满意的，实证论者也会轻蔑它。但是这样任意的判断，不应该也不会掩蔽这个事实：了解是处理未来情况之不确定的唯一可能的方法。

注　释

① John Stuart Mill, *A System of Logic Ratiocinative and Inductive* (new impression, London, 1936), p. 353.

② 在人寿保险的场合，被保险者所白花的保险费，只是所收的金额与他所可储积的金额两者之差。

③ 有一种叫作 Patience 或 Solitare 的一个人玩的纸牌游戏，不是竞技，而是一种消遣的方法。像 John von Neumann 和 Oscar Morgenstern 所说的（*Theory of Games and Economic Behavior* 〔Princeton, 1944〕, p. 86）这种消遣方法，不是共产主义的社会会有的。

④ 见第十五章第五节。

第七章　在这个世界里面的行为

一、边际效用法则

行为分类，也分级；最初，只知道序数（ordinal number），而不知道基数（cardinal number）。但是，行为人必须调整其行为以求适应的这个外在世界，是一个属于量的世界。在这个世界里面，原因与结果之间有量的关系存在。如果不是如此，如果一些确定的东西会提供无限的服务，则这样的一些东西决不是稀少的，而且也不能把它们当作手段来处理。

行为人对于事物的评值，是把它们看作消除他的不适之感的手段。从自然科学的观点来看，那些可以满足人们需要的各种事物，像是非常不同的。但从行为人的观点来看，差不多是同类的。人，对于非常不同的满足状态以及得到这些满足的手段，加以评值的时候，总是把所有的事物安排在"一个"等级表，而且在这些事物里面，只看出它们对于他自己的满足的相关联。从食物得到的满足，与从艺术品的欣赏后得到满足，在行为人的判断中，是一个较迫切的或较不迫切的需要；评值与行为把它们摆在一个等级表，这个等级表现出较强烈和较不强烈的需求。对于行为人而言，他所评值的，只是这些事物与他自己的福利相关联的程度，而不涉及其他。

量与质是外在世界的元范。对于行为而言，它们只间接地有其重要性与意义。因为每一事物只能发生有限的效果，有些事物被认为稀少的而当作手段。因为事物所能发生的效果是彼此不同的，行为人把它们区分为各类。因为同量同质的手段常常会发生同量的同质效果，行为就对同质手段的一些具体而确定的量不加以区分。但是这并不意含：行为对于同质手段的不同部分同样重视。每一部分是各别评值的。每一部分在价值等级表上被安排在它自己的等级。但是，这些等级可以随意地在同量的各部分之间相互交换。

如果行为人必须在不同类的两个或两个以上的手段之间作一决定，他就把它们每一个的个别部分加以分级，使各归于自己的那一级。他这样做的时候，并不必要把同一手段的各部分，一个接一个地连续排起来。

靠评值来分等级，只有在行为中而经由行为才做得到。可以分作同一级的那些部分究竟有多大，这要看人在行为时的个别情况。行为不涉及抽象的学术研究中所重视的自然科学的或玄学的那些单位；行为总是面对一些不同的选择。必须在某些量的手段中加以选择。我们可以把那作为选择对象的最小量叫作一个单位。但是，我们切不要犯了一个错误的想法，以为这些单位的总值是来自这些单位的评值，或以为它是代表对于这些单位评值的总和。

假设一个人有五个单位的货物 A，有三个单位的货物 B。他赋予五个单位 A 的等级为 1、2、4、7 和 8。赋予三个单位 B 的等级为 3、5 和 6。这个意思是：如果他必须在两个单位的 A 和两个单位的 B 之间加以选择，他就宁可损失两个单位的 A 而不愿损失两个单位的 B。但是如果他必须在三个单位的 A 与两个单位的 B 之间加以选择，他就宁可损失两个单位的 B 而不愿损失三个单位的 A。对于几个单位的混合体予以估值所要计及的，是这整个混合体的效用：也即，福利因它而增加，或换言之，福利因它之失去而受损。这里不涉及算术程序，既不加，也不乘；而是对于取得这有关的部分——混合体或供给量——的效用予以估值。

这里的"效用"一词，只是指：使不适之感为之消除的因素（causal relevance for the removal of felt uneasiness）。行为人以为：一物所能提供的服务有益于他自己的福利，因而把这种服务叫作该物的效用。就行为学来讲，效用一词是当事人认为一物会消除他的不适之感，因而赋予该物的重要性。

行为学的效用观念(在早期奥国学派经济学家的用语中为"主观的使用价值"),必须与工艺学的效用观念(在上述经济学家的用语中为"客观的使用价值")严格区分。客观意义的使用价值,是指一物与它能使发生的效果之间的关系。例如,人们说到煤的"热值"或"热力"的时候,所指的就是客观的使用价值。主观的使用价值往往与真正的客观使用价值无关。有些事物之有主观的使用价值,是因为人们误信它们有发生他所想望的效果的能力。相反地,有些事物确能发生所想望的效果,但人们不认为它们有使用价值,这是因为他们不知道这个事实。

让我们来看看在门格尔(Carl Menger)、杰逢斯(William Stanley Jevons)和瓦拉斯(Léon Walras)提出现代价值论前夕的经济思想的情况。凡是想建立一种价值与价格基本理论的人,一定会首先想到效用。"事物是按照它们的效用而被估值的",这个说法是最能叫人信服的。但在当时,却有一个困难为老辈的经济学家所未曾解决。他们看到一些"效用"较大的东西,比"效用"较小的东西反而估值较低。"铁"比"金"较不被重视。这种事实似乎不符合基于效用与使用价值两概念的价值与价格理论。于是经济学家认为,他们不得不放弃这样的理论,试图用其他理论来解释和市场交换那些现象。

到后来,经济学家们才发现,这个表面上的矛盾是由于把问题讲错了。表现于市场交换率的估值和选择,并不在"金"和"铁"之间抉择其一。行为人不能够在"所有的"金与"所有的"铁之间做选择。他是在一定时间、一定地点,在确定数量的金和确定数量的铁之间做选择。他在 100 盎司的金和 100 吨的铁之间所做的选择决定,与他在一个绝对不可能的假设下,在所有的金与所有的铁之间所做的选择决定,完全不相干。与他实际上的决定有关的,只是在实际情况下,他要考虑 100 盎司金所能给他的满足(直接的和间接的)是大于或小于 100 吨铁所能给他的满足。他并不对于金和铁的"绝对"价值做一学究式的或哲学式的判断;他也不决定对于人类更重要的是金还是铁;他不会像历史哲学家或伦理学家著书立说时那样下结论。他只是在两个不能兼而有之的满足之间做选择。

取舍、选择以及决定,都不是衡量的行为。行为并不衡量效用或价值;它只在不可兼得的事物之间做选择。没有什么总效用或总价值（total utility or total value）这样的抽象问题。[①]我们不能从一定数量的事物的估值推论到较多或较少数量事物的价值。如果只知道部分存量的价值，我们没有方法可以计算总存量的价值。在价值和估值的领域内没有算术的运算；没有价值计算这样的事情。对于两物的全部存量估值，会不同于部分存量的估值。例如一位孤立的人，有七头牛和七匹马，他对一匹马的估值可能高于对一头牛的估值，因而当他必须选择其一的时候，他宁可放弃一头牛而不放弃一匹马。但在同时同一个人，如果他必须在马的全部存量和牛的全部存量之间做一选择，他也许愿意保有那些牛而放弃那些马。总效用与总价值这种概念，如果不是用在人们必须在几种总存量之间选择其一的场合，是没有意义的。金的本身与铁的本身究竟哪个更有用、更有价值这个问题的提出，只有在一种场合是合理的，即：人类或孤立的那部分人类，必须在"所有的"金与"所有的"铁之间来选择其一的场合。

价值判断总是仅仅涉及与选择行为有关的存量。一种存量总是由同质的部分组成，而每一部分都能提供与另些部分相同的服务，因而各部分可以互相代替。所以就选择行为讲，任何部分做选择的对象都是一样。如果遇到必须放弃其中一部分这个问题发生时，所有的部分（单位）都被认为同样有用、同样有价值的。假若这个存量由于失去一单位而减少了，行为人必须重新决定如何利用其余的各单位。当然，较小的存量不能提供较大存量所能提供的那么多的服务。在这新的安排下，已不再雇用的那个单位，在行为人的心目中，是在以前存量较大时最不迫切的雇用。因而他所放弃的满足，是在以前存量较大时，那些单位所提供的满足中最小的满足。假若在总存量中要放弃一个单位，他所必须考虑到的只是这个边际满足的价值。假若要对同质存量中一个单位予以估值，他就以全部存量中那个用途最不重要的单位的价值估之，也即凭边际效用来估值。

如果一个人必须抉择，或者放弃存量 a 中的一个单位，或者放弃存量 b 中的一个单位，这时，他并不要把全部存量 a 的总价值与全部存量 b 的价值做比较。他要比较 a 和 b 的边际价值。尽管他可能把全部存量 a 的价值看得比全

部存量 b 的价值较高,可是 b 的边际价值可能高于 a 的边际价值。

同样的推理也可适用于任何财货存量的增加。

为着陈述这些事实,经济学无须使用心理学的术语。也用不着诉之于心理学的推理来证明。如果我们说,选择行为并不依靠附着于整个类的欲望的价值,而依靠附着于有关的实在欲望的价值,不管这些欲望可归于哪一类,那么,这并不增加我们的任何知识,也不把它追溯到更熟知的或更一般的知识。以欲望的类别来讲的这个说法,只有我们回忆到所谓"价值的谬论"在经济思想史所扮演的角色时才可了解。门格尔和庞巴维克曾经利用"欲望种类"这个名词来反驳一些人所提到的反对论,那些人认为"面包"比"丝"更有价值,因为"营养这一类欲望"比"华丽衣着这一类欲望"更重要。② 今天,"欲望种类"这个概念完全是多余的。对于行为毫无意义。因而对于价值论也毫无意义。而且它还容易引起错误和混淆。概念与类别是心智的工具;它们只在利用它们的那些理论脉络中才具有意义。③ 为着确认这样的分类对于价值毫无用处,而又把不同的欲望安排于"欲望种类",这是荒谬的。

"边际效用和边际价值递减律"与高森的欲望饱和律(Gossen's law of the saturation of wants——也即高森第一法则)无关。在讨论边际效用的时候,我们既不讲到感官的享受,也不讲到饱和与满足。为建立下述的定义,我们并不超越行为学推理的范围:假设一个人具有某同质的存量是 n 个单位,他就使用一个单位,如果存量只有 $n-1$ 个单位,他就不使用,我们就把这个使用叫作最不迫切的使用或边际使用,从这边际使用得到的效用叫作边际效用。为得到这个知识,我们并不需要任何生理的或心理的经验、知识、或推理。这是从我们的假设必然得到的结论,我们的假设是:人是有行为的(有选择的),在第一场合,他有 n 个单位的同质的存量,在第二场合,他只有 $n-1$ 个单位。在这些条件下,我们想不出会有其他结果。我们的这个陈述是形式的、是先验的,不凭藉任何经验。

促使人们行为的不适之感,这是一种情况;另一种情形是,再也没有任何行为(或因为到达了完全满足的情况,或因为这个人不能再改善他的生活环境)。在这两种情况之间或者有些中间阶段,或者没有。非此即彼,不会有第三种情形。在第二种情形下，只会有一个行为，这个行为一经完成，即到了再也不能有所行为的境界。这显然与我们的预设——有行为——不相容；所以它不蕴含行为元范的一般条件。剩下的只有第一种情形。但是，这种情形与第二种情形的距离又有各种不同的程度。所以边际效用法则已经蕴含在行为元范中。它不过是"满足较多的东西优先于满足较少的东西"这个说法的反面。如果可供使用的存量从 $n-1$ 个单位增加到 n 个单位，这个增加部分之被使用，只是为的满足那个比存量为 $n-1$ 个单位时所能满足的欲望中最不迫切的欲望还要不迫切的欲望。

边际效用法则不是指的客观使用价值，而是指的主观使用价值。它不涉及某些东西引起一定效果的物理的或化学的性能，而只涉及那些东西与一个人自己所认为的福利的相关性。它不涉及某些东西的价值，而只涉及一个人认为从这些东西上面可得到的服务。

假若我们要相信边际效用是关于事物和事物的客观使用价值，我们就不得不以为，随着可使用的单位数量的增加，边际效用不仅是会递减，而且也会递增。财货 a 某一最少量——n 个单位——的使用所提供的满足，被认为比财货 b 一个单位所可提供的服务更有价值，这种情形会发生。但是，如果财货 a 的存量小于 n，它只能用之于被认为比财货 b 的用途较少价值的用途。这时，a 的数量如果从 $n-1$ 个单位增加到 n 个单位，其结果就是附着于 a 的一个单位的价值之增加。有 100 根木头的人，可能建造一间小屋以避雨，比一件雨衣要有用得多。但是，如果他可使用的木头还不到 30 根，他就只能做一张床以避地面的潮湿。如果他有 95 根木头，他就会放弃雨衣以换取更多的 5 根木头。如果他只有 10 根木头，他将不会放弃雨衣，即令可换约 10 根木头。一个人如果只有 200 元的储蓄，他可能不愿意去做某种可赚约 200 元报酬的工作。但是，如果他的储蓄到了 2 000 元，而他急于想买到非 2 100 元买不到手的一件东西，这时，他就很乐于接受这项工作，而且，即令它的报酬不是 200 元而是 100 元，他也乐于接受。所有这些例子，完全符合正确陈述的边际效用法则。依照这个法则，价值是靠期望中的服务的效用。至于效用递增律，确也有这回事。

边际效用法则决不可与 Bernoulli 的学说和 Weber-Fecher 法则相混淆。Bernoulli 的基本贡献是大家所熟知而不容争辩的事实，即人们在满足其次要的欲望以前，急于满足更迫切的欲望，一个富人比一个穷人更能满足他的欲望。但是，Bernoulli 从这些明明白白的事情推论出来的结论都是错误的。他发展一套数学理论，认为满足的增加量随着一个人的全部财富的增多而递减。他的说法是对于一个有 5 000 金币（ducats）收入的人而言，一枚金币极可能不会比半枚金币对于一个只有 2 500 金币收入的人更为重要，这个说法简直是奇想。各人对于事物的估值，千差百异，彼此之间除用武断的方法以外，没有任何其他的方法可做比较。即令我们把这一层置而不论，Bernoulli 的方法即就同一个人对不同额的收入估值来讲，也是不适当的。他不了解在这个问题上面我们所能够讲的只是：随着所得增加，每个新增额是用来满足较所得增加前已经满足的最不迫切的欲望更不迫切的欲望。他不了解在估值、选择和行为中决没有什么可衡量、可相等的，只有等级之差，也即取和舍。④所以，Bernoulli 也好，那些采用 Bernoulli 推理方式的数学家和经济学者也好，都不能解决价值这一难题。

把主观的价值理论和 Weber-Fechner 的精神物理学法则相混淆所引起的错误，曾经被 Max Weber 攻击过。Max Weber 对于经济学固然不够娴熟，而且过分地受了历史自足主义（historicism）的支配，以致看不清经济思想的一些基本原理；但是，他的天才使得他在这个问题上得到了正确的结论。他断言，边际效用理论"不是心理学所可证明的，而是——如果用一个认识论的名词来讲——建立于实效主义，也即基于目的与手段这两个范畴的发展"。⑤

如果一个人想解除某种病况而服用一定量的药剂。这一剂药没有使病况转好。再加重分量，其结果或者是恰到好处，或者是把病弄得更坏。所有各种满足，也是如此，尽管恰好的那一点要用大分量才可达到，而引起负效果的那一点通常是很遥远。这是因为我们的世界是属于一个因果关系，而其因果又是属于量的关系之世界。例如，一个人住在华氏 35 度气温的房子而感到不舒服，他就想把这间房子的气温升高到 65 或 70 度。他决不会把气温升到 180 度或 200 度。这个事实与 Weber-Fechner 的法则无关，也与心理学无关。心理学对于这个事实的解释至多是提出一个极据式的说法：人，照例是喜欢保持生命与健康，而不愿意死亡和疾病。从行为学的观点来看，重要的只是"行为人在交替的事物之间加以选择"这个事实。人，被放在十字路口，他必须而且也的确选择，这是——且不提其他情形——由于他生活在一个量的世界，而非一个无量的世界；无量的世界，甚至不是我们的心灵所可想象的。

边际效用与 Weber-Fechner 的法则之混淆，是源于错在只看到达成满足的手段，而没有注意到满足的本身。如果满足的本身，曾经被想到，则不会荒谬到用"感觉的强度随外来刺激的强度之递增而递减"来解释关于气温的欲望。一般人不会想把卧室的气温提升到 120 度这一事实，无论如何是与对气温的感觉强度毫无关系的。如果某人既不更想买一套新衣服，也不更想听一次贝多芬交响曲演奏，而他又不把他室内的温度调整到其他正常人所调整到的、也是他自己所可以调整到的温度，这不能用自然科学的方法来解释。只有客观的使用价值，才是客观的，可以用自然科学的方法来处理；至于行为人对于客观使用价值的估值则是另一回事。

二、报　酬　律

经济财在后果方面引起的量的确定，关于第一级财货（消费财）的则是：一个 a 量的原因引起一个 α 量的后果。关于较高级财货（生产财）的则是：一个 b 量的原因引起一个 β 量的后果，假使那补助的原因 c 助成了 v 量的后果；只有互助协作的 β 和 v 后果引起第一级财货 D 的 p 量。在这种情形下有三个量：B 和 C 两个补助财货的 b 和 c，以及 D 产品的 p。

在 b 不变的场合，我们把那个归结于 p/c 最高值的 c 值叫作最适值。如果有几个 c 值归结于 p/c 最高值，我们就把那也归结于 p 这个最高值的，叫作最适值。如果两个补助财货在最适的比率下被使用，它们两者都提供最高的产出；它们的生产力，它们的客观使用价值，已被充分利用，没有一点浪费。如果我们违背了这最适的组合，增加 C 量而不变动 B 量，报酬大概是会再增加的,但不比例于 C 的增加而增加。如果我们可能靠增加补助要素之一,也即靠把 cx 代替 c,而 x 大于 1,因而报酬从 p 增加到 p_1,那么就有:$p_1 > p$ 而 $p_1 c < pcx$。因为如果为抵补 b 的减少,使 c 在 p 不变的情况下相应增加是可能的话,则属于 B 的物质生产力就是无限的,B 就不算是稀少,也即不算是经济财。于是 B 的可利用的供给或多或少对于行为人就无关紧要了。甚至极少极少的 B 量也足够生产任何数量的 D,假使 C 的供给量够大的话。相反地,如果 C 的供给不增加,增加 B 的使用量也不能使 D 的产量增加。报酬的全部过程,应归因于 C;B 不会是经济财。提供无限服务的东西是,例如,关于因果关系的知识,教给我们如何调制咖啡的那种处方,假使被知道的话,就会提供无限的服务。这种知识的性能不会在生产过程中有任何损耗,不管被使用得如何频繁;它的生产力是用之不竭的;所以它不是经济财。行为人决不会要在已知的处方的使用价值与任何其他有用的东西之间加以选择。

报酬律是这样讲的:就较高级经济财(生产财)的组合而言,有一最适的境况。如果我们违离这个最适的境况,只将要素之一增加,其结果或者是产出量根本不增加,或者是不和那个要素同比率地增加。这个法则,如上所述,隐含在这个事实中:任何经济财所引起的后果在量的方面的确定,是它之所以为经济财的必要条件。

报酬律(通常叫作报酬递减律)教给我们的,也只是这样的一个最适的组合。还有一些其他问题是报酬律所未解答的,那只能凭经验来解决。

如果补助要素之一所引起的后果是不可分的,则最适的境况就是那个足以达成目标的唯一组合。为要把一匹呢料染色到某种程度,必须一定量的染料。较多或较少的染料不能达成所要达成的目标。有较多染料的人,必须把多余的部分保留不用。有较少染料的人,则只能染一匹的一部分。在这个事例中,报酬递减的结果是增加量的完全无用。

在其他的事例中,最小后果的生产必须有最小限度的投入。在这最小后果与最适后果之间有一余地,在这余地当中增加投入的分量,其结果或是产出的比例增加或是超比例增加。为使一部机器开动,必须用最低限度的润滑油。至于超过这最低限度而增加润滑油的使用量,是使这部机器的工作量比例增加还是超比例增加，这只能靠技术上的经验解答。

报酬律不能解答下列问题：（1）最适的分量是不是可产生所追求的后果的唯一的分量；（2）是否有一严格的限度，超过此限度以后的任何数量的要素增加都是完全无用的；（3）由于渐渐远离最适境况而引起的产出减少，以及由于渐渐接近最适境况而引起的产出增加，其结果就各个要素每单位的产出来讲，是比例的变动还是非比例的变动？所有这些问题都要经验来解答。但是报酬律的本身，也即：一定有个这样最适的组合，是先验地有效的。

马尔萨斯的人口法则以及过度人口、低度人口和适度人口这些从它推演出来的绝对概念，都是报酬律之应用于特殊问题。它们都是在其他要素不变的假定下，研讨人力供给的变动。因为人们基于政治的考虑，想反对马尔萨斯法则，他们凭情感来争论，而其论调是错误的——他们只了解资本与劳力用在土地上的报酬递减律。现在我们再也不必注意这些无谓的异议了。报酬律不限之于补助的生产要素用之于土地。想以农业生产的历史和经验来驳斥报酬律的有效性，大可不必，因为这是白费的。想驳倒这个报酬律的人，必须解释为什么人们愿意支付代价来买土地。如果报酬律不是有效的，一个农夫决不会去考虑要扩大他的耕地。他将会在任何一块土地上倍增他的资本与劳力的投入，即可无限地倍增其报酬。

人们有时候认为，报酬递减律在农业方面是有效的，至于加工的工业则是报酬递增律有效。经过了一段很长的时期，他们才认识到报酬律对于所有的生产都同样地有效。在这一点上把农业与工业对立，是错误的。所谓报酬递增律（这是个不适当，甚至会引起误解的名词）不过是报酬递减律的反面，而报酬递减律也是"报酬律"的一个不满意的说法。如果我们只增加一个要素的数量，其他的要素不变，而渐进于最适的组合，则各要素的每单位报酬或者比例增加或者超比例增加。一部机器，当两个工人运作的时候，生产 p；三个工人运作时，生产 $3p$；四个工人运作时，生产 $6p$；五个工人运作时，生产 $7p$；六个工人运作时，也不多于 $7p$。于是可知，雇用四个工人时每个工人的报酬是最适的，即 $3/2p$，在其他的组合下，则分别为 $1/2p, p, 7/5$ 和 $7/6p$。如果我们不雇用两个工人，而雇用三个或四个，则其报酬的增加超过工人数目增加的比率；

它们不是按 2:3:4 的比例而增加,而是按 1:3:6 的比例增加。这时我们所面对的是每个工人的报酬递增,也即报酬递减的反面。

如果一个工场或企业违背了生产要素的最适组合,则它比另一个违背此最适组合较小的工场或企业更少效率。在农业与工业方面都有些生产要素不是完全可分的。尤其是在工业方面,扩大工场或企业的规模,比较限制它更容易达到最适的组合。如果某种生产要素的最小单位,对于一个中小规模的工场或企业还是太大了,不能够用以达到最适的组合,这时,要达到最适组合的目的,唯一的办法是扩大规模。这是大规模的生产事业所以占优势的原因。关于这个问题的重要性,将在以后讨论成本会计时再讲。

三、作为手段的人的劳动

把人生的生理功能和表现当作手段来雇用,就叫作劳动。至于人的潜能与生命过程的开展而非用以达成外在的目的,只是本人生理上的活动,那就不是劳动,而只是生活。人之工作,是在使用他的力量和智能,作为消除不适之感的手段,是在以有目的地利用他的生命力,来取代自然的无所忧虑的消遣。劳动是手段,其本身不是目的。

每个人只有有限的精力可消耗,每一单位的劳动只能产生一有限的后果。否则人的劳动将可无限使用;它将不是稀少的东西而不被认为是消除不适之感的手段,而且也不必经济地利用。

劳动之所以要经济地利用,只因为它的量是有限的,不足以用来达成它所可达成的所有目的。在这个世界里面,可使用的劳动供给量将等于所有的人所能消耗的全部劳动量。如果在这样的一个世界里面,每个人都热心工作,直到他把当时的工作能力消耗完了为止。工作劳累以后,继之以消遣与恢复,恢复以后又把时间完全用在工作。工作能力之未充分利用就认为是一损失。经由较多的工作而获致成就,你就可增益你的福利。可以利用而未利用的那部分潜能,可以说是毫无补偿的福利丧失。谁也不会这样想:我可以做这件事或那件事;但是不值得做;我宁可赋闲。每个人会把他的全部工作能力看作他所极想全部利用的一项生产要素的供给。在没有更好的机会时,即令是一点点福利增加,也会成为工作的诱因。

在我们的真实世界里面,事情不是如此。工作被认为是痛苦的,不工作比工作被认为是较满意的情况。在其他条件不变的假定下,闲暇比工作好。人们之所以工作,只是在他们认为工作的报酬高于闲暇所产生的满足。工作招致负效用。

心理学和生理学都想解释这个事实。它们在这方面的努力能否成功,行为学没有必要去检讨它。人们之想享受闲暇,因而对于他们自己工作能力的看法不同于对那些物质的生产要素的看法。这个事实,对于行为学而言是一论据。人,在考虑他自己的劳动支付时,他不仅要问是否没有更好的目的来使用这劳动量,而且也要问,如果不再支付劳动不是更好吗。我们也可把这个事实表达于把闲暇的取得叫作有意活动的一个目的,或第一级的经济财。用这个比较牵强的名词,为的是我们必须把闲暇和任何其他经济财一样地从边际效用方面来看。我们的结论必须是:第一个单位的闲暇所满足的欲望比第二个单位所满足的更迫切,第二个单位的闲暇所满足的欲望比第三个单位所满足的更迫切,以后以此类推。反过来说,工人所感觉到的劳动负效用,随着劳动量之增加而超比例地增加。

但是,劳动的负效用是否比例于劳动量之增加而增加,或者增加得更多,这不是行为学所必须研究的(这个问题对于生理学与心理学是否重要,以及这些科学能否说明它,这可存疑不管)。无论如何,工人工作到某种程度,他会觉得再继续工作所可享有的效用不足以补偿劳动的负效用,这时他就会停止工作。在作这个判断的时候,他是把每段工作时间的同量产品与以前各段时间的作比较(这里我们且不管因为疲劳的增加而产量减少)。但是收益的单位效用随劳动量的增加而减少,而收益的总量则是增加的。以前的那些工时单位的产品比起后来的会满足较重要的欲望。后来的较不重要的欲望满足,不能认为足以补偿工作的持续,尽管它们的物质产品数量不变。

所以劳动的负效用是否比例于劳动支付的总量,或是否比消耗于工作的时间增加得更多,这是与行为学不相干的。无论如何,在其他事物不变的假设下,把尚未使用的那部分潜能用之于工作的这个倾向,是随已用的部分之增加而降低的。这个倾向的降低是加速的还是减速的,这是个经济资料问题,不是个元范性的原则问题。

劳动的负效用可以解释:为什么在人类历史中,随着技能进步、资本丰富、劳动生产力增加,而缩短工作时间的趋势愈来愈加强。在文明人所能比他的祖先享受得更多的一些快乐的事物当中,还有更多的闲暇享受。在这个意义下,我们可以答复哲学家和慈善家所常提出的一个问题:经济进步是否使人们更快乐。如果劳动生产力比现在资本主义社会的较低的话,人们就不得不更辛劳,或不得不放弃许多快乐的事物。在确认这个事实的时候,经济学家们并不断言,获得快乐的唯一方法是享受更多的物质舒适,过奢侈的生活,或有更多的闲暇。他们只是承认这个事实:人是能够供给自己所认为需要的东西,而使生活过得更好些。

人都乐于较大的满足,而对事物的估值都是基于那些事物的效用。这是基本的行为学的深入观察。这两个命题用不着再以劳动负效用的说法来修正或补充。它们已蕴含着:人们之愿意劳动,只有在它的收益比闲暇的享受更迫切的时候。

在我们这个世界里面,劳动这个生产要素所处的地位之独特,是由于它的非特殊性。所有自然界的生产要素——即自然界的一切东西和力量,而人可以用来改善他的生活情况的——各有其特殊的力量和性能。有些目的是它们较适于达成的,有些目的是它们较不适于达成的,有些目的是它们完全不能达成的。但是,人的劳动对于所有可想得到的生产程序和方式,既能适合而且也不可少。

当然,我们不可一概而论。人,和人的工作能力是不同的,如果不认清这个区别,那就是一个基本错误。某一个人所能做的工作,较适于某些目的,较不适于另些目的,还有些目的是它完全不适合的。古典经济学的缺点之一是它没有充分注意到这个事实,而在价值、价格、工资率的理论建构中没有考虑到它。人,所要经济使用的是,某些种类的劳动,并非概括讲的劳动。工资不是为消耗了的劳动而给付，而是为劳动的成就而给付，劳动的成就在质和量方面有很多的差异。每一特殊物品的生产，必须雇用能够提供这种有关的特殊劳动的工人。有些人没有考虑到这一点反而自我辩护说：劳动的主要供需是关系每个健康的人所能提供的非熟练的普通劳动，至于技术劳动，即赋有先天智能或后天训练的人所提供的劳动，无论从何观点来看，是一个例外。这种说法是荒谬的。在远古时代，情形是否如此，或者甚至在原始的部落社会里面，先天和后天的智能之不平等是不是要经济使用劳动的主要因素，这都无须考究。在讨论文明人的情况时，我们不可以无视劳动的质的差异。各个人所能做的工作是不同的，因为人是生而不一样的，又因为他们在生活过程中所得到的技巧和经验，使他们的能力更加差异化。

说到人的劳动非特殊性的时候，我们并不是断言所有的人力都是同质的。我们所要确认的毋宁是：生产各种财货所必需的劳动种类的差异，比人们天赋的才能差异还要大（在强调这一点的时候，我们不涉及天才的创作；天才的作品是超越一般人的行为常轨的[⑥]）。而且，我们也不涉及那些防阻某些人群进入某些行业和某些必须训练的制度上的障碍。各个人的天赋尽管不是相等的，可是，人类在动物学上是一致和同质的，天赋的差异不会差异到要把劳动的供给区分为一些不相连续的部分。所以，每类工作的潜在劳动供给都超过这类劳动的需求。每类专业化的劳动供给，不能靠其他部门退出的工人来增加。但是，任何生产部门所必需的劳动，不会永久受限于做这类工作的人之稀少。只有在短期当中才会有专门人材缺乏的现象。在长期当中，这个现象会随天赋的这类才干的人们之受训练而消失。

劳动是所有基本的生产手段当中最稀少的，因为在这个限定的意义下，它是不特殊的，也因为各种各类的生产都需要劳动。因而其他的基本生产手段——即自然界非人的生产手段——对于行为人而言的稀少性，就成为那些只需要最少劳动就可使用的生产手段的稀少性。[⑦]自然界的各种生产要素能够为满足人类欲望而被利用到什么程度，这就决定于劳动的供给。

如果人们所能够而又愿意提供的劳动量增加了，生产也就增加。劳动，不会因为它无助于欲望的更加满足而留着不用。孤立而自足的个人常有机会靠多劳动以改善生活情况。在一个市场社会的劳动市场中,每一劳动都有些购买者。只有在市场的某些部门才会有过多的劳动供给;其结果,这些过多的劳动不得不转移到其他部门,因而这些部门的生产为之扩展。他方面,可利用的土地增加了——其他情形不变——只有在这增加的土地是比原已耕种的边际土地更肥沃些的条件下,才会使生产增加。⑧物质设备的累积对于增产的关系也是这样。资本财的有用也要靠可利用的劳动供给。如果所要用的劳动可用以满足其他更迫切的欲望,则现存设备的使用就是浪费。

互相补足的生产要素所能使用的程度,受限于它们当中最稀少的那个要素。例如,生产一个单位的 p,需要 7 个单位的要素 a 和 3 个单位的要素 b,而且 a 和 b 都不能用在其他的生产。假若有 49 个单位 a 和 2 000 个单位 b 可供使用,p 的产量不会多于 7 个单位。因为 a 的供给量决定了 b 的使用量。只有 a 被认为是经济财;人们只愿意对 a 付代价;p 的价格大都是由 7 个单位的 a 决定的。在其他方面,b 不是经济财,因而也没有价格。没有使用的 b,数量有很多。

我们可试想一个世界里面所有物质的生产要素已经充分利用了,因而没有机会雇用所有愿意工作的工人。在这样的一个世界当中,劳动是丰富的;劳动供给量的再增加不会使生产总量有任何增加。如果我们假定所有的人有同样的工作能力和志愿,如果我们不管劳动的负效用,那么在这样的世界里,劳动就不是经济财。如果这个社会是社会主义国,人口增加必然是无事可作的消费者的人数增加。如果它是个市场社会,工资将不足够免于饥饿。但是,那些寻找工作的人们将愿意接受任何工资而工作,即令工资不足以维持生命,总可以延缓饿死。

这里用不着详细讨论这样世界的这些问题。我们的世界不是这样的,劳动比物质的生产要素更稀少。我们在这一点并不讨论适度的人口问题。我们只讨论这个事实:这里有些物质的生产要素还没有使用,因为所需要的劳动被更迫切的欲望满足吸收去。在我们这个世界,人力不是丰富,而是不足,因而还有些未被利用的物质的生产要素,如土地、矿藏,甚至工场和设备。

这种情况,会因人口的大量增加,生产粮食(维持生命所必需的)的一切物质要素都已充分利用而改变。但只要这种情形不发生,它不会被生产技术的任何进步所改变。效率较高的生产方法代替效率较低的,不会使劳动丰富,假使还有些物质的要素可用以增进人们福利的话。相反地,它会增加生产,因而增加消费财的数量。"节省劳动"的生产方法可以减轻贫困,不会引起所谓"技术的失业"(technological unemployment)。

每项产物是劳动与物质的要素就业的结果。人既节用劳动,也节用物质的要素。

直接满足欲望的劳动和间接满足欲望的劳动

在通常的情形下,劳动只间接地满足劳动者,也即,经由目的的达成所导致的不适之感的消除。工作者放弃闲暇而享受劳动的效用,或者是为享受某种产物,或者为享受别人所愿意为他提供的产物。劳动,对于他而言,是为某些目的而采取的一个手段,而支付的一个代价,而承受的一项成本。

但是也有些直接满足的事例。劳动者从劳动支付得到的直接满足,会是双重的。一方面是劳动的结果给他的满足;一方面是劳动的本身给他的满足。

有些人曾经把这个事实误解得很奇怪,同时又把一些狂热的社会改革计划放在这些误解的基础上面。社会主义的主要"独格码"之一是说,劳动只在资本主义的社会才有负效用,在社会主义的社会则是纯粹的快乐。我们可以不管那位可怜的精神病者 Charles Fourier 的一些说法。但是,马克思的科学社会主义在这一点上也与乌托邦没有两样。它的第一流的拥护人之一 Karl Kautsky 曾明白地宣称,无产阶级政权的主要任务是要把劳动从痛苦变到快乐。⑨

那些引起直接满足的活动因而是快乐和享受的直接根源,这些活动本质上与劳动和工作不同。这个事实常被忽视。对于这些有关的事实仅作一点肤浅的讨论,是不会明了其区别的。星期天在公园的湖上驾一只独木舟游玩,只有从流体力学的观点来看,才可与船夫和划船奴(galley slaves)的划船相比。当你把它作为一个可达成目的的手段来判断的时候,它就像一个散步的人,口哼抒情曲与一个歌星在剧场上唱同一抒情曲的差别。那些闲情逸致的在星期天荡船人,与散步哼歌的人,从他们自己的行为直接得到满足,而不是间接满足。所以,他们所做的不是劳动,不是使用他们生理的机能以达成其他的目的,只是那些机能本身的运动。它只是娱乐。它本身是一目的;它是为本身而作的,而不提供任何其他功用。因为它不是劳动,我们不可以把它叫作直接满足的劳动。[10]

有时,一个肤浅的观察者会以为别人的劳动会引起直接满足,因为他自己喜欢与这类劳动表面上相似的那种游戏。像小孩子喜欢玩铁路、当兵等等,成年人也会喜欢玩这玩那。他们会以为铁路的技师在开动机车的时候,是和他在玩火车玩具时一样地快乐。一位簿记员在上班的路上看到巡逻的兵士就有点羡妒,他以为这个巡逻兵在游游荡荡的享乐中领受薪金。但是,这个巡逻兵也会羡妒这个簿记员,以为他在温度调节的屋子内坐在舒服的椅子上,写写画画就可赚得薪金。这些都是误解别人的工作而认为那只是消遣。这些人的想法不值得我们重视。

但是,也有些事例,是真正的直接满足的劳动。在特殊的情形下,有几种劳动的小量可以提供直接的满足。但是,这些数量微末到不足以在复杂的人的行为和满足欲望的生产中发生任何作用。我们这个世界的特征是,劳动是负的效用。人们把这带有负效用的劳动换来劳动的产品;劳动,对于他们而言,是间接满足的一个来源。

如果一种特别的劳动提供快乐而非痛苦,直接满足而非劳动的负效用,则这种劳动用不着付工资。而且相反地,这个"工作者"必须购买这个快乐,也即为作这种劳动反而要自己付出代价。打猎,对于许多人而言,是一种发生负效用的劳动,但有些人是以打猎为乐。在欧洲,有些业余的好猎者,向猎场的主人购买打猎权,得以一定的方式和一定的次数在那里打猎。这种权利的购买与他将可猎获的代价是不相干的。如果把这两个价格对照起来看,购买打猎权所支付的代价远超过猎获物在市场上所可卖得的代价。为什么他们会这样作呢? 这是因为一只还在悬岩上遨游的活生生的羚羊,比一只杀死了的羚羊,包括它的肉、它的皮、它的角……更有价值些,尽管猎者为射死这只羚羊还要大费气力爬到岩上,还要用一些必要的物质,可是我们可以说,一只活的羚羊对于好猎者所提供的,是杀射的快乐。

有创造力的天才

在千千万万人之上有些杰出的倡导人物,这种人的观念和事业为人类开辟些新的途径。对于这种倡导性的天才[⑪]而言,创造是生命的本质,生活就是创造。

这种非常人物的一些活动,不能完全纳之于行为学的劳动这个概念。那些活动不是劳动,因为对于天才而言,它们不是手段,它们本身就是目的。他生活在创造与发明中。就他而言,没有什么闲暇,只有暂时失望的间歇期。他的动机不是想得到一个结果,而是产生结果的这个行为。成功给他的满足既不是间接的也不是直接的。之所以不是间接的,因为只要他的同胞不关心这个工作也就很好了,通常他们是讥笑、轻蔑甚至迫害他。许多天才,本可以用他的天赋使自己的生活改善些,过得快乐些;但是,他们甚至不考虑这个可能,而毫不犹疑地选择这荆棘丛丛的途径,天才是想完成他所认为的他的使命,即令他知道这是走向多灾多难的前途。

天才也没有从他的创造活动中得到直接的满足。创造对于他,是一种极度的苦恼,是一种无休止的对内在和外在障碍的艰苦搏斗,折磨他、消耗他。奥国诗人 Grillparzer 曾经在一首感人的诗篇 *Farewell to Gastein* 中描述这种情形。[⑫]我们可想象,在写这篇诗的时候,他所想到的,不仅是他自己的悲哀和苦难,而且也想到一个更伟大的人物——贝多芬(Beethoven)——更大的悲痛;贝多芬的命运与他的相类似,他对贝多芬的了解也最深。尼采(Nietzsche)把自己比作火焰,不休不止地消耗它自己,毁灭它自己。[⑬]像这样的一些苦恼,与一般的工作和劳动、生产和功能、谋生与生活享受等概念的内涵,没有一点是共同的。

天才的成就,他的思想和学说,他的诗、画、文章、作曲,不能归之于行为学所讲的“劳动”的产品。它们不是那些可用来生产其他东西的劳动的产品。“生产”哲学、艺术和文学巨著的,不是一般的劳动。思想家、诗人、艺术家,有时不适于完成任何其他工作。无论如何,他们用在创造活动的时间与精力,决不是从其他有目的的用途中扣留下来的。一位有能力可以发明新事物的人，环境也许注定他要受苦受难，使得他非饿死不可，或者使得他非把他的全部精力用于争取仅够糊口的生存。但是，如果这位天才完成了他的理想，除了他自己以外，谁也没有支付这项成功的"成本"。歌德(Goethe)在任职 Weimar 法院的时候，或者是受他职务的限制而不能有所表现。但是，如果他不写他的剧本、诗歌和小说的话，即令他做中央政府的部长、剧场经理或矿场管理员，他也决不会有较好的成就。

而且，我们也不可能用别人的工作去代替创造者的工作。如果没有但丁(Dante)和贝多芬这两个人，谁也不能写出或指派别人写出《神曲》和《第九交响曲》。社会或个人，都不能真正地促成天才和天才的作品。最强度的"需求"和最强制的政府命令也无效。人们不能改善产生天才和其创作的自然环境与社会环境。我们不可能靠优生学来培育天才，靠学校来训练天才，也不可能组织天才们的活动。但是，相反地，你可以组织一个社会，而在这个社会里面没有创作者活动的余地。

天才所完成的创作，就行为学讲，是一最后事实。它是像命运的赐予，出现于人类史上。它不是"生产"——这个名词在经济学里面的意义——的结果。

四、生　产

行为，如果成功了，达到它所追求的目标。它产生了结果。

生产不是一个创造的行为；它不产生未曾有的东西。它是把某些既存的元素经过安排和组合的一个转变。生产者不是创造者。人，只在思想方面和想象方面会有创造性的。在外在现象的世界中，他只是一个转变者。他所能完成的，不过是把可用的手段，用适当的方法组合起来。所谓适当方法，即按照自然法则去作，于是所想达成的结果一定可以出现。

过去曾有过时期把有形财货的生产与个人劳务的提供加以区分。制造桌椅的木匠,是生产的;但是,一位治好了木匠的病,使他能够再制造桌椅的医生,却不是生产的。在医生、木匠的关系与木匠、成衣匠的关系之间,居然定下区别。他们说,医生自己是不生产的;他从别人所生产的以谋生,他要靠木匠或成衣匠过活。在更早的时期,法国重农学派的学者认为,除掉从土地上得出某些东西的劳动以外,其他所有的劳动都是不生产的。只有耕种、渔、猎、采矿、采石是生产的。加工的制造业所增加的价值仅够抵补工作者所消费的东西的价值,此外,对此所使用的材料,并不增加任何价值。

今天的经济学者,嘲笑他们的前辈作了这样不合理的区别。但是,他们自己也应该反省反省。现代的一些经济学家,在讨论某些问题时——例如,广告和市场问题——明显地又回复到老早就应该不存在的粗疏的错误。

另一个大家相信的见解,是认为劳动的雇用与物质的生产要素的雇用,其间也有区别。他们说,自然是慷慨施舍的;但是,劳动则由于它的负效用而必须付以代价,人在辛苦工作、克服劳动负效用的时候,给这个宇宙增加一些未曾有的东西。在这个意义下,劳动是创造的。这也是错误的见解。人的工作能力,和土地以及动物资产的生产力,在宇宙中同样是所与的(given)。劳动潜能的一部分可以留下不用这一事实,也不使劳动有异于非人的生产要素;后者也会留下不用。人们之愿意克服劳动的负效用,是由于他们宁可牺牲较多的闲暇来换取劳动的成果。

只有那指挥行为和生产的人心才是创造的。人心也属于这个宇宙和自然;它是这个既有的世界之一部分。把人心称为创造的,并非耽迷于任何形而上的玄想。我们之所以把它称为创造的,因为我们只能把人的行为所引起的变动,追溯到"理知指导人的活动"这一点上,过此我们就茫然无所知。生产不是物质的、自然的、和外在的什么;它是个精神的和心智的现象。它必要的基本条件不是人的劳动与外在的、自然的力量和事物,而是"用这些要素作手段,来达成某些目的"的这个心的决定。产生生产物的,不是辛苦工作的本身,而是辛苦工作者受理知的指导这个事实。只有人心有消除不适的能力。

马克思主义者以及唯物主义的玄学,把这些事情完全曲解。"生产力"不是物质的。生产是一精神的、心智的和意理的现象。它是那受理知指导的人,为着尽可能消除不适而采用的方法。使得我们的生活环境优于千年或二万年以前我们祖先们的生活环境的，不是什么物质的东西，而是精神的东西。物质的改变，是精神改变的结果。

生产是把既有的东西按照理知的设计而改变。这些设计——处方、公式、意理——是基本的东西；它们把那些原始要素——人的和非人的——改变成手段。人，凭他的理知来生产；他选择目的并利用手段来达成。经济学处理人生物质条件时所用的通常说法，完全是错误的。人的行为是心的表现。在这个意义下，行为学可称为精神科学（moral science，—geisteswissenschaft）。

当然，我们不知心是什么，正如同不知道动、生命、电是什么一样。心只是一个字，用以指称那个未知的因素，那个因素使人们得以完成他们曾经完成的东西：理论与诗歌，大教堂与交响曲，汽车与飞机。

注 释

① 要紧的是注意本章所讨论的不是价值或市场价值问题，而是主观的使用价值。价格是由客观的使用价值导出的。参考下面的第十六章。

② 参考 Carl Menger, *Grundsätze der Volkswirtschaftslehre* (Vienna, 1871), pp. 88 ff.；Böhm-Bawerk, *Kapital und Kapitalzins* (3d ed. Innsbruck, 1909), Pt. II, pp. 237 ff.

③ 世界上没有什么类别。为着组织我们的知识而把一切现象分类的，是我们的心。"把现象作某种分类是否有助于这个目的"，与"它是否为逻辑所许可"，它们是两个不同的问题。

④ 参考 Daniel Bernoulli, *Versuch einer neuen Theorie Zur Bestimmung Von Glücksfällen*, *trans.* by Pringsheim (Leipzig, 1896), pp. 27 ff。

⑤ 参考 Max Weber, *Gesammelte Aufsätze Zur Wissenschaftslehre* (Tübingen, 1922), p. 372. 及 p. 149. Weber 所用的"实用主义"一词，自然易于发生混淆。如果 Weber 知道"行为学"这个名词，他或者会采用它。

⑥ 见下面"有创造力的天才"节。

⑦ 当然，有些自然资源稀少到已经完全被利用。

⑧ 在劳动可以自由流动的环境下，如果开垦的土地其收获不足够以抵补开垦的全部成本，则对这种硗瘠地的改良就是浪费。

⑨ Karl Kautsky, *Die sozial Revolution* (3d ed. Berlin, 1911), II, pp. 16 ff.

⑩ 作为一个运动项目而认真地练习摇船,以及业余的歌星认真地练习歌唱,这是内向劳动(introversive labor)见第二十一章第一节。

⑪ 领袖(Führers)不是倡导者,他们只是带领人们循着倡导者开辟的途径走。倡导者是斩棘披荆的开荒者,他也许不关心有没有别人想走他所开的新路。至于领袖,则是指挥人们照他所想达成的目标前进。

⑫ 这篇诗似乎还没有英译。Douglas Yates 的著作(*Franz Grillparzer*, *A Critical Biography*, Oxford, 1946), I, p. 57. 有一英译的摘要。

⑬ Nietzsche 这篇诗的英译,见 M. A. Mügge, *Friedrich Nietzsche* (New York, 1911), p. 275.

第二篇

在社会架构里面的行为

第八章 人的社会

一、人 的 合 作

社会，是协力一致的行为，是合作。

社会是有意的、有目的的行为之结果，这句话并不意指人们曾经订立一些契约以建立人的社会。产生社会合作，以及时时使社会更新的那些行为，除掉为的与别人合作以达成某些独特的目的以外，别无所为。由这样协力一致的行为而形成的复杂的相互关系的总称，就是社会。它以个人们的合作生活来代替他们的孤立生活。社会是分工，也是合作；人，以其行为动物的资格，成为社会动物。

个人，一生下来就进入一个社会组织的环境。只有在这个意义下，我们可以接受"社会是一个逻辑地或历史地——先于个人"这一说法。在其他任何意义下，这个说法或者是言之无物，或者是胡说八道。个人在社会里面生活和行为。但是，社会不过是许多个人为合作而形成的结合。社会只存在于个人们的行为之间，此外无所谓社会。在个人们的行为之外去寻找社会，那是个妄想。说到一个社会自主的和独立的存在，说到社会的生命、社会的灵魂和社会的行为，这都是容易引起彻底错误的比喻说法。

应该视为最后目的的，是社会还是个人；个人利益应该高于社会利益，还是社会利益应该高于个人利益,这些问题都是没有意义的。行为,总归是个人的行为。社会成分是些个人行为的某一取向。"目的"这个范畴,只在用于行为的时候有意义。神学和历史的形而上学,在讨论社会的目的和上帝关于理想社会的设计时,所用的方法也许和讨论这个宇宙其他所有部分的目的所用的是一样。从科学的观点来讲——科学与理知不可分,科学显然不是一个适于讨论这样一些问题的工具——关于这些事情的思考,毫无用处。

在社会合作的架构里面,社会成员之间就会显现出同情、友爱和同属感(sense of belonging together)。这些感情是我们人最愉快、最崇高的经验的根源。它们是人生最珍贵的饰物;它们把动物属的人提升到真正的人。但是,这些感情,并不是像有些人所说的,是形成社会关系的动因。它们是社会合作的成果,它们只在社会合作的架构里面发扬光大,它们不是在社会关系建立以前就存在的,它们不是社会关系所由发生的种子。

形成合作、社会与文明,而把动物人转变成"人"的这些基本事实,也即是"在分工下所完成的工作,比孤立工作更生产些",而且人的理知能够认知这个真理。如果不是如此,人们将永久停留在相互敌对的状态,为争取自然界稀有的生活资源而成为不解的仇敌。每个人不得不把其他所有的人看作敌人,为求得自己的欲望满足,必然与所有的邻人发生不可解的冲突。在这样的情况下,不可能发展出同情。

有些社会学家曾经断言,社会原始的和基本的主观事实是一"种属的自觉"(consciousness of kind)。[①]另一些社会学家则以为,如果没有"社会意识或同属感",就不会有社会制度。[②]这些含义模糊的名词,假若予以适当解释,我们也可同意。我们可以将"种属的自识"、"社会意识"或"同属感",解释为对于一个事实的承认,即承认:所有其他的人都是生存竞争中可能的合作者,因为他们有能力认知合作的利益,至于禽兽则缺乏这种认知的能力。但是,我们决不可忘记引起这样自觉或这样感情的,还是上面提到的两个基本事实。如果我假想一个世界,在那里,分工并不增进生产力,则这个世界就不会有什么社会,也不会有什么仁爱和友善的感情。

分工原理是宇宙的形成和演化的大原理之一。生物学家从社会哲学方面

借来分工的概念而用之于他们的研究领域，这是对的。任何生物内部结构的
各部分之间，是分工的。而且，还有些有机体是由一些合作的动物组成的；习
惯上，我们将蚁群和蜂群比喻为"动物社会"。但是，我们决不可忘记：人的社
会之特征，是有意的合作；社会是人的行为之结果，也即，有意地要达成某些目
的，因而有了社会。植物的机能结构和动物的身体，以及蚁蜂"社会"的活动，
就我们所确知，都不是有意合作的结果。人的社会是心智的和精神的现象。
它是有意地利用一个决定宇宙形成的普遍法则——"分工能提高生产力"这一
法则——的结果。

二、对于整体主义的和玄学的社会观之批评

按照全体主义（universalism）、概念实在论（conceptual realism）、整体主
义（holism）、集体主义（collectivism）以及格式心理学（gestaltpsylchology）某
些代表者的那些教条，社会是一个有自己生命的存在体，独立于各个人的生命
而分离，为它本身的目的而行为，而它本身的目的不同于个人们所追求的目
的。照这种说法，社会目的与社会分子的个人目的之间，当然会有冲突发生。
为保障社会的繁荣与发展，控制个人们的自私，强使他们牺牲自利的计划以利
于社会，就成为必要的了。在这一点上，所有整体主义的教条，必然是放弃人
的科学和逻辑推理的一般方法，而转到神学的或玄学的一些信条。他们一定
假定：神，经由它的先知们、使徒们和受命的领袖们，强迫那本质上就是邪恶
的人们，也即惯于追求他们自己的目的的人们，走上上帝或"世界精神"
（weltgeist）或历史想他们行走的正途。

这是表现远古时代原始部落的特征的哲学。它是一切宗教教义的一个元
素。人，必须遵守一个超人的力量所发布的法律，必须服从这个力量所付托的
执行这种法律的权威。因此，这个法律所创造的秩序——人的社会——是神
的作品，而不是人的行为结果。如果神未曾干预，未曾给有罪的人类以启示，
则社会不会出现。不错，社会合作是于人有益的；不错，人只有在社会架构里

面才能从野蛮原始的状态中走出来。但是,如果让他去,不管他,他决不会看出自我解救的途径。因为,就社会合作的要求而调整,以及对道德律的服从,是给他沉重的束缚。以他浅陋的心智来看,他会认为放弃某些眼前的利益是有害的。他不知道放弃现在可见的利益可以获得较大的、但是较迟的利益。如果没有神秘的启示,他决不会了解天使要他为自己的利益和他子孙的利益所做的事。

像十八世纪理性主义的社会哲学和现代经济学所发展出来的科学理论,并不凭藉什么超人力量的神秘干预。个人以协同一致的行为来代替孤立的行为的过程中,每走一步,他的生活情况也就每有一次直接而可见的改善。来自和平合作和分工的那些利益,是普遍性的。它们直接有利于每个世代,而不限于近代的子孙。因为个人为社会所必作的牺牲,他得到较大利益的充足补偿。他的牺牲只是形式的、暂时的;他放弃较小的利益换得稍迟的较大利益。没有一个明白道理的人不知道这个明显的事实。当社会合作,由于分工部门的扩大而加强的时候,或法律制度对于和平的保障更有力的时候,其动机是那些有关的所有的人们要改善他们自己的情况。在争取他自己的——正确地了解了的——利益时,个人的工作趋向于加强社会合作和和平交往。社会是人的行为之一结果,也即尽可能地消除不适之感的那种愿望的结果。为着解释社会的形成与演化,用不着凭藉那个确实触犯了真正宗教精神的教条,照这个教条,原始的创造是那么有缺陷,以致不断地需要超人的干预,以免归于失败。

从休谟到李嘉图,英国经济学者所发展出来的分工理论,在思想史上完成的任务,是把关于社会的起源和运作的一切玄学教条完全抛弃。它完成了享乐主义哲学(philosophy of epicureanism)所提倡的精神、道德和心智的大解放。它以自主自发的理性道德代替了古代他律的直观的伦理。法律、道德律和社会制度,再也不被当作神秘的天意而被尊重。它们都是人为的,衡量它们的尺度,只是看是否便于增进人的福利。功效主义的经济学家并不说:如果照正义做,一切都完了(Fiat justitia,pereat mundus)。他是说:如果照正义做,一切不会完(Fiat justitia,ne pereat mundus)。他不要求一个人因为社会利益而放弃他自己的福利。他劝人认清自己所正确了解的利益是什么。在他的心目中,上帝的庄严不显现于对事事的忙碌干预,而显现于把理知和追求幸福的动力,赋予他的创造物。③

所有各形各色的全体主义的、集体主义的和整体主义的社会哲学的基本问题是:靠什么符号我可认知真法、上帝使徒的语言和正统的权威。因为有许多人认为是神遣派他们的,这些先知的每一个都向别人布讲福音。对于虔诚的信徒而言,没有什么可怀疑的;他充分自信他拥护唯一的真理。但是,正是这信仰的坚定以致形成不可和解的敌对。每一党派都要使它自己的教义风行,但是,因为各种不同的信念,不是逻辑的论证所可决定是非的,所以,对于这样的争执,除诉之于武力斗争,别无解决的方法。凡是非理性主义的、非功效主义的、非自由主义的教条,必然酝酿国际战争或国内战争,直到敌对者之一方被消灭或降服为止。世界上一些大宗教的历史,是一部斗争和战争的记录。正如同现代的一些假宗教——社会主义、国家主义和民族主义——的历史一样。

不容忍和靠暴力宣传,是任何他律的(heteronomous)伦理制度所固然的。上帝或命运的法则是普遍有效的,它们所宣称的合法权威是所有的人必须服从的。只要他律的道德项目和它们的哲学结论——概念实在论——的威望维持不坠,就不会有何容忍或持久和平。当斗争停止的时候,那只是为下一次的斗争而准备新力量。对于别人不同的意见予以容忍的这个观念,只有在自由的教义戳穿了全体主义的符号的时候,才会生根。照功效主义的哲学讲,社会与国邦再也不是为维持神所喜欢的世界秩序而存在的建构。相反地,社会与国邦是为所有的人达成他们自己的目的的主要手段。它们是由人的努力而建立的,它们的维持与最适当的组织,在本质上与人的行为所产生的其他所有的建构的维持与组织,没有什么不同。他律的道德与集体主义教条的拥护者,不能凭推理来说明他们的那些特殊伦理的正确性,也不能凭推理来说明他们的特殊社会理想的优越性和唯一的合理性。他们不得不要求人们盲目地接受他们的意理系统,并服从他们所认为正义的权威;他们是要制止反对者说话,或逼迫他们屈从。

当然,经常会有些个人或团体,其心智狭窄到不能了解社会合作对于他们的益处。另外还有些人,其道德力量和意志力微弱到不足以抗拒一时利益的诱惑,而做出有害社会制度顺利运作的勾当。个人为适应社会合作的要求而作的调整,是会有所牺牲的。诚然,这只是一些暂时的、形式的牺牲,将会因生活在合作的社会里面而得到无可比的更大利益的抵偿。但是,在那当时,就放弃一个眼前利益这一行为来讲,他们是痛苦的;有远见而会看出稍后更大利益因而依此行为的,究竟不是每个人所能的。无政府主义者相信,教育可以使所有的人了解他们自己的利益需要他们做什么;经过正确地教导,他们将会自愿地遵守那些为维持社会生活所必需的行为规律。无政府主义者以为:没有任何人会牺牲别人而享受特权的这样社会秩序,其存在不必靠任何强制力量来防止危害社会的行为。这样的一个社会,不要国、不要政府,也即不要警察力量,不要强制的社会法制,也行。

无政府主义者忽视了这个不容否认的事实:有些人或者是心境太狭窄,或者是软弱,不能够自发地调整自己以适应社会生活的条件。即令我们承认,每个头脑清楚的成年人都具有能力认知社会合作的好处,因而也认知自己与别人合作的好处,可是我们还有老、幼和精神病人的问题。我们也可同意,那些做出反社会行为的人应该视为精神病者而需要予以照顾。但是,只要所有的精神病者还没有都治好,只要还有老小孱弱,那就必须为他们做些设施,否则他们会使社会瘫痪。无政府的社会将会受到每个人的摆布。如果多数人不准备以严厉的手段阻吓少数人破坏社会秩序的行为,则社会不会存在。这个阻吓的权力,就得委之于政府。

国或政府是个强制性的社会建构。它有暴力行为的独占权。任何人不能自由使用暴力或以暴力来威胁,如果政府没有给他这种权力。政府,本质上是一维持和平的人际关系的一个机构。但是,为着维持和平,它必须准备打击那些和平的破坏者。

自由主义的社会哲学,基于功效主义的伦理和经济学,从不用于全体主义和集体主义的角度,来看政府与被统治者之间的关系。自由主义者了解:统治者总归是少数,如果他们得不到多数被统治者的同意,是不会长久在位的。不管是什么制度的政府,它之所以建立和维持,总是基于那些被统治者的这个想法:服从和忠于这个政府,比推翻它另组一个政府更有利于自己。大多数人是有力量推翻一个失民心的政府的,一旦大多数人认为这是他们自己的福利所要求,他们就会使用这个力量。在长期当中,不会有失民心的政府这回事。内战和革命是不满的大多数打倒统治者的手段。为求得民主的和平,自由主义的目的在于建立民主的政府。所以民主政治不是一个革命的设施。相反地,它正是防止革命和内战的手段。它提一个方法,使政府得以适应大多数的意志而和平调整。当执政的人们和其政策不为大多数所喜的时候,他们将会——在下次选举中——被撵走,而代之以主张其他政策的别人。

自由主义所推荐的多数之治(majority rule)或民治(government by the people)原则,并不是企图建立平凡人的主权。它确实不是像某些批评者所指责的,主张平凡人、下流人、土包子(domestic barbarians)之治。自由主义者也相信,治国必须要找适于治国的人。但是,他们更相信:要证明一个人的统治能力,靠说服他的国人比靠镇压他们更合适。当然,我们不能保证投票者将选出最适任的候选人。但是,其他的任何制度也不能保证。如果大多数误信了不健全的政策,选出了不足取的官吏,我们只好向他们解说较合理的政策,推荐较好的人,试图转变他们的心;除此以外,别无他法。少数决不会用其他的手段得到持久的成功。

全体主义者和集体主义者不会接受这个政治问题的民主解决法。他们以为:个人在遵行伦理规律的时候,不会直接促进他自己的利益,而是相反地,要放弃他自己的目的以实现神所计划的利益或整个集体的利益。而且,仅靠理知并不能想到神圣法律的绝对价值和其他无条件的有效性之至高无上,也不能正确地解释那些规范和戒律。所以在他们的心目中,想用和蔼的劝告来说服大多数,引导他们走上正轨,这是徒劳无功的工作。那些受了神灵启示的人,有责任向一般大众宣传福音,而对那些不听话的则以暴力打击之。神权的领袖们是上帝的使者,是整个集体的受托人,是历史的工具。他永久是对的,不会有错。他的命令是至高无上的规律。

全体主义与集体主义,必然是神权的政治制度。这类主义的共同特征,是它们都认为有一超人的东西为个人们所不得不服从的。它们之间不同之点只是它们给这个东西的名称不一样,以及它们用这个名称所宣布的法规戒条之内容不一样。少数人专断的统治,除掉假托于一个超人绝对权威的授命以外,无法作其他的辩护。至于这个绝对的统治者是行使"神权"的神化了的君主,或者是履行"历史使命"的普罗阶级的先锋,或者是黑格尔(Hegel)所叫作的"精神"(geist),或孔德(Auguste Comte)所叫作的人道(humanité),都没有关系。现代鼓吹社会主义、经济计划、社会控制的人们所使用的"社会"和"国"这类名词,都是象征一个神,这个新教条的布道者把神学家形容上帝的那些形容词,统统拿来形容他们的偶像——全能的、全知的、至善的,等等。

如果有人假设:在个人行为之上、之外,还有一个永久不灭的存在体,它有自己的目的,和我们终归要死的个人的目的不同,作这个假设的人已经构成了一个超人的概念。这样一来,这个人就逃避不掉一个问题,即:在目的上发生冲突时,哪一个优先——国或社会的目的,还是个人的目的? 这个问题的答案,已经蕴含在集体主义者和全体主义者所具有的"国"或"社会"这类概念中,如果某个人主张有一个存在体,在定义上比个人较崇高、较高贵、较善良。于是,就不容置疑地,这个超越物的目的必然高出卑微的个人的目的。(不错,有些怪论的爱好者——例如,Max Stirner④——乐于把事情倒转过来而说个人的优先。)如果社会或国是一个有意志、有目的、有集体主义赋予它的一切其他性能的话,那么,拿卑微琐屑的个人目的与社会或国家的崇高计划相对,自然是荒唐的。

一切集体主义的准神学的特征,表现在它们的相互冲突中。所有的集体主义并不是用抽象的说法断言一整个集体的优越性;它们总是宣称,某一确定的集体偶像之卓越绝群,而直率地否认其他的这样偶像之存在,或者把它们贬到低级的附属地位。崇拜国的人们总是宣称一个确定的国——也即,他们自己的国——的优越性;民族主义者们,宣扬他们自己民族的优越。如果有反对者向他们挑战,而说另一个集体偶像的优越,他们就只好一再地用这句话来抵挡:"我们是对的,因为一个内在之音(inner voice)告诉我们,我们对,你们错。"对立的集体主义的教条和教派之间的冲突,不能靠讲理来解决,必须诉之于武力。自由民主的多数决治的原则之替换物,就是武装冲突和独裁侵略的军事原则。

各形各色的集体主义对于自由制度的一些基本的政治设施，如多数决、容忍异议、思想自由、言论自由、出版自由、法律之前人人平等，是一致地敌视的。它们在企图毁灭自由这方面的一致，引起了一个错误的信念，以为今天政治上的敌对问题是个人主义对集体主义。其实是：个人主义这方面与集体主义那方面之间的斗争，而集体主义那方面内部的相互仇视，并不逊于它们之恨自由制度。攻击资本主义的马克思主义并不是统一的，而是有一些不同的派系。例如，斯大林派（Stalinists）、托洛茨基派（Trotskyists）、孟什维克派（Mensheviks）、第二国际派等等，它们相互间进行残酷的斗争。此外，还有些非马克思学派，它们之间也一样用残暴方式相互斗争。所以，集体主义如果替代了自由主义，其结果是无休止的流血战斗。

习惯的用语，把这些事情完全搞颠倒了。通常叫作个人主义的哲学是社会合作的哲学，是社会关系不断强化的哲学。相反地，集体主义的基本观念之应用，其结果不是别的，只是社会解体和不断的武装冲突。不错，每种集体主义总要承诺：从它得到决定性胜利，终于推翻和消灭所有别的意理和其支持者之日起，就会有永久的和平。可是，这些计划的实现是要靠人类的激烈大转变。人，必须分成两个阶级：一方面，是像神一样的全能的独裁者；另一方面，是一些为成为独裁者计划中的棋子，而交出自己的意志和理知的大众。为着要把一个人抬举成大众的像神般的主宰，所以必须把大众贬成非人（dehumanized）。思想与行为是人之所以为人的基本特征，将只有"一个"人有此特权。我们不必说明这样的设计是不能实现的。独裁者千年至福的帝国（the chiliastic empires of dictators）注定要失败；它们决不会持续多年。我们已经亲眼看到几个这样的"千年至福"的秩序之崩溃。剩下来的，将也不会更好。

集体主义观念在现代的复活——我们这个时代一切苦难的主要根源——已经把自由的社会哲学之精义彻底埋没了。今天，甚至许多爱好民主制度的人们，也不了解这些精义。他们用以赞赏自由与民主的那些议论，也染上了集体主义的错误色彩；他们的持论是对真正自由主义的曲解，而不是对它的确证。在他们的心目中，多数，仅因为他们有力量打垮任何的反对，所以总是对的；多数决就是党员最多的党的专断之治，因而，在运用力量处理政务时，不必限制自己。一个党一旦得到多数国民的支持，因而掌握政权的时候，它就可自由抹煞少数人所有的民主的权利，而这些民主的权利正是该党人士以前用以取得政权的手段。

当然，这种假的自由主义，正是自由教义的反面。自由主义者并不主张多数是像神一样的无过失；他们并不认为：一个政策得到多数的支持这个事实本身，就可证明它是有利于大众的。他们并不赞成多数的专断以及对反对的少数予以暴力的压迫。自由主义的目的，在于建立一个保障社会合作顺利运行和社会关系不断强化的制度。它的主要目标是要避免武力冲突、避免使社会解体，把人民抛回到原始野蛮状态的战争与革命。因为分工必须靠无骚乱的和平，自由主义的目的在于建立一个易于保持和平，也即民主的政治制度。

行为学与自由主义

自由主义是一政治原则。它不是一个学说，而是由行为学，尤其是由经济学所发展出来的一些学说，之应用于人的行为的某些确定问题。

因为是一个政治原则，自由主义关于价值问题和行为所追求的最后目的，不是中立的。它是假定所有的人，至少是大多数人有意于达成某些目的的。它供给他们一些关于实现他们计划的适当手段之信息。自由原则的拥护者充分知道这个事实：自由主义的教义只是对那些致志于这些价值原则的人们有效。

行为学使用"幸福"和"不适的消除"这些名词，是用的纯粹形式的意义，经济学是行为学的一部门，当然也如此。但是，自由主义则在这些名词上面加上一个具体的意义。它预设人们是乐生恶死；乐于健康，厌恶疾病；乐于营养温饱，厌恶饥饿；乐于富有，厌恶贫穷。它教导人们如何照这些价值来行为。

第一，自由主义者们并不断言，人们"应该"努力于上述的那些目标，他们所坚称的只是：绝大多数人乐于健康与富有，厌恶贫困与死亡。这种说法的正确性是颠扑不破的，可用这个事实证明：所有反自由的主义——各种宗教的神学规范、国家主义的、民族主义的、社会主义的政党——关于这些问题采取同一态度，他们都许诺他们的徒众丰足的生活。他们决不敢宣称，如果实现了他们的计划，大众的福利会受到损害。相反地，他们是坚持，如果敌对党派的计划实行了,其结果将是大多数人的灾害。基督教的政党对于一般大众急于承诺较高的生活标准,并不逊于民族主义的与社会主义的政党。今天的教会讲到提高工资和农民所得的时候,比讲到基督教义的时候还要多。

第二,自由主义者们并不轻视人们精神方面的活动。相反地,他们热烈地推崇心智的道德的美术的成就。但是,他们对于这些高贵东西的见解,远非他们的反对者所持的见解可比。他们不存天真的想法,以为任何社会制度都可直接有效地鼓励哲学的或科学的思想,产生艺术和文学的杰作,并使大众更开明。他们认知:在这些方面,社会所能够做到的只是提供一个适当环境,在这个环境下,天才的发展不受到阻碍,一般人都可免于柴米之忧而从事自己有兴趣的精神活动。在他们的见解中,使人的生活过得更有人味的社会方法,最主要的是克服贫穷。智慧、科学、艺术,在一个丰富的社会比在贫困的人群中,当然要兴旺得多。

把自由主义的时代斥之为唯物主义,这是有意的歪曲事实。十九世纪不仅是生产技术和大众物质生活空前进步的一个世纪。它的成就也远多于延长人们的平均寿命。它的科学和艺术造诣是千古不朽的。它是名传千古的音乐家们、作家们、诗人们、画家们、雕刻家们的一个时代;它使哲学、经济学、数学、物理学、化学和生物学都彻底革新与进步。而且,它使一些伟大的作品和伟大的思想与一般人接近,这是有史以来的第一次。

自由主义与宗教

自由主义是以纯理的、科学的社会合作理论作基础。它所推荐的一些政策,是一个知识体系的应用,而这一知识体系决不涉及情感,不涉及那些逻辑所不能作证的直觉信念,不涉及神秘的经验和个人所察觉的超人现象。在这个意义下,"无神论的"和"不可知论的"这些常被误解的形容词,可以加在自由主义上。但是,如果说人的行为诸科学以及依它们的教义——自由主义——制定的政策是无神论的、是敌视宗教的,那就犯了严重的错误。它们确是激烈反对一切神权政制(theocracy);但是,它们对于那些不想干预社会、政治、经济各方面行为的宗教信仰,是完全中立的。

神权政制是一个以超人的头衔（如中国的所谓"天子"——译者附注）来维护的社会制度。一个神权政体的基本大法是顿悟（an insight），顿悟是不受理知检讨，也不能用逻辑方法说明的。它的终极标准是直觉，直觉对于一些不能由理知和推理而得知的事情，提供主观的确信。如果这种直觉是涉及神秘的创造者和宇宙统治者这一类教义的传统体系，我们就把它叫作宗教信仰。如果它涉及其他的体系，我们就把它叫作形而上的信仰。因此，一种神权的政治制度无须建立在一个伟大的世界宗教上。它可能是些形而上的教条的产品，而这些教条否认所有的传统教会和宗派，而且，强调它们是无神论的、反形而上学的，并以之自傲。在我们这个时代，一些势力最大的神权政党都反对基督教和其他渊源于犹太一神教的一切宗教。他们之为神权的，其特征是他们急于要按照那些不能从推理证明其有效的观念，来安排人类的世俗事务。他们认为，他们的领袖们具有一般人所不能通晓的知识。受有神权的领袖们，是受一个神秘的、更高的权力信托，来管理犯错的人类事务。只有这些领袖们是开明的，所有其他的人既盲且聋，或者是坏人。

历史上许多形色的大宗教，受了神权政治趋势的影响，这是事实，它们的使徒们受神意而追求权力，以压迫乃至消灭反对的人群。但是，我们决不可把宗教与神权政体混为一谈。

威廉·詹姆斯（William James）把"个人们在独处时的感情、行动和经验，就他们所领悟到的他们自己与其所想到的神发生关联的这个范围而言"叫作宗教的。⑤他列举以下的这些情感，认为是宗教生活的特征：这个可见的世界是一个精神宇宙的一部分，它从这个精神宇宙得到主要意义；与这个较高的宇宙结合或保持和谐关系，是我们的真正目的；祈祷或与这个精神——"上帝"或"法律"的精神——交往，是一个过程；经由这个过程，在现象世界内部的工作才是真正地做了。于是精神的活力流进来，而且产生一些心理的或物质的后果。詹姆斯还接着说，宗教也包含以下的一些心理特征：像赠品一样"加在"生命的一股新情趣，所取的形式，或者是抒情的调儿，或者是英雄的气概，还有安全与和平的保证；在与别人的关系上，则是一股隆挚的友爱。⑥

人类的宗教经验和情感的特征，与社会合作的安排毫不相干。照詹姆斯的见解,宗教是神人之间纯粹的个人关系。它责成个人实践某一行为方式。但它不断言关于社会组织的任何问题。St. Francis d' Assisi,西方最伟大的天才宗教家,从不涉及政治学与经济学。他只想教导他的门徒如何过虔诚信神的生活;他没有草拟过生产组织的计划,也没有鼓励过他的门徒以暴力对付异端。他所建立的教会对于他的教义所作的解释,他是没有责任的。

自由主义对于一个依宗教信仰调整他的个人行为和处理他个人的私事的人,不加任何阻碍。但是,凡是企图凭宗教的直觉和启示来抑制社会福利问题的合理讨论,自由主义却要激烈反对。它不责备任何人离婚或实行节制生育。但是,凡是想阻止别人自由讨论这些事情的人,它就予以攻击。

在自由主义者的见解中,道德律的目标是在于促使个人们把他们的行为调整到适于社会生活,凡是有害于和平的社会合作之保持与人际关系之改善的行为都不做。自由主义者欢迎宗教教义对于这种道德律给予的支持,但是,他们反对那必然会引起社会解体的一切规范,不管它们的来源是宗教的或非宗教的。

许多神权政制的拥护者常说,自由主义是攻击宗教的,这种说法是歪曲事实。凡是教会的教义干涉到世俗问题的地方,各别的教会、宗派,每每互相攻讦。自由主义把政教分离,因而在各个教派之间建立起和平的关系,使得它们之中,每一教派有机会平平安安地各传各的福音。

自由主义是合乎理性的。它坚持:说服大多数人相信,在社会架构里面,和平合作比互相战斗更可增进他们正确了解的利益,这是可能的。自由主义充分信赖人的理知。这种乐观也许是没有根据的,自由主义者也许是错了;可是,人类前途再没有其他的希望。

三、分　工

基本的社会现象是分工以及它的对称现象——合作。

经验教给我们:合作的行为比一个自足的个人单独的行为更有效率,更可多生产的。决定人的生活和努力的自然条件是这样：分工会增加每一单位劳动的生产量。自然的事实是：第一，人们做各类工作的能力，先天就不相等。第二，自然赐予的生产机会，分配得也不相等。我们无妨把这两件事情看作一件相同的事，即：使这个宇宙复杂化的自然，其本身是多样性的。如果地球表面上的情形是这样：生产的物质条件在任何地方都是一样，又如果一个人与其他所有的人之相等，正如同欧氏几何的一个圆与其他同一直径的圆之相等，分工就没有任何好处。

此外，还有第三个事实，即：有许多工作不是一个人的力量所可完成，需要若干人联合起来做。其中，有两种不同的情形：一是因为单独一个人的能力不足够做这个工作；二是单独一个人虽然可以作，但所需要的时间很长，以致要很迟才可得到结果，而不能补偿所费掉的劳动。在这两种情形下，只有联合工作才可达到所追求的目的。

如果只有这第三种情况，人与人之间暂时的合作，必定是会出现的。但是，这种临时性的对于某一特定工作之联合努力，不会引起持久的社会合作。只有用持久的合作方式才可完成的工作，在文明的早期不是很多的。而且，所有有关的人们也不会常常同意于合力完成的工作比单独可以完成的更有用、更迫切。包括所有的人、所有活动的这个人类大社会，不是起源于这样偶尔的联合。社会之为社会，决不仅是为一特定目标而作的一时结合，目标一达成，结合即行终止。

凡是在每一个人或每一块土地至少在一点上优于其他的人们或其他的一些土地的时候，分工所引起的生产力增加，就是很明显的。如果 A 在一个单位时间可以生产 6 个单位的 p 或 4 个单位的 q，B 只生产 2 个单位的 p，但可生产 8 个单位的 q，当他们二人单独工作，每人用半个单位时间生产 p，半个单位时间生产 q 的时候，他们二人将共同生产 4 个单位的 p 加上 6 个单位的 q；在分工的时候，他们每人只就他比较有效率的生产一种货财，那么他们将可生产 6 个单位的 p 加上 8 单位的 q。但是，如果 A 不仅是在生产 p 比 B 较有效率，即在生产 q 也比 B 较有效率，那将怎么办呢？

这是李嘉图提出的问题，而他马上就解答了。

四、李嘉图的协作法则

为了说明当一个人或一群人，在每方面都比另一个人或另一群人更有效率的时候，双方合作的结果将是怎样，李嘉图于是解释了协作法则。他就两个地区的贸易结果加以检讨，这两个地区的自然资源不相等，并假定生产品可以自由地从每个地区移动到其他地区，但工人与资本财则不能如此。照李嘉图的法则所示，这样两个地区之间的分工，可以增加劳动的生产，因而有利于双方面，即令某一地区生产任何财货的物质条件都比另一地区优越。这某一地区择其优越程度较大的，集中全力来生产，而把优越程度较小的让另一地区去生产，其结果是更有利的。这个说法似乎有点奇怪，为什么放弃自己较优越的生产条件不用而去换取另一地区以其较劣的生产条件生产出来的财货，而是有利的呢？这是劳动与资本不能自由流动的结果，它们难得进到生产条件较优的地区。

李嘉图充分知道这个事实：他的比较成本法则——主要是为讨论国际贸易的一个特殊问题而提出的——是个更一般性的协作法则的一个特例。

如果 A 是这样地比 B 更有效率：他生产 1 个单位的 p，需要 3 小时，而 B 则需要 5 小时；他生产 1 个单位的 q，需要 2 小时，而 B 则需要 4 小时，于是如果 A 只生产 q，让 B 去生产 p，则双方都有利。如果他们每个人各有 60 小时生产 p，60 小时生产 q，则 A 的劳动结果就是 $20p+30q$；B 的劳动结果就是 $12p+15q$；两人的合计就是 $32p+45q$。但是，如果 A 只生产 q，他就可在 120 小时当中生产 $60q$，如果 B 只生产 p，则可在 120 小时当中生产 $24p$。他们活动的结果就是 $24p+60q$，因为 p 对于 A 而言有一代替率 $3/2q$，对于 B 而言，有一代替率 $5/4$，所以 $24p+60q$ 的产出大于 $32p+45q$。这就表明，分工有利于参与分工的各方。较有才智的、较能干的、较勤勉的人和才智较差的、能干较差的、勤勉较差的人合作，结果双方都有利。从分工得来的利益总是相互的利益。

协作法则使我们了解，人的合作之所以有日益加强的趋势。我们想到，使得人们不把他们自己只看作互相争取有限的生活资源的敌手的诱因,是自然形成的。我们知道什么东西促使人们而且永久促使人们都趋向合作。分工的程度每向前发展一步,都对所有的参与者有益。为要了解,为什么人不停留于孤立状态,像禽兽一般,只为自己,或至多兼为他的配偶和幼儿,觅取食物和住所,我们不必求之于神秘的神的干预,或求之于空洞的假说,说是有一先天的冲动促使协作。我们也不必假想孤立的个人或原始的人群,曾经有一天他们发誓结约以建立社会关系。促使原始社会和日常工作趋向于进步加强的因素,是人的行为;而人的行为之所以生气蓬勃,是由于人们察觉到在分工下劳动的生产力较大。

历史、人种学或任何知识部门,对于考古学家在发掘中所发见的,远古历史文献所记载的,以及那些曾经遇到过野蛮部落的探险家和旅行者所提出的,那些关于我们人类演化的信息,从非人的祖先演化到已经高度差异化的原始人这一演化的信息,不能提供一个说明。在社会起源这方面,科学所面对的工作,只能说明那些能够且一定归结于协作和协作之进步加强的因素。行为学解决了这个问题。如果分工下的劳动,比孤立的劳动生产力更大,如果人能够认知这个事实,则人的行为就因之趋向合作与结合;人之成为社会动物,并不在于他为了一个神秘的"以人身作祭品"(Moloch)的社会而牺牲自己的利益,是在于力求增进他自己的福利。经验告诉我们:这个条件——分工下的劳动生产力较大——之存在,是因为它的原因——人们生而不相等,以及地域间自然的生产资源的分配不一样——是真实的。所以,我们能够了解社会演化的进程。

关于协作法则一些流行的谬见

有些人挑剔李嘉图的协作法则(也即较著名的比较成本法则),其理由是明显的。因为主张保护经济和国家经济孤立的人所讲的道理,有的是从生产者的自私和备战的观点以外的观点来讲的;这个法则触犯了所有的这些人。

李嘉图说明这个法则的第一个目的,是要驳斥对国际自由贸易提出的反对。保护主义者问:在自由贸易下,任何生产条件都比其他各国差的国,命运将怎样? 在一个不只是产品可自由流动,而资本财与劳动也同样可以自由流动的世界,凡是不适于生产的国,在任何生产方面都没有地位。如果这里的居民可以自由移动到别处去的话,他们就不会住在这个地方,而这个地方就会像无人居住的两极、苔原和沙漠一样。但是,在李嘉图所讨论的这个世界里面,资本财和劳动受某些制度的限制不是可以自由流动的。在这样的环境中,自由贸易,即只有货物的自由流动,不会使资本财与劳动按照自然界给予劳动生产力的机会之较优或较劣而分配于地球表面。在这样的世界里,比较成本法则就发生作用。每个国从事于它的环境所提供的比较(尽管不是绝对的)最有利条件的生产部门。就一国的居民而言,放弃某些较有利的(绝对地和技术地)机会之利用,而输入在别国在较劣的(绝对地和技术地)条件下所生产的货物,是更有利的。这种情形,类似一位外科医生为了清洁手术室和器具,雇一个人来做这种工作远不如他自己的人,而他自己完全专心于他更优越的外科。这样对于他还是有利的。

比较成本这个定理,与古典经济学的价值理论决无关系。它不处理价值或价格问题。它是一个分析性的判断;其结论隐含在两个命题中:就技术上讲,可流动的生产要素,其生产力因地而异,而它们的流动性是受制度上限制的。这个定理,可以不管价值问题,因为它可自由地诉诸一套简单的假设。这些假设是:只有两种产品是要生产的;这两种产品可以自由流动;为了生产它们当中的任何一种,都需要两种要素;这两种要素之一(或劳动或资本财)在这两种产品的生产过程中完全是一样,其他要素(土壤的特殊性质)则不同;在两种生产中稀少性都是较大的那个,决定了其他要素的使用程度。在这些假设的架构中,这个定理就解答了所提出的问题,因为有了这些假设,则在共同的要素与产出之间,就可以建立一个代替率。

比较成本法则的推理与报酬律是相类似的,报酬律也是与古典的价值论无关。在这两个场合,我们只要比较物质的投入和物质的产出就可满足了。在报酬率的场合,我们比较同一产品的产出。在比较成本法则的场合,我们比较两种不同产品的产出。这样的比较,是可能的,因为我们假定为生产每种产品,除掉一种特殊要素,只需要一些同类的非特殊的要素。

有些批评者指摘比较成本法则的这些假设过于简单。他们认为,现代的价值论需要把这法则就主观价值原理加以重新讲解。可是,他们又不想用货币来计算主观价值。他们宁可诉诸于那些效用分析法,而他们认为那些方法是以效用来作价值计算的一个手段。在后面将要讲到,想在经济计算中完全不用货币,这是一个幻想。他们的基本假设是站不住的,而且是矛盾的;从这些假设得出的一切公式,都是错误的。经济计算,除掉用市场所决定的货币价格作基础的方法以外,另无他法。⑦

构成比较成本法则之基础的那些简单假设的意义,对于现代经济学家与对于古典的经济学家,不是完全一样的。有些古典学派的信徒们认为,那些假设是国际贸易中价值论的出发点。我们现在知道,他们的这个想法是错误的。而且,我们还确认关于价值与价格的决定,国内贸易与国外贸易之间没有什么不同的。使人们把国内市场与国外市场加以区分的,只是论据的不同,也即,限制生产要素流动性的与限制产品流动性的各别的制度。

如果我们不想在李嘉图所提出的那些简单的假设下讨论比较成本法则,我们就必须坦白地使用货币计算。我们不要陷于幻想,以为各种生产要素的费用与各种产品的产出费用之比较,可以不靠货币计算即可做到。如果我们就上述的外科医生和他的杂工(handyman)这个例子来讲,我们必须说:假若这位外科医生把他有限的时间用在为病人施手术上,他可得到每小时 50 元的报酬,再假定他雇用一个杂工来清理他的用具,每小时付工资 2 元,即令这位杂工要花费三个小时才能做完这位医生只要一个小时就可做完的工作,就这位医生讲,还是有利的。在比较两国的情形时,我们必须说,如果情形是这样:在英国 a 和 b 两种货物,无论生产哪一种,一个单位都需要一个工作日;在印度,资本的投资与英国的相同,但生产一个单位的 a 需要两个工作日,一个单位的 b,则需要三个工作日;如果资本财以及 a 和 b 可以自由地在英国与印度之间流动,而劳动则不能自由流动,在这个假设下,印度生产 a 的工资率一定趋向于英国工资率的 50%,印度生产 b 的工资率一定趋向于英国工资率的 33 1/3%。如果英国的工资率是 6 先令,则在印度生产 a 的工资率将等于 3 先令,生产 b 的工资率将等于 2 先令。如果印度的劳动在国内的劳动市场上可以自由流动,则同类劳务的报酬差异不会持久。工人们将会从 b 的生产转到

a 的生产；他们的移转将会压低生产 a 的报酬，提高生产 b 的报酬。最后，这两个生产部门的工资率将调整到相等为止。a 的生产将趋向于扩张，而且排挤英国的竞争。在其他方面，b 的生产在印度变成不利的，因而不得不中断，但在英国则将扩张。如果我们假定生产情形的差异，也在于或只在于所需要的投资量，也可适用同样的推理。

有人这样讲：李嘉图的法则只适用于他那个时代，不适于我们这个时代，我们这个时代的情况不同了。李嘉图是在资本与劳动的流动性之不同，看出国内贸易与国外贸易之间的差异。如果我们假定资本、劳动与产品都是可以自由流动的，则在区域内与区域间的贸易之不同，只发生于运输费用上。果真如此，那就无须有异于国内贸易的国际贸易理论了。资本与劳动是按照各地区所提供的生产条件之优劣而分配于地球表面的。有些地区人口较密集、资本设备较优良，有些地区则人口较稀少、资本供给较贫乏。在整个地球上，同类劳动的工资率有趋向于相等之势。

可是，李嘉图是从这样的假定出发的：资本与劳动只在每国的内部可以流动，不是在国与国之间可以流动的。他提出这个问题：在这种情况下，产品自由流动的结果一定是怎样（如果产品也不能自由流动，则每国是经济孤立的、自给自足的，根本就没有国际贸易）？比较成本法则解答了这个问题。从任何一点来看，李嘉图的一些假定，在那个时代是站得稳的。后来，在十九世纪的过程中，情形变动了。资本与劳动不再是不可自由流动的；国际间的资本与劳动之移转愈来愈寻常了。接着，又来一个反动。今天，资本与劳动的流动又受到了限制。实际的情形又与李嘉图的一些假定相合了。

但是，古典国际贸易理论的一些教义，是超乎制度上的任何变动的。它们使我们能够在任何假想的预设下研究有关的诸问题。

五、分工的一些效果

分工是人对自然环境的多样性有意识的反应。同时，分工本身又是引起差异化的一个因素。在复杂的生产过程中,它把各别的任务分派于各个地区。它使某些地区成为都市,其他地区成为乡村;它安置工业、矿业和农业各部门于不同的地区。更重要的,是它加强了人们天生的不相等。特定工作的熟练把人们调整得更适于他们的业务的要求;人们天生的性能,有些发展出来,有些受到阻碍。熟练于某一职业以后,人们变成了专家。

分工把一些生产过程分裂成许多小的工作,其中又有许多小的工作可以用机械来做。正因为如此,机械的利用,才成为可能;也正因为如此,生产技术才会有惊人之改进。机械化是分工的结果,是分工的最大成就,而不是分工的动机和源泉。专业化的机械只有在分工的环境下才能使用。趋向于更专门化、更精致、更有生产力的机械之使用的每一步,都要以工作的更进一步分工为要件。

六、在社会里面的个人

如果行为学说到孤立的个人(只为自己的利益而行为,毫不关心别人),那是为的便于了解一些社会合作问题。我们并不是说真有这样孤立的自给自足的人会生活在世间,我们也不是说在人类史进到有社会的阶段以前,还有一个像觅食的野兽那样漫游于地球上的独立的个人时代。人的非人祖先,在生物方面的人化(biological humanization)和原始的社会结合之开始,是发生于同一过程。人一出现于世界舞台,就是属于社会性的。孤立的社会人,是一虚幻的构想。

从个人的观点来看,社会是达成他的一切目的的一个大手段。一个人,不管他想用什么行为来实现什么计划,社会的保持是一个基本要件。即令是一个不驯良的人,不能把他的行为调整到适于社会合作的要求的人,也不想失掉来自分工的任何利益。他不至于有意地毁坏社会。只是想在大家联合生产出来的财富当中,夺取比社会秩序分派给他的那一份更多的一份。如果反社会的行为成为普遍现象,而其必然的结果——回复到原始的穷困——发生了的话,他也会感到悲惨。

有的人这样说:在自然状态中,人们是幸福的,进入社会就放弃了这种幸福,所以,他们有权要求补偿他们所失掉的。这是无稽之谈。荒谬的想法以为任何人在一个无社会的情况下,会生活得好些,一有了社会反而变坏了。谢谢社会合作带来的较大生产力,人类得以繁衍,而且过着比野蛮的祖先所过的较高水准的生活。人的自然状态是极端的穷困和不安。缅怀原始野蛮的黄金时代,只是浪漫荒唐的念头。如果卢梭(J. J. Rousseau)和恩格斯(Frederick Engels)真的生活在他们以思古之幽情来描述的那种原始状况,他们决不会有那么闲暇来从事研究和著作。

社会给与个人的特惠之一,是不管有没有疾病或残疾,都可生活下去。禽兽一有疾病,就是劫数。衰弱阻碍它们觅食,也使它们不能抵抗侵略。聋的、瞎的、跛的野兽一定灭亡。但是,这些缺陷并不剥夺一个人调整他自己适应社会生活的机会。我们现代的人,大多数都不免有身体上的某些缺陷为生物学视为病态的。可是,我们的文明大部分是这些人的成就。自然选择的消灭力量,在社会情况下大大地减低。因而有些人说,文明趋向于降低社会分子的遗传品质。

如果你用饲育者(一心一意想把人类抚养成具有某种性质的饲育者)的眼光来看人类,则这样的判断是合理的。但是,社会不是一个种马农场(stud-farm),不是为着产生某一特定类型人而活动的。在人的生物演化上,没有一个"自然的"标准来确定怎样是好的、怎样是不好的。任何选择标准,都是武断的、纯主观的。简言之,是个价值判断。所谓"种族进步"和"种族堕落"这些名词,如果不是对人类前途的某些特定计划而言,都是无意义的。

的确,文明人是调整得适于在社会生活,而不是适于在处女森林中打猎。

神秘交通的神话

行为学的社会理论受到神秘交通(the mystic communion)的神话之攻击。

这个神话的支持者说,社会不是人的有意行为的结果;它不是合作与分工。它是发生于深不可测的奥秘，发生于嵌在人的本性中的一种冲动。另一派人说，社会是神所体现的精神(the Spirit which is Divine Reality)，其中有上帝的力和爱。另一派人把社会看作一生物现象：它是血的呼声的工作(the work of the voice of the blood)，它是把共同祖先的后裔与其祖先及其后裔相互间联结起来的纽带，它也是耕耘者与其所耕的土地之间神秘的调和。

这样的心理现象确实是有的。有些人经验到神秘的结合，而把这个经验看作高于一切；有些人自信他们听到血的呼声，以他们的心灵嗅到他们所珍爱的乡土气息。这种神秘的经验和叫人心醉神迷的快乐，像其他的任何心理现象一样，都是心理学所必须视作实在的事实。神交论的错误不在于他们断言这些现象的确实发现，而在于深信这些现象是些不靠任何合理考虑的基本事实。

使父亲亲近其亲子的那种血缘呼声，是那些不懂得同居与怀孕之间因果关系的野蛮人所听不到的。现在，因为每个人都知道这种关系，一个深信妻的贞操的人也许会听到它。但是，对于妻的贞操有些怀疑，这种声音就毫无用处。谁也不敢断言关于亲子关系的怀疑可以靠血缘的呼声来解决。自从婴儿出生一直是看守着的母亲，会听到血缘的呼声。如果她在很早就和婴儿不接触，她后来就得凭身体上的特征，例如黑痣与疤痕，来认识他。但是，如果这样的一些观察和得自这些观察的结论无法辨识他，血缘也是"哑巴"。日耳曼的种族主义者断言：血缘的呼声把日耳曼族的全体分子神秘地结合起来。但是，人类学揭发了这个事实：日耳曼民族是一些不同民族的后裔之大混合，并不是从一系共同的祖先传下来的纯种。近年归化日耳曼的斯拉夫人，放弃父系的姓，改用德文拼音的名字，只是不久以前的事情。但是，他认为自己和所有的日耳曼人一样，没有体验到什么内在的冲动使得他和那些还是捷克人或波兰人的兄弟姊妹们结合在一起。

血缘的呼声不是一个原始的基本现象。它是一些合理的考虑所激起的。因为，一个人认为他和别人是出自同系的祖先而有血统关系，于是，他就发生一些诗意描述的所谓血的呼声之情感。

关于乡土的宗教情操和神秘感，也是如此。虔诚的神秘主义者的神秘结合，是以熟习他的宗教的基本教义为条件的。只有已经知道上帝的伟大和荣耀的人，才会体验到和它的直接交通。乡土的神秘是与特定的地缘政治观念的发展有关。所以，住在平原或海边的居民们，会把某些生疏的，也是他们所不能适应的山岳地区，纳入他们热情结合的乡土影像中，只是因为这些山岳地区属于他们的政治领域。相反地，邻近的地区，其地形地势与他们自己家乡的非常相像，如果这个地区是属于外国的领土，他们也就不把它纳入"其呼声他们可以听到的"乡土影像中。

　　一个民族或语言集团以及他们所形成的组合，其中各个分子并不是经常友好团结的。每个民族史都是内部互相厌恶，乃至互相仇恨的记录。试想英格兰人与苏格兰人、美国北方佬（Yankees）与南方人，普鲁士人与巴伐利亚人（Bavarians）。克服这样的仇恨而使一个民族或语言集团具有同属感而结合起来的，是一些意理；可是，现在的民族主义者则认为是一自然的和原始的现象。

　　男女两性间的互相吸引是人的兽性中所固有的，与任何思想和理论无关。我们无妨把它叫作原始的、机能的、本能的或神秘的；也无妨用比喻的说法，说它把二做成一。我们可把它叫作两人的神秘交通。但是，同居也好，同居前和以后也好，都不会形成社会合作和社会的生活方式。禽兽在交尾的时候也结合在一起，但是，它们未曾发展出社会关系。家庭关系不只是性行为的结果。父母子女在一起过家庭式的生活，决不是自然的和必要的。配偶关系不一定要有家庭组织。人类的家庭是思想、计划和行为的结果。正是这个事实，使人类家庭特别明显地不同于禽兽的"家"。

　　神秘的交通或神秘的结合，其经验不是社会关系的根源，而是社会关系的后果。

　　和这神秘交通的神话相对称的还有一个神话，是说在民族或国之间，有一自然的和原始的排斥性。他们说，本能教给我们区分"自家人"与"外人"，而憎恶"外人"。贵族的子孙厌恶与低族的人有任何接触。为驳斥这个说法，我们只要提到种族混合这个事实就够了。今天的欧洲，没有一个纯种的民族，我们就可知道，不同世系的分子一旦定居在这个大陆，彼此间就发生男女两性的吸引而非排斥。几百万的黑白混血儿和其他的混种,正是"在不同的民族间有自然的排斥性"这一说法的活生生反证。

像神秘的交通感一样,种族仇恨不是与生俱来的自然现象。它是一些意理的产物。但是,即令种族之间真有自然的、天生的仇恨,也不致使社会合作成为无用,也不会使李嘉图的协作理论归于无效。社会合作无关乎个人的爱或相爱的训律。人们并不因为互爱或应当互爱而分工合作。他们之合作,因为合作对于他们自己最有利。使人不得不调整他自己的行为以适应社会要求的、不得不尊重别人的权利和自由的、不得不以和平的协作来代替敌对与冲突的,不是爱、不是仁慈,也不是任何其他的同情心,而是正确地懂得自私。

七、大 社 会

人与人之间的关系并不都是社会关系。在大规模战争或人群打斗的时候,双方相互冲击,这其间是有交互的影响和相互关系,但这不是社会。社会是联合行动与合作,其间每个参与的人都把其他伙伴的成功看作成就自己的手段。

原始的游牧民族和部落,为争夺有水的地区、猎渔的地区、草原和战利品而发生的战斗,是些残酷的消灭战,是些总体战。十九世纪欧洲人在新辟地域与当地土著的战争,也是如此。但是,在原始时代,也即在有历史记载以前的很早时期,另一个行动方式已开始了。人们即令在战争中,也还保存先前所建立的社会关系的某些基础;当他们和那些从未有过接触的人们战斗的时候,他们开始想到:人与人间即令现在是敌人,以后的合作是可能的。战争是在伤害敌人;但是,敌对行为再也不那么极端残酷了。交战国开始遵守某些限制。这些限制,在对付"人"的战争——不同于对付野兽——中,是不许超过的。在不解的仇恨和毁灭的狂暴之下,有个社会的因素开始抬头。每个敌人应该被看作是在将来的合作中可能的伙伴,这个事实在军事战斗中也不应忽视。这样的观念在人们的脑子里开始浮现了。战争再也不被视为人际关系的常态。

人们认识到：和平合作是生物性的生存竞争最好的手段。我们甚至可以这样说：人们一旦认识到，把打败了的敌人拿来做奴隶，比杀死他们更有利，这时，他们虽然还在战斗，但已想到了战后的和平。奴役，就大体上讲，可以说是走向合作的预备步骤。

即令在战争中，也不是任何行为都被允许的；有些是合法的战争行为，有些则是非法的，也即，在所有的国之上，甚至在那战争的目的之上，还有一种社会关系。由于这类的观念得势，其结果建立了包括所有的人和所有的国的大社会。各个区域的社会合并到一个全人类的社会。

遵守人道主义和战争的社会规律，而不以消灭猛兽的野蛮方式从事战争的交战国，再也不使用某些毁灭性的方法，藉以换取敌人方面的同样约束。这些规律被遵守到什么程度，战斗团体之间的社会关系就到什么程度。敌对行为的本身不仅是"非"社会的，而且是"反"社会的。如果对"社会关系"一词下定义，而把那些想消灭别人和打击别人的行为也包括进去，[⑧]那就是错误的。凡是在人与人之间只有以相互伤害为目的的这种关系的地方，既没有社会，也没有社会关系。

社会不只是相互作用或相互影响。在宇宙的一切部分之间都有相互影响：狼和它所吞噬的绵羊之间，病菌和它所杀死的病人之间，坠石和它所碰上的东西之间，都有相互影响。他方面，社会所涉及的相互影响，是指人们为要达到各人的目的而彼此采取的合作行为。

八、侵略与破坏的本能

有些人说：人是掠食的动物，天生的本能驱使他战斗、杀伐、破坏。创导非自然的人道主义使人脱离原始兽性的文明，曾经试图镇压这些冲动和欲望。它使文明人成为颓废柔弱的人，以自己的动物性为耻，而把自己的堕落叫作真正人性以为荣。为防止人类的更颓废，必须把他从文明的恶果中解救出来。因为文明只是劣等人的一个狡猾的设计。这些劣等人过于软弱，不能做勇敢英雄们的伙伴；他们也过于怯懦，不敢承当应该被消灭的惩罚；而且，他们也过于懒惰和骄傲，不肯做别人的奴隶。于是，他们就诉诸于诡计。他们把永恒的价值标准颠倒过来，这些标准是由宇宙的一些不变的法则所确定的；他们曾经宣传一种道德，把他们自己的卑劣叫作善，把那些英雄们的卓杰叫作恶。这些奴隶们的道德造反必须扑灭，把一切价值转变过来以扑灭它。这些奴隶们的伦理、可耻的弱者怨恨的产品，必须完全抛弃；强者的伦理必须用来代替它，所谓强者的伦理，适当地讲，就是把一切伦理的约束完全取消。人必须无愧于原始的祖先，也即，过去时代的一些高尚的野兽。

　　通常是把这样的一些调论叫作社会的或社会学的达尔文主义。这里，我们不必断定这个名词是否妥当。无论如何，把"演化的"和"生物的"这两个形容词（达尔文主义是关于演化的、生物的，所以著者这样说——译者附注）加在这些诬蔑全部人类史的理论，总是一个错误。这里所说的全部人类史，是指从人类开始把自己超脱了非人的祖先们纯动物的生活的那个时期，一直到现在。诬蔑这部历史的人们，把它说成是不断地趋向于颓废堕落。生物学只关心生物内部的变化是否使个体调整到适于他们的环境，因而改善他们生存竞争的机会。除此以外，生物学不提供用以评判那些变化的任何标准。从这个观点来判断的时候，我们应该认为，文明不是坏事，而是好事。这是确定的事实。它曾经使人能够在和其他所有的生物——包括庞大的野兽和更危险的微生物的斗争中保存自己；它曾经增殖人的生活资料；它曾经使一般人长得更高、更精明、更多才多艺，而且，延长了一般人的生命期；它曾经给人对这个地球的控制力；它繁殖了人口，并把人们的生活水准提高到史前穴居的祖先所梦想不到的程度。诚然，这种演化妨害了某些技巧和天赋的发展，而那些技巧和天赋，在生存竞争中曾经是有用的，但在变动了的环境下，它们已没有用了。另一方面，它发展了其他的一些才能和技巧，是社会构架中的生活所不可少的。但是，生物学的和演化论的观点，决不会指责这样的一些变化。拳击对于原始人的有用，正和精明的运算与正确的拼音对于现代人的有用。如果只把对于原始人有用的那些特征叫作自然的、适于人性的，而把那些对现代人特别有用的才能和技巧，谴责为颓废堕落和生物退化的标志，这是十分武断的，而且也违背了任何生物学的判断标准。劝人回复到史前祖先们的那种体格和智能，其不合理无异于要他放弃直立的姿态而再长尾巴。

值得注意的是，那些极力赞美我们野蛮祖先们的那股蛮劲的人们，其身体脆弱到不能适应"危险生活"的要求，尼采（Nietzsche）甚至在他的精神崩溃以前，已经是病到只适于在 Engadin 盆地和意大利几个地区的气候下过活。假若不是文明社会保护他那衰弱的神经，他不可能完成他的著作。暴力的宣扬者是在他们所嘲弄污蔑的"布尔乔亚安全"的屋顶下从事著作。他们很自由地发表煽动性的教条，因为他们所讥讽的自由主义，保障了出版自由。如果他不得不放弃他们的哲学所嘲笑的这个文明的赐予（指出版自由——译者附注），他们会懊丧得不可忍耐。试想那位胆小怯弱的作者 George Sorel，他在颂扬暴力的时候，甚至谴责时代的教育制度在弱化人们天生的暴力倾向，这是一幅怎样的情景！⑨

我们或可承认，原始人残暴嗜杀的倾向是天性。我们也可假设，在早期的环境下，侵略杀伐的倾向是保存生命所必须的。人曾经一度是残酷的野兽（这里无须考究史前人是吃肉的还是吃草的）。但是，我们决不可忘记，在生理上，人是一个弱的动物；如果他没有具备一项特殊武器——理知——的话，他决不是那些庞大的掠食的野兽的对手。人是理知的动物，所以他会自制而不受每一冲动的诱惑，他会按照理知的考虑来调整他的行为。这个事实，我们决不可从动物学的观点说它是不自然的。理知的行为是指：人，知道他不能满足他所有的冲动、欲望和嗜好，于是放弃那些他认为较不迫切的满足。为着不妨害社会合作的进行，人不得不抑制那些会阻碍社会制度之建立的欲望。当然，欲望的抑制，是痛苦的。但是，人有他的选择。他放弃了某些与社会生活不相容的满足，而优先满足那些只能在分工制度下所能满足的，或在分工制度下更可得到较大满足的欲望。他已经开始走向文明、社会合作和财富之路。

这个决定，不是不能改变的、不是最后的。父亲们的选择并不妨害儿女们的选择自由。他们可以转变这个决定。他们可以赞成野蛮、反对文明，或者像某些作者所说的，主张灵魂、反对智慧，主张神秘、反对理知，主张暴力、反对和平。但是，他们必须选择。这是因为，互不相容的事物是不可能兼而有之的。

　　科学，从它对于价值问题是中立的这一观点来讲，并不谴责暴力的宣扬者而赞美屠杀和疯子的虐待狂。价值判断是主观的，自由社会承认，每个人有权自由表达他的情绪。文明未曾根绝原始人残暴嗜杀的特征。这些特征潜伏在许多文明人的身上，一旦文明所发展的一些约束失效了，它们就会爆发出来。试回想纳粹（Nazi）集中营那种不堪言状的恐怖。报纸上不断地报道可恶的罪行，也说明残暴的兽性还潜在。许多畅销小说和有名的电影，大都是描述血淋淋的暴行。斗牛和斗鸡吸引很多的观众。

　　如果一位作家这样说：暴民急于想流血，而我也和他们一样。他这样说并不比说"原始人过于嗜杀"较不对。但是，如果他忽略了"这种虐待的欲望之满足，会损害社会生存"这个事实，或者，如果他断言："真正的"文明和"好的"社会，是那些明目张胆地放纵于暴力残杀的人们的成就；对于残暴的冲动加以压制，将会危害人类的进化；以野蛮主义代替人道主义就可救人免于堕落。那么，他就错了。正如 Heraclitus 所说的，一切社会关系的根源，决不是战争，而是和平。就人而言，与生俱来的欲望不是残杀。如果他想满足其他的一切欲望，他必须抛弃杀人的念头。凡是想尽可能地保持生命与健康的人，一定要知道，尊重别人的生命与健康，比相反的行为更可达成自己的愿望。一个人（暗指暴力主义者——译者附注）可能惋惜事情竟是这样。但是，这样的叹惜终究不能改变这个坚牢的事实。

　　谴责这种说法荒唐无稽，是没有用的。所有本身的冲动都是不受理知检讨的，因为理知只管达成目的的手段，而不管最后的目的。但是，人之所以异于其他动物的，是由于他不会不经意地屈从一个本能的冲动。为着在一些不能兼得的欲望满足之间加以选择，人利用理知。

　　你不可以这样向大众讲：去满足你杀人的冲动吧，那是真正人性的，而且最有益于你的福利。你应当告诉他们：如果你满足你杀人的冲动，你就必得放弃许多其他的欲望。你想吃、想喝、想住好的房子、想穿着，以及其他许许多多只有社会才能供给的事物。你不能得到你所想的一切，你必须选择。危险的生活和虐待狂的发泄也许叫你快乐，但是，它们与你也不想失掉的安全和富有是不相容的。

作为一门科学的行为学,不能侵入个人的选择和行为权。最后的决定是在行为人,不在理论家。科学对于生活和行为的贡献,不在于建立价值判断,而在于说明人们所赖以行为的诸条件,在于说明不同的行为所将引起的后果。它供给行为人所需要的一切信息,让他在充分了解一切后果以后自作选择。它好像计算到成本与收益。如果它漏落了一项有关于作选择、作决定的信息,那就是它失职。

关于现代科学,尤其是关于达尔文学说的一些流行的误解

今天有些反自由主义者,右翼的和左翼的,把他们的教义放在对现代生物学的成就所作的一些误解上。

1. 人是不平等的。十八世纪的自由主义和现代的比同主义(egalitarianism)同样地是出发于这个“自明之理”的“人皆生而平等,他们都由他们的创造主赋予某些不可出让的权利”。但是,一门叫作“生物的社会哲学”(a biological philosophy of society)的提倡者们说,自然科学已经用一个不能辩驳的方法证明人是有差异的。在自然现象实验观察的架构中,容不着像自然权利这样的概念。自然对于任何生物的生活和幸福,是没有感情、没有感觉的。自然是生硬的必然和规律。把“拿不稳的”模糊的自由概念与不可变的宇宙秩序的绝对法则连在一起,这是玄学的无稽之谈。因而,自由的基本观念被他们当作谬见揭发。

确实,十八世纪和十九世纪自由民主运动的兴起,大都得力于自然法和个人固有的绝对权利这个教条。这些观念,首先发展于古代哲学和犹太神学,后来渗进基督教义。有些反天主教的教派,把这些观念作为他们政治宣传的焦点。许许多多杰出的哲学家,充实了这些观念的内容。于是它们更为流行,成为民主政治发展中的主要动力。今天,这些观念还存在。它们的主张者完全不管这个不容争辩的事实:上帝或自然并没有创造平等的人,因为有些人生而强壮,有的人生而孱弱或畸形。除了这些先天的不平等以外,还有由于教育、机会和社会制度造成的人与人之间的许多差异。

　　但是，功效哲学的教义和古典经济学，则完全不涉及自然权利这个教条。与它们有关的要点只是社会效用。它们之推荐民主政府、私有财产权、宽容和自由，不是因为这些东西是自然的和正当的，而是因为它们是有利的。李嘉图哲学的核心，是在说明社会合作与分工的好处。在任何方面都较优越、都较有效率的人，和那些在任何方面都较低劣、都较欠缺效率的人分工，也是对双方有利的。边沁，这位急进分子，曾叫喊："自然权利简直是胡说：自然的和绝对的权利，是荒谬的修辞。"⑩照他的意思，"政治的唯一目的，应该是社会最大可能的多数人的最大幸福"⑪。因此，在检讨什么应该是对的时候，他不注意那些关于上帝的或自然的计划和意图的成见；他一心一意地要发现最有助于人类福利之增进的是什么。马尔萨斯讲过，自然没有给任何生物的生存权，生活资料是有限的。他并且说，人们如果漫不经心地纵欲于生殖，将永久不能超出饥饿的边缘。他断言，人类文明与幸福所能发展的程度，决定于人以道德节制性欲的程度。功效主义者之反抗武断的统治和特权，并不是因为它们违反自然法，而是因为它们有害于大家的福利。他们之主张法律之前人人平等，并不是因为人是平等的，而是因为这样的政策有利于大家的福利。在反对自然法和人皆平等这个虚妄观念这一点上，现代生物学只是复述好久以前功效主义的自由民主的斗士们所讲过的一些话。而且，他们讲得更透彻服人。很明显地，功效主义对于民主政治、私有财产权、自由、法律之前的平等这些事情的社会效用所讲的话，决不是生物学的教义所可动摇的。

　　现在盛行的赞成社会分裂和暴力冲突的那些教条，不是所谓生物的社会哲学的结果，而是由于大家不接受功效主义和经济理论。人们已经把不可和解的阶级冲突和国际冲突这个意理，代替了"正统的"社会和谐的意理。所谓社会和谐，即所有的个人、所有的社会团体和所有的国家，长期利益的和谐。人们之所以互相争斗，因为他们深信消灭敌人是增进自己福利的唯一手段。

　　2. 达尔文主义的一些社会涵义。有一派社会的达尔文主义这样说：达尔文所倡导的进化论，曾经明白地说明，自然界没有什么和平和尊重别人的生命与幸福这样的事情。自然界总是斗争和无情地消灭弱者。自由主义的永久和平计划——国内的和国际的——是理性主义的幻想物，违背自然秩序。

但是,达尔文借自马尔萨斯而用之于自己的学说的生存竞争这个观念,要就比喻的意思来了解。它的意义是:一个生物对于危害它生命的那些力量,积极抵抗。这种抵抗,如果要成功的话,那就一定要适于这个生物所赖以生活的那个环境。这并不一定总是毁灭性的战争,像人与病菌之间的那种关系。理知曾经指示我们,就人而言,改善生活情况最适当的方法是社会合作和分工。它们是人在生存竞争中最重要的工具。但是,这种工具只有在和平的情况下才能操作。战争、内战和革命,都妨害人们生存竞争的成功,因为这些事情使社会合作的机构解体。

3. 理知和理性的行为是不自然的。基督教教义求免人体的兽性机能,而把"灵魂"描述成在一切生物现象以外的东西。对这个哲学的极端反动,就是有些现代人倾向于蔑视人有异于其他动物的任何情事。在他们的心目中,人的理知不及禽兽的本能和冲动;理知是不自然的,所以是坏的。理性主义与理性行为这类名词,有一卑鄙的内涵。完全的人、真正的人,服从自己的原始本能,更甚于服从自己的理知。

显明的真理是这样:理知——人的最大特征,也是一个生物现象。理知之为自然的,既不多于也不少于人类的其他一些特征,比方说,直立的姿势和无毛的皮肤。

注　释

① F. H. Giddings, *The principles of Society* (New York, 1926), p. 17.

② R. M. Maclver, *Society* (New York, 1935), pp. 607 ff.

③ 有些经济学家,包括亚当·斯密和 Bastiat,是信神的,因而他们在他们所发现的那些事实中赞美"伟大的自然主宰"(the Great Director of Nature)的神宠。无神论的批评者指责他们这种态度。但是,这些批评者却没有想到,嘲笑那"看不见的手"并不能使理性主义与功效主义的社会哲学的基本教义失效。我们必须了解,我们只有这个解释:或者是人为程序的结合,因为它最能达成有关的个人们的目的,而个人们自己有能力实现他们社会合作的利益。或者是一个超人的东西,命令这些不情愿的人们服从法律和社会权威。至于把这个超人的东西叫作上帝、世界精神、命运、历史或生产力,以及我们用什么名称

来称呼这些东西的使徒——独裁者，这是无关紧要的。

④ 参考 Max Stirner（Johann Kaspar Schmidt），*The Ego and His Own*，trans. by S. T. Byington（New York，1907）。

⑤ W. James，*The Varieties of Religious Experience*（35th impression，New York，1925），p. 31.

⑥ 同上，pp. 485～486.

⑦ 详见第十一章第二及第三节。

⑧ 这是 Leopold von Wiese 使用的名词（*Allgemeine Soziologie*〔Munich，1924〕，I，pp. 10 ff）。

⑨ George Sorel，*Réflexions sur la violence*（3d ed.，Paris，1912），p. 269.

⑩ Bentham，*Anarchical Fallacies; being an Examination of the Declaration of Rights issued during the French Revolution*，in *Works*（ed. by Bowring），II，p. 501.

⑪ Bentham，*Principles of the Civil Code*，in *Works*，I，p. 301.

第九章 观念的功用

一、人 的 理 知

理知是人的特征。至于理知是不是认知最后和绝对真理的一个适当工具,行为学不必提出这个问题。行为学之处理理知,只就其"能够使人行为"这一点上来处理。

所有一切成为人的感觉、知觉和观察之对象的东西,也都呈现于动物感官之前。但是,只有人能够把一些感官的刺激变成知识和经验。因而,也只有人能够把他的各个知识和经验安排在一个有条理的系统中。

行为之前是思想。思想是预筹将来的行为,并回顾过后的行为。思想与行为是不可分的。每一行为总是基于一个关于因果关系的特定观念。思考一个因果关系的人,是在思考一个理论。没有思想的行为,不要理论的实施,是不可想象的。推理可能错误,理论可能不正确,但思考与推理在任何行为中都是有的。另一方面,思想总是想到一个可能的行为。甚至一位思考一种纯理论的人,他会假定其理论是对的,也即,假定按照这个理论的行为,其结果将是这个理论所预料的。至于这个行为是否行得通,那就与逻辑无关。

思想的,总归是个人。社会不思想,正如同它不食、不饮。人的理知作用,从原始人的天真想法,演进到现代科学的精密思想,是发生于社会里面。可是,思想本身则是个人的成就。我们有联合的行为,没有联合的思想。我们只有"保存思想,并把思想传递给别人,以刺激他们思想"的传统。可是,人没有其他的方法占有前辈的思想,除掉一再地去思想它们。自然,他可以根据前人的思想再向前想。传统的主要工具,是语言。思想与语言相联,语言也与思想相联。概念体现于名词。语言之为思想的工具,正如同它之为社会行为的工具。

思想与观念史是在世代与世代间的谈话。后代的思想产生于前代的思想。如果没有这种刺激,知识的进步就不可能。为后人播种而在前人耕耘的土地上收获,这种不断的演进,也表现于科学和观念史的上面。我们承袭于祖先的,不仅是一些构成我们物质福利的财货;我们也同样地承袭了一些观念、思想、理论和技术,我们的思想因此而益丰富。

但是,思想总是个人的显现。

二、世界观与意理

指导行为的理论,往往是不完全的、不如意的。它们可能是冲突的,不适于纳入一个周全而一贯的体系。

如果把那些指导某些个人和集团的行为的一切命题和理论,看作一贯的复合体,而尽可能地把它们纳入一个体系,也即一个周全的知识体系,那么,我们就把它叫作一个世界观。一个世界观,如同一个理论,是对一切事物的一个解释;如同一个行为规律,是关于消除忧虑的最好方法的一个意见。所以,一个世界观一方面是一切现象的解释,另一方面是一种技术。"解释"与"技术"这两个名词,都是广义的。宗教、形而上学和哲学,其目的都是要提供一个世界观。它们解释宇宙,它们教人们如何行为。

意理这个概念比世界观的概念较狭。当我们说到"意理"的时候,我们只想到人的行为和社会合作,而不管形而上学的问题、宗教的"独格码"、自然科学,以及来自它们的技术。意理是关于个人行为和社会关系的那些原则的总称。世界观和意理,都超出了加在纯中立的学术的研究之限制。它们不仅是科学的理论,而且也是关于"应该"的一些原则,也即,关于人在世间所应追求的一些终极目的。

禁欲主义告诉我们:人能够用以消除痛苦、获取完全平安、满足和幸福的唯一方法,是摆脱俗虑而不烦心于富贵荣华。要求解脱,只有排弃物质福利的追求,忍受人生旅途的苦难,终身致力于为享受永恒至福作准备。可是,坚决遵守禁欲主义的人毕竟太少。禁欲主义所提倡的那种完全忍耐,似乎是反自然的。生活的诱惑终于胜利。禁欲的原则已不纯粹。即令是最圣洁的苦行者,也不得不向那些与严格原则不相容的生活和俗务让步。但是,一个人一旦考虑到任何俗务,一旦把世俗的观念代替纯然植物性的理想,他就和那些追求世俗目的的人们没有性质上的区别。于是,他与其他的每个人就有了一些相同的地方了。

有些东西,推理和经验都不能提供它们的任何知识,人们关于这些东西的想法,会差异到永不能达到一致。在这方面,也即在自由的幻想——既不受逻辑思考的限制,也不受感官经验的限制——的方面,人可以充分地发泄他的个性和主观。关于"超越物质界的超绝物"(transcendent)的一些观念和影像,是最具"个人性的(personal)"。语言文字不能够传达关于超绝物所说的是什么;谁也不能确定听的人所想的是否和说的人所想的一样。关于超越的东西,永远不会达成一致。宗教战争之所以最残酷,是因为没有任何调和的希望而作战的。

但是,在涉及世俗事务的地方,人与人的自然相亲以及保持生命的生理条件之一致,就会发生功用。分工与合作的较高生产力,使社会成为每个人达成他自己的目的的主要手段,不管他们的目的是些什么。社会合作的维持及加强,成为每个人所关切的事。任何世界观和意理,凡不是属于完全无条件的禁欲主义,凡不是完全属于隐居生活的,就必须注意到"社会是达成世俗目的的大手段"这个事实。但是,另一方面,关于某些较小的社会问题和社会组织的琐事,也有个共同点藉以达成一致。各种意理不管怎样相互冲突,它们在一点上是和谐的,即在社会生活的承认这一点上。

　　人们有时看不清这个事实,因为他们遇到哲学和意理的时候,总是多注意它们关于"超绝物"和不可知道的东西所讲的一些话,而少注意它们关于现实界的行为所说的一些话。在一个意理的各部分之间,也常有不可填补的鸿沟。对于行为人而言,实际重要的,只是那些归结于行为规范的教义,而不是那些纯学术性而不适用于社会合作架构中的行为的学说。我们可以不管那种绝对一贯的禁欲主义的哲学,因为那样严格的禁欲主义,最后一定使它的支持者归于毁灭。其他所有的意理,在认可生活必需品的寻求下,或多或少不得不考虑到这个事实:分工比孤立的工作较有更大的生产力。因而它们承认社会合作的必要。

　　行为学和经济学不适于处理任何教义的"超绝物"和形而上的方面。但是,另一方面,任何宗教的或形而上学的"独格码"和教条,也不能使那些"从正确的行为学推理发展出来的关于社会合作的定理和理论"失效。如果一种哲学已经承认,人与人之间的社会联系有其必要,那么,就社会行为问题的发生来说,这种哲学的立场就不容再转到那些经不起科学方法检验的个人信念上面去。

　　这个基本事实常常被忽视。人们以为,世界观的一些差异,产生了一些不可和解的冲突。由于世界观的差异而形成的各党派,其间的基本敌对,是不能靠妥协来解决的。它们导源于人的心灵最深处,而是表现一个人天生的与一些神秘而永恒的力量之交通。被不同的世界观分开的人们,其间决不会有任何的合作。

　　但是,如果我们检查一下所有各党派的纲领——精巧设计而又公布了的纲领,以及那些党派当权时实际上固执的纲领——我们会容易地发现,上面的说法是错误的。现在,所有的政党都是争取世俗的福利,以及他们的支持者的利益。他们的诺言是说,要给他们的追随者更如意的经济情况。关于这一点,罗马天主教与各派新教之间,就其干预到政治的社会的问题时而言,没有区别;基督教教义与基督教以外的宗教之间,经济自由鼓吹者与各种干预主义者之间,国家主义者与国际主义者之间,种族主义者与种族间和平主义者之间,都没有区别。不错,这些党派有许多是相信,要牺牲其他的人群才可达成他们自己的幸福,甚至于以为,完全消灭或奴役其他的人群,是达到他们自己福利的必要条件。可是,消灭或奴役别人,并不是他们的终极目的,而是达成他们所想达成的最后目的——自己集团的福利——的一个手段。如果他们知道,他们自己的计划是被错误的、捏造的学说所指导,并不能达成所希望的目的,他们将会改变他们的纲领。

关于不可知的和超乎心力的东西,人们所作的那些自以为了不起的陈述,包括他们的宇宙观、世界观、宗教、神秘主义、形而上学,以及概念的一切幻想,彼此间有很大的差异。但是,他们意理的实际要义,也即,关于世俗生活中所追求的目的,和达成这些目的的手段的教义,则显得很一致。在目的与手段方面,诚然有些差异和敌对。可是,关于目的的一些差异不是不可协调的;它们不妨害在社会行为方面的合作与和善的安排。仅就手段与方法来讲,那是纯属技术性的问题,因而可以用合理的方法来检讨。当党派冲突到了火热的时候,某一方面会这样声张:"我们不能与你进行和谈,因为我们所面对的问题触及我们的世界观;在这一点上,不管结果如何,我们必须坚持我们的原则。"我们听到这种话,只要仔细查究就可看出,这种宣告所描述的敌对,比实际的情形要尖锐些。事实上,就所有顾及人民的世俗福利,因而承认社会合作的一切政党而言,关于社会组织和社会行为之处理的问题,不是最后原则和世界观的问题,而是意理的问题。那都是一些可以解决的技术问题。没有一个政党愿意社会解体,陷于无政府状态,乃至回复到原始的野蛮阶段,而不肯牺牲意理的某些观点以期解决。

在政党纲领中,这些技术问题自然是最重要的。一个政党总会主张某种手段。推荐某些政治方法,而排斥所有的其他方法与政策。一个政党是一些急于想用同一方法,以达成共同目的的人们的结合体。使人们有分别、使党派得以结合的,是手段的选择。因此就政党之为政党而言,选择的手段是它的基本要素。如果其手段已证明无效,则这个政党也就注定完蛋了。政党的领袖们,如果他们的威望和政治业绩是系于党的政纲,他们会有很多理由不许对它的原则作无限制的讨论;他们也许把那些原则看作不容置疑的最后目标,因为它们是基于一个世界观。但是，从人民（党魁们自以为是受他们的委托而行动的）看来、从投票者（党魁所想拉拢的）看来，事情还有另一方面。他们不反对就政党政纲的每一点加以检讨。他们只把政党政纲看作达成他们自己的目标——即世俗的福利——的手段之推荐。

今天，有些叫作世界观的党派，即涉及最后目的的基本哲学决定的党派，分裂这些党派的，只是关于最后目的的表面上的不一致。他们的敌对或者是发生于宗教的规律，或者是发生于国际关系的问题，或者是发生于生产手段所有权的问题，或者是发生于政治组织的问题。所有这些争执，我们可以看出，都是关于手段而非关于最后目的。

让我们从一国的政治组织问题讲起。民主政制、世袭君主制、贵族统治、沙皇式的独裁，[①]都有许多拥护者。诚然，这些政纲之被推荐，其理由常常是说到：神圣的制度、宇宙的永恒法则、自然秩序、历史演化不可避免的趋势，以及其他一些神秘的东西。但是，这样的一些说法只是附带的点缀。到了向选民说话的时候，这些政党又拿出其他的一些说法。他们急于表示，他们所支持的制度将比其他政党所鼓吹的制度更可成功地实现人们所追求的目的。他们列举过去，或在他国已经达成的有利的结果；他们指出其他政党的失败，以诋毁其政纲。他们既用纯粹的推理，也用历史经验的解释，以期说明他们自己的建议的优越，以及敌对政党的建议之无效。他们主要的论旨总是："我们所主张的政治制度将使你们更幸福，更满意。"

在社会的经济组织方面，自由主义者维护生产手段的私有权，干涉主义者则鼓吹第三种制度。他们认为，这种制度既非社会主义，也非资本主义。在这些派别的冲突中，也有很多关于基本哲学问题的议论。人们常说到真正的自由、平等、社会正义、个人权利、社会、联立关系和人道主义。但是，每个党派都想用推理方法和历史经验，来证明只有它所推荐的制度才会使人民幸福和满足。他们告诉人民：实现他们的方案将可提高大家的生活水准，而提高的程度不是其他党派的方案所可赶得上的。他们坚决宣称他们的计划是便利的、有效的。很明显地，各党派之间的区别，不在目的方面，而在手段方面。他们都自以为是在企求大多数人的最高物质福利。

　　国家主义者特别强调：国与国之间的利害关系是不可调和的，而一国内部各分子的正当利益，彼此是和谐的。一国的繁荣只有牺牲别国才可获致；一国的各个分子，也只有在本国的繁荣中才可生活得舒适。自由主义者有一不同的见解。他们相信各国之间的利益和谐，并不逊于一国之内各集团、各阶级之间的利益和谐。他们相信和平的国际合作比国与国之间的冲突，更适于达成他们和国家主义者都想达成的目的——他们自己的国家福利。他们之主张和平与自由贸易，亦不是像国家主义所指责的违反本国的利益而有利于别国。恰相反地，他们认为，和平与自由贸易是使本国富裕的最好手段。使得自由贸易主义者与国家主义者分离的，不是目的，而是达到他们双方所企求的共同目的的手段。

　　至于宗教教条的冲突是不能靠推理的方法来解决的。宗教冲突，本质上是不能调和的。可是，一个宗教团体一旦进到政治行动方面，而试图处理社会组织问题时，它就不得不考虑到一些世俗问题，不管这种考虑如何与它的"独格码"和戒规是如何冲突的。在一切教外活动中，从来没有一个宗教敢于坦白地告诉大家：实现我们所计划的社会组织，将会使你们穷困而有害于你们的世俗福利。那些始终坚守穷困生活的教徒们，退出了政治舞台，逃遁于隐居。但是，那些以传教为目的，以影响教徒们政治社会活动为目的的教会和宗教团体，则采纳了世俗的行为原则。在处理人们的世俗生活中，他们与任何其他政党，没有什么区别。在游说宣传中，他们对于物质的福利比对于天堂的至福更强调些。

　　社会合作是达到人类一切目的的大手段。这是理知的考虑所明示的。对于这个事实能够置之不理的，只有一种世界观，即这个世界观的抱持者，否认一切一切世俗活动。因为人是社会动物，他只能在社会里面生活得好。所有的意理不得不承认社会合作的特殊重要性。它们必须企求最满意的社会组织，必须赞成人们促进物质福利。所以，它们是站在同一的立场。使得它们彼此分离的，不是什么世界观和不可合理讨论的超绝的问题，而是手段与方法的问题。这样的一些意理的对立，是可以用行为学和经济学的科学方法来彻底检讨的。

对谬见的抗争

对于大思想家们所建构的哲学体系加以批评,常常会揭发隐藏在那些似乎条理一贯的思想体系中的罅隙和缺陷。提出一个世界观的人,即令是天才,有时也不免有矛盾和错误的推论。

一般舆论所接受的那些意理,更是受人心缺陷的影响。它们大都是些彼此决不相容的观念的杂陈,经不起逻辑的检验。它们的矛盾是不能消除的,也无法把它们的各部分并成一个互相协调的观念体系。

有些著作家指出:从逻辑的观点来讲,妥协或调和,尽管是不能叫人满意的,但为保持人际关系的和谐,倒有好处。他们用这个说辞来辩解一般人接受的那些意理的矛盾。他们犯了“生命与现实是不合逻辑的”这个常见的错误想法;他们以为,一个矛盾的体系也许由于运作得满意,而证明了它的便利乃至它的真理,而合乎逻辑的体系反而有害。这种谬见,没有再加驳斥的必要。逻辑思考与现实生活不是两个各别的轨道。对于人而言,逻辑是处理现实问题的唯一工具。凡是在理论上冲突的,在现实界同样是冲突的。逻辑的不一贯,决不能给现实问题提供一个满意的、可行的解决。一些矛盾意理的唯一效果,是把真实的问题掩盖着,因而妨害了人们及时寻求适当的解决法。不一贯的意理,有时会延缓冲突的明朗化。但是,它们确实是使它们所掩盖的那些坏处更甚,而使最后的解决更为困难。它们使痛苦加倍、使仇恨加深、使和平解决成为不可能。如果认为意理的冲突是无害的,或甚至是有益的,这是个严重的大错。

行为学和经济学的主要目的,是要拿一贯的、正确的意理,来代替常见的冲突教条的调和折衷。除掉理知提供的方法以外,没有其他方法可以防止社会解体,没有其他方法可以保证人的情况之不断的改善。人们必须就其心智所及尽可能地想透一切有关问题,决不要轻易地接受前辈人传下来的任何方法,必须经常对每个理论、每个定理加以怀疑,决不要懈于扫除谬见,以寻求最正确的认知。我们必须揭发假冒学说,展示真理,以对抗谬见。

这里涉及的一些问题都是纯知识方面的,因而要以知识问题来处理。如果把它们看作道德问题,而把那些持相反意理的人骂之为坏人,那是很不幸的。如果坚持我们所追求的目的是好的，我们的反对者所追求的是坏的，那也是无益。宗教集团和马克思主义所特有的、僵硬的"独格码"，终归于不可和解的冲突。它总是先发制人把所有的反对者骂成作恶者，它怀疑他们的诚实，它要他们无条件投降。凡是有这种态度流行的地方，社会合作就不可能了。

现在的倾向并不较好，时髦的风气是把不同意理的支持者诬蔑为精神病人。神经健全与神经错乱之间的界线，在精神病理学上是模糊不清的。外行的人们干涉到精神病理学上的这种基本问题，这自然是荒谬的。显然地，如果一个人有了错误的见解，而照他的错误见解来行为，这个人就可叫作精神病人，那么，我们就很难发现可称为正常的人了。这样一来，我们不得不把前辈的人称为精神病人，因为他们对于自然科学问题的观念及其相随的技术，都与我们这个时代的不同。因为同一理由，后辈的人们也将把我们叫作精神病人。如果犯错误是精神病态的特征，那么，每个人都可叫作精神病患者。

一个人的见解不同于同时代大多数人所持的见解，仅凭这个事实决不能说他是个精神病人。哥白尼（Copernicus）、伽利略（Galileo）和 Lavoisier 是精神病人吗？一个人抱持新的观念，与别人的观念冲突，这是历史的常态。有些新观念，后来被当作真理而纳入大家接受的知识体系中。"神经健全"这个形容词，只可用之于毫无己意的庸碌之辈，而不可以用之于所有的创新者吗？

有些现代精神病的医生们是荒谬绝伦的。他们完全不懂行为学和经济学的理论。他们所熟知的那些现代意理，是肤浅的、未经批判的。可是，他们却爽爽快快地把某些意理的支持者叫作妄想的狂人。

有些人，常被称为"货币的幻想者"。这种"货币的幻想者"主张用货币措施为每个人谋福利。他的计划是虚妄的。可是，那些计划却是现代舆论所完全赞成，也是几乎所有的政府所采纳的货币意理的彻底应用。经济学家对于这些意理的错误所提出的反对，得不到政府、政党和舆论的考虑。

那些不了解经济理论的人们，大概都相信：信用扩张和增加货币流通量，是把利率降低到永久低于自由的金融市场所维持的高度以下的有效方法。这个学说完全是幻想。[②]但是，它对于几乎每个现代政府的货币信用政策发生指导作用。现在，在这邪恶意理的基础上，没有有效的反对可以提出来抗拒

Pierre Joseph Proudhon，Ernest Solvay，Clifford Hugh Douglas 和一些其他所谓的改革家们所提倡的计划。他们只是比别人更贯彻些。他们想把利率降低到零，因而彻底消除"资本"的稀少性。凡是想驳斥他们的人，必须对一些大国的货币信用政策所依据的那些学说，加以攻击。

精神病的医生们也许不同意，精神病人的特征确是在于不温和而走极端。正常的人，有自我节制之明，疯狂的人则越出一切范围。这完全是个不满意的辩解。凡是认为靠扩充信用即可以把利率从 5％或 4％减低到 3％或 2％的那些议论，也同样有效地可用来认为利率可减低到零。从一般舆论所支持的那些货币谬见的观点来看，"货币幻想者"确实是对的。

有些精神病医生把那些拥护纳粹主义的人叫作精神病人，而想用治疗学的程序来医治他们。这里我们又遇到同样的问题。纳粹的一些教条是邪恶的，但它们在本质上并无异于别族舆论所赞成的社会主义和民族主义的那些意理。纳粹的特征只是把那些意理，贯彻地应用于德国的特殊情况而已。像所有的现代国一样，纳粹党要政府控制生产事业，要求本国经济自足。他们政策的明显标志是他们决不承认也不默认，如果别国也采用同样政策，势将使他们不利。照他们的说法，他们不准备永久"被困于"人口过多的领域，在这个领域内，物质环境使得劳动生产力低于别国。他们相信他们的人口多、战略上的地理优势，以及武装部队的活力勇敢，足使他们有机会用侵略的方法来补救他们所悲伤的缺憾。

凡是接受民族主义和（国家）社会主义的意理，而把这个意理视为真理、视为国策标准的人，不可能拒绝纳粹党从这两种主义导出的那些结论。接受这两种主义的外国，若要抗拒纳粹，那只有一个方法，即用战争来打败它。只要（国家）社会主义和民族主义在世界舆论上占上风，德国人或其他国人，一有机会就会一再地尝试靠侵略征服来达成目的。如果我们不探究侵略心理之所从出的那些意理的谬误，就没有希望根除那侵略心理。这不是精神病医生的事情，而是经济学家的任务。③

德国人的错处不是他们不遵守福音教义。没有一个民族是遵守的。除掉那个小而无影响力的教友派（The Friends）以外，实际上所有的基督教会和宗教都赞美战士们的武功。在老辈的德国征服者当中，最残酷的是那些藉基督教义作战的日耳曼的武士们（the teutonic knights）。今日德国的侵略，其根源是由于德国人抛弃了自由哲学，而以民族主义和（国家）社会主义的意理代替了自由贸易与和平的自由原则。假若人类不回复到时下所毁之为"正统"的"Manchester 哲学"的和"自由放任"的那些观念，那么，要防止新的侵略，唯一的方法就是剥夺掉德国人从事战争的手段，使他们成为无害的民族。

人，只有一个工具可以战胜错误：理知。

三、权　　力

社会是人的行为之一产物。人的行为是受某些意理指导的。所以社会和任何社会情事的具体秩序，都是一些意理的结果；意理不是像马克思主义所说的，是某些社会情事的结果。当然，人的思想和观念不是孤立的个人的成就。思想也只有经由思想家们的合作才有进展。如果一个人在推理方面必须从头开始，他将不会有何进展。一个人在思想上的进步，只是由于他的努力得助于前辈人的努力，前辈人提供了一些思想工具、一些概念、一些术语，以及提出了一些问题。

任何已有的社会秩序，都是在它实现以前被想出、被设计的。意理因素在时序上和逻辑上的这种领先，并不意涵人们像空想家所作的，拟定一个完全的社会制度的计划。预先想出的，而且必须预先想出的，不是协调各个人的行为，纳入一个统合的社会组织中，而是有关于别人的各个人的行为，以及有关于其他集团的集团行为。在一个人帮助别人砍伐一棵树木以前，这样的合作一定是已被想出。在物物交换制发生以前，一定是已经有了互相交换货物和劳务的观念。有关的人们不一定会想到，这样的合作终于形成社会约束，终于建立社会制度。个人并不计划和实行一些打算建立社会的行为。他的行为和别人的相适应的行为，产生了一些社会团体。

任何存在的社会事象都是事先想出的一些意理的产物。在社会内部，新的意理也许发生、也许代替旧的意理,因而改变社会制度。可是,社会总是意理的产物,意理在时序上和逻辑上总是领先的,行为总是受一些观念的指导;它实现思想所预定的事情。

如果我们把意理这个观念实体化或人格化,我们也可这样说:意理对于人有支配的权力。它指挥人的行为。通常,我们是说,一个人或人的集团是有权力的。于是,权力的定义就是:权力是指挥别人行为的力量。有权力的人,其权力是来自意理。只有意理才能赋予一个人得以影响别人选择和行为的力量。一个人只有在一种情形下才可成为领袖,即有一种使别人驯服的意理在支持他。所以,权力不是物质的有形的东西,而是一道德和精神现象。一个皇帝的权力靠的是他的臣民接受君主政制的意理。

当然,用暴力镇压以建立一个政府,是可能的。有些国和政府的特征是如此。可是,这样的暴力压制也一样地是基于意理的权力。想使用暴力的人,也需要有些人的自愿合作。完全只靠自己一个人的人,决不能仅凭物质的暴力来统治。④为压服其他的人群,他需要一群人的意理支持。暴君必须有些自愿服从他的侍卫人员。他们的自愿服从,使他拥有压服其他人们的工具。他能否长久地维持他的统治,那就决定于两群人——一群自愿支持他的人和一群被他压服的人——的人数多少。尽管一个暴君可以靠少数的武装力量暂时压制无武装的多数人民,但从长期看,少数毕竟不能压服多数。被压迫者终会起来反抗,从而摆脱暴君的奴役。

一个持久的政治制度,一定要建立在大多数人所接受的意理上。成为政府的基础而赋予统治者使用暴力,以压迫少数反对者的"实在"因素、"实在"力量,本质上是意理的、道德的和精神的。统治者如果不懂得这个基本原理,而自恃武装军队为不可抗拒的力量,而蔑视精神与观念,最后将会被反对者打倒。把权力解释为一种不依赖意理的"实在"因素,这是政治书籍和历史书籍极普通的错误。"现实政治"(realpolitik)这个名词,只在一种情形下有意义,即:把它用来指称一个政策,而这个政策是考虑到一般人所接受的意理的政策,而不是指称基于无足够的承认因而不适于支持一个长久的政治制度的那些意理的政策。

把权力解释为物质的或"实在的"力量,而把暴行看作统治基础的人,是从狭隘的军警界低级官员的观点来看的。指派给这些低级官员的任务,是在统治意理架构内部的一项确定任务。他们上司们委之于他们的队伍,不仅是已有物质武器装备,而且也经过训练具有服从命令的精神。低级的指挥官视这种精神因素为当然,因为他们自己也具有这同样的精神,甚至不会想象到不同的意理。意理的力量正在于人们心甘情愿而又毫无迟疑地接受它的摆布。

可是,就政府的头儿来讲,事情就不是这样。他必须以保持军队士气和人民忠贞为目的。因为,这些精神因素是他的统治力所赖以继续保持的唯一的"实在的"的因素。如果支持他的统治力的意理消失了,他的权力也就衰落。

有时,少数人也可凭优越的军事技巧取得控制力,因而建立少数之治。但是,这种局面不会长久。假若这胜利的征服者不接着把暴力统治转变为意理从同之治,他们就会在新的斗争中被打垮。凡是曾经建立过持久政制的少数征服者,都靠一种意理的优势,使他们的统治得以持续。他们使人民甘心承认其霸权的手段,或者是屈从被征服者的意理,或者是改变他们的意理。如果这两个手段都没有采取。则被压迫者或公开叛乱,或默默而不断地运用意理的力量来撵走压迫者。⑤

历史上有许多大的征服之所以能维持长久,是因为侵略者与被侵略民族内部那些得到一般意理的支持因而被认为正当的统治者联合起来。这种办法,鞑靼人用之于俄国,土耳其人用之于多瑙河的一些公国、匈牙利和德兰斯斐尼亚(Transylvania),英国人与荷兰人用之于东印度群岛。极少数的不列颠人能够统治几倍于自己的印度人,因为印度的王公和贵族地主把不列颠人的统治看作他们的特权的保障,因而支持它。英国的印度王国只要舆论支持这个传统的社会秩序,就可稳定不致动摇。英国统治下的和平(Pax Britannica)保障了印度王公和地主的特权,也保护了大众免受王公之间的战争和他们内部继承战争之苦。今天,从外渗透的颠覆观念,已经动摇了英国的统治,同时威胁到这个古老的社会秩序的维持。

胜利的少数,有时是得力于他们的技术优越。这并不改变这种情形。在长期中不可能压制住多数分子更精锐的武装。保障在印度的英国人的,不是他们的武装,而是意理因素。⑥

一国的舆论,在意理上可能分裂到没有一个集团坚强到足以建立一个长期政府。这时,就陷于无政府状态。经常有革命与内战发生。

作为一个意理的传统主义

传统主义(traditionalism)是一个意理,这个意理是认为,尊重既定的价值系统、习俗,以及祖先传下来的或当作祖先传下的一些行为方式,是应该的,也是便利的。传统主义所必有的特征,并不限于这些祖先是生物学意义的祖先。所谓祖先,有时只是指这个地方以前的居民,或同一教条以前的信仰者,或某一特别工作以前的作者。谁被当作祖先,以及传下来的传统其内容是些什么,这是决定于各种传统主义的具体教义。传统主义这个意理,把某些祖先抬举起来,把其他的淹没下去;它有时也会把一些与所谓后裔毫无关系的人们称之为祖先。它也常建构一个属于新近来源的"传统"学说,而不同于祖先们真正信持的那些意理。

传统主义每每提到它的教义在过去如何成功,用以证明这些教义是对的。至于这种说法是不是符合事实,那是另一问题。有时,一个传统信念的历史陈述中的错误,会因人们的研究而被揭发。但是,这并不经常推翻传统的学说。因为传统主义的核心不是实在的历史事实,而是关于历史事实的意见(不管这个意见是否错误),以及对于具有权威的事物乐于相信的那种意愿。

四、改善论与进步观念

进步与退步的观念,只有在目的论的思想体系里才有意义。在这样的一个架构内,把那趋向于所追求的目标的动态叫作进步,相反的趋向叫作退步,这是切实的。如不涉及某一主动者的行为和一确定的目标,则这两个观念是空洞的,无任何意义。

十九世纪的一些哲学,误解了宇宙变化的意义,而且把进步观念偷偷地用在生物变化的理论中,这是它们的缺点之一。从任何已有的情况来回顾过去的情况,我们很可以使用"发展"与"演化"这些名词于中立的意义。于是,演化是指从过去到现在的过程。但是我们必须小心,不要把变化与改善相混淆,不要把演化与趋向较高级生活方式的进化相混淆,如果这样混淆,那就是极关重要的错误。至于以假科学的人类中心说,代替宗教的人类中心说和较古老的玄学,也是不可以的。

可是,就行为学来讲,不必进一步对这种哲学加以批评。行为学的任务是要暴露现行的一些意理里面的那些错误。

十八世纪的社会哲学确信,人类终于到了理知时代。过去是神学和玄学的谬见占优势,今后将是理知作主宰。世人将从传统和迷信的锁链下,一天一天地解放出来而倾全力于社会制度的不断改善。每个新的世代都会贡献于这番光荣事业。随着时间的进展,我们的社会愈来愈成为自由人的社会,而以最多数人的最大幸福为目标。当然,暂时的退步不是不可能的。但是,最后总是进步的多,因为这是理知的目的。人们认为自己是幸福的,因为他们是一个开朗时代的人民,这个时代由于发现了理性行为的法则,铺就了走向人类事象不断改善的途径。他们所唯一惋惜的事情,是他们自己的年纪太大了,不能亲身看见这个新哲学一切有利的效果。边沁对 Philaréte Chasles 说过:"我希望在我死后的几百年,还像现在活着的时候一样,能够看到我的著作的一些效果。"[7]

所有这些希望是基于一个坚定的信念,即:芸芸众生都是善良而理智的。这是属于那个时代的信念。上阶层靠土地享受生活的特权贵族,被认为将会衰落。平民们,尤其是农民和工人,被赞美成高尚而无过失。于是这些哲学家深信:民主民治的政府,将产生完善的社会。

这种成见是些人道主义者、哲学家和自由主义者的大错误。人不是无过失的;他们常常犯错。芸芸众生总是正直的,总会知道选择手段以达成所追求的目的,这种想法是不对的。"信赖普通人"并不比信赖帝王僧侣贵族的神奇天赋更有根据。民主所保证的是一个依照大多数人的愿望和计划的政治制度。但它不能预防大多数人陷于错误观念而采取不当的政策——不仅不能达到目的,而且有恶果的政策。大多数人也会犯错,以致破坏我们的文明。好事不只靠它的合理和有利就可成功。只有世人终于赞助那些合理而又可以达成目标的政策,文明才会增进,社会邦国才会叫人更加满意,尽管就形而上的意义讲,不是快乐的。这种情况会不会有,只有未知的将来可以揭晓。

在行为学体系里面,不容有改善论和乐观的宿命论。人,每天都在两种政策之间选择:一是导致成功的政策,一是导致灾难、社会解体和野蛮状态的政策。在这个意义下,人是自由的。

进步这个名词,当其用之于宇宙事象或广泛的世界观的时候,是荒唐无稽的。关于原动力(prime mover)的一些计划,我们一无所知。但是,这不同于用之于一个意理学说的架构中。极大多数的人是在争取较多较好的食物、衣着、房屋,和其他的物质享受。经济学家把大众生活水准的提升,叫作进步,他们并不是赞成卑鄙的唯物主义。他们只是确定一个事实:改善生活的物质条件这个欲望,是刺激世人的一个动力。他们是从世人想达成的目的这个观点来判断政策。蔑视婴儿死亡率的降低和饥荒时疫之逐渐消灭的人,也许会首先攻击经济学家的唯物主义。

评论人的行为的标准只有一个:看它是否适于达成行为人所想达成的目标。

注 释

① 沙皇式的统治,在今天可用布尔什维克、法西斯和纳粹的独裁为例。

② 参考第二十章。

③ 参考 Mises,*Omnipotent Government*(New Haven,1944),pp. 221～228,129～131, 135～140。

④ 一个匪徒会压服一个弱者或无武装的人。但是这无关于社会的生活。这是一个孤立的反社会的现象。

⑤ 参阅第十三章第三节。

⑥ 我们在这里所讲的是欧洲人在欧洲以外地区维持的少数之治,关于亚洲人之侵略西方,参阅第二十四章第二节。

⑦ Philarète Chasles,*Études sur les hommes et les Moers du XIXe siécle*(Paris,1849),p. 89.

第十章　在社会里面的交换

一、独自的交换与人际的交换

行为，在本质上总是某一种情况换另一种情况。如果一个人的行为不涉及别人的合作，我们就叫这种行为是独自的交换（autistic exchange）。例如：为了自己消费而射杀一只动物的孤单的猎人；他是把闲暇和弹药换得食物。

在社会里面，合作是把人际的或社会的交换代替幻觉的交换。人，为了有所取于别人，因而对他们就有所与，于是产生相互关系。人，为了利己，因而利人。

交换关系是基本的社会关系。人与人之间交换货物与劳务，于是织成了把人们结合为社会的纽带。社会的公式是：为取而与（do ut des）。凡是无故意互助的地方，就没有人际的交换，只有独自的交换。

敌对的侵略，是人的非人祖先们（nonhuman forebears）的故常。有意的合作，是个长期演化的结果。人种学和历史给我们提供了关于人际交换原始形态的有趣报导。有人认为，礼物的赠予和报答是人际交换的雏形。[①]有人认为，默契的实物交换（dumb barter）是贸易的原始方式。但是，为得到接受者的报答而赠予，或为着结好于人而赠予，已等于人际交换。默契的实物交换，也是如此。它之不同于其他方式的实物交换和贸易，只是不经过口头讨价还价而已。

人的行为的一些范畴,是明确的、绝对的,不容任何等差的。这是它们的基本特征。行为或非行为,交换或非交换,其间的界限明明白白。独自的交换与人际的交换,其间的界限也如此。不希冀接受者,或第三人有何报酬的单方面赠予,不是交换。接受者的情况得到改善,赠予即得到满足。接受者之得到赠予,好像是神之赐。但是,如果赠予的目的是在影响某人的行为,则这种赠予就不是单方面的,而是赠予者和那个其行为受到赠予影响的人之间的一种变相的人际交换。尽管人际交换的出现是一个长期演进的结果,但在独自交换和人际交换之间,并没有逐渐演变的痕迹可寻,也即是说,在它们之间没有中间型的交换。从独自的交换到人际的交换,是一个跳跃的步骤,跳跃到完全崭新的、本质上不同的情事,正如同细胞和神经的自动反应,跳跃到有意识的、有目的的行为一样。

二、契约的拘束与控制的拘束

社会合作,有两种不同的形态:一是靠平等契约的合作,一是靠服从命令的合作。

在合作基于契约的场合,合作人之间的逻辑关系是对称的。他们同是人际交换契约的当事人。张三和李四的关系同于李四和张三的关系。在合作基于命令的场合,就有一个命令者和一些服从命令的人。在这两种人之间,逻辑关系是不对称的。这里有一位主宰者,有一些在他保护下的人。只有主宰者能单独选择和指挥;其他的人——被保护人——只是他的行为中的一些小卒。

任何社会团体之所以生气蓬勃,总归是意理的力量使然;一个人之所以成为任何团体之一员,总归是他自己的行为使然。即就一个控制性的社会关系而言,也是如此。诚然,人们总是生而受到一些控制性拘束的,家、国,以及古代奴隶制度、农奴制度下的控制拘束都是。但是,决没有什么有形的暴力,会强迫一个人违反他自己的意愿而长久留在控制秩序下被保护者的地位。暴力或暴力威胁所引起的情况，是使人认为服从比反抗较满意。要在服从的后果与反抗的后果之间加以选择，被保护者宁愿选择前者，因而把他自己投入控制的拘束中。每次新的命令又把这种选择放在他的面前。在一再的服从中，他自己也有助于这个控制性的社会团体之继续存在。甚至像这种情形下的被保护者，也是一个行为人，即：他不是盲目冲动，而是利用他的理知在彼此之间作选择。

控制的拘束与契约的拘束之不同，在于人们选择所决定的范围。一个人一经决定服从于控制性的制度，他就在这个制度的活动范围以内；在他服从的时期以内，成为指挥者的行为的小卒。在这个控制的社会团体内部，只有指挥者行为。被保护者只在选择服从的时候是行为，一经决定了服从，就再不是为自己而行为。

在一个契约社会的组织内，各个成员交换确定数量、确定品质的财货与劳务。一个人如果选择了控制团体的服从，他就既不给予确定的东西，也不接受确定的东西。他委身于这样一个制度：在这个制度中，他必须提供无限的劳务，而所接受的，则是指挥者所愿意给他的。他完全受指挥者的摆布。只有指挥者是自由选择。至于指挥者是一个人或是一个人群组织，指挥者是个自私疯狂的暴君或是一个仁慈为怀的家长型的专制君主，对于这整个制度的结构没有关系。

这两种社会合作之不同，是所有的社会学说所公认的。Ferguson 把这种不同说成好战国与商业国的对比；②Saint Simon 则把它说成好斗国与和平或工业国的对比；Herbert Spencer 则说成个人自由的社会与军事组织的社会的对比；③Sombart 则说成英雄与小贩的对比。④马克思主义者则区分为，一方面是原始社会和永恒极乐的社会主义的社会；另一方面是不可言状地堕落的资本主义的社会。⑤纳粹的哲学家，则区分为虚伪的布尔乔亚安全制度与独裁元首的英雄制度。各派社会学者对两种相对的制度，各有不同的评价。但是，他们完全同意于这种类比之设立，而也一致承认，没有第三原则可想象、可实行。

西方文明和较进步的东方民族的文明一样，是人们按照契约关系的合作而获致的成就。这些文明，固然在某些方面也采行了强制结构的拘束。国，就必然是一个强制的体制。家庭和其家属关系也是如此。但是，这些文明的特征,毕竟是基于个别家庭之合作的契约结构。过去曾有一个时期,几乎完全是自足而孤立的各个家庭单位。当家庭之间的财货与劳务交换,代替了家庭经济自足的时候,那就是基于契约的合作。人类文明,为我们迄今所经验到的,主要的是契约关系的产品。

任何种类的人间合作和社会相关,本质上就是一个和平秩序,用调和的办法来解决争端。在国内任何社会单位的关系上,不管它是契约的拘束或强制的拘束,总归是和平的。在有暴力冲突的地方,既没有合作,也没有社会拘束。那些急于想以控制的制度来代替契约制度的政党,攻击和平与布尔乔亚的安全,认为那是腐败的,赞美暴力流血的革命和战争,他们是自相矛盾的。因此,他们自己所设计的理想国是和平的。纳粹的国与某些主义的共荣国,都是为安宁和平的社会而设计的。可是,事实上他们的国是靠镇压而建立的,也即对那些不服从的人们用暴力降服。在一个契约的世界里面,各国可以和平共存。在一个霸权的世界里面,只能有一个帝国、一个独裁者。社会主义必须在下述二者之间选择其一:或者否认包括全球与全人类的分工制度的利益,或者建立一个包括全世界的霸权秩序。在契约条件下,大帝国的内部,分为关系松懈的一些自治的分子国。霸权制度一定是要把所有的独立国合并为一。

契约的社会秩序,是个权利与法律的秩序。它是一个法治之下的政治(rechtsstaat),不同于福利国(wohlfahrtsstaat)或父权国(paternal state)。权利或法律,是一些规定人们得以自由行动的轨道的规律的集合体。在控制的社会里面,被保护者没有这样的轨道,也即,既没有权利也没有法律,只有主宰者的命令和管制;而这些命令和管制,主宰者可以随时变更,可以随他的喜怒来差别使用,被保护者必须服从。被保护者只有一个自由:服从而不质问。

三、计算的行为

所有的行为学范畴,都是永恒的、不可改变的,因为它们是独特地被人心的逻辑结构以及人的存在之自然条件所决定的。人,在行为中以及在关于行为的理论化中，既不能摆脱这些范畴，也不能超出它们。绝对不同于这些范畴所决定的行为，既不可能，也无法想象。人决不能想象既非行为也非不行为的事象。我们没有行为的历史；没有从不行为进到行为的演进；没有行为与不行为之间的过渡阶段。只有行为与不行为。凡是关于一般行为的范畴，对于每个具体行为都是严格有效的。

每个行为可以利用序数（ordinal numbers）。至于基数（cardinal numbers）的应用，以及基于基数的算术计算，则需要些特别条件。这些条件出现于契约社会的历史演进中。因此，在计划将来的行为和确定过去行为的后果上，我们有方法计算。基数和它们在算术上的运用，也是人心中永恒的和不变的范畴。但是，它们的适用性，对于行为的预谋和记录，就靠那些在人事的初期形态中未曾有的条件，这些条件只在稍后才出现，而且可能再消失。

引导人们苦心钻研行为学和经济学的，是由于人们认识到，在一个行为可以计算的世界里面，是些什么在继续进步。人的一部分行为，如果具备了某些条件，是要计算的或可以计算的，经济学本质上就是关于这部分行为的一套理论。可计算的行为与不可计算的行为之区分，是最重要的，就人的生活和人的行为之研究来讲，没有比这个区分更重要的。现代文明尤其是由于这个事实而显出它的特征：即它已经发展出一个方法，使算术可以应用到较广的活动领域。当人们把现代文明形容为"理性的"（这个形容词不很好，有时且引起误解）时候，心中就想到这个事实。

对于出现在计算的市场制度的一些问题之理解和分析，是经济思考的起点，而经济思考终于导致一般的行为学的认知。用市场经济的分析来展开一个完整的经济学体系，而且把经济计算问题的检讨置之于这个分析之前，这是必要的。但是，使这成为必要的并不是上面这句话所说的那个历史事实。这样的过程既不是历史的方法教给我们的，也不是启发的方法教会的，而是逻辑的严格规律所导致出来的。这些有关的问题只在计算的市场经济的范围以内，是显而易见的、是实际的。至于社会经济组织之不容许任何计算的其他制度，则不能这样考察。经济计算是理解所有通常叫作经济问题的基本。

注 释

① Gustav Cassel, *The Theory of Social Economy*, trans. by S. L. Banon, (new ed. London, 1932), p. 371.

② 参考 Adam Ferguson, *An Essay on the History of Civil Society* (new ed. Basel, 1789), p. 208。

③ 参考 Herbert Spencer, *The Principles of Sociology* (New York, 1914), III, pp. 575 ~611。

④ 参考 Werner Sombart, *Haendler und Helden* (Munich, 1915)。

⑤ 参考 Frederick Engels, *The Origin of the Family*, *Private Property and the State* (New York, 1942), p. 144。

第三篇

经 济 计 算

第十一章　不用计算的评值

一、手段的分级

行为人总是把他所追求的目的之评值转移到手段。在其他事物不变的假定下，他对于几个手段的总评值等于他对这些手段所可达成的目的之评值。这里，我们可以暂时不管达成目的所需要的时间，以及时间对于目的价值和手段价值之间的关系所发生的影响。

手段的分级像目的的分级一样，是一个甲优于乙的过程，涉及取与舍。也即断定甲比乙更可贵。是应用序数的场合，而不适用基数以及基于基数的算术运算。如果有人拿三个戏剧——Aida、Falstaff 和 Traviata——的入场券给我选择，如果只让我选一张的话，我就选 Aida；如果我可再选一张的话，我就拿 Falstaff，这就是说：在这种情形下，我是把 Aida 看得优于 Falstaff，Falstaff 优于 Traviata。

行为的直接目的，常常是为获得可数可量的有形的东西。因而行为人必须在一些可以计算的数量之间来选择。例如，他愿意取得 $15r$ 而不要 $7p$；但是，如果他必须在 $15r$ 与 $8p$ 之间选择其一，他也许愿意取得 $8p$，而不要 $15r$。于是我们可以这样说：他对于 $15r$ 的评值低于对 $8p$ 的评值，但高于对 $7p$ 的评值。这等于说，他喜欢 a 甚于 b，b 甚于 c。用 $8p$ 代替 a，$15r$ 代替 b，$7p$ 代替

c,既不改变这句话的意思,也不改变这句话所陈述的事实。这并不使"基数的计算"成为可能。这也没有为经济计算以及基于经济计算的心智运用,开辟一个领域。

二、价值价格原论中的虚构——直接交换

经济理论的精心构制之依赖计算的逻辑程序,竟到了这样一个程度:经济学者们昧于经济计算法中的基本问题。他们惯于把经济计算看作当然之事;他们不知道那不是一个极据(ultimate given),而只是一个要还原到一些更基本现象的衍生物(derivative)。他们误解了经济计算。他们把它看作人的一切行为的一个元范,而不知道它只是在特殊情况下的行为之一元范。他们充分知道:使用货币因而有价格的人与人之间的交换,以及因此而形成的市场交换,是原始文化所没有的那种社会经济组织的特殊情况,而且,在历史演变的未来也可能消灭。①但是,他们却不了解表现于货币价格是经济计算唯一的工具。因而他们的学问大都是无用的。甚至有些最卓越的经济学家的著作,在某种程度以内也受了他们关于经济计算的谬见之害。

现代的价值和价格理论是在解释:个人们的选择(他们的取舍),在人际交换的领域中,如何归结于市场价格的出现。②这种解释,在细节方面是不够的,而且也表达得不妥当。但是在本质上是不能反驳的。就其所要修正的来讲,那就是,要纠正他们的基本思想,倒不是要驳斥他们的推理。

为着把市场现象追溯到"取甲舍乙"这个一般性的元范,价值和价格原论必须利用某些想象的结构。想象的结构是思想的必要工具。没有其他的方法有助于现实的解释。但是,科学的最重要问题之一,是要避免那些由于误用这样的结构而引起的谬见。

且不说下面将要讨论的其他的一些想象结构,③价值价格原论是利用一个想象的市场结构,在这个结构里面,所有的交换都是直接的。这里没有货币;货物与劳务直接交换其他的货物与劳务。这种想象的结构是必要的。为

了认清最后的交换终归是把一些第一级的经济财交换其他第一级的经济财，我们不要管货币所担任的媒介任务。货币只是一种交换媒介。但是我们要提防自己，不要陷于这个直接交换的市场结构所易于产生的幻想。

由于对这个想象结构的误解而产生的一个严重大错，是以为交易媒介只是一个中立的因素。照这个想法，直接交换与间接交换唯一的差别，只是在后一场合使用了交易媒介而已。据说，货币之参进交换并不影响交易的一些主要特征。持这种见解的人，并不是不知道在历史上发生过货币购买力的大变动，而这些变动常常动摇了整个交换制度。但是，他们认为这种事情是错误政策所引起的例外事象。只有"坏的"货币会引起这种混乱。加之，人们也误解了这种混乱的原因与后果。他们隐隐约约地假定，购买力的变动之发生，是同时同程度涉及一切财货和劳务的。这当然是货币中立这个神话所意涵的。他们以为，全部的交换理论可以在"只有直接交换"这个假定下制作出来。如果这个理论一经完成，则要再做的唯一事情，就是"简简单单地"把货币的说法插进关于直接交换的一些定理当中。但是，交换制度的这个最后成就，被认为只是次要的。他们不认为这对于经济学有什么本质上的改变。经济学的主要任务是研究直接交换。除此以外所需要做的，至多只是对于"坏"货币的问题加以检讨而已。

照这种见解，经济学者就不重视间接交换的一些问题。他们对于货币的讨论是肤浅的；其讨论只是与市场程序之检讨发生点松弛的关联而已。约在十九世纪与二十世纪之交，间接交换的问题还被贬于从属的地位。那时的一些关于交换问题的论著，只是偶尔草率地讨论到货币，有些讨论通货和银行的书，甚至于不把这两个主题纳之于交换理论的体系中。在 Anglo-Saxon 诸国的大学中，经济学与货币银行学分设讲座，德国的大学大多数几乎不讲货币问题。[④]只是，后来的经济学家才认识到：交换理论中最重要、最复杂的问题，有些是发生在间接交换的部门，如果经济理论不充分注意到间接交换，则是严重的缺陷。关于"自然利率"与"货币利率"之间的关系之研究成为风尚，商业循环的货币理论之占优势，以及货币购买力同时而一致的变动这一学说的完全放弃，是经济思想新趋势的一些标志。自然，这些新观念，在本质上是从休谟、英国通货学派、约翰·穆勒以及 Cairnes 等人所光荣开始的心智努力而继续发展出来的。

更有害的是第二个错误，这个错误是由于粗心使用直接交换市场的想象结构而产生的。

一个由来已久的谬见是说：被交换的财货和劳务是属于等价的。价值被视为客观的，被视为固着于这些东西本身的一种性能，而不只是表达各个人想取得它们的那股渴望。据说，人们首先衡量出属于财货和劳务的价值量，然后再与价值量相同的其他财货量和劳务量相交换。这个谬见破坏了亚里士多德处理经济问题的方法，而且也破坏了服从亚里士多德意见的那些人的推理，几乎有了二千年。它严重地损害了古典经济学家们辉煌的成就。现代经济学的基础是在于认知：正因为附在交换物的价值之不相等，所以就引起它们的交换。人们之所以买卖，只是因为他们对于放弃的东西的评值，低于换到的东西的评值。所以价值衡量的观念是无用的。一个交换行为，事先和事后都没有可叫作价值衡量的程序。一个人可能把两物看作价值相同，但是这时就不会有交换。但是，如果评值有所差异，我们也只可以说：一个 a 的价值较高，所以愿意放弃一个 b 来取得它。价值与评值是些强弱的量（intensive quantities），而不是些多少的量（extensive quantities）。我们不能用基数（cardinal number）来想它们。

可是，"价值是可以衡量的，而且在交易行为中实在是衡量的"这个错误观念已根深柢固，甚至一些优越的经济学家也陷于这个谬见。Friedrich von Wieser 和 Irving Fisher 也认为，像价值衡量这样的事情当然是有的，而且经济学一定能够说明这种衡量的方法。⑤至于次级的一些经济学者，则简简单单地以为货币可以作为"价值的一个尺度"。

现在，我们必须认清：评值的意思是取此舍彼。就逻辑的意义讲、就认识论的意义讲、就心理学的意义讲，以及就行为学的意义讲，都只有一个取舍型。至于是一个男孩舍弃其他的一些女孩而追求某一女孩，或者是某一个人不与别人而选择某人作朋友，或者是一位业余的艺术家欣赏某一幅画而不欣赏其他的几幅，或者是一个消费者购买一只面包而不买一块糖，这都没有关系。取舍,总归是喜欢 a 或想 a 更甚于喜欢 b 或想 b。货物价值之没有衡量的尺度,正如同性爱、友谊、同情、美感之没有标准,没有尺度。如果一个人拿两磅牛油换得一件衬衣,对于这笔交换,我们所可以说的只是:他——在这交换的时刻和当时的情况下——愿意放弃两磅牛油取得一件衬衣。的的确确,每一取舍行为必含有一定的心理感觉的强度。渴望取得某一目的物,其强度是有等级的,这个强度决定了成功的行为带给行为人的心理利润(psychic profit)。但是,心理的量只能感觉到,那完全是属于个人的。它的强度不是语言文字所可表达出来,因而没有方法可以叫别人知道。

我们没有方法可以建构一个价值单位。让我们记着:同质的两个单位供给,必然是受到不同的评值。赋予 n 次单位的价值低于赋予 $n-1$ 次单位的价值。

在市场经济里面,有些表现于货币的价格。经济计算是用货币价格来计算的。货物和劳务在市场上买卖或买卖的预期,都是以货币量来计算的。如果说一个独立的、自足的个人,或社会主义制度下(即没有市场作为生产方法的制度下)的总经理,能够作经济计算,那是一个虚妄的臆说。没有任何途径可以引导我们,从一个市场经济的货币计算走到一种非市场制度的计算。

价值理论与社会主义

社会主义者、制度学派和历史学派,曾经指责经济学家采用了孤立的个人思想和行为这种构想。他们说:用鲁宾逊型的思想与行为来研究市场经济的情况,是决无结果的。这个指责多少有点道理。一个孤立的个人的构想,或者一个没有市场交换的计划经济的构想,只有在下面那样的虚幻的假定下才会成为可采用的构想。这个假定是:在一个没有市场作为生产方法的制度下,经济计算也是可能的。这个假定,在思想上是自相矛盾的,在实际上是相反的。

经济学家没有察觉到市场经济与非市场经济之间的不同,这确是严重的大错。可是社会主义没有理由批评这个错误。因为这个过错正在于经济学家默认了"社会主义的社会秩序也可靠经济计算"这个假定,因而他们认为社会主义的计划之实现是可能的。

古典的经济学家和他们的低级后继者，当然不会认识这里所涉及的一些问题。假若物品的价值真的是决定于它们的生产或再生产所需要的劳动量，那就没有进一步的经济计算问题了。我们不能指责劳动价值说的支持者误解了社会主义制度的一些问题。他们致命的失败是败在那种站不住脚的价值学说。他们当中有些人每每认为，社会主义经济制度的构想是一个可用来彻底改良社会组织的模型，这种想法与他们的理论分析的基本内容并不冲突。但是，它与主观的交换论是不同的。现代的经济学家没有认清这里所涉及的问题，这是不可原谅的。

Wieser 有过一次说到：有许多经济学者不知不觉地与共产主义的价值论发生关系，因而疏于研究社会现状的价值学说。⑥ Wieser 讲这句话的时候，是对的。可是他自己也不免于这个失败，这真是个悲剧。

"在一个奠基于生产手段归公的社会，经济管理的合理秩序是可能的"这个幻想，其渊源是古典经济学家的价值论；其所以持久不灭，是由于许多现代经济学家没有把主观主义者的理论彻底一贯地思考到最后结论，所以社会主义的一些乌托邦就因为这些思想派别的缺陷而兴起、而保持，这些思想是马克思主义者斥之为"资产阶级自私自利的阶级利益的一个意理的烟幕"。其实，社会主义之得以滋长的，是这些思想的错误所促成。这个事实，明白地表现出马克思的关于"意理"的教条，以及它的现代支流——知识社会学——之空虚。

三、经济计算问题

行为人利用自然科学所提供的知识以促进工艺学——对外在事象的应用科学。如果我们想达成什么目的，工艺学将告诉我们，这个目的可否达成，以及如何达成。随着自然科学的进步，工艺学也进步；有些人喜欢这样讲：改良工艺的那种愿望促动了自然科学进步。自然科学的定量（quantification）使工艺学，也成为定量的。现代的工艺学本质上是对一些可能行为的结果作定量预测的应用技术。我们计算一些计划行为的后果，计算得相当精确，我们也为要把行为安排得可以达成确定的结果而作计算。

但是，如果仅仅靠工艺学所提供的信息就足以完成计算，那只有在一种情形下才可能，即：所有的生产手段——物质的和人力的——能够按照一定的比率彼此完全替代，或者它们都是绝对特殊的。在前一情形下，所有的生产手段都会适于达成所有的生产目的；事情好像是只有一种手段——只有一种较高级的经济财。在后一情形下，每一手段可以用来达成仅有的一个目的；我们将要把那赋予第一级各个财货的价值，赋予每组互相辅助的生产要素。（这里，我们又要暂时不管时间因素所引起的一些限制。）这两种情形都不是我们生活的宇宙的实情。生产手段只能在狭窄的范围以内可以彼此代替；它们或多或少是特别有利于达成某些不同目的的。但是，另一方面，大多数的手段不是绝对特殊的；它们的大多数适于用来达成各种不同的目的。事实是这样：我们有许多不同等级的生产手段；手段的大多数较适于实现某些目的，较不适于实现另一些目的，至于对第三组目的则绝对无用；所以，不同的手段有不同的适当用途，这些事实使我们不得不把不同的手段配置在不同的用途，使它们提供最优良的服务。这里，工艺学所应用的实物计算（computation in kind），完全无用。工艺学所运用的是些可计数可衡量的外在事物的一些量；工艺学知道这些量之间的因果关系，但是，它不知道它们与人的欲望的关联。工艺学的领域只是客观使用价值的领域。它是以物理学的、化学的，或生物学的中立观察者冷静的观点，来判断一切问题。在工艺学的理论里面，不涉及主观价值这个观念，不涉及特殊差异的人的观点，不涉及行为人的一些两难的境况。工艺学不过问经济问题。经济问题是要把可用的手段这样使用：那就是，使那些较迫切的欲望不致因为这些手段用在（浪费在）较不迫切的欲望满足而得不到满足。要解决这样的一些问题，工艺学和它的一些计数衡量方法都是不适合的。工艺学告诉我们，如何可以使用各种手段——这些手段是可以在不同的组合下使用的——来达成一个既定的目的，或者告诉我们，为着达成某些目的，各种可用的手段如何可以使用。但是，它不能告诉我们，从无限可能的生产方法中应该选择哪一种。行为人所想知道的，是他应该怎样使用哪些可用的手段，最可能或最经济地消除不适之感。但是,工艺学供给他的不过是些关于外在事物之间的因果关系的说明。例如,它会告诉他: $7a+3b+5c+\cdots xn$ 会产生 $8P$。但是,即令它知道行为人赋予第一级各种财货的价值,它也不能断定这个程式或其他程式(在无限多的同样建构起来的程式中的任何一个其他程式)是否最有助于行为人所追求的目的之达成。为了在某地点建造一座桥,使其有一定的载重能力,工程技术可以确定这座桥应该如何建造。但是,建造这座桥是不是会把物资的和人力的生产要素,从那个能够满足更迫切欲望的用途拉过来呢?对于这个问题,工程技术不能答复。它不能告诉我们这座桥究竟应不应该建造,应该在什么地方建造,应该有多大的负荷能力,以及在许多可能的建造中应该选择哪一个。对于各级手段间的关系之确定,工艺学的计算只能在一定的限度以内做得到,也即在它们为达成一定的目的而可以彼此代替的限度以内。但是,行为必须发现所有的手段(不管它们怎样的不同)之间的关系,至于它们能不能互相代替以完成同样的服务,则可不管。

工艺学以及来自工艺学的一些考虑,如果不能把财货与劳务的货币价格纳入其中,对于行为人就没有什么用处。工程师的设计如果不能在一共同的基础上比较投入与产出,则那些设计就是纯粹学院式的。崇高的理论家在他的研究室里面闭门思索,厌烦于这类琐屑的事情;他所探索的是宇宙间各种元素之间的因果关系。但是,注重实际的人,则想尽可能地消除不安逸,以改善生活情况,所以,他必须知道,在某些条件下他所计划的是不是使人们减少不适的最好方法。他必须知道,他所想达成的情况与现在的情况比较,是不是一个改进。他也要知道:如果他内心的设计会把那些可用之于其他计划的手段吸引过来,以致其他计划不能实施,则其他计划所可实现的利益,与他心中的设计所可实现的利益互相比较,孰大孰小。这样的比较,只能用货币价格来作。

因此,货币成为经济计算的工具。这不是货币的个别功能。货币不是别的,只是普遍使用的交易媒介,只因为货币是大家接受的交易媒介,因为大多数财货与劳务可以在市场对货币买卖,而且,仅仅因为如此,人们能够用货币价格来计算。货币对各种财货和劳务的交换比率——过去的市场所确立的以及预期中未来的市场所将确立的——是经济计划的心智工具。在没有货币价格的地方,决不会有经济数量这样的东西。在外在的世界中,只有各种因果之间的各种数量关系。这里,我们没有方法可以找出怎样的行为最有助于消除不适之感。

我们不必详述自给自足的农民家庭经济的原始情况。这些人只实行极简单的生产程序。他们不必要计算,因为他们可以直接比较投入和产出。如果他们需要衬衣,他们就种苎麻,他们就纺织和裁缝。他们不用计算就可决定值不值得这样作。但文明的人类决不可能回复到这样的生活。

四、经济计算与市场

经济问题之"量的处理",不可与"用之于处理物理的和化学的问题的定量方法"相混淆。经济计算的特点是:它既不基于也不涉及任何以计量为特征的东西。

计量的程序,在于一物与另一物之间数的关系之确立,所谓另一物,即计量的单位。计量的最后根源,也就是空间容积的最后根源。藉助于单位(其定义涉及广袤的单位),我们可以衡量能量(energy)与潜力(potentiality),可以衡量一物使其他事物和关系发生变动的力量,可以衡量时间的经过。一个指标针的表记,是空间关系的直接表示,只是间接地表示其他的一些量。计量的基本假定是单位的不变性。长度的单位是一切计量的坚固基础。我们假定:人不得不认为它是不变的。

过去几十年,物理学、化学和数学的传统认识论的体系发生了一次革命。我们是在一些革新的前夕,这些革新的范围不能预测。后几代的物理学家,也许要面临类似行为学所要处理的一些问题。或者他们不得不放弃"有些不受宇宙变化之影响的东西,观察者可用作计量的标准"这个观念。但是,无论将来的情形怎样,对世间一些实体的计量,肉眼可见的或物理实验室所观察的实体的计量,其逻辑结构是不变的。在微视物理学(microscopic physics)里面的轨迹的计量,也是用米突尺、测微器、分光图来作的,最后还是要靠人的一些迟钝的感官来观察、来试验。⑦计量离不开欧氏几何,离不开"不可变的标准"这个观念。

在各种经济财和许多(不是所有的)劳务的买卖中,有些货币单位,也有些物质的单位。但是,我们所要讨论的一些交换率是经常变动的。在交换率里面,没有恒久不变的东西。它们使任何计量的企图无法实现。物理学家把一块铜的重量叫作事实,交换率并不是这个意义的事实。它们是些历史事象,是表现在某一确定的时间、某些确定的环境下,曾经发生过的事情。在数字上,同样的比率可能再出现,但是,我们不能确定它是否会真的再出现。如果真的再出现了,我们还是不能确信,这个相同的结果一定是由于原来的环境还存在,或由于回复到原来的环境,而不是由于一些物价决定因素发生了和以前完全不同的互激互荡的作用。行为人在经济计算中所使用的一些"数",不涉及被衡量的量,只涉及预期中的未来市场上会发生的一些交换率。只有这些交换率,是一切行为的目标,只有这些交换率对于行为人是重要的。

在我们研讨的这一点,我们不拟处理"经济计量学"这个问题,但要分析行为人在计划行为时,利用定量概念的那种心理过程。凡是行为总是想影响未来的情况,经济计算总是对着未来的。行为当然也会考虑到过去的事情和过去的交换率,可是,它之所以如此,是为将来的行为作安排。

行为人作经济计算所想完成的工作,是靠投入与产出的比较,以确定行为的结果。经济计算或者是估计未来行为的可能结果,或者是认清过去行为已然的结果。但是,后者并不只是为历史的目的和说教的目的而作的。它的实际意义是要显示,一个人如何可以自由消费而不损害未来的生产能力。经济计算的一些基本观念——资本与所得、利润与亏损、消费与储蓄、成本与收益——的发展,都是在这个问题上。这些观念以及来自这些观念的所有观念之实际应用,都与市场运作有不可分的关联;在市场里面,一切等级的财货与劳务,是和一种普遍使用的交换媒介即货币相交换的。这些观念,如果对实际的行为无任何关系,那就只是空论。

注　释

① 德国历史学派就是这样讲的，他们说，生产手段私有制、市场交换以及货币，都是"历史的元范"。

② 尤其要参考 Eugen von Böbm-Bawerk, *Kapital und Kapitalzins*, Pt. II. BK. III。

③ 见第十四章第二节至第七节。

④ 对于间接交换问题的忽视，确是受了政治偏见的影响。人们并不想放弃这个命题，依照这个命题，经济萧条是资本主义生产方式固有的坏处，决不是由于为扩张信用降低利率而引起的。时髦的经济学教师们认为：把经济萧条解释为只是货币与信用方面发生的现象，那是"不科学"的。在商业循环学说史里面，甚至有些论著完全不提到货币问题。例如，Ernst von Bergmann，*Geschichte der nationalökonomichen Krisentheorien* (Stuttgart, 1895)。

⑤ 关于 Fisher 这一议论的批驳，参考 Mises，*The Theory of Money and Credit*，H. E. Batson 译本(London, 1934)，pp. 42~44；关于 Wieser 的，参考 Mises，*Nationalökonomie* (Geneva, 1940)，pp. 192~194。

⑥ 参考 Friderich von Wieser, *Der naturliche Wert* (Vienna, 1889)，p. 60，n. 3。

⑦ 参考 A. Eddington, *The Philosophy of Physical Science*，pp. 70~79，168~169。

第十二章　经济计算的范围

一、货币记录的特征

经济计算可以包括一切与货币交换的事物。财货与劳务的价格，或者是过去事象的历史资料，或者是可能的将来事象的预测。已往的价格情报，使我们知道一项或数项人际交换曾经按照这个比率进行。它并且直接教给我们关于未来价格的一切知识。我们也许常常假定那些决定最近价格的市场情况不会发生变动，或至少不会马上发生大的变动，因而价格也将持续不变或只小小地变动。这样的希望是合理的，假使有关的价格是许多人在交换率似乎对他们有利的时候愿意买进和卖出而形成的结果，假使市场情况没有受到那些被认为偶然的、非常的、不会再发生的情形的影响。但是，经济计算的主要任务不是处理那些在不变的或只小小变动的市场情况和价格下的问题，而是处理变动。行为人或者是预测那些将会发生的变动，因而想调整他自己的行为，以适应那些预期的情况；或者是想着手一个改变情况的计划，即令没有其他的因素引起变动。过去的一些价格，对于他只是些预测将来价格的出发点。

历史学家与统计学家有了过去的一些价格也就够了。重实际的人所注意的是未来的价格，即使仅是最近的将来——后一小时、第二天或下一个月的价格。至于过去的价格，对于他只是一个帮助，帮助他预测未来的价格。他特别关切未来的价格,不只是在于对于计划行为的可能结果作预计,也同样地在于想确定过去的一些交易的成果。

在资产负债表和损益表上面,可以看出过去行为的结果,那就是这个期初保有的资金(资产总额减负债总额)与期末保有的资金之差额,也即成本的货币额与毛收益的差额。在这样的两个报表中,必须把那些现金以外的一切资产与负债以估计的货币额表现出来。这些项目的估值,必须按照它们在将来大概可以卖得的价格,或者参照由于它们的帮助而制造出来的商品所可卖得的价格,如果这些项目是生产设备的话,则尤其如此。可是,老的商业习惯以及商事法和税法的规定,已经违离了那些但求正确的健全的会计原则。这些习惯和法律并不那么注重资产负债表和损益表的正确性,而是注重其他的目的。商事法所注重的是用以间接保障债权人免于受损的会计方法。它或多或少是趋向低估资产价值,使净利润和保有的资金总额表现得比实际的较少些。这样就有了安全的余地以减轻危险;否则公司行号会提出过多的资金作为利润分掉,而那已经没有偿付债务能力的公司行号还可继续经营,一直到耗尽了可用以偿债的资金为止,这是对债权人不利的。相反地,税法所常采用的计算方法,是要使公司行号所赚得的钱表现得比实际赚得的较多些。这为的是要提高实际税率,而又不让这种提高见之于名义的税率表。所以,我们必须把工商业者为计划将来而作的经济计算和为其他目的而作的计算分别清楚。应纳的税额之决定,与经济计算是两件不同的事体。如果税法规定,雇用一个男佣人所应纳的税额等于雇用两个女佣人的应纳额,这种规定,谁也知道,只是确定税额的一个方法。同样地,如果遗产税法规定,有价证券必须按照死亡者死亡的那一天的证券市场的价格来估价,这也只是一个确定税额的方法而已。

在正确的会计制度下所记的账目是精细到几角几分的,使我们看起来非常精确而不容置疑。其实,其中最重要的数字是来自对于未来市场的预测。如果把商业账上的项目拿来与纯技术的计算项目(例如为设计制造一部机器而作的计算)相提并论,那就是大错。工程师在技术设计方面,只是应用自然科学的方法所确立的那些数的关系;至于商人们所用的数字,则免不掉是来自对未来的预测。在资产负债表和损益表上面的主要事情,是对那些非现金的资产和负债加以估值。所有这些估值都是暂时性的。它们是尽可能地记述一个任意选择的时刻所发生的事象,而人的生活和行为却是继续不停的。把个别的营业单位予以解散,这是可能的,但全部的生产体系永不停顿。依存于现金的资产和负债,也不免于一切商业会计项目所固有的不确定。它们之随将来市场的情形而变动,正同存货或设备等项目一样。商业账目上和其他计算上的精确数字,不应防止我们认识到它们的不确定性和猜测性。

可是,这些事实损伤经济计算的效率。经济计算是尽其可能地做到有效率。没有任何改良的方法可以增加它的效率。它对于行为人提供他所可从数字计算得到的一切便利。当然,它不是正确察知未来情况的一个手段,它也不使行为人的行为失去它的猜测性。但是这种情形之被人们视为一个缺陷,那只是由于那些人不了解"生活不是胶着的","一切事情永远是在变动的","人们对于将来不会有明确的预知"这些事实。

把人的知识推展到未来的情况,这不是经济计算的任务。它的任务是要尽可能地调整人的行为,使其适应他现在的关于将来欲望满足的意见。为了这个目的,行为人需要一个计算方法,而计算必须有一个共同标准来统驭所有的项目。这个经济计算的共同标准就是货币。

二、经济计算的限度

经济计算不能包括那些不用货币来买卖的东西。

有些东西不是可以出卖的,取得这些东西所要牺牲的不是货币或货币的价值。想把自己训练成有大作为的人物的人,必须用许多方法,其中有些是要花费金钱的。但是,也有些决不可少的东西不是金钱所可购买的。气节、德行、荣誉心,以及精力、健康,乃至生活本身,在作为手段和作为目的的行为中,都有其重要的作用;但是,这些东西都不在经济计算之列。

有些东西,毕竟是不能用金钱来估价的,另外有些能用金钱估价的东西,只能就附着于它们上面的价值之一部分来估。对于一座古老的建筑估价,必须撇开那些艺术的和历史的价值,因为这些品质不是金钱收入的来源,也不是可以出卖的东西。凡是只能感动一个人的心而不诱发别人为取得而有所牺牲的东西,始终是在经济计算的范围之外。

但是,这一切一切丝毫也不损害经济计算的有用性。那些不列入会计项目或计算范围的东西,或者是些目的,或者是些第一级的财货。为充分认识它们,不需要有何计算。行为人在作他的选择时所要做的事情,只是把那些选择的事物与取得或保持它们的总成本加以比较。例如一个市议会对于两个给水方案要作抉择。其中之一必须拆除一件历史名迹,而另一方案虽可保存此名迹,但经费却要增加。对于名迹的眷爱而乐于保存的这份感情,是无法以货币数额估计的,可是这个事实并不妨害市议员们的抉择。相反地,凡是不能反映于金钱交换率的价值,正因此而特别能够使抉择更容易作。市场的计算方法不包括不能买卖的东西,对于这个事实而生感叹是毫无道理的。道德价值和美的价值并不因为这个事实而有何损伤。

金钱、金钱价格、市场计算,以及基于它们的经济计算,是些被批评的主要目标。言多语杂的说教者,把西方文明看作商贩的卑贱制度。自以为"了不起"的伪君子,嘲笑我们这个时代的"拜金主义"(dollar-philosophy)。精神病的改革家、心理失衡的文学家,以及野心的政治煽动家,都喜欢指摘"合理"而宣扬"不合理"的福音。在这些爱说瞎话者的眼光中,金钱和计算是罪恶之源。但是,人们在经济生活方面发展了一个有利于行为的检定方法这一事实,并不妨碍任何人按照自以为是的标准去行为。股票交易所和公司行号的会计人员的"唯物主义",并不妨碍谁去追随 Thomas à Kempis(德国的一位牧师和著作家,1379—1471)的生活方式,也不妨碍谁为一崇高的理想而以身殉。众人喜看侦探小说而不好读诗,因此,写小说比写诗更合算,这个事实并不是由于我们使用金钱和金钱计数才存在。社会上之有窃盗、杀人犯、卖淫者、贪污受贿的行政官吏和法官,并不是金钱之过,"诚实不值得"这句话是不对的。有些人宁愿守诚而不愿用不诚实的方法得到别人所谓的利益,对于这些人,诚实是值得的。

另有些经济计算的批评者,不了解经济计算只在以生产手段私有为基础的社会秩序中,对于那些分工的行为人才是有用的方法。它只有助于个人们或各个团体行动于这种社会秩序中的一些考虑。因此,经济计算是一个私利的计算,而不是什么"社会福利"的计算。这是说,市场的一些价格为经济计算的终极事实(ultimate fact)。这个事实不适用于统制全国或全世界的独裁政体,这种政体的权力者所考虑的标准,不是显现于市场的那些消费者的需求,而是他本人所假想的"社会价值"。这种人是从一种假托的"社会价值"的观点,也即所谓"全社会"的观点来判断行为,并且用想象的社会主义制度中所会发生的事情来比较,以批评行为,而在他所想象的社会主义制度下,他自己的意志是至高无上的。对于这种人,经济计算毫无用处。用金钱价格来作的经济计算,是那为市场社会的消费者而从事生产的企业计算。对于其他的工作,经济计算完全无用。

凡是想利用经济计算的人,决不可以用独裁者的心情来看事物。价格可以被资本主义社会里面的企业家、资本家、地主和工资赚取者用来作计算。除此之外,经济计算是不适宜的。对于那些不是市场买卖的事物给以金钱的估价,用那些不涉及实际的妄断的项目来作计算,那是毫无意义的。法律规定了致人于死者应该赔偿的金钱数额。但是,这种赔偿金的规定并不意涵人命有价。只有奴隶的社会,奴隶才有市场价格。奴隶制不存在的社会,人、生命和健康,都是商业交换以外的东西。在自由人的社会里面,生命与健康的保持是目的,而非手段,不是计算程序所考虑的问题。

用金钱价格来确定一些人的所得或财富总额,这是可能的。但是,要计算国民所得或国民财富,那就毫无意义。只要我们一触及异于在市场社会行为的人的理知的考虑,我们就不能藉助于金钱的计算方法。想用金钱来确定一国或全人类的财富的企图,正同想从埃及金字塔的容积来解决宇宙之谜的企图一样的幼稚。如果一个商业的计算把一批马铃薯估值一百元,这就是说,这批马铃薯可以换得这个金额。如果一个企业单位被估值为一百万元,这是说,我们预料这个单位可以在这个金额下卖掉。但是,一国总财富的报表中的那些项目,是什么意思? 计算的最后结果是什么意思? 应包括些什么? 应排出些什么? 一国的气候和人民的先天的和后天的才能,这些价值应不应当列入,做生意的人可以把他的财产换成金钱；但是，一个国却不能如此。

用在行为和经济计算的金钱等值，就是金钱价格，也即金钱与其他财货和劳务的交换率。价格在于金钱，而不是用金钱衡量的。价格或者是过去的价格，或者是未来的预期的价格。一个价格必然是过去的或未来的一个历史性的事实。在价格里面，决没有像理化方面的衡量那样的东西。

三、价格的可变性

交换率总是不断地变动的，因为形成交换率的那些情况总是变动的。一个人赋予金钱和各种财货劳务的价值，都是一时选择的结果。一时过去，又会有新的情事发生，因而有新的考虑和新的评值。我们所要解释的问题，与其说是"价格是在变动中"，不如说是"价格变动得再快也没有了"。

日常的经验告诉大家，市场的交换率是不断地变动的。我们可以假设，人们关于价格的想法当会充分考虑到这个事实。可是，所有关于生产和消费、市场和价格的流行观念，或多或少都污染了一些含糊而矛盾的物价观。外行人每每认为，维持昨天的物价结构于不变，既是正常的，也是公平的，而把交换率的变动斥之为违犯自然法则和正义法则。

把这些流行的想法解释为早期生产和市场比较安定时的一个老想法的残余，这是错误的。在那早期，物价是否较少波动，也是问题。相反地，我们毋宁这样说：使物价变动得较少、较缓和的，是一些地方市场并入了较大的全国市场，最后有一个包罗世界市场的世界出现，以及商业的大发展。在前资本主义时代，生产技术比较安定，但在各个地方市场的供给，以及供给方面对于变动的需求所作的调整，都很不规律。但是，即令在遥远的过去，物价真的比较安定，那也无关乎我们这个时代。现在流行的关于货币和货币价格的那些观念，并不是来自过去所形成的旧观念。把它们解释为老观念的残余，是错误的。在现代的环境下，每个人每天要面对那么多的买卖问题，以致我们有理由假设，人们对于这些事情的想法，决不只是不假思索地对传统想法的接受。

有些人，他们的短期利益因物价变动而受损害，因而抱怨物价的变动，强调原先的物价不仅是比较公平的，而且也比较正常，并认为物价的安定是符合自然法和道德的。这种人之所以如此，是很容易了解的。但是，物价的每一次波动，总要影响到某些人的短期利益。至于那些受益的人，则决不会强调物价固定不变是公平的、正常的。

旧想法的残余或自私自利心，都不能解释物价安定这个流行的观念。它的根源是在这个事实：关于社会关系的那些观念，已依照自然科学的模型而建构。那些志在把社会科学依照物理学或生理学的模型而建立的经济学家和社会学家，已惯于用那些久已流行的错误想法来想社会问题。

即就古典学派的经济学家来讲，他们是慢慢地免于这种错误的。由他们看来，价值是客观的东西，也即外在世界的一种现象，事物本身所固有的一种品质，因而是可以衡量的。他们完全不了解价值判断的纯主观性。就我们现在所能知道的，第一个发现"交换过程中发生了什么"的人是 Samuel Bailey。①但是，他的书竟同主观价值说的其他先驱们的著作一样，没有受到注意。

抛弃那些关于行为领域里面的可量测性的谬见，不仅是经济科学的义务，经济政策也同样有此义务。因为当今许多经济政策的失败，在某程度内是由于可悲的观念上的混淆，而这种混淆的根源，是误认人际关系中有固定的、因而可以衡量的东西。

四、安　定

所有这些谬见的总结果是"安定"这个想头。

政府处理货币有许多缺失，为着促进工商活动而降低利率、扩张信用，这些政策招致了许多恶果。于是，这些缺失和恶果终于引起了"安定"的口号。你可以解释这个口号之所以发生和受人欢迎，你可以把它看作过去一百五十年货币银行史演进的结果，你可以找些口实以掩饰那些缺失。但是，谬见仍然是谬见，任何同情的辩解不能使它站得住脚。

安定计划所要达成的安定,是一个空虚而又矛盾的想法。行为的动力,也即改善生活情况的冲动,是人的天性。人的本身时时刻刻都在变,他的评值、意志和行为,也随着他在变。在行为的范围内,没有什么永久不变的事情。在这不停的变动中,除掉行为的一些先验元范是永恒的以外,没有任何固定的要点。如果想把"评值和行为"与"人的易变性和其行为的可变性"分开,并进而主张宇宙间有所谓永恒的价值超脱于人的价值判断以外,而可以作为评判实际行为的标准,这种想法或说法,白费心机,一无是处。[②]

为衡量货币单位的购买力而提出的一切方法,或多或少都是不知不觉地基于一个虚幻的影像——永恒而不变的人,这个人用一个不变的标准来确定一个单位货币对他所提供的满足量。有人为这个不健全的想法辩护,说它只是想衡量货币购买力的变动而已。这种辩护是无效的。安定想法的难题,正好是购买力这个概念。囿于物理学的一些观念的门外汉,曾经把货币看作价格的尺度。他以为交换率的波动只会发生于各种财货和劳务之间,而不会也发生于货币与"财货和劳务的'全部'"之间。后来,人们反过来讲。价值的不变性再也不归之于货币,而归之于可以买卖的东西之"全部"。人们开始建议一些方法,使复杂的货物单位得以与货币单位比较。为急于求得衡量购买力的指数而把一切的顾虑都排斥掉。所使用的物价记录之可疑性和不可比较性,以及计算平均数的程序的武断性,都一概不理。

杰出的经济学家 Irving Fisher,是美国经济安定运动的推行者,他把主妇在市场上买到的各形各色的一篮子的货物与美元相对比。美元的购买力,比例于购买这一篮的货物所必须支付的货币量之变动而变动。安定政策的目标是要维持这笔金钱支出量于不变。[③]如果这位主妇和她想象的篮子是不变的要素,如果这个篮子总是装着同类的货物,而且每类的数量也总是一样,如果在这个家庭生活中,货物购买的种类和数量,总是像这一样的分配,那么,安定政策的目标完全是对的。但是,在我们所生活的这个世界中,上述的那些条件一个也不存在。

第一,事实是:生产的和消费的货物,其性质是不断变动的。把这粒小麦视同那粒小麦,是个错误,更不必说鞋子、帽子和其他的制造品。有些货物照通俗的说法是属于同类的,统计的安排也属于同类,但其间的价格有很大的参差,这就是个证明。俗语说:两粒豆子是相同的;但是买者和卖者会区别豆子的品质和等级。把那些技术方面或统计方面叫作同一名称的货物,在不同的地方或不同的时间买卖的价格拿来比较,那是毫无用处的,除非我们能确定它们的品质——如果没有地域的差异——完全一样。在这里所说的"品质"是指:购买者和可能的购买者所注意到的一切一切。所有第一级的财货和劳务,都是易于变动的。仅仅这个事实,就推翻了所有指数方法的基本假定之一。至于高级财货——尤其是金属品和那些可以由特殊方程式决定的化学物品——的一个有限的数量会完全符合所列的类别,这是不相干的。购买力的衡量要靠第一级财货与劳务的价格,尤其是要靠它们的全部。采用生产财的价格是无效的,因为这不免把同一消费财的几个生产阶段重复计算,以致结果是错误的。限之于选择的一组财货,那又会是武断的。

但是,即令撇开这些不可克服的障碍不谈,这个工作仍然是作不通的。因为不仅是一切货物的技术面在变,而且有许多旧的货物随时消灭,新种类的货物随时产生。人们的评值也在变,这又引起需求与生产的变。衡量购买力这一妄断,必须假定人的欲望和评值是固定不移的。只有人们对于同样的东西总是给以同样的评值,我们才可把物价的变动看作货币购买力的变动。

由于不可能确定某一时期以内用在消费财的金钱总额,统计人员必须依赖对个别货物所支付的价格。这又引起两个没有明确解答的问题。第一,对于个别的货物必须分别赋予"重要性系数"(coefficients of importance)。如果不考虑各种货物在个人家计的全部活动中所充当的各别任务之不同,而贸然拿它们的价格来计算,这显然是错误的。但是,如果考虑到这个问题而以加权的办法来显示其不同,则这种加权又必然是武断的。第二,必须收集到而又经过调整的资料求出一些平均数。但是,求平均数有几个不同的方法,有算术平均,有几何平均,有调和平均(harmonic average),还有叫作中位数(median)的近似平均(quasi-average)。方法不同,所求得的结果也不一样。而且,每个方法都有它的缺点,任何一个都不能视为唯一可以得到完善结果的方法,所以不管你决定用哪个方法,这种决定总是武断的。

假若所有的人,其情况都是不变的,假若所有的人,总是重复他们同样的行为,或者,如果我们能够假定某些个人或某些人群在这些因素方面发生的变动,总是被另些个人或另些人群相反的变动所抵消,因而不影响到总需求和总供给,我们就会生活在一个安定的世界中。但是"在这样一个世界中,货币的购买力会发生变动"这个想法,则又是矛盾的。后面将要讲到,货币购买力的变动一定在不同的时间,以不同的程度影响到各种货物的价格;它们终于会引起需求与供给的变动、生产与消费的变动。④隐含在"物价水准"(level of prices)这个不妥的名词里面的那个想法——其他事物不变,所有的货物会上升或下降——是站不住的。如果货币购买力变动,则其他事物不会依然如故。

在行为学和经济学的范围内,"衡量"这个观念毫无意义。如果假定一切情况是固定的,那就是没有任何变动需要衡量。在这个有变动的实际世界中,则又没有可作为衡量标准的固定的点、固定的面或固定的关系。货币单位的购买力,决不会随着所有可买卖的货物齐一地变动。如果"安定"或"安定化"的观念,不是指的固定状态或此种状态的保持,则这个观念就是空虚的。如果是指的固定状态,则在逻辑上又是矛盾的,想都不能想,更谈不上实现。⑤有行为就有变动。行为是变动的杠杆。

统计人员和统计官署,在编制货币购买力指数和生活费指数时所夸示的庄严,是虚矫的。这些指数至多是给那些已经发生的变动,粗疏而不精确的说明。当货币的供求关系发生轻微变动的时期,指数根本不提示什么信息。在通货膨胀因而货价剧烈变动的时期,它们所提示的事象,正是每个人在日常生活中所体验到的。聪明的主妇由于物价与其家计密切相关,因而关于物价的变动,她所知道的比统计的平均数教给她的要多得多。统计的平均数既没有顾到她所能买的那些货物的质的变动,也没顾到它们的量的变动,所以对于她没有什么用处。如果她只拿两三种货物的价格当作一个尺度,依她个人的偏好来"衡量"变动,那么,她与那些选择自己的方法来运用市场资料的统计人员相比,既不更少"科学的",也不更多"武断的"。

在实际生活方面,谁也不会受指数的愚弄。谁也不会同意,指数可当作衡量的标准。凡是有"量"要衡量的场合,关于容积的一切疑问和异议都不存在。

这些问题都解决了。谁也不敢和气象学家们争论关于气温、湿度、气压和其他气象资料的衡量。但是,另一方面,如果人们不想从舆论之承认指数而得到个人的利益,谁也不会默认一个指数。有了指数并没有解决争端;它只是把争端转移到对立的意见无法和解的方面。

人的行为,引发变动。凡是有人的行为的场合,就没有安定,而只有不断的变动。历史过程是一些变动的连续。人力不能停止它,不能造就一个安定时期,而在这个时期当中,一切历史都变成静止的状态。人的天性,是努力于改善,是提出新的想法,是按照新的想法来重新安排他的生活。

市场价格是些历史事实。这些事实所表现的,是在一往不复的历史过程中,某一段时期以内所呈现的事象。在行为学方面,"衡量"这个概念毫无意义。在想象中的——当然是不能实现的——固定和安定状态下,没有什么需要衡量的变动。在永恒变动的实际世界中,则没有任何可用以衡量变动的固定的点、固定的物、固定的质,或固定的关系。

五、安定观念的根源

经济计算并不以货币安定为必要条件。这里所说的"货币安定",是就安定运动的提倡者用这个名词时的意义而言的。货币单位的购买力之固定,是不可想象的,也是不会实现的,这个事实无害于经济计算的方法。经济计算所必要的条件,是一个其功能不受政府干扰的货币制度。为增加政府的支付能力,或为暂时降低利率,而增加货币流动量的那些作为,都是对于币制的骚扰而破坏经济计算的。货币政策的第一目标,应该是防止政府从事通货膨胀,防止它鼓励银行扩张信用。但是,这个目标与那暧昧的、矛盾的安定购买力的目标,决不一样。

为了经济计算,我们所需要的,只是要避免货币供给量大幅的、突然的波动。黄金以及十九世纪中期以前的白银,都很有利于经济计算。这两种贵金属的供求关系的变动,以及因此而引起的购买力的变动都很缓慢,以致企业家在做经济计算时可以不理睬它们而不至于误计。在经济计算上，精确是做不到的，何况还有因为未适当地注意到货币的变动而引起的缺陷。⑥有计划的工商业者不得不采用关于未知的、将来的资料；他要考虑将来的价格和将来的生产成本。记录过去行为之成果的会计和簿记，在他需要计算固定设备、存货和应收款项时，也有同样的重要性。尽管有这些的不确定，经济计算仍可完成它的任务，因为这些不确定不是由于这个计算制度的缺陷。它们与行为是分不开的，行为总是涉及不确定的将来。

使购买力稳定这一想法，不是由于想使经济计算更正确。它的根源是想从不停的人事流变中，创立一个不受历史过程之影响的领域。捐赠给一个宗教团体、一个慈善机构，或一个家庭的永久基金，向来是用地产或支付农产品的方式。后来才有用金钱支付的年金制度。捐赠人和受益者都希望，那笔定量的贵金属年金不受经济情况变动的影响。但是，这种希望是虚幻的。后辈的人知道，他们祖先的计划没有实现，由于这个经验，他们就开始研究如何才可达成这个目的。于是，他们就企图衡量购买力的变动，并进而消除这些变动。

到了政府开始采用发行长期不还本的公债这个政策的时候，这个问题的重要性大大增加了。这个邦国崇拜（statolatry）时代黎明期的新神，这个永恒而超人的建构，给它的公民提供了一个机会，得以保全他们的财富、享受稳定的收入而不愁任何不测之变。它开辟了一个途径，让人们不必在资本主义的市场中承担风险以赚取财富和所得。凡是把资金投之于政府所发行的债券的人，就可不受市场法则和消费者的支配。他再也不必把资金投在最能满足消费者欲望的途径。在竞争的市场中，损失是给无效率者的惩罚，他再也不遭受这种危险了；永恒的国庇护了他，保证他来自资金的享受安稳可靠。此后，他的所得再也不是来自消费者的欲望得以满足的过程，而是来自国的强制机构所征收的税款。他再不是他的国人的服务者，不受制于国人消费者的主权；他是统治人民而向人民征课的这个政府的合伙人。政府作为利息而支付的，比市场所提供的较少。但是，这个差额被这个债务人（国）可靠的偿付能力抵消而有余，国的收入靠的不是满足大家，而是靠强制征税。

尽管早期的公债有这些不愉快的经验，人们还是乐于信赖十九世纪现代化的国。那时，大家认为这种新的国将会认真履行它自愿的契约义务。资本家和企业家都充分知道这个事实：在市场社会中，要保持既得的财富，除掉与每个人、与已经存在的和新兴的公司行号从事竞争，以期财富日积月累以外，别无他法。至于那年老力衰的企业家，和那懒惰而又自知无能的富人子弟，则宁愿投资于公债，因为他们想免于市场法则的支配。

永不偿还的公债，须以购买力的稳定为条件。即令邦国和它的强制力是永恒的，公债的利息只有在一个价值不变的标准上才会是永恒的。于是，那个为安全的理由而逃避市场、不作自由企业的投资而宁愿购买公债的投资人，又面对着"一切人事都是变动的"这个问题。他发现，在一个市场社会的架构内，"不依存于市场的财富"没有存在的余地。他努力寻找不枯竭的所得来源，可是，这番努力是白费的。

在这个世界里面，没有安定和安全这样的事情，而人类的力量也没有大到足以实现这样的事情。在市场社会的社会制度中，要取得财富和保全财富，只有好好地为消费者服务，除此以外别无他法。当然，国，是能够向它的国民课税和借债的。但是，从长期看，即令最暴虐的政府，也不能抗拒决定人生和行为的那些法则。如果政府把借来的资金，投之于最能满足消费者欲望的途径，如果政府在这方面的投资，是和所有民营企业立于自由竞争的地位而成功的，那么，它就和任何其他的工商业者处于同样的地位；因为它赢得盈利，它可以支付利息。但是，如果这个政府的投资不成功，没有盈余，或者它把钱用在经常开支，借来的资本亏蚀了，或完全用光了，那就没有还本付息的财源了。这时，只有用课税这个方法才可以履行契约的偿付义务。这种做法，是政府要人民对它过去所浪费的钱负起偿付的责任。人民所纳的税是没有补偿的，政府机关对人民没有提供任何现在的服务。政府支付利息，是对那笔已消耗，而不存在的资本付息。国库由于过去政策的不幸结果而有些负担。

在特殊情形下，短期公债的发行是有理由的。当然，通常对于战债的辩护是无意义的。作战所需要的一切物质，必然要靠非军事方面的消费节约，要靠部分资本的消耗，要靠工作的更加勤勉。战争的全部负担，是落在生活在战时的这个时代。后来的世代，只因为战时的消耗而继承比较少的财产。他们所受的损失只限于这方面。用借债的方法筹战费，并没有把负担转移到子孙。⑦那只是负担分配于民间的一个方法。如果全部经费都要靠课税，那就只有保有流动资金的人才会被课到。其余的人不会有适当的贡献。短期公债可用来消除这种不平等，因为短期公债对于固定资本的保有人，会予以公平的评估。

至于长期的公债与准公债(semipublic credit)，是市场社会的架构里面一个陌生的干扰因素。它的设立是一个想超越人力的限制而终归无效的企图，企图创立一个免于人世的变化不测而永恒安定的轨道。永远借贷、永恒契约，为所有未来的时间预先约定，这是多么一个妄诞的想法！在这方面，债在形式上是否规定永不偿还，倒没有什么关系；有意地，而且实际上它们照例是被当作永不偿还的债处理的。在自由主义全盛时代，西方邦国曾经实实在在地把它们的长期公债偿还了一些。但是大部分是借新债来还旧债的。最近百年来的金融史，显示出公债数额的续涨增高。谁也不相信政府会永久背着支付利息的担子。很明显地，所有这些公债迟早会用什么方法消灭掉的，但是，消灭的方法确不是按照契约的还本付息。有一大群老于世故的著作家，现正忙于为这最后清算日捏造道德上的理由。⑧

用货币来作的经济计算，不同于上述的那些为求永恒安定而作的那些工作。这个事实不能说是一个缺陷。世界上没有什么永恒、绝对和不变的价值这样的情事。追求这样的一个价值标准，毕竟是徒劳的。至于经济计算，则不是有缺点的，因为它与那些向往安定所得(不依赖生产过程的)的人们的那些混淆的想法不相干。

注　释

① 参考 Samuel Bailey, *A Critical Dissertation on the Nature*, *Measures and Causes of Value*, London, 1825. No. 7 in *Series of Reprints of Scarce Tracts in Economics and Political Science*, London School of Economics (London, 1931)。

② 关于人们倾向于把固定不变看作常态，把变和动看作偶然，参考 Bergson, *La Pensée et le*

Mouvant，pp. 85 ff。

③ 参考 Irving Fisher，*The Money Illusion*（*New York*，1928），pp. 19～20。

④ 见第十八章第四节。

⑤ 见第十四章第五节。

⑥ 附带地讲，实际的计算，决不会是精确的。关于计算程序的公式，也许是精密的；计算的本身，靠的是数量的约计，所以必然是不正确的。我们曾经讲过（参考第二章第三节），经济学是一门实情实事的精密科学。但是，一到把物价资料引进思索中，精密性就被放弃，而经济史就代替了经济理论。

⑦ 这里所讲的借债，是指从那些有钱、可放债人那里借到的资金。这里不涉及银行的信用扩张。今日美国信用扩张的主要途径，是向商业银行借债。

⑧ 这些理由中，最流行的可以浓缩成一句话："公债决不是负债，因为是我们欠我们自己的。"如果这句话是真的，那么，把所有的公债一笔勾销是无害的做法，只是会计员的一个动作而已。其实，公债所代表的是，过去把资金交给政府的那些人的要求权，这种要求权的对方，是每天在生产新财富的那些人。由此可知，公债是给生产阶层的负担，但却有利于另一部分人。要想解除那些生产者的这种负担，也有可能，那就是把还本付息所需的那笔钱，用课税的方式全部课在债券持有人的身上。但是，这种做法就是毫无掩饰地赖债。

第十三章　作为一个行为工具的经济计算

一、作为一个思想方法的经济计算

在分工的社会里面,金钱的计算是行为的导星(guiding star)。它是生产者的罗盘。他计算,为的是要辨别有利的和无利的生产途径,为的是要辨别消费者喜欢的是哪些人、不喜欢的是哪些人。企业活动的每一个步骤都要受金钱的计算之检查。行为的预谋,成为商业上成本与收益的预计。对于过去行为结果的回顾,成为会计上盈亏的处理。

以金钱来做的经济计算制度,是以一些确定的社会建构为条件的。它只能在分工,而生产手段私有制的条件下运作,在这样的社会里面,各级的财货与劳务都以通用的交易媒介,即金钱,来买卖。

金钱的计算,是那些生产活动由私人支配的社会里面的人们的计算方法。它是"行为的个人"的一个方法;它是一个计算方式,用以稽考那些为着自己的利益而活动于自由企业社会的个人们的私有财产和所得、私有的利润和损失。[①]经济计算的一切结果,都只是一些"个人的"行为结果。当统计人员综合这些结果的时候,其结果是表示许许多多独立的个人自发的行为所造成的总和,而不是一个集体或一个整体的行为结果。凡是不从个人的观点出发而作的任何考虑,金钱的计算完全不适用,而且无用。它只可用以计算"个人的"利润,不能计算想象的"社会的"价值和"社会的"福利。

自由企业是受制于市场和市场价格的,在自由企业的社会里面,金钱的计算是计划和行为的主要手段。它在这种社会架构中发展出来,而渐渐地随着市场机能的改善和市场交易的扩张而完成。在我们这个讲究"量"和"计算"的文明里面,度量、数目和运算之所以有它们的作用,这都是由于经济计算。物理学和化学的度量,对于实际行为之所以有意义,只是因为有经济计算。使数学成为改善生活的工具之一,是金钱的计算。它使我们得以利用试验室的成就,来消除我们的不安逸。

金钱的计算用在资本账上,完满到了极点。它可以确定可用资本的金钱价格,而把这个总额与那些由于其他要素的活动而引起的变动相对照。这种对照,显示出发生于行为人方面的变动和那些变动的幅度;它使成功与失败、利润与亏损成为可确定的。自由企业制度曾经被人叫作资本主义,取这个诨名的人,主要为的是反对它、糟蹋它。可是,我们也可认为这个名词非常的恰当。它指出了这个制度最主要的特征、主要的优越点,也即,资本概念在这个制度运作中所发生的作用。

有些人会讨厌金钱的计算。他们不愿意"批判的理知之音"把他们的白日梦唤醒。现实使他们头痛,他们向往一种无限希望的境界。他们觉得,凡事都要锱铢计较的社会秩序是鄙俗的、讨厌的。他们把他们的发牢骚叫作高尚的行为,可与真善美相提并论,而且是与现代工商业者那种卑陋庸俗的作风相反的。但是,美和善的崇拜,智慧和追求真理,并不因计算的心灵而受阻。至于经不起严肃批评的东西,只是浪漫的遐想。头脑冷静的计算者,是梦想家的严厉惩罚人。

我们的文明和我们的经济计算法是不可分的。如果我们放弃这个最宝贵的心智工具,我们的文明就会消灭。Goethe 赞美复式簿记,称之为"人类心灵最好的发明之一",这是对的。[②]

二、经济计算与人的行为科学

资本主义的经济计算之演进，是建立一门有体系而合乎逻辑的人的行为科学的必要条件。行为学与经济学在人类史的发展中，以及在科学研究的过程中，行为学与经济学有一确定的地位。这两门学问只有在行为人已经成功地创造了一种思想方法得以计算他的行为的时候，才能出现。在开始的时候，人的行为科学只是处理那些可受金钱计算之检验的行为。它所处理的完全限之于我们叫作狭义经济学的内容，也即，处理那些在市场社会里面，靠金钱作媒介的交换行为。在最初的阶段，都是些关于通货、放债和个别物价这类问题的零星研究。格雷欣法则（Gresham's Law，也即 Bodin 和 Davanzati 的货币数量说最早的模样）和金氏法则（Law of Gregory King）所传授的知识，使我们开始了解在行为领域中一些现象的规律性和必然性。

最早的经济理论的综合体系，也即古典学派经济学家辉煌的成就，其主要部分是关于计算的行为的理论。这个理论体系隐隐约约地把人的行为，分为叫作"经济的"和经济以外的，也即分为用金钱来计算的行为和其他的行为。从这个基础出发，经济学家就一步一步地扩大他们研究的范围，最后扩展到把人的一切选择都当作处理的对象而形成一个理论体系——行为通论。

注　释

① 在合伙事业和公司组织中，从事活动的毕竟还是个人，尽管不只是一个人。

② 参考 Goethe，*Wilhelm Meister's Apprenticeship*，BK. I，Chap. X。

第四篇

市场社会的交换学或经济学

第十四章　交换学的范围和方法

一、交换学的问题之界定

关于经济学的范围，从来没有任何疑问和不确定之点。自从人们渴望有一系统完整的经济学或政治经济学以来，大家都同意：这是研究市场现象这个知识部门的工作，也即，测定在市场上商讨的财货与劳务的相互交换率、交换率在人的行为中的根源，以及它们对后继行为的影响。经济学范围的一个精确定义之复杂性，不是发生于所要研究的现象轨道之不确定。而是由于：说明有关现象的那些尝试，必然越出市场和市场交易的范围。为要充分了解市场，我们不得不同时做两方面的工作，一方面研究假设的孤立状态的个人行为；一方面把市场制度与一假想的社会主义国相比较。在研究人际交换的时候，我们不免要涉及变态心理下的交换。这时，我们就不可能在两类行为之间划出一条明确的界线，把那属于经济科学范围的行为与其他的行为分开。经济学在扩展它的视域，而成为处理人的一切行为的一门科学，成为行为学。现在的问题是：在一般行为学这个较广泛的范围以内，我们如何正确地显出较狭窄的经济行为的特征。

解决这个问题的一些无效的企图，有的是把促起行为的那些动机作为判别的标准，有的是把行为所想达成的那些目的当作标准。但是，促起行为的那些动机的差异性和多样性,对于行为的综合研究是不相干的。每一行为都是由于想消除不适之感而发动的。至于怎样才是"不适之感",是从生理学、心理学,还是从伦理的观点来说的呢? 这个问题对于行为科学没有关系。经济学的任务,是处理市场交易中实际上叫出的和照付的所有的货物价格。它不可把它的研究限之于某些价格。依照行为的动机来把行为分类,在心理学上也许是重要的,在道德的评值上也许可提供一个准绳;但在经济学方面那就没有一致的理论。从根本上讲,凡是想把经济学的范围限之于研究"目的在供给有形财货的行为"的企图,也同样是理论的不一致。严格地说,人们并不希求有形财货的本身,而是希求这些财货所能提供的服务。他们所要的是,这些服务所能带来的福利之增加。但是,如果是如此,我们就不可以把那些不藉助于有形的财货而可直接消除不适之感的行为,排之于"经济的"行为以外。一位医生的嘱咐、一位教师的训话、一位艺术家的演奏,以及其他人身的服务之为经济研究的对象,不异于建筑师设计的蓝图、科学家发明的方程式、著作家的出版物。

交换学的主题是一切市场现象,包括它们的一切根源、一切分支和一切后果。在市场上做买卖的人们,不只是想取得衣、食、住和性欲的享乐,而且也有多样"理想的"动机,这是个事实。行为人总是既关心"物质的"东西,也关心"理想的"东西。他在种种替换物之间作选择,不管这些替换物是属于物质类或理想类。在他内心的价值表上,物质的和理想的东西混杂在一起。即令我们可能划一明确界线,分别物质的和理想的事物,我们也得了解:每一具体行为,或者是为实现物质的和理想的目的,或者是在某一物质的东西和某一理想的东西之间选择的结果。

满足生理需要的行为与满足"较高"需要的行为能否截然划分这个问题,可以置之不理。但是,我们决不可忽视一个事实,即:在实际上没有一样食物只是就它的营养来评价的,也没有一件衣服或一幢房子,只是就它御寒或防风雨的效用来评价的,我们不能否认影响财货需求的有形而上的、宗教的和伦理的考虑,有审美观念、风俗习惯、偏见、传统、经常在变的时髦和其他等等。对于一位想把他的研究只限之于"物质"方面的经济学家,研究的主题,一到他想把握它的时候，就马上消逝了。

我们所可主张的不过是：经济学主要的是在于分析"市场上交换的财货和劳务的"货币价格之决定。为完成这个工作，那就必须从人的行为概括理论开始。而且，不只是要研究市场现象，还要同样地研究假设的一个孤立的人的行为和一个社会主义社会的行为。最后，它不可以拘限于那些通俗称之为"经济的"行为研究，也要研究那些所谓"非经济的"行为。"非经济的"这个形容词是很不谨严的。

行为学，也即"人的行为通论"，其范围可以精密地界定。特别明确的经济问题，狭义的经济行为的问题，只能从行为学的综合体系中分出来。自古以来有许多人想给"真正的"经济学确定一个范围，在他们的这些努力中，科学史上的偶然事件和社会的积习每每发生作用。

我们说，交换学，或狭义经济学的范围，是对市场现象的分析。使我们这样说的，不是逻辑的或认识论的严密，而是权宜和传统习惯的考虑。这等于这样说：交换学是分析那些基于金钱计算的行为。市场交换与金钱计算是连在一起不可分的。一个只有直接交换的市场，只是个想象的结构。另一方面，金钱与金钱的计算必须以市场的存在为条件。

对一个假定的社会主义的生产制度加以分析，的确是经济学的任务之一。但是，要接触这方面的研究，也只有藉助于交换学；交换学是对那种有金钱价格和经济计算的制度的解释。

经济学的否认

有些教条直截了当地否认经济学这门学科的存在。目前在大多数大学里面，以"经济学"这个科目来讲授的东西，实际是对经济学的否定。

对经济学的存在持反对论的人，实际上就是否认人的幸福因外在因素的稀少而受干扰。他有这样的意思：假若有一种改革把不适当的人为建构所形成的某些障碍成功地克服掉，任何人都可以享受他的一切欲望之完全满足。"自然"是慷慨的，它毫不吝惜地给人类丰厚的赐予。生活环境对于无限的人口，也可以成为天堂。物资的稀少是人为不臧的结果。把那些人为的建制都废除掉,就会大家富裕。

在马克思和其追随者的教条中,"稀少"只是一个历史的范畴。它是人类史原始期的特征。这一特征将随私有财产制的废除而永归消灭。人类一旦从艰困的境界跃进"自由的"境界,①因而达到"较高层面的共产社会",那就实现了富裕,而可以实行"各取所需"②了。在多得如洪水般的马克思主义著作中,从来没有说到,在较高层面的共产社会可能遇到自然资源稀少的问题,不仅没有这样说到,连一点这样的暗示也没有。至于劳动的负效用(disutility)则用下面的说辞欺骗掉:工作,在共产制度下,再也不是痛苦,而是快乐,是"人生的基本需要"。③俄国"试验"的苦痛经验被解释为:由于资本主义的敌对,由于社会主义不能只在一国圆满实行,所以还不能进到"较高层面",到了最近,则又说由于战争。

于是,就有了一些急进的膨胀主义者,例如 Proudhon,Ernest Solvay,以及现代美国的"功能财政"的教条,都可代表。在这些人们的见解中,"稀少"是由于人为的对信用扩张,以及其他增加货币流通量的方法所加的那些限制造成的,是由于银行家和其他的剥削者,基于自私的阶级利益而加害于可欺的大众。这些人们把无限制的政府支出当作万灵药来推荐。

以富裕的经济来代替所谓人为的稀少经济,在美国有着这种主张的人,以曾任副总统的 Henry A. Wallace 为最激烈。他有过空前的、最庞大的计划,要用政府命令来统制主要食物和原料的供给。他将因此而在历史上留名——这种庞大计划的创作者。可是,这样的历史记录,无论如何不会损伤他那种主张的通俗性。

这都是神话,"可能的富裕"神话。这样一厢情愿的想法和自我陶醉的白日梦,为什么如此受人欢迎? 对于这个问题,经济学可以不管,让历史家和心理学家去解释。经济学所不得不讲的只是:因为人的生活受限于自然因素,所以他必定遇着一些问题,经济学就是处理这些问题的。它处理人的行为,也即,处理那些尽可能的消除不适之感的自觉的努力。关于那些不可实现的事象,甚至为人的理知所不能想象的无限机会的宇宙,在经济学里面没有什么可说的。如果真有这样一个世界,那里就没有什么价值法则、没有稀少,也就没有经济问题。这些事情都没有，因为那里没有什么选择要作、没有行为，也没有要用理知来解决的事情。繁殖在这样一个世界的东西，决不会发展出理知和思考。如果我们能为我们的子孙造就这样一个世界，那些受赐的子孙将会体验他们的思考力之退化而渐渐变得不成其为人。因为理知的基本任务是要对抗自然加给人类的限制，是要和"稀少"抗争。行为和思想的人，是"稀少"世界的产物。在这个世界里面，凡是可得到的福利，都是辛劳和困苦的奖品，都是通常所说的"经济"行为的奖品。

二、想象建构的方法

经济学特有的方法，是想象建构的方法。

这个方法是行为学的方法。它在狭义的经济研究范围内，已经是很精巧周到了，这是由于经济学已经是行为学最发展的一部分，至少就现在讲，是如此。任何人，只要他想表示关于通常所说的经济问题，就得求助于这个方法。这些想象的建构之利用，诚然不是这些问题的科学分析所特有的程序。外行人处理这些问题，也用同样的方法。但是，外行人的建构或多或少是混乱含糊的，经济学则是以最审慎、最认真、最谨严的态度来精心制作它们，并以批评的眼光来检视它们的一些条件和假设。

一个想象的建构，是事件连续关系的概念典型，而这些事件是从行为的一些元素必然发展出来的。它是演绎的结果，最后溯源于行为的基本元范——取和舍的行为。经济学家在设计这样一个想象建构的时候，他并不关心它是不是描述他所想分析的那些实际情况。他也不烦心于他的想象建构所布置的这个制度能否视为实际存在而又运作。即令他的想象的建构是难于置信的、自相矛盾的，或不能实现的，只要经济学家知道如何适当地使用它们，它们对于实际的了解也能提供有用的甚至不可少的帮助。

想象建构的方法，因其成功而得到嘉许。行为学不能像自然科学一样，把它的教义置基于实验室的试验上面，也不能基于对外界事物的感觉上面。

它必须发展一些完全不同于物理学和生物学的方法。如果在自然科学的领域
去找想象建构的类比，那就犯了严重的大错。行为学的想象建构，决不会碰上
外界事物的任何经验，也决不可从这些经验的观点予以评价。想象建构的功
用，是帮助我们做那些不能靠我们的感官来做的查究。当我们把想象建构和
实际情况比照的时候，我们不能提出这样的问题：它们是否与经验符合，是否
适当地描述经验资料。我们必须问：建构的一些假设是否与我们所要陈述的
那些行为的条件相一致。

设计想象建构的主要公式，是从实际行为中某些情况的运作加以抽象化。
于是，我们就能够领悟这些情况不存在时的假想后果，也能够领悟它们存在时
的后果。所以，我们构想一个没有行为景况（或者因为个人的一切欲望已经充
分满足而没有任何不适之感，或者因为他不知道他的福利〔满足的情况〕有何
改善的程序），藉此想出行为的元范。

想象建构这个方法，是行为学所不可少的；它是行为学和经济研究唯一的
方法。诚然，它是个极难运用的方法，因为它容易流于错误的推理。稍一不慎
就陷入荒谬。只有严厉的自我批判才可防止这样的情形发生。

三、纯粹的市场经济

一个纯粹的或未受妨碍的市场经济的想象建构，是假设分工和生产手段
的私有，因而有财货和劳务的市场交换。它假设市场的运作不受制度方面的
妨碍。它假设政府这个有强制力的机构，只专心于市场运作的维持，而不妨害
它的功能，并且还要保护它，不许别人侵害。市场是自由的；没有市场以外的
因素干扰到物价、工资率和利率。从这些假设出发，经济学就进而解说纯粹市
场经济的运作。把这个想象建构的每件事情都彻底了解以后，稍后的阶段再
去研究，由于政府和其他运用强制力的机构之干涉市场，而引起的那些问题。

叫人惊奇的是：像这样合理而不容争辩的程序，唯一适于解决有关问题
的程序，竟遇到激烈的反对。有人认为，这是袒护自由经济政策的偏见，而骂

它是反动的经济保皇主义、曼彻斯特主义（Manchesterism）、消极主义等等。他们否认从这种想象建构可以得到一切实际知识。可是，这些横蛮的批评者，当他们用同样的方法申述他们的论断时，却又自相矛盾。在要求最低工资率的时候，他们描述自由劳动市场所谓不好的情况，在要求保护关税的时候，他们形容自由贸易带来的所谓祸害。当然，除掉首先研究在经济自由下的情况以外，我们没有其他的方法可以把限制那些活动于自由市场的要素的措施加以说明。

不错，经济学家从他们的研究中得到这样一个结论：大多数人，实际上甚至是所有的人，靠勤劳、工作和经济方法而想达到的目标，最能够在不受政府干扰的自由市场里面实现。这并不是一个缺乏充分根据的判断；相反地，是从各方面仔细而公平地检讨政府干涉而获致的结论。

不错，古典学派的经济学家和他们的追随者，惯于把未受妨碍的市场经济叫作"自然的"，把政府之干涉市场叫作"人为的"和"扰乱的"。但是，这种用语也是他们对于干涉的问题经过仔细研究的产物。他们把那不可喜的社会事象叫作"反自然的"，这是他们那个时代的语言习惯。

启蒙时代的有神论和自然神教，把自然现象的规律性看作神命所使然。当启蒙时代的哲学家们发现，在人的行为和社会的演化中，也有规律性的时候，他们也就同样地把它解释为宇宙创造者"父爱"（paternal care）的明证。这是某些经济学家所反复说明的预定和谐说（the dostrine of the predetermined harming）的真义。④主张父权主义的社会哲学，特别强调受命于天来统治人民的专制君主之神圣使命。自由主义者则反过来讲：自由市场的运作所形成的情况，比神化了的统治者的命令所规定的更叫人满意。在自由市场里面，消费者——也即每个公民——是主权。他们说：遵守市场制度的功能，你将可发现神力（the finger of God）。

古典学派经济学家，除掉纯粹市场经济的想象建构以外，还有一个相对的社会主义国的想象建构。为引导人们发现市场经济的运作，社会主义秩序的构想有先讲之必要。经济学家首先被困扰的问题是：假若没有政府下命令强迫烘面包的人和做鞋的人供给裁缝工人的面包和鞋子，裁缝工人能不能得到面包和鞋子。这一想，首先想到：权威的干涉是必要的，由权威机构规定，每个专业者为他的同胞服务。可是，经济学家们在发现这样的强迫没有必要的时候，他们吓了一大跳。在把生产与利润、私利与公益、自私与利他，彼此对照的时候，经济学家所参证的是社会主义制度这个影像。可是，他们对于市场制度的运作好像是"自动地"在那里调整而感到惊异。这种惊异正是由于他们领悟到一个"无政府的"生产状态，竟然比一个权力集中、靠命令来做的万能政府更好。社会主义——完全由一个计划机构来控制、来管理的分工制度——这个想头不是发源于乌托邦改革家的头脑。乌托邦的改革家所提倡的，是小规模的自给自足的团体，彼此享有独立主权而又和平共存，例如 Fourier 所鼓吹的那种社会 Phalange。但是，那些向往一国政府或一世界性的权力机构所统制的经济制度，而转向到社会主义的改革家所抱持的激进主义，竟隐藏于经济学家们的理论中，被视作他们的新秩序之一模型。

最大利润的追求

大家都以为：经济学家在处理市场问题是很不切实际地假定所有的人总是在追求最大利益。据说，经济学家构想一个完全自私而合理的人，对于他，除利润以外，没有值得计较的东西。这样的一种"经济人"（home oconomicus）类似股票市场的投机者。但是，绝大多数的人并不如此。所以，有人说，研习经济学家所构想的这个幻境，对于实际不会有何认知。

对于这种说法所有的混淆、错误和曲解，我们再也没有必要加以辩驳。本书的头两篇已经揭发那些谬见。这里只要讨论"最大利润的追求"这个问题就够了。

行为的原动力，不是别的，是想消除不适之感。这是行为学通论和经济学的共同假定。在讨论到市场这种特定的情况时，行为就是指买与卖。经济学所讲的关于需求和供给的每件事情，是指需求和供给的一切情况，而不只是指在某些特定环境（需要加以特别描述或界说的环境）下发生的需求和供给。我们说：一个人在出卖他的货物时，可得到的价格有高低不同的选择，如果其他情形都一样，他将选择高的价格。我们这一说法，并不需要更进一层的假定。

对于卖者而言,较高的价格就是他的欲望之更大满足。这句话加以必要的变更,就可同样地应用到买者。在购买货物时所省下的金额使买者能够在满足其他欲望方面有较多的钱可花。假若其他情况都一样,在价格最低的市场买进,在最高的市场卖出,这种行为不需要在动机方面和道德方面有何特殊预设的行为。它不过是在市场交换的环境下必然衍生的。

一个人,当其为商人的身份时,他是消费者的仆人,不得不遵从他们的意愿。他不能纵容或耽迷于自己的兴趣和幻想。但是,他的顾客们的兴趣和幻想对于他却是最高的律令,假使这些顾客准备对他支付代价的话。他必须调整他的行为以适应消费者的需求。如果消费者不喜欢美的而喜欢丑恶和粗陋的东西,他就要一反自己的信念,把丑陋的东西供给他们⑤。如果消费者不想对本国货支付比外国货较高的价格,他就得买进外国货来供给他们,如果外国货较便宜的话。一个雇主不能牺牲他顾客的利益而施惠。他所支付的工资不能高于市场所决定的,只有在购买者对他的产品愿意支付较高的价格时,他才可以比例地提高他所付的工资。

人,当其以所得花费者的身份出现的时候,情形就不同了。他自由地做他所最喜欢做的事情。他可以把钱捐赠出去。他会受各种不同的教条和偏见的支配,歧视某些来源的货物,而宁可买那价格较高而在技术观点上品质较差的货物。人在购买的时候,通常不是对卖者赠送,可是,有时也发生例外。购买必需的财货和劳务与片面的施舍,这两者之间,有时难得看出划分的界限。购买慈善活动义卖品的人,通常是购买与捐赠的混合。拿一角钱给那街头吹箫的盲人,大概不是报偿他的那点演奏,而只是一种施舍。

在行为中的人,是一个单元。独资经营的商行老板,有时忘掉了做生意与做善事之间的界限。如果他想援助一位穷困的朋友,体贴的情感会促使他解除这位朋友依赖救济过活的窘愧心情,而在他的商行里面为他安排一个职位,尽管他并不需要这位朋友的帮助,或者可以用较低的待遇雇用同等的助手。在这种情形下,支付的这笔薪金,在形式上是营业费用的一部分,事实上是这位老板的所得的一部分开支。从正确的观点看,这是消费,而不是用来增加商行收入的经费。⑥

　　麻烦的错误是由于人们有这样的一个倾向：只看到有形的、可见的和可以计量的东西，其余的一切都忽略掉了。消费者所购买的不仅是食物或热量，他不是像狼那样的想吃，而是以一个"人"的样子想吃。食物烹调得愈合口味、餐桌布置得愈雅洁、用餐的环境愈舒适，则愈是叫人满意。像这样的一些东西，如果专就消化食物的化学过程来考虑，可视为毫无意义的。⑦但是，这些东西对于吃的价格的决定，发生重大的作用。这个事实完全符合这一句话：假若其他情形都一样，人们愿意在价格最低的市场购买。如果有两件货物，化学家和技术人员认为是完全相同的，而购买者愿意买那件价钱较贵的，这时他有他的理由。假若他不错的话，他是对化学家和技术人员用他们的专业研究法所不能理解的那些服务支付代价。如果一个人乐于去昂贵的场所，而不去较便宜的地方，为的是喜欢在一位公爵的邻近呷鸡尾酒，我们可以批评他可笑的虚荣心。但是，我们决不可以说这个人的行为不是为的增进他自己的满足。

　　一个人所做的事，总归是为的增进他自己的满足。在这个意义下，我们使用"自私自利"（selfish）这个名词，而强调行为总是自私自利的。即令某一行为，其直接目的在于改善别人的生活情况，也是自私自利的行为。因为这个行为者觉得使别人吃比自己吃更舒服些。他的不适之感是由于看见别人饥饿而引起的。

　　也有许多人的行为不如此，他们只图自己饱暖不管别人饥寒。这也是事实。但是，这些与经济学无关；这是历史经验的资料。无论如何，经济学涉及每类的行为，不管它的动机是为的自己吃或者使别人吃。

　　如果"最大利润的追求"是说，一个人在所有的市场交易中都为的是尽力增加利益，这是个冗长而又转弯抹角的遁词。那不过是说出，蕴含在每一行为元范里面的东西。如果它指的是别的，那就是个错误观念的陈述。

　　有的经济学家认为：经济学的任务是要确定全社会所有的人，或最大多数的人的最大可能满足如何可以获致。他们不了解我们决没有方法可以衡量各个人得到的满足状态。他们误解了基于人际幸福之比较的那些判断。他们一方面提示武断的价值判断，一方面相信他们自己在确定事实。你可以把劫富济贫叫作正义。可是，把某事叫作公平或不公平，总是一个主观的价值判断，因此，那是纯粹个人的事情，既无法证其为是，也无法证其为非。经济学不涉及价值判断。它的目的在于认知某些方式的行为所获致的一些后果。

有人说，生理方面的需要，所有的人都是一样的，这个一样，为衡量他们的满足程度提供了一个标准。表示这种意见而提议用这个标准来指导政府政策的人，等于提议以畜牲的豢养者对付畜牲的态度来对付人。但是，这种改革家们却不了解我们没有什么普遍有效的营养法则可以适用于所有的人。一个人在不同的法则中选择哪一个，完全决定于这个人的目的是什么。畜牲的豢养者不是为的使母牛的幸福而豢养它，而是为的达成他自己的目的——他所以计划豢养母牛的目的。他所希望的，也许是较多的牛乳，也许是较肥的牛肉，或者其他的什么。人的豢养者想把人养成怎样的人——运动员呢，还是数学家？军人呢，还是工厂的职工？那个想把人当作一个有目的的养育制度的材料的人，他自己就会擅揽专制的权力而把国人作为手段，以达成他自己的目的。这些目的不是国人自己所要达成的。

什么事物使人更快乐，什么事物使人较少快乐，这其间的价值判断，人各不同。一个人对于别人的满足所作的价值判断，其内容与这位别人的满足毫不相干。实质上，这种价值判断不过是说：这位别人要如何如何才可使这位作价值判断的人更满足。那些为全社会寻求最大福利的改革家们告诉我们的，实质上只是说：一般别人的情况要怎样怎样才最使他们适意。

四、幻想的经济

没有其他的想象建构比"完全孤立的经济行为人"这个想象建构更多流弊的。但是，经济学却少不了它。为研究人际的交换，经济学必须把人际交换和没有人际交换的情况作一比较。它建构两种形态的幻想经济，一个孤立的个人经济与一个社会主义社会的经济。在利用这个想象建构时，经济学家并不担心"这样的制度实际是否可行"的问题。⑧他们充分知道，他们的想象建构本来就是虚构的。鲁宾逊（Robinson Crusoe，即令也许有这样的人）和完全孤立的社会主义社会的总经理（事实上决不会有这样的社会）不能够像一般人那样只要藉助于经济计算，就可计划和行为。可是，在我们的想象建构中，我们无妨认为他们能够如此。

　　一般人通常是把生产性（productivity）与利润性（profitability）加以区分，而用这个区分作为价值判断的尺度。幻想经济这个想象建构，本质上是属于这种区分。用这种区分的人们是把这个幻想经济——尤其是那个社会主义的——看作最可欲、最完善的经济管理制。市场经济的每一现象，都要用社会主义的观点来判断它是不是许可的。只有在这样制度的经理的计划中的有意义行为，他们才认为有正面的价值，而加以"生产的"这个形容词。至于在市场经济的一切活动都叫作"非生产的"，尽管那些活动对于作这些活动的人可能有利。比方说，推销、广告和银行业务都看作是有利的活动，但不是生产的。

　　当然，经济学对于这样武断的价值判断没有什么可说的。

五、静止状态与均匀轮转的经济

　　处理行为问题的唯一方法，是想象行为的最后目的在于实现一种再也无须行为的情况，这种情况的实现，或者是因为所有的不适之感都已消除了，或者是因为再进一步消除它已不可能了。所以，行为是趋向于静止，趋向于没有行为。

　　因此，价格理论就从这方面来分析人际的交换。人们在市场上继续交换，直到没有一方可以希望从再交换中再改善自己的情况，因而再也没有交换的可能时为止。潜在的买者不满意潜在的卖者所要的价，潜在的卖者不满意潜在的买者所出的价，于是再也没有交换发生。一个静止的状态为之出现。这种静止状态（我们可把它叫作平常的静止状态）不仅是一个想象的建构。它是一再地来来去去的。当股票市场关闭的时候，经纪人已经把所有愿在市场价格之下买卖的委托都完成了。只有那些认为市场价格太低的潜在卖者和那些认为它太高的潜在买者没有卖出或买进，⑨这个道理同样地适用于所有的交易。整个市场经济好像是一个大的交易所或大的市场。在任何时候，凡是双方都愿意在可实现的价格下参与进来，那些交易就发生。新的买卖，只有在双方的评价发生变动的时候才会再出现。

有人说，平常的静止状态这个观念不能叫人满意。他们说，那只是指，那已经有了一定供给量的货物的价格之决定，至于这些价格在生产方面所发生的影响，则完全没有讲到。这个说法是没有道理的。蕴含在"平常的静止状态"这个观念里面的定理，对于所有交易都是有效的，没有例外。不错，生产要素的买者将会马上着手生产而很快地再进入市场以期卖掉产品，买进所要消费和用以继续生产的东西。但是这种情形并不使这个观念无效。这个观念，确实并不意含静止状态会永久继续下去。它一定随着促成它的那些暂时情况之变动而马上消失。

平常的静止状态这个观念，不是一个想象建构，而是一再发生在每个市场的状态之适当的描述。在这一点上，它根本不同于"最后的静止状态"那个想象的建构。

在讨论"平常的静止状态"的时候，我们只注意目前连续发生的事情。我们把注意力限之于瞬间发生的事情而不管稍后（后一小时，明天，或更后）将会发生什么。我们只处理买卖方面实际收付的价格，也即刚刚过去的价格。我们不问将来的价格是否与这些价格相等。

现在，我们再进一步。我们注意到那些必然引起物价变动的因素。我们试图找出这个变动趋势在其推进力耗竭而新的静止状态出现以前，将会走向什么目标。那些适应未来静止状态的物质，老一辈的经济学家称之为"自然价格"；现在则常用"静态价格"这个名词。最后静止状态是一个想象建构，不是实情的描述。因为，最后的静止状态永久不会达成。在它将要实现以前，新的干扰因素已发生作用。我们之所以要藉助于这个想象建构，是由于我们的市场时时刻刻是在趋向这个最后的静止状态。每一稍后的时刻都会有改变最后静止状态的新事件发生。但是，这个市场总是受那些寻求最后静止状态的力量之骚扰。

市场价格是实在的现象；它是商业交易中实际的交换率。至于最后价格则是一个假设的价格。市场价格是些历史事实，所以，我们能够确切地说出它是几元几角。至于最后价格，则只能说出它出现的必要条件。我们不能用金钱数值或其他财货的数量来说出。最后价格永不会出现于市场。但是，交换学如果不讨论最后价格，则对于价格决定的问题之分析一定失败。因为，在市场价格所出现的市场情况中，已有些潜在的动力会不断地引起物价变动，假若没有新的事件出现，这个趋势会一直趋向于最后价格与最后静止状态形成时为止。如果我们只注意表现于货币数额的市场价格和平常的静止状态，而不管"这个市场已经受到那些必然引起物价变动和一个倾向于另一静止状态的趋势之因素的干扰"这个事实，那么，我们就是不适当地局限了价格决定的研究。

我们必须妥善处理的是这个事实：那些影响价格的因素变动，并非一下子发生它们所有的后果。它们所有的后果之全部发生，必须跨过相当的时间。在"新的事件发生"与"市场对它的完全调整"必须经过一个时期（而且，当这个时期渐渐消逝的时候，其他的新事件又发生）。在处理影响市场因素任何变动的后果时，我们决不可忘掉我们是在处理连续发生的事件，在处理一个接一个的一连串后果。我们不能预先知道这其间需要多长的时间经过。但是，我们确实知道一定要有时间经过，尽管有时它会很短，短到在实际生活方面不发生任何影响。

经济学家常常错在忽视时间因素。关于货币量变动引起的后果之争论，就是一个例子。有些人只注意它的长期后果，也即，只注意最后价格和最后静止状态。另一些人则只看到短期后果，也即紧接因素变动后的价格。这双方都是错误的，因而他们的结论都无效。像这样的严重错误还可列举许多。

最后静止状态这个想象建构，其特征在于充分注意到瞬息间事象连续的变动。在这一点上，它不同于"均匀轮转的经济"这个想象建构，后者的特征，是事象和时间因素的变动都被抹煞（通常是把这种想象建构叫作静态经济或静态均衡，这是不妥当而且使人误解的，尤其是把它与静态经济的想象建构相淆混，是个有害的错误⑩）。均匀轮转的经济是一虚构的制度，在这个制度下，一切财货和劳务的市场价格与最后价格相一致。在它的架构里，没有任何价

格变动;那里的物价是完全安定的。同样的市场交易一再地重复发生。较高
级的财货以同样的数量、经过同样的加工过程,一直到最后产出的消费财到了
消费者的手中被消费掉为止。市场事象没有变动发生。今天与昨天没有什么
不同,明天也和今天一样。这个制度是在永恒的川流中运作,但总是留在同一
方位。它绕着一个固定中心,均匀地轮转。平常的静止状态一再地被扰乱,但
它马上就回复到原来的水准。一切因素,包括那些一再扰乱平常状态的因素,
都是不变的。所以,价格——通常叫作静态价格或均衡价格——也仍然不变。

　　这个想象建构的基本要点是抹煞了时间的经过和市场现象的永恒变动。
任何关于供需变动的观念都会是与这个建构不相容的。只有那些对于价格决
定因素的结构不发生影响的变动,可以在这个架构中考虑到。在均匀轮转的
经济这个想象的世界里面,我们不必假想其居民都是不死的、没有年龄的也不
繁殖的。我们可以自由假设那里有出生、成长和死亡,但是,人口的总数以及
按年龄分组的每组人数,都是保持不变的。于是,那些专属于某组消费的货
物,其需求量也就不变,尽管组成各组的个人不是原来的人。

　　在实际上,决不会有这样的一个均匀轮转的经济制度。可是,为分析市场
事象的变动,以及不均匀、不规律的运动所引起的一些问题,我们必得把它们
和一个没有这些问题的虚构情况相对照。所以,如果说,均匀轮转的经济这个
建构,没有说明在变化的宇宙中的情况,因而要求经济学家以"动态学"的研究
来代替他们所说的"静态学"的专业,这是荒谬的说法。这种所谓静态方法正
是检视变动的适当工具。要研究复杂的行为现象,除掉"首先抽去一切变动,
然后引进一个惹起变动的孤立因素,最后分析这个因素在其他情形不变的假
设下所发生的后果"以外,再也没有其他的办法。如果认为我们所研究的对
象——也即,实际行为的领域,在没有变动这一点上,愈是符合均匀轮转的经
济这个建构,则这个建构的功用愈有价值。这个想法更是荒谬。静态方法,利
用均匀轮转的经济这个想象建构的方法,是分析有关变动唯一妥当的方法,至
于那些变动是大是小,是突然,还是缓慢,都没关系。

　　以上对于均匀轮转的经济这个建构所提出的一些反对论,完全没有看出
这个建构的特征。提出这些反对论的人们,不了解这个建构在哪一点上有问

题，以及为什么它易于引起误想和混淆。

行为就是变动，变动是在时间的连续中。但在均匀轮转的经济里面，变动和事象的连续，都被抹煞。行为就是选择，是应付不确定的未来。但在均匀轮转的经济里面，没有选择，未来并不是不确定的，因为它并不同于现在所已知的情况。这样一个僵硬的制度，不是由一些有生命的、作选择的，而且易犯错误的人组成的，那是一个无灵魂、不思想的机器人的世界；那不是人的社会，而是一个蚁垤。

可是，这些无法解决的矛盾并不妨害这个想象建构的功用，因为对于下述的这个问题的处理，只有它是既适当的，也是不可少的。这个问题是：产品的价格与其必要的生产要素的价格之间的关系问题，以及一切内涵的企业精神和利润与损失的问题。为了解企业精神的功能和利润与损失的意义，我们构想一个没有这些东西的制度。这个构想只是我们思想的一个工具。它不是一个可能实现的情况之描述。甚至于想把这个想象建构推论到它最后的逻辑结论，也做不到。因为我们不可能从一个市场经济的写实中抹煞企业精神。种种互相辅助的生产要素不会自动地一起到来，而需要有目的的努力来组合它们，这种努力就是来自企业精神。抹煞企业精神，也即抹煞整个市场制度的原动力。

讲到这里，又有了第二个缺陷。在一个均匀轮转的经济这个想象建构中，是有间接交换和货币使用的。但是，那里的货币是什么样子的货币呢？在一个没有变动的制度下，关于未来既没有什么不确定，就没有人需要保有现金。每个人都可正确地知道，在任何未来的日期他所需要的金额。所以，他能够把他所收到的全部资金用这个方法贷放出去：即哪一天需要它们，就在哪一天收回它们。让我们假设，这里只有黄金做货币，只有一个中央银行。随着这个经济之进到均匀轮转的经济情况，所有的人和商号，一步一步地缩减他们的现金保有量。因此而解放出来的黄金量就流到非货币的——工业的——用途。当这个均匀轮转的经济最后达到均衡的时候，那里就不会再有更多的现金保有量，不会有更多的黄金用作货币。个人和商号对中央银行握有要求权，每部分要求权按照他们需要清偿债务的日子分别到期，而其数量也符合他们届时所需要的数量。中央银行用不着有现金准备,因为它的顾客们每天存进的金额恰好等于提出的金额。所有的交易,事实上都经由银行的转账来结算,用不着现金。于是这个制度的"货币"就不是一种交易媒介;它根本不是货币;它只是一个数目,是一个模糊而不确定的记账单位。这种在买卖之间的数字表现法,对于销售或购买的本身不发生任何影响;就其对人们的经济活动而言,它是中立的。但是,"一个中立的货币"这个观念是不切实际的,是不可想象的。^①如果我们想用在许多现代经济学论著中所用的这个不妥当语法,我们就必须这样说:货币必然是个"动态的"因素;在一个"静态的"制度下,没有货币存在的余地。但是,"一个没有货币的市场经济"这个观念的本身是自相矛盾的。

均匀轮转制度这个想象建构是一限制的观念。在它的架构中没有任何行为。自动的反应代替了有思想的人有意识地消除不适之感的努力。我们只能在一个条件下应用这个有问题的想象建构,那个条件就是决不可忘掉这个建构的特殊功用。首先,我们想分析那个见之于每个行为的趋势,即走向一个均匀轮转的经济这个趋势;在作这个分析的时候,我们必须时时刻刻想到:这个趋势在一个非完全僵硬不变的世界里面,决不能达到它的目的。第二,我们必须了解:一个有行为的活生生的世界,在哪些方面并不同于一个僵硬的世界。这,我们只能靠一个僵硬经济的构想所提供的矛盾论来发现。这样,我们就可看透:每一种行为都是对付将来那些不确定的情况,而利益和损失,是行为所必有的特征,不能靠一厢情愿的想法来消灭它们。充分具备这些基本认知的经济学家所采取的程序,可叫作经济学的逻辑方法,与数学方法的技术相对。

数理经济学家们对于我们所假想的形成均匀轮转经济的那些行为的讨论,不予理睬。他们不注意那些志不在于达成均匀轮转的经济,而在于从行为中得到利益的个别投机者。他们一味地强调那个假想的均衡状态,也即,在没有新的变动发生时,所有这样的行为(指投机行为——译者附注)的全体总合所达成的均衡状态。他们用多组联立方程式来表现这个假想的均衡。他们不知道他们所讨论的那些事象,其中不会再有行为,而只是一个神秘的原动力所推动的一些事象的连续。他们全神贯注地在用数学符号来申述种种"均衡"，也即，种种静止而无行为的状态。他们把均衡当作实有其物在处理，而不是作为一个限制的观念、一个心智的工具。他们所作的是数学符号的游戏，不适于传递任何知识的一种玩意儿。[12]

六、静 态 经 济

静态经济这个想象建构，有时与均匀轮转的经济那个建构相混淆。但事实上，这两个建构是不同的。

在静态经济里面，个人的财富与所得仍然不变。有些与均匀轮转的经济那个建构不相容的变动，可以与这个建构相容。人口可以增多或减少，假若财富与所得的总额也有相适应的增减。某些货物的需求也可变动；但是这些变动必须很慢，慢到资本移转（由于需求变动，有的生产部门相应地收缩，有的生产部门相应地扩张，资本乃从前者移转到后者）所受的影响不是来自紧缩部门的资本换置，而是来自扩张部门的投资。

静态经济这个想象建构，又导向两个进一层的建构：进步的（扩张的）经济和退步的（收缩的）经济。在进步的经济里面，国民财富与所得的每人平均分配额和人口数是趋向于较高的数值，在退步的经济里面，则趋向于较低的数值。

在静态经济里面，全部利润和全部损失的总和等于零。在进步的经济中，利润的总额超过损失的总额。在退步的经济中，利润的总额小于损失的总额。

这三个想象建构的不可靠，可从它们暗含有计量财富和所得的可能性这个事实看出。因为这种衡量是做不到的，甚至是无法想象的，所以决不可能用它们来把实际情况作严格的分类。经济史如想按照静态的、进步的，或退步的类型，对某一时期以内的经济演化来分类，这在事实上是凭藉历史的了解而非"计量"。

七、交换功能的统合

当人们在处理他们自己的行为问题时,以及经济史、叙述的经济学和经济统计在报告别人的行为时,常用"企业家"、"资本家"、"地主"、"工人"和"消费者"这些名词,这时他们所说的是些观念上的类型。当经济学用这些相同的名词时,它所说的是属于交换学的类型。经济理论里面的企业家、资本家、地主、工人和消费者,不是我们在实际生活中所遇见的有生命的人,而是在市场运作中一些特殊功能的化身。行为人和历史科学,在推理的时候都应用经济学的结论,他们也依据行为学理论的一些类型,来建构他们观念上的类型,这是事实,这个事实并不影响"观念的类型"与"经济的类型"两者间基本的逻辑上的差异。与我们有关的"经济的类型"指涉纯粹的统合功能,观念的典型则指涉历史的事件。有生命、有行为的人,必然兼有种种功能。他决不只是一个消费者。他同时是一个企业家、地主、资本家或工人,或者是这样的一些人所抚养的一个人。而且,企业家、地主、资本家和工人的功能,常常为同一个人所兼备。历史是按照人们所追求的目的,和他们为达到目的而采用的手段来把人分类。经济学,探究市场社会的行为结构,不管人们追求的目的和所采的手段的经济学,则要辨识类型与功能。这是两个不同的任务。这个不同,在讨论企业家的交换概念时会有最好的说明。

在均匀轮转的经济这个想象建构中,没有企业家活动的余地,因为这个建构抹煞了影响物价的任何变动。只要你一放弃这个僵固的假设,你马上就可想到,行为一定会受每一有关变动的影响。因为行为必然是为的要影响一个未来的情况(即令只瞬息间的最近未来),所以它的结果如何将决定于对于未来的预测是否正确。[13]所以,行为的后果总是不确定的。行为总是投机。这句话不仅是对一个市场经济有效,也同样适用于小说中孤立的行为者鲁宾逊以及社会主义的经济。在一个均匀轮转制度的想象建构中,谁也不是一个企业家或投机者。在任何实际的生动的经济里面,每个行为者总是一个企业家和投机者;被行为者照顾的人们——市场经济里面家庭的小孩子和社会主义社会的大众——尽管他们自己不是行为者,因而不是投机者,他们是要受行为人投机的结果之影响的。

经济学,在说到企业家的时候,并不是想到一些人,而是想到一个确定的功能。这个功能不是某一组人或某阶层的人所具有的特质,而是每一个行为所固有的,每个行为人所承担的。把这个功能体现于一个假想的人物,这是我们在方法上的权宜之计。用在交换学的"企业家"一词是指:专从每一行为的不确定性这方面来看的行为人。用这个名词的时候,决不可忘记:每个行为都嵌在时间的流变中,所以必然是一投机。资本家、地主和劳工,必定是投机者。在考虑预测的将来需要时,消费者也是投机者。可是,天下事往往功败垂成。

让我们试想一个纯企业家的想象建构,其最后的一些逻辑结果是怎样。这种企业家没有资本所有权。他的企业活动所需要的资本,是资本家用借款的方式借给他的。他用这借来的钱购买了种种生产工具。法律诚然是把他看作是这些生产工具的所有人。可是,他仍然是个无财产的人,因为他的资产总额被他的负债总额抵消。如果他成功,净利润是他的。如果他失败,这项损失必落在曾经借钱给他的资本家身上。像这样的企业家事实上是资本家的雇员,他是为自己而投机,拿走百分之百的净利润而不承担损失。但是,即令这位企业家能够自筹一部分资本,只有其余部分靠借款,基本上情形还是一样。就其发生的损失不能由企业家自己的钱负担这个程度内来讲,它们仍然是落在借钱的资本家身上,不管契约的条件是怎样。一个资本家实质上也常常是一个企业家和投机者。他总在承担赔掉资金的危险。我们没有绝对安全的投资这么一回事。

耕种自己的地产而只供养自己家庭的自足地主,他的土地生产力,乃至他所需要的对象,会受许多变动的影响,所有这些变动也就影响到他本人。在一个市场经济里面,一个农夫经营的结果,要受到所有关于他那份土地在农业市场上的重要性的一切变动的影响。这个农夫,即令就世俗的用语来讲,也明显地是个企业家。任何生产手段——不管是有形的财货或金钱——的所有者,都不能安然免于未来的不确定所带来的袭击。把任何有形的财货或金钱用之于生产,也即为将来准备,其本身就是一个企业活动。

从基本上看,劳工也是如此。他生而具有某些才干;他那作为生产手段的天赋才干,最适于某类工作,次适于另些类的工作,完全不适于他类的工作。⑭如果他学得做某类工作的技能,那么,就学习所花的时间和物质来讲,他是处于投资者的地位。他希望得到适当产出的补偿而作了投入。就他的工资决定于市场对于他所做的那类工作所愿付的价格而言,这位劳工又是一位企业家。这个价格也和其他生产手段的价格一样,是随市场情况的变动而变动的。

在经济学教科书里面,这些名词的意义是这样:企业家是关于市场上一些变动的行为人。资本家和地主是关于只因时间的经过(即令市场情况仍旧,而发生价值和价格变动)因而现在财与未来财的价值不同的行为人。劳工是关于劳动这个生产要素之就业的人。于是,每一功能就严密地统合起来:企业家赚得利润或承担损失;生产手段(资本或土地)的所有人赚得原始的利息;工人赚得工资。在这个意义下,我们弄出"功能的分配"这个想象建构,以示别于实际的历史上的分配。⑮

可是,经济学使用"企业家"这个名词时,不是用功能分配这个想象建构来赋予它的意义,过去如此,现在还是如此。经济学把下列的这些人都叫作企业家:特别热衷于调整生产适应预期的变化,以谋取利润的人;比一般人有更多的原创力、更多的冒险精神、更敏锐的眼光的人;推动经济进步的拓荒者。这个概念比功能分配那个建构中所用的企业家一词的概念要狭窄些;后者所包含的事例,有许多它没有纳入。同一名词用来指两个不同的概念,这是很麻烦的。假若用另一名词——比方说,用"促进者"(promoter)来表示那个较狭义的概念,那就更方便些。

我们必得承认:企业家——促进者这个概念,在行为学里面无法给以严密的定义(在这一点,它和"货币"这个概念一样,货币在行为学里面也是不能严格定义的⑯)。可是,经济学却不能没有促进者这个概念。因为它所指涉的是人性的特征,在一切市场交易中表现出来。各个人对于一个情况变动所起的反应不是同样快,也不是以同样的方式,这个事实就是人性的特征。人之不相等,由于先天的品质差异,也由于后天的生活环境之不同,在这方面也显现出来。在市场里面,有一些走在前面的带步人,也有一些只会仿效别人敏捷行动的跟随者。领袖现象在市场里面和在其他的人类活动部门是一样地真实。市场的推动力,也即,促起不停的革新和改进的因素,是产生促进者自强不息精神以及尽可能追求最大利润的那股劲。

可是,这个名词的双关用法在交换制度的解说中不会引起暧昧的危险。在有疑惑发生的地方,我们可用"促进者"这个名词来替代"企业家",就可使疑惑消除。

静态经济里面企业家的功能

期货市场会把一位企业家的企业家功能解除一部分。一位企业家可以经由合宜的期货交易来防止可能的亏损,这是他给自己保险的办法,在这个保险的范围以内,他就失其为企业家,而企业家的功能移转到期货交易的对手方了。棉纱业者当他买进原棉的时候就预先把产品卖掉,这样作他就放弃了企业家功能的一部分。在这个期间如果棉价有波动,他既不受益也不会受损。当然,他并非完全失去企业家的功能。因为那些不是由于原棉价格的变动而引起的一般的纱价或他所生产的那种纱价之变动,也会影响他,即令他只是一个依照契约收取报酬的纺纱者,就他投在工具方面的资金来讲,他仍然是个企业家。

我们也可假想一个经济制度,在那里,所有各种财货和劳务都可做期货。在这样一个想象的建构里面,企业家的功能与其他所有的功能完全分离。于是,就有了一个纯粹的企业家阶级出现。期货市场所决定的价格,指导全部的生产装备。只有做期货交易的商人赚利润、蒙亏损。其他所有的人,好像都保了险,可免于未来的不确定所可带来的损失。在这方面,他们享有安全。各个行业单位的头儿们,好像是受雇的人员,领取定额的薪金。

假若我们进一步假设这个经济是一静态经济,而且全部期货交易都集中在一个公司,这样一来,很明显地,损失总额恰好等于利润总额。为实现一个无利润和损失的社会主义国,我们只要把这个公司国有化就行了。但是,之所以如此者,只因为我们给静态经济所下的定义,意含损失和利润的总额相等。

但在一个变动的经济里面,盈亏不会恰好相等的,不是利润超过损失,就是损失超过利润。

　　对于这些过分造作而无益于经济问题之分析的假想,若再论下去,那是时间的浪费。我们之所以讲到它们的唯一理由,是因为它们所反映的观念,实际上是在批评资本主义经济而建议某些虚妄的社会主义统制计划。一个社会主义制度,在逻辑上确是和均匀轮转的经济及静态经济这两个想象建构相容的。数理经济学家几乎是专一地讨论这些想象建构及蕴含于这些建构的"均衡",而不管其他。这种偏见使得人们忘却了这个事实:这些建构不是别的,只是一些不实在的、自相矛盾的、作为思考上的权宜之计的东西。它们决不是行为人所生活的实际社会的妥当模式。

注　释

① 参考 Engels, *Herrn Eugen Dührings*, *Umwälzung der Wissenschaft* (The ed. Stuttgart, 1910), p. 306。

② 参考 Karl Marx, *Zur Kritik des sozialdemokratischen Parteiprogramms von Gotha*, ed. Kreibich (Reichenberg, 1920), p. 17。

③ 参考上书。

④ 自由市场运作的预定和谐说,与"市场制度里面正确了解的利益彼此和谐定理"虽然有点类似的地方,但不可混淆。参考第二十四章第三节。

⑤ 一个画家,如果他志在卖得高价而作画,他就是一个商人。如果他不迎合大众的好尚,不顾一切不好的后果而我行我素,他就是一位艺术家,一位有原创力的天才。参考第七章第三节。

⑥ 像这样的营业费用与消费支出的混淆不清,常常是由于制度方面的情况促成的。记在营业费用账上的一笔开支,将使利润净额减少,因而减少了应纳的税额。假若租税会课掉利润的 50%,则商人在慈善方面所花的钱只有 50% 是出自自己的腰包,其余的一半是税务局的损失。

⑦ 当然,从营养生理学的观点来考虑,这些事情不至于被忽视。

⑧ 这里,我们是讨论理论,不是讨论历史。所以,我们不必提出自足的家族经济在历史上扮演过的角色来反驳对于孤立行为人这一概念的反对。

⑨ 为求简单起见,我们不管物价的逐日波动。

⑩ 见本章第六节。

⑪ 见第十七章第五节。

⑫ 关于数理经济学的进一步批评，见第十六章第五节。

⑬ 见第十八章第一节。

⑭ 关于把劳动看作非特殊化的生产要素，见前面第七章第三节。

⑮ 让我再来强调：每个人，包括外行人，在讨论关于所得决定的一些问题时，总会用到这个想象的建构。经济学家并未发明它；他们只是把那些属于通俗想法的一些缺陷加以澄清而已。关于功能分配的认识论上的讨论，参考 John Bates Clark, *The Distribution of Wealth* (New York, 1908), p. 5 和 Eugen von Böhm-Bawerk, *Gesammelte Schriften*, ed. F. X. Weiss (Vienna, 1924), p. 299。分配(distribution)这个名词，不可用以欺骗人；用在这里，是要以社会主义国这个想象建构在经济思想史上所扮演的角色来解释的(参考前面第十四章第三节)。在市场经济的运作中，没有什么事情可以适当地叫作"分配"的。财货并不是像在社会主义国那样先生产然后再分配的。"分配"这个字用在"功能的分配"这个名词中，是依照一百五十年前赋予它的意义来使用的。在现在英国的用语中，"分配"是指财货经由商业活动而分散于消费者之间。

⑯ 见第十七章第一节。

第十五章 市 场

一、市场经济的一些特征

市场经济是一个生产手段私有而行分工的社会制度。每个人为他自己的利益而行为；但每人的行为在于满足自己的需要，也同时满足别人的需要。在行为中的每个人都是在为别人服务，从另一方面看，每个人都在接受别人的服务。每个人本身既是一个手段，也是一个目的；就他自己说，每个人是一最后的目的，对于别人而言，在别人为达成他们的目的而作的努力中，他是一个手段。

这个制度的运作是市场在掌舵。市场指导人们的活动，使他们的活动最能满足别人的需要。在市场运作中没有任何强迫和压制。国，这个强制的社会机制，不干预市场和市场所指导的国民活动。它使用权力使人民服从，只是为的惩罚和防止那些破坏市场运作的行为。它保护人民的生命、健康和财产，使人民免于国内暴徒和国外敌人的侵袭。于是，国就创立，并保持一个市场经济可以顺利运作的环境。马克思主义者所喊的"无政府生产"这个口号，很恰当地描写出这个社会结构的特征。作为一个经济制度的这个社会结构，其中没有一个独裁者在指派每个人一份工作而强迫他完成。每个人都是自由的；谁也不服从一个暴君。每个人自愿地与别人合作。市场指挥他，告诉他如何才会最利于自己，也最有利于别人。市场是至高无上的。仅仅这个市场，把整个社会制度安排得有秩序、有意义。

市场不是一个地方、一件东西，或一个集体的存在。市场是一个过程，是由形形色色的个人，在分工合作下的行为之相激相荡而发动的。决定这个——不停地变动的——市场情况的力量，是这些人的价值判断，以及这些价值判断所指导的行为。每一时刻的市场情况就是那时的价格结构，也即是，那些想买进和想卖出的人们相互作用所形成的全部交换率。市场现象中没有什么神秘的、非人的东西。市场过程完全是人的行为结果。每一市场现象都可溯源于这个市场社会成员们的某些确定行为。

市场过程是市场社会各形各色的成员们，对于相互合作所必要的行为调整。市场价格告诉生产者生产什么、如何生产、生产多少。市场是一些个人活动的辏合点，也是一些个人活动的辐射点。

市场经济必须严格地区别于第二种可想到的——尽管不是可实现的——分工合作制：生产手段公有（社会或政府）制。这种制度，通常叫作社会主义、共产主义、计划经济，或国家社会主义。市场经济或如通常所称的资本主义，与社会主义经济是不相容的。两者的混合是不可以的或不堪想象的；没有所谓混合经济——部分是资本主义的，部分是社会主义——这么一回事。生产或者是受市场的指导，或是由一个独裁者，或一个委员会用命令统治的。

如果在一个以生产手段私有为基础的社会里面，有些生产手段是公有公营——也即，由政府或它的一个代理机构所有和经营——这并不构成一个兼并社会主义和资本主义的混合经济。州或市政府保有，且经营某些工厂，这种事情并不改变市场经济的一些特征。这些公有公营的企业还是受市场指导的。它们在购买原料和设备、雇用劳工，以及出卖它们的产品或劳务时，必须把它自己的作为调整得适合市场情况。它们受制于市场法则，因而必须依赖消费者，消费者会照顾它们，也会不照顾它们。它必须谋取利润，至少要力避亏损。政府可能提取公款来弥补它的工厂或商店的亏损。但这种做法既不是消除，也不是减轻市场的支配力，那只是把它移转到另一个部门。因为弥补亏损的这笔钱必须从课税得来。但是，这种课税会影响到市场和遵照市场法则的经济结构。决定这种税的负担落在谁的身上，以及如何影响生产和消费的，是市场运作，而不是征税的政府。所以决定这些公营企业之作为的，是市场，而不是政府。

在行为学或经济学的意义上，无论如何，凡与市场运作相关联的事情，决不可叫作社会主义。照所有社会主义所想的、所界说的，社会主义这个概念意涵没有生产要素的市场和它们的价格。私人工厂、商店、农场的社会化——也即由私有转为公有——是逐渐实现社会主义的一个方法。它是走向社会主义的一个步骤，其本身不是社会主义。（马克思和正统的马克思学派明白否认由渐进而达成社会主义的可能性。照他们的教条，资本主义会演进到那么一天，一下子由资本主义突变到社会主义。）

政府经营的企业和苏俄的经济，仅凭其在市场上买卖这个事实来看，是与资本主义制度相关联的。关于这一点，他们都用货币来作计算，就是他们给自己作证。他们仍在利用他们所激烈攻击的资本主义制度的心智上的方法。

用货币的经济计算是市场经济在心智上的基础。在任何分工制度里面所要做的事情，如果没有经济计算就做不成功。市场经济是用货币价格来作计算的。它能作这样的计算，这有助于它的演进，并改善它的现在运作。市场经济是真实的，因为它能计算。

二、资本财与资本

市场经济的心智工具是经济计算。经济计算的基本观念是"资本"和它的相关物"所得"观念。

资本和所得这两个概念，用在会计上和用在通俗的谈话中，是手段与目的的相对称谓。行为人的内心计算划出了资本与所得的界线。这一边是他想用来直接满足欲望的消费财，那一边是他想用来满足未来欲望的各级财货——包括第一级的经济财。[①]于是手段与目的的区别变成赚取与消费的区别、营业与家计的区别、商业财货与家用财货的区别。用之于赚取的那些复杂财货的全部，以货币来估值，而这一总额——资本——就是经济计算的起点。赚取行为的直接目的在于增加，至少保持这项资本。在一确定期间可用以消费，而无损于资本的那个金额，就叫作所得。如果消费超过了所得，那差额就叫作资本消耗。如果所得大于消费额，这个差额就叫作储蓄。计算所得额、储蓄额和资本消耗额，是经济计算的主要工作。

每个行为人在其计划或预谋某一行为时，总会想到资本与所得的关系。即使最原始时代的农夫也会模模糊糊地意识到现代会计人员所说的"资本消耗"那种行为所会招致的结果。猎夫不愿杀射一只怀孕的母鹿，最残忍的军人在砍倒一棵果树时也觉得心有不安，这都是受了资本与所得这种考虑之影响的心理状态。这种考虑在古老的法制中曾表现于"受益权"和其类似习惯。但是，只有那能够藉助于货币计算的人们，才会明明白白看出资产与来自资产的利益之间的区别，而且把这个概念应用到各类各级的财货和劳务。

从现代会计所提供的知识，回顾人类野蛮祖先们的情况，我们比喻地说，他们也使用"资本"。一位现代会计员可把他专业的一切方法应用到他们原始的渔猎工具，应用到他们畜牧和他们的耕种，如果他知道这些有关项目是些什么价格的话。从这个想法下来，有的经济学家就得到这个结论："资本"是人的一切生产的一个范畴，它呈现于任何可想得到的生产制度中——也即，在鲁宾逊的世界和社会主义的社会都一样——它并不依赖货币计算的实行。[②]但是，这种说法是观念的混淆。资本这个概念不能离开货币计算和市场经济的社会结构，只有在这样的社会结构，货币计算才可能。这个概念，只有在生产手段私有制下，人们为着自利而行为时的计划和记录上，才有它的作用，它随着用货币来作的经济计算之推广而发展。[③]

现代会计是一长期的历史演进的产物。今天，在工商业者和会计人员之间，关于资本的意义已有一致的意见。资本是一个确定营业单位在一个确定的日期，用之于业务的全部资产金额减掉全部负债金额。至于这些资产是些什么东西，那是没有关系的。它可能是一些土地、建筑物、装备、工具、任何种类和等级的财货、要求权、应收账款、现金或其他的东西。

在会计术的初期，小商人，也即走向经济计算的带步人，大都不把他们的房地产的金钱等价包括在资本概念里面,这是个历史事实。农夫们慢慢地把资本概念应用到他们的土地,这是另一个历史事实。即令在现在的先进国,也只有部分的农民熟习健全的会计制度。许多农民在他们的簿记里面没有注意到土地和土地对于生产的贡献。他们的账户不包括土地的金钱等值,因而也不管这个等值的变动。这样的账册是有缺陷的,因为它没有提供现代会计制度中资本账所要提供的信息。它没有指出,在农业经营中是否引起土地生产力,也即土地的客观使用价值的减退。如果土壤变坏了而账上不管它,那么,账上所表现的所得(净收益)就大于完善的簿记制度所会表现的。

提一提这些历史上的事实是有必要的,因为它们影响到经济学家们建立"实质资本"(real capital)这个概念的努力。

有些人认为:增加货币流通量和扩张信用,可以完全,至少可以相当地消除生产要素的稀少性。这是个迷信。经济学家过去,乃至现在,还要克服这个迷信。为着适当地处理这个基本经济政策问题,他们认为,有必要建立一个"实质资本"的概念,来与商人的资本概念相对立,商人的计算涉及他全部赚钱活动的总集合。当经济学家作这种努力的时候,土地的金钱价值在资本概念中的地位还是有问题的。所以,经济学家们认为,在建立"实质资本"这个概念的时候,不考虑土地是合理的。他们把"实质资本"定义为,可以利用的、人造的生产要素的全部。吹毛求疵的讨论是从"商业单位保有的消费财存货是或不是实质资本"这个问题开始的。但是,现金不是实质资本,这几乎是大家一致同意的。

人造的生产要素的全部这个概念是个空洞的概念。一个商业单位所保有的各种生产要素的金钱价值,是确定可以总计的。但是,如果我们把这种金钱的估值抽离掉,则人造生产要素的全部只是成千成万种财货的物质数量的列举。这样的一张清单,对于行为是没有用处的。它是用工艺学和局部解剖学描述万物的一部分,对于改善人类幸福的努力所引起的一些问题没有关系。我们固可同意,把人造的生产要素叫作"资本财",但是,这个术语并未赋予实质资本这个概念更多的意义。

实质资本这个神话的概念之使用,所引起的更坏结果是:经济学家开始思索一个叫作（实质的）"资本生产力"的虚伪问题。生产要素的定义是一件能够在生产过程中有贡献的东西。它的市场价格完全反映人们对于这个贡献所赋予的价值。从一件生产要素的雇用而希望得到的服务（也即它对于生产的贡献），在市场交易中是按照人们赋予它们的全部价值而偿付的。这些要素之被认为有价值，只因为能产生这些服务。这些服务是对它们支付代价的唯一理由。这些代价一经支付，就没有什么可以引起作为报偿这些要素的额外生产服务而再支付。把利息解释为来自资本生产力的一项所得，那是大错特错④。

来自实质资本概念的第二个混淆，也同样有害。人们开始玄想异于"私人资本"的"社会资本"这个概念。从社会主义经济这个现象建构出发，他们想界定一个适于这种制度里面，总经理经济活动的资本概念。他们假设，这位总经理是急于要知道他的行为是否成功（也即从他自己的一些评价，以及依据这些评价所要达成的目的的观点来看），而且要知道，为着他的被保护者们的消费，而又不要损及生产要素的现存量以致减损将来生产的收益，他可以花费多少。经济学家们的这个假设是对的。一个社会主义的政府，特别需要资本与所得概念作为运作的指标。但是，在一个生产手段非私有、没有市场也没有物价的经济制度里面，资本与所得概念只是些学术讨论上的假定，没有实际的适用性。在一个社会主义的经济里面，有资本财，但是没有资本。

资本这个概念，只在市场经济里面才有意义。它是为那些在市场经济里面基于自己的利益而行为的个人或个人集体而服务的。它是一些想赚取利润，避免亏损的资本家、企业家和农民们的设计。它不是一切行为的范畴。它是在市场经济里面的一个行为范畴。

三、资本主义

直到现在，一切文明都是基于生产手段的私有。在过去，文明与私有财产是连在一起的。有些人认为，经济学是一门实验科学，而又主张由政府控制生产手段,这种人很可怜地犯了自相矛盾而不知觉。如果历史经验可以告诉我们什么事情的话,那么,私有财产与文明之不可分,就是它所告诉的。我们没有经验,说是社会主义可以提供像资本主义所可提供的那么一样的高的生活水准。⑤

市场经济制度从来没有充分而纯粹地试行过。但是,自中世纪以来,在西方文明的轨道上,大体上有一个总趋势,那就是,趋向于废除那些妨碍市场运作的法制。随着这一趋势继续进步,人口大大增加,而大众的生活标准提高到以前梦想不到的水准。一个普通的美国工人所享受的生活之舒适,连古代的富豪、将军,乃至国王如 Craesus, Crassus, the Medici 和 Louis XIV 也会嫉妒他。

社会主义者和干涉主义者对市场经济的批评所提出的一些问题是纯经济的,我们可以只用本书所用的方法来讨论它们:即,对人的行为和一切可想得到的社会合作制度加以贯彻的分析。至于人们为什么要嘲笑和污蔑资本主义,而把他们所不喜欢的一切事情都叫作"资本主义的",把所欣赏的一切事情都叫作"社会主义的",这个心理上的问题,是与历史有关的,必须让历史学家去处理。但是,还有几个其他的问题,我们应该在这里特别提出讨论。

极权主义的鼓吹者把"资本主义"看作人类的恶魔,可怕的祸害。在马克思的眼光中,它是人类演化中不可避免的一个阶段,但是即令如此,也是最坏的祸害;所幸解放就要到来,将使人们永远脱离苦难。在其他人的见解中则以为:只要人们在作经济政策的选择时,更道德一点、更技巧一点,资本主义的避免是可能的。所有这些看法,有一点是共同的。他们都把资本主义看作是一个偶然的现象,既然是偶然的现象,就可消灭它而不要改变那些在文明人的行为与思想中的基本要件。因为他们忽视经济计算这个问题,他们也就不知道消灭了金钱的计算所必然引起的那些后果。他们也不了解:不用算术的社会主义人(socialistmen),在心境上和思想方式上,将会完全不同于我们这个时代的人。讨论社会主义,我们不可以忽略这个心境的转变,即令我们把它所带来人们物质生活的那些悲惨后果置之不闻不问。

市场经济是在分工下的一种人为的行为方式。这并不意涵,它是偶然的,或矫揉造作的,而可用别的方式来代替。市场经济是一个长期演进过程的产物。它是人们努力调整自己的行为,以适应他们所不能改变的既定环境的结果。它好像是个战略,人们已经很成功地运用它从野蛮进到文明。

下面这个说法在今天的著作家当中是常见的:资本主义这个制度,在过去二百年曾经有惊人的成就。现在不行,因为过去有利的事情,对于我们以及对于将来,不会是有利的。这样的推理与经验的认知法则显然是相冲突的。在这里,我们没有必要再提出"人的行为科学能否采用自然科学的实验方法"这个问题,即令对于这个问题可给以肯定的答复,像这样的实验主义者所作的推理,确是可笑的。实验科学是说:因为 a 在过去是有效的,它在将来也会有效。决不可以反过来说,因为 a 在过去有效,所以在将来没有效。

责骂经济学家不管历史,这也是常常听到的。据说,经济学家把市场看作理想的永恒的社会合作模式。他们专注于研究市场经济的情况,而不管其他。他们不知道资本主义只出现在过去的二百年当中,即使现在,也只限于地球上相当小的地区和少数的人口。过去和现在,都有些其他的文明,在处理经济事件上,有不同的心境和不同的方式。资本主义是一种过渡现象,是历史演化过程中的一个短暂阶段,从资本主义以前的时代,转到资本主义以后的未来的一个过渡而已。

所有这些批评都是不真实的。当然,经济学不是历史或任何其他历史科学的一个部门。它是人的一切行为的理论,人的行为有一些不变的范畴,这些范畴在所有可想得到的特殊情况下都会运作,经济学是陈述这些范畴和其运作的一般理论,因而它对于历史的和人种学的问题之研究,也提供了不可少的心智的工具。一位历史学家或人种学家,如果在他的工作中,不知道充分利用经济学的成果,他的工作一定是很粗劣的。事实上,他并不是不受他所鄙弃为理论的东西的影响,而接近他所研究的主题。他在收集事实(他所谓的未掺杂的事实)的每一步骤中,在安排这些事实,以及从而得出结论的时候,都是接受经济学成为科学以前的那些粗疏的经济理论和那些已被推翻了的经济理论的指导。其中有的是观点混淆,有的是断章取义。

市场社会是在其中可以应用计算的人的行为的唯一模式,关于市场社会的问题之分析，开辟了一条通路，通向一切可想得到的行为方式和一切经济问题的分析，而这些问题是历史学家和人种学家所遇到的。一切非资本主义的经济管理的方法，只能在这样的假设下研究，即假设在这些方法中也可用些基数（cardinal numbers）来记录过去的行为和计划未来的行为。这就是为什么经济学家要把纯粹市场经济之研究放在他们研究的中心的道理。

　　缺乏"历史感"（historical sense），且忽视演化因素的，不是经济学家，倒是他们的批评者。经济学家完全知道，市场经济是个长期的历史过程的产物，这个过程在人类从其他灵长类动物中演化而来的时候开始。"历史自足主义"（historicism——这是个错误的名称）的鼓吹者是想消除演变的后果。在他们的心目中，凡是存在不能回溯到远古，或不能在原始部落的习俗中发现的东西，都是造作的，甚至是颓废的。他们认为：如果某一制度为野蛮时代所没有的，这就证明这个制度是无用的、腐败的。马克思和恩格斯，以及普鲁士的历史学派的教授们，知道了私有财产"只"是个历史现象的时候，他们高兴极了。自他们看来，这就证明他们的社会主义计划是可实现的。⑥

　　有原创力的天才是不同于别人的。作为一个新事物或前所未闻的事物的创导者，他和别人所接受的传统标准和价值是格格不入的。在他的心目中，一般循规蹈矩的普通人的例行工作，简直是糊涂。照他看来，"布尔乔亚"是"愚蠢低能"的同义词。⑦那些为忘掉和掩盖他们自己的无能，而仿效天才的作风以自娱的倒霉的艺术家们，也使用这个名词。这些放浪不羁的人们，把他们所不喜欢的一切一切，都叫作"布尔乔亚的"。自从马克思把"资本家"这个名词弄成和"布尔乔亚"同义以来，他们就把这两个字互换地使用。在各种文字的字汇中，"资本主义的"和"布尔乔亚的"这两个字的意思是指，一切可耻的、堕落的、不名誉的东西。⑧相反地，人们把所认为善良的、值得称赞的，都叫作"社会主义的"。通常的说法是这样：一个人任意地把他所不喜欢的每件事物都叫作"资本主义的"，然后再从这个称谓推断出这件事物是坏的。

　　资本主义这个名词，在自由、民主和市场经济的敌人的词汇中，是意指大商人和万万富翁们所主张的那些经济政策。现代富有的企业家和资本家，有一些——但决不是全体——是主张限制自由贸易和竞争的，其结果是形成独占。他们看到这个事实于是乎说：现代资本主义是代表保护主义、卡特尔，以及竞争的废除。他们还说：不错，在过去有个时期，英国的资本主义是主张自由贸易的，国内贸易与国际贸易都主张自由。这是因为，这样的政策最有益于那时的英国布尔乔亚的阶级利益。但是，情况变了，今天的资本主义，也即剥削者所主张的，目的在于另一政策。

我曾经指出，这种武断严重地曲解了经济理论和历史事实。⑨有些人基于私利而要求保护既得的利益，希望有限制竞争的政策而从中得利。这种人过去有的是，现在也总是有的。年老退休的企业家和过去成功者的不肖子孙，讨厌那些向他们的财富和社会地位挑战的敏捷能干的暴发户。想把经济情况弄成僵固以阻碍改进的，是他们。但是，他们的这个愿望能否实现，就要看舆论的气候。在十九世纪当中，由于自由主义经济学家的言论塑成的意理结构，使这种愿望无法实现。当自由主义时代技术的进步，推翻了生产、交通、交易的一些传统方法，可是，那时一些既得利益受了损害的人们并未要求保护，这是因为那种要求是无希望的妄想。但在今天，阻止效率高的人与效率较低的人竞争，却被认为是政府应做的事。舆论同情压力团体阻止进步的要求。牛油的生产者很成功地战胜了人造奶油。乐师战胜了留声音乐片。工会是新机器的劲敌。在这样的环境中，效率低的工商业者要求保护，以对抗有效率者的竞争，这是不足为怪的。

这种情况，我们可以这样陈述：今天，有许多或有一些工商业团体不再是自由的；他们不主张纯粹的市场经济和自由企业，相反地，而是要求种种干涉政策。但是，如果我们说资本主义这个概念的意义已经变了，"成熟的资本主义"（这是美国人用的名词）或"后期的资本主义"（这是马克思主义者的说法）的特征是保护工人、农民、店主、技工，乃至有时也保护资本家和企业家的既得利益。这种说法是完全使人误解的。作为一个经济概念讲，资本主义这个概念是不变的；如果它有何意指，那就指的是市场经济。如果你默认一个不同的术语，你就是剥夺了你自己用以适当处理现代历史和经济政策问题的语意工具（the semantic tool）。这种错误的命名法，只有在我们了解了"那些用这个名词的假经济学家和政客们的企图是想不让人们知道市场经济是什么"的时候,才成为可懂的。他们想使人们相信,所有叫人讨厌的政府干涉政策都是由"资本主义"搞出来的。

四、消 费 者 主 权

在市场社会里面,一切经济事情的定向是企业家们的任务。他们控制生产,他们是这条船的掌舵者、驾驶人。肤浅的观察者以为,他们是至高无上的。但是,事实上并非如此。他们必须无条件地服从船主的命令。这位船主是消费者。决定生产什么的,既不是企业家,也不是农民,更不是资本家,而是消费者在作这个决定。如果一个企业家不严格地服从消费者经由市场价格结构传递出来的命令,他就要亏损、要破产,因而要从掌舵的高位退下来。另一位能够使消费者的需求更满足的人取代了他的地位。

消费者群照顾那些他们能够以最便宜的价格买到他们所想买的商店。他们的购买或不购买,决定了谁会保有和经营这些工厂和农场。他们会使穷人富有,富人贫穷。他们精密地规定应该生产什么、怎样的品质,以及多大的数量。他们是些无情而自私的头儿,富有变幻莫测的兴致和奇想。对于他们,没有什么事情比他们自己的满足更值得计较。他们毫不关心过去的功绩和既得利益。如果你能够提供他们所更喜欢的或更便宜的东西,他们马上背弃以前所照顾的商店而来买你的。人们在以购买者和消费者的身份出现时,心肠是硬的,不会考虑到别人。

只有第一级的财货和劳务的出卖者,才是直接与消费者接触、直接接受消费者命令的。但是,他们会把所接受的命令,转到较高级的财货和劳务的生产者。因为消费财的生产者、零售商,以及提供劳务的职业,都不得不向那些定价最廉的供给者去取得他们业务上需要的东西。如果他不能在最便宜的市场购买,不能把生产要素以最经济、最适合消费者需求的方法来利用,他们就会被迫退出他们的行业,而由那些能善于购买和利用生产要素的能手来接替他们。消费者是能够从心所欲的。企业家、资本家和农民让他们的手被束住;他们不得不遵照大众购买者的命令来做事。如果违离了消费者的需求所规定的路线，就会赔本。稍稍违离——或者是由于故意，或者由于差误，或者由于坏的判断，或者由于缺乏效率——就可减低利润或造成亏损。较严重的违离，就会陷于破产或赔掉全部财富。资本家、企业家、地主，只有好好地遵照消费者的命令，才可保存和增加自己的财富。消费者向他们买产品所付的钱，不会多于自己所愿意支付的，他们收到这笔钱也不会自由地花掉它。在生意的行为中，他们一定是无情的，因为消费者——他们的发号施令者，也是无情的。

消费者不仅决定消费财的价格，而且也决定一切生产要素的价格。他们决定市场经济里面每个分子的所得。最后支付工人的工资、电影明星的薪水的，不是企业家，而是消费者。消费者每花一文钱，对于一切生产程序的方向和生产活动的组织，都会发生影响。这种情况曾经被称为市场民主，在这种民主里面，每一文钱就代表一次投票权。⑩我们还可更正确地说：一部民主的宪法，是给每个公民在政治行为中的主权的一个设计，市场经济则是给他们作为消费者的时候的主权。但是，这个类比是有缺点的。在政治的民主中所投的票，只有投给多数人所支持的候选人或多数人所赞成的方案的那些票才有效。其余的票不发生直接影响。但在市场里面，没有票是白投的。消费者所花的每一文钱都影响到生产。出版商不仅是迎合大多数消费者的好尚而出版侦探小说，同时也迎合少数的人的情趣而出版抒情诗和哲学论著。面包店不仅是供应一般健康的人所吃的面包，也供应为病人而特制的面包，消费者的决定之发生效果，是随他愿花的金额所发生的力量而俱来的。

诚然，在市场里面，不同的消费者不是享有同等的投票权。富人的投票比穷人的多。但是，这种不平等的本身是以前投票的结果。在纯粹市场经济里面，要成为富人，必须好好地满足消费者的需求。一个富人要想继续保有他的财富，也只有靠继续以最有效的方法为消费者服务。

所以，生产要素的所有人和企业家，实际上是消费者的受托者，而这受托者每天都有被撤消或继续当选的可能，因为消费者每天在继续投票。

在市场经济的运作中，只有在一种情形下，业主阶级可以完全不受消费者主权的支配。那就是独占。独占价格是对消费者主权的侵犯。

政治术语的比喻用法

商人在业务方面所发的命令，可以听到或见到。谁也不会不知道。即令是听差的小孩，也会知道他的老板是总管店务的人。但是，如果要知道企业家之服从市场，那就多需要一点头脑来想。消费者所发的命令不是有形的，不是感官所可察觉的。许多人缺乏这种认识力。他们陷于一种幻想，以为企业家和资本家是些无责任的独裁者，没有任何人责备他们检点其行为。[11]

这种心态发展的结果是把政治统治和军事行动的名词用之于工商业。成功的商人被称为大王或公爵，他们的企业被称为帝国、王国或公国。如果这种称呼只是一种无害的比喻，我们就没有必要去批评它。但是，它却是一些严重谬见的来源，而这些谬见在当代的一些学说中发生恶劣的作用。

政府是一强制机构。它有权用武力取得人民的服从、政治的主权，是一位君主也好，是代议制下的人民也好，只要他的意理权力维持得住，就有权削平叛乱。

至于企业家和资本家，在市场经济里面所处的地位是属于不同性质的。一位"巧克力大王"无权支配他的顾客——消费者。他以价廉物美的巧克力供应他们。他不统治他们，而是为他们服务。消费者不受他的束缚。他们很自由地可以随时不再照顾他的商店。如果消费者宁愿把他们的钱花在别处，他就要失掉他的"王国"。他也不"统治"他的工人。他雇用他们的劳务而偿付他们的代价，代价的金额决定于消费者购买他的产品所愿支付的代价。资本家和企业家更是不运用政治控制的。欧美的一些文明国家久已被那不大妨碍市场运作的政府统治。今天，这些国家也受那些敌视资本主义的政党的支配，而认为凡是伤害资本家和企业家的事情，都是最有利于人民的。

在一个未受妨碍的市场经济里面，资本家和企业家不会希望靠贿赂官吏得到利益。另一方面，官吏们也不能够向工商业者敲诈。但在一个干涉主义的国邦，有力的压力团体，每每企图取得本团体分子的特权而损害较弱的团体和个人。于是，工商业者就认为要免于自己之被歧视，贿赂行政官吏或立法人员是最方便的办法；一旦用过这种方法，他们就会进一步用这个方法来谋取特权。无论如何,工商业者向官吏纳贿或者受那般人的敲诈,这个事实并不说明他们是至高无上的,是统治这个国邦的。纳贿的、奉献的,是被统治者,不是统治者。

大多数的工商业者受自己的良心或恐惧心的抑制,不至于靠纳贿来图利。他们想以合法的民主方法,来维护自由企业制度,以保障他们自己不受歧视。他们组成同业公会,且想影响舆论。这些努力的结果颇为可怜,这可由反资本主义的政策之大行其道得到证明。他们所能达成的,至多是把某些特别可恶的措施延缓一时而已。

这个事象被煽动家们用极粗鲁的方法来误传。他们告诉我们:银行家和制造业的那些同业公会是他们的国的真正统治者,所谓的"财阀"(plutodemocratic)政治,是由他们支配的。这样的传说,只要列举最近几十年任何国的立法机关所通过的法律,也就足以推翻它。

五、竞　　争

在自然状态下,不能和解的利益冲突到处都是。维持生存的资料是稀少的。生殖率趋向于超过食物的产出率。只有那些最适于环境的植物和动物才能维持生存。饥饿与掠夺之间的敌对,难解难分。

在分工下的社会合作,消除了这种敌对。它以协力相关替代彼此敌对。社会的组成分子在一个共同的目标下联合起来。

"竞争"这个名词,当它用在动物生活的时候,是指那些寻找食料的动物之间的生死斗争。我们无妨把这个现象叫作"生物学上的竞争"。"生物学上的竞争"不可与"社会竞争"相混淆,后者是指,在社会合作的制度下,个人们为争取最有利的地位而作的努力。因为,总归有些地位是人们视为比其他地位更有价值的,于是他们就去争取,以期胜过对方。社会竞争终于表现在各型的社会组织。如果我们要想象一个没有社会竞争的情况,我们必须构想一个社会主义制度,那个制度里面的头儿,在指派每个人的社会地位和工作的时候,没有任何人会帮助他,因为任何人都没有奢望,他们不希望什么特别的指派,对一切都不在乎。他们像一群种马似地生活着,当主人挑出其中的种马使它们交配的时候,种马群并不自动争取。可是像这样的人们,那就不再是行为人了。

在极权的制度下,社会竞争表现于人们之向权力者争宠,在市场经济里面,竞争表现于下述的事情,即:卖者必须提供价廉质美的货物和劳务来打败别人,买者必须支付较高的价格来打败别人。在讨论这种形态的社会竞争——我们可称之为"交换的竞争"(catallactic competition)——的时候,我们要慎防各种通常的谬见。

古典学派的经济学家们,主张取消一切限制市场竞争的障碍。照他们的解释,这类限制性的法律,是把生产事业从天然条件较有利的地方移转到它们较不利的地方,是保障效率低的人来对抗效率高的对手,是使落后的生产技术得以不被淘汰。总而言之,这样的法律是减削生产,因而降低生活标准。为了使大家生活过得更舒服,这派经济学家们强调:竞争必须人人自由。他们使用"自由竞争"这个名词,是用在这个意义下,没有什么玄妙不可解的意味。他们主张,凡是妨碍人们自由参加某些行业和市场的那些限制都要取消。由此可知,所有对"自由竞争"的"自由"这个形容词的着意挑剔,都是虚妄的;它们对竞争的交换问题没有任何相干。

就自然状态发生作用的范围以内讲,竞争,只有关于那些非稀少的生产要素,方可以是自由的,可是,这样的生产要素就不是人的行为之对象了。在交换行为中,竞争总是受限于经济财货和劳务的稀少性。即令没有那些用以限制竞争人数的法律制度存在,情形也不会变到每个人能在市场的一切部门从事竞争。在每个部门里面,只有相当小的人群可以竞争。

交换的竞争——市场经济的特征之一——是一种社会现象。它不是政府和法律所保障,而使每个人得以随意在分工的结构中选择他所最喜欢的地位的一种权利。指派每个人在社会上适当的地位,这是消费者的事情。消费者指派每个人的社会地位所用的手段,是购买和不购买。他们的主权不受到生产者任何特权的侵害。新来的生产者之得以自由加入某一生产部门,只有在消费者"批准"这一部门可以扩张的时候才行,或者在新来的人能够以价更廉、质更美的货物满足消费者的需求,因而把原来占据这一部门的人排挤出去的时候才行。另增的投资只有在这个范围以内才是合理的,即:这项投资是满足消费者尚未满足的需要当中的最迫切的需要。如果既存的工厂已经足够,而再增加投资于这个部门,那就是浪费。市场价格结构会把新的投资者推到其他部门。

关于这一点,有特别强调的必要,因为许多人诉说自由竞争的不可能,都是由于他们不了解这一点。大约在五十年以前,人们常常这样说:你不能与铁路公司竞争;在陆地运输的业务上再也没有竞争了。事实是这样:在那个时候已在经营的铁路线,大体上已经足够了。对于另外的投资而言,更有希望的投资途径是在改善原有路线的便利性和其他运输部门而不是修筑新铁路。但是,这并不妨碍到运输方面的技术进步。铁路公司的"大"和其经济力量,没有阻碍汽车和飞机的出现。

今天人们持同样的论调而指涉到各种大规模的生产部门。他们说:你不能向它们的地位挑战,它们太大、太有力量。但是,竞争的意思并不是说,任何人可以仅靠摹仿别人所做的事情就可致富。它的意思是:以提供质较美或价较廉的东西为消费者服务的机会,不因为既得利益者享有的特权(免于创新的伤害的特权)而受限制。凡是想向老的公司行号的既得利益挑战的人所最需要的东西,是头脑和观念。如果他的设计能满足消费者最迫切的需求,或者能以较廉的价格为消费者提供别的提供者所提供的同样东西,他就会成功,尽管老的公司行号规模大、力量大,也不能阻碍他的成功。

竞争这个名词,主要地是作为"独占"的反面来使用的。在这个语式里面,"独占"这个名词有些不同的意义,这些不同的意义必须明白分辨。

独占的第一个涵义,也即最常用的,是指这种状态:独占者,或者是个人或者是一组人,绝对控制人们生存的基本要件之一。这样的独占者有权力使不服从他的人饥饿至死。他是发号施令者,其他的人,只有服从或死,没有其他的选择。讲到这样的独占,市场是不存在的,也没有任何其他的交换竞争。独占者是主人,其余的人都是奴隶,完全依靠他的恩惠而生存。这类的独占我们没有详细讨论的必要,它和一个市场经济没有任何关系。我们只要举一个例就够了。一个包括全世界的社会主义国或会行使这样绝对的全体的独占;它有权力把所有的反对者饿死。⑫

独占的第二个涵义和第一个涵义之不同在于:它所描述的情况是与市场经济相容的。在这个意义下的独占者是一个人或一组完全联合行动的人们,对于某一货物的供给握有绝对的控制力。如果我们对独占一词这样下定义,则独占的领域显得很大。加工业的一些产品,彼此间或多或少总有些差异。每个工厂产出的货物和其他工厂产出的总有些不同。每一个旅馆在服务方面或在地区方面有它的独占。一位医生或一位律师所提供的劳务决不和其他医生或律师所提供的完全相同。除掉某些原料、粮食和其他大宗产品以外,市场上到处有独占。

但是,仅仅是独占的"现象",对于市场运作和价格决定,没有什么意义和相干。它不会给独占者在出卖他的产品时占到什么利益。在版权法的保障下,每个写打油诗的诗人也享有他那诗篇的独占销售权。但这并不影响市场。他那货色可能卖不出任何价格,也许只能当作废纸卖掉。

这第二个意义的独占之成为价格的决定因素,只有它的产品的需求曲线是一特殊形状的时候才会。如果情形是这样:独占者可以把他的产品卖出较少的数量,索取较高的价格,而其净收入比卖出较多的数量、索取较低的价格更多些。这时就出现比没有独占时可能的市场价格要高些的"独占价格"。独占价格是个重要的市场现象,独占之为独占只有在它能够形成独占价格的场合才是重要的。

习惯上是把没有独占的价格叫作"竞争价格"。这个称谓是否便利固然是个问题,可是它已被大家采用,将难于改变了。但是,我们必须小心不要误解。如果从独占价格竞争价格的对立,因而推论说,独占价格是没有竞争的结果,那就大错特错。在市场里面,总是有交换竞争的。交换的竞争是竞争价格的决定因素,同样也是独占价格的决定因素。使独占价格的出现成为可能,并且指导独占者的行为的需求曲线的形状,是决定于争取购买者的金钱的其他所有的货物的竞争。独占者的售价定得愈高,潜在的买者把他们的金钱转到其他货物的卖者则愈多。在市场里面,每样货物都在和其他所有的货物竞争。

有许多人认为,交换的价格论对于实际问题的研究毫无用处,因为"自由的"竞争是绝对没有的事情,或者至少在今天,再也没有这样的事情。所有这些说法都是错的。[13]他们误解这个现象,简直不知道竞争真正是什么。过去几十年的历史,记录了许许多多限制竞争的政策,这是事实。这些政策的明显意图,是给某些生产集团的特权,保护他们免于更有效率的对手者的竞争。在许多情形下,这些政策曾经完成了独占价格所必要的条件。在其他的许多情形下,不是这样,其结果只是阻止了许多资本家、企业家、农民、工人进到那些应该会为国人提供最有价值服务的生产部门。交换的竞争是被严重地限制,但市场经济仍然在运作,尽管因政府和工会的干扰而受妨碍。

这些反竞争政策的最后目的是要以计划的社会主义制度来替代资本主义,在社会主义制度里面,根本没有交换的竞争。计划者一方面对竞争的衰退假惺惺地表示惋惜,另一方面想彻底消除这种"疯狂的"竞争制度。他们的目的,在某些国已经达到。但在世界其余的地区,他们只做到某些生产部门的竞争被限制,而其他部门的竞争人数为之增多。

我们这个时代,以限制竞争为目的的那些力量,正在扮演重大的角色。处理这些力量是我们这个时代的历史的重大任务。经济理论没有特别讨论它们之必要。现在,我们有贸易壁垒、有特权、有产业联营、有政府独占、有工会。这些事实,只是经济史的资料,不需要特别的定理来解释。

六、自　　由

自由这个名词,就人类最杰出的人物看来,是指一个最宝贵、最可欲的东西。现在流行的风气是轻视它、嘲笑它,时髦的哲人在大声叫喊:自由是"狡猾的"观念和"布尔乔亚"的偏见。

在自然状态下没有所谓自由。自由这个名词不能有意义地用在自然状态下的任何现象。无论人做什么,他决不能摆脱自然界给他的限制。如果他想在行为上成功，他必须无条件服务一些自然法则，否则他的行为就得失败。

自由总是指的人际关系。一个人如果能够不受别人的任意支配而好好地活下去，他就是自由的。在这个社会架构里面，人人互赖。社会人（social man）不能放弃社会合作的一切利益而成为独立的人。自足自给的人是独立的，但他不是自由的。因为他是在每个强过他的人的支配下。较强的人可以任意杀害他而无所畏惧。所谓"自然的"和"天赋的"自由，是说人们在社会约束出现以前的远古时代，已经享有的自由，这简直是无稽之谈。人不是生而自由的；他所可享有的自由是社会给他的。只有一些社会条件能造就一个轨道，让他在这个轨道的范围以内享有自由。

在一个契约的社会里面，自由是做人的条件。生产手段私有制下的社会合作，就是在市场的范围以内，个人不必服从和服侍一个主子。他给予别人和为别人服务，他是自愿地为着取得报偿和得到对方的服务。他交换财货和劳务，他不作被强迫的工作，他也不贡献。他确是不独立的。他依赖社会的其他分子。但是，这种依赖是相互的。买者依赖卖者，卖者依赖买者。

十九世纪和二十世纪，有许多著作家曲解了这个明显的事实。他们说，工人们是受他们雇主摆布的。不错，雇主有权解雇工人。但是，如果他滥用这个权力以逞一时之快，他就会伤害自己的利益。如果他为雇用一个效率低的工人而解雇一个较好工人，那是对他自己不利。市场并不直接制止任何人任意加害别人；它只是对这种行为加以惩罚。店主有自由对他的顾客不礼貌，假若他甘心接受后果。消费者有自由杯葛一个卖主，假若他愿意支付代价。在市场里面推动每个人尽力为别人服务，同时遏制那些任性作恶的天赋倾向的，不是宪兵、不是绞刑吏、不是刑事法庭，而是每个人自己的利害关系。契约社会的分子是自由的，因为他只是为服务自己而服务别人。限制他的只是那无可如何的自然现象——稀少。除此以外，他在市场的范围内是自由的。

除掉市场经济带来的这类自由，再也没有别类的自由。在一个极权统治的社会里面，留给个人的唯一自由，是那无法剥夺的自杀的自由。

国，这个强制性的社会机构，必然是个强力的束缚。如果政府能够随便扩张它的权力，它就可以彻底消除市场经济而代之以万能的、极权的社会主义。

为了预防这种事情发生,削减政府的权力是必要的。这是所有的宪法、人权表 (bills of rights)和法律的任务。这是人们为争取自由而作的一切斗争的意义。

在这个意义下,诽谤自由的人所说的是对的。他们把自由叫作"布尔乔亚的"收获物,而且责怪那些保证自由的权利是消极的,就政治的意义讲,自由是指对警察的权力所加的限制。

自由这个名词是用来描述市场社会各个分子的社会地位,在这市场社会里面,国,这个不可少的强力束缚,其权力是要削减的,否则市场运作就要受害。在一个极权制度下,没有任何事情可以用得上"自由"这个形容词,那里只有独裁者无限的任意专断。

如果那些主张废弃自由的宣传者,未曾有意地在字义上故弄混淆,我们也就不必对这个明显的事实多费笔墨。他知道:如果公开而坦白地鼓吹限制和奴役,那是得不到附和的。自由这个观念已有了任何宣传所不能动摇的声望。在西方文明中,很久很久以来,自由已被认为是最可贵的。西方文明的优越,是得之于对自由的关切,这是东方人生疏的一个社会理想。西方的社会哲学,本质上是自由哲学。欧洲以及欧洲移民和其子孙在世界别处所建立的社会,其历史的主要内容是争取自由的一些斗争。"粗野的"个人主义是我们这个文明的记号。对个人自由的公开攻击,决不会有成功的希望。

因此,极权主义的拥护者选择了别的战略。他们颠倒文字的意义。他们把那只有服从、没有其他权利的制度下的个人处境叫作真的或真正的自由。他们把他们自己叫作真的自由主义者,因为他们是为实现这样的社会秩序而奋斗。他们把俄国独裁政府的一些方法叫作民主。他们把工会所用的暴力叫作"产业民主"。他们把那只有政府可以自由印行书刊报纸的情况叫作出版自由。他们把自由定义为做"正当"事情的机会,而所谓正当或不正当,当然只能由他们自己作判断。在他们的心目中,政府万能就是充分自由。使警察的权力不受任何限制,是他们为自由而奋斗的真正意义。

这些自命为自由主义者的人们这样说:市场经济只是给剥削者布尔乔亚这一寄生阶级的自由。这些恶棍享有奴役大众的自由。赚取工资的人是不自由的；他必须为他的主人——雇主——的利益而辛苦工作。资本家把应该属于工人的据为自有。在社会主义制度下，工人享有自由和尊严，因为他再不必为资本家做奴隶。社会主义即是一般人的解放，即是大家自由。而且，也是大家都富有的。

这些教条也能叫人相信，因为它们没有遇到过有力的批驳。有许多经济学家曾经揭发他们的严重谬见和矛盾。但是，一般大众注意不到经济学的教义。这些教义对于那些小报和其他低级刊物的读者，过于繁重而吃不消。至于平庸的政客和作家提出的反社会主义的议论，或者是愚蠢的，或者是不中肯的。如果别人说最"自然的"的权利是所得平等的权利，而你还诉之于个人保有财产的所谓"自然"权利，那是无用的。对于社会主义的那些枝节而非要害加以批评，是不中用的。社会主义对于宗教、婚姻、生育节制和艺术，自有它的立场。我们不要靠攻击它的这些立场来驳斥社会主义。而且，在这些问题的讨论上，批评社会主义的人常在错的方面。举例来讲，他们愚昧到把那"对布尔什维克迫害俄国教会的反对"变成"一个对那卑鄙的、难忍受的教会和它的一些迷信的作为的辩护"。

尽管经济自由的辩护者有这些严重的缺点，但要想把社会主义的基本特征永久瞒过所有的人，那是不可能的。最狂热的计划者不得不承认，他们的方案是要废除人们在资本主义和"富豪的民主"下所享有的许多自由。如果逼紧了，他们就诉诸于一个新的遁词。他们强调说：要废除的自由只是虚伪的"经济"自由。"经济范围"以外的自由不仅是全部保留，而且大大地扩张。"为自由而计划"成为近来最流行的口号，喊出这个口号的，是些极权政治的拥护者。

这个议论的错误，源于误把人的生活与行为，区分为完全分离的两个界域，即"经济"界域和"非经济"界域。关于这个问题，除掉本书前面几篇讲过的话以外，没有必要再讲什么。但是，有一点是我们要特别强调的。

像过去自由主义得势的时期，西方民主国的人民所享受的那种自由，并不是宪法、人权表、法律、规章的产物。那些文件的目的，只在于保障自由以防官吏们的侵犯，而市场经济的运作则是坚实地确立了自由。没有一个政府或一部民法，可以不维护市场经济的基本功用而能保障自由的。政府总是一个强制性的机构,它必然是自由的反对物。政府之成为自由的保障者而与自由相容,只有在一种情形下才可能,即它的活动范围适当地限于经济自由的维护。凡是没有市场经济的地方,宗旨最好的宪法条文和一般法规,都成为具文。

　　资本主义下的个人自由是竞争的效果。工人不靠雇主的恩惠。如果他的雇主解雇他,他就另找雇主。⑭消费者不受店主的摆布。如果他不喜欢,他可自由地照顾另一个商店。谁也不要去吻别人的手或怕失掉别人的宠爱。人际关系简单明了。货物和劳务的交换是相互的;买或卖不是一种恩惠,而是由双方的自私自利所指挥的交易。

　　不错,每个人当他是生产者的时候,他将直接(当他是企业家的时候)或间接(当他是工人的时候)依赖消费者的需求。但是,这种对于消费者的依赖不是无限的。如果一个人有重大的理由不管消费者的主权,他可试试看。在市场范围内,有个非常实在而有效的抗拒压迫的权利。谁也不会被逼进到制酒业或枪炮工业,如果他的良心反对的话。他也许要为他的信念支付代价;在这个世界里面,没有不要代价而可达成的目的。但是,在"物质利益"与"他认为的他的天职"之间的选择,还是由他自己决定。在市场经济里面,关于个人满足的事情,他本人就是最高的裁决者。⑮

　　资本主义社会除掉以较高的报偿来奖赏那些善于满足消费者欲望的人以外,决不强迫一个人改变他的行业、他的居住地或他的工作。正因为这种情形,有些人觉得忍受不了而希望看到在社会主义下消除这种情形。他们竟愚昧到看不出要如此则只有给政府充分的权力,让它来决定每个人应该在哪个部门、哪个地方工作。

　　一个人,当他是消费者的时候,是同样的自由。他凭他自己一个人来判定什么东西对于他最重要,什么次重要。他按照自己的意愿来选择怎样花费他的钱。

　　以经济计划替代市场经济,那就是消除一切自由,而留给个人的只是一个服从的权利。指挥经济事务的那个权威,控制每个人的生活和活动的各方面。它是唯一的雇主。所有的劳动都成为强迫劳动,因为被雇者必须接受这个头儿指派他的工作。这个经济的独裁者决定每个消费者可以消费什么、消费多少。在人生的任何方面，都没有让各个人按他的价值判断来作决定的余地。这个权威指派他一定的工作，训练他适合这个工作，然后按照它所认为方便的地区和方式，来雇用他。

市场经济给人们的经济自由一经废除，所有的政治自由和人权法案都成为欺骗。如果在经济的权宜之计这个藉口下，权威者有充分的权力把它不喜欢的人放逐到北极去、沙漠地带去，并且指派他终身的劳役。那么，人身保护状（habeas corpus）和陪审制度就是一个装饰品。如果这个权威控制住所有的印刷厂和造纸厂，则出版自由不过是一句空话。其他的人权也是如此。

一个人按照自己的计划安排他的生活，能够这样做到什么程度，他在这个程度内就是自由的。一个人，如其命运是决定于上级权威的计划，则他就不是自由的。这里所用的自由一词，其意义是大家所用的、所了解的，而不是前面提到的我们这个时代的语义革命所弄成的那种歪义。

七、财富与所得的不平等

关于财富和所得的个人间之不平等，是市场经济的一个基本特征。自由不能和财富所得的平等相容，这一事实曾经被许多著作家强调过。这里没有必要再进而检讨那些作品中激于情感的议论。也没有必要提出这样的问题：放弃了自由是不是可以保证财富与所得就会平等，以及以这样的平等作基础的社会能不能长期存在。我们在这里所要做的工作，只是描述，在市场社会的架构中"不平等"所扮演的角色。

在市场社会里面，直接的强迫只是为制止那些危害社会合作的行为而使用的。除此以外，个人不会受到警察权力的折磨。守法的公民无虞牢狱之灾。逼着你不得不贡献你的一份于生产合作的，是市场的价格结构所发生的作用。这个压力是间接的。它对每个人的贡献给以奖金，金额多少是按照消费者对这个贡献的评价。在这个过程中，每个人可以自由决定把自己的能力利用到什么程度。当然，这个方法不能消除某些人因天生缺陷而受到的不利。但是，它却给每个人一种鼓励,鼓励他尽力运用他的智慧和能力。

唯一可替代这种市场间接压力的,是警察权力的直接强制。这是让政府机构来决定每个人应该作的工作量和质。由于各个人的才能不是相等的,政府机构必须个别检查,才好指派不同的工作。指派了工作以后,他就像劳动营里面被关的人一样,如果他不能完成被指定的工作,就要受惩罚。

为防止犯罪而使用的直接压力与为责成工作而使用的压力,其间有重要的区别,这一点必须认识清楚。在前一情形下,个人所要遵守的,不过是避免作某一行为而已,而此行为是由法律明确规定的。对于这个禁法是不是违犯了,通常很容易判定。在后一情形下,个人要负责完成某一工作;法律没有明确规定他应做的行为,他究竟应做什么,则留给行政当局决定。不管这个决定是怎样,个人必须服从。行政当局给他的命令是否适合他的能力才智,以及他是否尽了最大努力遵行这个命令,这是极难确定的。每个公民,关于他的人格各方面以及关于他行为的一切表现,都要由行政当局来判断。在市场经济里面,在刑事法庭审判以前,起诉人有责任提出被告犯罪的充分证据。但在强迫劳动的场合,则是被告方面要负责提出证据,证明派给他的那份工作超出了他的能力范围,或者证明他已完成了派给他的全部工作。在这种场合,行政当局兼有几种身份:立法者、法律执行人、检察官和审判官。被告完全受他们的摆布。这是我们说到缺乏自由的时候,浮现在心头的情境。

如果没有一个方法使各个人对于联合生产的努力负起责任,社会分工制就无法实行。如果这个责任不靠市场价格结构和它所引起的财富与所得的不平等的激励,那就必须用警察的力量来直接强制。

八、企业家的利润与亏损

利润,就它的广义讲,是来自行为的利得;它是满足的增加(不愉快之减少);它是那附着于得到的结果上面的较高价值,与那附着于为获得此结果而作的牺牲上面的较低价值之差额;换句话说,它是收益减去成本。谋取利润,一定是任何行为所追求的目的。如果一个行为没有达到它的目的,则收益或者没有超过成本或者不够成本。如果是后者,那就是亏损,也即满足之减少。

利润与亏损,在这原始的意义下,是一些心理现象,因而无法计量,而且不能精确地把它的强度说给别人知晓。一个人可以向别人说 a 比 b 更合他的意;但是他无法使别人知道(除用模糊不清的词句)从 a 得到的满足与 b 的相比究竟超过多少。

在市场经济里面,凡是用金钱买卖的东西都以金钱来标价。在金钱的计算上,利润是收到的金额超过支出的金额,亏损是支出的金额超过收到的金额。利润与亏损可用一定的金额表示。所以,用金钱来确定一个人的利润与亏损,这是可能的。但是,这并不代表这个人的心理上的利润与亏损,而是关于一个社会现象的陈述,也即,关于社会其他分子对于个人在社会生产中的贡献所作的评价这一现象的陈述。它没有告诉我们关于个人的满意或幸福之或增或减,它只反映别人如何鉴定他在社会合作中的贡献。这种鉴定或评价,最后决定于社会的每个分子为取得最高可能的心理利润而作的努力。它是所有这些人在市场行为中表现出的个人主观的价值判断的混合后果。但是,我们决不可以把"利润与亏损"和这些价值判断的本身相混淆。

我们甚至于不能想象有这种事情:人们行为而不是为获得心理的利润,行为的结果既没有心理的利润也没有心理的亏损。[⑩]在一个均匀轮转的经济这个想象建构里面,没有金钱的利润,也没有金钱的亏损。但是,每个人从他的行为方面得到一种心理的利润,否则他将不会有所行为。农人饲养母牛,挤它的奶来卖,因为他对这赚得的钱所买到的东西的评价,高于他所花的成本。在这样的均匀轮转制里面,之所以没有金钱的利润与亏损,是由于这个事实:如果我们不管现在财的评价高于未来财的评价之间的差额,则生产过程中一切要素价格的总和将恰好等于产品的价格。

在实际的变动的世界中,一切生产要素的价格之总和,与产品价格之间的差额,总是经常出现的。金钱的利润与金钱的亏损是这一差额引起的。关于这些变动影响劳动、自然资源和资本这些方面,将在下面讨论。这里,我们是讨论企业家的利润和亏损。当人们在日常谈话中使用利润和亏损这两个名词的时候,心中想到的就是这个问题。

　　企业家,像每个行为人一样,经常是一个投机者。他应付未来的一些不确定的情况。他的成功或失败,决定于他对这些不确定的事情预测得正确与否。如果他不能领悟将来的事情,他就倒霉。企业家利润的唯一来源,是他对消费者将来的需求预料得比别人更正确些的这个能力。如果每个人都正确地预料到某一货物将来的市场情况,那么,它的价格以及一切有关的生产要素价格,就会在今天为适应这将来的情况都预先调整好了。这样一来,则从事这一行业的人既无利润,也无亏损。

　　特殊的企业家功能在于决定生产要素的雇用。企业家是把生产要素奉献于一些特别目的的人。在这样作的时候,他只受赚取利润和获得财富的自利心所驱使。但是,他不能逃避市场法则。他的成功只能靠好好地为消费者服务。他的利润决定于消费者对他的行为之赞赏。

　　我们决不可把企业家的"利润与亏损"与影响企业家收入的其他因素相混淆。

　　某企业家的技术能力不影响他的利润或亏损。就他自己的技术活动对赚得报酬和增加净所得这一点来讲,我们所面对的问题是一个对于工作的补偿问题。它是补偿这位企业家的劳动而支付的工资。生产的过程并不是每一次在技术上都可生产出预期的产品的,这个事实也不影响某一企业家的利润或亏损。这方面的失败,或者是可以避免的,或者是不可以避免的。可避免的失败是由于技术上的缺乏效率的行为。这时所遭受的亏损,应归咎于这位企业家个人的能力不够,或者是他的技术能力不够,或者是他没有能力雇用适当的助手。至于不可避免的失败,则由于现在的技术知识不能让我们充分控制那些成功所依赖的情况。这些缺陷可能是对于成功或失败的情况没有完全的知识而引起的,也可能是对于充分控制某些已知的情况之无知而引起的。生产要素的价格对于我们的知识和技术能力这样不完全的情况是顾到了。例如,耕地的价格,当它被决定于预期的平均收获时,已充分考虑到歉收的可能性。酒坛爆破,减少了香槟的产量,这个事实不影响企业家的利润和亏损。它只是决定生产费和香槟价格的一个因素。[17]

对于生产程序、生产手段或尚在企业家手中的产品有影响的那些意外事件，都是生产成本的一个项目。经验，给工商业者传递一切其他技术知识的经验，也给他提供那种意外事件所会引起的生产平均减少量的知识。他可在账户上开一个意外损失准备金户，把它们的后果转入经常的生产成本。至于这种方法所不能应付的不常见而又不规律的意外事件，则由够多的公司行号大家协力来预防。这就是在保险办法下的保火险、水险或其他意外损失的险，这是以保险费的缴付来替代准备金的拨付。这样做，则意外事件的风险无论如何不至于把"不确定"引到技术程序的行为上。[18]如果一个企业家疏于适当处理它们，那就证明他的技术效率不够。这样引起的亏损，应归咎于技术不良，而不能归咎于他的企业家功能。

那些在技术上的缺乏效率或无知的企业家，不能作正确的成本计算，因而被市场淘汰掉，这正和那些不能完成某种特殊企业家功能的企业家之被市场淘汰是一样的。一个企业家在他特殊的企业家功能方面，成功到足以补偿由于技术的缺乏效率而引起的亏损，这是可能发生的事情。另一方面，一个企业家由于企业家功能的失败而遭受的亏损，被来自他的优越技术或他所雇用的生产要素所产生的差别租的利益所抵消，这也是可能发生的事情。但是，我们绝不可把那些结合在一个营业单位的经营中的各种功能弄得混淆不清。技术方面效率愈高的企业家所赚得的工资率或准工资率比低效率者高，这正如同效率较高的工人比低效率者赚得更多。效率较高的机器和土壤较肥的土地，产生的实质报酬率也较高；它们与效率较低的机器和土壤较硗瘠土地比较，产生了差别租。其他情形假若不变，较高的工资率和较高的租额，是较高的实质产量的必然结果。但是，特殊企业家的利润和亏损，并不是从实质的产量引起的，而是决定于能否把产量调整到适应消费者的迫切需求。换言之，决定利润和亏损的，是企业家对于将来市场情况的预测成功或失败的程度。将来的市场情况必然是不确定的。

企业家也常受到政治的危险。政府的政策、革命和战争都会危害或消灭他的企业。这种事情不止于影响他；它会影响市场经济的本身和所有的人，尽管影响的程度不一样。就个别的企业家而言，这都是他所不能改变的外在情势。如果他是有效率的,他会在适当的时候预料到它们。但是,他不可能每次都把他的行为调整到避免了这些危险。如果这些预见的危险只会发生在他的企业活动所可到达的地区之一部分,他就会离开这危险的地区,而迁到较安全的国邦去。但是,如果他不能迁住别国,他就必须在原地留下。假若所有的企业家都充分相信布尔什维克的全面胜利很快会实现,他们仍然不放弃他们的企业活动。资本家们预料到他们的财产将被没收,这种预料促使他们消费他们的资本。企业家将不得不调整他们的计划,以适应由于这样的资本消耗和产业国有化的威胁而造成的市场情况。但是,他们并不停止经营。如果某些企业家退出了,别人将进来补上——新来的或原有的企业家扩张他们的企业规模。在市场经济里面,总是有企业家的。和资本主义作对的那些政策,剥夺了消费者在充分自由的企业活动下所可获得的利益的大部分。但是,那些政策如果没有完全毁灭市场经济,它们就不会消灭企业家。

企业家的利润与亏损的最后来源是将来的供需情况之不确定。

如果所有的企业家都很正确地预料到市场的未来情况,那就既没有利润,也没有亏损。所有生产要素今天的价格,已经适应明天的产品价格而调整好了。企业家在购买生产要素的时候所支付的金额,不会少于将来他的产品的购买者所付给他的金额(适当地扣掉现在财与将来货之间的值差)。一个企业家之能够赚得利润,只是因为他预料将来的情况比其他企业家预料得更正确。于是,他购买各种生产要素所支付的代价总额少于他出卖产品时所付出的。

假若我们要想象一个既没有利润也没有亏损而又是变动的经济情况,我们必得靠一个不能实现的假设:所有的人对于未来的一切事情完全预先知道。假若那些原始的猎者和渔人(通常认为他们是最先把人为的生产要素累积起来的)已经预先知道一切未来的人事变迁,又假若他们和他们世世代代(至审判的末日为止)的子孙,有同样全知的子孙,已经根据所知,对所有的生产要素做过评价,那么,企业家的利润和亏损也就不会出现。企业家的利润与亏损的发生,是由于预期的价格与将来市场上实在的价格之不一致。某人得到的利润被没收而转移于别人,这是可能的。但在一个变动的世界而其人民不都是全知的,则利润和亏损都不会消失。

九、在进步经济中企业家的利润与亏损

在一个静态经济的想象建构里面,所有企业家的利润总额等于所有企业家的亏损总额。一个企业家的利润,在整个经济制度里面,被另一个企业家的亏损所抵消。全体消费者为取得某一商品而花费的超过额,被他们为取得另外一些商品而花费的折减额所抵消。[19]

在一个进步的经济里,那就不同了。一个经济里面,以人口来平均的投资额是在增加,这种经济我们叫作进步的经济。我们用"进步"这个名词,不意涵价值判断。我们既不采"唯物的"观点,认为进步是好的;也不采"理想的"观点,认为它是坏的,或者至少是和"较高的观点"无关的。当然,绝大多数的人是把这个意义的"进步"的后果看作最可喜的情况,而他们所向往的生活境界,也只有在一个进步的经济里面,才可实现。这是大家熟知的事实。

在静态经济里面,企业家们在发挥他们的功能的时候,只能把一些生产要素从这一生产部门转移到另一生产部门(假定它们是可以转换的[20]),或者让某一部门在生产过程中所消耗的资本财不复补置,而把它的等值用来扩充其他部门的资本财。在进步的经济里面则不然,企业家的活动包括雇用那些新储蓄所形成的新资本财。有了这些新的资本财投入生产过程,必然会增加所得总额,也即,不减损生产中的资本设备,而可增加消费财的消费,因而不妨害将来的生产。所得的增加,或者是由于扩张生产而不改变技术方面的方法,或者是由于把以前的技术方法加以改善。这种改善,在资本财的供给不足的时候,是做不到的。

企业家的利润总额超过企业家的亏损总额的这个差额,是来自这新添的财富。但是,我们很容易说明:这个超过额并不是经济进步带来的财富增加额的全部。市场法则把这新增的财富分给企业家、劳动供给者,以及某些物质的生产要素的供给,其中的绝大部分是分给非企业家的。

最重要的我们必须了解:企业家利润不是一个持久的现象,而是暂时的

现象。利润与亏损总是趋向于消失的。市场总是趋向于最终价格和最后的静止阶段的出现。如果新的变动不干扰这个趋势，不引起生产上新的调整之必要，则一切生产要素的价格终会等于产品的价格（对于时间偏好予以适当考虑），没有什么东西可成为利润或亏损的。在长期里面，生产力的每一增高完全是有利于工人和某些土地与资本财的所有主。

在资本财所有者当中，有利于：

1. 其储蓄曾经加了资本财数量的那人。他们有这新增的财富，这笔财富是他们节制消费的后果。

2. 原已存在的那些资本财的所有主。这些资本财，由于生产技术的改善，现在比从前利用得更好些。当然，这样的利得只是暂时的。因为它们会促使这类资本财的产量（供给量）增加，所以它们必然趋向于消失。

另一方面，可用的资本财数量增加，使资本的边际生产力降低；因而引起资本财的价格下降，这样一来，凡是没有（或不足够）从事储蓄以累积新的资本财的那些资本家，都要吃亏。

在地主群中，凡是其农场、森林、渔场、矿区等等的生产力，由于新的情况而提高的那些地主，都会受益。另一方面，因为那些受益者所有的土地产生了较高的报酬，于是，就有些地主的财产会变成边际以下的财产，凡是这样的地主都要吃亏。

在工人群中，都会因劳动边际生产力的增高而得到持久的利益。但是，另一方面，在短期中有些工人会吃亏。这些人是因为他们那种特殊化的工作由于技术改进而变成无用，或者是因为他们只适于做那些比以前赚钱更少的行业，尽管一般的工资率是上升了。

生产要素价格的这一些变动，都是在企业家为适应新的情势而开始调整其行为的那个时候紧接着发生的。讨论这个问题也和讨论关于市场资料变动的其他问题一样，我们必须小心，不要犯了通常的错误，把短期和长期的效果划出一明显的界限。短期发生的事情正是趋向于形成长期效果的那一连锁变动的第一阶段。就我们的立场讲，长期效果是企业家的利润和亏损的消失。短期效果是这消失过程的预备阶段；如果没有其他的变动发生干扰的话，这个消失的过程最后归结于均匀轮转的经济。

　　企业家的利润总额超过他们的亏损总额这一现象的发生,靠的是这个事实:上述的企业家的利润和亏损的消失过程,是与企业家为适应变动了的情况而开始调整生产活动的时候同时开始的。这一点是必要的。在事情的全部连续中,那来自资本量之增加和技术之改进的利益,决不会只归企业家享有。假若其他阶层的财富和所得仍然照旧不受影响,则这些人要想购买额外的产品,那只有减少其他产品的购买才能办到。于是,某一群企业家的利润就恰好等于另些群的企业家所受的亏损。

　　发生的事情是这样的:那些从事于利用新累积的资本财和改善了的生产技术的企业家,是急于需要一些辅助的生产要素。他们对那些要素的需求是一新生的额外需求,必然会提高它们的价格。只有在这价格和工资率上升的情形下,消费者才能够买此新的产品而不致削减其他货物的购买,只有这样,所有企业家的利润总额超过所有企业家的亏损这一现象才会发生。

　　促动经济进步的工具,是来自储蓄的新资本财之累积,以及生产技术的改善;改善了的技术总要有新添的资本来利用它。经济进步的推动者是些企业家,他们志在谋取利润,而其手段则是调整自己的营业行为,以期最可满足消费者。在实行他们的计划以实现经济进步的过程中,他们当然也和工人和一部分资本家与地主一样,分享一份来自经济进步的利益,他们把"分给这些人的部分"一步一步地扩增,一直到他们自己所分到的那一份完全消失为止。

　　因此,我们就可明白所谓"利润率"或"正常的利润率"或"平均的利润率"都是荒唐的说法。利润与企业家运用的资本量没有关系,也非靠的资本量。资本不"孳生"利润。利润与亏损完全决定于企业家为适应消费者的需求而调整生产这一行为的成功或失败。利润无所谓"正常的",也决不会有所谓"均衡"。相反地,利润与亏损,总是一个非常的现象,是大多数人所未料到的一些变动所引起的现象,是一个"不均衡"的现象。它们在假想的正常与均衡的情况下无存在的余地。在一个变动的经济里面,有一个固着的趋势,就是利润与亏损倾向于消失。它们之所以一再地复活,那只因为一些新的变动继续在出现。在静态的情况下,利润的"平均率"是零。如果利润总额超过亏损总额,这就是证明经济在进步,而大家的生活标准也在提高。这个超额愈大,一般的繁荣也愈增加。

许多人蔽于嫉妒心而不了解企业家的利润。在他们的心目中,利润的来源是对工资所得者和消费者的剥削,也即,不公平地削减工资率,不公平地提高了产品的价格。就正义讲,根本不许有任何利润。

经济学对于这样武断的价值判断是置之不理的。我们知道,有所谓自然法则,有所谓永恒不变的道德律,关于这种道德的认知,被认为是由于人的直觉或神的启示。从这样的自然法则和道德律的观点来看,利润是应该被赞赏,还是应该被谴责,这个问题是经济学所不关心的。经济学只说明这个事实:企业家的利润与亏损为市场经济不可少的基本现象。没有它们就不成其为市场经济。用警察来没收一切利润,这确是可能的。但是,这样的政策势必把市场经济弄成一团糟。无疑问地,人有力量破坏许多事情,在历史的过程中,他已经犯了许许多多这样的错误。他也能破坏市场经济。

如果那些自以为是的道德家们不受嫉妒心所蔽,他们想到利润的同时,也应该想到利润的相关物——亏损。经济进步的前提条件是要有些人从事储蓄,而其储蓄使额外的资本得以形成,也要有些人是创新者,而且还要有企业家来利用这些条件以实现经济进步。这是一个事实。那些道德家们对于这个事实不应该视若无睹。其余的人对于经济进步没有贡献,可是,他们却分享别人努力的成果。

关于进步经济所讲的那些话,加以必要变更以后,就可适用于退步的经济,退步经济是以人口来平均的投资额在减少中的经济。在这样的经济里面,企业家的亏损总额超过利润总额。那些误以集体概念来想问题的人们可能提出下面这个问题:在这样的退步经济里面,怎么还有企业家在活动呢? 如果企业家预先知道从数学上讲他赚得利润的机会比亏损的机会要小些,为什么他还要作企业活动呢? 可是提出这样的问题,是犯了思路不清的毛病。企业家和别人一样,其行为不是作为一个阶级的分子而行为的,而是以他个人的身份而行为。没有一位企业家对于企业家整体的命运稍为烦心的。发生于在理论上属于同一阶级其他分子的事情,对于个别的企业家是不相干的。理论上的区分阶级是按照某一特征而分的。在生动而永久在变的市场社会里面,总有些利润是由那些效率高的企业家赚得。在退步的社会里面,亏损的总额超过利润的总额这个事实,并不妨碍一个对自己的优越效率具有信心的人从事企业活动。有先见的企业家不依靠或然率的计算。或然率的计算在靠"领悟"的场合毫无用处,他所信赖的是他自己具有的比别人更优越的对于将来的市场情况领悟的能力。

企业家的追求利润是市场经济的推动力。利润与亏损是消费者在市场上行使其主权的手段。消费者的行为使利润与亏损出现,因而把生产手段的所有权从效率低的企业家转移到效率高的企业家。它使那愈善于服侍消费者的人成为企业界愈有影响力的人物。在没有利润和亏损的场合,企业家将无从知道消费者最迫切的需要是什么。

营利的事业是服从消费者主权的,非营利的机构则自己是握有主权的,因而不向大众负责任。为利润而生产,必然是为使用而生产,因为利润之赚得,只能靠为消费者提供他们所最想使用的那些东西。

批评利润的道德家和说教者,不懂得这一点。消费者——也即一般大众——喜欢吃酒而不读《圣经》,喜欢看侦探小说而不读严肃的书刊,以及政府喜欢大炮而不重视黄油,这不是企业家的过错。企业家不是靠出卖"坏的"东西来赚取更大的利润。他愈是能够供给消费者所迫切需要的东西,他的利润就愈大。酒徒不是为造酒者的利益而去买醉,兵士不是为军火商人的利润而走上战场。军火制造业的存在,是黩武精神的结果,而不是它的原因。

至于使人们以健全的意理替代不健全的,这不是企业家的事情。改变人们的观念和理想,这是哲学家的责任。企业家只是对今天这样的消费者服务,不管他们如何邪恶和无知。

也许有些人原可靠生产武器或烈酒赚钱,而他们不这样做,我们对于这种人当然敬佩。但是,他们这种有所不为的精神,没有什么实际效果。即令所有的企业家和资本家都以他们为楷模,战争与酗酒仍然不会绝迹。像在资本主义以前的时代,政府会在自己的兵工厂里制造军火,酒徒会在自己家里酿造。

从道德的观点对利润的谴责

利润是由于调整生产要素(人力的和物质的)的利用,以适应情况的变动而赚得的。使利润得以产生的,是受到调整的那些人,他们抢购这有关的产品,把它们的价格抢高了,高到超过了出卖者的成本。企业家的利润不是消费者赏给那个比较更善于服待他的供给者的一项奖金;它是由于有些买者急于要买,因而把有限供给的产品价格大大叫高了。

公司的股利,通常是叫作利润。实际上,它是资本的利息再加上一些未留用于企业的利润。如果这个企业经营得不成功,那就没有股利可分,或者是股利只包含全部或部分的资本利息。

干涉主义者把利润和利息叫作"不劳而获的所得",认为那是从工人努力的成果中剥削来的。照他们的想法,我们之所以有产品,只是经由劳工得来而没有别的事物,因此,只有劳动者才有权享有产品。

可是,如果不藉助原先储蓄的结果和资本累积,徒有劳动所可生产的非常有限。产品是劳动与资本合作的结果,而这种合作是由精明的企业家设计安排的。储蓄者和企业家在生产过程中,与劳动者是同样重要,同样不可或缺的。储蓄者的储蓄使资本得以形成、得以保持。企业家把资本引到最有利于消费者的用途。把全部产品归功于劳动的提供者,而把资本和企业理想的提供者对于生产的贡献置之不闻不问,这是荒唐的。生产"有用的"财货的,不是体力的劳动本身,而是由智力予以适当指导的体力,智力的运用是有一定目标的。资本的任务愈大,资本的利用在生产要素的合作中效率愈高,则愈显得"只是赞颂体力劳动对生产的贡献"是荒唐的。最近二百年来惊人的经济进步,是那些使必需的资本财得以供应的资本家和一些杰出的企业家,以及技术人员的成就。至于体力劳动的大众,则是坐享一些变动的利益,而这些变动,他们不仅没有予以促成,而且他们每每想打断它们。

对消费不足这个怪论和购买力说的几点批评

说到消费不足,人们所指的是这种情况:已生产的财货有一部分不能消费，因为那些应该消费它们的人，由于穷而不能购买它们。于是这些财货卖不掉，或者只能以低于生产成本的价格卖掉。因此，就发生种种混乱，这种种混乱的综合就叫作经济萧条。

企业家预测未来的市场情况一再地犯错误。他们没有生产那些消费者最迫切需要的财货，而生产了他们次要的东西，因而不能全部卖掉。这些效率低的企业家遭受亏损，同时那些猜准了消费者需求的效率高的竞争者，赚到利润。前者所受的亏损不是由于大众的购买一般的减缩，而是由于他们想买其他的财货。

消费不足这个神话有这样一个涵意：工人们太穷了，买不起这些产品，因为企业家和资本家不公平地把工人应得的那部分也剥削去了。如果这是真的，事情仍然不变。这些"剥削者"该不是没有目的地剥削。他们是想增加自己的消费或自己的投资而牺牲那些被剥削者。他们没有把他们"剥削来的"东西丢到这个宇宙以外去。他们或者为他们自己和家人购买了一些奢侈品，或者为扩张他们的企业而购买些生产财。当然，他们所需要的货物不是工人们没收了这些利润时所会购买的。由此可知，经由这样的"剥削"而产生的企业家，在各类货物的市场供应方面的错误，和企业家的其他错误没有什么区别。这些错误也不过是使某些行业倒霉，另一些行业兴旺。它们不致引起一般的经济萧条。

消费不足这个神话，是毫无根据的自相矛盾的胡说。它的那套推理，一经我们检讨，马上就粉碎。即令我们接受所谓"剥削"是真的（这是为的申论起见），它也是站不住的。

购买力说的内容稍微不同。它说工资率的上升是扩大生产的必要条件。如果工资率不上升，则货物的产量增加和品质改良就毫无用处。因为这新增的产品找不着买主，或者只找着几个减少其他货物的购买的买主，为了实现经济进步，最要紧的是不断地提高工资率。政府或工会强迫工资率提高，是促成经济进步的主动力。

前面我们曾经讲到，企业家的利润总额超过企业家的亏损总额的时候，也即是来自资本财供给量之增加，和生产技术之改良的利益，有一部分分配到非企业家的手中的时候。这两件事是关联的分不开的。辅助的生产要素的价格之上涨，其中尤其是工资的上涨，既不是企业家对别人必须作的让步，也不是企业家为赚取利润而采取的聪明手段，而是企业家为赚得利润，以调整消费财的供给来适应新的情况这种努力所引起的一连串事象中，所必然发生的一个现象。企业家的利润总额超过亏损总额这个过程，首先（在这种总额出现以前）引起工资率和许多物质的生产要素的价格走向上涨的趋势。这同一过程更进而使利润对亏损的超额趋向于消灭，假使没有其他的变动使资本财的供给量再增加的话。利润超过亏损，不是生产要素的价格上涨的结果。这两个现象——生产要素的价格上涨和利润超过亏损——是在企业家为适应新情况而调整生产的过程中的两个步骤，利润对亏损的超额，只有在别人也因这个调整而得利的范围以内，才可暂时存在。

购买力说的根本错误在于误解这个因果关系。当它把工资率的上涨看作促成经济进步的动力的时候，把事情弄颠倒了。

在本书的后面会讨论到政府和劳工组织强迫地把工资率提高到自由市场所决定的水准以上的那些企图。[20]这里，我们只要再加一点解释。

当我们说到利润和亏损、价格和工资率的时候，我们所想到的总是实质的利润和亏损，实质的价格和实质的工资率。许多人之所以常常走入迷途，是因为把货币意义的名词和实质意义的名词随便交换使用。这个问题也将在后面几章详尽地讨论。这里，让我们附带地提一提：实质工资率的上升与名义工资率的下降是可相容的。

十、发起人、经理、技术人员、官僚

企业家雇用技术人员，技术人员是具有做某种工作技能的人。技术人员这个阶层包括伟大的创新者、应用科学部门的优秀分子、建筑师、设计员，以及一些最简单工作的工匠。企业家本人在参与其企业计划技术上的施工时，他也加入他们的行列。技术人员只是尽他自己的辛劳；而企业家以企业家的资格，则要指挥他的劳动以完成确定的目标。而且，企业家本人的行为可说是以消费者的受托人的地位来作的。

企业家不是无所不在的。他们自己不能照料到他们分内五花八门的工作。要做到为消费者提供他们所最需要的货物，而来调整生产，这不仅是要决定资源利用的一般计划。当然，发起人和投机者的主要功能是在这方面，但是，除掉大的调整以外，许许多多小的调整也是必要的。每个小的调整对于总的结果似乎无关紧要。但是，许许多多小毛病累积起来的后果，可能使正确的大决定归于失败。无论如何，对于小问题的处理每失败一次，其直接的结果就是，有限生产资源的一次浪费，因而减损了消费者最大可能的满足，这是确确实实的。

企业家的问题不同于技术人员的问题是在什么地方，关于这一点的知晓是很重要的。企业家对于一般计划决定时所着手的每个设计的执行，都要有许多细微的决定。而这些细微决定的每一个之达成，必须是因为它可以使这个问题的解决成为最经济的解决。它必须和一般的计划一样，避免不必要的成本。技术人员从他的纯技术观点来看，对于这类细节的解决所提出的几个可替代的方法，或者是看不出有何区别，或者是因为其中的某一个可得到的较大的"物质的"数量而选择那一个。但是企业家就不如此，他是被利润的动机驱使的。因而他不得不选择其中最经济的那一个解决法，这个解决法是在避免使用某些生产要素，因为这些要素的使用就会损害消费者最迫切的欲望之满足。他所选择的方法，是技术人员无可无不可的方法，这个方法即成本最低的方法。技术人员向他建议，选择那个可得到较多物质产量的方法，如果他计算出这个方法所增加的产量，不能抵偿所要增加的成本，他就会拒绝技术人员的建议。企业家的这种作法不限之于大的决定，而且也用之于日常小问题的决定，因为他必须这样完成他的任务，他的任务是照市场价格反映出来的消费者的需求来调整生产。

在市场经济里面所做的经济计算，尤其是复式簿记制度，使企业家得以免于陷入过多的琐屑事务。他可以专心于大的事情，而把次级的、技术上的职务委之于助手们，而那些助手也可按照同样的原则把更小范围的职务委之于他们的助手。于是,就建立了整个经理部门的分层负责制。

经理是企业家的一个低级伙计,不管雇用他的契约条件和金钱待遇是怎样。唯一有关的事情是他自己的金钱利益逼得他尽最大的能力来做他分内的事,也即完成一定范围以内的企业家的功能。

使经理制得以发生作用的,是复式簿记。幸亏有它,企业家才能够把他全部企业每个部门的计算分开来做,藉以断定每个部门在整个企业里面所担的任务。于是,他可以把每个部门看作一个分立的单位,而按照它对于整个企业的成功所贡献的大小而给它评价。在这种计算制度里面,一个商号的每个部门代表一个整体,一个假想的独立营业单位。这是假定这个部门"保有"这个企业所使用的全部资本额的一定部分,它从别个部门买进,也向别个部门卖出,它有它自己的开支和自己的收入,它经营的结果或盈或亏,是它自己的功过,与其他部门无关。这样,企业家就可给每个部门的经理很多的独立行事权。他给他所信任的各部门的经理唯一的指示是,尽可能地赚取最大利润。经理们对于这种指示的执行是成功或失败,只要一查营业账册即可知道。每个经理和次级经理,各就他的部门或次级部门的工作负责任。如果账册上表现出盈余,那就是他的成绩;如果表现出亏损,就是他的败绩。他自己的利害关系逼得他不得不尽心尽力做好他那一部门的工作。如果他弄得亏损了,企业家将会雇用一个有成功希望的人来替代他,或者撤销这一部门。无论如何,这位经理是要失掉这个职位的。如果他赚得利润,他的薪资将会增加,至少也没有失掉职位的危险。至于一个经理能否分享他那个部门所赚得的利润,这是不重要的。无论如何,他的福利与他那个部门的福利是密切相关的。他的工作与技术人员的不一样,技术人员是按照一定的格式完成一份确定的工作,经理的工作是在他受托的一定范围以内,按照自己的意思来调整本部门的经营方法以适应市场情况。一个企业家有时会把企业家的功能和技术人员的功能兼之于一身,一个经理有时也会如此。

经理的功能总是帮助企业家功能的。它可使企业家解脱一部分轻微的责任,但它决不能做到取代企业家的地位。和这相反的谬见,是由于误把在"功能分配的想象"结构中,企业家的身份这个范畴,与"实际运作的市场经济里面的企业家"相混淆了。企业家的功能与指挥生产要素之雇用是不可分的。企业家控制生产要素；使他赚得利润或遭受亏损的，正是这种控制。

对于某一部门的经理，按照他那个部门在整个企业赚得的利润中所贡献的比例给予报酬，这是可能的。但是，这完全无用。前面曾讲过，在任何情形下，经理所关心的是，委之于他的那个部门业务的成功。但是，我们不能使经理赔偿他那个部门的亏损。这种亏损是资本主所承担的，不能移转到经理。

社会可以爽爽快快地让资本主自己去善为运用他的资本财而不加干预。资本主在从事某一计划时，他自己的财产、财富，乃至他的社会地位都系于这个计划的成败。他们关切自己的企业活动之成败，比整个社会对它的关切为尤甚。因为从整个社会来讲，投之于某一计划的资本如果浪费了，那不过是社会全部资金的一小部分；就资本主来讲，那就是他个人全部财产的大部分。但是，如果授权一个经理，让他完全自由经营，事情就不同了。他是以别人的金钱来冒险投机。他是从一个不同于自承亏损的投资人的角度来预测不确定的将来。因为他不分担亏损，所以，当他分享利润的时候，正是他勇于蛮干的时候。

把经理业务看作企业活动的全部，认为经理可以完全替代企业家，这种幻觉是源于误解了公司组织，公司组织是现代工商业的标准方式。他们说，公司是由赚薪金的经理经营，股东不过是消极的旁观者。所有的权力都集中在被雇的职员手上。股东不发生作用；他们只收获经理们耕耘的成果。

这种说法完全忽略了资本和金融市场——也即股票和债券交易所——在公司业务上所发生的功用。这个市场的交易，被反资本主义的偏见视为纯粹赌博。事实上，公司的普通股、优先股和公司债券的价格波动，正是资本家用以控制资本流的工具。在资本和金融市场，以及大规模的商品市场里面，由投机决定的价格结构，不仅是决定每个公司可以用到多少资本；它也创造一种情势，使经理们必须在细节上调整他们的经营，以求适应。

公司业务的一般指挥，是由股东和他们的委托人——董事们来做的。董事们任免经理。在小规模的公司，董事常常兼任经理，甚至较大的公司也有时如此。一个成功的公司，最后的控制权决不是在被雇的经理手上。万能的经理阶级的出现,不是自由市场经济的一个现象。相反地,它是那些为要消除股东的影响力而做到实际没收的干涉政策所引起的结果。在德国、意大利和奥地利,万能的经理阶级的出现,是走向以管制经济替代自由企业的一个预备步骤,在英国曾经由这个步骤做到英伦银行和铁路的国营。同样的趋向,在美国的公用事业方面也已开始。公司行业的一些惊人成就,不是几个拿薪水的经理们的活动所造成的,而是那些靠握有大量股权而与公司发生关系的人们,和那些被污蔑为奸商的人们所完成的。

对于在什么行业投下资本,投下多少资本这类问题作决定的,只是企业家个人,他不要经理部门的任何干预。他决定整个业务或主要业务的扩张或紧缩。他决定这个企业的财务结构。这些都是全盘业务所赖以进行的基本决定。这些决定总是要靠企业家来作,公司组织如此,其他方式的营业组织也如此。在这方面给予企业家的任何帮助只是属于辅助性的;企业家会从法律方面、统计方面和技术方面的专家们,获得关于过去情况的知识;但是,涉及将来市场情况的预测而作的最后判断,只落在企业家个人的身上,与别人无关。有了这个最后判断以后,计划的执行则可委之于经理们。

优越的经理人才所发挥的社会功能,对于市场经济的运作,和优越的发明者、技术人员、工程师、设计员、科学家、试验者所发挥的功能,是同样不可缺乏的。在经理阶层当中,有许多杰出的人物有助于经济进步。成功的经理得到高额薪金的报酬,也常分享这个企业的毛利。他们当中,有些人在其事业的过程中,自己也成了资本家与企业家。可是,经理的功能与企业家的功能是不同的。

通常是把“经理”与“劳工”看作是对立的,在这一对立中,又把企业家的功能与经理的功能视为一事,这是个严重的错误。当然,这种混淆是故意弄成的。其目的在于蒙蔽事实,使世人不明白企业家的功能与那些照料细务的经理们的功能完全不同。业务结构、资本在各个生产部门之间的配置、每个工场或商店的规模和作业,都被认为是既定的事实,也即意谓:关于这些事情,不会再有变动发生,唯一要作的都是些例行的工作。当然,在这样的一个静态的世界,无需创新者和发起人;利润的总额与亏损的总损相抵消。要揭发这个说法的谬误，只要拿一九四五年美国的工商业结构与一九一五年的作一比较也就足够了。

但是，即令在一个静态的世界，像流行的口号所要求的，让"劳工"参与经理这一主张，也是荒唐的。这个主张如果实现，一定成为工团主义（syndicalism）。[②]

除此之外，还有把经理与官僚相混的企图。

"官僚管理"，不同于追求利润的经理，它是用之于行政方面的方法，它的结果没有市场上的金钱价值。警察部门的职务做得很成功，对于社会合作的维持是最重要的，且有利于社会的每一分子。但是，它没有市场价格，它不能被买或被卖，所以不需要直接花费金钱来取得它。它的结果是一些利益，但是，这些利益不是由金钱表示的利润反映出来的。经济计算法，尤其是复式簿记计算法，对它们不适用。警察活动的成功或失败，不能照营利事业的算术程式来稽考。没有一位会计员可以确定，一个警察部门的活动是否成功。

用在营利事业每个部门的金钱数量，是由消费者的行为决定的。如果汽车业要把资本增加三倍，那一定会改善它对大众的服务。因为可用的车辆更多了。但是，汽车业的这一扩张，将要从其他可以满足消费者更迫切需要的生产部门挪出资本。这个事实将会使汽车业的扩张无利可得，并且增加其他生产部门的利润。企业家为追求可能最高的利润，他不得不把配置在每个部门的资本量，调整到不损害消费者更迫切的欲望之满足。因此，企业家的活动俨然是自动地受消费者的意愿之指挥，消费意愿反映在消费财的价格结构上。

政府各部门的经费配置却没有这样的限制。纽约市警察局所提供的劳务，可以经由预算的三倍增加而大大改善，这是无疑问的。但是，问题就在这种改善是否大到足以应该使其他部门的服务——例如卫生部门——因此而受限制，或者是否大到足以应该使纳税人在私人财货的消费上因此而受限制。这个问题不能在警察局的账上得到答复。警察局的账只记载经费的支出，至于支出的结果是怎样，那些账不能提供任何情报，因为那些结果不能用金额表示出来。市民们必须直接决定他们所想取得的服务的份量，和准备对那些服务支付的代价，而不能间接地反映于市场价格。他们选举市议员和市政官吏，委托他们来作这些决定。

因此，市长和市政府各部门的首长，是受预算限制的。他们对于市民所面临的问题不能自由地照他们自己所认为最有利的方法去解决。他们必须按照预算的规定把经费用在一定的用途。他们不能随便挪动。政府的审计完全不同于营利事业的审计。它的目的在于稽考经费支出是否严格遵照预算的规定执行。

营利事业的经理和其下级经理们的行动，是受盈亏考虑的限制。谋取利润的动机是使得他们服侍消费者愿望的唯一必要的指导原则，用不着琐琐屑屑的命令和规章来限制他们的行动。如果他们是有效率的，则琐琐屑屑的干涉即令不是有害的束缚，也是多余的；如果他们缺乏效率，那也不会使他们的活动更成功，而只是给他们一个脱卸失败责任的藉口。唯一必要的指导原则无需特别提明。那就是追求利润。

在公共行政方面，在政府事务方面，情形就不同了。官署的首长和他们的部门在作判断时，不受盈亏的限制。如果他们的上司——这个上司或者是主权的人民，或者是一个主权的专制君主，都无关系——要让他们自由行动，他将放弃他自己的主权以便利他们。于是，这些官吏将会变得不负责任，而他们的权力就替代了人民或那个专制君主的权力。他们将做他们自己所喜欢做的事情，而不是做他们的上司想他们做的事情。为了防止这样的结果，而使他们服从他们上司的意旨，那就必须在每一细节上详细规定他们应做的事情。这样一来，他们就要严格遵守这些法令，这是他们的职责。对于某一具体问题，自他们看来似乎是最适当的解决法，但他们调整他们的行为，以适应这个办法的自由，却受到这些法令的限制。这就叫作官僚。官僚就是事事要遵守一套呆板法令的人们。

官僚行为是必须遵照一个上级权力机关所规定的详细规则的行为。它是利润管理制唯一的替代法。利润管理制不适用于那些没有市场金钱价值的事务，也不适用于那些不以营利为目的的事务。前者是指强制性的社会机构的行政；后者是指非营利社团的行为，如学校、医院或邮政。凡是不以营利为目的的制度，必须用官僚的法则来指导其作为。

官僚制度的本身并不是一件坏事，它是处理政府事务唯一的适当办法。由于政府是必要的，官僚制度也同样必要。凡是经济计算不可行的地方，官僚方法就不可缺少。一个社会主义的政府必须用官僚方法来处理一切事情。

工商业，不管它的规模多大，也不管它是什么行业，只要它完全是以利润为目的，它决不会变成官僚。但是，一旦到了它放弃谋利的目的，而代之以所谓服务原则——即在提供服务时，不问是否得不偿失——它就必须采用官僚制度来替代企业管理。㉓

十一、选 择 的 过 程

市场的选择过程是由市场经济所有分子的努力合成的。每个人都有消除不适之感的冲动，被这个冲动驱使，他一方面致力于使自己能够提供最可满足别人的贡献，另一方面致力于取得别人劳务所提供的利益。这即是他想在最贵的市场卖出，在最便宜的市场买进。这些作为的总结果，不仅是有了价格结构，而且也有了社会结构，指派了各个人各别的工作。市场使人富有或贫穷，决定谁去经营大规模的工厂，谁去为人擦地板，确定多少人开采铜矿，多少人组织交响乐团。这些决定都不是一成不变的，而是每天都可取消的。这个选择过程永不停止。它在继续调整社会的生产机构以适应供需的变动。它一再地复核以前所作的决定，而使每个人不得不接受更新的考验。大家无所谓安全，过去取得的任何地位没有什么权利可以永久保持。谁也不能逃避市场法则，这个法则就是消费者至上。

生产手段的保有不是一个特权，而是一个社会责任。资本家和地主不得不把他们的财产利用到使消费者得到最大可能的满足。如果他们迟缓、愚钝，以致不能完成他们的责任，他们就受到亏损的惩罚。如果他们不接受这种惩罚的教训，他们就要丧失他们的财富。投资没有永久是安全的。凡是不能把他的财产最有效地为消费者服务的人，注定要失败。贪图享受而不用脑力、体力的人，没有生存的余地。财产所有人必须把他的资产利用得至少不让它的本值和孳息受到亏损。

在阶级特权和工商业受限制的时代,有些不经过市场的收入。国王和地主靠奴隶和农奴的劳役来过活。土地所有权只能靠征服或征服者的赏赐而取得,也只有被赏赐者收回或被其他的征服者强夺而丧失。后来,地主们和他们的部下,开始在市场上出卖他们的剩余物,即令在这个时代,他们也不会被有效率的竞争淘汰。竞争只有很狭窄的范围内是自由的。庄园的领地只有贵族才能取得,镇市的地产只有市民可以取得,农地只有农民可以取得。技艺方面的竞争受行会的限制。消费者不能以最便宜的方法来满足他们的欲望,因为价格的控制使卖者不能削价竞争。购买者只好听供给者的摆布。如果特权的生产者不使用最好的原料,不采用最有效率的生产方法,消费者也就不得不忍受这种顽固保守的后果。

靠自己的农产物而过完全自足生活的地主,是独立于市场的。但是,现代的农民要购买农具、肥料、种子、劳力和其他生产要素,也要出卖他的产品,所以,他是受市场法则支配的。他的所得,靠的是消费者,他必须调整他的行为以适应他们的愿望。

市场选择功能也发生于劳动方面。工人被那能够赚得最多工资的工作部门吸收去。劳动这个生产要素,也和物质的生产要素一样,配置在最有利于消费者的用途。如果消费者有更迫切的需求尚未满足,则不会把劳动浪费于次要的满足,这是个必然的趋势。工人也和所有的社会阶层一样,是受消费者的主权支配。如果他不服从,他就受到收入减少的惩罚。

市场选择并不建立马克思所说的那种意义的社会阶级。企业家和发起人也不形成一个完整的社会阶级。任何人如果预测未来市场情况的能力比别人高明,如果他自甘冒险、自负责任,而其行为被消费者嘉许,他就可成为一个事业的发起人而不受任何阻碍。一个人以其进取的精神和接受市场考验的意愿,而跻身于发起人阶级。这种市场考验是不论人的,不是因人而异的,凡是想成为一个发起人,或想继续保持这个地位,就得接受它的考验。每个人都有这种机会。新来的人不必等待别人的邀请或鼓励。他必须靠自己的打算,必须靠自己知道如何准备资金而踊跃行动。

常常有人这样讲：在"后期的"或"成熟的"资本主义社会里面，一文莫名的人爬上富有的企业家地位，再也不可能了。可是，对于这个论调，从来没有人求证。自从有了这个说法以后，企业家和资本家群体的构成，已经有了大大的变化。以前的企业家和他们的继承人，大部分已经消灭，新来的人已取代了他们的地位。过去若干年当中，建立了一些制度，那些制度，如果不是很快地被取消，那将会使市场运作在任何方面都不可能。

消费者所凭以选择工商界巨头的观点，完全是在他们有没有适应消费者的需要而从事调整的能力。至于其他的特征和优点，消费者是一概不管的。例如，就鞋子的需要来讲，消费者只想要一个制造很精美，而价钱又便宜的鞋匠。他们不会把制鞋的工作委之于年轻漂亮的男孩，委之于文质彬彬的绅士，委之于艺术天才，委之于学者或具有其他特征和优点的人。一位熟练的工商人士，每每缺乏其他许多方面成功的条件。

对资本家和企业家予以轻视，这是现在极普通的事情。人，总喜欢嘲笑比自己的境遇更好的人。他会这样说：这些人之所以比我更富，只是因为他们不像我这样循规蹈矩。如果他也不讲道德的话，他不会比他们差。于是，他就在自我陶醉、自以为是的心境中感到光荣。

确确实实在现在干涉主义所弄成的情况下，许多人可以靠贿赂而取得财富。有些国的干涉主义，把市场法则破坏到惊人的程度，以致工商业者与其用心于满足消费者的需要，不如收买官吏的援助更有利。但是，这种情形却不是上述的对别人的财富加以指摘的人们所想到的。他们认为，在纯粹市场社会里用以取得财富的那些方法，从伦理的观点看，是应该反对的。

为了驳斥这些说法，我们必须强调：如果市场运作没有受到政府和其他强制因素的妨害，工商业的成功是对消费者服务的证明。穷人在其他方面，不必在富有的商人之前感到自卑；他有时会在科学、文学、艺术，或政治方面有卓越的成就。但在社会的生产体系中，他不如人。有天才的人瞧不起商业的成功，也许是对的；因为如果他不选择其他的事情来做，他在商业方面一定有成就。至于那些自吹自己有道德的店员和工人们，则是自欺以自慰。他们不承认他们曾经被国人——消费者——考验过而发现他们不行。

我们也常常听到这种说法：在市场竞争中，穷人的失败是由于缺乏教育。他们说，只有所有的人都可受到各级教育，才可做到机会平等。今天有一个趋势，即把人与人之间的一切差异都归之于他们的教育，而否认天生的才智、意志力，和性格的不相等。教育不过是灌输已有的学说或观念，这一点未被普遍认识。教育，不管它有何好处，它总是传递传统的教条和价值观念；它必然是保守的。它所造就的是模仿，而不是进步。天才的创新者不是学校里面培养出来的。学校教给他们的那一套，正是他们所蔑视、所反抗的。

一个人为要在工商界有成就，不必要在工商管理学院得到学位。这些学院只训练例行工作的低级人员，决训练不出企业家。一个企业家不是训练出来的。一个人之成为企业家，在于把握时机、填补空隙。这需要敏锐的判断力、远见和气魄。这些都不是什么特种教育可以造就的。工商界最成功的人们，如果以学术教育水准来衡量，常常是低级的。但是，他们能胜任他们的社会功能——调整生产以适应最迫切的需求。就因为这个优点，消费者选他们成为工商界领袖。

十二、个 人 与 市 场

我们说，一些自动的、无名的力量，发动市场"机构"，这是习惯上的比喻说法。我们用这样的比喻，是准备不触及这个事实，即：指挥市场并且决定价格的，只是人们的一些有意的行为。市场里面没有什么自动；只有有意追求其所选择的目的的人们。没有什么神秘的机械力量；只有人的意志——消除不适之感的意志。没有什么无名氏；有的是我，是你，是张三、李四，和所有的他人。我们每一个人既是生产者，也是消费者。

市场是一个社会体，是一个最主要的社会体。市场现象是些社会现象。它们是每个人的行动所贡献的总结果。但是，它们又不同于个别的贡献。它们对于个人，好像是不能改变的既定的事情。他总看不出他自己也是决定市场现象的那些复杂因素的一部分，尽管是很小很小的一部分。因为他看不清这个事实,他在批评市场现象的时候,每每指责个人,而认为自己是对的,其实,别人的和他自己的行为模式是一样的。他骂市场冷酷,不讲人道,因而要求政府控制市场,使市场"人道化"。一方面他要求设法保护消费者,以对抗生产者;但在另一方面,他甚至更坚决地要求保护他自己这样的生产者,以对抗消费者。由于这些互相冲突的要求,就产生了许多政府干涉的现代方法,其中,最突出的例子就是德意志帝国的"社会政策"(Sozialpalitik)和美国的新政(New Deal)。

明智的政府应该保护效率较差的生产者,以对抗效率高的竞争者。这是一个古老的谬见。这是要求一个不同于"消费者的"政策的"生产者的"政策。生产的唯一目的,是在为消费者提供充裕的供给,这是自明之理,有些人一方面一再地宣扬这个自明之理,同时也同样强调"勤勉的"生产者应该得到保护,以对抗"闲散的"消费者。

但是,生产者与消费者是同一个人。生产与消费是行为的两个不同阶段。交换学为表现这两个行为阶段之不同而有"生产者"与"消费者"的说法。但在事实上他们是同一个人。当然,保护效率较差的生产者以对抗效率高者的竞争,这是可能的,这样的做法,是把自由市场给那些善于满足消费者欲望的生产者的利益拿来给这些被保护者。这一定要损害消费者的满足。如果被保护者只有一个生产者或一小群生产者,则受益者所享受的利益是来自其余的人之受损。但是,如果所有的生产者享有同样程度的特权,则每个人以其生产者的身份所受的利益,将等于他以消费者的身份所受的损失。而且,所有的人都被伤害,因为最有效率的人如果不能把他们的技能用在最能服务于消费者的途径,则物产的供给势必减少。

如果一个消费者认为,以高于外国农产品的价格来购买本国的农产品是对的,或者认为,以高于其他来源的产品的价格来购买小厂所生产的产品,或购买那些雇用工会工人的工厂所生产的产品是对的,这是他的个人自由,他可以自由地这样作。他只要使他自己觉得:那出卖的货物满足了他愿出较高价格的那些条件。禁止冒牌伪造的那些法律,可以用关税、劳工立法,以及特惠小规模的工商业等办法来达到目的。但是,消费者不愿意这样作,则是无疑的。一种货物标明它是外来的，这并不妨害它的销路，如果它比本国的更好或更便宜，或者既好且便宜。购买者总是想尽可能买最便宜的，而不管货物的来源或生产者的某些特征。

现在世界的大部分所实行的那种"生产者的政策"，其心理的病根见之于一些伪造的经济理论。这些理论直截了当地否认，给予效率差的生产者的特权会增加消费者的负担。这些理论的主张者认为，那样的一些措施只是对于它们所正要歧视的那些人不利。如果我们再进逼一步，他们就不得不承认消费者也会受害，可是，他们又说消费者的损失会因为他们的货币所得之增加而得到补偿而有余，他们货币所得之所以增加是因为那些措施而引起的。

因此，欧洲那些工业国的保护主义者，首先急于宣称对农产品所课的关税，只是伤害农业国的农民的，和谷物商人的利益。输出国的这两种人的利益之受损害，是确实的。但是，采取保护关税的国，其消费者之受损害也是同样确实的。这是因为，他们必须以较高的价格来买粮食。保护主义者又强辩：这不是一种负担；因为本国消费者所多付的价钱增加了农民的收入和他们的购买力；农民将花费这全部的增加额来购买更多的非农业部门所生产的货物。这种谬论与一个有名的传说是一样的荒唐。传说：一个旅行者住进客栈，要求客栈老板送他十块钱。这不会叫这位老板吃亏，因为这个乞求者要把这十块钱全部花在他的客栈里面。但是，保护主义的谬论尽管是如此明显，仍能得到舆论的支持。这是因为，许许多多的人简直不懂得保护的唯一后果是生产资源的错误配置。从效率高的生产转变到效率低的生产。这是使大家更穷，而不是更富。

现代的保护主义和各国追求自给自足的经济主权，其最后的基础在于这个错误的信念。即误信这是使每个国民，或至少是使绝大多数人更富的最好手段。"更富"这个词，用在这里是指个人的实质所得的增加和生活标准改善。诚然，对外经济隔离政策是国内经济干涉所招致的必然后果，它是引起好战倾向的因素之一，也是好战倾向所会带来的结果。但是，事实仍然是这样：如果你不能叫人民相信，保护不仅是不损害他们的生活标准而且会把它大大提高，则保护主义是不会被接受的。

　　强调这个事实,是很重要的。因为这可彻底戳穿许多有名的著作所宣传的一个神话。照这些神话所说,现代的人再也不被改善物质幸福和提高生活标准的欲望所激动。经济学家相反的说法是错误的。现代人的优先选择是"非经济的"或"不合理的"东西,一旦到了物质生活的改善会妨害那些"理想的"事情,他就愿意放弃前者。经济学家和工商界人士每每从"经济的"观念来解释我们这个时代的事情,这是一个严重的大错。人们所向往的是好生活以外的事情。

　　对于我们这个时代的历史,误解得比这更愚蠢的,恐怕是不会有的。我们这个时代的人狂热地追求生活的享受。我们今天的社会现象,以压力团体的活动为其特征。压力团体是一些追求物质福利的人之一结合,他们用各种方法,合法的或非法的,和平的或暴力的。就压力团体而言,除了为它的会员增加实质所得以外,没有什么事情是要紧的。它不关心生活的其他方面。至于它的计划之达成是否会伤害到别人、伤害到他们自己的国邦,以及伤害到全人类,它一概不管。但是,每个压力团体总要把它的要求说成对一般大众的福利,而骂它的批评者为无赖、白痴和叛徒。在实行它的计划时,它表现出类似宗教的热情。

　　所有的政党都对他们的支持者许诺较高的实质所得,这几乎没有例外。国家主义的政党也好,国际主义的也好,维护市场经济的也好,主张干涉主义的也好,在这一点上面,彼此没有区别。如果一个政党要求它的支持者为它的目的而作牺牲,它总是把这牺牲说成必要的、暂时的手段,而最后的目的是改善它的党员们的物质福利。如果有人敢于怀疑它的方案所标榜的目标,这个人就被这个政党当作破坏党誉的阴谋者。凡是做这样批评的经济学家,每个政党都痛恨。

　　各形各色的"生产者的"政策之被鼓吹,都是基于所谓能够提高党员们的生活标准。保护主义和经济自足、工会的压迫与强制、劳工立法、最低工资率、公共支出、信用扩张、补贴,以及其他的手段,都是被它们的主张者用来作为增加他们所游说的人们的实质所得的最适当或唯一的办法。每一个现代的政治家或政客,总是向他的选民说:我的方案将会使你尽可能地富裕和安逸,我的反对者所提出的方案将为你带来贫困和苦难。

诚然,有些隐士们在他们的圈子里说不同的话。他们宣扬他们所谓的永恒的、绝对的价值,而在口头上——非在行为上——鄙弃世俗的、暂时的事物。但是,他们的这种说法,大众是不会理睬的。今天,政治行动的主要目的,是在为各自压力团体的分子谋取物质的福利。一个领袖得以成功的唯一方法,是要叫人们相信,他的方案最能达成这个目的。

"生产者的"政策之所以错误,是由于它所凭藉的经济理论是错误的。

如果有人乐于追随时髦的趋势,用精神病理学的术语来解释人的行为,那么他就可以说,现代人在把"生产者的政策"与"消费者的政策"对称的时候,那是害了一种痴呆症。他不知道:他是一个未分割而且不可分割的一整个的人,其为一个消费者并不少于其为一个生产者。他的意识单元被分成两部分;他的心灵在反抗他自己。但是,我们是否用这个方式来描述"这种政策所依据的经济理论是错误的"这个事实,这倒没有什么关系。我们并不关心一个错误所因以发生的精神状态,而关心错误的本身和它的逻辑基础。用推理的方法来揭发错误,是主要的事情。如果一个陈述并不显出逻辑的错误,精神病理学就不能把这个陈述所从出的心理状态看作是病态的。如果一个人想象他自己是泰国的国王,精神病的医生必须首先确定,这个人是否真的是他自己所相信的那样。只有这个问题的答案是否定的时候,这个人才可被视为疯狂的人。

我们这个时代的人,大都误解了生产者—消费者的关系。在购买的时候,他们好像只是以买者的行为与市场发生关系;在出卖的时候,他们好像只是以卖者的行为与市场发生关系。作为买者的时候,他们主张用严厉的办法保护他们以对抗卖者;作为卖者的时候,又作相反的主张。但是,这种动摇社会合作之基础的反社会行为,并不是由于心理病态,而是由于窄心眼不能了解市场经济的运作、不能预知自己的行为所引起的最后效果。

我们也可以这样讲:现代的绝大多数人,在心灵上和知识上,都没有调整到适于市场社会的生活,尽管他们自己和他们的祖先,不知不觉地以他们的行为造就了这样的社会。但是,这种失调不在于别的,而在于没有认清错误理论之为错误。

十三、商 业 宣 传

消费者不是无所不知的。他不知道在什么地方他可付最低的价格买到他所想要的东西。他甚至于常常不知道,怎么样的财货或劳务最有效地解除他所想解除的那种不适之感。他至多只熟习那些刚刚过去的市场情况,而以这点知识作基础来安排他的计划。向他提供关于市场实际情形之信息的,是商业宣传的任务。

商业宣传必然是吵吵闹闹的。它的目的是在引起迟钝的人注意,是在激发潜在的欲望,是在怂恿人们舍旧从新。为着达到目的,广告一定要适应它所要引发的那些人的心情而调整。它必须投合他们的胃口,使用他们的特殊语言。广告是喧扰的、刺耳的、粗俗的、夸张的,因为一般大众对于高尚而含蓄的东西是不会有反应的。使得广告流于低级趣味的,是大众的低级趣味。广告术已发展到成为应用心理学的一个部门,成为教育学的一门姊妹学科。

凡是投合一般大众趣味的东西,具有优雅情操的人总是讨厌的,广告当然也如此。这种厌恶,影响到商业宣传的评价。广告和其他商业宣传的方法,被骂为自由竞争的最荒唐的后果之一。它必须被禁止。消费者应该由公正的专家指导;公立的学校,无偏见的报纸,以及合作社,应该做这种工作。

对商人做广告的权利加以限制,也即对消费者按照他自己的意愿而花钱的自由加以限制。这使消费者不可能尽量知道,他所想知道的关于他所想买或想不买的那些货物的市场情况。他们再也不能凭他们自己的见解,来判断出卖者对他的产品所作的宣传;他们将不得不凭别人的推荐来决定购买。当然,指导的人也可能使他们免于错误。但是,这样一来,消费者是在导师保护之下。如果广告未受限制,则消费者是处在陪审团的地位,一方面听取见证人的证词以了解案情;另一方面直接审查所有其他的证据。如果广告受到限制,则他们所处的地位就不同了。如果还可说是陪审团的地位,这个陪审团只是听取一个法官报告他自己审查证据的结果。

有人说,技巧的广告会说动每个人购买做广告的人希望他们购买的那些东西,这是个很普遍的谬见。照这个说法,消费者对于广告的"高压"简直是无防御的。如果这话是真的,那么工商业的成败完全决定于广告。但是,谁也不会相信有何广告会使蜡烛的制造者能够抵制电灯泡,马车夫能够抵制汽车,鹅毛笔能够抵制钢笔和后来的自来水笔。凡是承认这种情形的人,也就是承认:使广告成功的终究是货物本身的品质。既然如此,我们就没有理由说,广告是欺骗大众的一个方法。

做广告的人引诱一个人试买一件货物,如果这个人事先不知道这件货物的品质,他是不会去买的。这种情形确有可能。但是,只要所有的竞争商号都有做广告的自由,则从消费者的观点看来,是较好的那种货物,终归要胜过较差的货物,不管是用什么方法做广告。至于劣质货物的出卖者利用广告的诡计来骗人,优质货物的出卖者也同样可以利用。但是,只有后者享受到来自优质产品的利益。

事实上,购买者对于所买的货物之有用性,总会有正确的判断,广告的一些效果决定于这个事实。曾经试过某个牌子的肥皂或罐头食品的主妇,她就凭此经验而知道,将来要不要再买这种肥皂或食品。所以做广告的人只有在这一种情形下才值得做,即第一次样品的尝试不致叫消费者拒绝再买,只有品质好的东西才值得做广告。这是工商界公认的事实。

在经验不能告诉我们任何东西的地方,情形完全不一样。宗教的、形而上的,以及政治的宣传,既不能靠经验来证实,也不能靠经验来证实或证伪。关于来生和神的事情,是生活在这个世界的人们不能经验的。政治方面的经验总是些可引起不同解释的复杂现象的经验;可用以判断政治教条的唯一标准是先验的推理。所以,政治宣传与商业宣传,根本是两件不同的事情,尽管它们常常是同样的方法。

我们有许多现代的医药还无法治疗的疾病。可悲的是,有些江湖郎中利用病人的困境兜售他们的万灵药。这样的江湖郎中当然不能叫人返老还童,也不能把丑人变美。他们只给人一些希望。如果政府要禁止这一类的广告——它所宣传的"事实"是不能用自然科学的实验法证明的——对于市场的

运作倒也无害。但是,如果你准备给政府这个权力,而你又反对政府同样地来
审查宗教的宣传,那你就是不一致。自由是不可分割的。当你一开始限制它
的时候,你就走上了下坡路而难于停止了。如果你指派政府证明香水、牙膏的
广告是忠实的,你就不能反对它干预一些更重要的宗教的、哲学的和社会意理
的事情。

商业宣传会强迫消费者顺从做广告的人的意思,这个想法是不对的。广
告决不会抢去质美或价廉的货物的销路。

从做广告的人的观点来看,广告费是生产成本总账中的一部分。商人如
果认为花费做广告可以增加他的净收入,他才做广告。在这一点上,广告费和
其他的生产成本没有什么不同。有人曾把生产成本和销售成本加以区分。据
他们说,生产成本的增加,将增加供给,销售成本(广告费包括在内)的增加,将
增加需求。㉔这是错误的。所有的生产成本都是为增加需求而花的。如果罐
头食品的生产者用了更好的原料,这和他在包装方面、店铺方面更美化更吸引
人一样,在广告方面花更多的钱,同样为的是增加供给。增加每个单位产品的
生产成本,总是为了增加供给。一个商人如果想要增加供给,他就必须增加总
成本,总成本增加了,单位成本常常减少。

十四、国 民 经 济

市场经济之为市场经济是不管政治疆界的;它的领域是世界。

国民经济(Vopkswirtschaft)这个词早已被德国的国家万能说的倡导者
使用。到很久的后来,英国人和法国人才开始说"英国经济"和"法国经济"以
示别于他国经济。但是,英国的文字和法国的文字都没有等于德文
Valkwirtschaft 这个词的单字。随着国家计划和国家自足的现代趋势,蕴含
在这个德国字的主义到处流行。但是,只有德国文字才能用一个单字表达它
的一切涵意。

国民经济是由政府统制的一个主权国的一切经济活动的总体。它是在国

家的政治领域内实现的社会主义。使用这个名词的人们，充分知道那些实际
情形与他们所认为唯一适当的可贵的情形不一样。但是，他们是从他们的理
想的观点来判断市场经济所发生的每一件事情。他们以为，国民经济的利益
与自私的追求利润的个人的经济利益之间，有一不可调协的冲突。他们毫不
犹疑地认定，国民经济利益比个人的经济利益优先。公正的公民应当把国民
经济利益放在他自己个人利益之上。他应该自愿地把自己看作执行政府命令
的一个官吏而行为。纳粹经济统制的基本原则就是，国家的福利先于个人的
自私。但是，当人民"太愚钝"、"太邪恶"，以致不遵守这个原则的时候，政府就
要强迫他们遵守。十七世纪和十八世纪的德尔曼的君主们，尤其是
Brandenburg 的 Hohengollern 诸侯们和普鲁士王，充分胜任这个工作。到了
十九世纪，从西方输入的自由思想，甚至在德国也压倒了久经试验的国家主义
和社会主义的政策。可是俾斯麦（Bismarck）和他的后继者的社会政策
（Sozialpalitik）和最后的纳粹主义又把它们恢复了。

国民经济不仅被看作与个人的经济利益冲突，而且也同样地与别国的国
民经济利益势不相容。最理想的国民经济是完全的经济自足。一个有任何国
外输入的国家就是缺乏经济独立，它的主权只是假的。所以一个国家如果不
能生产本国所需要的东西，那就必须对外征服可以满足这些需要的领土。要
真正成为拥有主权和独立的国家，就必须拥有一个生存空间（lebensraum），即
一片足够大的并具备丰富自然资源的领土，它不但可以满足自足经济的生存，
而且其生活水准不低于任何其他国家。

所以，国民经济这个观念是对市场经济的一切法则做极激烈的否认。过
去几十年所有的国家的经济政策或多或少是被这观念指导。引起这个世纪两
次世界大战，以及会燃起未来战火的，是这个观念的见诸实行。

从人类史的早期开始，市场经济和国民经济这两个相对的原则就互相战
斗。政府，也即强制性的社会机构，是维持和平合作所必要的东西。市场经济
不能不要警察的武力来对抗和平的破坏者，以保障它顺利运作。但是，这些必
要的行政官吏和他们武装的部属，总不免受权力的引诱而利用它来建立自己
的极权统制。对于野心的国王和将军来讲，未纳入团队组织的个人生活圈的

存在,对他们是一挑衅。国王、总督、将军,决不会同时也是自由主义者。他们之成为自由主义者,只有人民逼得他们不得不如此的时候。

社会主义和干涉主义的那些计划,所引起的一些问题,将在本书以后的几篇讨论。这里,我们只要解答一个问题,即:国民经济的任何基本特征,可否与市场经济相容。国民经济这个观念的拥护者,不把他们的方案仅仅看作未来社会的建筑蓝图。他们强调地宣称,即令在市场经济制度(市场经济在他们的心目中自然是违反人性的那些政策的恶果)下,各国的国民经济各成统合的单位,而彼此的利益是相互冲突无法调和的。把一个国民经济与所有别的国民经济隔离起来的,不是像经济学家叫我们相信的,仅为政治制度。使国内贸易与国外贸易发生差异的,不是由于政府对工商业的干涉和法院对个人的差别保护而建立的贸易障碍和移民阻碍。相反的,这种差异是许多事情的必然结果,是无法解决的一个因素;它不会被任何意理消除,而且也不管法律、行政官吏和法官是不是注意到它,它一样地发生它的结果。国民经济是一个自然存在的事实,至于包容全球人类社会的世界经济,只是一个邪说的妄想,为毁灭文明而设计的一个计划。

事实是这样:个人们在他们的行为中,在他们作为生产者和消费者,作为卖者和买者的时候,并不使国内市场与国外市场有何差别。本地贸易与距离较远的贸易是有差别的,这是因为交通运输的成本关系。如果政府干涉,比方说用关税吧,使国际交易的费用加重,他们对于这个事实的考虑,和对于运输成本的考虑是一样的。对鱼子酱课关税的后果,只是交易成本的增加。如果严格禁止鱼子酱进口,其后果也无异于鱼子酱经不起运输,因其品质易于腐坏。

在西方的历史上,从来没有区域自足或国家自足这么样的东西。我们可以承认,那里曾有一个时期,分工的范围没有超过一个家族,这是人与人之间没有交换的家家自足和部落自足。但是,一到人与人之间有了交换的时候,交换就超越了政治社会的疆界。距离较远的区域之间的物物交换,不同的部落、村庄和政治社会之间的物物交换,领先了近邻的物物交换。人们最想交换到的东西,是他们用自己的资源所不能生产出来的东西。地球上的储藏量分布得不均匀的食盐、其他的矿物和金属品、国内的土壤所不能成长的谷物,以及只有某些地区的居民才会制造的产品,是贸易的第一目标。贸易一开始就是对外贸易。国内贸易发展到近邻之间只是后来的事情。给封闭的经济打开第一个洞口而有人际交换的,是远距离区域的产品。消费者,为自己的利益打算,谁也不关心他所买到的食盐和金属品是国内生产的还是外国供给的。如果事情不是如此的话,则政府就没有任何理由要用关税和其他的方法来限制对外贸易了。

但是,即令一个政府能够使一些隔离国内外市场的障碍成为不可克服的障碍,因而建立完全的一国自足,它也没有创立一个国民经济。不管怎样讲,一个完全自足的市场经济仍然是个市场经济;它形成一个封闭的孤立的交换制度。至于它的公民得不到国际分工所发生的利益这件事,仅是他们的一些经济条件的一个既定事实。只有这样的一个孤立的国家,彻底走上社会主义的时候,它才会把它的市场经济变为一个国民经济。

被新重商主义(neo-mercantilism)的宣传迷住了的人们,每每使用一些与他们视为生活的指导原则相反的,以及与他们生活的社会秩序的一切特征相反的语言。在好久以前,不列颠人已开始把所有设在大不列颠的工厂、农场,乃至设在自治领、东印度,以及各殖民地的工厂、农场,统统叫作"我们的"。但是,如果一个人不是为的把爱国热情表现给别人看,他不会用较高的价钱来买他所说的"我们的"工厂的产品,而不以较低的价钱来买他所说的"外国的"产品。即令他这样作,而把那些设在本国政治领域以内的工厂都叫作"我们的",也是不适当的。一个伦敦人,在煤矿业国有化以前,把那些不是他所有,但位置是在伦敦区的煤矿叫作"我们的"煤矿,而把那些在鲁尔(Ruhr)的煤矿叫作"外国的"煤矿,这是什么意思?他买"英国"煤也好,"德国"煤也好,他都要十足地支付市场价格。买香槟酒的,不是美国向法国买,而是一个一个的美国人,向一个一个的法国人买。

只要个人的活动还有一些余地,只要财产私有权和个人之间的财货与劳务的贸易还存在,那就没有国民经济。只有全面的政府统制,替代了个人的选择的时候,国民经济才真正出现。

注 释

① 对于这个有计算心的人而言，这些财货不是第一级货财，而是较高级的财货，用以再生产的生产要素。

② 参考例如 R. v. Strigl, *Kapital und Produktion* (Vienna, 1934)p. 3。

③ 参考 Frank A. *Fetter in Encyclopaedia of the Social Sciences.* Ⅲ, p. 190.

④ 参考第十九章第一、二、三节。

⑤ 关于俄国的"经验"，参看 Mises, *Planned Chaos* (Irvington-on-Hudson, 1947); pp. 80～87.

⑥ 这个普遍的思想方法所形成的最叫人吃惊的结果是一位普鲁士的教授 Bern-hard Lanm 写的那本书(*Die geschlossene Wirtschaft* 〔Tubingen, 1933〕), Lanm 从人种学的论著中，引用了很多资料。那些资料都证明，许多原始部落把经济的自给自足看作自然的、必要的、而且善良的。因此，他得到的结论是：自给自足是自然的、最便利的经济状态；回复到自给自足——他所鼓吹为"一个生物的必要程序！"(p. 491)。

⑦ Guy de Maupassant 在 *Etude sur Gustave Flaubert*（再刊在 *Oeuvres Complètes de Gustave Flaubert*〔Paris, 1885〕, Val. Ⅶ）一文里面，分析过 Flaubert(法国小说家)所写的对布尔乔亚的憎恶。Maupassant 说：Flaubert "aimait le monde"(p. 67)；这是说，他喜欢在巴黎社交圈子里面走动，这个圈子的组成员包括贵族、富有的布尔乔亚、乃至杰出的艺术家、作者、哲学家、政治家和企业家(促进者)。他把布尔乔亚这个名词作为"愚蠢低能"的同义词来使用，而对之下这样的定义："凡是有卑劣思想(Pense bassement)的人，我叫他布尔乔亚。"因此，我们可以明白地知道，Flaubert 在使用"布尔乔亚"这个名词时，他的心中并不把布尔乔亚看作一个社会阶级，而是在这个阶级里面，他所常常遇见的那种愚蠢低能者。他也同样地轻蔑平凡的人(le bon peuple)。但是，由于他接触世俗的人比接触作家们要频繁得多，前者的愚蠢低能使他烦恼的机会也就比后者的多(p. 59)。Maupassant 的这番观察分析，不仅对于 Flaubert 而言是对的，而且适用于一切艺术家"反布尔乔亚"的情绪。附带地，我还要特别指出：从马克思的观点来看，Flaubert 是一位布尔乔亚的作者，他的小说是"资本主义的或布尔乔亚的生产方式"的"上层意理"。

⑧ 纳粹党人把"犹太人的"这个形容词当作"资本主义的"和"布尔乔亚的"同义词来使用。

⑨ 参考第三章第三节最后的十段。

⑩ 参考 Frank A. Fetter, *The Principles of Economics* (3d ed. New York, 1913), pp. 394, 410。

⑪ Beatrice Webb, Lady Passfield, 她本人是一位富商的女儿。我们可引她作为这种心态的一个显例。参考 *My Apprenticeship* (New York, 1926), p. 42。

⑫ 参考 Hayek 在 *The Road to Safdom* (London, 1944), p. 89 所引的 Trotsky 所说的话(1937)。

⑬ 关于不完全的竞争和独占性的竞争这些时髦理论的驳斥，参考 F. A. Hayek, *Individualism and Economic Order* (Chicago, 1948), pp. 92～118。

⑭ 见第二十一章第四节。

⑮ 在政治界域内，对政府所加的压迫之抗拒，是被压迫者最后所使用的武力（ultima ratio）。不管这压迫如何非法、如何难受，不管这反叛的动机如何崇高，而其结果如何有利，革命总是一个非法的行为，使社会秩序和政府陷于瓦解。政府在其领域以内是唯一能够使用暴力的机构，也是可以宣布其他机构所用的暴力是正当的唯一机构（意指承认外国的革命政府？——译者附注）。这是文明政府的一个基本特征。革命是公民之间的战斗，它推翻法统，至多它只受关于交战团体的国际惯例不大有力的限制。如果胜利了，它就会接着建立一个新的法律秩序和一个新政府。但是，它决不会制定一个合法的"反抗压迫的权利"。允许人民以武装力量来反抗政府的武装力量，那就等于无政府，而是与任何政治体制不相容的。第一次法国革命的国民议会，曾经愚蠢到宣告人民有这种权利；但是，它却没有愚蠢到把这个宣告当真的。

⑯ 如果一个行为既不改善也不减损满足的状况，它还是有一种心理损失的，因为这一行为是白费的。如果这个人静静地享受他的生活，他就过得更好些。

⑰ 参考 Mangoldt, *Die Lebre vom Unternebmergewinn* (Leipzig, 1855), p. 82, 从一百公升粗制的葡萄酒，酿不出一百公升的香槟，只能酿出较小的量，这个事实与一百公斤的甜菜制不出一百公斤的糖，是同样的意义。

⑱ 参考 Knight, *Risk, Uncertainty and Profit* (Boston, 1921), pp. 211~213。

⑲ 如果我们想用通常使用的"国民所得"这个错误的概念，我们就可以说国民所得里面没有利润这个部分。

⑳ 关于资本财转换的问题，将在第十八章第五节讨论。

㉑ 参考第三十章第三节最低工资率。

㉒ 参考第三十三章第一节。

㉓ 关于这里所涉及的一些问题之详细讨论，参考 Mises, *Bureáucracy* (New Haven, 1944)。

㉔ 参考 Chamberlin, *The Theory of Monopolistic Competition* (Cambridge, Mass., 1935), pp. 123 ff。

第十六章　价　格

一、定价的过程

在一个偶然的物物交换的行为当中(这里所说的偶然的物物交换,是指那些经常不与别人交易的人,也偶尔来一次物物交换,在这种交换中,通常是不会怎样叫价还价的),交换率是在一个很宽的界限以内决定的。至于事实上的交换率,究竟会决定在这个界限以内的哪一点,交换学——交换率和价格理论——不能解答这个问题。它对于这种交换率所能讲的,只是说只有在交换的双方都觉得收进的比付出的较多的时候,交换率就决定了。

个人的交换行为继续发生,于是在财产私有的社会里面,一步一步地随着分工的发展而产生了市场。到了"为别人的消费而生产"成为常态的时候,社会分子就必须从事买卖了。交换行为的增加和买卖相同货物的人数增多,使得买卖双方评价的界限缩小。由于货币可以无限分割,于是,交换率的决定可以定得很精密。它们定在极端狭窄的界限之间,一方面,是那个边际买者和那个不愿卖的边际供给者的评价;另一方面,是那位边际卖者和那个不愿买的边际需求者的评价。

市场现象的连续,是企业家、发起人、投机者、买卖期货做套利生意的人们的一些活动的总结果。有些人这样讲:交换学的基本假定,是各方面都具备关于市场情况的完全知识,因而能够利用最有利的机会在买卖中得到最大的利益。这个假定是不合实际的。诚然,有些经济学家真正相信这样的假定蕴含在价格理论中。他们不仅不了解,如果世界上所有的人具备相等的知识和远见,这样的一个世界与经济学家在他们的理论中所要解释的这个真实世界,在那些方面是不同的;而且,他们也错在没有发觉他们自己在讨论价格的时候,并不是基于这样的假定。

在一个经济制度里面,如果每个行为者具有同程度的洞察力,能够正确地看到市场情况,则物价适应每一变动的调整,将会一举达成。但是像这样的一致,是不可想象的事情。交换学所讨论的市场,其中的人们对于一切变化的了解是彼此不同的,而且,即令他们有了同样的信息,彼此的评价也不一样。市场运作反映出这个事实;首先察觉到变化的只有少数人,而这些变化所将引起的结果如何,各人的结论也不一样。活泼能干而企业心较强的人领先;其他的人慢慢跟上。较聪明的人比智力差的人,料事比较正确,所以他的行为比较成功。经济学家在推理的时候决不可忽略这个事实:人们因天赋的和后习的不平等,因而他们对于环境的适应也各人不同。

市场过程的推动力,既不是来自消费者,也不是来自生产手段——土地、资本财和劳动——的所有者,而是来自一些企业家。他们志在利用价格的差异以谋取利润。他们用敏捷的理解力和远大的眼光向四处寻找利润的源泉。他们在他们认为价格够低的地方和时机买进,在他们认为价格够高的地方和时机卖出。他们接近那些生产要素的所有者,而他们的竞争把这些要素的价格抬高到相当于他们对产品的未来价格所预期的限度。他们接近消费者,而他们的竞争把消费财的价格压低到全部供给量可以销售掉的那一点。追求利润的投机,是市场的推动力,正如同它是生产的推动力。

市场,动荡永不停止。想象的均匀轮转的经济结构,在实际上没有这回事。所有生产要素的价格总和,加以时间偏好的斟酌损益,等于产品的价格而又不至于再有变动,这种情况,实际上是决不会出现的。市场上总会有利润可被某些人赚取。投机者总是受预期中的利润之怂恿。

想象的均匀轮转的经济结构,是用以领悟企业家盈亏的一个心智上工具。

它当然不是用来理解定价过程的。相应于这个假想结构的最后价格,决不与市场价格一致。企业家的活动,或经济舞台上任何角色的活动,不是受像均衡价格和均匀轮转的经济这些东西的考虑之指引。企业家所考虑的是,预期中之未来价格,而不是最后价格或均衡价格。他们在生产要素的价格与预期的未来的产品价格之间发现差额,他们就利用这样的差额来谋取利润。企业家努力的最后结果,如果再没有变动发生的话,将是均匀轮转的经济之出现。

企业家的经营引起一个物价走向相等的趋势,详言之,运输成本和时间因素都考虑到,在市场的任何部分,同样货物的价格有走向相等的趋势。价格的差异不仅是暂时的,而且必然要被企业家的行为消灭,这样的价格差异总是某些特殊障碍所形成的结果。某些限制防止了营利事业参与。对于实际的商情不够熟习的观察者,常常看不清阻止这种趋势的一些制度上的障碍。但是,有关的商人们总归知道:使他们不能利用那些差异以谋利的,是些什么。

统计学家处理这个问题,处理得太轻率。当他们发现两个城市或国家之间,某一货物的批发价格有了差异,而这差异不完全由于运输成本、关税和内地税的时候,他们就说"货币购买力与物价'水准'不同"而默认这个事实。[①]基于这样的说法,人们就草拟计划用货币方法来消除这些差异。但是,这种差异的根本原因不会在货币方面。如果两国的物价是用相同的货币标出的,那么,我们就必须解答,是些什么东西在阻止商人们,使他们不能做那些可以消灭价格差异的生意。如果价格是用不同的货币标出的,事情在本质上还是一样的。因为不同类的货币汇率,趋向于再也没有可利用物价差异以谋利的余地那一点上面。凡是两个地方的物价差异持续存在的时候,找出是些什么障碍在阻止那些必然使价格趋于一致的交易,这是经济史和叙述经济学的任务。

我们所知道的一切价格,都是过去的价格。它们是经济史的事实。在说到"现在价格"的时候,我们是意指,最近将来的价格不会不同于最近过去的价格。但是,关于未来价格所说的一切,不过是对未来事情的领悟之一种结果而已。

经济史的经验不过告诉我们:在某一特定的时间、某一特定地点,张三与李四用了若干数量的某货物交换了一种货币的若干单位,除此以外,它不会告诉我们什么。在说到按照市场价格而做这样买卖行为的时候,我们是受一个

溯源于先验的出发点的理论洞察力的指导。我们洞察到：如果没有什么特殊
因素使价格发生差异，在同时、同地，对同量、同质的货物所支付的价格，是趋
向于相等的，也即最后价格。但是，实际的市场价格永不会达到这个最后情
况。我们所能知道的各个市场的价格，是在不同的情形之下决定的。我们不
可把计算出来的平均价格与最后价格相混。

只有关于在有组织的股票交易所或货物交易所里面买卖的那些可替代的
商品，才可以在比较价格的时候，假定它们所涉及的商品是同质的。除掉交易
所里面这样决定的价格，和技术分析所能精密确定其同质货物的价格以外，如
果在讨论价格时，不顾到有关货物的品质上差异，那就犯了严重的大错误。即
令在纺织品原料的趸售中，也是品种繁多的。消费财的品质更是千差万异，把
一些消费财的价格作一比较，当然是引起误解的。一次交易的成交量，对于单
位价格的决定也是有关系的。一次大量出卖的公司股份所卖到的单位价格，
不同于分做数次小量出卖所卖的单位价格。

一再地强调这些事实，是有必要的。因为把物价的统计资料拿来反对价
格理论，是现在的惯例。但是，物价统计完全是靠不住的。它的一些基础都是
不确定的，因为事实的情况大都不容许把各种资料拿来作比较，不容许把各种
资料联结在一起，不容许计算出平均数。过分热心于数学运算的统计学家，受
到诱惑而不管那些资料之不可比较。某一商号在某一天卖出了某一式样的鞋
子一双，售价六元。这个信息，是关于经济史的事实。对于一九二三年到一九
三九年的鞋价研究，无论所用的方法如何周到，终归是推测的。

交换学告诉我们：企业家的活动使那非因运输成本和贸易障碍而发生的
价格差异趋向于消灭。经验与这个定理从来没有抵触过。至于把一些不同的
事情任意视为相同，而得出的那些结果，是毫不相干的。

二、评值和估价

决定物价的最后原因，是消费者的价值判断。物价是人们对各物所作的

评值不同而形成的结果。价格是个社会现象,是所有参与市场活动的人对各物评值而起的相互作用所产生的。每一个人,在购买或不购买,出卖或不出卖的时候,对于市场价格的形成都发生他那一份影响。但是,市场愈大则他的那份影响就愈小。所以,市场价格结构,自个人看来,似乎是一既定的事实,而他必须调整自己的行为以适应。

归结于确定的价格之形成的一些评值,是彼此不同的。每个当事人对他收到的财货所给的评值,总高于对他付出的财货所给的评值。交换率,也即价格,不是评值相等的结果。相反地,而是评值参差的结果。

估价必须与评值明白区分。估价决不依赖估价者的主观评值。他并不注意于有关货物的主观的使用价值,而注意于预测市场所将决定的那些价格。评值是一价值判断,以不同的值表示之。估价是对将要到来的事实所作的预测。估价的目的,在于确定某一特定的货物在市场上将卖什么价钱,或者说,将要多少钱才可买到这一特定货物。

但是,评值与估价是密切关联的。一个自给自足的农夫,是把他赋予各种"解除不适之感的手段"的重要性直接加以比较,这是他的评值。一个在市场上做买卖的人的评值就不同了,他不得不注意市场价格的结构;市场价格靠的是估价。为要知道一个价格的意义,我们必须知道那项有关金额的购买力。总而言之,我们必须熟习我们所想取得的那些财货的价格,并且要靠这个知识来形成对于它们未来价格的看法。如果一个人在说到那已经买到的某些货物的购买成本,或说到那将要计划购买的某些货物的购买成本的时候,他是以金额来表示这些成本的。但是,这项金额在他的心目中是代表他能够用它而取得其他财货,因而享有的满足程度。评值是个迂回的过程,它要经过对市场价格结构的估定;但是,它的目的终归是把几个可以彼此替代的解除不适之感的方法加以比较。

决定价格之形成,最后总是个人的主观价值判断。交换学在想到定价过程的时候,必然要追溯到行为的基本元范,即宁可取 A 舍 B。鉴于一些流行的谬见,我们可强调:交换学是讨论在确实的交易中实际支付的价格,而不是讨论想象的价格。最后价格这个概念,只是为理解特殊问题而准备的一个心智上的工具。这里所说的特殊问题，即企业家的盈亏问题。所谓"公平的"或"合理的"价格这种概念，没有任何科学意义；那只是一些希望的伪装，希望达到一种与实况不同的情境。市场价格完全是由那些实际在行为的人们的价值判断所决定。

如果我们说价格趋向于总需求等于总供给的那一点，那是同样的现象连续之另一表示方法。需求与供给是些买者和卖者的行为结果。如果其他情形不变，供给增加，价格必下跌。在原先的价格下那些准备支付那个价格的人们，可以购买他们所想购买的数量。如果供给增加，他们必买较多的数量，或者原先未买的那些人现在有购买的兴趣了。这种情形只有在较低的价格下才出现。

画出两条曲线——需求曲线和供给曲线来表现这种相互作用，这是可能的。两条曲线的相交点表示价格。我们也同样可能用数学符号来表现它。但是，我们必须了解，这样的曲线图形或数学符号，并不影响我们的解释之本质，它们对于我们的洞察力也没有丝毫的补益。而且，更重要的是要了解：关于这些曲线的形状，我们没有任何知识或经验。我们所知道的，总归只是些市场价格——不是曲线，而只是我们解释为两条假定的曲线相交的那一点。为一般大学生讲解这个问题而画出这样的曲线，也许是方便的办法。就交换学的真正任务讲，那不过是插曲。

三、高级财货的价格

市场程序是连续一贯的，不可分割的，它是行为与反应不可分解的大纠结。但是，由于我们的智能不够，我们不得不把它分成几部分，而各别地来分析每一部分。在采用这种牵强的方法时，我们决不可忘记：这些部分的似乎自主的存在，不过是我们心中一个假想的计策。事实上，它们只是些部分，也即是说，它们甚至不能被想为存在于它们之为部分的那个结构之外。

较高级财货的价格，最后是决定于第一级或最低级财货——消费财——

的价格。因为这种依赖的关系,它们最后决定于市场社会所有分子的主观评值。但是,重要的是我们要了解:我们面对的是些价格的关联,而不是些评值的关联。生产要素的价格受限于消费财的价格。生产要素是参照产品的价格估价的,它们的价格从这种估价上面出现。从第一级财货推转到较高级财货的不是评值,而是估价。消费财的价格引起那些终于决定生产要素价格的行为。生产要素的价格主要地只与消费财的价格相关联。至于与个人们的评值,它们只间接地发生关联,也即经由消费财(利用它们而生产出来的产品)的价格而发生关联。

生产要素的价格理论所要做的工作,要用消费财的价格理论所用的同样方法来达成。我们从两方面来想消费财的市场运作。一方面,我们想到一种引起交换行为的情况;这种情况是各个人的不适之感可以消除到某种程度,因为各人对于同样财货作不同的评值。另一方面,我们想到一种再也不会有交换行为发生的情况,因为谁也不认为再行交换会更增加他的满足。我们用这同样的想法,来了解生产要素价格的形成。这个市场的运作是由企业家的努力而发动的,企业家是想从生产要素的市场价格与预期中的产品价格之间的差异而谋取利润。如果生产要素的价格总和等于产品的价格,而且无人认为价格会再发生变动,在这种假想的情形下,这种市场的运作就会停止。讲到这里,我们已经适当地、充分地从正面指出了发动市场运作的是什么,也从反面指出了停止它的是什么。最主要的,还是正面的申述。基于最后价格和均匀轮转经济这种假想结构的反面申述,不过是辅助的。因为生产要素的价格理论所要做的工作,不是讨论一些假想的概念(这些假想的概念,在我们的生活和行为中,是决不会出现的),而是讨论高级财货在实际买卖中的市场价格。

我们之有这种方法,得感谢 Gossen,Carl Menger 和 Böhm—Bawerk。这个方法的优点在于认识到我们面对着一个与市场程序纠结得不可分的价格现象。它把下列二事明白区别:(a) 把产品价值连系于各种互补的生产要素全部集合体的对生产要素的直接评值。(b) 由于市场上的竞争而形成的个别的生产要素的价格。一个孤立的行为者(鲁宾逊或社会主义的生产管理局)所作的评值,决不会成为"价值比额"(quotas of value)这样事情的决定。评值只能把财货按偏好的程度来安排。它决不会把什么可叫作价值量的东西与一件财货相连。价值总额的说法是荒唐的。我们说,赋予产品的价值,等于互补的生产要素全部集合体的价值(关于时间偏好这一因素暂置不理),这是可以的;但是如果说,赋予产品的价值等于赋予各种互补的生产要素的价值之"总额",那就荒谬了。价值或评值是不可相加的。用货币表示的价格可以相加,偏好的程度不能相加。价值判断不是别的,只是指涉某事物优于其他事物。

价值推转的过程,不会归结到各个生产因素的价值从它们联合产品的价值中导出。此过程对于经济计算毫无帮助。只有市场运作提供经济计算的必要条件,因而确立了每种生产要素的价格。经济计算,总是价格的计算,决不涉及价值。

市场决定消费财的价格,它也以同样的方法决定生产要素的价格。市场程序是一些有意努力于解除不适之感的人们的行为之相互作为。我们不可能想到市场程序而不涉及发动市场运作的人。我们不能讨论消费财的市场而不管消费者的行为。我们也不能讨论高级财货的市场而不管企业家的行为和"货币使用是他们交易中不可少的"这一事实。在市场运作中,没有什么是自动的,或机械的。志在利润的企业家,像拍卖中的叫价者,在那里,生产要素的所有者把他们的土地、资本财和劳动拿来出卖。企业家相互间为要胜过别人,一步一步地把价格叫高。他的叫价,最高方面受限于他们预期中的未来的产品价格,最低方面受限于足以把生产要素从竞争对方的手中抢来。

生产的情况有时不能让消费者以最低的代价得到最大的满足,企业家可以防止这种情况继续保持下去。所有的人都想让自己的欲望得到最大满足,在这个意义下,他们尽可能地追求利得。发起人、投机者和企业家与其他的人没有什么不同。他们仅仅是在智力和活力方面比一般人优越。在物质进步的路程上,他们是领导者。他们首先懂得在"做了的"与"可做的"之间有差异。他们猜测消费者将会喜欢什么而为之供应。因此,他们把某些生产要素的价格叫高了,而把另一些要素的价格压低了(由于他们减少这些要素的需求)。在他们以那些能赚得最高利润的消费财供给市场的时候,它们的价格就趋向于跌落,这个趋势是他们的这一行为创造出来的。他们减少那些不能赚得理想利润的消费财的产量的时候,那些消费财的价格就趋向于上升,这一趋势也是他们创造出来的。所有这些转变,不停地发生,只有在那想象的均匀轮转的经济和静态均衡的情况下才会停止。

在草拟计划的时候,企业家首先要看看那些刚刚过去的价格(也即大家误称为"现在的"价格)。当然,企业家决不会不考虑到预料的变动而径直把这些价格纳入他们的计算中。这些刚刚过去的价格对于他们只是用以预测将来价格的一个起点。过去的价格不影响将来价格的决定。相反地,决定生产要素现在价格的,倒是对产品的将来价格的预期。价格的决定,就有关各物之间的相互交换率而言②,与过去的价格没有什么直接的因果关系。不能互换的生产要素,在各种生产部门之间的配置③和那用之于将来生产的资本财数量,都是历史性的;在这一点上,"过去"有助于形成将来的生产方向,因而影响将来的价格。但是,就直接关系讲,生产要素的价格完全是决定于对产品的将来价格的预期。至于说昨天人们对一些货物的评值和估值与今天不同,这一事实与这里所讨论的问题不相干。消费者不会关心那些参照过去市场情况而作的投资,也不会担心企业家、资本家、地主和工人们的既得利益,这些人的利益可能因价格结构的变动而受到损害。像这样的一些情绪,在价格的形成中不起作用(有了既得利益的人之所以要求政府干预经济活动,正是因为市场是不尊重既得利益的)。对于企业家——将来生产的形成者——而言,过去的价格只是一个心智上的工具。企业家并非每天重新构想一个崭新的价格结构,或重新把生产要素配置于各种部门。他们只是改变过去已做的事情,以期更能适应变动了的情况。原先的,他们保存多少、改变多少,这就看那已经改变了的情况改变到什么程度。

经济过程是生产与消费的相互作用。今天的活动,经由已有的技术知识、可用的资本财之量与质,以及这些财货在个人之间的分配,而与过去的活动连结起来。它们之与将来发生关联,则是经由人的行为之本质;行为总是为的改善将来的情况,为了在未知的不确定将来有所作为。人,在其力量达得到的范围,只有靠两个帮助:往事的经验和他的领悟力。关于过去的价格知识是这种经验的一部分,同时也是领悟将来的起点。

如果过去的一切价格的记忆都忘掉了,定价过程自然会变得更麻烦,但就有关的各货物间的相互交换率来讲,定价过程并非不可能。企业家自然更难于调整生产以适应大众,但是那仍然是可以作的。他们将必须重新收集他们赖以操作的全部资料。他们将不免于那些可藉经验来避免的错误,物价的波动在开始时将会更剧烈,生产要素会被浪费,欲望满足会受到损害。但是到了最后,支付了很高的代价以后,人们又再度获得市场程序所赖以顺利运作的那些经验。

实在的事情是这样的:生产要素"错误的"价格之所以不能继续存在,由于那些追求利润的企业家们之间的竞争。企业家们的活动是那将可引起均匀轮转的经济情况的元素,如果再没有变动发生的话。在这个包括全世界的拍卖市场中,他们是生产要素的竞买者。在叫价的时候,他们可说是消费者的委托人。消费者的欲望是多方面的,每个企业家代表一个不同的方面,或者是不同的货物,或者是相同的货物、不同的生产方法。人们在其可取得的消费财的限度以内,有各种消除其不适之感的"可能",企业家们的竞争,最后是这些"可能"之间的竞争。消费者决定购买这件货物而缓买那件货物,这一行为也就决定了生产这件货物的生产要素的价格。企业家的竞争,在生产要素的价格形成中,反映消费财的价格。生产要素是稀少的;由于这稀少,每个人的心中都有些冲突,企业家的竞争把这冲突反映到外在世界。生产要素,有的是不特殊的,可用之于各种用途;有的是特殊的,只能用之于特定的用途。前者应该配置在哪些用途,后者应该使用多少,这是消费者所要决定的,企业家的竞争使这决定有效。

定价过程是一社会过程。它是由社会所有分子的相互行为达成的。在分工的架构内,每个人就其所选择的岗位大家通力合作。大家在合作中竞争,在竞争中合作,因而有助于完成这个结果,即:市场的价格结构,生产要素配置于各种欲望满足的途径,以及每个人分配额的决定。这三件事情不是三件不同的事情,它们是一个不可分的现象的三个不同面。在我们的分析过程中,这个不可分的现象被分为三部分。在市场程序中,它们是由一个行为完成的。只有那些拘于社会主义者的方法而具有社会主义成见的人们,在讨论市场现象时才说到三个不同的程序：价格的决定、生产努力的趋向和分配。

对于生产要素定价的一个限制

使生产要素的价格发生于产品价格的这个过程，只有在下述的情形下可完成它的效果，即：在那不可替代的生产要素中，只有一个是属于绝对特殊性的，也即只有一个是不适于其他任何用途的。如果生产一件产品，需要两种或两种以上的绝对特殊的要素，那就只有累加的价格可归因于它们。如果所有的生产要素都是绝对特殊的，则定价过程所会完成的，不过是这样的累加价格。那不过是像这样说：把 3 个 a 和 5 个 b 结合起来生产一个单位的 p，3 个 a 和 5 个 b 等于 1 个 p，$3a+5b$ 的最后价格等于 $1p$ 的最后价格（时间的偏好当然要顾到）。因为那些不是为生产 p 而想使用 a 和 b 的企业家们不竞买它们，更详细的价格决定是不可能的。只有那些想把 a（或 b）用在其他用途的企业家们对 a 发生需求的时候，在他们与那些计划生产 p 的企业家们之间的竞争就产生，而且 a（或 b）的价格就出现，这个价格的高度，也决定 b（或 a）的价格。

一个世界，如果其中的一切生产要素都是绝对特殊的，那么，这个世界就可用这样的累加价格来处理它的事务。在这样的世界里面，将不会有"为何把生产手段配置于各种满足欲望的生产部门"这样的问题。在我们实际的世界里面，事情不是如此。我们有许多种可以用在不同部门的稀少资源。我们的经济问题是在把这些要素用来满足最迫切的欲望，而不浪费一个单位满足次要的欲望而妨害最重要的欲望之满足。就在生产要素价格的决定中，我们的市场解决了这个问题。这个解决所提供的社会利益，一点也不受害于这个事实：对于那些只能累加使用的要素，只有累加的价格被决定。

有些生产要素可在同比率的结合下用来生产各种货物，但没有任何其他的用途，这种要素被视为绝对特殊的要素。关于一个可用在各种用途的中间产品的生产，它们是绝对特殊的。这个中间产品的价格只可累加地归因于它们。至于这个中间产品是否可以由我们的感官直接察觉，或是否仅为它们的联合使用所引起的无形的、看不见的结果，这都没有关系。

四、成 本 计 算

在企业家的计算中,成本是购买生产要素所必要的金额。企业家专心于从事那些收益可望超过成本的事业,而放弃那些他认为利润较少,甚至可能亏损的计划。他这样做,正是他为着最能满足消费者的需要而调整他的努力。一个营业计划之所以没有利润,是因为成本高于收益,这是由于这个计划所需要使用的生产要素还有个更有用的用途。有些其他的产品,消费者准备偿付用以生产它的那些生产要素的代价。但是,消费者不愿意偿付这些代价以购买那些无益的产品。

下列两个条件不是经常有的,成本的计算受这个事实的影响:

第一,用来生产消费财的要素,其数量的每一增加,即是它的消除不适之感的力量增加。

第二,消费财的数量每一增加,生产要素的消耗必须同比例增加,或甚至超比例增加。

如果这两个条件经常而无例外地满足,则用以增产 m 量商品的 g 的每个 z 增份,将被用来满足一个被视为比已被前一个 m 量所满足的那个最不迫切的需要更不迫切的需要。同时,这个 z 增份将要从其他需要的满足拉来一些生产要素使用,而这些其他需要被认为比那些其满足已被放弃了的需要更为迫切,而那些需要的满足之所以被放弃,为的是要生产这个 m 边际单位。一方面,由于 g 的增加而产生的满足,其边际价值将降低;另一方面,生产 g 的增加份所必要的成本将经边际反效用而增高,生产要素要从那些可满足更迫切需要的用途拉来。生产必定停止在"增加份的边际效用再也不能补偿成本负效用的边际增加"那一点上。

这两个条件常常具备,但不是没有例外。在各级商品当中,都有许多商品的物质结构不是相同的,所以不是完全可分的。

当然,我们也可用一种俏皮话的说法,把上述第一个条件的偏差消除掉。

我们可以这样说：半部汽车不是汽车。如果你给半部汽车再加上四分之一的汽车，你并没有增加有用的"量"；只有产出一部完全的车子的生产程序之完成，才是生产了一个单位，而有用的"量"才是增加。但是，这样的解释没有触及微妙处。我们面对的问题是：费用的增加并非每次都比例地增加客观的使用价值（一物提供一定利益的物质力）。费用增加所引起的结果，每次不一样。有时费用增加了，仍然无用，假若没有一定量的再增加。

另一方面——这是第二条件的偏差——物质产量的增加，并不总是要把费用同比例增加，甚至完全不要增加费用。成本根本不增加，或者成本增加而产出量超比例地增加，这种事情是会发生的。因为有许多生产手段不是同质的，也不能完全分割。这是工商界所熟知的大规模生产的优点。也即，经济学家所说的报酬递增律或成本递减律。

我们考虑这样一种情况（作为 A 例）；在这里，所有的生产要素不是完全可分的，其不完全可分的情形是这样的：若要充分利用每个要素所有不可再分的成分所提供的生产功能，那就要充分利用所有其他补助要素不可再分的成分。于是，在生产要素的所有聚合体中每个组成分——每部机器、每个工人、每件原料——的充分利用，只在其他所有成分的生产功能也被充分利用了的时候才有可能。在这些限制以内，生产那可得到的最大产量的一部分，并不需要一笔高于生产最高可能产量的费用。我们也可这样说：最小规模的聚合体，经常产出同量的产品；即令它的一部分没有用，也不可能产出较少的产品。

我们再考虑另一种情形（作为 B 例）；在这里，一组生产要素（P），在一切实际的用途上是完全可分的。另一方面，那些不完全可分的要素可以这样分割：即：若要充分利用一个要素的不可再分的部分所提供的功能，就必须充分利用其他不完全可分的补助要素的不可再分的部分。于是，从部分地利用它的生产力，进到较完全地利用以增加那些不可再分的要素的聚合体的生产，只要增加 P（完全可分的要素）就行了。但是，我们必须当心，不要误以为这一定会减低平均生产成本。不错，在不完全可分的要素这个聚合体以内，它们的每一个，现在利用得更好了，所以，生产成本就其受这些要素合作的影响而言，仍然不变，而分摊于一个产量单位的分摊额，则减低了。但是，另一方面，那完全可分的生产要素的增加雇用,只有从其他用途拉来才有可能。如果其他情形不变,这些其他用途随着它们的减缩而价值增加;这些完全可分的要素,其价格趋向于上升,因为有较多的这种要素要用来改善那些不可再分的要素的聚合体的生产能力之利用。我们决不可把我们的问题考虑拘限于这样的情形,即:P 的增加量是从其他企业拉来的,而那些其他企业是以较低效率生产相同产品的,因而它们不得不减缩产量了。在这种情形下——即,一个效率高和一个效率低,而生产同样产品的企业,为着相同的原料而竞争——很显然的,平均生产成本在扩大工场的过程中,是递减的。对于这个问题更广泛的彻究,将导致一个不同的结论。如果 P 所从拉来的那些企业,原是把它用来生产不同产品的,则这些单位价格就趋向于增高。这个趋向可能被一些偶然发生的相反趋势抵消;有时也会很微弱,以致其后果小到微不足道。但在经常的情形下,它是存在的,而且很能影响成本结构。

最后我们考虑一种情形(作为 C 例);在这里,各种非完全可分的生产要素只能作这样的分割,即:在既定的市场情况下,任何可选择的生产规模,都不容许这样一个结合,即一个要素的生产力之充分利用,使其他非完全可分的要素生产力之充分利用成为可能。只有这个 C 例是实际上有意义的。A 和 B 例在实际上不发生作用。C 例的特征是生产成本的结构变化得不均匀,如果所有的非完全可分的要素都未利用到充分,则生产的扩张就会使平均生产成本减低,除非那必须支付的完全可分的要素的价格上涨,抵消了这个结果。但是,一旦到了那些非完全可分的要素之一的生产力充分利用了,则生产的再扩张就会使成本突然激烈上涨。然后平均生产成本跌落的趋势又开始,这个趋势继续发展,一直到那些非完全可分的要素之一重新达到充分利用的时候为止。

在其他情形不变的假定下,某一物品的产量增加得愈多,则生产要素从其他用途拉到这个用途的就愈多。因此——假定其他情形不变——平均成本随产量之增加而增加。但是,这个一般性的法则被下述的现象取消了:生产要素不都是完全可分的;而且,就其可分的来讲,也不是其中之一的充分利用,结果使其他非完全可分的要素也充分利用。

作计划的企业家经常遇到这个问题：预期中的产品价格超过预期中的成本将会超过多少？如果企业家由于未曾做任何不可改变的投资，而尚可自由考虑有关的计划，则他所要注意的是平均成本。但是，如果他已经在某一行业有了既定的利益，则他就要从"有待增加的成本"这个角度来考虑事情。凡是已经有了未充分利用的生产要素的人，所考虑的不是平均成本，而是边际成本。已经花在不可改变的投资的金额，他是不管的，他只注意，增加的产量所卖得的收益，是否会超过增加的成本这个问题。即令投在不可改变的生产设备上的全部金额必须作为损失销掉，只要他还可希望有个合理的收益超过成本，[④]他还是要继续生产的。

关于一些流行的谬见，这里有必要特别强调一点：如果独占价格没有具备实现的条件，一个企业家不可能靠减少产量把他的净报酬提高到超过消费者需求所许可的数额。但是，这个问题将在本章第六节讨论。

一个生产要素不是完全可分的这个事实，并不总是意谓，它只能在一个规模下建造和使用。当然，在有些情况下会如此。但是，变动这些要素的体积，照例是可能的。如果在一个要素——比方说一部机器——的几种可能的容积中，有一种容积是特别会使其产品的单位成本低于其他容积所生产的，这是常有的事情。因此可知：大规模的工场之所以占优势，并不是由于它把一部机器的性能充分利用，而小规模的工场只把一部同样大小的机器利用到它的性能的一部分，而是由于大规模的工场所用的机器比小规模工场所用的较大，因而在它的建造和操作方面所需要的那些生产要素得以更好利用。

许多生产要素不是完全可分的这个事实，在一切生产部门所发生的作用非常大。在工业生产的过程尤为重要。但是，关于它的重要性有许多误解，我们必须小心提防。

误解之一是说：在加工的工业方面，是报酬递增律发生作用，而在农矿业方面，是报酬递减律发生作用。这一说法的错误已于前面揭发。[⑤]在这一点上，农业的条件与工业的条件之有差异，是那些极据上的差异所形成的。土地的不能移动以及许多农业活动之有季节性，这都使农民们不能把一些可动的生产要素的性能，利用到工业方面大都可以利用到的程度。农业的生产装备，其适度的规模照例是比工业方面的小得多。农业的集中化,决不能推进到工业方面所可做到的程度,其理由很明显,用不着再加解释。

可是,自然资源在地球上分配得不均匀(这是使分工有利于生产的两个因素之一),也给工业集中化一个限制。少数统合工业累进的专业化和集中化的趋势,受阻于自然资源的地域散布。原料和粮食的生产不能集中,因而使地球的居民不得不分散在各地。这个事实也使工业不得不保持某种程度的分散。这使它必须把运输问题当作生产成本的一个特殊因素来考虑。运轮成本要和更彻底专业化所可获致的经济,权衡轻重。在某些工业部门,极端的集中化是减低成本的最好方法,但在另一些工业部门,某种程度的分散是更有利的。在服务业方面,集中是得不偿失的。

其次,我们要讲到历史因素发生的作用。在过去,有些资本财固定在现在这个世代的人们所不会安置的地点。对于那个世代而言,把资本财固定在那个地点是不是最经济的办法,这是无关紧要的问题。无论如何,现在这个世代是面对一个既成事实。他们必须对它调整他们的行为,在处理工业位置问题的时候,必须考虑到这个事实。⑥

最后,还有制度方面的一些因素,那就是一些行业的和移民的障碍。在国与国之间,政治组织和行政方法有很多的差异。有些广阔地区,不管自然条件如何有利于投资,但其政治作风竟不许我们选择该地区作为投资的场所。

企业的成本计算必须处理这些地域的、历史的和制度的因素。但是,即令撇开它们不谈,还有些纯技术性因素也会限制商号和工场的适度规模。较大的商号或工场也许需要较小的商号或工场所可避免的一些设备和程序。在有些情形下,这些设备和程序所引起的开支可被成本的降低抵消,因为有了这些设备和程序,就可使某些不完全可分的要素的性能利用得更充分。但在其他的情形下事情不是这样。

在资本主义社会里面,成本计算所需要的算术运算,以及成本与收益的比较是容易做到的,因为在这样的社会里面有些可用的经济计算的方法。可是在考虑中的业务计划,其成本计算和经济意义的预测,则不只是一个所有熟习四则运算的人们都会满意解决的数学问题。主要的问题是,那些要进入计算中的项目的金钱等值之如何决定。有许多经济学家以为,这些等值是些既定的数量,唯一地决定于经济情况。这是一个错误的假定。其实,那些等值都是对于不确定的未来情况的推测,因此,靠的是企业家对于将来市场的领悟。"固定成本"这个名词,在这一点上是有点叫人误解的。

每一行为都为的是尽可能好好供给未来的需要。为达到这个目的,必须善于利用那些可用的生产要素。但是,那些促成可用的生产要素之现状的历史过程,与这一点无关。成为问题而影响关于未来行为之决定的,只是这个历史过程的后果,也即,今天可用的这些要素的量和质。对于这些要素的估价,只是就它们提供效用以消除未来的不舒服的能力而作的。至于过去为生产它们和取得它们所花的金钱数额有多少,这是无关紧要的事情。

我们曾经讲过,在要作新决定的时候,已经为某一特定计划的实施而花了一笔钱的企业家所处的地位,与一位从新开始的企业家所处的地位,是不同的。前者保有一个可以用在某些目的的不可改变的生产要素的聚合体。他对于未来行为的决定,将要受到这个事实的影响。但是,他对于这个聚合体的估价,不是按照过去为取得它们所花的金额多少,而只是从"它对未来的行为有何用处"这个观点来作的。至于他曾经为取得它们而花钱多少这个事实,则是无关紧要的。这个事实只是确定过去盈亏数额的一个因素。它是促成现在生产要素的供给情形的一个历史因素,由于这一点,它对未来的行为是重要的。但是,对于将来这个行为的计划和关于将来行为的计算,它都不关事。这个商号账簿上所记的,与这些不可改变的生产要素的实际价格不相符,这是不相干的事情。

当然,这样作成的盈亏,对于一个商店的营业所发生的影响,也许与不是这样作成的盈亏所发生的影响不一样。过去的亏损,可使一个商号财务地位不稳定,假若这些亏损使这个商号负债,因而有付息和分期还本的负担,则尤其如此。但是,如果说这些支付是固定成本的一部分,那就错了。它们与现在的营业无任何关系。它们不是生产过程引起的,而是过去的企业家为取得必需的资本和资本财而采用的那些方法所引起的。就现在营业中的商号而言,它们只是偶然的不幸事件。但是,它们也许会迫使这个商号采取一个在财务状况更健全时所不采取的行动。为了应付到期债务对于现金的迫切需要,并不影响它的成本计算,但会影响它对于现金与日后才可收到的金钱之间的相对估价。这个迫切需要会迫使这个商号在不合算的时候卖掉存货,而且把它的耐久性生产设备用得过度,以致牺牲了将来的用场。

一个商号是否保有那笔投在它的企业中的资本,或是否曾经借入那笔资本的大部分或小部分,因而不得不遵守借债契约按一定的利率一定的期间付息还本,这对于成本计算的一些问题是无关紧要的。生产成本只包括对那笔还在企业中运用的资本所付的利息。它不包括对过去错误的投资或现在无效率的经营所浪费的资本所付的利息。商人的任务,总是在尽可能善于利用"现有的"资本财的供给,以满足未来的需要。为了这个目的,他决不可受那些其后果无法刷清的过去的错误和失败的误导。在过去已经建立的某一个工厂,如果当事人对现在的情况有先见之明的话,就不会建立了。悲叹这个历史事实,毫无用处。要紧的事情是,要明了这个工厂还能否提供什么服务,如果这个问题的答案是肯定的,就要再进一步明了如何把它作最善的利用。就企业家个人而言,他没有免于错误,确是可悲的。招来的亏损,伤害他的财务状况。但是,这些亏损影响在计划将来的行为时所应考虑的成本。

我们强调这一点,这是很重要的,因为时下对各种措施的解释和辩护都把它曲解了。你把某些商号和公司的债务负担减轻了,这不是"降低成本"。消除债务或其利息的全部或局部的政策,并不降低成本。它是把财富从债权人转移到债务人;它是把过去引起的亏损从这一个人转移到另一组人,也即,从普通股的持有人转移到优先股和公司债的持有人。这个成本降低的议论常被用来辩护通货贬值。在这个事例中,它的谬误并不逊于为此目的而提出的一切别的议论。

普通叫作"固定成本"的,也是由于利用那些已有的绝对不可改变用途或可改变用途,但必须蒙受很大损失的生产要素而引起的成本。这些要素比其他的必需要素更富耐久性。但是,它们不是永久不灭的。在生产过程中它们会渐渐用完。随着每个单位产品的产出,机器生产力的一部分为之消耗。这种消耗的程度可以靠工艺学精密地确定,而且也可以用金额来表现。

　　但是,企业家的计算所要考虑的不只是机器损耗的金钱等值。工商业者不仅是关心机器的生命长短。他必须考虑到未来的市场情况。尽管一部机器在技术上还是完全可用的,市场情况可能使它陈旧而无价值。如果它的产品需求大大降低或完全消灭,或者如果这些产品的供给有了更有效率的方法出现,于是这部机器在经济上就成为一堆废铁。所以,在计划他们的营业行为时,企业家必得充分注意未来的市场情况。进入他的计算中的"固定"成本额,决定于他对未来情况的领悟。这不是单凭技术的推理可以确定的。

　　技术人员可能为一个生产要素聚合体的利用确定一个最适度。但是这个技术上的最适度,有异于企业家基于他对未来市场情况的判断而考虑的那个最适度。让我们假设,有个工厂装置了几部可以用十年的机器。每年提出它们原始成本的十分之一作为折旧准备。在第三年,市场情况使这位企业家面临左右为难之局。他可以在这一年加倍生产,而把它在一个"超过本年度折旧额和最后折旧额的现值"的价格下卖掉(这里且不管抵补变动成本的增加)。但是,产量的加倍使机器设备耗损了三倍,而那笔从销售加倍产量得来的超额收益不足以把第九年折旧额的现值,也抵补上。如果这位企业家要把每年的折旧额看作他计算中的一个固定分子,他一定认为,加倍生产是不合算的。因为额外收益落后于额外成本。他不会把生产扩大到超过技术的适度。但是,这位企业家不是这样计算的,尽管在他的会计处理上,他可每年提出同额的折旧准备。这位企业家是不是宁取第九年折旧额现值的一部分而舍去那些机器在第九年所可提供的技术的服务,这就决定于他对未来市场情况的见解。

　　舆论、政府、立法者,以及一些税法都把工商业的装备看作一个永久收益的来源。他们以为:那些为其资本的维持每年提了折旧准备额的企业家,将会永久从其投在耐久性生产财的资本中收获合理的报酬。实际的情形并不如此。一个生产要素聚合体像一个工场,其设备之是否有用,是要看在变动中的市场情况,以及企业家依照那些情况的变动而运用这个聚合体的技术。

　　在经济计算的范围内没有确定的东西,这里所用的"确定"一词,是用它在工艺方面的意义。经济计算的基本成分是一些对未来情况的推测。商业的惯例和商事法,曾经为会计和审计确立了一些规则。在账簿的记载上是精确的。

但这些精确只是依照那些规则而言。账面上的价值并不正确地反映实在的情况。耐久性生产财聚合体的市场价值与账面上的数字是不同的。股票市场对于股票的叫价,与这种数字毫无关系,就是一个证明。

所以,成本会计不是一个中立的公断人所可确立和审定的算术过程。它不是用些靠客观的方法找出来的数量来运算的。它的一些基本项目是,对于未来情况领悟的结果,必然总是染上企业家主观的色彩。

想把成本会计建立在一个"不偏不倚"基础上的努力,注定是要失败的。计算成本是行为的一个心智工具,是为的善用那些可以用的手段以改进未来的情况。它必然是意志的,而不是事实的。一到中立的公断人的手中,它就完全改变了它的性质。公断人并不展望将来。他回顾已不存在的过去及那些对于实际生活和行为无用的严格规则。他不预测变化。他不知不觉地囿于偏见,以为均匀轮转的经济是正常的最可喜的人事情况。利润与他的想法不调和。他有一个关于"公平的"利润率或"公平的"投资报酬的混淆观念。可是事实上没有这样的东西。在均匀轮转的经济里面,是没有利润的。在变动的经济里面,利润不是按照任何可用以把它区分公平或不公平的规则而决定的。利润无所谓正常的。有正常的地方,也即没有变化,利润就决不会产生。

五、逻辑的交换学对数学的交换学

价格和成本问题也有用数学方法来处理的。甚至于有些经济学家以为,处理经济问题的唯一适当方法是数学方法,他们把逻辑的经济学家嘲笑为"文学的"经济学家。

如果逻辑的经济学家与数学的经济学家之间的对立,只是一个关于研究经济学的最适当的程序之争,那么我们可不必去管它。较好的方法总会带来较好的结果,以证明它的优越。而且,不同的程序对于不同的问题之解决,也许是必要的;对于某些问题,这个方法也许比那个方法更有用。

但是,这不是一个关于方法效果的问题之争,而是关于经济学的基础之争。数学方法之必须反对,不仅是因为它的无效。它完全是一个错误的方法,从一些错误假定开始,导致一些错误的结论。它的推论式不仅是白费的;它们使我们的心智离开实际问题的研究,而且曲解各种现象之间的关系。

数学经济学家们的一些想法和程序不是一致的。有三派主要的思潮,我们必须分列讨论。

第一派是一些统计学家所代表的,他们想从经济经验的研究来发现经济法则。他们的目的是要把经济学变成一门"计量的"科学。他们的计划浓缩在"经济计量学会"(the Econometric Society)的标语:科学是测量(science is measurement)。

包含在这个理论里面的错误,已在前面讲过。[⑦]经济史的经验总是一些复杂现象的经验。它决不能提供像做试验的人在实验室里面抽绎出的那一类的知识。统计是一个表现历史事实的方法。它表现关于物价和其他有关人的行为资料的历史事实。它不是经济学,不能导出经济定理和理论。物价统计是经济历史。"其他情形不变,需求增加,价格必定上涨"这个法则,不是从经验得来的。谁也不能看到其他情形不变,只有一个市场现象在变。所谓经济计量学,根本不会有这样的东西。我们所知道的一切经济数量,都是经济历史。凡是懂理的人,谁也不会主张价格与供给的关系是不变的,一般地说也好,就某些特定的货物说也好。相反地,我们知道:外在现象对于不同的人发生不同的影响;同一个人对于同一的外在事象的反应也会前后不一样;我们不可能按其反应的相同,而把人归属于同类。我们的这种洞察力是得自演绎法。经验主义者是反对它的;他们说他们只向历史的经验学习,但是,当他们超越实在的个别物价而开始构想价格的"序列"和"平均"的时候,他们就抵触了他们自己的原则。一项经验资料和一件统计事实只是在一定的时间、一定的地点,对某一货物的一定量所支付的价格。至于各种物价资料分组安排,而计算出平均数,那是受一些先验理论的指导。把有关的物价资料的某些附带特征和偶然性纳入考虑或不纳入考虑的程度,决定于同样的推理。谁也不敢这样讲:任何货物的供给增加了百分之 a,无论在何时何地,其结果是价格一定跌落百分之 b。但是,因为没有一个经济计量学家胆敢靠统计经验,精确地断定某些

特别情况会使 $a:b$ 的比率发生一定的偏差,他的努力之无用,也就可知了。而且,货币不是衡量物价的一个标准;它是一个媒介,而其交换率的变动和那些能卖的货物与劳务的相互交换率的变动是同样的,尽管在正常情形下,其变动的速度与幅度不一样。

这里无须乎对经济计量学的主张再多讨论。尽管它的鼓吹者叫得震天价响,就其目的而言是一事无成。已故的 Henry Schultz 曾尽力于研究几种货物的需求弹性的衡量。Paul H. Douglas 教授赞赏 Schultz 的研究结果,认为是"一项使经济学成为具有几分精密性的科学的必要工作,其必要,正同原子量的确定对于化学的发展"。[⑧]其实,Schultz 并没有对任何货物本身的需求弹性作一确定;他所依赖的资料限于某些地区和某些历史时期。他对特定货物的研究结果,例如马铃薯,不涉及一般的马铃薯,只涉及一八七五年到一九二九年美国的马铃薯。[⑨]那些研究结果,至多是对经济史的某几章有点不能叫人满意的贡献。它们确不是实现经济计量学的那个混淆而矛盾的纲领的一些步骤。这里,我们必须特别指出:其他两派数学经济学倒是充分知道经济计量学的无用。因为,他们从来不敢把经济计量学者所建立的一些量列入他们的公式和方程式,而用来解决特殊问题。在人的行为领域内,处理未来事情的方法没有别的,只有领悟所提供的。

数学经济学家所处理的第二方面,是物价与成本的关系。在处理这些问题的时候,他们不理睬市场程序的操作,而且妄想撇开一切经济计算所固有的货币的用处。可是,当他们说到物价和成本的时候,他们又默认货币的存在和其用处。价格总归是货币价格,成本如果不以货币表示,就不能纳入经济计算。如果我们不凭藉货币的名目,则成本就要以取得一件产品所必须花掉的种种财货与劳务的综合量来表示。另一方面,价格——如果这个名词可用来指称由物物交换所决定的交换率——就是"卖者"以其一定的供给所能换得的各种财货数量的列举。这样以实物表示的"价格"和这样以实物表示的"成本",是无法比较的。卖者对于他所放弃的财货的评值低于他所换得的财货的评值;卖者和买者对于他们交换的两种财货的主观评值不一样;一个企业家只有在他预期从产品换得的财货之价值高于生产中花掉的财货的时候,才去实行一个生产计划。对于所有的这些情形,我们基于交换学的了解,已经知道。使得我们能够预知一位会作经济计算的企业家之行为的,就是这种先验的知识。但是,数学经济学家当他妄想不藉助货币名目,而在一个更一般性的方法下来处理这些问题的时候,他是在欺骗自己。要研究有关非完全可分的生产要素的事情,而不藉助于用货币来作的经济计算,那是徒劳无功的。这样的一个研究法决不会超出已有的知识;也即,每个企业家所想生产的东西,是那些为他带来的收益,在他的评值中高于生产中花掉的全部财货的评值之东西。但是,如果没有间接交换,如果没有通用的交易媒介,一个企业家的成功,也即,他正确地预测到未来的市场情况,只有他具有一种超人的智慧才可能。他必须一望就可看出市场上决定的一切交换率,而正确地按照这些交换率把每件财货安排在适当的地方。

所有关于价格与成本关系的研究,得先有货币的使用和市场程序,这是不容否认的。但是,数学经济学者对于这个明显的事实闭目不视。他们列出一些方程式,画出一些曲线图,以为那就是实情的陈述。其实,他们所陈述的只是一个虚拟的、不能实现的情况,决不同于交换学所处理的有关问题。他们拿代数符号替代确定的货币名目用在经济计算,而且以为这样处置可使他们的理论更科学,容易欺骗的门外汉很相信他们的那一套。事实上,他们只是把商业算术和会计学的教科书里面讲得很清楚的一些东西弄混淆了、弄糟了。

有些这样的数学家甚至于宣称,经济计算可以建立在效用单位的基础上。他们把他们的方法叫作效用分析,他们的谬见也为第三派的数学经济学者所共有。

这个第三派的特征是,他们公开地、故意地不管市场程序,而想解决交换学的问题。他们的理想是,按照力学的模型来建立一套经济理论。他们一再地把经济学类比于古典的力学,在他们的见解中,力学是科学研究唯一的绝对模式。这里,不必再解释为什么这个类比是浅薄的、误导的,以及人的行为在哪些方面绝对不同于力学所研究的主题——运动。这里,只要强调一点就够了,这一点就是,微积方程在这两个领域的实际意义。

由于深思熟虑而列出一个方程式,这样的深思熟虑必然是属于非数学性的。方程式的列出是我们的知识的完成；它不直接扩增我们的知识。可是，在力学里面，方程式有非常重要的用处。因为在力学领域内，各种机械的因素之间存有不变的关系，而这些关系可用实验来查究，所以，利用方程式来解决一定的技术问题就成为可能。我们现代的工业文明，大都是微分方程用在物理学的成就。但是，在经济的因素之间，却没有这样不变的关系存在。数学经济学所列出的那些方程式，终归是些无用的心智游戏的工具，即令它们所要表示的远比它们实际做到的多得多，仍然是无用的。

健全的经济考虑，决不可忘掉价值论的两个基本原则：第一，引起行为的评值，总归是取和舍；它决不是等值。第二，我们没有任何方法可用以比较不同的人的评值，或同一个人在不同的时候的评值，我们只能观察，他们是不是把那些有关的选择安排在相同的偏好等级中，再凭此观察以确定他们之间的评值之不同。

在一个均匀轮转的经济这种假想的结构里面，所有的生产要素都用在提供最有价值的服务的途径。我们再也想不出，有什么可再促进满足的变动可能发生；没有一个要素用来满足某种需求而妨碍到另一种被认为更有价值的需求之满足。当然，把这种假想的资源配置情况，用微分方程来陈述，并用曲线图形来表现，这是可能的。但是，这样的做法对于市场程序并没有讲到什么，而只是描绘出一个市场程序停止了操作的假想状态。数学经济学家们不理睬整个市场程序的理论阐释，而躲躲闪闪地拿一个用在理论阐释的辅助观念（离开理论阐释就没有任何意义的辅助观念）以自娱。

在物理学里面，我们遇到一些发生在感觉现象的变动。我们在这些变动的连续中发现一个规律性，而这些观察就引导我们建立起一门物理科学。关于发动这些变动的最后力量是怎么一回事，我们一点也不知道。我们从观察中知道的，是种种可看到的有规律和连续的实体和特征。物理学家在微分方程里面记述的，就是这些资料相互间的依赖。

在行为学里面，我们首先知道的事实是：人是故意地要引起某些变动。这个知识使我们能够统合行为学题材而区别于自然科学的题材。我们知道引起变动的力量是什么，而这个先验的知识导致我们走向行为学的程序之认识。

物理学家不知道电"是"什么。他只知道,属于叫作电的那些现象。但是,经济学家却知道发动市场程序的是什么。他之能够辨识市场现象不同于其他现象,而且能够陈述市场程序,完全是靠的这个知识。

数学经济学家对于市场程序的说明毫无贡献。他只对逻辑的经济学家当作界限用的辅助性的权宜办法加以申述而已,这个权宜办法——均衡观念,就是对"再也没有任何行为,而市场程序已完全停顿"这一情况所下的定义。这就是他所能讲的一切。逻辑的经济学家在界定最后休止状态和均匀轮转经济这些假想的建构时,用语言文字表示出来的东西,以及数学经济学家本人在着手数学工作以前所必须用语言文字陈述的东西,都被他变成代数符号。一个肤浅的类推弄得长而又长,一切一切不过如此。

逻辑的经济学家和数学的经济学家都是说:人的行为毕竟是要建立这样一个均衡情况,如果资料方面再也没有任何变动的话,这样的均衡情况是可以达到的。但是,逻辑的经济学家知道的比这更多。他说明那些要从价格结构的不调和而谋利的企业家、发起人、投机者的活动如何趋向于消灭这样的矛盾,因而也趋向于消灭企业盈亏的来源。他说明这个程序最后如何归结于均匀轮转的经济之建立。这是经济理论的任务。各种均衡情况的数学记述只是一种游戏。问题是在市场程序的分析。

这双方的经济分析方法的比较,使我们了解常被提出的"建立动态理论而不拘限于静态问题,以扩大经济学的范围"这个要求的意思。就逻辑的经济学来讲,这个要求是没有意义的。逻辑经济学本来就是程序和变动的理论。它之利用无变动的假想建构,只是为的便于说明变动的现象。但是它与数学的经济学不同。它的一些方程式和公式是限之于记述均衡与非动的情况。它(这个"它"应该是"它们",用以指称上句的一些方程式和公式——译者附注)不能断言,关于这样的一些情况之形成和它们转到其他情况的任何事情,只要它(应该是"它们",如上——译者附注)还在数学程序的部门以内。为反对数学的经济学而要求一个动态的理论,这是很有理由的。但是,我们无法为赞成数学的经济学而又答应这个要求。关于程序分析的一些问题(也即唯一要紧的经济问题)不能用数学方法来处理。时间变数决没有方法引进方程式里面。

这还不是数学方法的基本缺点。"每个变动必然涉及时间","变动总是在时序中发生的",这些说法也即是说"固定不变就是没有时间"。数学经济学的主要缺陷不是它不管时间,而是它不管市场程序的操作。

数学的方法难于说明,那些趋向于建立均衡行为如何从一个非均衡的情况发生。当然,把一个非均衡状况的数学记述转变到均衡状况的数学记述所需要的数学运算指示出来,这是可能的。但是,这种数学运算决不能描述由于价格结构的不调和而引起的市场程序。力学的一些微分方程对于时间经过中任何时点的有关运动,被认为描述得精精确确。经济的方程式对于非均衡状态与均衡状况之间的时间经过中,每一时点的实际情形毫不涉及。只有那些完全蔽于"经济学一定是力学复制品"这个偏见的人们,才低估这个缺陷的重要性。一个非常有缺陷而又肤浅的隐喻,不能替代逻辑的经济学所提供的功用。

经济学用数学处理所引起的破坏后果,在交换学的每一章中都可检验到。我们只要举两个例子就够了。一个是所谓"交换方程式"的例子,这是数学的经济学家处理货币购买力变动的一个无效而又引起误解的企图。[⑩]第二个例子最好用熊彼得(Schumpeter)教授的一句话作代表,据他说,消费者对消费财评值的时候"事实上也是对那些生产这些消费财的生产手段评值"。[⑪]市场程序的构想中没有比这更错误的。

经济学所处理的不是财货和劳务,而是活生生的人们的行为。它的目的不在冗长地讨论假想的建构如均衡状态。这种建构只是些推理的工具。经济学的唯一任务是人的行为之分析,是程序的分析。

六、独 占 价 格

竞争价格是卖者为适应消费者的需求而作的完全调整的结果。在竞争价格下,全部的有效供给都会卖掉,而那些特殊的生产要素被利用到那些非特殊的要素的价格所可容许的程度。有效的供给不会有一部分永久撤出市场,而那被利用的特殊生产要素的边际单位不产生净的收益。这全部经济程序的活动是有利于消费者的。买者与卖者之间，生产者与消费者之间，都没有利害冲突。各种货物的所有人不能够使消费和生产转向；消费和生产是由各级的财货和劳务的供给情形，以及技术知识所决定的。

每一单独的卖者，如果他的竞争者的供给之减少，会使他自己所能销售的价格提高，则他自己的收益就可望增加。但在竞争市场里面，他不能造成这个结果。除非他在政府的干涉政策下享有特权，否则他必须受市场情况之支配。

企业家在其为企业家的时候，总是要受消费者全权支配的。可卖的货物和生产要素的所有者则不如此；自然，企业家在其为这样的货物和要素的所有者的时候，也不如此。在某些情形下，他们会减少供给以提高每单位的价格，因而得利。这样决定的价格，也即独占价格，是对消费者的最高权力和市场民主的一个侵犯。

独占价格之得以出现的必要条件和这种价格的特征如下：

1. 必须有一个供给方面的独占。独占商品的全部供给被单独一个卖者或行动一致的一群卖者所控制。独占者——或者是单独一个人，或者是一群人——能够把那用以销售或用以生产的供给量加以限制，以提高每单位的售价，而不怕其他的出卖者以同样商品来破坏他的计划。

2. 或者是这个独占者不能够在买者之中差别待遇，或者是他自愿不这样做。[12]

3. 购买的大众对于这价格之涨到超过可能的竞争价格所采的反应——需求的降低——不致使独占者的总收益小于竞争价格下的总收益。因此，过分深究应该把什么看作一种商品相同的特征，这是多余的。我们不必提出这样的问题：所有的领带都可叫作"同一的"商品呢，还是应该按照质地、颜色、图案来区分。一种学究式的划分是无用的。唯一值得重视的一点是，购买者对于价格上涨如何反应。至于说领带的每个制造者生产不同的商品，因而把他们每个人都叫作一个独占者，这就独占价格的理论来说是不相干的。交换学不讨论像这样的独占，而是讨论独占价格。有独特之点的领带的卖者之能够把持独占价格，只有在一种情形下才可能，那就是，买者对于价格上涨的反应不至于使这种上涨对卖者不利。

独占是独占价格得以出现的必要条件，但不是唯一的必要条件。还有一个必要的条件，即需求曲线的一定形态。仅仅是独占，没有任何意思。享有版权的著作物的出版者是一独占者。但是，他也许卖不掉一本，不管它价格如何低廉。一个独占者出卖独占商品的价格不见得都是独占价格。独占价格，只是独占者限制其销售量比扩张销售量到竞争市场所许可的程度更为有利的价格。这种价格是故意限制交易量的结果。

把独占者的这一行为叫作故意的，这并不是说他把他所要求的价格与一个假想的非独占市场所决定的竞争价格相比较。把独占价格和可能的竞争价格相比较的，只是经济学家。在那已经得到独占地位的独占者的考虑中，竞争价格没有任何作用。像其他的卖者一样，他是想实现可能得到的最高价格。使独占价格得以形成的，一方面，是他的独占地位所决定的市场情形；另一方面，是购买者的行为。

4. 有人以为，除独占价格和竞争价格以外，还有第三类的价格，这是一个基本错误。如果我们不管后面将要讨论的价格歧视问题、确定的价格，或是竞争价格或是独占价格。相反的说法是由于一个错误的信念，即误信竞争不是自由或完全的，除非每个人能够以确定的商品购买者的身份出现。

每种商品的有效供给都是有限的，如果对于大众的需求而言，它不是稀少的，则这个东西就不被认为是经济财，因而对它无须支付代价。所以，把独占概念用来概括全部的经济财，这是错误的。供给的有限，是经济价值的来源，因而是一切价格的来源；这不足以形成独占价格。[13]

"独占性的竞争或不完全的竞争"这个名词，现在用以指称这种情况：在不同的生产者和销售者所产销的产品中有某些差异。这无异于把几乎所有的消费财都纳入独占商品的范围。但是，与价格歧视的研究唯一有关的问题，是要看这些差异能否被销售者用以故意减少供给而达成增加他净收益的目的。只有如果这是可能的，而且实际上做到了的时候，不同于竞争价格的独占价格才会出现。不错，每个卖者有些一定的顾客喜欢他的牌头，因而宁愿付较高的价格来买他的，而不在较低的价格下向他的竞争者去买。但是，就这个卖者来讲,问题是在这种顾客的人数是否多到足以除补偿因为别人不来购买以致总销售额减少而受的损失以外还有多余的。只有答案是肯定的时候,他才认为独占价格比竞争价格有利。

导致"不完全的竞争或独占性的竞争"这个观念的,是由于对"供给控制"这个名词的误解。每种产品的每个生产者,在所有提供销售的商品供给,都有他那一份的控制作用。如果他生产了较多的 a,他就是增加了供给,因而引起一个趋向跌价的趋势。但是,问题是在,为什么他没有生产较多的 a。他把 a 的生产限之于 p 量,是想尽可能地符合消费者愿望吗? 或者是不顾消费者在市场价格上表现出来的命令而谋自己的利益呢? 在第一种情况下。他不生产较多的 a,因为 a 的数量如果增加到 p 以上,就会把稀少的生产资源从那些可用以满足消费者更迫切需求的其他部门拉过来。他不生产 $p+r$ 量,而仅生产 p 量,因为 r 这个增加量会使他的营业得不到利润或得到较少的利润,同时,还有其他更有利的途径可以投资。在第二种情况下,他不生产 r,是因为将那独占的特殊生产要素 m 的有效供给保留一部分不利用,对于他更有利。如果 m 未被他独占,他就不可能从限制 a 的生产以谋取任何利益。他的竞争者将会填补这个空隙,因而他不能要求较高的价格。

在讨论独占价格时,我们总要探求这个独占要素 m。如果没有这样的要素,就没有独占价格会出现。独占价格的第一个必要条件是独占商品的存在。如果 m 这样的要素没有任何数量的保留,则企业家也没有机会以独占价格替代竞争价格。

企业利润与独占是毫不相干的。如果一个企业家能够用独占价格出卖他的产品,他的利益是来自对于生产要素 m 的独占。他是从他之保有 m 而赚得特别独占利润,不是从他的特别企业活动而赚得的。

让我们假设,一个偶然事故把一个城市的电力供给停顿了几天,市民不得不只靠蜡烛来照明。蜡烛的价格涨到 s;在这个价格下,全部有效的供给量都卖完了。这些卖蜡烛的商店在 s 价格下卖掉他们的全部供给量而赚得厚利。但是,这些商店的老板也可能联合起来减少一部分对市场的供给量而将其余的部分在 $s+t$ 的价格下出卖。这时 s 是竞争价格,$s+t$ 是独占价格。这些商

店老板在 $s+t$ 价格下所赚到的那份超过在 s 价格下所可赚到的收益额,只是他们的特别独占利得。

这些商店的老板们用什么方法来限制供给量,那是无关紧要的问题。把有效的供给量在实体方面毁坏一部分,这是正统的独占行为。不久以前,巴西政府毁掉大量的咖啡就是一例。但是,用其他方法减少供给量也可达成同样的效果。

使利润归于消灭,这是个不变的趋势,但是,特别的独占利得又是一个永久的现象,只随市场的变化而消费。利润与均匀轮转的经济这个假想建构是不相容的,但是,独占价格和特别独占利得则不如此。

5. 竞争价格是决定于市场情况。在一个竞争市场里面,价格的参差,趋向于消灭;价格的一致,趋向于形成。独占价格就不如此。如果销售者可能靠限制销售量提高单位价格以增加他的净收益,则满足这种条件的独占价格通常会有几个。通常这些价格中的一个是赚得最高净收益的。但是,也可能有几个独占价格对独占者同样有利。我们可把这个或这些最有利于独占的价格叫作最适度的独占价格。

6. 独占者事先不知道消费者对于价格上涨将如何反应。他必须靠试猜的办法来寻求独占商品能否在竞争价格以上的任何价格对他有利,如果能的话,那么,其中哪些或哪一个价格是最适度的独占价格。在实际上这是难于做到的。比经济学家在画需求曲线时所假设的要困难得多,经济学家在这时是假设独占者有先见之明。所以,我们必须把独占者对于这些价格的发现能力列为独占价格之出现的一个必要的条件。

7. 一个特别的例子是不完全独占所提供的。全部有效供给的较大部分被独占者保有;其余的部分被一个或几个人保有,他或他们不准备与那个独占者合作参与限制销售量以实现独占价格的计划。但是,这些人之不愿合作并不防止独占价格的建立,如果把独占者所控制的那部分 p_1 拿来和局外人所控制的那部分 p_2 比较是够大的话。我们假设这全部供给($p = p_1 + p_2$)可在单位价格 c 之下卖掉,而 $p-z$ 的供给量可在独占价格 d 之下卖掉。如果 $d(p_1 - z)$ 高于 cp_1,则独占者限制他的销售量是对他有利的,不管局外人的行为是怎样。他们也许在价格 c 之下出卖，也许把价格提高到最高点 d。唯一值得注意之点，是这些局外人不愿意忍住把他们所要出卖的数量减低。这全部的减少额必须由 p_1 的所有主承担。这就影响他的计划，其结果总是有一个不同于在完全独占下所出现的独占价格出现。[14]

8. 双占与寡占不是独占价格的变例，而只是用以建立独占价格的方法之变例。两个人或少数几人保有全部的供给量。他们都准备在独占价格下出卖，因而都准备限制他们的全部供给量。但是，因为某些理由他们不愿一致行动。他们之中的每一个人皆各行其是，彼此没有任何正式的协议或非正式的默契。但是他们之中的每一个人也皆知道他的那些对手都想限制他们的销售量以期在较高的价格下赚得特别的独占利得。他们之中的每一个人皆小心翼翼地观望他的对手们的行为，以便调整自己的计划以适应之。动和相反的动，连续发生，形成相互瞒骗的局面，其结果如何，取决于对方个人的技巧。双占者和寡占者内心中有两个目的，一方面，是要寻求最有利出卖的独占价格；一方面，想尽量把限制销售量的负担移转到对方。正因为他们对于销售量的减少额如何分摊于各方面这个问题得不到同意的解决，所以，他们不像一个卡特尔的组成分子那样地一致行动。

我们决不可把双占、寡占与不完全的独占或志在建立独占价格的竞争相混淆。在不完全独占的场合，只有独占的那一群人准备限制他们的销售量以期建立独占价格；其他的销售者不愿限制他们的销售量。但是，双占者和寡占者随时都可把他们的供给扣留一部分不提供市场。在价格跌落的情形下，A 群的人计划把所有的或大多数的 B 群竞争者的人逼走，以谋充分独占或不完全独占。他们把价格减削到使那些较弱的竞争者受不了的程度。A 群的人在这个低价下也会亏损，但是，他们比别人能够忍受较长的时间，而且，他们相信，这种亏损将可从后来的独占利得弥补上。这个过程与独占价格无关。这是谋取独占地位的一个计策。

我们也许不知道双占和寡占是不是有实际意义。在通常情形下，有关各方对于销售量减少的分配额至少会达成默契。

9. 靠扣留一部分不提供市场因而使独占得以形成的那独占物，也许是最低级的财货,也许是高级财货——生产要素,也许是生产方面技术知识的控制,例如,制药的处方。对一个处方提供的服务所支付的任何价格都是独占价格。至于一个处方的使用之受限制是由于制度使然——例如专利法和版权法,还是由于其内容秘密别人猜测不到,这是无关紧要的。

由于独占而终于建立独占价格的那种辅助生产要素,也许在于一个人之有机会使他自己的产品为消费者特别重视。这种机会或者是那有关的货物或劳务的性质给与的,或者是制度给与的,例如,商标的保护。消费者为什么那样特别重视一个人或一个商号的贡献,这有种种理由。它们可能是:基于过去的经验,对于有关的个人或商号特别信任;[15]毫无理由的偏见或谬见;趋炎附势;较有理知的人所嘲笑的那些荒唐无稽的偏爱。某一商标的药物在化学结构上和生理效应上也许和其他非这个商标的药物完全相同,但是,如果购买者对于这个商标的药物特别信任而愿意支付较高的价钱来买,则它的卖者也就可赚得独占利润。

使独占者能够限制供给量而不致引起别人抵抗的那种独占,会存于他所处分的那个要素的较大的生产力。这里所说的较大的生产力,是指比他的潜在竞争者所可处分的相当要素的生产力较大。如果这两个生产力之间的差距大到足以出现独占价格,则有一个我们可叫作边际独占的情况发生。[16]

让我们用一个现在最常见的情形——保护关税在特别环境下产生独占价格的力量——来说明边际独占。假设 Atlantis 岛对那世界价格为 s 的商品 p 每单位课一进口税 t。如果在 $s+t$ 的价格下,Atlantis 岛内该商品的消费量为 a,岛内的生产量为 b,而 b 小于 a,这时,边际商人的成本就是 $s+t$。岛内的生产者能够在 $s+t$ 的价格下把他们的全部产量都卖掉。这个关税是有效的,它刺激岛内的生产者把 p 的产量从 b 扩大到稍稍小于 a 的程度。但是如果 b 大于 a,事情就不同了。如果我们假设 b 大到即令价格等于 s 而岛内的消费量仍赶不上它,多余的必须输出到岛外销售,那么,关税就不影响 p 的价格。p 在岛内市场和世界市场的价格仍旧不变。但是,对岛内生产的 p 与岛外生产的 p 加以差别待遇的关税,就给了岛内生产者一种特权,可用以组成独占结合的特权,如果那些必要条件具备的话。假若在 $s+t$ 与 s 之间的这个差距以内可能有个独占价格,则岛内的企业组成一个卡特尔就成为有利的。因为这个卡特尔在岛内市场以独占价格出售,在岛外则以世界市场的价格出售那剩余的部分。当然,提供于世界市场的数量因岛内销售量的受限制而增加,世界市场的价格从 s 跌到 s_1。所以,岛内独占价格所赖以出现的又一个必要条件,就是因世界市场的价格跌落而引起的收入的减少,没有大到抵消岛内卡特尔的全部独占利得。

如果新起者可以自由参加这个生产部门,则这样的一个全国性的卡特尔不能长久维持它的独占地位。卡特尔为着独占价格而限制其功用(就岛内市场而言)的那个独占要素是一个地域条件,而这个条件很容易被每个新投资者在 Atlantis 境内设置一个新工厂而也同样享有。现代工业的特征是技术的不断进步,在这种情形下,最新的工厂照例是比旧工厂的效率高,而在较低的平均成本下生产。所以,对新来投资的诱因是双重的。它不仅在于卡特尔组织成员的独占利得,而且还有可能靠较低的生产成本来超越原来的组织成员。

讲到这里,又是一些法律帮助了组成卡特尔的那些老的组织成员。专利权给了他们一种法律上的独占。他们的生产方法,当然只有某些而非所有的受到专利权的保护,但是,一个潜在的竞争者,当他不能使用某些方法来生产那有关的货物时,他也就不考虑参加这个卡特尔化的行业了。

保有专利权的人享受一种法律上的独占。这种独占,在顺利的环境下,可被用来形成独占价格。一个专利权,在其本身所保护的范围以外,还会有助于一种边际独占的建立与维持,在这种边际独占下,又会出现法律独占所赖以成立的一些重要法制。

许多独占的结合是由于政府的干涉而成立的,我们也可假设,即令没有政府的这种干涉,某些世界性的卡特尔也会存在。例如,钻石与水银这类的货物,其天然来源是有限的。保有这种资源的人很容易联合起来采取一致行动。但是,这样的卡特尔在世界生产的舞台上只扮演一个不重要的角色。它们的经济意义颇为渺小。我们这个时代,卡特尔所占的重要地位,是各国政府所采的干涉政策所引起的结果。今天,我们面临的大独占问题不是市场经济运作的后果,而是政府方面有意造成的产物。它不是像那些污蔑资本主义的人所说的,是资本主义的固有的祸害之一。相反地,它是那些敌视资本主义的政策所招致的结果,而目的在于破坏资本主义的运作。

卡特尔的正统国是德国。在十九世纪的后几十年,德意志帝国实行大规模的社会政策。其目的是要提高工人的所得和生活水准,所采的方法,有所谓劳工立法,有俾斯麦的社会安全方案,有工会所强迫要索的较高工资率。这种政策的主张者不理睬经济学家的警告。他们敢于说没有经济法则这样的东西。打败了奥国和法国皇帝,而使世界的其他国家也为之发抖的 Hobenzollern 氏的帝国,是在任何法律之上的。它的意旨就是最高的规范。

在实际上,这种社会政策把德国国内的生产成本提高了。所谓劳工立法的每一进展和每次成功的罢工,都是把生产方面的情形扰乱,而有害于德国企业的。它使德国企业更难于对付外国的竞争者,因为后者的生产成本并不因为德国国内的事故而提高。如果德国人果能放弃工业制造品的输出只为国内市场生产,则关税就会保护德国的工业免于外国的激烈竞争而能赚得较高的价格。工资收入者从立法和工会的成就而得到的利益,将被他购买时所必须支付的较高价格吸收了。实质工资率之提高,只限之于企业家在技术上的改进,因而增加劳动生产力的限度以内。在这种假设下,关税倒无害于社会政策之防止失业扩增。

但是,德国是一个优越的工业国,而且在俾斯麦实行社会政策的时候,已经是这样的一个国家。它的工业输出是他们总生产的大部分。这些输出使德国人能够输入他们在本国所不能生产的食物和原料。他们的本国,在相对的意义下,人口过多而资源过少。上面曾经讲过,像这样的一种过剩生产将使保护关税失效。只有卡特尔才可解救德国,使其免于"进步的"劳工政策所造成的灾难。卡特尔在国内以独占出卖,在国外以较低价格出卖。所谓"进步的"劳工政策——影响到输出工业,卡特尔就是这个政策必然的附随物和必然的结果。当然,这些卡特尔并不为工资收入者保障劳工政客和工会领袖们向他们承诺的那些骗人的社会利益。没有方法把所有急于赚得工资者的实质工资率提高到每种劳动生产力所决定的高度以上。卡特尔所成就的,只是以国内物价的相应增高,来抵消名目工资率的提升。但是,最低工资率的最坏后果,也即持久的大量失业,在最初是避免了的。

最先用偏袒劳工的立法让工会得以自由要索最低工资率的国家,并不是德国。有些其他的国还在德国之前采行这些政策。但是,在那些国,由于经济学家们和有理知的政治家们与工商界人士的反对发生作用,这些破坏性的政策多年来没有什么进展。这些政策所谓的利益,大都未超过工资收入者由于技术改进(在资本主义下技术改进永久不会停止)而政府无任何干预的时候已经得到的利益。在有些事例中,当政府稍稍多干预一点的时候,工商界的作为在非常短暂的时间以内就把事情弄平了。但到了后来,尤其在第一次世界大战以后,所有其他的国也都采用德国彻头彻尾的方法了。而且,卡特尔必须补助这些偏袒劳工的政策,以掩盖它们的无用,并延迟他们的失败之暴露。

在政府干涉工商业的时代,纵然有些生产事业不自满于国内市场,而想把他们产品的一部分销售于国外,可是一有了关税,则国内的独占价格就可以形成。不管过去的关税之目的和后果是什么,一旦输出国用关税来提高工人或农民的工资于市场工资率之上,它就必然促成那些有关商品的国内独占价格。一国政府的权力限之于它的主权所及的领域以内。它有权提高国内的生产成本。它没有权力强制外国人以较高的价格来买这些产品。生产成本增高了,如果还想输出不致中断,则必须对输出予以津贴,这种津贴可以公开地由国库支付,也可把这个负担经由卡特尔的独占价格摊派在消费者身上。

主张政府干涉工商业的人们,认为政府有权用一纸命令,使某些人群在市场架构以内得到特别利益。事实上,这种权力就是政府促成独占结合的权力。这种独占利得是"社会利益"所赖以融资的。这种独占利得如不足够,则又用种种干涉的办法,而这些办法直接瘫痪市场的运作;大量失业,经济萧条,以及资本消耗都随之发生。这可用以解释,为什么所有现代的政府都急于要在那些与国外贸易有关的市场部门奖励独占。

一个政府如果没有或不能间接达到它的独占目的,它就采取直接行动。德意志帝国政府在煤和钾碱方面建立了强制的卡特尔。美国的"新政",由于工商界的反对,还没有进而把美国的大产业组成卡特尔。在某些重要的农业部门,美国政府为着维持独占价格而采取的那些限制产量的办法是相当成功的。在国际上,许多大国的政府为计划建立各种原料和食品的世界独占价格,相互间签订了一连串的协定。⑰这些计划的继续推行,是联合国明白宣告的目标。

为了认识现代的一些政府采取偏袒独占政策的原因何在,我们把这种政策看作现代政府的一致的现象,这是必要的。但从交换学的观点来看,这些独占不是一致的。企业家利用保护关税的鼓励,而结合的契约性的卡特尔,是一些边际独占的例子。在政府直接促成的独占价格地方,我们所面对的独占则是特许独占的例子。独占价格之所以形成,靠的是限制生产要素的使用,而生产要素之限制使用,是法律所特许,特许是一必要条件。

这样的一些特许是以不同的方法给予:

(a) 对于每个申请人都给予的一种无限制的特许。这等于不要特许。

(b) 只给予某些申请人的特许。竞争是受限制的。但是独占价格之出现,只有在这些被特许人联合起来一致行动,而需求又非常大的时候才可能。

(c) 只有一个被特许人。例如,享有专利权或版权的被特许人,也即一个独占者。如果需要非常大,而被特许的人又想赚取独占利得,则他就可索取独占价格。

(d) 有限的特许,这种特许只给被特许的人生产或销售一定数量的权利,这为的是不让被特许的人扰乱政府的计划。政府本身指导独占价格的决定。

最后还有一种特许,在这种特许下,政府为财政的目的而建立一个独占。独占利得归于国库。在欧洲,许多国的烟草是由政府独占产销的。其他的一些国,食盐、火柴、电报、电话、广播等等,是由政府独占经营的。邮政,则毫无例外地,都是由政府独占的。

10. 边际独占的出现,不一定是由于法制因素,如关税。它也会由于某些生产要素在生产力方面的充分差异而产生。

我们曾经讲过,在解释农产品的价格和地租的时候,说是土地独占而认为是独占价格和独占利得,这是严重的错误。历史上所有农业产品独占价格的事例,都是政府命令所支持的特许独占。但是,这个事实的承认并不等于说土壤肥瘠的差异决不会引起独占价格。如果那还在耕种中的最劣土地和那最优的尚未开垦,而可以用来增产的土地,它们之间肥瘠的差异,大到足以使那些已耕地的地主们能够在这个差距以内得到有利的独占价格,则他们就可靠一致行动限制生产而赚得独占价格。但是,事实是这样的:农业的自然条件不符合这些要求,因为如此,那些追求独占价格的农民们不诉诸一致行动,而是请求政府干涉。

在矿业方面,有些部门常常是更适于边际独占的独占价格出现的。

11. 大规模生产的经济曾经引起一个走向独占价格的趋势,这是一再地被讲到的。这样的独占,在我们的术语中叫作边际独占。

在进而讨论这个问题以前,我们必须明白:单位平均生产成本的上涨或下跌,在一个以谋取最有利的独占价格为目的的独占者的考虑中所发生的作用。我们考虑一个事例,在这个事例中,一个独占的辅助生产要素,比方说,一种专利权的所有者,同时是产品 p 的生产者。如果一个单位 p 的平均生产成本——不管这个专利权——随着产量之增加而减轻,这个独占者一定把这种情形和限制产量所可希望得到的利益两相权衡。如果相反地,单位生产成本随着总产量之受限制而减轻,则可以说独占者限制产量是有利的。但是,大规模生产照例是趋向于减轻平均生产成本的,仅仅这个事实的本身,显然不是促成独占价格的一个因素,毋宁说它是一个妨碍独占价格的因素。

那些把独占价格的蔓延归咎于大规模生产经济的人们,所要说的是:大规模生产的较高效率使得小规模的工厂难于与之竞争,甚至不可能与之竞争。他们认为,因为小规模的工厂不能向大规模者的独占挑战,所以后者得以毫无顾虑地索取独占价格。在加工业的许多部门中,以小规模高成本来经营,这确是愚蠢的行为。一个现代化的纱厂不必怕旧式卷线杆的竞争;它的劲敌是那些有适当设备的纱厂。但是,这并不是说它享有索取独占价格的机会。在大规模的工商业之间也有竞争。如果独占价格风行于大规模工商业的产品,其原因或者是在于专利权,或者是在于保有矿权或其他原料的来源,或者是靠关税保护的卡特尔。

独占和独占价格这两个概念决不可混淆。仅仅是独占本身,如果它不引起独占价格,则在交换学上没有什么重要性。一些独占价格之所以随独占而发生,只是因为,有一商业行为抹煞了消费者主权,而以独占者的私利代替大众的利益。独占价格是这样一个市场运作的仅有事例,在这个市场中,如果我们不管"独占利得与利润无关"这个事实,则"为利润而生产与为使用而生产之间的区别"在某个程度以内,是可以分辨的。它们不是交换学可以称之为利润的一部分;它们是来自某些生产要素所提供的劳务之出卖而赚得的价格之增加,这些要素,有的是物质要素,有的仅是法制的要素。如果企业家和资本家在设有独占价格的时候不扩充某一部门的生产,是因为其他部门给他们的机会更有利,这时,他们的行为不是无视消费者的欲望,相反地,他们正是按照市场上表现的需求所指示的途径行事。

使独占问题的讨论陷于困扰的那种政治偏见,忽略了其中一些基本要点。在讨论独占价格的每一事例时,我们必须首先提出这个问题:阻碍人们向独占者挑战的是什么。在答复这个问题的时候,就可发现,法制的因素对于独占价格的出现所发生的作用。关于美国的公司行号和德国卡特尔之间的交易而说是阴谋,这是荒唐无稽的。如果一个美国人想制造德国人享有专利权保护的商品,他在美国的法律下,不得不去和德国人打交道。

12. 一种特殊的事例,可以叫作失败独占。

起先资本家为生产商品 p 投资设厂。后来,事实证明这项投资是失败的。p 所可卖得的一些价格,低到使那笔投在不能改变用途的设备上之资本没有得到报酬。这是亏损。但是,就那笔用在生产 p 的变动资本而言,这些价格则高到足以产生合理的报酬。如果把那笔投在不可改变用途的设备上之资本所受的无法补救的损失从账面勾销,而把所有的相应变更都记在账上,则那减少了的营运资本是有利润的,这时,如果要完全停止经营,则又是一个错误。兹假设这个工厂尽量生产 q 量的 p,而以单位价格 s 出卖。

但是,情形可能是这样:这个企业把产量限制在 q/z,因而把价格提高到了 s,这样就赚得一种独占利润。这时,那笔投在不可改变用途的设备上之资本,就不显得完全损失了。它产生一个适中的报酬,即独占利得。

这个企业于是以独占价格出卖,而赚到独占利得,尽管全部投资的收益是很有限的,这里所说的很有限,是说如果投资者投在其他的生产途径,他会赚得更多的收益;这样比较,显得很有限。这个企业把那些耐久性设备未使用的生产力所可生产的劳务扣留住而不提供市场,因而比充分生产更有利些。这是不管大众的命令。如果投资者在生产 p 的时候不把他的资本冻结一部分,则大众的经济情况就更好些。他们自然不会得到任何 p。但是,他们将可得到那些现在不能得到的一些东西;这些东西现在之所以不能得到,是因为生产这些东西所需要的资本,已浪费于为生产 p 而装置的设备。但是,不可补救的错误既已如此,现在,大家只想多得到一点 p,而且准备支付可能的竞争市场的价格,即 s。他们的愿望没有达到,在现在的情形下,这个企业扣留了一些可变资本不用来生产 p。这笔数额当然不是摆着不用。它被用于其他途径而生产其他的东西,我们假设它是 m。但是,在现在的情形下,消费者希望 p 的可得量增加而不希望增加 m 的可得量。因为如果生产 p 的能力没有因独占而受限制的话,则生产 q 量并以 s 价格出卖,其利润会比 m 的生产量之增加所获致的更多些。这就可以证明消费者的愿望。

这个事例有两点特征。第一,购买者所支付的独占价格,其总额尚低于 p 的总成本,如果把投资者的全部投入都计算在内的话;第二,这个商号独占利得小到不足以使这整个经营显得是优良的投资。它仍然是错误的投资。构成这个企业之独占地位的,正是这个事实。因为生产 p 是要亏损的,所以谁也不想参加这个部门的企业活动。

失败独占,决不仅是一个学术性的概念。今天,有些铁路公司就是实际的事例。但是,我们必须小心,不要以为凡是有未使用的生产力之企业都是失败独占。即令在没有独占的场合,把可变资本用在其他用途,而不用以发挥固定资本的全部生产力以扩增产量,也会有利;这时,产量的限制正符合竞争市场的情况和大众的愿望。

13. 地域独占,照例是发源于法制。但也有些地域独占是发生于未受限制的市场情况。在政府对于市场不加任何干涉的情况下,也会有独占存在,法制的独占常常是对于这种独占的处理。

交换学上对于地域独占的分类必须区分为三组:边际独占、有限的空间独占和特许独占。

地域边际独占的特征在于：使局外人之所以不能到这个地方市场来竞争，从而打破地方独占的，是由于那个相当高的运输成本发生障碍作用。如果一个制砖厂拥有邻近的生产砖的全部自然资源，那就不怕远距离的制砖者的竞争，因而用不着关税保护。运输成本给他们一个界限，在这个界限里面，如果需求的情况是适合的，则有利的独占价格就可成立。

从交换学的观点来看，这样的一些地域边际独占，无异于其他的边际独占。表现它们的特色，而必须用特别方法来处理它们的原因，一方面是它们与都市地租的关系，另一方面是它们与城市发展的关系。

我们假设一个地区A，其环境适于遽增的都市人口的聚合，但易受制于建筑材料的独占价格。因为建材的独占价格，建筑成本就比较高些。A地区住家和开工厂，有赞成的理由，也有反对的理由。但是，就那些权衡于赞成论和反对论之间的人们而言，没有理由可以认为，他们会付较高的价格在A地区购买或租进住宅和工场。这些价格一方面决定于其他地区的相对价格，另一方面决定于定居或设厂于A地区，而不定居或设厂于其他地区所可得到的更多利益。至于建筑方面需要的较高费用，并不影响这些价格；它的归宿是在土地的收益上面。建筑材料的卖主所赚的独占利得，是由都市土地的地主们负担的。因为这些利得是来自这些地主们的收入之减少。即令在（事实上不大会）住宅和工场的需求，高到使地主们可以在出卖和出租的时候赚到独占价格的情形下，建筑材料的独占价格只会影响地主的收入，不会影响买主或租赁者所支付的价格。

独占利得的负担转到土地利用的价格上这个事实，并非表示它不妨碍都市的成长。它延迟了城市外围土地用以扩展市场的利用。市郊土地的地主，把土地从农业的，或非都市的用途收回，而用之于发展都市的用途成为有利的作法这个时刻，推延到以后了。

那么，阻止一个城市发展是一个双刃的行为。它对于独占者的用处是含糊不清的。他不会知道将来的情形是不是会吸引更多的人口来到A地区——他的产品之唯一市场。一个都市对于人口的吸引力之一，是它的"大"，人口复杂。工商业是倾向于集中的。如果独占者的行为延迟了都市社会的发展,这个倾向就会转到别处去发生。再也不会到来的一个机会被错过了。将来的更大收益会被短期较小的利得牺牲掉。

由此可知,享有地域边际独占的人,以独占价格出卖他的产品,就长期看,究竟是不是对他自己最有利,至少是可疑的。对不同的买者予以不同的待遇,常常是对他有利的。对于市中心区的建筑计划,他可以按较高的价格出卖他的建筑材料,对于市郊的,则以较低的价格出卖。地域边际独占的范围,比通常所假想的要窄小些。

有限空间独占的产生,是由于自然条件限定了只有一个或两三个企业能够进到这个地区。当只有一个的时候,或者少数企业联合一致的时候,独占就发生。

在一个城市的同一街道上,两个电车公司在营业,这有时是可能的。有时有两个或更多的公司,对一个地区的居民分别供给煤气、电和电话服务。但在这种例外的情形下,实际上没有什么竞争。它们彼此之间至少是默契的联合。空间的狭小终归要形成独占。

在实际上,有限空间的独占与特许独占密切关联。如果没有这个统治本区的地方政府的谅解,事实上就不能参与这个行业。即令法律上没有规定公用事业的经营必须申请特许状,但这个企业之得到市政府同意,却是必要的。至于这种同意是不是法律上所说的特许,则是无关紧要的。

当然,独占不一定索取独占价格。一个独占的公用事业公司能不能索取独占价格,这要看个别事例的特殊极据来决定。但确有些能够索取独占价格的事例。这个公司可能轻率地采取了独占价格政策,而它的长期利益应该是采取较低价格政策的。但是,我们无法保证一个独占者会发现怎样才是对于他自己最有利。

我们必须了解有限空间独占常常形成独占价格。这时,我们所遭遇的情况是市场程序不完成其国内功能的情况。[18]

私人企业是我们这个时代的人所极不欢迎的。生产手段的私有权,尤其是在有限空间的独占会出现的场合的私有权,是大家所厌恶的,即令一个公司不索取独占价格,即令它的营业只赚得很小的利润或亏损,也是会遭厌恶的。一个私营的"公用事业"公司,在干涉主义和社会主义的政客们心目中,是个公敌。如果是政府经营,则其造成任何罪恶,投票人一概认可。一般人是以为,这些企业必须国有化或市有化。他们说,独占利得决不可归于私人,必须完全纳入公库。

过去几十年,市有化和国有化政策的结果,几乎没有例外地是财政上的失败、服务方面恶劣以及政治的腐败。一般人们蔽于反资本主义的偏见,对于恶劣的服务的腐化都予以原谅,而且久已不过问那财政上的失败。但是,这方面的失败是促成今天干涉主义的危机之出现的因素之一。[19]

14. 把传统的工会政策描写为独占的企图——企图以独占工资率替代竞争工资率——这是向来的惯例。但是,在通常情形下,工会并不以独占工资率为目的。工会是想在劳动市场中它自己的那个部门里面限制竞争以期提高工资率。但是,竞争的限制与独占价格政策决不可混淆。独占价格的特征是这样的:出售全部供给量 P 的一部分 p,比出售 P 更可赚得较多的收益。独占者从市场上撤回 $P-p$ 因而赚得独占利得。独占价格之成为独占价格,并不是由于这个利得的高度,而是由于独占者促成这个价格的那个有意的行为。独占者关切那全部存货的利用。他也同样关切这批存货的每一部分。如果有一部分未被利用到,那是他的损失。可是,他终于决定让一部分不利用,这是因为在当时的需求情况下,这样做对他更有利。这是市场的特殊情况促成他的决定。独占价格所赖以出现的两个必要条件之一的独占,会是——而通常是——法制方面对市场干涉的结果。但是,这些外来的力量不直接产生独占价格。只有在第二个条件具备的时候,独占行为的机会才到来。

在单纯的限制供给的事例中,那就不同了。这时,发动限制的人们,并不关心对他们所不许提供市场的那一部分供给量所会发生的后果。保有这部分供给量的人之命运与他们无关。他们只注意留在市场里面的那一部分供给。独占行为只有在一种情形下对独占者有利,即:在独占价格下的全部净收入超过了在可能的竞争价格下的全部净收入。限制的行为总是有利于那些享有特权的人群,不利于那些被此行为排出市场的人们。它总会提高单位价格,因而提高那些享有特权的人的全部净收入。至于被排斥者的损失,则不在考虑中。

享有特权者由于限制竞争而得到的利益,可能比任何可想象的独占政策所能赚得的要大得多。但是,这是另一个问题。这并不抹煞这两个行为方式之间的差异。

现在的工会政策是一些限制政策,而不是独占价格政策。工会的目的是在于限制他们那个部门的劳动供给量而不管被排斥者的命运。在人口比较少的每一个国,工会在限制移民入境这件事上是成功的。所以,他们维持住他们的相当高的工资率。那些被排斥的外国工人不得不留在他们本国,在他们本国里面,劳工的边际生产力较低,因而其工资率也较低。如果劳工在国与国之间能够自由活动,则工资率趋向于平等,现在这一趋势是被瘫痪了。在国内市场,工会不容许未入会的工人们竞争,而且只许有限的工人加入工会,那些未加入工会的工人必须去找报酬较低的工作,或者失业。工会对于这些人的命运是不关心的。

即令一个工会对于失业会员负起责任,以就业会员的捐款给他们的失业津贴,而其数额不低于就业会员工资收入,这种行为不是一种独占价格的政策。因为在工会政策——以较高的工资率替代可能的较低的市场工资率——下,受害者不只是工会内部那些失业的会员。而那些被排斥于工会以外的工人们的利益,未被考虑到。

独占价格理论的数学处理

数学经济学家对于独占价格理论曾经特别注意。好像独占价格是交换学中较适于数学处理的一章。但是,数学在这方面的用处,也是颇为贫乏的。

对于竞争价格,只能做到把各种均衡情况和假想的均匀轮转经济的一些情况,给以数学的描述而已。对于那些如果没有再变动发生就会终于建立这些均衡和这种均匀轮转经济的一些行为,它不能有何说明。

在独占价格的理论方面,数学稍微接近于行为的实际。它说明独占者如何会找出最适的独占价格,假若他有了一切必要资料的话。但是,独占者不知道需求曲线的形状。他所知道的只是过去需求与供给曲线交叉的一些点。所以他不能利用数学公式来发现他的独占品是不是有何独占价格,以及,如果有,哪一个独占价格是最适度的。所以,数学和图解的研究方法,在行为的这方面之无用,与在行为的其他任何方面是一样的。但是,它们至少会扼要地表现出独占者内心的打算,而不是像在竞争价格的场合,只自满于描述一个在实际行为毫无用处的理论分析。

现代的数学经济学家把独占价格的研究弄混淆了。他们不把独占者看作一种独占物的出卖者,而看作一个企业家和生产者。但是,独占利得与企业家的利润是必须区分得清清白白的。独占利得只能由一件货物或劳务的出售赚得。一个企业家之赚得它们,只是以独占品的出售者的身份,不是以企业家的身份而赚得的。由于单位生产成本随总产量之增加而下降或上升的那种利益或不利,会增加或减少独占者全部净收入,因而影响他的行为。但是,交换学之讨论独占价格,决不可忘记个别的独占利得只来自一件货物或劳务的独占。只是,这一点使独占者得以限制供给,而不怕别人增加供给来打击他。如果想从生产费方面来界定独占价格出现的必要条件,那是白费的企图。

"个别的生产者也可按市场价格卖出比他实际卖出的数量更大的数量",用这个说法来描述那种归结于竞争价格的市场情况,是会引起误解的。这个说法,只有在两个特别条件都具备的时候才是真的:(1) 有关的生产者 A,不是边际生产者;(2) 扩展的生产,无需一些无法收回的额外成本。这时,A 的增产逼得边际生产者中止生产;拿出来卖的供给量仍然不变。竞争价格不同于独占价格的特点是:前者是各级财货与劳务所有人不得不尽量满足消费者的愿望这一情况的结果。在一个竞争市场里面,根本没有出卖者的价格政策这么一回事。他们只可以在较高的价格下尽量多卖,而别无其他的选择。但是,独占者则不然,为着赚取独占利得,他可以从市场上撤回一部分供给以达成目的。

七、商　誉

在市场上活动的人们不是无所不知的,他们对于现况只具有不完全的知识。这一点必须再加强调。

买者总要信赖卖者的诚实。即令是生产财的购买,买者虽然常是这方面的专家,也得相当地信任卖者。消费财的市场尤其是如此。就技术的和商业的知识方面讲,卖者大都是超过买者的。推销员的任务不单是销售消费者所要求的东西。他必须常常告诉消费者如何选择那最能满足他所需求的货物。零售商不仅是一个出卖者,也是一个善意的帮助者。一般大众不会轻率地光顾每个商店。如果可能的话,一个人总是按照他自己或他亲信的朋友以往的经验去选择一个商店或一个品牌。

商誉是一个营利事业由于过去的业绩而获得的声望。它意涵,这个商誉的保有者将来的行为也会遵守过去的标准。商誉不仅是商业关系上的一个现象,也出现于所有的社会关系上。它决定一个人的择偶、择友和他的政治投票。当然,交换学所讨论的只是商业上的商誉。

商誉是否基于实在的业绩,或是不是想象的和错觉的结果,这无关紧要。在人的行为中,值得计较的不是什么全知者所认为的真理,而是我们这样易犯错误的人的一些意见。我们常看到这种情形:顾客们愿意以较高的价钱来买某一牌头的商品,尽管这种商品在物质和化学成分上和那价钱较便宜的同类商品是一样的。专家们也许认为这种行为不合理。但是,没有一个人在有关他选择的一切方面都具备完全的知识。他不能完全免于以对人的信任来替代真情实况的认识。经常的顾客能选择的不是货物或劳务,是他所相信的卖主。他对他们所认为可靠的卖主,给点价格以外的贴水。

商誉在市场上所起的作用并不妨碍或限制竞争。每个人可以自由获得商誉,每个享有商誉的人也会失掉既有的商誉。有许多改革家,由于他们父权主义的政治偏见,主张政府确定商品的等级以代替商标。如果管制者和官僚们是天赋的全知者,而又绝对公正的话,这种主张是对的。但是,官吏们不能免于人类的弱点,这种主张的实现,仅仅是以政府官吏的缺陷来替代个别人的缺陷。不许一个人按照他自己的好恶来选择某一品牌的香烟或罐头食品,这不会使他更快乐。

商誉的获得,不仅是需要忠实而诚恳地服务顾客,而且也需要金钱的开支。一个商号之保有一群常来的顾客,是经过了相当时间的。在这个当儿,他们必须在金钱上受些损失,这些损失可被预料中后来的利润所抵消。

从卖者的观点来看,商誉好像是一必要的生产要素。因此,可以当作生产要素来处理。通常,商誉的金钱等值,不表现在账簿上和资产负债平衡表上,这是无关紧要的。在出卖一个企业的时候,假若商誉也可能移转到买者,这时,商誉就可取得一个卖价。

因此,研究这个叫作商誉的特别东西的性质,是交换学的一个问题。在这个研究中,我们必须区分三种不同的事例:

事例 1. 商誉给卖者以独占价格出卖的机会,或者给他歧视不同的买者的机会。这无异于别的独占价格或差别价格的事例。

事例 2. 商誉仅仅只给卖者以竞争价格出卖的机会。如果他没有商誉,他就根本卖不掉或只能削价出卖。商誉对于他,正和营业的房屋、各色俱全的货物、能干的助手,同样必要。由于取得商誉而支付的成本,与其他的营业费用发生同样作用。这些费用,都是同样地用总收入对总成本的超额来支付。

事例 3. 卖者在一有限的老顾客的圈子以内,有很好的信誉,因而他能够以较高于那些名誉较差的竞争者所卖的价格卖给他们。但是,这些价格不是独占价格。它们不是为提高全部净收入而故意限制销售量的结果。可能是卖者没有任何机会出卖较多的数量,例如,一位名医,尽管他所收的治疗费比名气较差的医生所收的要高些,而他还是忙到了他的能力范围的极限。也可能是扩大销售量将要额外的投资,而这位卖者或者是缺乏这笔资本,或者是认为这笔资本还有更有利的用途。总而言之,使产量和销售量不能扩大的,不是卖方的有意作为,而是市场情况。

因为对于这些事实的误解引起了一套"非完全竞争"和"独占性竞争"的神话,所以必须更仔细地追查一个企业家在权衡是否扩张营业的得失时所考虑的是些什么。

生产总额的扩增必须增加额外的投资,这笔额外投资,只有在没有更有利的其他投资途径时才是合理的。[20]这位投资者是不是富到足以投下自己的资金,或是必须借用别人的资金,这是无关紧要的。企业家的资本没有用在他自己商号的那部分,不是"赋闲的",它已用在别处。为着要用以扩张所说的营业,这些资金必须从现在的用场撤回。㉑这位企业家只有在他认为这样做有增加收入净额之希望时才肯这样做。此外,还有一些其他的顾虑,即令市场情况似乎有利,也会妨碍扩张的倾向。例如,这个企业家也许不敢相信自己的能力可以经营一个规模较大的事业。他也可能被别人失败的例子吓住而不敢作扩张的尝试。

一位享有优良商誉,因而能比名气较差的竞争者卖得较高价格的商人,当然也可自动放弃他的利益,而把他的价格减到与他的竞争者所卖的价格相等。他和每个出卖货物或劳务的人一样,可以不充分地沾市场情况的利益,而以需求超过供给的那个价格出卖。他这样做,等于对某些人赠送。受赠的人是那些能够以这较低价格来买的人。其余的人,尽管也愿意在相同的价格下购买,但不得不空手回去,因为在这个价格下,供给不够应付需求。

对于每件商品的生产量和销售量加以限制,这总是企业家故意决定的结果,他故意这样作,为的是赚取可能赚得的最高利润和避免亏损。企业家们不生产较多的有关货物,因而不使它的价格降落,在这个事实中,看不出独占价格的特征。一些补助性的生产要素留着不用,如果较充分地利用它们,产品的价格将会降低,在这个事实中,也看不出独占价格的特征。唯一有关的问题是:生产的限制是不是独占的行为后果。独占者的行为是把他的供给量扣留一部分不提供给市场,因而抬高单位价格。独占价格的特点是独占者蔑视消费者的愿望。铜的竞争价格,是指:铜的最后价格趋向于一点,在这一点上面,铜的矿藏开采到那些必要的、非特殊的补助生产要素的价格所可容许的程度;边际的铜矿不产生矿租。消费者们所购得的铜,其数量由他们自己在铜的价格和其他一切货物的价格上斟酌决定。铜的独占价格,是指:铜的矿藏只利用到较少的程度,因为这样对矿主更有利;资本与劳动力——如果消费者的主权未遭侵犯的话,将会用来生产更多的铜——被用以生产消费者所不急于需要的东西。铜矿主人的利益比消费者的利益优先。铜这项可用的资源不是遵照大众的愿望和计划利用的。

当然,利润也是由于消费者的愿望与企业家的行为这两者之间的不一致而产生的。如果企业家们对于今天的市场情况都早有先见之明，则利润与亏损都不会发生；他们的竞争早已把那些生产要素的价格按照现在的产品价格调整了（时间的偏好当然也考虑到）。但是，这个说法并没有消除利润与独占利得之间的基本差异。企业家之赚得利益，其数量决定于他对消费者的服务比别人的服务更好得多少。独占者之取得独占利得，则是由于损害消费者的满足。

八、需 求 独 占

独占价格只能因供给之独占而产生。需求的独占并不引起一个异于无独占需求的市场情况。独占的买者——或者是一个人，或者是行动一致的一群人——不能取得相当于独占卖者所赚得的独占利得那样的特别利得。如果他限制需求，他将可在较低价格下购买。但是，这时买到的数量也随之减少。

政府既可为了有利于某些特权的卖者而限制竞争，同样地，他们也可以为了有利于某些特权的买者而限制竞争。有些政府曾经一再地禁止某些货物输出。这样排斥外国的买者，他们达到了压低国内物价的目的。但是，这样的低价并不是独占价格的相对物。

通常作为需求独占来讨论的，是些关于特殊生产要素价格决定的现象。

商品 m 一个单位的生产，除掉使用各种非特殊的要素以外，还要使用 a 和 b 这两个绝对特殊的要素各一单位。a 和 b 都不能用任何别的要素替代；另一方面，a 不和 b 结合起来的时候，它毫无用处，b 不和 a 结合起来的时候，也是如此。现在，a 的供给大大超过了 b 的供给。所以 a 的所有者不可能把 a 卖得任何价格。对于 a 的需求总是落在供给之后；a 不是一项经济财。如果 a 是一种矿藏，它的开采必须使用资本和劳力，矿藏的所有权不产生收益。这里没有矿租。

但是如果 a 的所有主们组成一个卡特尔，他们就可转变这一情势。他们可以把 a 的供给量限制到使 b 的供给量超过它。现在 a 变成了经济财，对它必须支付代价,而 b 的价格则减缩到零。如果这时 b 的所有主们也组成一个卡特尔来反击,于是,在这两个独占组织之间的价格斗争为之展开,其结果如何,交换学无法说明。以前曾经讲过,如果有一个以上的必要要素是属于绝对特殊的性质,则定价过程不引起独特无二地确定的后果。

市场的情况是不是 a 和 b 可以一起在独占价格下出卖,这是无关紧要的。包括一个单位 a 和一个单位 b 的一个组合所卖得的价格,是独占价格或竞争价格,这是没有什么关系的。

由此可知,那个有时被看作需求独占的,实即特殊情况下形成的一种供给独占。a 和 b 的卖者一心一意地想以独占价格出卖,不管 m 的价格是不是会成为独占价格这个问题。他们唯一关心的事情,是尽可能地在买者对 a 和 b 一起所预备给付的联合价格中取得最多的一份。这种情形并不显出任何可让我们使用"需求独占"这个名词的特征。但是,如果我们考虑到那些表现两组间之争夺的附带特征,则这个方式的说法就变成可以了解的。如果 a(或 b)的所有主们,同时也是制造 m 的企业家,他们的卡特尔就显出需求独占的外貌。但是,这种把交换学上两个不同的功能联合起来的人身结合,不影响基本问题;有关重要的问题是,两组独占卖者之间的争执之解决。

我们所讲的这个事例,加以必要的变更以后,也可适用于"a 和 b 也可用来生产 m 以外的商品"的场合,假若那些用途只产生较少的报酬的话。

九、受了独占价格影响的消费

个别的消费者对于独占价格可能有几种不同的行为反应:

1. 尽管价格上涨,个别的消费者仍然不限制对于独占物的购买。他宁可限制其他货物的购买。(如果所有的消费者都是这样的话,竞争价格一定已经涨到独占价格的高度了。)

2. 消费者对于独占物的购买,限制到不多于在竞争价格下购买它所花的金钱数额。(如果所有的消费者都是这样的话,则卖者在独占价格下的收入并不多于在竞争价格下的收入。）

3. 消费者对于独占物的购买,限制到少于在竞争价格下购买它所花的金钱额;他把这省下来的钱用来买他原来不买的东西（如果所有的人都这样做,则这个卖者以较高的价格替代竞争价格反而损害了自己的利益;独占价格不会出现。在这种情形下,把价格提高到竞争价格以上的,只有善意的保护人想使他的同胞不沉溺于有毒的麻醉品之消费,才会这样作）。

4. 消费者比在竞争价格下花更多的钱来购买这个独占物,而购得的数量比在竞争价格下所购买得的还少些。

不管消费者如何反应,从他自己评值的观点来看,他的满足好像是受了损害。在独占价格下,他所享受的没有在竞争价格下的那么好。卖者的独占利得是来自买者的损失。即令有些消费者（像第 3 例所讲的）购得在没有独占价格时所不购买的货物,可是,他们的满足仍低于在不同的价格情况下所可得到的满足。独占物产量的减少,固然腾出资本和劳力可用来生产原来不生产的其他货物,但是,消费者对于这些其他货物的评值是较低的。

独占价格通常总是有利于卖者,有害于买者,而且违背消费者的利益至上,但是,也有一个例外。如果在竞争市场上,补助的生产要素之一,即 f,是制造消费财 g 所必要的,尽管生产 f 也需要各种费用,而且消费者也愿意用一个使它可以有利地在竞争市场上制造的价格来买消费财 g,可是这个要素 f 竟然卖不出价钱。在这种场合,f 的独占价格,倒成为生产 g 的必要条件了。这就是大家所以赞成专利和版权立法的理由。如果发明家和著作者不能从发明和写作方面赚得金钱报酬,他们将不愿把他们的时间和精力用在这方面,也不会愿意支付这方面的费用;社会大众也不能从 f 的独占价格之不存在而得到任何利益,相反地,他们失去了可以从 g 的购买而得到的满足。[22]

有许多人忧虑那些不能恢复的矿物和石油的无节制使用。他们说,我们这个时代的人,浪费那些会枯竭的资源而不顾后代。我们不仅是在消耗我们所继承的遗产,而且也在耗消后代人所应继承的遗产。这些控诉是没有什么意义的。我们不知道后代的人是不是还要依赖我们今天所依赖的同样的一些原料。诚然,石油的矿藏,乃至煤的矿藏是在加速地消耗。但是,在一百年或五百年以后，大家用其他的方法来产生热和力是很可能的。假若我们少消耗点这些矿藏，我们是不是苦了我们自己而无益于二十一世纪或二十四世纪的人呢？谁也不知道。遥远后代的技术能力将进步到什么境界，我们是无法想象的，因而，为那后代的需要而作准备，一无是处。

但是，如果同一个人既忧虑某些自然资源的枯竭，而又同样热烈地控诉这些资源开发之受独占限制，这是自相矛盾的。水银的独占价格，确有使水银矿藏之消耗率趋于减低的效果。那些担忧将来水银稀少的人们，应该认为这个效果是非常好的现象。

经济学在揭发这样的一些矛盾时，并不是认为石油、煤矿等等的独占价格是正当的。经济学的任务既非称赞，也非谴责。它只要查究人的行为之后果。它不参与独占价格的敌友之争。

这个热烈争辩中的双方，都是搬弄些错误的议论。反对独占的一方，错在认为，所有的独占都是靠限制供给，形成独占价格以损害购买者。他们也同等地错在认为，在一个未受到政府干扰的市场经济里面，有个一般趋势，趋向于独占的形成。他们每每说"独占的资本主义"，而不说"独占的干涉主义"；每每说"民营的卡特尔"，而不说"政府做成的卡特尔"。如果政府不有意地奖励它们，独占价格将会限于某些只在少数地区可以开采的矿物，和那些地方性的有限空间的独占。

赞成独占的一方，错在把大规模生产经济归功于卡特尔。他们说，独占性的集中生产，照例是会减低平均成本，因而增加资本和劳力的可用量，用之于额外的生产。但是，为着消灭那些生产成本较高的工场，用不着卡特尔。自由市场里面的竞争，在没有任何独占和独占价格的环境下，可以达到这个目的。生产成本太高的工厂和农场，自由市场是会压迫它们停止经营的。维持这种工厂和农场存在的，倒是政府支持的卡特尔组织。例如，自由市场会消灭边际以下的农场，而仅维持那些在现行的市场价格下值得生产的。但是，美国的"新政"则作了不同的安排。它强迫所有的农民按一个比例来限制产量。它用独占政策把农产品的价格提高到使边际以下的土地之生产又成为合理的那个程度。

把产品标准化的经济与独占相混淆而得出一些结论，也是同样的错误。如果人们只要求一个标准格式的一定货物，则生产自可在一个更经济的程序中进行，因而成本也就可以降低。但是，如果人们真的是这样作为，标准化和相应的成本降低，也可在没有独占的环境下出现。另一方面，如果你"强迫"消费者们只用一个标准格式的东西，你就不是增加他们的满足；而是损害它。一个独裁者也许认为，消费者们的行为是愚蠢的。妇女们为什么不像士兵一样都穿制服呢？她们为什么要那样狂喜于形形色色的时髦服装？从独裁者自己的价值判断来看，他也许是对的。但是，麻烦的是：价值是个人的、主观的、任意的。市场的民主，在于人们自己作他们的选择，没有独裁者有权强迫他们服从他的价值判断。

十、卖方的价格歧视

竞争价格也好，独占价格也好，对所有的买者是一律的。在市场里面有一个持久的趋势，即趋向于消灭相同的货物或相同的劳务之间的价格差异。尽管买者们的评值和他们在市场上有效需求的强度彼此不同，他们所付的价格是一致的。富人买面包并不比穷人付的钱多，尽管他如果不能照这个价格买到，他也愿意付较高的价格。一位热爱音乐的人，宁愿少吃几片面包而不愿失掉听贝多芬交响曲演奏的机会，但是，他不需要比别的听众花更多的钱买门票，即令别的听众是把音乐当作消遣，如果他必须放弃某些琐屑的欲望才能买门票的话，他就不会来听这场演奏。买一件东西实际上支付的价格与买者内心中愿意支付的最高价，这两者之间的差额有时叫作"消费者剩余"。㉒

但是，在市场上也会发生这种情形，就是卖者可以歧视买者，对不同的买者索价不同。他所定的价格有时可高到使一个买者的"消费者剩余"完全消失。要使歧视的价格有利于卖方，有两个条件必须符合：

第一个条件是：以较低价格购买的人，不能把他买进的东西转卖给那些只能在较高价格下购买的人。如果这样的转卖不能防止，则卖者对买者差别待遇的意图就会落空。

第二个条件是：大众的反应不致使卖者的全部净收入比他采用一律定价政策所可赚得的全部净收入要少得多。凡是在卖者以独占价格替代竞争价格而对他有利的场合，第二个条件就具备了。但是在一个不会产生独占利得的市场情况下也会出现这种情形。因为价格的歧视并不要卖者一定限制销售量。他不至于失掉所有的买者；他只要考虑到有些买者会限制他们的购买。但是，在通常情形下他有机会卖掉剩下的部分，因为在一致的竞争价格下，有些人根本不会购买，或者只会购买少量。现在这剩下的部分就是卖给这些人。

因此，生产成本的结构在差别定价的卖者的考虑中不起作用。当全部生产量和销售量维持不变的时候，生产成本不受任何影响。

价格歧视最普通的事例是医生的收费。假设一位医生每周可看80次病，每次收费3元；所看的病人有30人，他每周的收入是240元。假使他差别收费，对那最富的10个病人每次收费不是3元而是4元。他们就从每周看病50次减到40次。这位医生就剩下10次看病的时间，于是把这10次的时间减价收费2元，于是有些花不起3元看一次病的病人也就可以来看病了。这时，这位医生每周的收入是270元。

卖方之采用歧视的价格，只有在比采用一律定价对他更有利的场合他才采用。这是清楚地说明：歧视价格引起消费变动，因而也引起生产要素在用途上的转变。歧视的结果，总归是购买这种货物的金钱总额为之增加。买者们为抵消他们这份增加的支出，必须减少其他的购买。至于那些因为歧视价格而得到利益的人们，把这份利得用之于购买别人所少买的那种货物，而且购买量也与他们所少买的数量相等，这是极不可能的。于是市场情况和生产情形之发生变动是必不可免的。

在上举的例子中，那10位最富的病人是受到损失的，他们向来只付3元看一次病，现在要付4元。但是因歧视价格而得利的，不只是这位医生；那些付2元看一次病的病人也得到利益。诚然，他们必须放弃其他的满足来支付这笔看病费。但是，他们对那放弃的其他的满足之评值低于医生看病给他们的满足。他们得到的满足程度是增加了。

为着充分理解价格歧视,最好是记住:在分工的秩序下,在那些极想得到相同产品的人们当中的竞争,并不必然损害各个竞争者的地位。竞争者的利益是冲突,这只是从"自然资源是有限的"这一观点来看的。这个不可免的敌对被来自分工的利益抵消了。平均生产成本会因大规模生产而降低,在那些极想得到相同产品的人们当中的竞争,会随平均成本之降低而改善各个竞争者的地位。"不只是少数人,而是许多许多人极想得到商品 c"这个事实,使得 c 的制造可以在节省成本的程序中进行;于是即令资产不多的人也买得起。同样地,价格歧视有时也会使一个歧视价格不存在时不能得到满足的需要得到满足。

假设某一城市有 p 个爱好音乐的人,他们每个人都愿意花 2 元来欣赏某一音乐名家的独奏。但是,这个演奏会的必要经费大于 $2p$ 元,因此无法举行。但是,如果门票可以差别定价,而 p 个音乐之友当中,有 n 个是愿意花 4 元的,同时假定 $2(n+p)$ 元这个数额是足够的,则这个演奏会就可以举行了。这时 n 个听众每人花 4 元,$(p-n)$ 个听众每人花 2 元来买门票,而放弃那较不迫切的需要之满足。于是,听众中每个人都比在这个演奏会不能举行的情况下过得愉快。就主办这个演奏会的人的利益来讲,最好是把听众扩增到"再增加一批听众则成本会高于取自他们的门票收入"那个程度。

技艺表演的入场券和铁路的乘车票,通常有不同的价格。但这不是交换学里面所说的价格歧视。因为支付较高价格的人有某种较好的享受。例如,他的座位比较舒适,受到较好的招待等等。真正的价格歧视是医生收费的例子,医生尽管是同样小心地看病人,但对较富的病人收费较高。铁路的货运,也有价格歧视的办法,即对那些因转运而其价值增加得较多的货物,收较高的运费,尽管铁路方面所负担的运输成本是一样的。医生和铁路局之采用歧视价格,当然只能在一定的界限以内,这个界限是由"那病人和运货者用其他方法解决他们的问题更对他们有利"的机会所决定。这就是指上述的价格歧视出现的两个必要条件之一。

我们不必指出,在某个情况下,各种各类货物的每个卖者都可采用歧视价格,这是没有用的。更重要的是,要使大家认定这个事实:在一个未受政府干扰的市场经济里面,采用歧视价格的必要条件是极难具备的,因此,我们很可以把它叫作例外的现象。

十一、买方的价格歧视

卖方的独占价格和独占利得固然不会实现于买者的独占而有利于他,但讲到歧视价格,情形就不同了。在一个自由市场里面,独占的买方采用歧视价格必要的条件只有一个,即卖者们对于市场情况毫无所知。因为这样的无知是不会持续很久的,所以歧视价格的实行只有靠政府干涉。

瑞士的谷物贸易是由政府独占经营的。瑞士政府用世界市场的价格向国外市场买谷物,用较高的价格向国内农民购买。国内购买的价格又有高低之分。在山区岩石地带耕种的农民所花的成本较高,政府以较高的价格来买他们的谷物,在平原肥沃地种植的谷物成本低价,政府以较低的价格收买,但仍比世界市场的价格较高。

十二、价格的相互关联

如果一个确定的生产过程会同时产出 p 和 q 这两种产品,这个企业家的一些决定和行为就受预期中的 p 和 q 的价格之影响。p 和 q 的价格彼此间有特别关联,因为 p(或 q)的需求一有变动,即引起 q(或 p)的供给变动。p 和 q 的价格这样的相互关系可以叫作生产的关联。工商界的人士把 p(或 q)叫作 q(或 p)的副产品。

消费财 z 的生产,必须使用 p 和 q 这两个要素,p 的生产,要使用 a 和 b 这两个要素,q 的生产要使用 c 和 d 这两个要素。于是 p(或 q)的供给变动引起 q(或 p)的需求变动。至于从 p 和 q 制成 z 的这个生产过程是由谁完成的——是由那些从 a 或 b 制成 p,从 c 和 d 制成 q 的企业完成的,或者是由一些在财务上彼此独立的企业家完成的，或者是由消费者自己完成——这是无关紧要的。p 和 q 的价格，彼此有特殊的关联，因为没有 q，则 p 无用，或只有较小的效用；反过来讲也是一样。p 和 q 的价格这样的相互关系，可以叫作消费的关联。

如果一种货物 b 所提供的利益可以替代另一种货物 a 所提供的（即令替代得不完全满意），则它们的价格息息相关：这一个发生变动，那一个也随之发生变动。a 和 b 的价格这样的相互关系，可以叫作替代的关联。

生产的关联、消费的关联和替代的关联，是少数有限货物的价格间之特殊关联。此外还有一般的价格关联，即所有的货物和劳务的价格相互的关联。这两种不同的关联我们必须区分清楚。一般的关联之发生是由于：所有的欲望满足，除掉需要各种有点特殊化的要素以外，还需要一种稀少要素，这种要素，尽管其生产力不一样，但在上述的㉒严格界定的范围以内，可叫作非特殊的要素——也即劳动。

在所有的生产要素都是绝对特殊的这样一个假设的世界里面，人的行为就要涉及多样的、彼此不相依赖的部门，以满足欲望。在我们实际的世界里面，把种种满足欲望的部门连结在一起的，是那许许多多非特殊的要素，这些要素适于用以达成种种目的，而在某种限度以内可以彼此替代。"一个"要素，即劳动，一方面是所有的生产所必要的，另一方面在严格界定的范围以内是非特殊的，这个事实就产生了人的一切活动之一般关联。它把价格形成的过程统合在一个整体中，在这个整体里面，所有的齿轮相互影响。它使这个市场成为千千万万相互依赖的现象的一个连续。

把某一个价格看作一个孤立的东西，这是荒唐的。价格是表现行为人在为解除不适之感而努力的现状下赋予一个东西的重要性。它不是给什么不变动的东西指出关系，而只是在瞬息间千变万化的万象中指出那短暂时间的态势。在这些被行为人的价值判断认为重要的东西当中，每样东西的重要性与其他所有东西的重要性是相互关联的。凡是叫作价格的，总是在一个更完整的体系里面的一种关系，而这完整的体系是大家的评值聚合的后果。

十三、价 格 与 所 得

一个市场价格是一个实在的历史现象,是在一定的地方,一定的时间,两个人交换两种东西的量的比率。它指涉那具体的交换行为的一些特别情况。它最后决定于相关的人们的价值判断。它不是从一般的价格结构或某一类货物或劳务的价格结构导出的。所谓价格结构,是从许许多多各个具体的价格导出的一个抽象概念。市场并不产生一般的土地价格或汽车价格,也不产生一般的工资率,只产生某一块土地、某一部汽车的价格,以及某一类工作的工资率。就价格形成的过程来讲,市场对于商品的类别——不管从什么观点分类——没有任何关系。尽管从其他方面,看商品如何差异,但在交换这个行为中,商品只是商品,这是说,是按照它们解除不适之感的功效而评值的东西。

市场不创造或决定所得。它不是所得形成的过程。如果一块土地的地主(也即工人)耕种这份自然资源,这块土地和这个人的生产力是可以恢复保存的;农地和都市土地可以无限期的利用,人也要活上数十年。如果市场情况,对于这些生产要素而言,不变坏,它们在未来的岁月中仍可被雇用而得到报酬。这也就是说,如果它们的生产力不是毫无节制地过早用光的话,土地和劳动力可看作所得的源头。使生产要素得以变为相当持久的所得源头的,不是它们的本质,而是节省使用。决没有所谓"所得流"这样的东西。所得是一个行为范畴;它是对于稀少的资源小心节用的结果。这在资本财方面更为明显。人为的生产要素不是永久不灭的。尽管它们当中有些有好几年的寿命,但它们都会经由损耗,最后成为无用的东西,有时甚至一瞬间就完了。它们之成为所得的永久源头,只是因为它们的所有者把它们当作所得的永久源头。在市场情况不变的假定下,如果我们对于资本的产品之消费,不消费到妨害了资本消耗的补偿,资本就可当作所得的源头而维持住。

市场情况的变动可以使维持所得源头的一切努力归于失败。某些工业的设备,在需求发生变动,或有什么更好的东西超过它时,就要报废。某些农地,在发现更肥沃的土地而又足够耕种的时候,它就成为废物。某种工作的专门智识和技术,在有新的生产方法夺去了它们原有的用途的时候,它们的报酬也就失掉了。为着不确定的未来而作的任何准备,其成功都要靠指导这个准备的预测之正确。没有任何所得可以得到保证不受未料到的变动之影响而永保安全的。

价格形成的过程也不是一个分配的方式。我们曾经讲过,在市场经济里面,没有什么东西可以用得上分配这个概念的。

十四、价 格 与 生 产

价格形成的过程,把生产导向那些最能为消费者的愿望服务的途径;消费者的愿望是在市场上表现出来的。只有在独占价格下,独占者们在有限的范围内有力量把生产扭转到其他途径以谋他们自己的利益。

价格决定哪些生产要素应该使用,哪些应该不使用。特殊的生产要素,只有在那些补助的非特殊要素没有更有利的用途时才被使用。有些技术方面秘诀,土地以及一些不能改变用途的资本财,它们的生产力之所以未被使用,是因为如果使用它们就等于浪费了所有的生产要素中最稀少的一种要素——劳动。在我们这个世界的情况下,自由的劳动市场里面固然不会有长期的劳工失业,但土地的未被使用的生产力和不能改变用途的工业设备的未被使用的生产力,却是经常的现象。

对未被使用的生产力发生感叹,这是无意义的。由于技术改进而落伍的工业设备之不被使用,是一个进步的路标。如果由于永久和平的确保使得兵工厂无用,或者如果由于防治肺结核的有效方法之发明使得肺病疗养院无用,这应该是一件好事。至于悲叹过去疏于准备,以致有错误的投资,这倒是在情理中的。可是,人不是无错的。某种数量的错误投资总是免不掉的。我们所应当做的是,极力避免那些以人为方法励奖错误投资的信用扩张政策。

现代的技术要在北极或北极附近的地区用温室来种植橘柑和葡萄,是一件容易的事情。可是,每个人会把这种事情叫作疯人的行为。用保护关税或其他的保护方法来维持岩石山地的谷物种植,而让别处许多肥沃的土地休闲,实质上和北极地带种橘柑和葡萄是一样的傻事,不过是程度的不同而已。

瑞士 Jura 地方的住民宁愿制造钟表而不种植小麦。对于他们而言,制造钟表是取得小麦最便宜的方法。就加拿大的农民来讲,种小麦是取得钟表最便宜的方法。Jura 的居民不种小麦和加拿大农民不制造钟表,这和成衣匠不做他们自己的鞋子,制鞋匠不做他们自己的衣服是一样的道理。

十五、关于非市场价格这个怪想

价格是个市场现象。它们是由市场程序产生出来的,是市场经济的节奏。市场以外,没有价格这样的东西。价格是市场社会的成员一些行为和反应的结果。至于说,如果价格的决定因素有些是不同的,价格将会怎么样,这样的想法毫无用处。这正同假想"如果拿破仑在 Arcole 之战阵亡的话,或者如果林肯命令 Anderson 将军从 Sumter 堡撤退的话,历史将会怎么"一样的毫无意义。

"价格应该怎样",这种考虑也是同样无用的。每个人都喜欢他所想买的东西价格下跌,他所想卖的东西价格上涨。如果他承认这是他"个人"的观点,这表示他是诚实的。至于他是否从他个人的观点,去怂恿政府运用强制力量来干涉市场价格结构,这是另一个问题。在本书第六篇将要说明,这样的干涉政策所不可避免的后果是些什么。

但是,如果一个人把这样的一些意愿和任意的价值判断叫作客观的真理,那就是自欺或欺人。在人的行为中,值得计较的没有别的,只有各个人的种种愿望,达成种种目的的愿望。关于那些目的的选择,没有什么真理问题;都是价值判断在发生作用。价值判断必然是主观的,不管是一个人或一群人所下的判断,或者是一个白痴、一个教授或一个政治家,所下的判断,都是如此。

凡是一个市场决定的价格,是一些活动力量相互作用的必然后果,即需求与供给的必然后果。不管形成价格的市场情况是怎样,就这一点来讲,价格总是合适的、真正的、实在的。假若没有竞买者准备以较高价格买进,价格不会更高;假若没有竞卖者准备以较低价格卖出,价格不会更低。只有这样的一些人出现于市场,价格才会变动。

经济学是对那产生物价、工资率和利率的市场程序加以分析。它并不发展一些公式可使任何人用以计算异于市场程序所决定的所谓"正确的"价格。

许多想规定非市场价格的努力,在根本上有个混淆而矛盾的实在成本观念。如果成本真是实在的,也即是说,如果成本是一个独立于价值判断的量,而可以客观地辨识和衡量的,那么,让一位公正无私的仲裁者来规定"正确"价格的高低,那是可能的。这种想法是荒谬的,在这里,没有详加剖析的必要。成本是一评值现象。详言之,成本是赋予那尚未满足的、最有价值的欲望满足的价值,那种欲望之所以尚未满足,是因为它的满足所需要的生产要素,已用在其成本是我们正在讨论的欲望满足。超乎成本的产品价值——利润——的取得,是所有生产努力的目标。利润是成功行为的报酬。它不能不涉及评值而下定义。它是个评值现象,与物质或其他外在世界的现象没有直接关系。

经济分析不得不把所有各项成本还原到价值判断。社会主义者和干涉主义者把企业的利润、资本的利息、地租,叫作"不劳而获",因为他们认为,只有工人的辛劳才是实在的,才是值得给以报酬的。但是,客观的现实并不报酬辛劳。如果辛劳是花在好的计划上,它的结果就会增加可用于满足欲望的资财。不管人们认为公平是怎么一回事,唯一有关的问题总是一样的。那就是:哪一种社会组织更适于达成人们愿意支付辛劳而去追求的那些目标。这个问题也就是:市场经济呢,还是社会主义?没有第三种解决法。具有非市场价格的市场经济这个观念,是荒诞不经的。"成本价格"这个想法,是不能实现的。即令成本价格的公式只用在企业的利润,它也会瘫痪市场。如果货物和劳务一定要在市场所决定的价格以下出卖,供给总要落在需求之后,这时,市场既不能决定什么东西应该或不应该生产,也不能决定谁可享有这些货物与劳务。结果是一团糟。

这也涉及独占价格。凡是可以促成独占价格的政策,一概避免采取,这是合理的。但是,不管独占价格是不是由政府的政策促成的,绝没有所谓"求实"

的精神或凭空的想象，会发现供需相等的另一种价格。为公用事业有限空间的独占，寻求一满意解决的一切试验之失败，明白地证明这个真理。

价格是一些个人和人群，为了他们自己的利益而行为的结果，这是价格之所以为价格。交换率和价格在交换学里面的意义不包括中央权力机构的行为结果，不包括那些假藉社会或国家名义的人们暴力威胁的行为结果，也不包括武装压力团体的行为结果。当我们宣称"规定价格不是政府应做的事情"的时候，我们并未越出逻辑思考的范围。一个政府之不能规定价格，正如同一只雌鹅之不能生鸡蛋。

我们可以想到一个根本没有价格的社会制度，我们也可想到一些要把价格规定得不同于市场所决定的政府命令。研究这样的制度和命令所引起的一些问题，是经济学的任务之一。但是，正因为我们想检讨这些问题，所以必须明白区分价格与政府命令之别。价格，就它的定义讲，就是人们的买和卖，或不买和不卖所决定的。价格绝不可混淆于政府或其他运用强迫力的机构所发布的命令。[⑤]

注　释

① 有时，物价统计所确定的价格差异只是表面的。价格表所列的，可能涉及各种品质的同类货物，或者依照当地的商业习惯，涉及不同的货物。例如，它们可能包括或不包括包装费；它们可能涉及付现或赊账；等等。

② 这是不同于货币与有销路的货物和劳务之间的相互交换率。参考第十七章第四节。

③ 不能互换的资本财的问题，将在第十八章第五、六两节讨论。

④ 这里所说的合理，意思是：用以继续生产的不变资本的预期报酬，至少不低于它用于其他计划的预期报酬。

⑤ 参考第七章第二节。

⑥ 关于这方面的彻底讨论，见第十八章第五、六两节。

⑦ 参考第二章第一节及第八节。

⑧ 见 Paul H. Douglas 在 *Econometrica*，VII，p. 105. 所讲的。

⑨ Henry Schultz，*The Theory and Measurement of Demand* (University of Chicago Press，1938)，pp. 405～427.

⑩ 参考第十七章第二节。

⑪ 参考 Joseph A. Schumpeter, *Capitalism Socialism and Democracy* (New York, 1942), p. 175。关于这个说法的批评, 参考 Hayek, *The Use of Knowledge in Society*; 刊于 *American Economic Review*, XXXV, pp. 529 ～ 530 (此文已收入 *Indicidnalism and Economic Order*——译者附注)。

⑫ 关于价格的歧视, 在本章第十节讨论。

⑬ 参考 Richard T. Ely 在他的 *Monopolies and Trusts* (New York, 1906), pp. 1～36 对于误把独占概念扩张应用的驳斥。

⑭ 如果这些局外人变成能够扩大他们的销售量, 则不完全的独占计划势必失败, 这是很显然的。

⑮ 参考下面"商誉"那一节。

⑯ "边际独占"这个名词的使用, 像任何其他名词的使用一样, 完全是随意的。至于说凡是引起独占价格的其他独占也可以叫作边际独占, 这不是有效的反对理由。

⑰ 这些协定已由国际劳工局(The International Labor Office)收集成册, 于一九四三年出版。书名 *Intergovernmental Commodity Control Agreements*。

⑱ 关于这个事实的意义, 见第二十四章第三节。

⑲ 见第三十六章第一及第二节。

⑳ 额外增加的广告费也是投资的增加。

㉑ 现金的握存, 即令它超过了习惯的数量因而叫作"窖藏", 也是利用资金的方式之一。在市场的现况下, 营业者认为, 握存现金是一部分资产最适当的运用法。

㉒ 见第二十四章第三节。

㉓ 参考 Alfred Marshall, *Principles of Economics* (8th ed. London, 1930), pp. 124～127。

㉔ 参考第七章第三节。

㉕ 为避免把读者弄糊涂, 我们不必使用太多的新名词, 而将这些命令规定的价格叫作"政府或其他强力机构(即工会)强制的物价、利率和工资率"。但是, 我们绝不可忽略了市场现象的物价、工资、利率与破坏市场功能的法定的最高或最低的物价、工资、利率之间的区别。

第十七章　间接交换

一、交换媒介与货币

在人与人之间交换货物或劳务,如果中间插进了一种或几种交换媒介,那就叫作间接交换。间接交换论的主题,是研究这个交换媒介与各级货物劳务之间的交换率。间接交换论所陈述的,涉及间接交换的一切事情,以及作为交换媒介的一切东西。

当作交换媒介而普遍使用的,叫作货币(或金钱)。货币这个概念是含糊的,因为它的定义涉及一个含糊的字句"普遍使用"。有的时候,我们不能决定一种交换媒介是或不是"普遍使用"而应叫作货币。但是,这种含糊决不影响行为理论所要求的精密性。因为关于货币所要叙述的一切,对于每种交换媒介都是有效的。所以我们或者保存"货币论"这个传统的名词,或者用另一种名词来代替,这没有什么关系。货币论,过去和现在都是间接交换论,都是交换媒介论。[1]

二、对于若干普遍误解的观察

如果若干经济学家在讨论货币问题时,自己没有犯些重大的错误,没有那么固执于那些错误,则那些把各国政府的货币政策导向旁门左道的有名的货币理论中的致命错误就不会发生。

其中尤其重要的,是所谓"货币的中立性"这个妄想。②从这个妄想中产生出来的,是比例于货币流通量的增减而升降的物价"水准"这个概念。货币量的变动决不会同时、同程度地影响所有货物和劳务的价格,这一点他们没有认识到。货币单位购买力的变动必然与那些买卖之间相互关系的变动相关联,这一点也未被认识到。为了证明货币量与物价比例地升降,在处理货币论的时候,他们曾经藉助于一个完全不同于现代经济学处理其他一切问题时所用的程序。他们不从个人的行为开始(交换学决无例外地是这样作),而建立一些想用以了解市场经济全体的公式。这些公式的成分包括:国民经济中货币总供给量;贸易量——也即国民经济中货物和劳动全部交易的金额;货币单位的平均流通速率;物价水准。这些公式似乎给"物价水准论"的正确性提供了证据。事实上,这整个推理方式是一典型的循环论法。因为,在这个交换方程式里面已经包含着它所要证明的一些水准论。它的精髓没有别的,只是用数学来表示这个站不住的论断——在货币量与物价变动之间有个比例关系。

分析交换方程式的人,总是假定它的一些成分——货币总供给量、贸易量、流通速率——之一发生变动,而不问这样的变动是如何发生的。他没有看出,这些方面的变动不是出现于作为国民经济之国民经济,而是出现于各个行为人的情境;他也没有看出,价格结构之发生变动,是这些行为人的行为相互作用的结果。数学经济学者的研究程序不从各个人对货币的需求和供给开始,而依照力学的一些模式引进"流通速率"这个妄诞的概念。

数学经济学者认为,货币的用处完全在于或根本在于它的周转、它的流通。我们在这里无需讨论他们的这个想法是不是对。即令这是对的,也不能靠它的用处来解释货币的购买力——物价。水、威士忌、咖啡的用处,并不能解释对这些东西所支付的价格。这些用处所解释的,只是为什么人们,在其看出这些用处的时候,在某些其他的条件下,需要这些东西的一定量。影响价格结构的总是需求,不是用途的客观价值。

不错,交换学的任务关于货币方面的比关于可卖的货物方面的要广泛些。

解释人们为什么想获得种种可卖的货物所能提供的功用,这不是交换学的任务,而是心理学和生理学的任务。但是,讨论关于货币面的这个问题,却是交换学的任务。只有交换学能够告诉我们:一个人从握有货币可望得到的一些利益是什么。但是,决定货币购买力的不是这些想望中的利益。想获得这种利益的那种渴望,只是引起货币需求的因素之一。对于市场的交换率之形成发生作用的是需求,其强度完全决定于价值判断的一个主观因素,而不是任何客观事实、任何可引起某一后果的力量。

交换方程式和其基本因子的缺陷,是他们(指创立这个方程式的人们)从一个整体的观点来看市场现象。他们误于"国民经济"这个概念的偏执。但是,凡是有"国民经济"——用这个名词的严格意义——的地方,就没有市场,也没有价格和货币。在市场里面,只有一些个人和一些人群在合作中行为。促动这些行为人的,是他们自己的利害关系,而不是整个市场经济的利害关系。如果"贸易量"和"流通速率"这样的概念有何意义的话,那是指个人们的行为所引起的结果。决不可用这些概念来解释个人们的行为。关于市场制度中货币供给量的变动,交换学必须提出的第一个问题是,这些变动如何影响各个人的行为。现代经济学不问"铁"或"面包"值得什么,而是问一定大小的铁块或面包,在一定的时间、一定的地点,对于一个行为人值得什么。关于货币问题,也得用这样的方法着手研究。交换方程式与经济思考的基本原则不相容。它是回复到早期的思想方式,那时的人们不懂得行为学的现象,因为他们误于整体观念。交换方程式之毫无用处,正同早期的思想方式笼笼统统地来想"铁"和"面包"的价值一样。

货币论是交换学的基本部分,这部分的处理必须采用处理其他所有交换学问题的同样态度。

三、货币需求与货币供给

各种货物和劳务,在销路方面有很大的差异。有些货物不难于在高的价格下销售掉,有些货物即使在低的价格下也不易很快地卖掉。引起了间接交换的,正是货物和劳务在销路上的差异。一个人,当他不能立刻得到他所想消费或用以生产的东西的时候,或者还不知道在不确定的将来,他将需要什么东西的时候,如果他把一项销路差的财货换成销路好的财货,这算是向他的最后目的走近了一些。也可能有这种情形:他所想放弃的那项财货的物质特性(例如容易腐坏或保管费太高等)逼得他不得不急于卖掉。有时,他之所以急于要卖掉某项货物,是因为他怕它的市场价格会跌落。在所有这些情况下,如果他能够取得销路较好的财货,他就改善了他的处境,即令这项财货不能直接满足他自己的任何需要。

交换媒介是这样的一种财货,人们取得它既不是为的自己消费,也不是为的用之于生产,而是为的将来拿它交换那些可用以消费或用以生产的财货。

货币是交换媒介。它是销路最好的财货,人们之所以取得它,因为他们想在今后的人际交换中使用它。货币是大家接受当作交换媒介用的东西。这是它的唯一功能。至于其他的一切功能,只是这个基本功能——交换媒介——的一些特殊面。③

交换媒介是经济财货。它们是稀少的;对于它们有需求。在市场上,有人要取得它们而愿意以货物和劳务来换取。交换媒介有交换价值。人们为取得它们而支付代价。这种代价的特征是不能用货币表示的。关于货物和劳务的,我们是说"价格"或"金钱价格"。关于货币的,我们是说它的购买力,而不说它的价格,更不能说它的金钱价格。

交换媒介之所以有需求,因为人们想把它们储存若干。市场社会的每一分子都想有一定额的货币存在手头,也即一笔确定量的现金握存或现金余额。有时他要较多的现金握存,有时要较少的,在例外的情形下,他甚至完全不要现金握存。无论如何,绝大多数的人,不仅是要保有种种可卖的财货,也要保有若干货币。他们的现金握存不是一项剩余——他们的财富没有用掉的余额。详言之,不是在一切有意的买卖行为结束以后无意地剩下的余额。现金握存的数额是决定于现金的有意需求。货币与可卖的财货之间的交换比率之发生变动,是货币的需求与供给之间的关系发生变动而引起的。

每一块钱都有一个人（市场经济的分子之一）保有。一块钱从这个行为人的控制下转到另一行为人的控制下，是一刹那间的事情，这其间没有一点时间可以说这块钱既不是一个人的，也不是一个商号的现金握存之一部分，而是在"流通中"。④ 把货币区分为"流通中的"与"呆存的"，这是不正确的。区分流通的货币与窖藏的货币，也同样不正确。通常所说的窖藏（hoarding），是按照一个观察者的个人见解，认为现金的握存量超过他认为正常的或适当的量。但是，窖藏是现金握存。窖藏的货币仍然是货币，而且它在窖藏的功用与它在所谓正常的现金握存中的功用是一样的。窖藏货币的人，认为便于应付某些特殊情况的可能发生，有累积一笔现金握存的必要，这笔现金握存的数量，超过了他自己在不同的情况下所要握存的数量，或超过那些批评他的行为的人们所认为的适当数量。他这样的行为对于货币需求的结构所发生的影响，与每一"正常的"需求所发生的影响是一样的。

许多经济学家避免把需求和供给这两名词用在货币方面，因为他们怕引起与银行家使用的名词相混淆。银行的习惯是把货币需求叫作短期贷放的需求，货币供给叫作短期贷放的供给。因此，大家把短期贷放市场叫作货币市场。如果短期贷放的利率趋向于上升，大家就说货币短缺；如果这种利率趋向于下降，就说货币充裕。这种习惯的说法已牢不可破。但它助长了一些严重错误的蔓延。它使人们把货币概念与资本概念混淆，而以为货币数量的增加可使利率持续地下降。但是，正由于这些错误的粗疏，以致上述的名词尚不会引起任何误解。我们难于想象经济学家在这样的基本问题上会犯错误。

其他的人们之所以主张不要说货币的需求与供给，因为他们以为，需求货币者的目的与需求货物者的目的不同。他们说，货物是为的消费而被需求，货币是为的在将来的交换行为中拿出去而被需求。这个说法同样是无效的。交换媒介的用处，固然是在于放弃它。但是，人们热心于累积某一数量的货币，是为将来的购买作准备。正因为人们在市场上提供他们的货物和劳务的那个时候，不想满足他们自己的直接需要，正因为他们想等待或不得不等待直到有利的情形下再购买，所以，他们不直接物物交换而使用交换媒介来间接交换。货币不因为有人使用过而损耗，而会无限期地提供它的功用，这个事实是它的供给结构中一个主要因素。但是，货币的评价与其他一切货物的评价，仍然要用同样方法来解释，即用那些想获得一定数量货币的人们的需求来解释。

经济学家们曾经把那些在经济制度里面会增加或减少货币需求的因素列举出来。那些因素是：人口；个人家庭自给生产的程度以及为别人的需求而生产，在市场上出卖产品，买进自己的消费财的程度；商业活动的分配以及一年当中结付账款的季节；清算制度。所有这些因素固然都会影响货币需求以及各个人和各商号现金握存量，但是，它们的这种影响只是间接的，因为人们在考虑保存多少现金余额才是适当的时候，那些因素会发生作用，于是间接地影响到货币需求以及各个人和各商号的现金握存量。决定现金余额的总是当事人的价值判断。各个行为人照自己的价值判断认为应当保持多少现金余额才是适当。他们为实现他们的决定，于是放弃一些货物、有价证券、生利权（interest—bearing claims）而卖出这类的资产，或者相反地增加它们的购买。关于货币的这些事情，并非不同于关于所有其他货物和劳务的事情。货币的需求决定于那些想获得它作为他们现金握存的人们的行为。

另一个反对货币需求这个概念的理由是这样：货币单位的边际效用之递减，比其他货物的边际效用之递减要慢得多；事实上它的递减之慢，慢到可以不必理的程度。关于货币，谁也不会说他的需求满足了，谁也不会放弃取得更多货币的机会，如果为取得它而必要的牺牲不太大的话。所以，不能认为货币的需求是有限的。这个有名的理论，完全是错误的。它把现金握存这种货币需求和以货币名义表示的对更多财富的欲望弄混淆了。一个人，当他说到他想获得更多钱的这个欲望永远不能满足的时候，他的意思并不是说，他的现金握存永远不会太多，他真正的意思是说他永远不会富够了。如果有更多的钱到他的手里，他不会用来增加他的现金余额，或者只用一部分来增加现金余额。他将把多余的部分用在当时的消费，也可用来投资。谁也不会使手头的现金超过他所认为的适当的现金握存。

一方面是货币，另一方面是可卖的货物和劳务，这两者之间的交换率，和各种可卖的货物相互间之交换率一样，是决定于需求与供给。这个透彻的观察是"货币数量说"的本质。这个理论，本质上是把一般的供需理论应用到货币特例上。它的优点是，拿那用以解释所有其他交换率的同样理论，来解释货币购买力的决定。它的缺点是，它诉之于一种全体主义的说明。它考虑国民的货币总供给，而不考虑各个人和各个商号的行为。这个错误观点所引起的后果，是货币的"总"量的变动与货币价格的变动之间有个比例这个想法。但是，那些较古老的批评家，没有探究到数量说固有的错误而以较满意的理论替代它。他们没有击中数量说的错误；相反地，他们攻击到它的真理核心。他们想否认物价变动与货币量变动之间有一因果关系。这个否认使他们摆不脱种种错误、矛盾、荒诞的纠葛。现代货币理论一开始就认识到：要研究货币购买力的变动，必须应用那些应用于所有其他市场现象的原则，而货币供需的变动与其购买力的变动之间，有一种关系存在，这个认识是接着传统的数量说而讲下来的。在这个意义下，我们可以把现代的货币论叫作数量说的一个修正。

门格尔(Carl Menger)的货币起源论在认识上的重要性

门格尔不仅是提供了一个颠扑不破的行为学的货币起源论，而且他也认识到，他的理论对于说明行为学的一些基本原则和其研究方法的重要性。⑤

有些著作家曾以命令或契约来解释货币的起源。他们认为，有意建立起间接交换制度和货币的，是一个权威——国，或人民相互间的契约。这个说法的主要缺点，还不在于如下的假设：尚未见过间接交换和货币的那个时代的人们能够设计一个新的秩序，完全不合于他们那个时代的实际情形的秩序，而且懂得这样的设计之重要；也不在于如下的事实：历史上找不出一点线索可以支持这样的说法。它的主要缺点是在更基本的地方，我们有些更实在的理由可用来反对它。

如果我们假定：有关各方的生活情况，随着直接交换进到间接交换的每一步骤而改善，最后大家乐于采用某些特别具有广阔销路的货物当作交换媒介，那么，我们就难于了解，为什么要多此一举，要用命令或契约的权威来解释间接交换的起源。一个人当他发现了在直接的物物交换中难于获得他所想要的东西，他就会知道，如果首先换取更有销路的货物，等到后来再用它交换届时所要的东西，那就方便多了。在这种情形下，用不着政府干预，也用不着订立什么契约。最精明的人首先实行,等而下之的人们跟着这样做。我们把"间接交换的利益为行为人所知晓"这一点视为当然,比假定"一位天才凭空想象到货币社会的好处,再经由命令或契约来实现这个社会"更可叫人相信些。

但是,如果我们不假定"各个人发现了间接交换比等候直接交换的机会更方便些",而且为着讨论起见,如果我们承认货币是由命令或契约创立的,那么又有些别的问题发生了。我们必须问:用什么方法可以使人们采用一种为他们所不了解其功用的程序,而且在技术上比直接交换更为复杂的程序。我们姑且假定用强迫方法。但是他们又要再问:在什么时候,有些什么事情使人们觉得间接交换和货币使用不再是麻烦的,或至少是无可无不可的程序,而变成对他们是有利的。

行为学的方法把一切现象追溯到各个人的行为。如果人与人之间的交换情形是这样:间接交换使交易更为便利,再加上如果人们又认识这些利益,间接交换和货币就会出现。历史的经验显示出,这些情形过去和现在都有。假若这些情形不存在,人们如何能够采取间接交换、使用货币,并且固执这个交换方法,那就无法想象了。

关于间接交换和货币的起源这个历史问题,毕竟是与行为学无关的。唯一相干的事情是:间接交换和货币之所以存在,是因为促成它们存在的那些条件,在过去和现在都具备。如果这是如此,行为学无须要靠这个假设:命令或契约创制这些交换方法。国家主义者们,如果他们愿意的话,他们还会继续地把货币的"发明"归功于国家,不管这是多么不可能。要紧的是,一个人不是为的消费它或用它来生产而谋取一件财货,而是为的在日后的交换行为中放弃它。这样的行为使这件财货成为交换媒介,如果这样的行为总是涉及某一种财货,则这种财货就成为货币。行为学里面关系交换媒介和货币的一切定理,都涉及一种财货以其交换媒介的资格所提供的那些功用。即令间接交换和货币,真的是由命令或契约提供发动力而引出的,下面这句话仍然是颠扑不破的,即:只是那些从事交换的人的行为,能够创造间接交换和货币。

历史也许会告诉我们,交换媒介在什么地方、什么时候第一次出现,后来那些作为交换媒介的货物种类又如何愈来愈减少。由于交换媒介这个较广的观念,与货币这个较狭的概念之区别,不是截然划分的,而是渐渐的差异,所以,关于从简单的交换媒介进到货币这个历史过程,也没有一致的看法。这是属于历史领悟的事情。但是,前面曾经提到,直接交换和间接交换的区别是截然划分的;交换学关于交换媒介所确定的一切事情,在范畴上都涉及所有当作这种媒介而被需求、被获得的财货。

间接交换和货币是由命令或契约创制的这个说法,就其意义在于说明历史事实的程度以内来讲,揭发它的错误,是历史家的任务。就其只是作为一个历史的陈述而提出来讲,那就不会影响交换学的货币论,以及关于间接交换的解释。但是,如果它是当作关于人的行为和社会事象的一个陈述而提出的,它就毫无用处,因为,它对于行为完全没有讲到。至于说,有一天统治者们,或集会在一起的公民们突然灵机一动,想到间接交换和使用交换媒介的好处,这不是关于人的行为的一个陈述。那只是把有关的问题推开。

我们必须了解:如果有人说"国,或者一个超人的领袖,或者一个降落在全体人民的神灵启示,创造了某些社会现象",这种说法对于人的行为和社会现象的科学概念没有任何贡献。它也不能驳倒下面这个学说,即:说明这些社会现象如何可以看作"无意的结果,即不是社会的分子们故意设计而努力达成的结果"⑥的那个学说。

四、货币购买力的决定

一种经济财货,一旦到了不仅是那些想用它消费或用它生产的人们需要它,还有些人想把它作为交换媒介来保存,以便在日后的交易行为中放弃它,这时,它的需求就增加了。这种财货的一个新用途出现了,因而对它发生一额外的需求。和其他的每种财货一样,额外需求就会使它的交换价值提升,这里所说的交换价值,即为取得它而提供的其他财货的数量,放弃一个交换媒介而可取得的其他财货的数量,也即以各种财货和劳务的名目来表示的它的"价格";这个"价格"部分地决定于那些想把它当作交换媒介而取得的人们的需求。如果人们不再把这个财货当作交换媒介来使用，则这额外的特殊需求就为之消失，而其"价格"也就随之下降。

所以交换媒介的需求是两部分需求合成的：一部分是想用它消费和生产的需求，一部分是想用它作为交换媒介的需求。⑦就现代的金属货币讲，我们说有工业上的需求，有货币方面的需求。一个交换媒介的交换价值（购买力）是这两部分需求相加的结果。

作为交换媒介的那部分需求的程度，决定于它的交换价值。这个事实引起了一些困难，许多经济学家认为，这些困难是无法解决的，所以，他们不再循着这个理论路线进一步研讨。他们说，用货币需求来解释货币购买力，而又用它的购买力来解释货币需求，这是不合逻辑的。

但是，这个困难只是表面的。我们以那特别需求的程度来解释的那个购买力，不同于其强度会决定这种特别需求的另一个购买力。问题是在想象即刻的将来购买力的决定。为着这个问题的解决，我们藉助于刚刚过去的购买力。这是两个不同的数量。反对我们这个理论（我们这个理论可以叫作"回归定理"，the regression theorem）的理论，说它是在循环论法中兜圈子，这个说法是一个谬见。⑧

但是，批评的人们这样说：这等于是把问题推回去。这是因为，你还要解释昨天的购买力的决定。如果你用前天的购买力来解释昨天的，你还要用大前天的来解释前天的，这样下去，你就陷入无穷的回归。他们说，这样的推理，确实不是对这个问题的圆满解决。这些批评者所未了解的，是我们的回归定理并非无穷尽地向后追溯。它会到达某一点，到了这一点的时候，解释就完全了，再也没有问题未解答。如果我们一步一步地向后追溯货币的购买力，我们最后会追到这种有关的财货作为交换媒介的那个功用刚刚开始的那一时点。这一时点，昨天的购买力，完全决定于非货币的——工业的——需求，这种需求完全来自那些想用这种财货于货币以外的用途的人们。

但是，批评的人们继续说：这等于以工业目的的用途来解释，由于交换媒介的功用而发生的那部分购买力。真正的问题——对于它的交换价值中货币成分的解释——仍然未解决。这里，批评的人们也是误解的。货币价值中来自交换媒介这个功用的成分,完全用这特殊的货币功用和它所创造的需求解释了。有两个事实是任何人所不否认,也不应当否认的:第一,交换媒介的需要决定于它的交换价值的考虑,而它的交换价值是它所提供的货币功用和工业功用的结果;第二,未曾作为交换媒介而被需要的那种财货的交换价值,只决定于那些想把它用于工业目的——也即为着消费或生产的目的——的人们的需求。我们所说的回归定理,目的在于说明:原先仅为工业目的而需要的那种财货的货币需求之第一次出现,是受当时仅由它的非货币功用而具有交换价值之影响的。这并不意涵,以它在工业上的交换价值为理由来解释交换媒介在货币功能方面的特殊交换价值。

最后,还有一个反对回归定理的说法,是说它的接近法是历史的,而不是理论的。这个说法也同样错误。对于一个事象作历史上的解释,是在说明,它如何在一定的时间、一定的地点,受那些运作中的力量和因素的影响而产生。这些个别的力量和因素,在这个解释中是些最后的极据。因为是最后的极据,所以不容再加分析和演绎。至于从理论上来解释一个现象,则是把它的出现追溯到一些通则的运作,而这些通则是已经包含在这个理论体系中的。我们的回归定理符合这个要求。它把交换媒介的这个特殊交换价值追溯到它作为媒介的功能,并追溯到一般交换理论所发展出来的关于评值估价程序的那些定理。它从一个更普遍的理论体系中的一些法则抽绎出一个特殊的个案。它说明这个特殊现象如何必然地出现于那些对一切现象都有效的法则之运作。它不说:这发生于那个时候、那个地点。它说:这总是发生于这些条件具备的时候;原先没有作为交换媒介而被需要的财货,一旦开始为这个用途而被需要,则同样的后果一定再发生;决没有一种可用作交换媒介的财货,在其开始在这个用途上被需要的时候,不具有因其他用途而具有的交换价值,所有这些包含在回归定理的陈述和那包含在行为学先验原理中的,同样地说得明明白白。它"一定"是这样发生的。谁也不能成功地提出一个假定的事例,在那个事例中事情不是这样发生的。

货币购买力,如同一切货物和劳务,是由需求和供给决定的。因为行为总是为的把将来的境况作更满意的安排,一个人在考虑取得或放弃货币的时候,他首先要注意的,自然是将来的货币购买力和将来的物价结构。但是,他除掉从货币购买力刚刚过去的情况来考虑以外,他不能对将来的货币购买力作何判断。正是这个事实,使货币购买力的决定与各种财货劳务之间的相互交换率的决定显出差别。关于后者,行为者所考虑的没有别的,只是它们对于将来的欲望满足之重要性。如果一项前所未闻的新货物拿到市场出卖,例如一二十年以前的收音机,唯一值得计较的问题是:这个新玩意所将提供的满足,是否大于为购买这个新东西而必须放弃的其他东西所可提供的满足。关于过去的价格之知识,对于买者而言,只是为获取消费者剩余的一个手段。如果他不在乎消费者剩余的获取,他就可以(假若必须的话)不管刚刚过去的市场价格(也即通常叫作现在价格的)而来安排他的购买。他可以不比价而作价值判断。我们曾经提过,把过去的一切物价都忘掉,并不妨碍各物之间的新交换率之形成。但是,如果关于货币购买力的知识渐渐淡忘,则间接交换和交换媒介的发展程序势必重新开始。那就必须再开始使用某种财货——比别种财货有更好销路的财货——作为交换媒介。于是,这种财货的需求增加,因而在它原有的交换价值(用在工业用途的交换价值)以外,又增加了一项用在货币用途的交换价值。就货币来讲,价值判断只有在它可以估价的条件下才可能。一种新的货币之被接受,前提条件是,这种东西本来已有直接消费或生产的用处而有了交换价值。买者也好,卖者也好,如果他对刚刚过去的货币的交换价值(它的购买力)一无所知,他就不能对一个货币单位的价值作判断。

货币需求与货币供给的关系(也可叫作货币关系)决定购买力的强度。今天的货币关系,根据昨天的购买力而形成的,决定今天的购买力。凡是想增加现金握存的人,减少他的购买,增加他的出售,因而引起物价下跌的趋势。凡是想减少现金握存的人,增加他的购买——或为消费或为生产——减少他的出售,因而引起物价上涨的趋势。

货币供给的变动必然使各个人和各商号变更对他们所保有的货物的处分。整个市场体系里面的货币供给量之增加或减少,必须首先由某些个人或商号,增加或减少他们的现金握存。否则整个市场体系的货币供给量不可能增减。如果我们愿意的话,我们可以假设,正当货币流量注入这个体系的时候,每个分子取得一份额外的货币,或者当货币量减少的时候,他们也分别减少。但是,不管我们作不作这个假设,我们所陈述的这个最后结果,总是一样的。这个结果是:经济体系里面,货币供给量所引起的物价结构的变动,决不以同样的程度、在同一时间,影响各种财货和劳务的价格。

我们假定政府增发一批纸币。这个政府或者想用以购买财货和劳务,或者是想用来偿还公债或支付公债利息。不管怎样,这时国库使这个市场对于货物和劳务发生了额外的需求,而那有关的物价为之上涨。如果政府在购买中花掉税收的钱,则纳税人减少了他们的购买,一方面,政府所买的东西价格上涨;另一方面,其他东西的价格下跌。但是,如果政府增加它所支出的货币量,而不减低大众手中的货币量,则纳税人所惯于购买的那些货物的价格就不会下跌。有些货物——即政府购买的——的价格马上上涨,而其他货物的价格暂时维持不变。但是,这个过程是要向前发展的。那些卖货物给政府的人们,现在也能够比以前购买得更多。因而他们买得更多的那些货物,价格也就上涨了。由这一组货物和劳务的价格上涨,影响到其他许多价格,这样一波一波地推展,直到所有的价格和工资都已上涨。所以,物价的上涨总是参差不齐的。

在货币量的继续增加过程中,到了最后,一切物价都上涨了,这种上涨不是以同样程度影响到各种货物和劳务。在这个过程当中,有些人,因为他们卖出的那些财货或劳务的价格,上涨得较高,而他们买进的那些财货或劳务,或者没有涨价,或者涨得较少,他们就得到利益。相反地,有些人卖出的那些货物和劳务没有涨价或者上涨得少,而他们必须买进的那些货物和劳务涨价较高,他们就受害。对于前者,物价的不断上涨是一福利;对于后者,是一灾难。此外,债务人是以债权人作牺牲而得利的。当这个过程到了终结的时候,各个人的财富受到不同方向、不同程度的影响。有些人富有了,有些人贫穷了,都和以前的情形不一样。这个新的秩序终于使各种货物需求的强度发生变化。各种货物与劳务相互间的价格比率再也不像以前那样了。除掉一切物价都已上涨以外,物价结构也有变动。在货币量增加的后果已经充分达成的时候,市场的趋势所建立的一些最后价格,并不等于以前的那些最后价格乘以同一倍数。

古老的货币数量说和数理经济学家的交换方程式一样,其主要错误是,他们忽略了这个基本问题。货币供给的变动一定引起其他有关方面的变动。在货币流量注入或流出以前和以后的市场体系的变动,不仅是表示于各个人的现金握存和物价的上升或下降,而且,各种财货与劳务相互间的交换率也发生变动。这种变动,如果我们想用比喻的说法,无妨说它是物价革命,而不说是物价水准的上升或下降,以免引起误解。

在这一点,我们可以不管像契约规定的一切延期偿付所引起的一些后果。这些后果我们将在下面讨论,并且还要讨论到货币事象在消费和生产方面、资本财的投资方面、资本的累积和消耗方面所发生的一些作用。但是,即令把所有这些事情摆在一旁,我们决不可忘掉,货币量的变动对于物价的影响是参差不齐的。这要看各种财货和劳务的价格,在什么时候受到影响以及影响到什么样的程度,而不能一概而论。在货币扩增(通货膨胀)的过程中,最初的反应不仅是某些物价较其他物价涨得更快更陡,而且也会有些物价在开始时是下跌的,这是由于有些人在这个过程中是受害的,他们以前所需求的那些货物和劳务,现在因为这些人受伤害,于是这些东西的需求减少了,所以这些物价下跌。

货币关系的变动不只是政府增发纸币引起的。用作货币的那种金属的产量增加,也有同样的后果,尽管受益或受害的是另一些人。如果货币的需求因为现金握存一般地趋向于降低而减少,同时,货币量没有相应的减少,则物价也同样地上涨。由于"反握存"而额外支出的货币,与来自金矿或来自印刷机的货币,同样地促成物价上涨。相反地,当着货币供给降低(例如,经由纸币的收回)或货币需求增加(例如,经由握存的趋势增强、保持较多的现金余额),则物价下跌。这个过程总是不平坦的、非比例的、不对称的。

有人反对这个说法,而认为投入市场的正常的金产量固然增加货币量,但并不增加金矿主人们的所得,更不增加他们的财富。这些人只赚得他们"正常的"收入,因而他们的支用所得不会扰乱市场情况,也不会扰乱建立最后价格的趋势,以及均匀轮转的经济之均衡。对于他们而言,金矿的年产量并不是财富的一笔增加,所以,不会促使他们把物价叫高,他们仍然照向来的标准过活。他们在这个范围以内的支用,不会引起市场革命。所以,正常的金产量不会发动贬值的过程,尽管货币量确实增加,它对于物价是中立的。

在反对这个理论的时候,我们首先要注意:在一个人口正在增加,而分工和专业化也已完成的进步经济里面,货币需求自会有增加的趋势。增加的人口也要保有他们的现金握存。经济自足的程度,也即为自己家庭的需要而生产的程度萎缩了,人们愈来愈要依赖市场;这种情形使他们不得不增加他们的现金握存。因此,那个来自所谓"正常的"金生产的提升物价的趋势,碰着那个来自现金握存增加的削减物价的趋势。但是,这两个相反的趋势并不彼此抵消。这两个过程各有自己的路线,两者都把既存的社会情况扰乱,使某些人更富,某些人更穷。两者在不同的时日,以不同的程度影响各种货物的价格。诚然,有些货物的价格由于这两个过程之一而引起的上涨,最后会被另一个过程引起的下跌而抵消。其结果,某些物价,或许多物价,回复到原来的高度,这种情形是可能发生的。但是,这样的最后结果,并不是因为没有货币关系之变动所引起的骚扰,而是两个独立的过程偶合的联合后果,这两个过程的每一个,都引起市场情况变化和各个人的物质情况的变化。这个新的物价结构,也许和以前的没有什么很大的差异。但这是两个系列的变化的结果,而这两个系列的变化,已经达成了一切应有的社会变迁。

"金矿的所有人依赖每年产金的稳定收入"这个事实,并不抵消新产出的黄金对物价的影响。金矿的所有人,在市场上把生产的黄金换得开矿所要用的一些财货和劳务,以及他们在消费方面和在其他投资方面所需要的一些财货。如果他们没有生产这个数量的黄金,物价就不会受到它的影响。至于说,他们已经预期金矿的将来收益,把它换算成资本,而且,他们已经把他们的生活标准按照这个预期的稳定收益而调整,这是搞错了的。新产出的黄金对于他们的支出所发生的影响,只是在这批黄金到了他们手中的时候才开始;新产出的黄金渐渐进到许多人的现金握存中,这些人的支出之受到影响,也只是在那个时候开始。如果他们预期将来的收益,提早花掉了金钱,而所预期的收益终于幻灭,则其情况就无异于靠一些没有实现的预期来借债消费。

　　各人现金握存的数额之变动,只有在它们有规律地一再出现,而又相互关联的程度以内彼此相消。薪资收入者不是每天收到薪资的,而是在一个或几个星期的期间领收的。他们在这个期间以内所握存的现金,不是每天一致的;他们手头的现金数额随着下次发薪日的到来而逐渐减少。另一方面,那些为他们供给生活必需品的商人们,则在这个期间逐渐增加他们的现金握存。这两个变动互为条件;其间有一因果的相互关系,在时间上和数量上彼此协调。商人和他的顾客,都不让自己受这周期变动的影响。他们的现金握存计划,和他们的业务经营与消费支出,各有其整个周期的打算。

　　正是这个现象,使得经济学家们以为,有一个规律的货币流通额,而忽视各个人的现金握存之变动。但是,我们是面对一个限之于狭小范围的联系。只是就“一组人的现金握存之增加,在时间与数量方面与另一组人的现金握存之减少相关联”以及“这些变动,在这两组人计划他们的现金握存时,视为整个的那个时间过程当中,是自行消失的”来讲,彼此抵消的现象才会发生。在这个范围以外,没有这样的相互抵消。

五、休谟(Hume)和穆勒(Mill)的问题以及货币的推进力

　　货币购买力,对于所有的货物和劳务,同时、同程度地发生变动,而且比例于货币的需求面或供给面的变动而变动,这种情况是可能想象的吗? 换句话说,我们可能想象在一个不同于假想的均匀轮转的经济结构的经济体系里面,会有中立的货币吗? 我们可以把这个问题叫作休谟和穆勒的问题。

　　休谟也好,穆勒也好,对于这个问题都没有找出一个肯定的答案。[⑨]直截了当地给以否定的答案,是可能的吗?

　　我们想象两个均匀轮转的经济制度 A 和 B。这两个制度是独立的;彼此没有关联。它们之间的不同,只是:在相对于 A 里面的每一货币量 m,B 里面就有一个 nm 的货币量,n 大于或小于 1;我们再假定,在这两个制度里面,都没有延期支付,而所使用的货币只有货币的用途,没有货币以外的任何用途。

因此，这两个制度里面的一般物价的比率是 $1:n$。我们可能想象把 A 的情形一下子变到完全和 B 的一样吗？

对于这个问题的答复，必然是否定的。凡是想对这个问题予以肯定答复的人，必须假定，有一个神力同时降临到各个人的身上，使他的现金握存按 n 的乘数增加或减少，而且告诉他：今后在他的计算中一切价格都要乘以 n。这种情境，没有奇迹是不会发生的。

前面曾经讲过，在一个均匀轮转的经济这种假想的结构里面，货币这个概念，消失在一种空虚的计算程序中，自相矛盾而无任何实际意义。[⑩]均匀轮转的经济特征是一切情况固定不变，在这样一个假想的结构里面，我们不可能给间接交换、交易媒介和货币指派任何功能。

如果关于将来不是不确定的，则现金握存就没有任何必要。既没有现金握存，也就没有货币了。交易媒介的使用和现金握存的保持，是由于经济事象之不断变动。货币本身就是变动的一个因素；货币的存在与"均匀轮转的经济里面，一切事象都是有规律的流转"这个说法，是不相容的。

货币关系的每一变动——除掉对延期支付的影响以外——使社会各个分子的情况随之转变。有些人变得更富，有些人变得更穷。货币的需求与供给的一种变动，其后果恰好碰到同时、同程度的相反变动的后果，因而互相抵消，所以，在物价结构没有什么明显变动下，这种情形是可能发生的。但是，即令如此，各个人的情况并不是不受影响的。货币关系的每次变动，是循着它自己的路向，产生它自己的特殊后果。如果一个通货膨胀的动向和一个通货紧缩的动向同时出现，或者如果一个通货膨胀接着一个通货紧缩，以致一般物价终于没有多大的变动，这两个动向的每一个的社会后果并不互相抵消，而是在通货膨胀的社会后果上面，再加上通货紧缩的社会后果。我们没有理由可以认为：所有或大多数受到某一动向之益的那些人们，将受到另一动向之害，而受害者将受益。

货币既不是抽象的数，也不是价值或价格的标准。它必然是一种经济财货，因为它是经济财货，所以要按照它本身的功用来评值估价，它本身的功用是指，一个人希望从握存现金而得到的利益。在市场里面总是有变动的。只是因为有波动，才有货币。货币之所以是变动的一个因素，不是因为它"流通"，而是因为它以现金握存的方式保持。只是因为人们对于将来有何变动，以及变动到什么程度，都不能确知，所以他们要保存货币。

一方面，我们可以把货币看作只在变动的经济里面才有的东西，同时，货币本身也是引起变动的一个因素。经济事象的每一变动都会推动它，而使它成为一些新变动的动力。在货物买卖过程中发生的事情，没有不影响到货币方面的；货币方面发生的一切，也影响到货物的买卖。

"中立的货币"这个观念的矛盾，不逊于"购买力稳定的货币"这个观念。没有它本身的推动力的货币，不算是完全的货币；也可说根本不是货币。

完全的货币应该是中立，应该是具有不变的购买力，而且，货币政策的目标应该是实现这样完全的货币，这种见解是个很普遍的谬见。我们很可以把这个谬见看作通货膨胀主义者们一些普遍的说法的一个反动。但是，这是过分的反动，它本身是混淆的、矛盾的，而且，因为它被一个固着于一些哲学家和经济学家思想中的另一个谬见的推波助澜而引起大的破坏。

这些思想家被一个普遍的信念所误导，这个信念是以为静态比动态更完善些。他们心中的完善是"一个再好不过的"情况，因而一有变动就损害了它。最好的动，就是趋向于完善的动，一到了完善就是一个静态，因为这时如果再动，那就是导向一个不完善的境况。动，被视为均衡和充分满足的没有达到，被视为苦恼和缺乏的表现。这些想法如果只是意涵"行动或行为的目的在于解除不适之感而最后在于达成充分满足"，那就是很有根据的想法。但是，我们决不可忘记：静止和均衡不仅是出现在人们充分满足的时候，当人们有许多欲望未满足，而又毫无办法改善他们的情况时，静止和均衡也会出现。不行为不仅是充分满足的结果，也是不能把事情做得更满意的必然结果。它既可表示满足，也可表示绝望。

实在的世界是不断变动的，经济制度不会是固定的，货币的中立和货币购买力的决定，与这样的世界、这样的经济制度，是不相容的。一个世界，如果必须有中立而安定的货币，那将是一个没有行为的世界。

所以，在一个变动的世界里面，货币既不是中立的，而其购买力也不是安全的,这既不奇怪,也不是坏事。凡是想把货币弄成中立的、安定的一切计划,都是矛盾的。货币是一个行为因素,因而是一变动因素。货币关系的变动——也即货币供需关系的变动——影响货币与货物之间的交换率。这些变动并不同时、同程度影响各种货物与劳务的价格。它们必然对社会各个分子的财富发生不同的影响。

六、现金引起的和货物引起的购买力的变动

货币购买力的变动,也即货币与货物之间的交换率的变动,既会从货币方面引起,也会从货物方面引起。那些引起这些变动的变动,既可发生于货币的供需,也会发生于财货和劳务的供需。因此,我们可以区分现金引起与货物引起的购买力变动。

货物引起的购买力变动,会由货物和劳务的供给或个别货物和劳务的需求之变动而引起。至于全部或大部分货物和劳动的需求之一般的上升或下降,则只会由货币方面引起。

现在让我在下列三个假设下仔细检讨货币购买力变动所造成的社会的和经济的一些后果。三个假设是:第一,货币只能作为货币用,也即只能作交换媒介,不能有别的用途;第二,只有现货交易,没有现货对期货的交易;第三,我们不管购买力变动对于货币流通额的一些影响。

在这些假设下,现金引起的购买力变动所造成的一切后果,就是财富在一些个人之间发生转移。有些人更富有,有些人更贫穷;有些人得到较好的供应,有的人则相反;某些人所得到的,就是另些人所失掉的。但是,我们不可以把这个事实解释为总满足仍然不变,也不可以解释为,总供给固然没有变动,但总满足或幸福总额则因财富分配之变动而增加或减少。总满足或总幸福这些概念是空洞的。我们不可能发现一个标准用以比较各个人获得的满足或幸福的不同的程度。

现金引起的购买力变动,会有利于累积更多的资本,或有利于消费现有的

资本,经由这种影响又会间接引起一些变动。至于这些第二层次的变动是不是真会引起,以及变动的方向怎样,那就要随个别的情况来决定。关于这些重要问题,我们将在后面讨论。[11]

货物引起的购买力变动,有时不是别的,只是对某些货物的需求转变成对另些货物的需求的一些结果。如果这些变动是由货物供给的增加或减少而引起的,那就不仅是从某些人到另一些人的财富移转。这并不意味张三得到李四所失的。有些人会变得更富有,但没有别人受到损害;或者有些人会变得更穷,但没有别人更富有。

我们可把这个事实描述如下:假定 A 和 B 是两个彼此没有关系的独立的制度。在这两个制度里面,使用相同的货币,这种货币不能用在货币以外的任何用途上。现在我们假定第一个事例:A 和 B 彼此间只有一点不同,即 B 的货币供给总额是 nm,A 的货币供给总额是 m,同时相对于 A 的每一现金握存 c,B 就有一笔现金握存 nc,相对于 A 的每一个货币要求权 d,B 就有一个货币要求权 nd。在其他方面,A 和 B 都是一样。我们再假定第二个事例:A 与 B 的不同只是 B 的某一货物 r 的供给总额是 np,A 的这种货物的供给总额是 p,同时,相对于 A 的这种货物 r 的每一存量 v,B 就有一个存量 nv。在这两个事例中,n 都大于 1。如果我们问 A 的每一个人是否愿意以最小的牺牲而把他的地位交换 B 的相对地位,其答复在第一个事例中一定是一致地否定。但在第二事例中,r 的全部所有者和那些没有任何 r 而想得到一点它的那些人,将会肯定答复。

货币的功用受限于它的购买力。谁也不想在他的握存中保有一定数目或一定重量的货币;他想保有的是,具有一定量购买力的现金握存。由于市场运作趋向于把货币购买力的最后情况决定在货币供需达到一致时的高度,所以货币决不会过多或不够,每个人和所有的人都充分享受从间接交换和使用货币的利益,至于货币总量的或大或小,都没有关系。货币购买力的变动引起社会各分子间财富分配的变动。从那些想靠这样的变动而变得更富的人们的观点来看,货币的供给可以说是不够或过多,而这种贪得之心可能导致一些为实现现金引起的购买力变动而设计的政策。但是,货币的功用既不会因货币供给的变动而改良,也不会因之而受损。在两个人的现金握存中,倒会显出货币过多或不够的现象。但是,这样的情形可以靠增减消费或投资来补救("为现金握存而引起的货币需求"与"为更多的财富而贪得无厌",这两者间是有区别的,我们决不可陷于这个常见的混淆)。在整个经济里面,可利用的货币量总是足够使每个人取得货币所得和所可取得的一切。

从这个透彻的观点来看,我们可以把那些为增加货币量而发生的一切支出都叫作浪费。把一些别有用途的东西拿来当作货币,因而把它们从别的用途拉过来,这个事实,看起来好像是不必要地使满足欲望的有限机会又为之减少。正是这个念头,使亚当·斯密和李嘉图想到印刷纸币有减低成本的利益。但是,从货币史上来看,事情还有另一面。如果你注意到纸币膨胀的结果为害之大,你就一定会承认,黄金生产费的昂贵是件小事。至于说通货膨胀之为害,是由于握有纸币发行权的政府误用这个权力,较为明智的政府会采行较健全的政策,这种说法毫无实际意义。因为货币决不会是中立的,而它的购买力也决不会是安定的,一个政府关于决定货币量的那些计划,决不会对社会的所有分子都是公平的。政府为影响货币购买力而做的事情,不管是什么,必然是靠的统治者个人的价值判断。那总是增进某些人群利益,而使另一些人群受损,决不会有所谓大众的福利。在货币政策方面也没有一个科学的"应该"这种情事。

选择什么东西作为交换媒介、作为货币,这个选择不是无关紧要的。它决定着现金引起的购买力变动的过程。问题只是,谁应作这个选择:市场上从事买卖的人们还是政府? 在长久以来的一个选择过程中,最后选定了贵金属、黄金、白银作为货币的,是市场。二百多年来,政府干涉市场的货币选择,屡见不鲜。但是,即令是最顽固的国家主义者,也不敢断言这种干涉被证明是有利的。

通货膨胀与通货紧缩:通货膨胀主义与通货紧缩主义

通货膨胀和通货紧缩这两个概念不是行为学的概念,它们不是经济学家创造的,而是出自一般人和政客们通俗的语言。这两个名词隐含着一个通常的谬见：以为有一中立的货币或购买力稳定的货币这样的东西,而且以为健全的货币必须是中立的,其购买力必须是稳定的。从这样的观点来看,通货膨胀这个名词是用来指称,那些归结于购买力下降的现金引起的变动;通货紧缩这个名词是用来指称,那些归结于购买力上升的现金引起的变动。

但是,这样使用这两个名词的人们,却不知道购买力决不会保持不变,因而总是或通货膨胀或通货紧缩。他们在这些永恒的变动轻微而不显著的时候,不注意到它们,而把这两个名词留到购买力发生大变动的时候来使用。由于购买力的变动到了什么程度才可叫作大的变动这个问题,是凭个人的判断,所以,通货膨胀和通货紧缩这两个名词就缺乏行为学的、经济学的和交换科学的概念所应具备的精密性。在历史和政治学方面,这两个名词是可以适用的。交换科学只有在用它的一般命题来解释经济史和政治纲领的时候,才可藉助它们。此外,在不致引起误解,而又不必那么学究气的时候,即在严肃的交换科学的论文中使用这两个名词,倒是非常方便的。但不要忘记：交换科学关于通货膨胀和通货紧缩(也即现金引起的购买力的大变动)所讲的一切,也适用于购买力轻微的变动,尽管小变动的后果比大变动的较不显著。

通货膨胀主义和通货紧缩主义、通货膨胀主义者和通货紧缩主义者这些名词的意思,涉及那些以通货膨胀和通货紧缩(现金引起的购买力大变动)为目的的政治纲领。

成为我们这个时代特征之一的语意的革命(the semantic revolution),也把通货膨胀和通货紧缩这两个名词的传统涵义改变了。今天,许多人所说的通货膨胀或通货紧缩,再也不是指货币供给量的大增或大减,而是指其必然的后果——物价和工资率一般地趋向于上升或下降。这个涵义决不是无害的。通货膨胀主义这一趋势的形成,发生了重要的作用。

第一,现在再也没有一个名词可用来指称通货膨胀所惯于指称的事情。你无以名之的政策,你就不可能攻击它。政治家和著作家在想追问,大量增加货币发行是否便利的时候,他们再也没有机会藉助于大家所接受的、所了解的名词了。当他们想谈这个政策的时候,他们必须琐琐细细分析它、描述它,而在讨论这个主题的每一句话里面,他们都要重复这个累赘的做法。因为这个政策没有名称,它就变成自我了解的,变成一个事实。于是,它就大行其道。

第二个害处,是攻击通货膨胀的后果——物价的上涨——而徒劳无功的那些人们,把他们的努力说成对通货膨胀的攻击。他们所攻击的只是表象,而他们却以为是攻击祸根。因为他们不懂得货币量增加与物价上涨之间的因果关系,他们实际上把事情弄得更糟。最好的例子就是美国、加拿大、英国的政府对农民们所发的补助金。限价政策使该货物的供给减少,因为生产该货物的边际生产者将受亏损。为防止这种结果,政府给那些在最高成本下生产的农民以补助金。这些补助金是来自货币量的增加。假若消费者们不得不支付较高的价格来买该产品(意指假若不限价——译者附注),则进一步的通货膨胀的后果不至于发生。所以通货膨胀与其后果的相混淆,事实上会直接引起更大的通货膨胀。

这两个名词(通货膨胀与通货紧缩)的这种新奇的涵义,显然是混乱的、误导的,我们必须不留余地地摒弃它。

七、货币的计算与购买力的变动

货币的计算是考虑那些在市场上已被决定的,本应被决定的,或将被决定的货物和劳务的价格。它是要发现价格的一些差异,再从这个发现来作结论。

现金引起的购买力变动,不能在这样的计算中考虑。用一个基于另一种货币 B 的计算方式来代替基于货币 A 的计算,这是可能的。这样,计算的结果可以不因 A 的购买力发生变动而受影响;但是,仍要受到 B 的购买力变动之影响。我们无法使任何方式的经济计算免于所据以计算的那种货币的购买力之变动的影响。

一切经济计算的结果以及从经济计算推出的一切结论,都决定于现金引起的购买力变动。按照购买力的上升或下降,在那些反映早期物价的项目,与反映以后物价的项目之间就有差额发生;这些计算所表现的利润或亏损,只是现金引起的货币购买力变动所惹出的。如果我们把这样的利润或亏损,与那用一种购买力变动较小的货币而作的计算结果相比较,我们就可把这样的盈亏叫作假想的或表面的而已。但是,我们决不可忘记,这些说法只可视为,以不同的货币所作的计算之比较结果。由于没有一种货币是购买力稳定的,所以,一切的方式的经济计算都会出现这种表面的盈亏,不管它所据以计算的是哪种货币。要精密地区别真正的盈亏与表面的盈亏,这是不可能的。

所以,我们可以说,经济计算不是分毫不差的。但是,谁也不能提出一个使经济计算免于这些缺陷的方法,谁也不能设计一种完全消除这种误差之根源的货币制度。

自由市场已经成功地发展出一种可以满足间接交换和经济计算的一切要求的通货制度,这是一个不可否认的事实。货币计算的目的,是要使它们不因来自购买力轻微变动的不精确而被破坏。过去两个世纪当中,现金引起的金属货币尤其是金币的购买力变动的那种程度,不会大大地影响到商人们的经济计算而使其无用。历史的经验显示出:为了营业的一切实际目的,谁都会好好运用这些计算方法。理论的考虑显示出:要想设计一个更好的方法,那是不可能的;要想实现一个更好的方法,更是不可能。因此,我们大可不必说货币计算是不圆满的。人,没有能力把人的行为的一些范畴予以改变。他必须依照这些范畴来调整自己的行为。

商人们决不认为,使金本位的经济计算免于受到购买力波动的影响是必要的。就交易和经济计算来讲,用物价指数表作本位或其他方法的货物本位,以改良通货制度的建议,没有任何益处。这些建议的目的,是想为长期的借贷契约提供一个较少波动的标准。商人们甚至不认为,修改他们的计算方法使其减缩因购买力波动而引起的错误是有利的。例如,耐久的生产设备,按照它的购置成本每年折旧一个固定的百分数,渐渐地勾销它,这是通常采用的方法;放弃这个方法不用,应该是可能的。为替代这个方法,你可以在需要换置这项设备的时候,再拨出一笔足够的资金来购置。但是,工商业者并不想用这种方法。

这一切只就那购买力不因现金方面的变动而引起激烈的巨幅变动的货币而言,是有效的。至于购买力发生这种激烈的巨幅变动的货币,那就完全丧失了作为交换媒介的性能。

八、购买力变动的预期

个人们当其决定与货币有关的行为时,他们的考虑是根据他们关于刚刚过去的一些物价的知识。如果他们缺乏这些知识,他们就不能决定应当握存多少现金才适当,也不能决定应当花多少钱来买各种财货。没有过去经历的交换媒介,是不可想象的。凡原先不是经济财的东西不会具有交换媒介的功能,在它作为交换媒介而被需求以前,人们已经对它赋予交换价值。

但是,从刚刚过去传下来的购买力,受今日货币供需的影响而改变。人的行为总是为将来做准备的,即令有时只是即刻的将来。购买的人是为将来的消费和生产而购买。他认为将来会不同于现在和过去,他改正他的评值和估价。就一切可买卖的财货讲是如此,就货币讲也是如此。在这个意义下,我们可以说:今天货币的交换价值是明天的交换价值的预期。关于货币的一切判断,是以它的刚刚过去的购买力作基础。但就现金引起的购买力变动来讲,第二个因素就出现了,这就是对这些变动的预测。

凡是认为他有兴趣的货物将要涨价的人,他将对这种货物买得更多;因此,他就减少了他的现金握存。凡是认为物价将跌的人,他将减少购买,因而增加他的现金握存,只要这些预测是限之于某几种货物,那就不会引起现金握存一般的变动趋势。但是,如果人们相信现金引起的购买力大幅变动将要到来,事情就不同了。当他们认为一切货物的货币价格将要上涨或下跌的时候,他们就扩大或缩减他们的购买。这种态度更大大地加强和加速这个预期的趋势。这种情形一直继续到大家认为货币购买力不会再有变动的时候为止。只有到这个时候,卖出或买进的倾向才停止,人们才再开始增加或缩减他们的现金握存。

但是,如果一旦大家相信货币量的增加将会继续下去而不致终止,因而一切货物和劳务的价格将不停止上涨,那么,每个人就尽可能地多购买,而把他的现金握存减缩到最少的数量,因为在这种情况下,握存现金所蒙受的损失,是随货币购买力的加速下降而增加的。握存现金的利益所必须支付的代价,是大家所认为不合理的牺牲。这种现象,在二十年代欧洲通货大膨胀时期,叫作"逃到实质财货"（Flucht in die Sachwerte）或胀破了的繁荣（katastrophenhausse）。数理经济学家们不了解货币量增加与他们所说的"流通速度"之间的因果关系。

这个现象的特征是:货币量增加引起货币需求的减少。由于货币量增加而引起的购买力跌落这个趋势,又因购买力跌落所引起的现金握存一般地趋向于减少而更加强。最后凡是想出卖实物的人们不得不考虑到货币购买力的不断跌落,因而他们所要的代价,可以高到谁也没有足够买得起的现金。于是货币制度崩溃;凡是用货币计算的交易都停止;这种经济恐慌使货币购买力完全消失。人们或者回复到物物交换,或者使用另一种货币。

递增的通货膨胀,其过程是这样的:开始的时候,货币增加额的流入,使某些货物和劳务的价格上涨;其他的价格稍后上涨。各种货物和劳务的价格上涨,时间既不一致,程度也不一样。

通货膨胀的这个第一阶段,可能持续好几年。在这个阶段当中,有许多货物和劳务的价格还没有和已经改变了的货币关系相适应。这时还有些人们没有察觉到他们所遭遇的一个物价革命,这个革命最后是要引起一切物价都大大上涨的,尽管上涨的程度不会一致。这些人还以为,物价总有一天会下跌。为了等待这一天,他们减少购买,增加现金握存。只要大家还有这种想法,政府放弃它的膨胀政策,还不算太迟。

但是到了最后,大家都觉悟了。他们霍然知道了通货膨胀是一个故意的政策,而且将会无止境地继续下去。崩溃的危机到来了,病态的繁荣出现了。每个人都急于把他的货币换成实物,不管这实物是不是自己需要的,也不管要付多少钱。在一个很短的时期以内,在一两个星期,甚至一两天以内,原来当作货币使用的东西再也不作为交换媒介使用了。它们变成了废纸。谁也不愿把任何东西换来这些废纸。

这种情形曾经发生于一七八一年美国的大陆通货（the Continental

Currency)，一七九六年法国革命政府所发行的纸币（mandats territoriaux），一九二三年德国的马克（Mark）。只要有同样的环境，这种情形将会再发生。如果一种东西要用作交换媒介，一般舆论必须相信这种东西的数量不会无限制地增加。通货膨胀是一个不能永久持续下去的政策。

九、货币的特殊价值

作为货币用的一种财货，就其在非货币方面所提供的功用，而被评值和估价而言，没有什么必须特别处理的问题发生。货币理论的任务，只在于讨论作为交换媒介这一功用所决定的货币价值中的那个构成成分。

在历史过程中，有多种货物曾经当作交换媒介使用。这些货物的大部分，经由长期的演进已失掉了货币的功能。其中只有两种，金和银，仍作货币用。到了十九世纪后期，有意放弃白银作币材的政府愈来愈多。

在这所有的史实中，凡是当作货币用的东西，也有货币以外的用途。在金本位制下，黄金就是货币，货币就是黄金。至于法律是否只许政府所铸的金币有法偿资格，那是无关紧要的问题。值得计较的是，这些铸币实际上含有定量的黄金，而且，任何数量的金块也可以自由改铸成金币。在金本位制下，美元和英镑只是定量黄金的两个名称，法律只规定一点点差额而已。我们可以把这一类的货币叫作"商品货币"（commodity money）。

第二种货币是"信用货币"（credit money）。信用货币是从货币替代品（money—substitutes）的使用而演化出来的。不是使用货币的本身而是使用其要求权——代表要求权的东西，一经提出，立即兑现，而且安全可靠——是原有的习惯（我们将在下节讨论货币替代品的一些性质和问题）。当某一天，这种要求权的立即偿付被停止了，因而它们的安全和债务人的偿付能力发生问题了，市场并不停止使用这种要求权。只要这种要求权天天都可向一个偿付能力没有问题的债务人提出，用不着事前通知，也不花任何费用就可立即兑现，则这种要求权的交换价值就和它们的票面价值相等；正由于这完全的等值,它们就具有了"货币替代品"的性质。现在,因为停止了立即偿付,而偿付期无定期地展延了,于是,关于债务人的偿付能力,至少关于他偿付的意愿,发生了疑问,这些要求权就失掉了原先的价值之一部分。现在,它们只是一些对一个有问题的债务人,而偿付期又是不定的要求权(且不生息的)。但是,由于它们被当作交换媒介使用,它们的交换价值并未跌落到假使它们只是要求权的时候所应跌落的程度。

你也可以这样说:这样的信用货币仍然可当作交换媒介使用,即令它失去了作为对一个银行或一个国库的要求权的资格,因而成为"法令货币"(fiat money)。法令货币是一种仅由一些标志构成的货币,既不能用之于任何工业的用途,也不是对任何人的一个要求权。

过去是否有过"法令货币"的实例,或者凡不是商品货币的各种货币是否都是信用货币,对于这类问题的研究,不是交换科学的任务,而是经济史的任务。交换科学所要确定的唯一的事情是:法令货币存在的可能性必须被承认。

我们必须记住的一个重要事实是:无论哪种货币,当它不再当作货币用的时候,它的交换价值一定是大大跌落。过去八十年当中,把白银当作商品货币使用的愈来愈少,已表明这个事实。

用金属铸成的信用货币和法令货币,这样的实例是有的。这样的货币是用银、镍或铜铸成的。假若这样的一枚法令货币不再当作货币使用了,它仍然保有作为一块金属的交换价值。但是,这对于所有人只是一点很小的补偿,没有实际的重要性。

现金握存是必须有所牺牲的。握存现金的人,视其口袋里保有的货币额或银行里存款余额的多少,而放弃了他所可消费或用以生产的现在财货之取得。在市场经济里面,这些牺牲可以精密地计算出来。它们等于把这笔钱用之于投资所可赚得的利息额。这个人考虑到这笔损失,这就证明他重视现金握存的利益,轻视利息的损失。

把握存定额现金所可得到的一些利益一一列举出来,这是可能的。但是,如果认为对这些动机加以分析就可给我提供一个购买力决定的理论而无需再用现金握存和货币供需等概念,这是一个妄想。⑫从现金握存得到的利益和损失,都不是可以直接影响现金握存额的客观因素,而是基于每个人内心的衡量。其结果是个主观的价值判断,富有个人的色彩。不同的人,和不同时间的同一个人,对于同一客观事实有不同的价值判断。知道了某一个人的财富和他的体格,我们并不因此就可知道他将会在富有某种营养的食物上花多少钱;同样地,知道了某一个人的经济情况,我们并不因此就可确定他的现金握存额。

十、货币关系的意义

货币关系,也即货币的供需。凡涉及货币与货物、劳务之间的相互交换率,这种关系就决定了价格结构。

如果货币关系维持不变,则膨胀的(扩张状态的)压力,或紧缩的(收缩状态的)压力,都不会在贸易、生产、消费和就业方面出现。相反的说法,则是反映那些不愿意调整自己的行为以适应大众表现于市场上的需求的人们的牢骚。但是,"农产品价格过低,低到不足以使边际以下的农民得到他们所想赚得的收入"这种说法,不是所谓货币稀少的理由。这些农民们贫困的原因是其他的农民在较低的成本下生产。英国制造业的毛病不是价格"水准"太低,而是他们没有做到把投下的资本和雇用的工人的生产力提升到足以供给英国人所想消费的全部财货的高度。

产品的数量一有增加,如果其他事物仍旧的话,必然会使人们的生活情况有所改善。其结果是,这些产量增加了的财货的价格下跌。但是,这样的价格下跌一点也不损伤那些来自财富增产的利益。你可以认为,这额外财富的增加全归债权人所有是不公平的,尽管这样的非难,就"购买力的上升已经被正确地预料到,而且已经用减价的方式照顾到"而言,是有问题的。⑬但是,你决不可说:由于产量增加而引起的价格下跌是某种不均衡的证明,而这种不均衡,只有靠增加货币量才能消除。当然,某些货物或所有货物的每次增产,照例是要使生产要素重新配置于各部门。如果货币量不变,则这样一次重配置的必要性就会显现在价格结构中。有些生产行业赚得更多的利润,而另些行业的利润减少或亏损。于是,市场运作倾向于消除这些常被讨论的不均衡。靠增加货币量来延迟或中止这种调整过程,是可能的。至于想使它成为不必要的,或使它对于当事人较少痛苦,那是不可能的。

持续的紧缩政策所必然导致的一些后果,没有一一指出的必要。谁也不会主张这种政策。一般大众和那些喜欢喝彩的作家与政客们,都是支持通货膨胀的。关于这些作为,我们必得强调三点:第一,膨胀的或扩张的政策,其结果一定是过度消费和错误投资。这就是浪费资本而损害将来的欲望满足。[14]第二,通货膨胀过程并不消除生产调整和资源重配置的必要,而只是延缓它,因而使这调整和重配置更为困难。第三,通货膨胀不能作为一个永久的政策来运用,因为继续运用这个政策,最后的结果是货币制度的崩溃。

一个零售商人或客栈老板很容易陷于一个错觉,即:以为要使他和他的同事们更发财,就是要大家多花钱。在他的心目中,主要的事情是推动人们花更多的钱。但是,叫人惊奇的是,这种信念居然能够成为一种新的社会哲学而呈现于世界。凯恩斯爵士和他的门徒把他们所认为的经济情况不良归咎于消费倾向的不够。在他们的心目中,为使人们更幸福,必要做的事情不是增加生产,而是增加消费。要使人们能够更多消费,于是推荐一个"扩张的"政策。

这个学说既陈旧,也恶劣。对它的分析和驳斥,将在讨论商业循环的那一节提出。[15]

十一、货币代替品

一定数额的货币要求权,如果是随时可以兑现,而其债务人的偿付能力和偿付意愿都毫无疑问的,而且,凡是与这位债务人可能发生交易关系的人们,都完全知道这个要求权具备上述的各点,则这个要求权就可具有货币的一切功能。我们可把这样的要求权叫作"货币代替品",在个人或商号的现金握存中,它可以完全代替货币。货币代替品在技术上和法律的特征,与交换科学无关,货币代替品可以是银行钞票,也可以是支票存款,如果这个银行准备随时兑付本位币而不收取费用的话。低值铸币(taken coin)也是货币代替品,如果持有人可以随时换得货币而不需支付费用。为达到这个目的,并不需要用法律限定政府兑换它们。要紧的是,这些低值铸币可以立即而不需费用就能换成本位币。如果低值铸币的发行量保持在合理的限度以内,政府方面无须用特别规定来维持它们的交换价值,使其与它们票面价值相等。大众对于小额的零钱有需要,因此,每个人都有机会把铸币换成本位币。重要的事情是,货币代替品的每个持有者都确信,这代替品可以随时随地而无费用地换成货币。

如果债务人——政府或银行——对其所发行的货币代替品保有等于其总额的现金(本位币)准备,我们就把这种货币代替品叫作货币证券(money—certificate)。一张货币证券是(不一定在法律的意义下,但总在交换科学的意义下)代表一笔保存在准备中的相对金额。货币证券的发行并不增加"可用以满足为现金握存而发生的货币需求的"那些东西的数量。所以,货币证券的数量变动并不改变货币供给和货币关系。它们在货币购买力的决定上不发生任何作用。

如果债务人对他所发行的货币证券所保存的现金准备少于这项证券的总额,我们就把那超过准备的证券额叫作信用媒介(fiduciary media)。通常我们不可能确定某一张货币代替品究竟是一张货币证券,还是一张信用媒介。发行了的货币代替品总额,通常只有一部分有现金准备的。所以其中的一部分是货币证券,其余的是信用媒介。但是,这个事实只有那些熟悉银行的资产负债平衡表的人们才会看出。一张银行钞票、一笔存钱或一枚低值铸币,并不表示它在交换科学中的性质。

货币证券的发行并不增加银行可用以贷放的资金。不发行信用媒介的银行,只能授予"商品信用"(commodity credit),也即,只能贷出它自己的资金和它的顾客们信托它的金额。信用媒介的发行,使银行可用以贷放的资金超过上述的限制而增加。于是,它不仅可以授予商品信用,而且也可授予"流通信用"(circulation credit),也即,授予来自信用媒介之发行的信用。

　　货币证券的数量大小,对于市场毫无关系,至于信用媒介的数量,则不然。信用媒介对于市场的影响和货币的影响一样。它们的数量发生变动,影响到货币购买力、物价以及——暂时地——利率的决定。

　　早期的经济学家们使用了一个不同的名词。许多人把货币证券就叫作货币,因为它们提供了货币所提供的功用。但是,这个名词是不适当的。科学名词的主要目的是要便于有关问题的分析。交换科学中的货币理论,其任务不同于法律理论和银行管理及会计的技术学科,它是要研究物价和利率决定这些问题。这个任务的达成,必须首先把货币证券与信用媒介之间的区分弄得明明白白。

　　"信用扩张"(credit expansion)这个名词,常常被误解。商品信用是不能扩张的,这个认识很重要。唯一可引起信用扩张的是流通信用。但是,流通信用的授予并不总是信用扩张。如果原先发行的一笔信用媒介,在市场上已经发生了它的一切后果,如果物价、工资率以及利率,已经适应本位货币加上信用媒介的总供给(广义的货币供给)而调整,则不再增加信用媒介数量的流通信用之授予,就不会引起信用扩张。信用扩张只出现于增发信用媒介来作信用授予的时候,如果银行把收回的信用媒介再贷放出去,就不会发生信用扩张。

十二、信用媒介发行量的限制

　　一般人把货币代替品看作货币,因为他们充分相信,它们是可随时立即兑换而不要任何费用。我们把具有这种信念因而视货币代替品如同货币的人们,叫作这个发行银行或政府机构的"顾客"。至于这个发行机关是否按照银行业务的惯例行事,这是无关紧要的。一个国的财政部所发行的低值铸币,也是货币代替品,尽管财政部照例不把这发行的数量列入债务账而视为国债的一部分。一个货币代替品的持有人是否享有要求兑换的权利,也是同样无关紧要的。值得计较的,倒是这种货币代替品是否真的可以立即兑换货币而又不花任何费用⑯。

发行货币证券是一件很费神的事情。银行券必须印制,低值硬币必须铸造;记录存款而内容繁复的会计制度必须创立;准备金必须保存得安全;而且,银行券和支票还有被伪造以致受欺骗的危险。抵补这些费用的,只有发行的钞票或有若干损毁的小小机会以及某些存款人忘记了他们的存款这个更小的机会。所以,货币证券的发行如果不和信用媒介的发行发生关联,那就是一项招致破产的业务。在早期的银行史中,有些银行是以货币证券的发行为唯一的业务。但是,这些银行的费用是由他们的顾客补偿的。无论如何,交换科学对于不发行信用媒介的银行所面对的那些纯技术问题,是不关心的。交换科学对于货币证券所关心的唯一问题,是发行货币证券与发行信用媒介之间的关联。

一方面,货币证券的数量在交换科学上无关紧要;另一方面,信用媒介的数量或增或减,就会影响货币购买力的决定,这种影响和货币数量的变动之发生影响,是相同的。因此,对于信用媒介的数量有没有限制这个问题,具有基本的重要性。

如果银行的顾客包括这个市场经济的全体人员,则信用媒介发行量的限制,就同于为限制货币量增加而规定的限制。在一个孤立的国家里面或在全世界里面,唯一发行信用媒介而其顾客包括所有的个人和商号的一个银行,其业务必须遵照两个规律:

第一,它必须避免会引起顾客——也即大家——怀疑的任何行为。一到顾客对它开始失去信心的时候,他们就会马上拿银行券来要求兑现,并提取他们的存款。至于这个银行能够发行多少信用媒介而不致引起顾客们的不信任,这就要看心理因素。

第二,信用媒介的增加发行,其速率决不可大到使顾客们认为,物价的上涨将会继续不断地加速。因为,如果大众这样认为的话,他们将减少现金握存,趋向于"实"值的保持,因而引起疯狂的购买。这个灾难的到临,起初是由于信任心的渐渐消失。大众都要把信用媒介换成货币,用以购买有实值的东西,也即,对于各种货物不加选择地抢购。这时银行一定破产。如果这时政府出来干涉,解除银行兑换其银行货币的义务,并解除其遵照契约退还存款的义务,则这些信用媒介就变成了信用货币或法定货币。停止兑现这一措施,把情势完全改变了。于是再也没有信用媒介的、货币证券的和货币代替品的任何问题了。政府带着它所制定的一些法偿法规(legal tender laws)登场了。银行失去了它的独立性;它变成了政府政策的一个工具,财政部的一个附属机关。

从交换科学观点看,唯一的一个银行或共同行动的多数银行(也即其顾客包括所有的个人和商号)发行信用媒介最重要的问题,不是对其发行量加些限制的问题。我们将在第二十章讨论它们,那一章是用以讨论货币数量与利率的关系。

在这里,我们必须检讨多数独立银行共存的问题。独立的意思,是指每个银行在发行信用媒介这个业务上各行其是,而不与其他银行合作。共存的意思,是指每个银行的顾客都不包括这个市场经济的全体成员。为了说明简便起见,我们假定没有一个人或一个商号是一个银行以上的顾客。这个假定所获致的结论,并不因为我们假定"也有人是一个银行以上的顾客,也有人不是任何银行的顾客"而受影响。

我们所要提出的问题,不是对这些独立共存的银行发行信用媒介有没有限制。这是因为,对于一个其顾客包括所有的人的唯一银行之发行信用媒介尚有限制,对于多数独立共存的银行,当然也有这样的限制。我们所要说明的,是对于这样独立共存的一些银行所加的限制,比对于其顾客包括所有的人的唯一银行所加的限制较为狭小。

我们假定,在一个市场体系中已经有了几个独立的银行。原先虽然只有货币是在使用中,这些银行现在采用了货币代替品,其中的一部分是信用媒介。每个银行有一些顾客,而且发行了某一数量的信用媒介,在顾客们的现金握存中作为货币代替品保存。这些银行所发行、而被顾客们握存的信用媒介的总量,改变了物价结构和货币单位的购买力。但是,这些后果已经完全实现,现在市场上再也没有过去信用扩张所引起的任何骚动了。

但是,我们现在再假定,某一个银行单独发动增加信用媒介的发行,其他诸银行不这样做。这个扩张中的银行的顾客们——或者是原有的老顾客,或者是得到贷款的新顾客——收到增发的信用,他们就扩大他们的业务活动,他们带着更多的需求(对货物和劳务)出现于市场,他们把物价抬高。至于那些不是这个扩张银行的顾客的人们,吃不消这些较高的价格;他们就不得不减缩他们的购买。于是,市场上的一些货物就发生移转;从不是这个扩张银行的顾客们转到它的顾客们。那些顾客们从那些非顾客方面买来的,多于他们卖给那些非顾客们的;他们付给那些非顾客的,多于他们取自他们的。但是,扩张银行所发行的货币代替品不适于付给那些非顾客,因为这些人不承认它们有货币代替品的资格。为偿付非顾客们的债务,那些顾客们必须首先把他们自己的银行(也即扩张中的银行)所发行的货币代替品换成货币。这个扩张就得把它的银行钞票兑现并付出它的存款。它的准备金——我们假定它所发行的货币代替品只有一部分有信用媒介的性质——就为之减少。这个银行——在它的准备金用完了以后——就临到了再也不能把那些尚未兑现的货币代替品兑现的时候了。为避免破产,它必须尽快地加强它的准备金。它必须放弃它的扩张政策。

市场对于一个顾客有限的银行所采行的扩张政策之反应,曾被通货学派(The Currency School)描述得清清楚楚。通货学派所讨论的特例,是指涉一国享有特权的中央银行,或一国的所有银行所采行的扩张政策,与其他一些国的银行所采行的非扩张政策之同时遇合。我们所说明的,则涉及较通常的事例,即拥有不同的顾客们的多数银行,也涉及最通常的事例,即在一个经济体系中,有一个银行拥有有限的顾客,其余的人们不光顾任何银行,也不把任何要求权看作货币代替品。当然,你是否假定,一个银行的顾客们与其他银行的顾客们分别生活在不同的地区或国,或者生活在一块,这是无关紧要的。这些差异对于相关的交换学科上的一些问题没有影响。

一个银行所发行的货币代替品,决不能多于它的顾客们在他们的现金握存中所可保存的数量。单独的一个顾客,在其现金握存中用货币代替品保存的比例,决不能大于他和他的银行的别的顾客们之间交易周转额(turnover)在其全部周转额中之比例。为着方便起见,他照例是远在这最高限的比例之下保持货币代替品。因此,对于信用媒介的发行就有了一个限制。我们承认,每个人在日常交易中对于任何银行发行的银行钞票以及对任何银行开出的支票,都会不分青红皂白地一律接受。但是,他会马上把这些钞票及支票存入他自己的银行。他的银行再与那些有关的银行清算,于是,上述的过程就开始发动。

关于一般大众对于他们所不知晓的银行所发行的钞票那种癖好,有许多荒唐的记述。真相是这样的:除掉少数能够辨别好坏银行的商人以外,银行钞票总是不被信任的。使得这种不信任的心理渐渐消灭的,是政府给予某些特权银行的特许状。常常有人说,少数的银行钞票流到那些不能辨别好坏银行的贫穷而无知的人们手中,这种说法不能当真。银行钞票的收受者愈是穷、愈是不熟悉银行的事情,支用他手中的钞票愈是快,因而,这钞票回到它的发行银行或流到那些精通银行情况的人们手中愈是快。

一个银行当它采行信用扩张政策,而以货币代替品的要求权来贷放,这时它要增加那愿意接受这种贷款的人数,是很容易的事情。但是,任何银行要增加它的顾客们的人数,却是非常困难的。这里所说的顾客,是指那愿意把这些要求权看作货币代替品,而保持在他们的现金握存中的人,要增加这种顾客的人数,如同要获得一种商誉,是件麻烦的事情,而且是个缓慢的过程。另一方面,一个银行会很快地失掉它的顾客。如果它想保有它的顾客,它决不可让他们对于它依照契约履行债务的能力和诚意,稍有怀疑。必须保存一笔大到足以应付要求兑现者所提出的全部钞票的准备金。所以,没有一个银行可以自满于仅仅发行信用媒介;它必须对它所发行的货币代替品总额保有一笔准备金,因此,信用媒介和货币证券必须合并发行。

有些人以为准备金的任务,是为的应付对这个银行失掉信心的人拿钞票来要求兑现的。这是个严重误解。一个银行享有的信任,和它所发行的货币代替品所享有的信任,是不可分的,对银行的信任心或者是所有的顾客都具有,或者是完全失掉。如果有些顾客失掉了信任心,其余的顾客也会失掉。发行信用媒介而授予"流通信用"的银行,如果遇到它所有的顾客对它失掉信任心而想把他们手中的钞票拿来兑现,并提取他们的存款,这个银行就不能履行它发行货币代替品所负起的义务。这是发行信用媒介和授予"流通信用"这种业务的基本特征或基本弱点。没有任何准备政策，也没有任何法律所规定的准备条件能够补救它。准备金所能做到的，只是使这个银行可能从市场上把发行的信用媒介过多的部分收回。如果这个银行所发行的钞票多于它的顾客们与别家银行的顾客们交易时所可使用的数量，它就必须把那超过额收回。

有些法律规定，各银行必须在存款和其发行的钞票总额中保存一笔确定比率的准备金，这种法律就其限制信用媒介和"流通信用"量的增加而言，是有效的。至于在银行丧失信用的时候，想靠这些法律来保证银行钞票的立即兑现和存款的立即退还，则是无效的。

银行学派（The Banking School）对于这些问题的处理完全失败，他们被一个捏造的观念混乱了思想，依照这个观念，银行业务的一些必要条件严格地限制住一个银行所可发行的可兑换的钞票的最高额。他们没有想到，大众对于信用的需求是一个由银行贷放的意愿而决定的量，而那些不关心自己偿付能力的银行，能够把利率减低到市场利率以下，以扩张"流通信用"。至于说一个银行，如果它把它的贷放，限之于来自原料和半制品的买卖的短期汇票的贴现，则它所能贷放的最高额，就是一个只决定于工商业情况的数量，而与这个银行的政策无关。这个说法不符事实。事实上，这个数量是随贴现率的降低或升高而扩增或缩减的。降低利率等于增加他们所误认为的工商业正常需要的数量。

通货学派对于十九世纪三四十年代屡屡发生，而困扰英国工商业的一些危机，给了一个正确的解释。在英国，英伦银行和其他的一些英国银行采取信用扩张政策，而与英国有贸易关系的那些国家没有信用扩张，至少没有同程度的信用扩张。这种情势的必然后果，就是黄金外流。银行学派为驳斥这个理论而提出的一切一切，都是白费的。不幸的是，通货学派也有两点是错误的。他们从未认识到，他们所提议的补救方法——也即，用法律严格限制现金准备以上的钞票发行量——不是唯一的方法。他们从未接触自由的银行业务这个概念。通货学派的第二点错误是，他们没有认清支票存款即是货币代替品，如果它们的量超过了保有的准备金,则成为信用媒介,其结果有助于信用扩张并不逊于银行钞票。银行学派认清了所谓存款通货(deposit currency)与银行钞票同样是货币代替品。这是银行学派唯一的优点。但是除这一点以外,银行学派所有的学说都是捏造的,他们被一些关于货币中立性的矛盾观点所指导;他们常常讲到窖藏(在信用扩张时而有窖藏,无异是个奇迹),用以反对货币数量说,他们完全误解了关于利率的一些问题。

我们必须强调:对信用媒介的发行加以法律限制这个问题之会发生,只因为政府已给一个或数个银行的特权,因而阻止了银行业务的自由演进。如果政府从未为某些特殊银行的利益而采干涉行动,如果政府从未解除某些银行遵照契约清偿债务的义务(在市场经济里面,这是所有的个人和所有的商号所应履行的义务),则不会有什么银行问题发生。对于信用扩张所定的限制自会有效。每个银行,对于自己的偿付能力之考虑,就可使它不得不小心谨慎而不敢过分发行信用媒介,否则就要破产。

欧洲的一些政府对于银行业务的态度自始就是伪善的、不诚实的。所谓关切邦国的福利、关切一般大众,尤其是贫而无知的大众福利,只是一种藉口。政府所要的是通货膨胀,是信用扩张;它们所要的是市场的繁荣,是来得容易的钱。那些曾经两度成功地废弃中央银行的美国人,察觉了这种制度的危险性;可是,最糟糕的是,他们不知道他们所攻击的那些弊病,也可发生于政府对银行业务的任何干涉。现在,即令最顽固的国家主义者也不能否认:所谓自由银行制的一切弊病,与那些有特权而受政府控制的银行所引起的通货膨胀的恶果,比较起来也就不值得计较了。

政府为限制信用媒介的发行,为防止信用扩张,而干涉银行业务,这是一种神话。相反地,指导政府行为的观念,是贪求通货膨胀和信用扩张。它们给某些银行的特权,因为它们要把自由市场对于信用扩张所加的限制放宽,或者因为它们是急于要为国库开辟一个财源。在大多数情形下,这两个考虑都促使政府如此作为。它们以为信用媒介是降低利率的一个有效手段,因而为工商界的利益和国库的利益,要求银行扩张信用。只有到了信用扩张的恶果已彰明较著的时候,才制定法律来限制银行钞票的发行——有时也限制银行放款。自由银行制从未被认真考虑过,正因为自由制对于限制信用扩张太有效。统治者、著作家和一般大众一致地认为,工商界有权要求一个"正常的"或"必要的""流通信用"量,而这个量的流通信用,他们认为在自由银行制下不会得到。⑰

许多政府从来没有从财政观点以外的观点来看信用媒介的发行。在他们的心目中,银行的主要任务是借钱给国库。货币代替品对政府发行的纸币发生了带头作用。可兑换的银行钞票只是走向不兑换的银行钞票的第一步。随着这个趋势和干涉主义的政策,这些观念已成为普遍的,再也没有人怀疑了。现在,没有一个政府愿意对自由银行制稍加考虑,因为没有一个政府想放弃它所认为的方便财源。今天,所谓的财政方面的战争准备,不过是指,靠那些有特权而受政府控制的银行,以取得战时所需要的全部金钱的这种能力。激烈的通货膨胀主义,是我们这个时代经济意理(economic ideology)的主要特征。

但是,即令在自由主义享有它最高声望,而一些政府也更热心于维持安宁而不煽动战争的时代,一般人在银行问题的讨论中也存有偏见。除盎格鲁-撒克逊诸国(The Anglo—Saxon Countries)以外,一般的舆论总以为,降低利率是善良政府的主要任务之一,而信用扩张是达成这个目的的适当手段。

英国在一八四四年改订银行法的时候,消除了这些谬见,但是,通货学派的两个缺点却损害了这著名的法律。一方面,政府干涉银行业务这个制度被保存了;另一方面,限制只是加在没有现金准备的银行钞票的发行。信用媒介之被抑制,只是以银行钞票的形式出现的那部分。至于以存款通货的形式而出现的信用媒介,则让它扩增。

把隐含在通货学派理论中的观念推演出它的逻辑结论,我们就可主张,所有的银行都要在法律的强制下,对货币代替品的总额(银行钞票加上即期存款)保持百分之百的准备金。这是 Irving Fisher 教授"百分之百计划"的中心思想。但是,Fisher 教授把他的这个计划与他的那些采行指数本位的建议合并在一起。我们曾经说明,何以这样的设计是妄想,也是等于公开承认,政府可以依照压力团体的希求运用权力来操纵货币购买力。但是,即令百分之百的准备计划,在真正的金本位基础上施行,它也不会完全免除政府干涉银行业务(不管什么方式的干涉)所必然的弊病。为防止任何幅度的信用扩张所要做的事情,是要使银行业务受一般商事法规和民法的管制,这些法规是强制每个人和每个商号完全遵照契约条件充分履行义务的。如果把银行当作特权机构而受一些特殊法令的管制,则银行仍然是政府可用以达成财政目的的工具。于是,对于信用媒介的发行所加的每一限制,都要靠政府和国会的好意。在所谓正常时期,他们可能限制它的发行。一旦政府认为,紧急的情势有理由可采非常措施的时候,这种限制就会撤销。如果一个政权和背后的政党想增加经费而又顾恤民意,不敢征课较高租税,这时,他们每每把这种难局叫作紧急情势。政府所做的事情,有些不是纳税人所愿意的,政府如果急于要作这些事情,其经费不便取之于较高的租税,于是藉助于印刷机(印钞票),藉助于那些愿意奉承政府官吏的银行经理,就成为政府的主要手段。

自由银行制是防止信用扩张固有危险的唯一有效方法。不错,它不会妨碍那些经常公开其财务状况的稳健银行在很狭的限度内缓慢的信用扩张。但是,在自由银行制下,信用扩张连同它的一切必然后果,不会发展到成为经济制度的常态。只有自由银行制才会使市场经济安全,免于恐慌和萧条。

回顾过去几百年的历史,我们不得不切实指出,自由主义在银行问题的处理上所犯的大错是对市场经济的一个致命伤。我们没有任何理由要在银行业这个部门放弃自由企业的原则。大多数自由主义的政客们简直是在一般人敌视放债取息的气氛下投降了,他们没有认清,利率是一个不可由政府或其他任何机构操纵的市场现象。他们有个迷信:降低利率是有益的,信用扩张是降低利率的正确手段。伤害自由主义这个大义的,莫过于暴起暴落的商业循环。舆论已变到相信这种循环是自由的市场经济不可避免的。一般人没有了解,他们所悲叹的现象,实在是那些藉信用扩张来降低利率的政策的必然结果。他们固执地维护这种政策,同时又要以愈来愈多的政府干涉来和这些政策所招致的恶果格斗,这当然是徒劳无效果的。

关于自由银行制的讨论

银行学派教给我们:如果银行把它的业务限之于短期放款,则银行钞票就不可能过分发行。当那放款到期收回的时候，那钞票就回到银行而在市场上消灭。但是，这种情形只有银行限制其信用放款的数量时才会发生（但是，即令在这种时候，它也不会消除以前的信用扩张的后果。它只会给它加上后来信用收缩的后果）。通常的情形是这样的：银行一方面收回到期的放款，另一方面作新的贷放。于是，相对于从市场上收回的钞票额（即早期放款的收回）而有一笔新发行的钞票额。

在自由银行制下，对于信用扩张给以限制的那种连续事象，是以另一个不同的方式发生作用。这与所谓 Fullarton 原则所紧记的程序毫无关联，而是由于"信用扩张本身并不增加一个银行的顾客人数"这个事实引起的。这是因为，一个银行之过分发行信用媒介，增加了这个银行的顾客对别人所应支付的数额，这就随着增加了它的货币代替品兑现的需求，因而这个扩张的银行不得不回到紧缩。[18]

就支票存款来讲，这个事实无人置疑。一个扩张的银行很快就会发现，难于与其他银行清算。但是，人们有时以为，如果不就支票存款而就银行钞票来讲，事情就不一样。

在讨论货币代替品问题的时候，交换科学是说：这种要求是被许多人当作货币来处理的，像货币一样，在交易中有付出、有收入；而且，保留在现金握存中。交换科学凡是讲到关于货币代替品的事情，都是预先假定这种情况的。但是，如果以为任何银行所发行的每一张钞票都成了货币代替品，那就是荒谬的。使一张钞票成为货币代替品的，是这个发行银行的一种特别商誉。对这个银行无条件立即兑现的能力和意愿如果稍有怀疑，这个特别商誉即受到伤害。因而它发行的钞票就失去货币代替品的资格。我们可以假定，每个人不仅是在借款时准备接受这种可成问题的钞票，而且在买卖时也愿接受它而不愿意多等待，但是，如果关于它的要件有何疑问发生的话，人们将会尽快地把它脱手。他们在现金握存中将保存货币和他们认为完全可靠的货币代替品，而把可疑的钞票处分掉。这种钞票可以打折扣卖掉，而打折扣这个事实，将会把它带回到原发行银行，只有这个银行不得不按它的面值兑现。

这个问题还可从欧陆的银行情况之检讨而更加澄清。在这里，商业银行关于支票存款的数额是不受任何限制的。他们应当能够采用 Anglo-Saxon 诸国的银行所用的方法授予"流通信用"因而扩张信用。但是，一般大众却不惯于把这样的银行存款当作货币代替品。通常收到一张支票的人，立即就去那个银行提现。除掉很小的数额以外，一个商业银行不可能用设立（为债务人设立）支票存款账户来放款。当债务人开出一张支票，这笔金额马上就会从这个银行提出。只有少数大规模的工商业者，把那存在中央发行银行的存款（不是存在商业银行的）当作货币代替品。尽管这些中央银行在它们的存款业务方面，大都不受任何法律限制，它们也不会利用存款业务来大规模地扩张信用，因为它们的顾客们要求存款通货的太少。银行钞票实际上是唯一的流通信用和信用扩张的工具。同样的情形，在 Anglo-Saxon 银行制度范围以外的诸国曾经普遍化，现在还是常见的情形。

在十九世纪八十年代，奥国政府实施一个计划，就是在邮局储蓄部设立一个支票存款部门，使支票的使用普遍化。这个计划相当成功。存在邮局这个部门的金额是被顾客们看作货币代替品的，而这一批顾客们的人数，比中央发行银行支票存款部的顾客多。这个制度，后来也被一九一八年继承 Habsburg 帝国的新国保存下来，而且也被一些其他的欧洲诸国，例如德国采用。这种存款通货纯粹是政府的冒险，而这个制度下的流通信用只限之于借给政府。对于这一点的认识是很重要的。其特征就是，奥国邮局储蓄部的名称，连同别国模仿它的那些机构的名称，不叫作储蓄"银行"，而叫作储蓄"局"。

在大多数非 Anglo-Saxon 的国家里，除掉存在政府邮政系统的这些即期存款以外，银行钞票——也由少数存在政府控制的中央发行银行的存款——是流通信用的唯一工具。讲到这些国的信用扩张，那就完全指的是银行钞票。

在美国，许多雇主是靠开支票来支付薪水乃至工资的。如果被雇的员工们马上把所收的支票拿到银行去全部兑现，那么这个方法只是把点数硬币和钞票的麻烦工作，从雇主的出纳员移转到银行的出纳员。这在交换科学上没有什么意义。如果全国的人收到支票的时候都是这样做，则这些存款就不是货币代替品，不能当作流通信用的工具用。使得这些存款成为通常叫作存款通货或"支票本货币"的，只是由于大多数人把这些存款看作货币代替品这个事实。

每个人可以自由发行钞票，可以自由欺骗大众，这种想象的情况，与自由银行制毫不相干。如果把自由银行制与这种想象的情况联想在一起，那就是个大错。人们常常提到 Tooke 引用过的一个不详姓名的美国人留下的一句话："银行业务的自由就是行使诈欺的自由"。可是，发行钞票的自由，其结果如果不是完全扑灭钞票的使用，也会大大减缩它的使用。一八六五年十月二十四日 Cernuschi 在法国银行业审查会的听证中提出过这样一个想法："我相信，所谓银行业务的自由，其结果就是法国银行钞票的一个总扑灭。我想给每个人发行银行钞票的权利，于是谁也不再愿意持有任何银行钞票。"[19]

银行钞票比硬币更便于携带，由于这个便利，所以大家乐于使用。这个意见可能是一般人所支持的。就这一点来讲，大家会愿意为免于在口袋里装着沉重硬币的不便利而支付一点代价——贴水。所以，在早期那些偿付能力没有问题的银行所发行的钞票，在兑换金属通货时有点贴水。因此，旅行支票颇受人欢迎，尽管发行它们的银行要收取一点发行的手续费。但是，所有这些事实对于这里讨论的问题毫无关系。这并不为那些鼓励大众使用银行钞票的政策提供辩护。一些政府不是为妇女们逛商店的方便起见而提倡使用银行钞票，他们的想法是在降低利息并为他们的金库开辟一个便宜的财源。在他们的心目中，信用媒介的数量增加是增进福利的一个手段。

银行钞票不是必不可少的。如果从来没有银行钞票，资本主义的一切经济成就也会完成。而且，存款通货可以做到银行钞票所能做的一切事情。至于"贫穷而无知的工人和农民必须加以保护使其免于受那些邪恶的银行家的欺骗"这个伪善的说辞，不能用来为政府干涉商业银行作辩护。

但是，有的人也许会这样问：一些商业银行联合成一个卡特尔，那又怎么样呢？这些银行不会为着滥发信用媒介而共同诈欺吗？这个想法是荒谬的。只要一般大众提取存款的权利未被政府的干涉而丧失，没有一个银行会把自己的商誉拿来冒险而与那些商誉不及它的银行联合起来。我们决不可忘记：凡是发行信用媒介的银行总是处在一个不稳定的地位。它所最珍贵的资产是它自己的信誉。一旦对它的诚实和偿付能力发生了怀疑，它就要走上破产的境界。就一个信誉良好的银行而言，把它自己的招牌与那些信誉差的银行的招牌结合在一起,那等于自杀。在自由银行制下,银行的卡特尔将会摧毁一国的整个银行制度,对于任何银行都没有利益可言。

一些信誉好的银行,大都被谴责为保守而不愿扩张信用。在那些不应受到信任的人们的心目中,这样的保守是一罪恶。但是,这却是自由银行制下经营银行业务的最高原则。

我们这个时代的人们极难于想象自由银行制的一些情形,因为他们把政府的干涉银行视为当然,视为必要。但是,我们必须记住:政府的这种干涉是基于一个错误的假定:信用扩张是降低利率的适当手段;除掉无情的资本家以外,对任何人没有伤害。政府之干涉银行,正因为政府里的人知道,自由银行制把信用扩张限之于狭小的范围以内。

经济学家讲,现在这样的银行业情况使政府的干涉成为应当的。这个讲法可说是对的。但是,银行业现在的这样情况,并非自由市场经济所引起的后果,而是政府为更大规模扩张信用而搞成这样的一个结果。如果政府从来未加干涉,则银行钞票和存款通货的使用,将会限之于那些熟悉银行业的情形,知道哪些银行有偿付能力、哪些银行没有偿付能力的人们。这样,大规模的信用扩张就不可能发生。现在政府的财政部和它所控制的机构,在其所发行的每一张纸币上印着"清偿"这种魔术式的字样,而一般人对它产生迷信的敬畏,这种迷信的敬畏之传播,只有政府是要负责的。

政府对于现在的银行业情况加以干涉,如果其目的是在消除这些不好的情况,因而防止或至少是严格限制信用的再扩张,则这种干涉是有理由的。可是,事实上现在政府干涉的主要目的是在加强信用扩张。这个政策注定要失败。或迟或早,它一定归结于一个大崩溃。

十三、现金握存的数额和成分

货币和货币代替品的总额保存在各个人和各商号的现金握存中。每个人或每个商号所保存的那份数额是决定于边际效用。每个人都要在他的全部财富中用现金的方式保持一部分。他把过多的现金用来购买别的东西,在现金不够的时候,则卖出别的东西来弥补。为现金握存而发生的货币需求,与那为财富和可卖出的货物而发生的货币需求是两回事,混淆这两种需求的通俗用语,蒙骗不了经济学家。

凡是对各个人和各个商号而言,是有效的话,对于许多人和商号的现金握存的每个数额,也同样有效。我们从什么观点出发,把许多这样的个人和商号当作一个全体而总计他们的现金握存,这是无关紧要的。一市一省,或一国的现金握存,是它的全体居民的现金握存的总额。

让我们假定这个市场经济只使用一种货币,货币代替品或者是未被知道,或者是在整个领域内任何人都使用而无任何差别。例如,一个世界银行发行的金币,和可以兑现而每个人都当作货币代替品的银行钞票。在这些假定下,那些妨碍货物和劳务交易的措施不致影响货币方面的事象和现金握存的数额。关税、海禁和移民限制,对于物价、工资、利率趋向于相等的那些趋势是有影响的。它们不致直接反应到现金握存方面。

如果一个政府想提高人民的现金握存额,它就必须命令他们,把某一定额的现金存进一个官署而留在那里不动用。这个做法会使每个人不得不多卖少买;国内物价将会跌落;输出会增加,输入会减少;因而有一个数额的现金会输入。但是,如果这个政府只想阻碍货物的输入和货币的输出,那就不会达到它的目的。如果输入减少了,其他情形不变,输出自会同时减少。

货币在国际贸易方面发生的作用,与在国内贸易所发生的,没有什么不同。货币在国际贸易方面之为交易媒介,无异于在国内贸易之为交易媒介。在国内贸易和在国外贸易,如果买卖的结果不只是一人和一些商号的现金握存之流动,那只是因为,那些人们有意增加或减少他们的现金握存。只有当一国的居民们比外国人更急于要增加现金握存的时候,才会有货币余额流进这个国家。只有当一国的居民比外国人更急于要减少现金握存的时候,才会有货币余额流出。国与国之间的货币移转而没有被反方面的移转抵消的那部分,决不是国际贸易上非故意的结果。那总是某一国的居民有意变动其现金握存的结果。小麦的输出只在一国的居民想把多余的小麦输出的时候,同样地,货币的输出也只在一国的居民想把他们认为剩余的货币输出的时候。

如果某一个国转而使用国外所未使用的货币代替品,则这样的剩余就会发生。这些货币代替品的出现等于这个国的广义的货币供给之增加,也即货币加上信用媒介的供给量增加;这就在广义的货币供给中产生剩余。这国的居民们就想把他们那一份的剩余脱手,因而对本国的或外国的货物增加购买。如果是增加本国货的购买,则输出减少;如果是增加外国货的购买,则输入增加。在这两种情形下,剩余的货币都是外流。因为照我们的假定,货币代替品不能输出,只有货币本身流出去。其结果是:在国内的广义货币供给(货币加信用媒介)里面,货币部分降低,信用媒介部分升高。这时,国内的狭义货币存量比以前较小。

现在我们再假定:国内的货币代替品变成不是货币代替品了。发行它们的银行不再接受兑现。以前的那些货币代替品,现在是一些对一个不履行其义务的银行的要求权,这个银行偿还债务的能力和意愿成了问题。谁也不知道,原先的那些货币代替品有没有兑现的一天。但是,这些要求权可能被大家当作信用货币使用。作为货币代替品看,它们被认为等于一个随时应付的要求权的金额。作为信用货币看,它们现在要打折扣交换。

到了这个时候,政府会出来干涉了。它用法令规定,这一张张的信用货币按照它们的面值有法偿的资格。[20]每个债权人不得不按照它们的面值接受债务的偿付。交易中谁也没有歧视它们的自由。这个法令是强迫大家把一些交换价值不同的东西当作有相同的交换价值。它干扰到市场所决定的物价结构。它给信用货币定下最低的价格,给物品货币(黄金)和外汇定下最高的价格。其结果不是政府所想达成的结果。信用货币与黄金之间的汇价之差并不消减。因为硬币是禁止按照它们的市场价格来使用的,人们再也不在买卖中和还债中使用它们。他们收藏它们或输出它们。物品货币在国内市场绝迹了。像 Gresham 法则所指出的,劣币驱逐良币出国了。我们可以更正确地说,其价值被政府法令抑抵的货币绝迹于市场,其价值被政府法令抬高的货币继续存在。

所以,物品货币的外流不是因为收支平衡的逆差,而是政府干扰物价结构的结果。

十四、收 支 平 衡

　　一个人或一群人，在任何特定的时期以内，全部收入和全部支付的货币等值之对照，这就叫作收支平衡。

　　如果我们想知道一个人在市场经济架构内的地位，我们必须注意他的收支平衡。它会告诉我们，关于这个社会分工的制度下，他所扮演的角色的一切一切。它表现出，他在人群中拿出一些什么，收进一些什么。它表现出，他是不是一个自立的正派人，或是一个盗贼，或是一个靠接受施舍过活的人。它表现出，他是否消费他的全部收入，还是把收入储蓄一部分。在收支账册上，自然表现不出许多的人事现象；美德与功业、邪恶与罪行，在账册上留不下记录。但是，就一个人参与社会生活和社会活动而言，就他贡献于社会的协作，而他的贡献之受别人欣赏而言，以及就他消费市场上所买卖或所可买卖的东西而言，收支平衡所提供的情况也就够了。

　　如果我们把若干个人的收支平衡合并起来，去掉那些有关这群人彼此间的交易项目，我们就可编制这一群人的收支平衡。这个收支平衡告诉我们：这群人的这些分子如何与这市场经济的其余部分发生关系。我们可编制纽约律师团的会员们的、比利时农民的、巴黎住民的或瑞士百伦州（Bern）居民的收入平衡。统计家最有兴趣于编制独立国的收支平衡。

　　个人的收支平衡对于他的社会地位提供了详尽的情报，一个团体的收支平衡所提供的情报却少得多。它对于这个团体内部各分子间的相互关系完全不涉及。这个团体愈大，它的分子愈复杂、愈差异，则由收支平衡所显示的情报，愈不完全。拉脱维亚（Lativia）的收支平衡所显示的关于拉脱维亚人的情形，比美国收支平衡所显示的关于美国人的情形要多些。如果你想陈述一国的社会经济状况，你就不必涉及每个居民个人的收支平衡。要紧的一点是，作为一个团体而编制其收支平衡时，这个团体的分子必须在他们的社会经济活动方面大体上是相同的,否则决不可作为一个团体来处理。

所以阅读收支平衡是很有教益的。但是,你必须知道如何解释它们,以免犯上通常的错误。

习惯上是把一国的收支平衡分列为货币项目和非货币项目。如果货币和金银块的输入超过了它们的输出,就叫作顺差。如果货币和金银块的输出超过了它们的输入,就叫作逆差。这两个名词是源于重商主义者的谬见。所不幸的,这两个代表谬见的名词,积重难返,错到现在还在使用,尽管有些经济学家严厉地批评过。货币与金银块的输入、输出,被认为是收支平衡中那些非货币项目的结构所引起的结果,而不是故意造成的。这个见解完全错误。货币和金银块的出超,并不是坏的遭遇之结果,而是由于这一国的居民有意要减少他们所保有的货币量,以致购买较多的货物。这正说明:为什么产金国的收支平衡通常总是"逆差";这也说明:为什么一个以信用媒介来代替一部分货币的国家,在其这样作的时期中,这个国家也是"逆差"。

用不着政府采取什么谨慎的措施来避免逆差所引起的货币外流。就这方面讲,在个人收支平衡与团体收支平衡之间的一些事情,没有不同的。在一市或一区收支平衡,与一国收支平衡之间,它们也不是不同的。政府不必干涉纽约州的居民,以防止他们把他们所有的钱都花在购买其他各州的货物。只要有美国人对于握存现金还肯重视,他就会对这件事负起责任。于是,他那一份的现金握存就有助于维持一个适当的美国的货币供给量。但是,如果没有一个美国人有兴趣任何数量的现金握存,则有关对外贸易和国际支付清算的政府机关,就无法防阻美国的全部货币存量的外流。这时,就要对货币和金银块的输出,采取严厉的、强迫的禁运措施了。

十五、地域间的汇率

首先,让我们假定只有一种货币。于是各地的货币购买力是相同的,各地的物价也是相同的。英国 Liverpool 的棉花最后价格与美国 Houston 的差额不会超过两地之间的运输成本。一旦 Liverpool 的价格上涨得较高,商人们就会把棉花运到 Liverpool,于是引起一个回到那最后价格的趋势。在 Amsterdam 一张金额荷币的汇票价格,在纽约不会高出由各项成本所决定的那个数额,这里的各项成本包括硬币的改铸、运费、保险费以及这一切操作所必要的那段期间的利息。一旦价格的差额超过了这个一点(我们把它叫作"输金点")——则把黄金从纽约运到 Amsterdam 就有利可图。这些运输就把纽约的荷币汇率压低到输金点以下。地域间货物交换率的结构,与货币汇率的结构之所以有差异,是由于在通常情形下,货物总是单方向流动的,也即,从生产多的地方流到消费多的地方。棉花从 Houston 运到 Liverpool,并不从 Liverpool 运到 Houston。它在 Houston 的价格低于 Liverpool 的价格。但是,黄金则会一时从甲地运到乙地,一时从乙地运到甲地。

有些人想把地域间的汇率波动和地域间货币运输的波动,解释为收支平衡中那些非货币项目的结构所决定。这些人的错误,在于他们对货币有个特殊的看法。他们不了解关于地域间的交换率;货币与货物之间是没有区别的。如果 Houston 与 Liverpool 两地的棉花贸易是可能的,则棉花在这两个地方的价格不会差到大于全部运输成本之总和。美国南部各州的棉花是怎样运输到欧洲的,产金国,像南非的黄金,也就怎样运输到欧洲。这其间没有区别。

让我们撇开产金国的事例不谈,我们假定,一些个人和商号用金本位彼此贸易,他们都无意于变更他们现金握存的数额。由于他的买和卖,一些要求权就产生了,这些要求权是要在地域间支付的。但照我们的假定,这些地域间的支付是等额的。A 地的居民应该付给 B 地居民的数额等于 B 地居民应该付给 A 地居民的数额。所以,可以省掉把黄金从 A 地运到 B 地,又从 B 地运到 A 地。要求权和债务可以用一种地域清算的办法了结。至于这种彼此冲销,是否受到一个地域间的票据清算所组织或一个特别的外汇市场所影响,那只是一个技术问题。无论如何,A(或 B)地一个居民应该在 B(或 A)地支付的那个价格,是保持在运输成本所决定的那些差额以内。它不会高出这个平价而高于运输成本(输出金点),也不会低于运输成本(输入金点)。

也许发生这种情形——所有其他的假定都不变——A 地应付 B 地的数

额与 B 地应付 A 地的,其间有个暂时的差异。这时,要避免地域间的黄金运输,那只有靠信用交易。如果今天必须从 A 地付钱给 B 地的一个输入商人,能够在外汇市场买到的,只有九十天到期的对 B 地居民的要求权,他就可在 B 地借入这个数额的钱(为期九十天),因而省下运输黄金的费用。如果 B 地的借债成本与 A 地的比较,没有高过运金费用的一倍,则外汇商人就会用这个手段。如果运金费用是 1/8%,他们在 B 地为三个月期的借款所愿付的利息,可以高过在下述那种货币市场情况下的利率1%(每年),即:没有这样的地域间收支之必要条件时,A 地与 B 地之间信用交易将会受到影响的那种利率。

这些事实可以用这样的说法来表达:A 地与 B 地之间每天的收支平衡,在输出金点与输入金点的差距以内,决定外汇率所依以规定的那一点。但是,我们决不可忘掉再说一句:这种情形只有在 A 地和 B 地的居民不想变动他们的现金握存额的时候才会发生。只因为情形是如此,所以,完全不运输黄金,而把汇率保持在两个输金点所限定的范围以内,是可能的。如果 A 地居民想减少他们的现金握存,B 地居民想增加他们的,则黄金必须从 A 地运输到 B 地,而 A 地的汇率就涨到黄金输出点。这时黄金从 A 地送到 B 地,正同棉花之经常从美国运到欧洲。汇率之达到黄金输出点,是因为 A 地居民愿意把黄金卖给 B 地居民,不是因为他们的收支平衡出现了逆差。

这一切一切都适用于不同的地域间任何偿付。有关的城市属于同一个主权国或不同的主权国,都是一样。但是,政府的干涉就大大改变了这种情况。所有的政府都已设立了一些机构,使本国居民在国内各地域间的收支可以按票面价值。至于把通货从这个地方运送到别个地方的费用,或者由国库负担,或者由中央银行体系负担,或者由其他的政府金融机构,如欧洲一些国家的邮政储蓄银行负担。因此,再也没有国内地域间的外汇市场。一般人如有地域间的收支,也和当地的收支一样,没有较多的负担,如果有点小小的差额,那也不涉及地域间通货流动率或流动方向的变动。使国内地域间的收支与国际收支发生差异的是政府的干涉。国内地域间的收支都按票面价值,而国际收支则在两个输金点之间的范围内波动。

如果有一种以上的货币用作交易媒介，它们之间的相互交换率决定于它们的购买力。各种货物的最后价格，当其表现于每种货币上，是彼此成比例的。各种货币之间的最后交换率反映它们对于货物的购买力。如果有何差距发生的话，也就是有利于掉换的机会出现了，于是，有些商人利用这个机会来做买卖，其结果使这个差距又消失。外汇的购买力平价理论，不过是把关于价格决定的一般理论应用到各种货币并存的特殊情况。

各种货币是不是在同一领域内并存，或者说，它们的使用是不是限之于不同的区域，这是无关紧要的。无论如何，它们之间的相互交换率是趋向于一个最后的情况。所谓最后的情况者，是在这个情况下，对这种货币或那种货币买和卖，再也没有任何差异了。如果地域间运输成本发生作用，这些成本必须加上或减掉。

购买力的变动不是对所有的货物和劳务同时发生。让我们再就只有一国的通货膨胀这个事例（这是个非常重要的事例）来讨论。本国信用货币或命令货币的数量增加，首先只影响某些货物和劳务的价格。其他货物的价格在某一时期以内维持不变。本国通货与外国通货之间的汇率，是在交易所决定的。这个特殊市场的商人，在预期将来的变动这方面比别人更敏捷。因此，外汇市场价格结构反映新的货币关系，比许多货物和劳务的价格来得更快。一旦国内通货膨胀开始影响到某些货物的价格时，外汇价格马上就会上涨到相当于国内物价和工资上涨的最后阶段，无论如何，外汇价格的上涨总在大部分物价上涨以前。

这个事实完全被误解了，人们不知道外汇的上涨只是国内物价波动的先声。他们把外汇市场的兴旺解释为由于收支平衡的逆差。他们说，外汇需求之所以增加，是因为贸易平衡或收支平衡中其他项目的减退，或者只是由于一些不爱国的投机者的捣鬼。外汇价格上涨，使得输入品在国内市场的价格也上涨，于是国内生产的一些货物一定也跟着涨价，因为如果不上涨，它们的低价将促使商人把它们运到国外出卖，国内市场就没有这些货物供应。

这个流行的说法所包含的一些谬见很容易指出。如果国内大众的名目所得没有因通货膨胀而增加，他们就不得不减少进口货物或本国产品的消费。

减少进口货物的消费,则输入就会降低;减少本国产品的消费,则输出就会增加。于是,贸易平衡又会再回到重商主义者所说的有利的境况。

这里的推理,重商主义者不得不承认是对的。但是,他们又说,这个理论只适用于正常的贸易情况,没有考虑到有些国一定要输入一些必需品如粮食和基本原料。这些货物的输入不能减少到一个最低限以下。不管它们的价格怎样,他们都得输入,如果输入这些货物所需要的外汇不能靠适当的输出量而取得,则贸易平衡就变成逆差,而汇率一定上涨再上涨。

这个想法之荒谬,不逊于其他所有的重商主义者的想法。一个人或一群人,对于某一货物的需求,无论怎样迫切、怎样紧要,他们只能按照市场价格去买它才能得到。假若一个奥地利人想买加拿大的小麦,他就必须用加拿大的货币按市场价格去买。他必须直接向加拿大输出货物或向其他国家输出货物,以取得加拿大的货币。他不是用奥地利货币表示出来的较高的价格(也即较高的汇率)来增加他所要的加拿大货币。而且,如果他的所得(就奥地利钱来讲)不变,他也买不起这样高价(就奥地利钱来讲)的进口小麦。只有奥地利政府采取通货膨胀政策,因而增加奥地利人民口袋中的奥地利钱,奥国人才能够照向来的购买量,来继续买加拿大的小麦而不必减少其他的消费。如果没有国内的通货膨胀,输入品的价格上涨,其结果不是这种物品的消费减缩,就是其他物品的消费减缩。于是,上述的再调整过程就会发生。

如果一个人没有钱向他隔壁的面包店买面包,其原因不是在于通常所说的金钱稀少。真正的原因,是这个人未能靠出卖人们愿意购买的货物或未能提供人们愿意雇用的劳务而赚得他所需要的金钱数量。就国际贸易来讲,也是如此。一个国家也会因为它不能向国外卖出足够货物以买进国人所需要的食粮而感到困窘。但是,这并不是外汇短缺。这是表示,这个国家的人民贫穷。国内的通货膨胀决不是消除这种贫穷的适当方法。

投机对于汇率的决定也没有任何关系。投机者只是预测未来的变动。如果他们错了,如果他们认为通货膨胀是在进展中这个想法是不对的,则物价结构和汇率就不会符合他们的预期,他们就得因为这种错误而受损失。

汇率决定于收支平衡这个理论,是基于一个不健全的概论,即把一个特别情况概括化的结论。如果有两个地方 A 和 B，使用同样的货币，如果这两地的居民不想变动他们的现金握存额，则在这个时期当中，A 地居民付给 B 地居民的货币量就会等于 B 地居民付给 A 地居民的数量，于是所有的支付互相抵消，用不着把货币从 A 地运输到 B 地，或从 B 地运输到 A 地。这时，A 地向 B 地的汇率不会高于那稍低于黄金输出点的那一点，也不能低于那稍富于黄金输入点的那一点，反过来讲也一样。在这个差距以内，收支平衡的每天情况决定每天的汇率。这只是因 A 地居民和 B 地居民都不想变动他们的现金握存额才会如此。如果 A 地居民想减少他们的现金握存额，而 B 地居民想增加他们的现金握存额，则货币就要从 A 地运输到 B 地，而 A 地的汇率就要高到黄金输出点。但是，货币并不因 A 地的收支平衡变成逆差而要运输。重商主义者所说的收支平衡的逆差，是 A 地居民现金握存的故意减缩和 B 地居民现金握存的故意增加所引起的结果。如果 A 地居民谁也不预备减少他的现金握存额，则货币之从 A 地流出就决不会发生。

货币贸易与货物贸易之间的不同是这样的：通常，货物总是在单行线上流动的，也即，从过多生产的地方流向过多消费的地方。因此，某种货物在过多生产地的价格，低于过多消费地的价格，而其所低的数额通常是决定于运输成本。就货币来讲，如果我们不涉及产金国和那些其居民故意要变动其现金握存额的国，则事情就不同了。货币一时从这个方向流去，一时又从那个方向流回。一个国家有时输出货币，有时输入货币。每个输出国，正因为它先前的输出很快地变成一个输入国。仅仅因为这个理由，才可能藉外汇市场的相互作用而省掉运输货币的成本。

十六、利率和货币关系

货币在信用交易中所发生的作用，和它在所有其他的交易中所发生的作用，是相同的。通常，放款是用货币放的，付息和还本也是用货币支付的。从这样的一些交易而引起的支付，只是暂时影响到现金握存额。接受放款、利息以及本金的人们，把他们所收到的款项或用之于消费，或用之于投资。至于他们之增加他们的现金握存，那只是由于某些与其收入的货币毫无关系的考虑。

市场利率的最后情况对于所有同样性质的放款是一样的。利率之有差异，或者是由于债务人的可靠性有差异，或者是由于契约条件之不同[20]。凡不是由于这些原因而引起的利率差异，是趋向于消失的。申请放款的人总是去找那些所索的利率较低的贷放者。贷放者总是迎合那些准备支付较高利率的借款人，货币市场的事情与所有其他市场的事情是相同的。

关于地域间的信用交易，地域间的汇率也和货币本位的差异一样，都要考虑到，如果两地的货币本位是有差异的。让我们设想 A、B 两国的情形。A 采用金本位，B 采用银本位。那个想把货币从 A 贷放给 B 的放款者必须首先卖出黄金换得白银，后来在放款收回时卖出白银换得黄金。如果在这个后期，银价对金价而言跌落了，则债务人所偿还的本金（用白银）所可买到的黄金量，将少于债权人原先放款时所支出的数量。所以，如果 A 和 B 之间的市场利率之差，大到足以抵补预期的银价对黄金的跌落，那么，他在 B 国的放款将只是侥幸的行为。如果 A、B 采用相同的货币本位，则短期放款的市场利率就有相等的趋势，这种趋势在不同的本位下严重地被损害了。

如果 A 和 B 采用相同的本位，则 A 的诸银行就不可能扩张信用，除非 B 的诸银行也采同样的政策。A 的信用扩张使物价上涨，于是 A 的短期利率下降，而 B 的物价和利率仍然不变。因而 A 的输出跌落，输入增涨。而且，A 的货币贷放者变得急于想在 B 的短期贷放市场放款。其结果是资金外流，使 A 国银行的货币准备为之减少。如果 A 国的银行不放弃它们的扩张政策，它们将会破产。

这个过程已经完全被误解了。他们说，保持汇率的安定以及保护本国的金准备免受于外国的投机者和本国的帮助者的侵害，这是中央银行的神圣职责。其实是这样：一个中央银行为怕它的金准备消散而要做的一切事情，是为着保持它自己的偿付能力而做的。它已经由于扩张信用而瘫痪了自己的财力，现在为着避免悲惨的结果，必须解脱以前的行为。它的扩张政府已碰到那些限制信用媒介之发行的障碍了。

在讨论货币事情的时候,使用战斗这类的名词,是不适当的,正如同在讨论交换科学的其他所有问题时之不适宜于使用这类名词。在各国中央银行之间,没有像"战争"的那种事情。没有什么凶恶的力量在"侵袭"一个银行的地位、在威胁汇率的安定。不需要什么"防御者",来保护一国的通货制度。而且,下面这个说法是不对的,即:防止一国的中央银行或它的一些私人银行降低国内市场利率的,是关于保护金本位、关于汇率安定,以及关于打击资本主义放债者国际阴谋的这些考虑。市场利率,除短期以外,不能靠扩张信用来降低,而且,甚至在那时候,它也会引起商业循环论所描述的一切后果。

英伦银行在按照契约的条件,兑换一张已发行的银行钞票的时候,它并不是对英国人民无私地提供一项重要的功能。它只是做每个主妇在支付杂货店账款时所做的事情。至于说,一个中央银行完成其自愿承担的一些责任,就算有特殊功绩,这种想法之所以发生,只是因为政府一再地允许这些银行有特权可以拒绝支付顾客们有权要求的支付。事实上,中央银行愈来愈成为财政部的附属机关,只是信用扩张与通货膨胀的工具。至于中央银行是不是政府所有、是不是由政府的官吏直接经营,实际上没有什么区别。总之,现在各国可授予流通信用的银行,都是些国库的分支机构。

要永久维持一个地区的或一国的通货与黄金和外汇的平价,只有一个办法:无条件兑现。中央银行必须按照平价买进或卖出任何数量的黄金或外汇。这是金本位制下中央银行的政策。这也是那些采行大家所熟知的金汇兑本位制的政府和中央银行的政策。从十九世纪二十年代到第一次世界大战爆发时,在英国和其他国家实行过的正宗的或古典的金本位制,与后来的金汇兑本位制,这两者间的区别,只是国内市场是否使用金币之别。在古典金本位制下,人民的现金握存有一部分是金币,其余的是货币代替品。在金汇兑本位制下,现金握存全部是货币代替品。

外汇率的钉住,等于按照这个钉住的比率兑现。

一个外汇平准账在运用上的成功,也只有靠坚持这同一方法。

欧洲的一些政府,近年来为什么乐于采用外汇平准账以代替中央银行的运作,其理由很明显。关于中央银行的法制,是一些自由政府的一大功绩,这里所说的自由政府,是指那些不敢公开向自由国家的民意挑战——至少在金融政策方面——的政府。所以,中央银行的一些运作是适应经济自由而调整的。因为这个理由,这些运作在这个极权主义抬头的时代,就不满人意了。外汇平准账的运作与中央银行政策不同的主要特征是:

1. 外汇平准账是保密的。中央银行在法律规定下必须按期(通常是每周)公布它的实况。但是,外汇平准账的情形只有内行人才知道。官方给大家的报告只是些过时的数字,这些数字只有历史家才关心,对于工商业者没有任何用处。

2. 这种秘密性使差别待遇成为可能。在欧洲大陆的许多国家,这个制度酿成可耻的贪污腐化。其他的政府利用这个歧视的权力来伤害那些语言不同或宗教不同的少数商人或那些支持反对党的商人。

3. 平价再也不是由国会公布的大家周知的法律所规定的。平价的决定只是官僚们的任意作为。报纸上常常有这样的报道:某国的通货软弱了。更正确的报导应该是:某国的政府已决定提高外汇价格。㉒

外汇平准账不是可以驱除通货膨胀的诸恶果的一根魔杖。它不能在正宗的中央银行所用的那些方法以外,采用任何其他方法。如果国内有通货膨胀和信用扩张,它也和中央银行一样,一定不能维持外汇平价。

有人这样说:靠提高贴现率以抵抗资金外流的这个“正宗的”方法再也不行了,因为一些国家再也不遵守“这些竞技的规则”了。金本位并不是一种竞技,而是一个社会建制。它的运作,不靠任何人之愿意遵守某些任意制定的规则。它是被冷酷的经济法则所控制的。

这些评论家举出下述的事实作为论据,即在战争间贴现率的提高不能阻止资金的外流——黄金和存款之转移到外国。但是,这种现象是政府“反对黄金而赞成通货膨胀”的一些政策所引起的。如果一个人眼见他的存款将会因货币贬值而损失40%,他当然要设法把它移转到别国;如果这个将要贬价的国,其银行利率提高1%或2%,这个人也不会改变主意。因为这提升的贴现率,很明显地不足以抵补那个大上十倍、二十倍甚至四十倍的损失。如果政府热心于破坏金本位,金本位就当然不行了。

十七、次级的交换媒介

各种非货币的货物,其销路有大小的差异,货币的使用并不消除这些差异。在货币经济里面,货币的销路与货物的销路,两者间有很大的差异。但在各种各类的货物之间,仍然存有许多差异。它们当中有的容易找到愿意出最高价来买的买主,有的则较为困难。一张第一级的债券比一栋房子更有销路,一件獭皮外衣比一位十八世纪政治家的墨迹更有销路。谁也不会把各种货物的销路拿来和货币的完全销路相比。人们只把各种货物销路的大小程度拿来相比。我们无妨说货物的销路是次级的。

保有着一些高度次级销路的货物的人,就可以减缩他的现金握存,因为他有把握在需要增加现金握存的时候,他就可很快地把那些有高度次级销路的货物,在市场上卖到最高价格而得到现金。所以,一个人或一个商号的现金存额的或大或小,要看他是否保有一些高度次级销路的货物。如果有些高度次级销路的货物在手头,则现金握存额以及保存它的费用都可减少些。

因此,那些为减低现金握存的费用,而保有这种货物的人们,对这种货物就产生了一种特别需求。这些货物的价格一部分决定于这个特别需求;如果没有这个特别需求,它们的价格将会低些。这些货物就是次级的交换媒介,因而它们的交换价值是两种需求合成的结果:一是对于次级交换媒介这个功能而发生的需求;一是对于它们所提供的其他功能而发生的需求。

因握存现金而受的损失,等于这笔金额用在投资方面所会赚到的利息额。因握存一批次级的交换媒介而受的损失,则等于握存中的这些证券所产生的利息和其他证券(与握存中的证券之不同,仅在它们的销路较小,因而不适于作为次级的交换媒介来使用)的最高收益之间的差额。

从不知何时开始的时期起,珠宝被用作次级的交换媒介。现在通常用作次级交换媒介的是:

1. 对一般银行或储蓄银行的要求权。这些要求权——虽然不是货币代替品㉓——是每天到期的,或者是通知后一两天就可提取的。

2. 发行量很大而且发行得很普及,因而即令卖出相当数量,也不会使市场价格下跌的那种债券。

3. 最后,有时候甚至某些特别有销路的股票或甚至货物。

自然,从降低握存现金的成本而可得到的利益,一定要碰到某些想不到的损失而与之对销。出卖有价证券,尤其出卖货物,有时只有赔本才可卖掉。如果保持银行存款就没有这种危险,银行倒闭的危险,通常是少到不值得考虑的。所以,有利息的对银行的要求权,可以在通知后一两天提取的,是最受欢迎的次级交换媒介。

我们决不可把次级的交换媒介与货币代用品相混淆。货币代用品在给付的时候就被放弃,而对方就把它当作货币接受。至于次级的交换媒介,则要首先换成货币或货币代用品,再把这换得的货币或货币代用品来支付或用来增加现金握存,这是一个迂回的方法。

用作次级交换媒介的要求权,因为这个用途,就有了较大的销路和较高的价格,因而它们所产生的收益就低于那些不适于作次级交换媒介的同类要求权所产生的收益。可以用作次级交换媒介的政府公债和国库券的发行条件,可以比那些不适于这个用途的债券(例如私人债券)的发生条件,更有利于债务人。所以,有关的债务人总是热心于组织一个可使他们的债券具有吸引力的市场,以博得那些寻求次级交换媒介的人们的需求。他们是想使这些债券的每个持有人都可在最合理的条件下卖出或用以作借款的抵押品。他们在发行债券而向大众作广告的时候,特别强调这个有利的机会。

一些银行也同样地专心于诱发次级交换媒介的需求。他们为他们的顾客提供一些便利的条件。他们缩短通知存款的期间而在他们之间相互竞争。有时他们甚至对活期存款也给利息。在这种剧烈的竞争中有的银行做得太过,因而伤害了自己的偿付能力。

最近几十年的政治情况,给那些可用作次级交换媒介的银行存款一个更大的重要性。几乎每国的政府都在和资本家作对。它们都想用租税和金融措施来没收他们的财产。那些资本家为着保护财产而把其中的一部分以动产的形式保存,以期便于逃避没收。他们把资金存之于那些目前不会有没收或通货贬值之危险的国的银行。一旦情势有了变化,他们马上就把存款移转到那些暂时似乎比较安全的国家。当人们说到"热钱"时,他们的心中所想的就是这些资金。

"热钱"对于货币事象的意义是"唯一准备"制(the one—reserve system)的结果。为了中央银行更易于从事信用扩张,在很久以前,欧洲的一些政府就把全国的准备金集中在它们的中央银行。其他的银行(私人银行,也即没有赋予特权,不能发行银行钞票的一些银行)则把它们的现金握存限之于应付逐日交易的需要。它们再不对它们逐日到期的债务保持准备。它们不必靠自己库存的现金来履行债务的偿付。它们依赖中央银行。当债权人想提取一笔超乎"正常"数额的款项时,这些私人银行就向中央银行借这笔款了。一个私人银行,如果它保有足够的抵押品可向中央银行借款,或有足够的汇票可向中央银行贴现的话[24],它就自视是灵活的。

当"热钱"开始流入的时候,那些国的私人银行把这些暂时存入的资金照通常的办法来处理,不见得有什么错。它们用这些信托给它们的资金来增加对商人的放款。它们不担心这种做法的一些后果,尽管它们知道,一到该国的财政或金融政策引起任何怀疑的时候,这些资金马上就会被提取。这些银行不灵活的情况很明显地是这样:一方面,有一笔巨额存款是顾客们有权忽然提取的;另一方面,对商人们的一批放款只能在较迟的时日收回。处理"热钱"的唯一谨慎办法,应该是保持一笔足够的黄金和外汇准备,以防万一全部金额的忽然提取。当然,采用这个方法的银行,必得向顾客们收取一笔手续费,这是为他们的资金保持安全的报酬。

一九三六年九月,法国的法郎贬值,瑞士的银行面临危机。"热钱"的存款人恐惧了;他们害怕瑞士也会步法国的后尘。可以想见的是,他们都想把他们的资金移转到伦敦或纽约,甚至移转到巴黎,因为就最近将来的几个星期来看,巴黎的通货再贬值的可能性似乎较小。但是,瑞士的商业银行不能不依赖政府银行的帮助而付还那些资金。它们已经把那些资金借给工商业——其中大部分的工商业是在一些实行外汇管制的国里面,它们的银行存款已被冻结。

因此,这些商业银行的唯一出路就是向国家银行借款。这时,商业银行算是维持住它们自己的偿付能力。但是,那些被偿付的债权人,却会马上去要求国家银行用黄金或外汇兑付他们所收到的那些银行钞票。如果国家银行不接受这个要求,它就是实际上放弃了金本位而将瑞士法郎贬值。相反地,如果国家银行兑换了这些钞票,它就要丧失大部分的准备。这会引起一个经济大恐慌。瑞士人自己将要尽可能取得大量的黄金与外汇。该国的整个货币制度就会崩溃。

瑞士国家银行唯一的其他办法,就是完全不帮助私人银行,但是,这就等于该国的一些最重要的信用机构之破产。

所以就瑞士政府来讲,没有什么可选择的。它只有一个防止经济灾难的方法,立刻效尤把瑞士法郎贬值。

大体上讲,英国在一九三九年九月战争爆发的时候,就遇到这同样的情况。伦敦市曾经是世界的金融中心。它久已失去了这种功能。但是,在战争的前夕,一些外国人和自治领的公民们,在英国的一些银行里面仍然有很多的短期存款。此外,还有巨额的存款是"英镑区"的一些中央银行所存的。如果英国政府不用外汇管制的办法冻结这些存款,则英国的一些银行势必破产。外汇管制是伪装的延期偿付。它使一些银行无需公开承认其无力偿还债务。

十八、通货膨胀主义者的历史观

一个非常流行的学说以为,货币购买力的不断下降,在历史的演进中发生了决定性的作用。它说,如果货币的供给不是超过货币的需求而增加,则人类不会达到现在这样的福利水准。货币购买力的下降是经济进步的一个必要条件。分工的日益细密和资本累积的继续成长,只有在物价不断上涨的世界里面才有可能,而这两者已使劳动的生产力千百倍地提升。通货膨胀创造繁荣和财富;通货紧缩带来贫困和经济萧条。⑥我们把几百年来指导各国货币和信用政策的一些政治文献及观念加以检讨,即可发现,上述的这个见解几乎是被普遍接受的。尽管经济学家提出了许多警告，到今天，这个见解仍然是外行的经济思想的核心，也是凯恩斯和其东西两半球的门徒们的一些教条的精髓。

通货膨胀主义之受人欢迎，大部分是由于对债权人有个根深柢固的仇恨。通货膨胀之被认为正当，因为它是牺牲债权人而有利于债务人。但是，我们在这里所要讨论的通货膨胀主义的历史观，与这个反债权人的论点只有松懈的联系。他们所说的"扩张主义"是经济进步的推动力，"紧缩主义"是一切祸害中的最大祸害，主要是基于其他的论点。

很明显的，通货膨胀主义学说所引起的一些问题，不能靠历史经验的教义来解决。物价的历史大体上显示出一个继续（虽然有短时期的中断）向上的趋势，这是无疑的。要认定这个事实，除非靠历史的了解，否则是不可能的。交换科学的谨严，不能用之于历史的问题。有些历史家和统计家想追溯几百年来金属货币购买力的一些变动，想衡量这些变动，这种努力是白费的。我们曾经说过，凡是衡量经济数值的一切企图，都是基于一些完全错误的假定，而显出对于经济学和历史的一些基本法则之无知。但是，历史靠它的一些特殊方法在这方面所能告诉我们的，足以支持这个论断：几百年来，货币购买力已显示出一个下降趋势。关于这一点，所有的人都是同意的。

但是，这不是一个要解释的问题。问题是，购买力的下跌是不是由长久的贫穷演进到现代西化资本主义这个较满足的情境所必要的一个因素。这个问题的答复决不可涉及历史经验；历史经验可以有，而且常常有不同的解释；每种学说和每种历史解释的主张者和反对者，都可举出历史经验来证明他们之间矛盾而不相容的陈述。我们所要作的，是要阐明购买力变动对于分工、对于资本累积、对于技术进步的一些影响。

在讨论这个问题的时候，我们不能以驳斥通货膨胀主义者所提出的论点而满足。那些论点的荒谬，是明显得易于驳斥、易于揭露的。经济学自始就一再断言"钱多是幸福，钱少是穷困"的说法是推理错误的结果。通货膨胀主义和扩张主义的信徒们反驳经济学家的教义之正确性，这些努力已经完全失败了。

唯一有关的问题是：以信用扩张作手段，使利率永久下降是可能或不可能？这个问题将在讨论货币关系与利率两者的关联那一章再详尽地研讨。在那里，将会指出信用扩张引起的市场兴旺的必然后果是些什么。

但是，在这里我们必须问问自己：是不是不可能还有一些其他的理由可用来支持通货膨胀的历史观。通货膨胀主义者不可忽略了某些可以支持他们立场的健全的论点吗？从每个途径来接近这个问题，确是必要的。

让我们假想这样的一个世界：在这个世界里面，货币数量是固定不变的。在历史的前期，这个世界的居民已经生产了可能生产出的当作货币用的那种货物的全部数量。货币数量的再增加是绝对做不到的。他们不知道用什么信用媒介。所有的货币代替品——包括辅币在内——都是货币证券（money—certificates）。

在这些假设下，分工之日益细密，从家庭的、村落的、区域的和国家的经济自足，到十九世纪世界性的市场制度这样的历史演变，资本的继续累积，以及生产技术的改进，将会促成物价下跌的长期趋势。货币购买力这样的上升会使资本主义的进展停止吗？

平凡的商人对于这个问题的答复，会是肯定的。因为他的生活环境是把货币购买力的慢慢而持续下降看作正常的、必要的而且有利的，他简直不能领悟一种不同的事象：一方面，把上涨的物价和利润这两个观念联在一起；另一方面，把下跌的物价和亏损混为一谈。其实，市场上也有些看跌的人赚得大量的利润，可是，这个事实并不能动摇上述的武断想法。他会这样说：有些专做投机的人们，想从一些已经生产出来的货物之价格下跌而谋利。创意的革新、新的投资、改善的技术之应用，都要有物价上涨的希望来刺激。经济进步只有在物价上涨的世界才有可能。

这种见解是站不住的。在一个货币购买力上升的世界里面，每个人的思想方式会对这种事象而自动调整，正如同在我们这个实际世界里面，对货币购买力的下跌而自动调整。今天，每个人都把他的名目所得或货币所得之增加看作物质幸福的改善。人们对名目工资率和财富的货币等值的增加，比对货物供给的增加更为注意。在一个货币购买力上涨的世界，他们就会更关心生活费用的下跌。这就将使大家看到经济进步主要的在于安逸的生活更易于得到而感到安慰。

在工商业行为中,关于长期物价趋势的考虑并不发生什么作用。企业家和投资者不为长期的趋势烦心。指导他们行为的,是他们对于将来的几个星期、几个月,至多是几年的物价趋势的看法。他们不会注意所有物价的一般趋势。对于他们有关系的,是生产要素的价格与其产品的预期价格之间的差距。决没有一个商人因为他料想所有的货物和劳务的价格将要上涨而着手某一生产计划的。如果他相信他能够从各级财货的价格之差异间得到利润,他就会着手去做。在一个物价长期趋向下跌的世界里面,这样谋取利润的机会,与在一个物价长期上涨的世界里面同样地会出现。"所有的"物价"一般的"继续上涨这个预期,并不引起细密的分工和福利的增进。它的结果是"逃避到真实的价值",是疯狂的购买,是货币制度的崩溃。

如果"所有的物价将会下跌"这个意见成为一般的想法,则短期的市场利率就会按"负价格贴水"(the negative price premium)㉘的数额而减低。使用借来的资金之企业家,在物价这样跌落时,经由负价格贴水而得到的安全保障,和在物价上涨的情况下,放款人为了免于货币购买力下降而受损,经由价格贴水(the price premium)而得到的安全保障,是相等的。

在货币购买力上涨的长期趋势下,商人们和投资者所用的经验法则,当然不同于在货币购买力下跌的长期趋势下所发展出来的那些法则。但是,这却不会从本质上影响到经济事象的过程。人们有一种冲动,是尽可能地好好生产以期改善他们的物质福利,这个冲动不是可以消除的。经济体系中有些促成物质改善的因素,即一些有企业心的发起人追求利润的热忱,和一般大众对于那些可用最低代价达到最大满足的货物的购买欲,这些因素不是可以消灭的。

对于这些事象的一些说明,并不是要主张通货紧缩政策。这些说明只是对那根深柢固的通货膨胀主义者所讲的神话加以驳斥。也即揭发凯恩斯学说的荒诞,凯恩斯是说贫困的根源、商业萧条的根源,以及失业的根源都在于"紧缩主义者的压力"(contractionist pressure)。"通货紧缩的压力……会妨碍现代工业的发展"的说法,不是真的。信用扩张会带来"变石头为面包的……奇迹"⑩的说法，不是真的。

经济学既不推荐通货膨胀政策，也不推荐通货紧缩政策。它不促动政府去干涉交易媒介的市场选择。它只证明以下的一些真理：

1. 一个政府采取通货膨胀政策或通货紧缩政策，都不会促进大众福利或全国的利益。它只是有利于一群人或几群人，而使其他的人群受害。

2. 采取通货膨胀政策或紧缩政策对于哪些人群有利以及有利到什么程度，都不可能在事先知道。这些后果如何，决定于错综复杂的全部市场情况。也大部分决定于通货膨胀或紧缩的快慢程度。

3. 无论如何，扩张政策的结果总是资本的误投和过分的消费。它使一个国家（就全部看）更穷，而非更富。这些问题将在第二十章讨论。

4. 继续的通货膨胀，最后一定要归结于疯狂的购买，通货制度的全盘崩溃。

5. 通货紧缩政策是不利于国库的，而且也不为一般人欢迎。通货膨胀政策是有利于国库的，而且一般无知的大众非常欢迎。实际上，通货紧缩的危险只是很小的，通货膨胀的危险却是大得可怕的。

十九、金　本　位

人们因为金银这两种贵金属具有矿物学的、物理学的和化学的一些特点而选择了它们作为货币。在市场经济里面，货币的使用是一个必要的事实。至于用黄金——而不用别的东西——当作货币，这只是一个历史事实，因而不是交换科学所可陈述的。在货币史里面，也和在历史的其他部门里面一样，我们必须依赖历史了解。如果有人喜欢把金本位叫作"野蛮的遗迹"，⑧他就不能反对把这个名词用之于历史上已定了的每个制度或惯例。于是，英国人说英语——而不说丹麦语、德语或法语——这个事实也是一野蛮的遗迹，因而凡是反对用世界语（Esperanto）代替英语的英国人之为顽固，也不下于那些不喜欢管理通货的人们。

白银的丧失货币资格和黄金单一本位制的成立,是政府对于货币事情着意干涉的结果。至于问,如果政府不加干涉那又会怎样,这个问题的提出毫无意义。但是,我们决不可忘记金本位的建立不是那些政府的意思。那些政府的目的是在复本位制。他们应用一个由官方硬性规定的金银比价,来代替独立并存的金币与银币之间的波动的市场交换率。这些作为所根据的货币学说,对于市场现象的误解,只有官僚们才会如此误解的。建立金银复本位制的企图,悲惨地失败了。由于这个失败,金本位就接着产生。金本位的出现,是显示那些政府和其采取的学说之完全失败。

十七世纪,英国政府把金币(the guinea)对银币的比价规定得太高,因而银币销声匿迹了。留在市场上流通的银币只有那些用久了损坏的,或者因为其他原因重量减低的;这样的银币不值得输出,也不值得向金块市场出卖。因此,英国就采用了金本位。这不是英国政府的意图。一直到很久以后,政府才把这事实上的金本位,变成法律上的金本位。这其间,英国政府曾企图使银本位币在市场上流通,因为无效而又放弃这种企图,结果只把白银铸成有限法偿的辅币。这些辅币不是货币,只是货币代替品。它们的交换价值不是靠它们的含银量,而是靠随时可按面值兑换黄金而不受损失。它们是对定额黄金的一些要求权。

后来,在十九世纪当中,法国的复本位制也是同样的结果,而其他属于拉丁货币同盟的一些国,则有事实上的黄金单一本位制的出现。在七十年代后期银价跌落,本应自动地引起事实上的银本位代替事实上的金本位的时候,那些政府为保持金本位而停止了银币的铸造。在美国金块市场的价格结构,在内战爆发以前已经把法制上的复本位制变成事实上的黄金单一本位制。在绿背钞票时期以后,金本位的赞成者与银本位的赞成者之间发生了争斗。其结果是,赞成金本位者胜利。一到在经济方面最进步的一些国家采行了金本位,其他所有的国家也就跟着采行。在第一次世界大战的通货膨胀以后,大多数国家很快地回到金本位或金汇兑本位。

金本位是资本主义时代的世界本位,它增进了福利、自由和政治的、经济的民主。在自由贸易者的心目中,它的主要优点,在于它是一个国际本位,而国际本位是国际贸易和货币与资本在国际间移转所必要的。㉓西方的工业制度和西方的资本，靠金本位这个交易媒介把西方文明传播到遥远的地方，到处破除年代久远的偏见和迷信，播下新生活、新幸福的种子，解放人们的心灵，创造前所未闻的财富。同时，西方自由主义空前的进展，几乎把所有的国家联合成一个自由国际社会，彼此和平合作。

人们为什么把金本位看作这个最大、最有利的历史变动的象征，这是容易了解的。凡是想阻挠那趋向于福利、和平、自由、民主之趋势的人们，总是讨厌金本位的，而且，他们的讨厌不仅是基于经济的理由。在他们的心目中，金本位是他们所想摧毁的一切学说和政策的旗号或象征。在对金本位的斗争中，比在物价和外汇率的斗争中表现得更为剧烈。

国家主义者反对金本位，因为他们想把他们的国家与世界市场隔离，而尽可能地做到一国的自给自足。干涉主义的政府和压力团体反对金本位，因为他们认为，金本位对于他们的操纵物价和工资是个大障碍。但是，反对金本位最激烈的，却是那些意图扩张信用的人们。照他们的看法，信用扩张是医治一切经济毛病的万灵药。它可以降低，甚至完全消灭利率；可以提高工资、物价而有利于所有的人，只有寄生的资本家和剥削的雇主除外；可以使预算不必维持平衡。总而言之，可以使所有的好人幸福快乐。只有金本位，邪恶而愚蠢的"正统的"经济学家想出的诡计，是妨害人类获致永久繁荣的。

金本位确不是一个完全的或理想的本位。在人间事物中，决没有什么完全的东西。但是，谁也不能告诉我们，如何可以把更好的东西来替代金本位。黄金购买力是不安定的。但是，购买力安定不变这个观念就是荒谬的。在一个生动的世界里面，不会有购买力安定这样一回事。在一个假想的、均匀轮转的经济结构里面，用不着交换媒介。购买力的变动，正是货币的本质。事实上，金本位的反对者不要货币购买力的安定。他们是要使政府有操纵购买力的权力，而这种权力不受"外在"因素——即金本位的货币关系——的限制。

反对金本位的主要理由，是说金本位使一个不是政府所能控制的因素——即黄金产量的变动——在物价的决定中发生影响。因此，一个"外在的"或"自动的"力量限制住一国政府为人民谋福利的权力。一些国际资本家在发号施令，国家主权成为虚伪的东西。

　　但是，干涉政策之无用与货币的事情毕竟无关。以后将要说明，为什么政府干涉市场现象的一切措施决不能达到所追求的目的。如果干涉主义的政府想补救第一次干涉的缺陷而继续再加干涉，最后就会把本国的经济制度变成德国型的"社会主义"。那时，它就完全废除了国内市场，而且货币和所有的货币问题也随之消灭，尽管它还保留市场经济的某些名词和标志。㉝在这种情形下，辜负了仁慈当局之善意的，不是金本位。

　　金本位使黄金供给的增加要靠产金之有利润，这个事实的意义就是：它限制了政府采取通货膨胀政策的权力。金本位使货币购买力的决定得以脱离一些政党和压力团体常常变动的野心和理论。这不是金本位的缺点，而是它主要的优点。操纵购买力的每个方法必然是恣意武断的。为想发现所谓客观的和"科学的"标准来管理货币的一切建议，都是基于"购买力的变动可以衡量"这个妄想。金本位使"现金引起的购买力变动"之决定，从政治舞台上移出来。金本位的普遍接受，必须大家认识到"任何人不能靠印刷钞票使所有的人更富有"这个真理。"万能的政府可以用几张纸头创造财富"这个迷信，鼓励了对金本位的厌恶。

　　他们说，金本位也是一个被操纵的本位。政府也可以藉信用扩张来影响黄金购买力的高低，即令这信用扩张要保持在限度以内（这限度是来自货币代替品必须随时兑现这种考虑，或者直接来自引起人们减少现金握存额的那些进一步措施）。这是真的。一八九六年与一九一四年之间的物价上涨，大部分是政府的信用扩张政策引起的。这个事实是不能否认的。但是，主要的事情，是金本位把所有像降低利率这样的作为，限之于狭窄的范围以内。通货膨胀者反对金本位，正因为他们认为这些限制对于他们的计划之实现是个重大的阻碍。

　　通货膨胀主义者所说的金本位的一些缺陷，却正是金本位最优越、最有用的功能。黄金是国际贸易的货币，是超国邦的人类经济社会的货币。它不会受到某些国家的那些政府之措施的影响。只要在经济方面不是严格意义的自给自足的国家，只要国家主义者用以隔绝外界的那些围墙还有些漏洞存在，黄金仍然要当作货币使用的。即使政府没收它所查获的金币和金块,并把保有黄金当作罪人来惩罚,也是不关事的。有些政府想在国际贸易上消除黄金,因而彼此签订双边清算协定,而这些协定的文字避免涉及黄金。但是,基于那些协定而完成的交易,是以黄金的价格来计算的。在外汇市场买进或卖出的人,是用黄金来计算买卖的得失。尽管一国的通货已经与黄金断绝所有的关系,它的国内物价结构依然与黄金和世界市场的黄金价格密切关联。如果一个政府想把本国的价格结构与世界市场的价格结构隔离,它就必须用其他的一些办法,例如,限制进出口的关税和禁运。国际贸易的国营,不管是公开地或直接地靠外汇管制来达成的,并不废除黄金。以贸易者的资格而从事贸易的政府,仍然在用黄金作交易媒介。

所有现代的政府都反对金本位。我们决不可认为这是个孤立的现象。这只是我们这个破坏时代的一连串大破坏的一个项目而已。人们之反对金本位,因为他们要以国家的自足代替自由贸易,以战争代替和平,以极权的政府万能代替自由。

也许有这么一天,工艺学发现一种方法把黄金产量扩增到使其价值低落得不堪作为货币了。那时,人们将会用其他的本位来代替金本位。今天,我们用不着烦心这个问题如何解决。关于在什么情形之下,将会作这个决定,我们一点也不知道。

国际的货币合作

国际金本位,无须政府方面的任何作为而会自行运作。这是全世界市场经济中所有成员的有效而真实的合作。不需要任何政府为着使金本位成为国际本位而加以干涉。

一些政府所说的国际货币合作,是为着信用扩张而采取的一致行动。他们知道:信用扩张只限于一国的时候,其结果是这一国的资金外流。他们认为:使他们降低利率因而创造持久繁荣的计划归于失败的,只是资金外流。如果所有的政府合作起来,采取扩张政策,他们想,他们就可消除这个障碍。所需要的是一个发行信用媒介的国际银行,而这些信用媒介被各国的人民当作货币代替品使用。

靠信用扩张以降低利率是不可能的，使其不可能的，不只是资金外流，关于这一点，在这里没有再强调的必要。这个基本问题将在其他的章节详细讨论。③

但是，另一个重要问题要在这里提出。

让我们假设有一个发行信用媒介的国际银行，它的顾客是世界全部的人口。至于这些货币代替品是直接流进个人和公司行号的现金握存，或只是被各国中央银行作为本国货币代替品的发行准备金，这是无关紧要的事情。要紧的是有个统一的世界通货。各国的银行钞票和支票货币可兑换这个国际银行发行的货币代替品。维持本国通货与国际通货的平价这个必要，限制住每国中央银行扩张信用的能力。但是，这个世界银行只受限于对一个在孤立的经济体系或在全世界营业的单一银行的信用扩张发生限制作用的那些因素。

我们也可假设，这个国际银行不是一个发行货币代替品（其中一部分是信用媒介）的银行，而是一个发行国际性命令货币的世界当局。使用中的唯一货币是这个世界当局创立的。这个世界当局可以自由增加这种货币的数量，倘若它不做得过分以致引起疯狂的购买而陷币制于崩溃的话。

于是，凯恩斯门徒们的想法实现了。于是，有了一个可以对世界贸易运用"通货膨胀主义者的压力"的机构。这个机构可以使全世界富饶到用之不尽、取之不竭。

可是，这些计划的鼓吹者却忽略了一个基本的问题，即：这种信用货币或纸币的增加量如何分配的问题。

让我们假设，这个国际当局把它的发行量增加一个定额，这增加额的全部都用之于一个国家——乌有国。这个通货膨胀行为的最后结果，将是全世界的货物与劳务的价格上涨。但在这个过程当中，各国人民的生活情况所受到的影响不一样。乌有国的人民是首先受惠的集团。他们的口袋里有了更多的钱，别国的人民还没有分到新发行的货币。乌有国的人民能够出较高的价格买东西，别国的人民不能如此。所以，乌有国的人民从世界市场取回的财货比以前的多。别国的人民就不得不减少他们的消费，因为他们不能与乌有国的人民竞争,后者能够出较高的价格购买。当价格调整的过程还在进行的时候,乌有国的人民是处在有利的地位。当这个过程终止的时候,乌有国的人民已经是牺牲了别国人民的利益而富有了。

这里的主要问题,是增发的货币按什么比例分摊给各国的问题。每个国家都会主张本国可以得到最大配额的分配方式。例如,工业落后的东方国家大概要主张按照人口平等分配,这个主张明显地有利于他们而牺牲工业进步的国家。不管采用怎样的分配方式,所有的国家不会都满意,而要申诉不平的。于是,严重的冲突随之发生,整个计划为之瓦解。

如果说,这个问题在建立国际货币基金以前的那些商议中并未成为重要的争端,而且关于这个基金的利用,很容易地达成了协议。用这种说法来反对我们所作的分析,这是不相干的,布雷顿森林会议(Bretton Woods Conference)是在特殊环境下举行的。当时参加的国家大多数完全依赖美国的仁慈。如果美国停止为他们的自由而战,停止以租借的办法大规模地援助他们,他们势将惨败。另一方面,美国政府是把货币协定看作休战以后为一个伪装的租借办法的继续而作的一个设计。一方面,美国愿意给与;另一方面,其他的参加国——尤其是欧洲的一些国家,其中的大多数当时尚被德军完全占领,以及亚洲的一些国家——乐于接受任何被给与的东西。这里涉及的一些问题,一到美国对金融贸易事件的战时态度被一个更现实的情绪所代替的时候,马上就会显现出来。

国际货币基金并未达成它的发起人所希望达到的目的。在该基金的历届年会中,有很多的讨论,也有些关于各国政府和中央银行的货币信用政策的检讨与批评。该基金本身与各国政府和中央银行做借贷交易。它认为,帮助各国政府为它们的过分扩增的本国通货维持住一个不切实的汇率,是它的主要功用。在这些努力中,它所采用的方法,本质上并不异于为此目的而经常采用的那些方法。世界的货币事情的发展,和没有布雷顿协定、没有国际货币基金,是一样的。

世界政治经济情势的凑合,使得美国政府能够遵守它的诺言,让外国政府和中央银行得以三十五元美金买得一盎司黄金。但是,美国"扩张主义者"的政策之继续和加强，已经大大地加速了黄金的提取，并引起人们的忧虑将来的货币情况。他们恐惧黄金的需求会再增加，美国的存金将会枯竭，因而逼得美国不得不放弃现在维持美元于三十五盎司黄金的办法。

关于这些问题的公开讨论有一个特征，那就是小心翼翼地避免提到黄金需求之所以增加的一些真正原因。他们不涉及赤字支出和信用扩张政策。而只是埋怨所谓"不足的流动性"和"准备"不足。他们所建议的治疗法是更多的流动性，是靠"创造"新增的"准备"来达成。这即是建议以更大的通货膨胀来医治通货膨胀的后果。

我们必须记住，美国政府与英伦银行在伦敦黄金市场维持三十五元美元一盎司黄金的政策，是今天防止西方一些国无限通货膨胀的唯一措施。这些政策不会马上受到各国"准备"额的影响。所以，那些新"准备"计划似乎不直接关乎黄金对美元之关系的问题。它们是间接地与它有关，因为它们是要把大众的注意力转移到真正问题——通货膨胀——以外。就其余的讲，官方理论靠的是那个老早被放弃了的收支平衡说——用以解释货币风潮的收支平衡说。

注　释

① 货币计算的理论不属于间接交换论。它是一般的行为理论之一部分。

② 参考第十一章第二节。Hayek 的 *Price and Production*（rev. ed. London, 1935），pp. 1 ff., 129 ff. 对于这个妄想历史和用语提供了重要的贡献。

③ 参考 Mises，*The Theory of Money and Credit*，H. E. Batson 译（London and New York, 1934），pp. 34～37。

④ 货币会在运输过程中，它会在火车上、轮船上或飞机上，从这个地方运输到那个地方。但是，在这种情形下，它也是在某一个人的控制下，属于某一人所有，而不是所谓的在"流通中"。

⑤ 参考 Carl Menger 的 Grundsatze der Volkswirtschaftslebre（Vienna, 1871），pp. 250 ff.; ibid.，（2d ed. Vienna, 1923），pp. 241 ff.; Untersuchungen über die Methode der Sozialwissenschaften（Leipzig, 1883），pp. 171 ff。

⑥ 参考 Menger，*Untersuchungen*，I. C，p. 178。

⑦ 只能当作交换媒介而不适于其他任何用途的那种货币的需求问题将在本章第九节讨论。

⑧ 著者在一九一二年出版的 *Theory of Money and Credit* （英文译本的 pp. 97~123）第一次提出这个购买力回归定理。这个定理曾受到各种观点的批评。有些批评，尤其是 B. M. Anderson 在他那本思想丰富的著作 *The Value of Money*（1917 年初版。参考 1936 年版的 pp. 100 ff.）里面的批评，值得仔细检讨。由于涉及的一些问题之重要，我们也必须重视 H. Ellis 所提出的那些反对（见之于 German Monetary Theory 1905 - 1933 〔Cambridge, 1934〕, pp. 77 ff）。在上面的正文里面，所有的批评都详细列举并加以检讨。

⑨ 参考 Mises, *Theory of Money and Credit*, pp. 140~142。

⑩ 参考第十四章第五节。

⑪ 见后面第二十章。

⑫ Greidanus, 在他的 *The Value of Money* (London, 1932), pp. 197 ff, 这样作过。

⑬ 关于市场利率与购买力变动的关系，参考第二十章。

⑭ 参考第二十章节六节。

⑮ 参考第二十章第五节、第六节。

⑯ 法律是否赋予货币代替品以法偿资格，也是无关紧要的。如果这些东西，真的被一般人看作货币代替品因而就是货币代替品，而其购买力等于货币，则法偿资格的唯一效果，只是防止坏人专为困扰别人而实行狡赖。但是，如果这种东西不是货币代替品，因而在交易中是按它们的票面价值打一个折扣，则法偿资格的赋予，等于用政治力量来限价，即对黄金和外汇规定一个最高价，对那些再也不是货币代替品而是信用货币或法定货币的东西规定一个最低价。这时 Gresham 法则的效果就会发生。

⑰ "正常的"信用扩张这个想法是荒谬的。信用媒介的增加发行，不管它的数量大小，总要引起商业循环理论所要讨论的那种物价结构的变动。当然，如果增加发行的数量不大，也不致有扩张的后果。

⑱ Vera C. Smith 在她那本有价值的著作 *The Rationale of Central Banking* (London, 1936), pp. 157 ff 当中，对于这个基本事实没有注意到。

⑲ 参考 Cernuschi, *Contre le billet de banque* (Paris, 1866), p. 55.

⑳ 在这些银行钞票还是货币代替品的时候，政府也常常给它们的法偿资格，因此，在交换价值上，它们等于货币。那时，这个法令没有交换科学上的重要性。现在它变成重要了，是因为这个市场再也不把它们当作货币代替品了。

㉑ 关于更详细的分析见第二十章第二、三、四节。

㉒ 见第二十六章第三节。

㉓ 例如，不能用支票的活期存款。

㉔ 这一切是就欧洲的情形而言的。美国的情形只在技术上不同，而非经济上的不同。可是，"热钱"这个问题不是一个美国问题，因为在现在情况下，没有一个国家会被资本家认为是比美国更安全的资金避难所。

㉕ 参考 Marianne von Herzfeld, Die Geschichte als。

㉖ 参考第二十章第三节。

㉗ 括号内的词句，见之于 International Clearing Union，*Text of a Paper Containing Proposals by British Experts for an Interclearing Union*，April & 1943（Published by British Information Services，an Agency of the British Government），p. 12。

㉘ 见之于一九四四年五月二十三日凯恩斯在上议院的演讲词。

㉙ T. E. Gregory，*The Gold Standard and Its Future*（3d ed. London 1934），pp. 22 ff.

㉚ 参第二十七至三十一章。

㉛ 参考前面的第十七章第十二节和后面的第二十章第六节至第九节。

第十八章 时间经过中的行为

一、时间评值的透视

行为人会区别两个时间,一是欲望得到满足以前的时间,一是满足在继续的时间。

行为的目的,总是为的消除将来的忧虑,即使这个将来只是立刻到来的时刻。在行为开始与目的达成的中间,总有一段时间经过,也即,行为所播的种子长到成熟的那个成长期。最明显的例子是农业提供的。从土地耕作到成果收获,其间有段相当长的时间。其他的例子是酒的品质因年代久远而益醇美。可是,在某些场合其完成期非常短,短到通常的说法是说马上成功。

行为是要使用劳动的。就这一点讲,行为与工作时间有关。每种劳动都要消耗时间。在某些场合,工作时间非常短,短到一般人把它说成不需要时间。

只有在稀少的场合,一个简单的、不可分割的、不重复的行为就足以达成目的。在通常的情形下,行为者达到他所追求的目的,总不止一个步骤。他必须经过许多步骤。而且每进一步就要重新引起这个问题:要不要向那个曾经选定的目的继续前进。很多目的是非常遥远的,只有靠坚定的毅力来达成。必要的全部时间,也即工作期加上完成期,可以叫作生产时期。生产时期,有的场合长,有的场合短;有时短到可以完全无视它。

由于目的达成而得到的欲望满足之增加,在时间上是有限的。生产的结果,只在我们可叫作"功用持续"(the duration of serviceableness)的时期当中提供功用。有些产品的功用持续较短,有些较长,较长的通常叫作耐久财。因此,行为人总要考虑到生产期和产品的功用持续期。在估计一个计划的反效用的时候,他不只是计算对那些必要的物质要素和劳动的支出,也要计算生产期。在估计那件预期中的产品的效用时,他要想到这件产品的功用持续期。当然,一件产品愈是耐久,则它所提供的功用量就愈大。但是,如果这些功用不能累积在同一天,而是扩散在一个时期当中,则时间因素在它们的评值中就要发生特别作用。n 个单位功用或在同一天中提供出来,或是扩散在 n 天当中,每天只有一个单位,这个不同,是相当重要的。

生产期和功用持续期一样,都属于人的行为元范,而不是哲学家、经济学家和历史家构想出来作为心智工具的概念。对于这一点的认识是很重要的。凡是先于行为而且指导行为的每一推理都以这两个元范为其基本要素。这一点是必须强调的,因为庞巴维克(Böhm-Bawerk)没有了解这个区别,尽管他发现生产期所发生的作用,对于经济学是一大贡献。

行为人不是用历史家的眼光来看他的情况。他不关切现在的情况是怎样开端的。他所关心的只是善于利用今天可以利用的手段尽可能地消除将来的忧虑。过去的事情对于他不成问题。他有定量的物质的生产要素可以自由处分。他不过问这些要素是自然的赐予还是过去生产过程的产物。在它们的生产中用了多大一个数量的自然赐予,也即,原始的物质的生产要素和劳动,以及这些生产过程耗费了多少时间,对于他都无所谓。他对那些可用的手段之评值,完全是看它们在他改善将来情况的努力中所能提供的帮助。生产期和功用持续期,对于他而言,是计划将来行为的两个元范,不是学术思考和历史研究的概念。行为人必须对长短不同的生产期加以选择,对程度不同的耐久财的生产加以选择,在这些选择的范围内,这两个元范发生作用。

行为不是关于一般的将来,而是关于一个确定的、有限的一段将来。这段将来,一端是决定于这个行为所占的时间,另一端的所在就凭行为者的决定和选择。有些人只关心眼前,有些人远虑到他们的身后。我们可把行为者在某一特定行为中所想用以准备的那段将来的时间叫作"准备期"。行为人对那些在同一段将来时间以内的各种欲望满足要加以选择;同样地,在较近的将来之欲望满足,与较远的将来之欲望的满足之间,他也要加以选择。每个选择也包含着准备期的选择。人在决定如何使用各种可用的手段以消除忧虑的时候,他也无形地决定了这个准备期。在市场经济里面,消费者的需求也决定准备期的长短。

有种种方法可用以延长准备期:

1. 派定将来消费的消费财之大量的累积。

2. 较耐久的财货之生产。

3. 需要较长生产期的财货之生产。

4. 选择一些更费时的生产方法来生产那些也可在较短的生产期生产出来的财货。

前两个方法用不着再加解释。第三个和第四个方法必须仔细检讨。

最短的生产过程,也即生产期最短的过程,不会完全消除不适之感,这是人的生活和行为的极据之一。如果这些最短的过程所可提供的一切财货都生产了,未满足的欲望仍然有,再行为的诱因还存在。因为行为人在其他事物不变的条件下,喜欢那些最短的生产过程,①所以,只有那些消耗更多时间的过程留下来再行为。人们之所以用这些消耗更多时间的过程,因为他们把"那预期中的满足之增加"看得比"因为等待而受到的不利"更重。庞巴维克说到费时的迂回生产有较高的生产力。更适当的说法应该是说较高的物质生产力的生产过程是需要较多时间的。这些较高生产力的生产过程不总是在于它们生产出——用同量的生产要素——较大量的产品。常常是在于它们生产些较短的生产期根本不能生产的产品。这些过程不是迂回的过程。它们是达成那个被选定目的的最捷径。如果一个人想捕获更多的鱼,除掉用鱼网、渔船来代替徒手捕鱼法以外,别无他法。阿司匹林(aspirin)的生产除掉用已知的化学工厂所用的方法以外,没有更好的、更敏捷的、更便宜的方法。如果一个人把错误与无知置之不理,则不会怀疑他所选择的一些过程是生产力最高的和最大便利的。如果人们不把它们看作最直接的过程——也即走向所选择的目标的最捷径——他们就不会采取它们。

经由消费财的累积的准备期延长，是由一个想为较长时期而预先准备的愿望所引起的结果。就那些耐久性在比例上大于所必要的生产要素的较大消耗额的财货之生产而言，这也是有效的。②但是，如果时间上较远的目的指定了，则生产期的延长就是一个必然的结果。这个目的不能在较短的生产期达成。

一个消费行为的延缓，即是这个当事人宁愿用后来的消费所提供的满足来代替目前的消费所可提供的满足。一个较长的生产期之选择，即是这个行为者对较长的生产过程所生产的财货的评值，比对较短的生产过程所生产的评值要高些。在这样的深思熟虑后所决定的选择下，这个生产期就显得像等待期（waiting time）。这是杰逢斯和庞巴维克曾指出的等待期所发生的作用，这是他们两人的伟大贡献。

如果行为人没有注意到等待期的长短，他就不会说一个目标在时间上是这么遥远以致谁也不会想达成它。面对两个生产过程，投入相等，产出不同，他总会选择那个可产出同样产品而数量较多的，或者选择那个可产生同量产品而品质较佳的过程，即令这个结果的达成只有靠生产期的延长。如果投入的增加使得产品的"功用持续期"超比例地增加，这应该是无条件地被认为有利的。人们不这样做，这就证明，他们对一段同样长的时期所作的评值，是就其与行为者作决定的时刻距离的远近而分轻重的。在其他事物不变的条件下，较近将来的满足比较远时期的满足更受欢迎；负效用发生于等待中。

这个事实已隐含在本章开始的那句话中。那句话是说行为人会区别两个时期，一是欲望得到满足以前的时期，一是满足在继续的时期。如果在人的生活中，时间没有任何作用的话，对较近和较远的同样长的时期予以同等评值，那就不会有何问题。这样的同等评值也即表示，人们并不关心成功的或迟或早，那就等于时间因素完全从评值过程中排除掉。

功用持续期较长的财货比功用持续期较短的财货得到更高的评值，这是事实；但仅仅这个事实，其本身并不意涵时间的考虑，一个可以防御风雨达十年之久的屋顶，比一个只能防御风雨五年的屋顶更有价值。这两个屋顶的功能，量不一样。但是，我们所要讨论的问题是：一个在做选择的行为人，是否把一个在较远的将来才可得到的一个功用，和一个在较近时期即可得到的功用给以相等评值。

二、作为行为之一必要条件的时间偏好

对于这个问题的答复是：行为人不是仅就时期的长度来给时期评值。他为消除未来的忧虑而作的选择是受"较早"和"较迟"这个范畴指导的。时间对于人，不是一个只有长度可计的同质的东西。它不是长度方面的"较多"或"较少"，它是一股不能倒流的流，其中的一些片断，按照它们距评值和决定的时刻之或近或远而显现于不同的展望中，在较近将来的一个欲望之满足，在其他事物不变的条件下，比一个在较远将来的满足更受重视。现在的财货，比将来的财货更有价值。

时间偏好是人的行为的一个绝对必要因素。我们不能想象一种行为不是把近期的满足看得比远期的更重要。欲望满足这件事的本身，即意涵目前的满足重于后来的满足。如果一个人不是把近期的满足看得比远期的更重要，他就永远不为满足欲望而消费。他永远是累积而不消费享受。今天他不消费，明天也不消费，因为到了明天，他又同样地做了。

受时间偏好支配的，不仅是走向欲望满足的第一个步骤，接着的每一步骤也要受它的支配。在价值等级上，列在第一级的欲望 a 一经得到满足，一个人就要在第二级的欲望 b 和那个属于明天的欲望 c 之间加以选择，这个欲望 c 如果没有时间偏好的话，它会列在第一级。假若取 b 舍 c，很明显地这个选择就涉及时间偏好，着意寻求欲望的满足，一定是要受时间偏好所支配的，时间较近的满足优于时间较远的满足。

现代资本主义的西方人所处的环境，与他的原始祖先所处的环境大大不同。我们托祖先之福有了丰富的中间产品（资本财或制造的生产要素）和消费

财可以由我们处分。我们的活动是就一个较长的准备期而设计的，因为我们的祖先已经一步一步地把准备期延长，给我们遗留下可用以伸展等待期的生活资料。在行为中，我们关心较长的时期，而要在那个选作准备期的时期以内，所有的部分时间求得均匀的满足。我们能够信赖消费财的继续产出，而且可由我们处分的，不仅是大量的消费财，也有大量的生产财可供我们继续生产新的消费财。肤浅的观察者说，在我们这种递增的"所得流"的讨论中，没有注意到关于现在财和未来财不同评值的任何考虑。他说，我们不分时间的先后，因而时间因素对于事情的处理没有任何重要性。他接着说，所以，用时间偏好来解释现代环境，这是不中肯的。

这种说法的基本错误，和其他的许多错误一样，是由于对那个假想的均匀轮转的经济建构的一个可悲的误会。在那个假想的建构里面，是没有变动的；一切事情都有一定的过程。因而为近期和远期的欲望之满足而配置财货，也不会有什么变动。谁也不打算什么变动，因为——按照我们的假设——现行的配置是最好的，因为他不相信有何可能的再安排会改善他的环境。谁也不想增加近期的消费而牺牲远期的消费，或增加远期的消费而牺牲近期的消费，因为现在的配置方式比任何其他可想得到的可实行的配置方式更好。

资本与所得在行为通论上的区别是一个思想范畴，这个范畴是以对将来不同时期欲望满足的不同评值作基础的。在那均匀轮转经济的假想建构里面，消费掉的是全部所得而不多于所得，所以，其资本仍然不变。为着将来不同时期的欲望满足而作的财货配置，达到了一个均衡。我们可以把这种情况说成：谁也不想在今天消费明天的所得。我们之设计这个假想的建构，正是要使它适合这种情形。但是，我们也可以同样确定地说，在均匀轮转的经济里面，谁也不想保有比他实际保有的更多财货，这是必要的一个认识。这些陈述就那均匀轮转的经济而言，都是真的，因为它们已经包含在这个假想建构的定义中。如果就实际的变动的经济而言，那就是荒谬的。变动一经发生，各个人马上就要重新做选择，一方面要在各种满足同一时期欲望的方法之间选择，另一方面要在各种满足不同时期欲望的方法之间选择。增加的东西可用之于立刻的消费，也可用之于投资。不管行为人如何利用它，他们的选择一定是决定于对那些不同时期欲望满足所可得到的利益所作的权衡。在实际的世界中，也即，在生动变化的环境中，每个人在他的行为中，不得不在各种时期的欲望之间加以选择。有些人把他们所赚得的一切一切全部消费掉，有些人把他们的资本消费一部分，有些人把他们的所得储蓄一部分。

对于时间偏好的一般有效性持反对论的人们，未能解释为什么一个人不总是把今天可用的一百元的总额拿去投资，即令这一百元在一年以内会增加到一百零四元。很明显地，今天消费这笔钱的这个人之所以做此决定，是由于一个价值判断，即他对现在一百元的评值高于一年后一百零四元的评值。但是，即令他选择投资这一百元，其意义并不是他宁可舍今天的满足换得以后的满足，而是他对今天一百元的评值低于一年以后一百零四元的评值。在资本主义经济里面，由于金融机构的完备，即令极小的金额也可用以投资，在这种情形下，今天花费的一文钱就是当前的满足比后来的满足有较高评值的明证。

时间偏好这个公理必须从两个途径来说明。第一，就单纯的储蓄来讲，在这个场合，人们是在"即刻消费某一数量的财货"与"以后消费这相同的数量的财货"之间选择；第二，就资本主义的储蓄来讲，在这个场合，人们是在"即刻消费某一数量的财货"与"今后消费较大量的财货，或今后消费那些适于提供评值较高的满足的财货"之间作选择。关于这两种情形的证据，我们已经提出。再没有别的情形可以想象到。

关于时间偏好问题，要从心理学上寻求了解，这是可能的。焦躁以及等待引起的苦痛，确是一些心理现象。这些现象，可就人生的时间有限来说明，人生从出生而成长，最后必然衰老而死亡。在人生的这个过程中，每件事物有其适当的时日，也有其过早和过迟的时日。可是，行为通论上的问题与心理学上的问题决无关系。我们必须想象，不仅是了解。我们必须想象一个不愿舍远期满足以换近期满足的人，将永久不会消费和享受。

我们也不可把行为通论上的问题与心理学上的问题相混淆。凡是想活得更久一点的人，最重要的，是在中间时期特别注意生活的保健。为了较远将来任何欲望的满足，有关生命的一些需要必须得到照顾。这使我们了解，为什么凡在觚口的生活都有问题的场合，宁可舍以后的满足换得最近的满足。但是，我们在这里所讲的是行为的本身，而非指导行为的一些动机。以经济学家的资格，我们不问为什么人需要蛋白质、糖和脂肪，同样地，我们也不问为什么有关生命的需要刻不容缓地要满足。我们必须想到：任何种类的消费和享受，都意涵当前的满足优于后来的满足。这个透彻的见识，远胜于用生理学上那些有关的事实来提供解释。它涉及各种各类的欲望满足，不仅涉及维持生命的最低需要的满足。

强调这一点是必要的，因为庞巴维克所使用的"生活必需品的供给"（supply of subsistence, available to advances of subsistence）这个词，很容易被误解。为生活上基本需要之满足而准备，使生命得以延续，这确是这个供给量的功用之一。但是，除掉满足等待期的生活必需以外，它必须大到足以满足那些"被认为比那更费时的生产过程所可得到的丰富收获更为迫切的一切欲望"。

庞巴维克宣称，生产期的每一延长都要靠这个条件："要有一批在数量上足够的现在财，可用以渡过从准备工作的开始，到它的产品收获这段延长了的中间时期"。③"足够的数量"这个说法，要加以说明。它不是指一个足够维持最低生活的数量。这里所说的数量，必须大到足以使下述的欲望全部得到满足，即：在等待期当中，其满足被认为比那更长的生产期所将提供的利益更为重要的那些欲望。如果这个数量不够这样的话，则把生产期缩短就显得有利；希望从较长的生产期所可做到的产品数量的增加或其品质的改良，就不被认为足以补偿等待期必要的消费节省。生活必需品的供给是足够或不足够，不是凭任何生理学上的因素，或其他可由工艺学和生理学的方法作客观决定的那些事实。"渡过"（overbridge）这个比喻词，是会引起误解的，因为这个词的意义，含有被"渡过的"这条河的宽度给筑桥者提出一个客观决定了的工作。其实，这里所说的数量，是由人们评值的，他们的主观判断断定它足够或不够。

即令我们假想一个世界，在那里面，自然界供给每个人维持生物生存的必要物资；在那里面，最重要的食粮不是稀少的，人的行为不关心到最低生活的维持，即令如此，时间偏好这个现象还是存在的，还是指导一切行为的。④

论时间偏好理论的演进

利息随时期的延长而增加。仅凭这个事实,就可叫那些想发展一套利息理论的经济学家注意时间所发生的作用。这个想法似乎是有理的。可是古典的经济学家,由于他们的价值理论和成本概念的错误,没有认清时间因素的重要性。

时间偏好理论是杰逢斯对经济学的一大贡献,而这个理论的完成尤其得力于庞巴维克。庞巴维克是精确地讲解这个问题的第一人,是揭发生产力学说的一些谬误的第一人,是强调生产期所起的作用的第一人。但在利息问题上,他没有完全避开陷阱。他对于时间偏好的一般有效性所提的论证,是不适当的,因为那是基于一些心理学的考虑。但是,心理学决不能说明行为通论中的一个公理的有效性。它可以说明,有些人或许多人让他们自己受某些动机的影响。它绝不能说明,人的一切行为必定是受一个确定的绝对因素的支配,这个因素,无例外地,在每个行为中发生作用。[5]

庞巴维克理论的第二个缺点是,他误解了生产期这个概念。他没有充分知道生产期是行为通论的一个元范,而它在行为中所起的作用,完全在于行为人在长短不同的生产期之间所作的选择。过去为生产今天使用的资本财而花的时间之长短,毕竟不值得计较。这些资本财只能就它们对将来的欲望之满足有无用处来评值。"平均生产期"是个空洞的概念。决定行为的,是这个事实:在各种可以消除未来忧虑的方法当中加以选择的时候,每个方法的等待期的长短,是个必须考虑到的因素。

由于这两点错误,庞巴维克在他的理论中没有完全避免生产力研究法,这个方法是他自己驳斥过的。

这些论述丝毫不贬损庞巴维克的那些不朽的贡献,后来的一些经济学家——其中最著名的如威克塞尔(Knut Wicksell),Frank Albert Fetter 和 Irving Fisher——在时间偏好理论上的成就,都是在庞巴维克所奠定的基础上面完成的。

习惯上讲到时间偏好理论的精髓时总是这样说:现在的财货优于未来的财货。在讨论这种说法的时候,有些经济学家被例外的事实弄糊涂了,有的场合,现在的用处不及将来的用处那么值得。但是,这些似乎是例外的场合所引起的问题,只是由于对真实情况之不了解。

有些享受是不能同时兼有的。一个人不能在同一晚上去两个剧场看戏。在买入场券的时候,他必须在两者之间作选择。如果有人把同一晚上的两个剧场的入场券当礼物送给他,他也同样要在两者之间作选择。对于他拒收的那张入场券,他也许这样想:"此刻我不想要"或"假若是以后的就好了"。⑥但是,这并不是说将来财比现在财好。他不是要在将来财和现在财之间作选择。他是要在两个不能同时兼有的享受之间作选择。这是每个选择中的两难。在现在的情况下,他也许舍甲剧场而取乙剧场。在后来不同的情况下,他可能作相反的决定。

第二个类似的例外,见之于一些不经久的财货。这些不经久的财货会在一年的某一季节中很丰富,在其他季节中却稀少。但是,冬季的冰与夏季的冰之间的区别,不是现在财与将来财之间的区别。它是"一种即令不消费它,它的特殊效用也会失掉的财货"与"那需要一个不同的生产过程的另一种财货"之间的区别。冬季结的冰要留到夏季用,必须经过一个特别的保存过程。如果仅仅是节省冬季的用冰量,那就不可能增加夏季可用的冰。就一切实际的目的而言,它们是两种不同的财货。

守财奴的例子也不与时间偏好的一般有效性冲突。在支用少许的钱以维持糊口生活的时候,守财奴也是把当前的满足看得比将来的满足更重要。至于守财奴连最低限度的食物费用都舍不得支付,这种极端的例子是代表一种病态,生命力枯竭的病态。这正如同怕把细菌吃进去而绝食的人一样,正如同怕遇到危险的事情而自杀的人一样,正如同怕睡着了有不测之祸而失眠的人一样。

三、资 本 财

现在的欲望之满足被认为比将来的更迫切,当现在的欲望一满足,人们马上就开始把那可利用的消费财储蓄一部分,以备后来的消费。这种延迟消费,使一些为期较远的目的可能达成。以前由于那必要的生产期太长而不堪设想的一些目标,现在也可能达成了。而且,所选择的生产方法,也可能是那些每个单位投入的产出量比那生产期较短的其他方法的产出量为多的生产方法。延长生产期的必要条件是储蓄,也即,现在的生产超过现在的消费。储蓄是增进物质福利以及促其继续不断增进的第一个步骤。

消费的延缓以及为后来消费而作的消费财存量的累积,即令没有较长生产期技术优越性这个诱因,也会有人施行的。较长时期生产过程的较高生产力,更大大地加强了储蓄倾向。减缩当前的消费而引起的牺牲,到后来不仅是因消费那些储蓄下来的财货而得到弥补,而且它也开辟了一条途径,经由这条途径,将来有更丰富的供应,而且还可得到"假若没有这种牺牲就根本不会得到的"一些财货。如果行为人,在其他情形不变的假定下,不是把当前的消费看得比将来的消费更重要,他就会总是储蓄,决不消费。限制储蓄额和投资额的,是时间偏好。

想采用生产期较长的生产方法的人们,必须首先储蓄一些消费财,这些消费财是在等待期用以满足那些他们认为比那可从较长期的生产过程得来的福利增加更为迫切的欲望。资本累积是以消费财的储蓄开始的,消费财的储蓄即是把它的消费延展到日后。如果这些剩余(储蓄)只是储藏起来留着日后消费,则它们仅仅是财富而已,或更正确地说,仅仅是为不时之需做准备。这样,它们是留在生产的轨道以外。它们之成为生产活动的一部分(经济意义的,不是物理意义的),只有在用来作为那些在较长期生产过程中工作的工人们生活之资的时候。这个时候,就物理意义讲,它们是被消费了;但就经济意义讲,它们没有消灭。首先,它们被那些生产期较长的过程所产出的中间产品所接替,后来又被这些过程所产出的最后产品所接替。

所有这些活动和过程,在心智上都是受制于资本计算,资本计算是用货币来作的经济计算的极致。如果不靠货币计算,人们甚至不能知道一个确定的生产过程是不是——且不管生产期的长短——比另一个过程的生产力较高。没有货币计算的帮助,各种生产过程所需要的费用也不能相互对比。资本计算随那些可用以促进生产的资本财的市场价格开始,其总额就叫作资本。它记录着来自这个基金的每项支出,以及这些支出所导出的一切收入项的价格。最后,它把所有的这些转变,在资本结构中的最后结果表达出来,而且也藉此显出整个过程的成功或失败。它不仅指出这最后的结果,而且也把那些中间阶段一一反映出来。它制出一些暂时的平衡表,这种平衡表是每天都需要的;它也为每一生产部门或阶段制出一些损益表。它是市场经济所不可少的生产指针。

在市场经济里面,生产是一个分为无数部门而继续不断的一个过程。无数的生产程序以不同的生产期同时进行。它们互相补充,同时又相互竞争那些稀少的生产要素。或者是新的资本经由储蓄而继续累积,或者是以前累积的资本被过分的消费而耗损。生产是由许许多多个别的工厂、农场和其他一切工作场所分别进行,它们的每个单位只要达成某些限定的目标。一些中间产品或资本财,在生产过程中转手;它们从这个工厂转到另一个工厂,直到最后制成的消费财到了那些使用它们、享受它们的人们的手上为止。生产的社会过程永不停止。每一时刻都有无数的生产程序在进行,其中,有一些较接近于它们的特定目标之达成,有一些距离较远。

在这不断的财富生产的过程中,每一成就都是基于前辈人的储蓄和其准备工作。我们是我们祖先的幸运后嗣,他们的储蓄曾经累积了一些资本财,我们今天靠这些资本财的帮助而工作。我们,这个电力时代的宠儿,还在享受从上古捕鱼的祖先们的原始储蓄所衍生的福利;他们,在制造最初的鱼网和独木舟的时候,把他们的工作时间用了一部分为较远的将来作准备。假若这些捕鱼的祖先的儿孙们,把那些中间产品——鱼网和独木舟——用坏了而不做新的来接替,他们就是消耗了资本。果真如此,则储蓄过程和资本累积又不得不从头开始。我们比前辈的人更富足,这是因为,我们有了他们为我们累积的一些资本财。[7]

工商业者,也即行为人,全副精神贯注在一件事上:尽可能地利用一切可用的手段以改善未来的情况。他不以分析和了解的目的来注视现在的事象。在把生产手段分类而估量它们的重要性的时候,他所用的是些肤浅的经验法则。他把生产要素分做三类:自然赐予的物质要素、人的要素——劳动和资本财——过去生产的中间要素。他不分析资本财的性质。在他的心目中,资本财是给劳动增加生产力的手段。他不把它们的工具性追溯到自然和劳动。他不过问资本财是怎样产生的。资本财只就其对他的努力成功有所贡献而有价值。

就工商业者来讲,这种理论方式是对的。但是,就经济学家来讲,同意工商业者的这种肤浅见解,那就是严重的错误。他们错在把"资本"当作一个与自然赐予的物质资源以及劳动三者并立的独立要素来分类。资本财——过去生产出来的再生产要素——不是一个独立要素。它们是过去消耗掉的两个原始要素——自然与劳动——的联合产品。资本财没有自己的生产力。

把资本财说成储藏起来的劳动和自然,这也不对。倒不如说它们是储藏起来的劳动、自然和时间。不靠资本财帮助的生产与利用资本财的生产,其间的区别在于时间。资本财是从生产的开端走到它最后目标(产生消费财)的过程中的一些中途站。利用资本财生产的人,比那不使用资本财的人享有一大利益;他在时间上更接近于他所努力的最后目标。

没有所谓资本财的生产力这样的问题。资本财(例如一部机器)的价格与这个资本财的再生产所必要的那些相互补足的原始的生产要素的价格总和,这两者之间的差异,完全是由于时间的差异。使用这部机器的人更接近于生产的目标。他所用的生产期较短于一个必须从头开始的竞争者所用的生产期。在购买一部机器的时候,他买到这部机器再生产时所要消耗的两个原始的生产要素,再加上时间,也即,他的生产期缩短了的那个时间。

时间的价值,也即,时间偏好,或者说,对当前的欲望满足之评值较高于对远期的欲望满足之评值,这是人的行为的一个核心元素。它决定每个选择和每个行为。决没有这样一个人对于时间的迟早不加计较的。时间元素是形成一切货物和劳务价格的工具。

四、生产期,等待的时间以及准备期

如果一个人想估量这些现在可利用的各种财货的生产期的长短,他就必须追溯它们的历史，一直追溯到第一次花费原始的生产要素那一刹那为止。他必须确定，自然资源和劳动在什么时候第一次用在这种生产过程——除掉有助于其他财货的生产以外，最后也有助于这里所说的财货之生产的过程。这个问题的解决，以物质的转变和归宿（physical imputation）这个问题的解决为必要条件。用数量的说法来确定那些直接或间接被用来生产这有关财货的工具、原料和劳动，对于这个结果的贡献究竟到什么程度，这是必要的。在这些探究中，人们必得追溯到资本累积的那个起点，也即，那些原来是仅够餬口的人们之开始储蓄。妨碍这样历史研究的，不仅是些实际困难。物质的转变和归宿这个问题的不能解决，更使我们无从着手。

今天可利用的这些财货，在过去生产的过程中花费了多少时间，关于这个问题，行为人本身也好，经济学也好，都没有知道的必要。即令他们知道，也没有什么用处。行为人所面对的问题是，如何善于利用那些可利用的财货。他在利用这些财货的每一部分时所做的选择，是要满足那些尚未满足的欲望当中最迫切的欲望。为达成这个目的，他必须知道等待的时间有多长，这个等待时间使他和"他在其中所要选择的各种目标之达成"彼此隔离。以上曾经指出而这里要再强调的，行为人没有必要去追溯那些可利用的各种资本财的历史。他总是从今天起去计较等待的时间和生产期。现在可利用的产品在其生产过程中花费了多少劳动和物质要素，既没有必要知道，同样地，也没有必要知道它们在生产过程中花费了多少时间。物品的评价，完全要看它们对于未来的欲望之满足所能提供的功用。至于在它们的生产过程中所作的牺牲和花费的时间都是不相干的，这些事情属于死一样的过去。

所有的经济范畴都是关乎人的行为，完全没有什么是直接与物品的物质有关的。这一点是必须要认清的。经济学不从事财货和劳务的研讨，它所研讨的是人的选择和行为。行为通论中的时间概念不是物理学或生物学上的概念。它指涉，在行为人的价值判断中起作用的"迟"或"早"。资本财与消费财的区别，不是那基于有关财货的物理学和生物学的性质而作的严格区别。它是凭行为人所处的地位和他们所要做的选择而定的。同一财货可以看作资本财，也可看作消费财。有些可以直接享受的财货从若干人的观点看来竟是资本财,如果这些人是把它当作等待期当中维持他自己和他雇用的工人的生活之资的话。

增加可利用的资本财的数量,是采取"生产期较长,因而等待的时间也较长的"生产过程的必要条件。如果你想达成在时间上颇远的目标,你就必须靠一个较长的生产期,因为在一个较短的生产期就不可能达到所追求的目标。如果你所想采用的生产方法是每单位投入的产量较多的方法,你就必须把生产期延长。这是因为,每单位投入的产量较少的那些程序之被采用,只是这些程序需要较短的生产期。但在另一方面,为利用那些因另外的储蓄而累积了的资本财而选择的生产程序,其生产期从今天起,算到产品的成熟,不一定要长于以前已曾采用的一切程序。那可能是这样的:已经满足了较迫切需要的人们,现在想要些不能在比较短的时期以内生产出的财货。这些财货为什么以前没有生产呢?原因不是生产这些财货所需要的生产期被认为太长,而是那些必需的生产要素在当时有个更迫切的用场。

假若你一定要这样说:可利用的资本财供给量之每一增加,其结果就是生产期和等待时间的延长,那么,你就要这样来推理:如果 a 是以前已经生产的财货,b 是在新的程序下生产出来的财货,而这个新的程序是得力于资本财的增加而发动的,于是,很显然地,人们对 a 和 b 的等待期一定要长于单单对 a 的等待期。为了生产 a 和 b,不仅是需要获得生产 a 的资本财,而且也需要获得生产 b 的资本财。假若你为着增加当前的消费,已经把那批储蓄起来以备工人们在生产 b 的时期的生活之资都消耗掉,那么,你就是宁可早点得到某些欲望的满足。

那些反对所谓"奥地利的"观点的经济学家,对于资本问题的论述总以为:用在生产上的技术总是一成不变地决定于工艺知识的现状。另一方面,"奥地利的"经济学家指出:在许多已知的生产技术当中,决定采用那些技术的,是每个时期可以利用的资本财供给量。⑧"奥地利的"观点之正确性,很容易从资本财稀少这个问题的探究得到证明。

让我们来看一个苦于资本财稀少的国家,其情形是怎样。就以一八六〇年罗马尼亚(Romania)的情况来讲吧。当时他们所缺乏的,确不是技术知识。

关于西方进步国家所用的那些工艺上的方法，根本没有什么秘密。在许多书籍里面都有记载，有许多学校已讲授。罗马尼亚的优秀青年在奥地利、瑞士和法国的一些工艺大学里面已经充分地接受了这些知识。还有成百成千的外国专家，准备把他们的知识和技能用在罗马尼亚。罗马尼亚当时所缺乏的，是一些可用以依照西方的典型来改变罗马尼亚落后的生产设备和交通运输设备的资本财。如果进步国家给罗马尼亚的援助只是供给他们的技术知识，那么，罗马尼亚还得有个很长的时期来赶上西方。他们要作的第一件事就是储蓄，有储蓄才可使工人和物质的生产要素可用在时期较长的生产程序。只有在这个时候，他们才可成功地生产那些建立初级工厂所必要的工具，而这些初级工厂再生产那些用以建立和经营现代工厂、农场、铁路、电报和建筑物的设备。直到他们补回了落后的时间，几十年的光阴已经过去了。要加速这个过程，除掉就生理上的可能尽量减缩当前的消费以外，别无他法。

但是，事情的发展不是这样。资本主义的西方国家把一些资本财借给落后国家，这些资本财是改变他们的生产方法所必要的。这一来节省了他们的时间，使他们可以很快地增加他们的劳动生产力。其结果，对罗马尼亚人而言，是他们可以很快地享受到现代技术程序带来的利益，将像是他们在很早以前就已开始储蓄、就已开始累积资本。

一个人如果没有在以前累积资本，他就与他所追求的目标之获得，距离得较远。资本不足就是这个意思。因为他过去不做这件事，中间产品就不够，尽管中间产品所从而产生的自然资源是有的。资本缺乏是时间不够。这是由于资本累积开始得太迟了。如果不凭时间因素的"迟"、"早"，那就不可能记述资本财所提供的一些利益和资本财贫乏的一些不利。⑨

有资本财可以使用，就等于更接近所追求的目标。资本财的增加，使我们无需减缩消费而可以达成在时间上较远的目的。相反地，资本财的损失使我们不得不放弃原可达成的某些目标之追求，或者减缩消费。在其他事物不变的假设下，⑩有了资本财也即时间的占优势。资本家与那些缺乏资本财的人相反，在既定的技术知识之下，他可以不减缩消费、可以不增加劳动和自然赐予的物质生产要素的投入，而较快地达成一个确定的目标。资本财较少的竞争者只能靠减缩消费来赶上。

西方人的累积资本比别国人发动在先,这是因为他们很早就在政治和法制方面创立了一些有利于大规模储蓄、有利于资本累积和投资的环境。因此,到了十九世纪中期,他们所享受的福利,已经大大超过那些较穷的民族和国家,这些民族和国家未能以谋利的资本主义观念完全代替掠夺的黩武主义观念。那些落后地区的人们,如果没有外国资本的帮助,让他们自作自受,他们将需要很多很多的时间来改善他们的生产、运输和交通方法。

如果你不了解这种大规模的资本输送的重要性,你就不可能懂得最近几百年当中,世界情势和东西关系的发展。西方给予东方的,不仅是工艺的和医学的知识,也给予一些可以直接应用这些知识的资本财。东欧、亚洲和非洲的这些国家,由于外国资本的输入,也就能够提早收获现代工业的成果。为着累积足够的资本财,他们已不必那么减缩他们的消费了。这是他们的国家主义者和马克思主义者所责骂的所谓西方帝国主义剥削落后国的真情实况。这是进步国家的财富在经济落后国家发生受胎作用。

得到的利益是相互的,逼得西方的资本家不得不向外投资的,是消费者需求。消费者要求那些在国内根本不能生产的财货,他们也要求那些在国内只能以高成本生产而在国外生产则较便宜的财货。如果西方资本主义国家的人民不是这样,或者那些阻止资本输出的法制上的障碍如果终于不可克服,则资本输出的事情就不会发生。那就只有国内更多的纵的发展,不会有国外横的扩张。

资本市场的国际化,它的运作,以及由于接受国采用了没收政策而最后归之于解体,关于这个事件的后果之研讨,不是行为学而是历史学的任务。行为学只要研究,资本财供给或丰或乏所引起的一些后果。

我们比较两个孤立的市场制度 A 和 B 的情况。这两个市场的面积和人口、技术知识以及自然资源都相等。它们之间的不同只在资本财的供给,A 比 B 多。于是,在 A 市场所采用的生产程序,有许多是每单位投入的产量大于 B 市场所采用的程序所产生的。B 市场的人们不能考虑采用那些程序,因为其资本财相对稀少。如果他们想采用那些程序,就得减缩消费。在 B 市场有许多事情是徒手做的，在 A 市场，这些事情都由省力的机器做。A 市场生产的财货有许多是更耐久的；在 B 市场的人们，必须放弃耐久财的生产，尽管耐久性的延长并不要同比例地增加投入。在 A 市场，劳动的生产力比 B 市场的高，因而工资率和工人的生活水准也比 B 市场的高。[⑪]

准备期延长到超过了行为人的生命期

决定当前的满足和将来的满足两者间之选择的那些价值判断，是表现现在的评价而非表现将来的评价。这些判断是把今天对当前满足所赋予的意义，与今天对将来满足所赋予的意义两相比较。

行为人所想尽可能消除的忧虑，总是现在的忧虑，也即，在行为的当时所感觉到的不舒适，而且它总是涉及将来的情况。行为人在今天，对于预想中的某些将来情况感到不满，于是想以有意的行为来改变它。

假若某一行为，主要是为的改善别人的情况，因而通常叫作利他的行为，在这种场合，行为人所想消除的不舒适，是他自己对于预想中的别人在未来时期的情况而感到的不满。他的照顾别人，为的是消除他自己的不舒服。所以，行为人常常想把准备期延长到超过他自己的生命期，这是不足为怪的。

时间偏好理论的一些应用

经济学的每一部分，都曾受到那些想为他们自己的政党政纲掩过饰非的人们有意的误述和曲解。为尽可能地防止这种情形，对时间偏好理论再加些说明，似乎是值得的。

有几派的思想家断然否认在先天遗传的特征上，人们不同于他们的祖先。[⑫]在这些人的见解中，西方文明的白种人与爱斯基摩人（Eskimos）之间唯一的不同，是后者在趋向现代工业文明的进步中落后了。这不过是时间上几百年的差异而已，人类从人猿的祖先演化到今天的人，经过了几十万年。在几十万年当中的几百年，不算一回事。这不足以支持种族差异的假说。

行为通论和经济学与这个争论所引起的一些问题无关。但是这两门学科必须有所警戒，以免那些敌对观念的冲突中所显出的偏见的纠缠。假若那些盲目反对现代遗传学的人们不完全不懂经济学，他们当会为他们的方便来利用时间偏好理论。他们当会说西方国家的优越只因他们开始储蓄和累积资本财的时间较早而已。他们当会把这时间的差距解释为偶然的因素，环境造成的幸运。

要驳斥像这样的曲解，我们必须强调这个事实：西方国家的开始储蓄和累积资本之所以能够占先，这是由于有些不能一味地委之于环境作用的意理因素(ideological factors)。叫作"人类文明"的，是从统治权约束下的合作，走到契约约束下的合作这个发展。但是，有许多种族和民族在这个发展的早期就停住了，其他的种族和民族继续前进。西方国家的优越，在于他们更成功地抑制住黩武主义的掠夺精神，因而他们创建了一些有利于大规模储蓄和投资的社会制度。马克思也不否认这个事实：个人的原创力和生产手段的私有制，是从原始人的贫穷境况进到十九世纪西欧和北美那种较富裕的情境所必不可少的阶梯。东印度、中国、日本以及一些伊斯兰教国家所缺乏的，是保障个人权利的一些法制。帕夏们(pashas)、军阀们(kadis)、酋长们(rajahs)、满大人们(mandarins)以及大名们(daimios)的武断统治，是不利于大规模资本累积的。法律上有效地保障个人以免征用和没收，是西方空前的经济进步所赖以发达的基础。这些法律不是一个什么机会、历史的偶然或地理环境的结果，它们是理智的一些结晶(the product of reason)。

倘若让亚洲和非洲的民族自作自受，我们不知道亚非的历史究竟会是怎样。实际发生的，是这些民族当中，有许多隶属于欧洲的统治，其他的——像中国和日本——是在海军力量逼迫之下才开放他们的门户。西方工业化的成就从外面进入。他们利用借到的外国资本而在本国境内投资。但是，他们对于现代工业化所从而产生的那些意理，却是缓慢地接受。他们对于西方生活方式的模仿是肤浅的。

我们是在一个革命过程的中间，这个过程将会很快地把所有各类的殖民政策一扫而光，这个革命不限于隶属英国、法国和荷兰的那些国家。甚至那些从未受到任何政治侵略，而且从外国资本得到利益的国家，也想摆脱他们所说的外国资本家的羁绊。他们用各种手段没收外国人的财产——歧视的课税、赖债、变相的没收、外汇限制等等。现在,我们是在国际资本市场完全崩溃的前夕。这件事的经济后果是明显的;但是,它的政治反响就不可预知了。

为着估量国际资本市场崩溃的政治后果,我们必须记着资本市场国际化的功效。在十九世纪后期的情况下,一个国家为了好好利用本国的自然资源,它自己是不是准备了资本,或者说有没有资本供应,这是无关紧要的。这是因为,那时任何人都可自由接近每个地区的自然财富。资本家和创业者为寻找最有利的投资机会,他们的活动不受国界的限制。从这方面来讲,地球表面的大部分可看作统合在一个世界市场的体系中。诚然,在某些地区,像英国与荷属东印度与马来西亚,这种结果只是靠殖民制度达成的,而这些地区的土著政府,大概不会自动地创立资本输入所必须的那些法制。但是,东南欧和西半球曾经自动地参加这个国际资本市场的社会。

马克思主义者一心一意地控诉外国借款和投资为的是战争、征服和殖民地的扩张。事实上,资本市场的国际化,连同自由贸易和自由迁居,有助于消除战争和征服的经济诱因。对于个人而言,本国的政治疆界划在什么地方,再也无关紧要了。企业家和投资者不受这些疆界的限制。正是那些在第一次世界大战以前对外贷款、对外投资最多的国家受累于爱好和平的"堕落的"资本主义的一些观念。最有侵略性的国家俄国、意大利和日本,都不是资本的输出国;他们自己还需要外国资本来开发本国的自然资源。德国帝国主义者的冒险,不是企业界、金融界的巨子所支持的。[13]

国际资本市场的消灭把情势完全改变了。接近自然资源的自由,消失了。如果一个经济落后国家的社会主义的政府缺乏开发其自然资源所必要的资本,就没有任何补救的方法。如果这个制度在一百年以前被采用,则墨西哥、委内瑞拉(Venezuela)和伊朗的油田不可能勘采,马来西亚的橡园不可能兴起,中美的香蕉生产也不可能发展到今天的地步。如果认为,进步的国家在这种情势下将会默然而息,这是虚妄的假想。他们将要采用那个使他们可以取得迫切需要的原料的唯一方法;他们将要用征服的手段。战争,是国际资本市场所提供的对外投资自由的代替品。没有对外投资的自由,只好诉之于战争。

外国资本的流入,并不伤害接受的国家。美国和英国的一些自治领,经济进步之所以突飞猛进，得力于欧洲的资本。拉丁美洲和亚洲的一些国家，如果没有接受外国资本的帮助，他们就不得不有很长的时间享受不到今天这些生产的和运输的设备，而其实质的工资率和农业方面的收获，也不会像今天这样的高。现在，几乎所有的国家都在热烈地要求美国借款，单凭这个事实，就可以推翻马克思主义者和国家主义者的一些无稽之谈。

但是，仅仅是寻求资本财的输入，不会使国际资本市场复活，国际投资和借款只有在下述情形下才有可能，即接受投资和借债的那些国家，无条件地、诚心诚意地尊重私有财产权；而不在后来没收外国资本家的财产，破坏国际资本市场的，是这种没收行为。

政府与政府之间的借贷，不能代替国际资本市场的功能。如果这种借贷是以商业的条件成立的，那就与私人之间的借贷无异，必须充分承认财产权。如果像通常的情形一样，是一种不计较还本付息的赠予性的所谓借款，那就对于债务国的主权会有一些限制。事实上，这样的所谓"借款"，大都是为换得未来战争中的援助所支付的代价。这样的一些考虑，在我们这个时代，在欧洲列强准备几次世界大战的年份当中，曾经发生过重大作用。最显著的例子，是法国资本家在第三共和国的政府压迫之下，借给帝俄的大量外债。沙皇用这借到的资金扩充其军备，而不是用它来改善生产设备，不是用来投资，而是用来消费。

五、资本财的可变性

资本财是走向一定目标的过程中的一些中途站。如果在生产期当中，这个目标改变了，那些原先使用的中间产品，不是都可以用来达成新目标的。其中有些变成完全无用的，因而生产它们的一切费用，现在都成了浪费。有些还可在新目标下使用，但必须经过一番调整；如果当事人一开始就是朝向这个新目标的话，就可省掉这笔调整的费用。其中还有第三种情形的资本财，即无需调整就可用在新目标下使用的，但是如果在生产它们的时候，已经知道将要把它们用来达成新目标的话，那时就可能以较低成本制造出可以同样在新目标下使用的别样的资本财。最后，其中也有些在新目标下使用和在旧目标下使用完全没有差异的资本财。

如果不是特别有关于一些通常的误想之辩驳，则对这些明显的事实，几乎没有提到的必要。离开了具体的资本财，就没有抽象的资本这样的东西。假使我们不管现金握存在资本构成中所扮演的角色（我们将在以下的一节中讨论这个问题），我们必须了解：资本总是体现在一定的资本财上面，而且凡是有关资本财的事情发生，它就受到影响。一个资本量的价值，是它所体现的那个资本财的价值的一个衍生物。一个资本量的金钱等值，即是人们说到抽象资本时所指的那些资本财的金钱等值的总额。我们没有可以叫作"自由"资本的东西。资本总是一定形式的资本财。这些资本财在某些用途上最有用，在某些用途上次之，而在其余的用途上绝对无用。所以资本的每个单位，总会在某个用途上是固定资本，也即，专用在一定的生产程序上。工商业者所区分的固定资本和流动资本，是程度上的差异，而不是种类的区别。凡是对于固定资本有效的事情，对于流动资本也是有效的，尽管在程度上较小。一切资本财或多或少总有它的特征。其中当然有许多是不会因欲望和计划的改变而归于完全无用的。

一定的生产程序愈是接近它的最后目标，它的中间产品和其目标之间的关联，就变得愈密切。铁比铁管较不特殊，铁管比铁制的机器零件较不特殊。生产程序走得愈远，愈是接近它的终极目标——消费财的产出，则其转变照例是愈形困难。

如果人们从资本累积的开始来看资本累积的过程，那就很容易了解，不会有自由资本这样的一种东西，只有体现于一些较特殊的财货或较不特殊的财货的资本。当欲望或关于欲望满足的意见，有了变动的时候，资本财的价值也随着变动。额外资本财之出现，只有使消费落在当期生产之后才会可能。这笔额外资本，在它出现的那个时候，就已体现在具体的资本财。这些财货必须在它们能够——由于生产超过消费——成为资本财以前生产出来。关于货币渗入这些事情当中所起的作用，将在以后讨论。在这里，我们只要了解：即令有的资本家,其全部资本都是货币和货币要求权,也不是保有自由资本,他的资金是与货币联结起来的。它们要受货币购买力变动的影响,而且——就其投资于一定数额的货币要求权而言——也要受债务人偿付能力的变动之影响。

把资本财可变性这个观念代替固定资本和自由或流动资本的区别,是有其便利的。固定资本与流动资本的区别是会引起误解的。资本财的可变性是给它得以适应生产情形以调整用途的机会。可变是渐渐变的。它决不是完全的,也即,决不是随生产情形的一切可能的变动而变。绝对特殊的一些生产要素完全没有可变性。当资本财从原来计划的用途转变到其他用途,因不测的变化而成为必要的时候,如不指涉那些已经发生或将要发生的变化,而概括地说到可变性,这是不可能的。重大变化,会使原先认为易于转变的资本财,或者成为完全不可改变的,或者成为很难于改变的。

有些财货,可以在一个时期当中提供一连串的功用,有些资本财只能在生产过程中提供一个功用就完了。可变性这个问题对于前者所起的作用,比后者来得大。工厂、运输设备,以及那些为较久的用途而设计的装置之搁置不用和废弃,比丢掉过时的衣着和容易腐败的东西更关重要。可变性这个问题,只在资本会计使它在资本财方面特别显著的范围内,成为资本和资本财的一个问题。本质上,它是一个在消费财方面也有的现象,这里所说的消费财,是专指消费者为他自己的使用和消费而已经取得了的。如果引起他们取得的那些情况发生变动,可变性这个问题,在消费财方面也就发生了。

资本家和企业家,就他们的身份——资本保有者的身份——来讲,决不是完全自由的;他们总有些羁绊。他们的资金不是放在社会生产过程以外,而是投资在一些确定的管道。如果他们保有现金,按照市场情况,这或者是健全的投资,或者是不健全的投资;但是,这总是一种投资。他们或者把那个应当购买的适当时机放过了,或者是应当购买的适当时机还未到来。在第一个情形下,他们之握存现金,是不健全的投资;他们失掉了好机会。在第二个情形下,他们的选择是正确的。

资本家和企业家,花钱购买具体生产要素的时候,完全是从预期的未来市场情况的观点来估值的。他们所付的价格,是就他们在今天对于将来情况的看法而调整的。今天可以使用的这些资本财,在过去生产它们时所犯的错误,并不给买者的负担;它们的归宿完全落在卖者的身上。在这个意义下,为将来的生产而购买资本财的企业家把过去勾销了。他的企业活动,不因那些过去发生于他所得到的那些生产要素的评值和价格的变动而受影响。只有在这个意义下,我们才可说保有现金的人是握有流动资金,因而是自由的。

六、过去对于行为的影响

资本财的累积愈多,可变性这个问题愈大。早期的农民和手工业者的原始方法,比现代资本主义下的生产方法更容易适应新的工作而调整。但是,面对环境迅速变化的,正是现代的资本主义。技术知识和消费者的需求,在我们这个时代,天天都在变化,这些变化使许多在实施中的生产计划变得不合时宜,因而引起这个问题:我们应不应当照那实施中的计划做下去。

扫荡式的创新风气,可能迷人、可能克服懒惰、可能刺激循规蹈矩的惰性变成对传统价值的反抗、可能促动人们走上新的途径,趋向新的目标。空论家虽然可力图忘掉我们在一切的努力中总是我们祖先的后裔,而我们的文明是长期演化的结果,不是一举就可改变的。但是,不管创新的倾向如何强烈,它毕竟要受限于一个因素,这就是使人们不能离开祖先们所选择的途径太远的那个因素。所有的物质财富,都是过去活动的遗物,体现在一些属于有限的、可变性的具体资本财。这些累积下来的资本财指导活着的人们的行为路线,如果不是受制于祖先们所作的约束,他们不会选择这些路线。目标的选择,以及达成这些目标的手段的选择,都受过去的影响。资本财是个保守的因素。它们强迫我们调整我们的行为,以适应我们自己以前的行为和历代祖先们的思想、选择以及行为所造成的那些情境。

假若用我们现在的一些知识——关于自然资源、地理、生产技术和卫生学的知识——我们把所有的生产程序重新安排,并制造一切资本财出来,那会是怎样的一个世界。我们也可以为我们自己描绘出这个想象的情境：我们当已把这些生产中心摆在其他的一些地方。我们当已把人口在地球上做不同的分布。今天，这些人口集中，而工厂、农场密集的地方，当已相当地疏散。所有的生产机构当已装置着更有效率的机器和工具，而其规模的大小，当已做到可使它的生产能力作最经济的作用。在我们这个完全的计划世界里面，当已没有技术上的落后，没有未使用的生产能力，没有不必要的人和物的运输。人的生产力当已大大地超过在我们这个不完全的实际世界中所呈现的生产力。

社会主义者的一些著作，充满了这样的一些幻想。不管他们自命是马克思主义者或非马克思的社会主义者，技术主义者（technocrats）或单纯的计划者，他们都是要告诉我们，实际的事情安排得如何愚蠢，如果人们赋予改革家一些独断独行的权力，他们当会生活得如何愉快。人类之所以不能享受现代的技术知识水准所可提供的一切舒适快乐，只是因为资本主义的生产方式不对。

这种唯理的空想，其根本错误在于误解了可以利用的资本财和其稀缺性的特征。今天，可以利用的一些中间产品，是我们的祖先和我们自己在过去生产出来的。引导这些资本财生产的一些计划，是从当时流行的关于目标和技术程序的一些观念产生出来的。如果我们在不同的目标和不同的生产方法之间考虑，我们就是面对一个选择。我们不是让那可利用的资本财大部分置之不用，而重新制造现代化的设备，那就必须尽可能地调整我们的生产程序，以适应可利用的资本财的特征。这种选择，在市场经济里面总是系于消费者。他们的行为——购买或不购买，解决了这个问题。在老式的房屋与具有一切新式舒适设备的房屋之间的选择中，在火车与汽车之间的选择中，在煤气灯与电灯之间的选择中，在棉织品与人造丝制品之间的选择中，在丝袜与尼龙袜之间的选择中。他们所选择的，实际上是继续利用原先累积下的资本财呢，还是把它们作废？如果因为房客们不准备付较高的房租来换租新式更舒服的房子，而宁可把钱用来满足其他欲望，所以那幢还有几年可以住的老房子没有提早拆掉改建新的，这就可明显地看出现在的消费如何受过去的情形之影响。

当市场上有较好的车子出现，或有新式的衣着流行起来的时候，并不是每个人都马上丢掉他的旧车或旧衣服，这个事实是很明显的。生产技术的改进，并不是每次都会马上应用到有关的整个部门，这个事实却不比前一个事实更明显。在所有这样的事情上面，人们的行为是由那些可用的财货之稀少性使然的。

一部新机器——比原先使用的效率更高——制造出来了。那些使用老式而效率较低的机器的工厂，会不会在这些机器还可使用的时候就把它们作废而换上新式的，这就要看新的机器优越到什么程度；只有在其优越的程度大到足以抵补改换时的额外费用的时候，旧的机器之作废才合算。假设 p 是新机器的价格，q 是把旧机器当作废铁卖所可卖得的价格。a 是旧机器生产一个单位产品的成本，b 是新机器生产一个单位产品的成本，但不计及这部机器的购置成本。倘若我们再假定，这部新机器的优点只在于把原料和劳动利用得更好，而不在于制出更多的产品，因而年产量 z 仍然不变。于是，新机器换掉旧机器只有在利益 $z(a-b)$ 大到足以补偿 $p-q$ 这笔支出的时候才有利。我们假定对新机器每笔折旧的比额不大于对旧机器的比额，在这个假定下，我们可以不管折旧的勾销。同样的一些考虑也可适用于已经存在的一个工厂，从一个生产情况较差的地方转换到较好的地方。

技术的落后与经济的劣势是两件不同的事情，决不可相混。单从技术的观点来看，一个显得优越的生产组合，也可能在竞争中胜过那些有更好的设备或处在更好位置的生产组合。更好的设备或更好的位置所提供的优势与迁厂的费用相对照所显出的优越程度，决定了这个问题。这种关系系乎有关的资本财的可变性。

技术的完善与经济的便利之间的区别，不是像怪诞的工程师们要我们相信的资本主义的一个特征。经济计算仅在市场经济才有可能；为了认知有关的事实而作的一切计算，也只有经济计算可提供机会。社会主义的管制不能够用数学方法来确定事象。所以，它不知道它所计划的和实施的，是不是为满足它所认为的人民的最迫切欲望而采用最适当程序。假若它真能计算的话，它就不会采用异于善作计算的商人们所用的方法。它就不会浪费那有限的生产资源，去满足那些较不迫切的欲望，如果这方面的满足会妨害更迫切的欲望满足。它就不会忙于抛弃那些尚可利用的生产设备,如果换置新设备所需要的投资会妨害更迫切的生产之扩张。

如果你把可变性这个问题加以适当的考虑,你会很容易地打破许多流行的谬见。就拿幼稚工业的保护关税论来讲吧。它的主张者这样说:有些地方,其自然环境更有利于某些加工业之经营,或者至少不劣于这些工业早已建立起来了的那些地方。为使这些工业能够在前些地方发展起来,暂时的保护是必要的。那些较老的工业是得利于建立得早。它们只是由于一个历史的偶然而显然"不合理的"因素发达起来。它们所享的利益妨害了一些潜在的竞争工厂,在那些环境更有利的地区设立;如果它们在那些地区设立的话,则它们就能够比那些旧厂更便宜地生产。幼稚工业的保护,诚然有一时的牺牲,但是,后来的收获将会抵偿它而有余。

真实的情形是这样:从经济的观点看,在一新地区扶植某种幼稚工业,只在于新地区的好处大到可以抵偿因为放弃那些已装置在旧工厂的不能改变的、不能迁移的资本财所受的损失而有余的时候才有利。如果情形是如此,则新的工厂就用不着政府保护而可在竞争中胜过旧的工厂。如果不是如此,保护就是浪费,即令只是暂时的保护,即令这个保护使新的工业能够在后期站得住,也是浪费。保护关税,实际上等于消费者被迫付出的一笔津贴;因为保护关税把那些尚可使用的资本财提早报废,而用一些稀少的生产要素制造同类的资本财来代替,而这些稀少的资源又是从一些可制造消费者评值较高的生产部门拉来的,所以,这笔津贴是使用这些稀少的生产要素的报酬。消费者满足某些欲望的机会被剥夺了,因为,满足那些欲望所需要的资源,被用来制造在没有保护关税的时候原已有了的那些财货。

所有的行业都有个普遍的趋势,就是向那些最有利于发挥生产潜力的地区迁徙。在未受阻碍的市场经济里面,由于不得不考虑到稀少的资本财之不能改换,这个趋势随之缓和下来。这个历史因素并没有使那古老的行业占有长久的优势。它只是一方面防止来自那些尚可使用的生产设备归于无用的一些投资所引起的浪费,另一方面也防止对那些可用以满足一些尚未满足的欲望的资本财所加的限制。在没有关税的场合,工业的迁徙会延迟到老厂的资本财损耗得不能再用，或因技术上的特别改进必须换置新设备而报废的时候。美国的工业史提供了许多这样的事例，在美国的境界以内，一些工业中心没有任何保护的措施，工业的迁徙就是如此。幼稚工业保护论之为虚伪，并不逊于其他所有的主张保护关税的理论。

另一个流行的谬见涉及所谓专利权的抑制。专利是给发明人或新的设计者在限定的年份内一种法律上的独占。在这里，我们不管专利权这个政策是好是坏的问题。⑬我们所要讨论的只是"大企业"滥用专利权，使大众享受不到技术改进的利益这个说法。

在给予发明人专利权的时候，政府当局并不审查这项发明在经济方面的重要性如何。他们只注意观念是否新鲜，而把他们的审查限之于一些技术问题，他们以同样公平、同样谨慎的态度，来审查所有的发明，不管它是全部工业界革命化的发明，还是没有什么用处的小玩意的发明。因此，有许许多多无价值的东西之发明，也得到专利权的保护。这些东西的发明人每每高估自己对于技术知识的贡献，而过分希望这些东西所可带来的物质利益。到了失望的时候，他们就抱怨经济制度的不合理——使大家享受不到技术进步的利益。

在什么条件下用新的改良设备来替换尚可使用的旧工具才是经济的，这在上文已经指出。如果这些条件不存在而立刻采用新的技术程序，就市场经济的民营企业来讲也好，就极权制度的管理部门来讲也好，都是不值得的。为新设的工厂，为原已存在的工厂之扩张，以及为损耗了的旧设备之替换而要制造的新机器，要照新的设计来完成，但那尚可使用的设备将不丢掉。新的程序只是一步一步地实行。那些设备陈旧的工厂，在相当时期以内，还可以和那些新设备的工厂竞争。对于这个说法的正确性有所怀疑的人们，无妨问问自己，是不是一看到有较好的吸尘器或收音机出售，马上就把原有的吸尘器或收音机丢掉。

在这一点上，新的发明或不是有专利权的保护，都是一样的。一个取得了专利权的商号，已经为这个新发明花了金钱。如果它仍然不采用这个新方法，其理由就是不值得采用。专利权所提供的法律独占不许竞争者采用，完全是落空的。值得计较的只是新发明比旧方法优越的程度。优越的意思是指，单位生产成本的降低,或指产品的品质改良,使大家愿意出较高的价钱来买。消费者有时宁愿购买其他的货物而不愿享受新的发明,这个事实就证明,新发明的优越程度不够。最后的决定,仍系于消费者。

肤浅的观察者看不清这些事实,因为他们惑于许多大企业在它们的行业中谋取专利权,而不管它有没有用。这种情形是由于种种不同的理由:

1. 创新的经济意义还没有明显到叫大家认清。

2. 这个创新显然是无用的,但是这个厂商却相信它能够把它变成有用的。

3. 立刻采用这个发明是不值得的。但是这个厂商准备等到换置耗损的旧设备时再采用它。

4. 这个厂商想鼓励这个发明者继续他的研究,尽管截至目前,他的努力还没有做到实际上有用的创新。

5. 这个厂商想抚慰那爱诉讼的发明者,以期节省时间、金钱以及诉讼事件引起的神经紧张。

6. 这个厂商因取得一些完全无用的专利权,而对某些有势力的官吏、工程师或其他有影响力的人物偿付代价的时候,使用掩饰的贿赂手段或屈服于隐蔽的敲诈。这里所说的其他影响力的人物,包括这个商号的一些顾主厂商或顾主机构中的人物。

如果一个发明比旧的程序优越,优越到使旧的设备成为废物而需要马上用新机器来替换,这时,不管专利权是在旧设备的厂主们的手中,或是在一个独立的厂主手中,新设备替换旧设备的事情是会发生的。相反的说法,则是基于下面这个假定:即假定对于这个发明的重要性完全不了解的,不仅是这个发明者和其代理人,而且,凡是已经在这个有关的生产部门工作的人,或者准备一有机会就参加这个生产部门的人,都不了解它的重要性。发明者把他的权利卖给老的厂商,只收小的报酬,因为没有别人想取得这个权利。在这个老厂商方面,也看不出这个发明的应用所可产生的利益。

不错,生产技术的改进所带来的利益如果没有被人了解,这个改进是不会被采用的。在社会主义的管理下,有关部门的官吏们,其无能或顽固就足以妨碍更经济的生产方法之采用。就有关于政府所控制的部门的发明来讲，情形也是如此。最著名的例子是，一些杰出军事家不懂得新发明的重要性。拿破仑大帝不了解汽船有助于进攻英国；法国的 Foch 将军和德国的参谋本部，在第一次世界大战前夕都低估了航空的重要性，后来，杰出的空军创办人 Billy Mitchell 将军有些非常不愉快的经验。但是，在自由的市场经济——未受到官僚们窄心眼妨害的市场经济里面，情形就完全不同。那里的趋势则是对于创新的潜力偏于高估而非低估。现代资本主义的历史记载着许许多多在创新方面加以鼓励而结果却是劳而无功的事例。许多发起人因为无根据的乐观，支付了很大的代价。如果指责资本主义倾向于高估一些无用的发明，而不指责它抑制有用的创新，反而更切实际些。在资本主义下，庞大的金额浪费在完全无用的专利权之购买，浪费在应用新发明而无结果。这确是事实。

如果说现代的大企业对于技术改进存有反对的偏见，那简直是胡说。一些大公司在研究新程序、新方法方面，花了很多很多金钱。

有些人指责自由企业抑制发明，这些人决不可以为"许多专利或者根本没有使用，或者延迟了很久才使用"这个事实证明了他们的指责。很明显地，许多专利权，或许是大多数的专利权，完全是无用的。那些说"有利的创新被抑制了"的人们，并没有举出这样一个事例：在用专利权保护创新的国家所未应用的创新，在苏联已经应用了——苏联是没有专利权的。

资本财的可变性之有限，在人文地理上发生了重大的作用。现在地球上的人口和工业中心的分布，被一些历史因素作了相当的决定。有些地区是很久以前选择的，现在还是有效。不错，人们有个普遍的趋势，即喜欢迁徙到最有利于生产的地方。但是，这个趋势不仅是受制于一些法制上的因素，例如，移民的限制，一个历史因素也发生重大作用。可变性有限的资本财，用我们现代知识的观点来看，已经投放在比较不利的地区。它们的固着性阻碍了这个趋势——依照我们现代一切有关的知识来选择地区建工厂、设农场、筑住宅的趋势。迁徙到更适于生产的地区是有利的，但是，让那些可变性有限而又难于移动的资本财废而不用则是有损失。人们必须在这利弊之间加以权衡。

因此，资本财可变性的大小，影响到关于生产与消费的一切决定。可变性愈小，则技术改进的应用愈是延缓。可是，如果说这种延缓是不合理的、是反进步的，那就荒唐了。在计划行为的时候，把所有可想得到的利弊都加以权衡，这才是合理的。头脑清醒而善于计算的商人，不会对实际情形迷糊不了解；迷糊不了解的是，那些浪漫气息的技术主义者。使技术进步缓慢下来的，不是资本财的不完全的可变性，而是它们的稀少性。我们还没有富足到可以抛弃那些尚可利用的资本财。资本财之尚可利用并不妨碍进步，相反地，那是任何改进所免不了的情形。体现于资本财的先人遗产，是我们的财富和促进福利的主要手段。如果我们的祖先和我们自己，在过去的行为中能够把今天的情况预测得更正确的话，我们现在当然会过得更好些。这些事实的认识可以解释我们这个时代的许多现象。但是，这既不是对过去有何责难，也不是表现市场经济的任何缺陷。

七、资本的累积、保持与消耗

资本财是些中间产品，在生产活动的过程中变化成消费财。所有的资本财（包括那些耐久的）都是要消失的，或者是在生产过程中渐渐耗竭，或者是由于市场情况的变化而报废。我们决不能把资本财保持不变。

"资本不变"这个观念，是着意计划和行为的一个结果。它所指的，是应用在资本账的那个资本概念，而不是指的资本财本身。资本这个观念，在物质世界里面没有相对的具体事物。它只存在于计划者的内心。它是经济计算中的一个要素。资本账只为的一个目的。它是被用以告诉我们，如何安排我们的生产和消费，以满足未来的欲望。它所答复的问题，是某一行为过程对于我们将来工作的生产力是增加还是减少。

充分保持或增加资本财的供给量这个意图，也会指导那些没有经济计算这个心智工具的人们的行为。原始的渔人或猎者，确已知道"好好地保持他们的工具"和"消耗它们而不予以适当补充"这两者间的区别。一位拘于传统习惯而不懂得会计的老式农夫，很明白保持他们的农具和耕牛免于损耗的重要性。在一个静态的或进步缓慢的、简单的经济情形下，即令没有资本会计，也可经营得成功。在那里，要维持一个大体上不变的资本财供给量，既可以靠当时生产些新的资本财来补充那些损耗的，也可靠累积些消费财以备将来专心于生产资本财以补充损耗的时候，不至于必须减少消费。但是，一个变动的工业经济，则不能没有经济计算以及经济计算所凭藉的资本与所得这些基本概念。

概念的现实主义混淆了对资本概念的了解。它引起了一个资本神话。[15] 这个神话是说，离开资本所体现的资本财而有"资本"存在。据说，资本再产生资本，因而它自己维持自己，如马克思说的资本孵化出利润，这都是胡说。

资本是行为学的一个概念。如果我们诉之于传统哲学的名词（传统哲学的特征，是不管行为学的一切问题），我们可把它叫作自由意志的一个概念。它是推理的一个结果，它的地位是在人心里面。它是观察一些行为问题的一个方式，是从一定的计划的观点，来评判那些问题的一个办法。它决定人的行为途径，在这个意义下，它是一个实在的因素。它与资本主义、市场经济是必然相连的。在那些没有市场交易而各级财货都没有货币价格的经济制度里面，它只是一个影子。

就人们在其行为中，让他们自己受资本会计的指导而言，资本这个概念是有作用的。如果企业家雇用生产要素是如下这样雇用的：产品的货币等值至少等于雇用的生产要素的货币等值，他就能够用新的资本财来补充那些用掉的资本财，而新资本财的货币等值等于那些用掉的资本财的货币等值。但是，那些毛收入的使用，也即，这些毛收入分配于资本的维持、消费以及新资本的累积，总是企业家和资本家方面有意作为的结果。它不是"自动的"；它必然是计划的结果。如果它所依据的那个计算，因疏忽、误差或对未来情况的判断错误而无效，那么它就会失败。

更额外的资本累积只有靠储蓄，也即超过消费的生产额，储蓄可来自消费的节省，但是它也可来自生产净额的增加，而不必在消费方面再节省、不必在资本财的投入方面有所变动。这样的增加，会在下述各种情形下出现：

1. 自然环境变得更有利，收获更丰富。人们有了耕种更肥沃土地的机

会,而且,发现了可以提供更高报酬的矿区。过去一再发生,而使人们的努力
归于无效的那些天灾地变,已经大大减少。人和牲畜的传染病,已经可以
控制。

2. 人们已能够使某些生产程序获致更丰富的成果,而无需投下更多的资
本财,无需延长生产期。

3. 法制方面,对生产活动的一些干扰已经少见。因为战争、革命、罢工、
怠工和其他的一些罪恶行为所引起的损失已经减少。

如果把这样形成的一些超额生产,用之于额外投资,它们就更进一步增加
将来的净收入。于是,就可以扩大消费而无损于资本财的供给,无损于劳动生
产力。

资本总是由一些个人或协作的人群累积起来的,绝不是国民经济或社会
所累积的。[16]一方面,有些行为者在累积额外的资本;另一方面,有些行为者在
消费以前累积下来的资本,这种情形是可能发生的。如果这两方面的数量相
等,则这个市场制度里面可用的资本仍然不变,好像是资本财的总量没有发生
变动。来自某些人的额外资本的累积,只是消除了缩短某些生产时期的那个
必要。但是,若想进而采取更长生产期的程序,那是不可能的。如果我们从这
个角度来看,我们也可以说,资本的转移已发生了。但是你得当心,不要把这
个资本转移的观念,与财产之从一个人或一人群转移到另一个人或另一人群
相混淆。

资本财的买卖以及对工商业的放款,其本身并不是资本转移,而是一些交
易。这些交易在把具体的资本财交给那些想用以完成一定的生产计划的人们
手中的时候是些手段。它们只是一连贯的行为过程中的一些补助步骤。它们
的混合后果决定这整个计划的成败。但是,利得或损失都不直接引起资本累
积或资本消耗。使资本数量发生变动的,是财富有了增减的那些人,对于他们
的消费所作的安排。

资本的转移,可能有,也可能没有资本财所有权的转让。后者是在某一个
人消耗资本,而另一个人累积同量资本的时候发生。前者是在资本财的出卖
者把卖得的钱消费掉,而买进者是用那超过消费的净收入的储蓄额来支付

代价。

　　资本消耗与资本财的实体消灭是两件不同的事情。所有的资本财或迟或早要掺进到一些最后产品，并经由使用、消耗、损坏而归于消灭。至于可以靠妥适的消费安排而维持住的，只是资本基金的价值，绝不是具体的资本财。天灾或人为的破坏，有时会大到被毁灭的资本财无法在短期内经由消费的节省而补充到原来的水准。但是，引起资本财这样损耗的，通常总是由于当时生产的净收益用之于维持资本的那部分不够多。

八、投资者的流动性

　　资本财的有限可变性并不束缚它们的所有者。投资者很自由地变动他的投资。如果他能够比别人更正确地预料到市场的远景，他就会选择价格将要上涨的投资，而避免那价格将会下跌的投资。

　　企业的利润和亏损，是来自一些生产要素之奉献于某些明确的生产计划。股票市场的投机和证券市场以外的一些类似交易，决定这些利润和亏损将落在谁的身上。现在有个趋势，是要在这样的纯粹投机与真正稳健的投资之间，划出明显的界限。其实，这两者的区别只是程度上的问题，绝没有非投机的投资这么一回事。在一个变动的经济里面，行为总涉及投机。投资可能是好的，也可能是坏的，但是，它们总是投机。情况的剧烈变动，会使坏的投资变成通常认为的安全投资。

　　股票投机不能取消过去的行为，也不能在既存的资本财有限可变性方面有何改变。它所能做的，是妨碍对那些投机者认为无利可图的部门和企业增加投资。它加强了流行于市场经济的那个趋势，即扩张那些有利的生产而减缩不利的。在这个意义下，股票交易所简直成为市场经济的焦点，也即是使预期中的消费者的需求在商业行为上成为主权的终极手段。

　　投资者的流动性表现于所谓"资本逃避"这个现象。一些个人投资者能够脱离他们所认为不安全的投资，倘若他们准备接受已由市场反映出来的损失。

于是，他们就可免于进一步的损失，而把那损失转移到对于将来的有关价格预测得较不准确的那些人身上。资本逃避并不是把不可改变的资本财从它们的投资部门撤回，它只是所有权的改换。

在这一点上面，资本的"逃避"是逃到本国的其他投资部门，还是逃到外国的投资部门，都是一样的。外汇管制的主要目的之一，是防止资本逃到外国。但是，外汇管制只能做到：不让国内投资的所有人，为减轻损失把他们认为不安全的国内投资换成他们认为较安全的国外投资。

如果所有的或某些种类的国内投资，有被部分或全部没收的危险时，市场就会经由价格的变动，而把这个政策的不利结果打个折扣。当这种情形发生的时候，为免于受害而想逃避，已为时过晚。有的投资者比大多数人敏锐，他们能够在适当的时机预料到这种灾难将要到临，而大多数人还茫然无知。只有这些投资者才能够少受损失。不管资本家和企业家们会做些什么，他们决不能使不可移动的资本财变成可移动的。关于这一点，就固定资本讲，至少大体上得到承认，但就流动资本讲，则被否认。他们说，一个商人能够输出产品而不输进他的销货收入。他们没有想到，一个企业当它没有了流动资本的时候，就无法继续经营。如果一个商人把他自己经常用以雇用工人、购买原料和其他必要设备的资金输出到国外，他就必须向别人借来资金作抵充。"流动资本的可动性"是个神话，在这个神话中如果有点真理，那就是：一个投资者单单避免对他的流动资本构成威胁的那些损失，而无关乎对他的固定资本构成威胁的损失，这是可能的。但是，资本逃避的程序在这两种场合是一样的。它是投资者人身的转变。投资本身不受影响；有关的资本并未移动。

资本逃到外国必须先有外国人愿意把他们的投资拿来交换在资本逃出国的投资。一位英国的资本家，如果没有外国人愿意买他的投资，他就不能把他的投资从英国逃出。因此，资本逃避决不会归结于经常所说的收支平衡恶化。它也不会使外汇率上升。如果有许多资本家——不管是英国的或外国的——想把一些英国的有价证券卖掉，这些证券的价格就会随之跌落。但是，这并不影响英镑与外币之间的汇率。

这句话对于投在现金的资本，也是有效的。预料到法国政府所采行的通货膨胀政策所将引起的后果的那些保有法国法郎的人们，既可经由货物的购买而逃避于"实物"，也可逃避于外汇。但是，他必须找到愿意取得法郎的人。他只有在还有别人对法郎的前途看好的场合才能逃避。使物价和外汇率上涨的，不是那些要抛出法郎的人们的行为。而是那些除掉在低的汇率下就拒绝接受法郎的人们的行为。

政府每每以为：用外汇管制以防止资本逃避，是基于国家重要利益的考虑。事实上恰相反，外汇管制所引起的结果，有害于许多公民，而对于任何公民或"国民经济"这个幻影，没有丝毫利益。如果法国是在通货膨胀中，则所有的恶果只落在法国人的身上，这对于整个法国或对于任何一个法国公民，都不是有利的。如果有些法国人把法国的银行钞票或可兑换这种钞票的证券卖给外国人，因而使外国人负担这些损失，那么，这些损失的一部分就落在外国人身上。对于这种交易加以禁止，明显的结果，就是使某些法国人更穷，而没有使任何法国人更富。从国家主义的观点来看，这也不像是可取的。

流行的见解总以为，股票市场的交易都是不好的。如果价格上涨，就说投机者是侵占别人的不当利得者。如果是价格跌落，就说投机者浪费国家财富。投机的利润被骂为盗窃的赃物。这暗示，那是大家贫穷的原因。在习惯上，人们每每要区分股票经纪人所得的不正当报酬与那不专门赌博而是供应消费者的制造业所得的利润。甚至有些金融问题的著作家，也不能辨识，股票市场的交易既不产生利润，也不产生亏损，而只是来自贸易和制造的利润和亏损之完成。这些利润和亏损——市场的购买者对于过去的投资赞成或不赞成所引起的结果——是由股票市场显现出来。股票市场交易额不影响大众。相反地，决定证券市场之价格结构的，倒是大众对于投资者据以安排生产活动的方式所发生的反应。使得某些股票涨价、某些跌价的，最后还是消费者的态度。凡是不从事储蓄投资的人们，既不因股票市场的价格波动而受益，也不因之而受损。证券市场的交易只决定哪些投资者应当赚钱，哪些投资者应该赔本。[17]

九、货币与资本；储蓄与投资

资本是用货币的名义来计算，而且，在这样的计算下，代表一定的货币额。但是，资本也可由货币额组成。因为资本财也是可被交换的，而且，这种交换和所有其他财货发生交换的情形一样，也是间接交换，货币的使用成为必要的。在市场经济里面，谁也不能放弃现金握存所提供的便利。人们，不仅以消费者的资格，而且以资本家和企业家的资格，都要有若干现金握存。

凡是对这个事实觉得有些迷惑与矛盾的人，是由于误解了货币计算和资本会计。他们想使资本会计承担一些它决不能达成的任务。资本会计是适于在市场经济里面活动的个人或人群用以计算的一个心智工具。只有在货币计算的架构中，资本才会成为可计算的。资本会计所可完成的唯一任务，是为那些在市场经济里面活动的人们指出：他们用在取得活动的那笔资金，其货币等价是否发生变动以及变动到什么程度。至于就其他的一切目的而言，资本会计完全无用。

如果有人想确定一个叫作"国民经济的"资本量或社会的资本量，一方面，示别于各个人用以赚钱的资本；另一方面，示别于那个无意义的"各个人用以赚钱的资本总额"概念，那么，这个人自然要受一个伪造的问题所困扰。有人问，在社会资本这样一个概念中，货币的任务是什么？从个人的观点来看的资本，与从社会的观念来看的资本，有人发现这两者之间一个重大的区别。但是，这全部推理完全是错误的。在计算一个不能用货币以外的东西来计算的数量，而想不涉及货币，这显然是矛盾的。想用货币计算来确定"在一个不会有任何货币，而生产要素没有货币价格的经济制度里面毫无意义的一个数量"，这是荒唐的。我们的推理一超过市场社会这个架构，它就要立即不涉及货币和货币价格。社会资本这个概念只能想作种种财货的一个集合。要比较这样的两个集合，而不靠陈述其中一个集合在消除整个社会的不适之感方面，比另一个集合更有用，那是不可能的。（至于像这样的一个广泛的判断，是不是我们人类可以做到的,那是另一个问题。)对于这样的集合不能用货币表示。如果一个社会制度里面没有生产要素的市场,则在讨论这个社会的资本问题时,不能用货币来讲;用货币来讲,没有任何意义。

近年来,有些经济学家对于现金握存在储蓄与资本累积的过程中所起的作用特别注意。他们在这方面做了许多错误的结论。

如果有一个人把他的一笔钱不用之于消费,而用之于购买生产要素,储蓄就直接变成了资本累积。如果这位储蓄者把他的额外储蓄用以增加他的现金握存——因为在他的心目中这是最有利的使用它们的方式——那么,他就引起一个物价下跌而货币单位的购买力上涨的趋势。如果我们假定市场的货币供给量不变,这位储蓄者的行为将不直接影响资本累积,也不影响生产的扩张[①]。这位储蓄者的储蓄后果——也即,生产出来的财货超过消费的财货——不因为他的握存而消失。资本财的价格不涨到没有这样的握存时所会涨到的程度。但是,更多的资本财可以利用这个事实,并不因许多人努力增加他们的现金握存而受到影响,假若没有人把这些财货——财货的不消费使储蓄增加——用以增加他的消费支出,那么,这些财货仍然是可用的资本财的一个增加量,不管它们的价格是怎样。这两个过程——增加现金握存和增加资本累积——同时发生。

其他的事物不变,物价一跌落,各个人的资本的货币等值也因之跌落。但这不等于资本财供给量的减少,因而生产活动无须对所谓"匮乏"而来个调整。那只是把那些用在货币计算上的货币项目变动一下。

现在让我们假定:信用货币或不兑换纸币的数量增加或信用扩张产生了个人的现金握存所需要的额外货币。于是,有三个过程个别地各循它们的途径:一个趋势倾向于物价跌落,这是由于可利用的资本财的数量增加而生产活动随之扩张而引起的;另一个趋势也是倾向于物价下跌,但这是由于为现金握存的货币需求之增加而引起的;最后一个趋势使物价上升,这是由于货币(广义的)供给的增加而引起的。这三个过程有点儿是同时的,每个过程引起的后果,随着当时的环境,有的被另一过程所引起的后果加强,有的被另一个过程所引起的后果减弱。但是,主要的事情是:来自额外储蓄的资本财,没有被那些同时发生的货币变动——货币(广义的)供需的变动——破坏。无论什么时候,如果有人把一笔钱储蓄起来而不用于消费,这个储蓄过程,与资本累积和投资的过程完全一致。至于这位储蓄者增加或不增加他的现金握存,那是无关紧要的。储蓄这种行为,总有它的相对事情随之发生,即在财货的供给方面,有了一些已产出而未消费的财货,这些财货可用在进一步的生产活动上。一个人的储蓄,总是体现在具体的资本财。

窖藏的货币是财富总量中不生利的一部分,这部分的增加,使那部分用以生产的财富减缩。这个想法只有在这个程度以内是对的,即:货币单位购买力的上升,其结果为开采金矿而雇用了一些额外的生产要素,而且黄金从工业的用途转到货币的用途。但是,这是由于努力增加现金握存所引起的,而不是储蓄引起的。在市场经济里面,储蓄要靠节省消费。储蓄者把他的储蓄窖藏起来,影响到货币购买力,因而可能降低名目的资本量,也即资本的货币等值;但是,这并不使那已累积的资本有何损伤。

注 释

① 为什么一定要这样,将在以下几页说明。

② 如果耐久性的延长至少不比例于所需要的费用之增加,则增加耐久性较短的那些单位的数量就是更有利的。

③ 参考 Böhm-Bawerk, *Kleinere Abhandlungen über Kapital und Zins*, vol. II in *Gesammelte Schriften*, ed. F. X. Weiss (Vienna, 1926), p. 169。

④ 时间偏好不是人类所专有的。它是一切动物行为的一个先天的特征。人之异于其他动物,在于时间偏好对于他不是一成不变的,准备期的延长不全然是本能的(有些动物之储蓄食物是出自本能),也是一个评值过程的结果。

⑤ 关于庞巴维克这部分的理论之详细分析和批评,读者请参考 Mises, *Nationalökonomie*, pp. 439~443。

⑥ 参考 F. A. Fetter, *Economic Principles* (New York, 1923), I, 239。

⑦ Frank H. Knight 在他那篇 *Capital, Time and The Interest*(载在 *Economica*, n. s. I., 257~286)的时间偏好理论,有些人提出反对的议论。我们在这里所讲的足以推翻那些反对论。

⑧ 参考 F. A. Hayek，*The Pure Theory of Capital*（London，1941），p. 48. 对某些思想方法加上国名的标记，这确是不妥当的。Hayek 说得好（p. 47，n. 1）自 Ricardo 以后的古典的英国经济学家，尤其是 J. S. Mill（可能部分地受到 J. Rae 的影响）在某些方面比他们 Anglo-Saxon 的现代后继者更是"奥地利的"。

⑨ 参考 W. S. Jevons，*The Theory of Political Economy*（4th ed. London，1924），pp. 224～229。

⑩ 这里也意涵自然资源的品质相等。

⑪ 参考 John Clark，*Essentials of Economic Theory*（New York，1907），pp. 133 ff.

⑫ 关于马克思主义者之攻击遗传学，参考 T. D. Lysenko，*Heredity and Variability*（New York，1945）。关于这个争论的评判参考 J. R. Baker，*Science and the planned State*（New York，1945），pp. 71～76.

⑬ 参考 Mises，*Omnipotent Government*（New Haven，1944），p. 99. 以及那里所引的书籍。

⑭ 参考第十六章第九节及第二十四章第三节。

⑮ 参考 Hayek，The Mythology of Capital，*The Quarterly Journal of Economics*，L(1936)，pp. 223 ff.

⑯ 在市场经济里面，国家和一些自治区，也不过是些代表某些确定人群的具体行为的行为者。

⑰ 流行的说法，是说股票市场"吸收"资本和货币，这个说法曾被 F. Machlup 分析驳斥。见之于 *The Stock Market，Credit and Capital Formation*，trans. by V. Smith（London，1940），pp. 6～153。

⑱ 现金引起的（cash-induced）货币购买力变动所带来的财富与所得的变动，会间接影响到资本累积。

第十九章 利　　率

一、利　息　现　象

我们曾经指出：时间偏好是人的行为中固有的一个元范。时间偏好出现于原始的利息现象，也即，未来财相对于现在财的那个折扣。

利息不仅是资本的利息。利息不是来自资本财之利用的特定所得。古典经济学家教导的三个生产要素（劳动、资本和土地）与三类所得（工资、利润和租金）之间的对称，是站不住的。租金不是来自土地的特定收益。租金是个一般的交换现象；它在劳动和资本财方面与在土地方面发生同样的作用。而且，古典经济学家所说的那种利润，也不是同样来源的所得。利润（企业利润的意义）和利息所具有的特征，资本的并不比土地的更多。

消费财的价格，经由市场上各种力量的相互作用，分派给在它们的生产过程中合作的各种补助要素。因为消费财是现在财，而生产要素是生产未来财的手段，又因为现在财的评值较高于同类、同量的未来财，因而被分派的数额落在有关的消费财的现在价格之后。即令在假想的均匀轮转的经济结构里面也如此。这个差额就是原始的利息。它与古典经济学家所区分的那三类生产要素的任何一类，都没有特殊的关系。企业家的利润和亏损是发生于一些有关的变动，以及由这些变动所引起，而在生产期中出现的价格变动。

天真的推理看不出那种来自渔猎畜牧农林等的经常收入中的任何问题。自然产生些鹿、鱼、家畜，并且使它们成长，使母牛给乳、母鸡生蛋，使树木成林结果，使种子发芽。有权把这种循环发生的财富据为己有的人，享受着一项稳定的所得。正像一条滔滔不绝的河流一样，这个"所得流"不断地流，一而再地带来新的财富。这全部过程，明明白白地是个自然现象。但从经济学家的观点来看，却出现了一个问题，那就是关于土地、家畜和其他等价格决定的问题。假若未来财不是相对于现在财的价值打个折扣来买卖的话，则购买土地的人所支付的价格，就要等于全部未来净收益的总额，因而就没有留下什么可孳生一而再的所得了。

土地和家畜的所有者每年发生的收入，与那些来自在生产过程中迟早会消耗掉的生产要素的收入，在交换科学上没有什么不同的特征。对一块土地的处分权，也就是对这块地在生产中与其他要素的合作加以控制；对一个矿区的处分权，也就是对它在开采中的合作加以控制。同样地，一部机器或一捆棉花的所有权，也是对它在制造中的合作加以控制。凡是以生产力（productivity）和用处（use）来研讨利息问题者的基本错误，是他们把利息现象追溯到一些生产要素在生产中的用处（productive services）。但是，生产要素的用处只决定要素本身的价格，并不决定利息。这些价格，把那有某一要素合作的程序所提供的生产力，与那没有这种合作的程序所提供的生产力，两者之间的全部差额统统支付了。补助的生产要素的价格总额与产品价格的总额两者间的差额，是现在财比未来财有较高评值的结果。这种差额即令有关的一些市场情况没有变动，也是会发生的。随着生产的进行，生产要素变化到或成熟到较高价值的现在财里面。这个增加量就是流到生产要素所有者手中的特殊收入的来源，也即原始利息的来源。

物质的生产要素（示别于企业精神）的所有者们，得到交换科学上两个不同项目的收入：一是对他们所控制的要素间的生产合作所给的报酬，一是利息。这两个项目决不可混淆。在解释利息的时候，不容涉及生产要素在生产过程中提供的用处。

利息是个同原的现象（homogeneous phenomenon）。利息没有不同的来源。耐久财的利息和消费信用的利息，与其他利息一样，都是现在财的评值高于未来财的结果。

二、原 始 利 息

人们对立即的欲望满足所给的价值，与对将来的欲望满足所给的价值，是不同的。利息是这两个价值的比率。在市场经济里面，利息表现于未来财相对于现在财打个折扣。利息是些物价的比率，而其本身不是物价。在所有的货物当中，这个比率有个倾向于一致的趋势。在假想的均匀轮转的经济结构里面，原始的利率对于所有的货物都是一致的。

原始利息不是"对资本的用处所付的代价"。[①]庞巴维克和后来的若干经济学家，在解释利息时所说到的迂回生产方法的较高生产力，没有解释这个现象。相反地，解释"为什么迂回的生产方法虽可产出较多的产量，但花时较少的生产方法却还有人采用"这个问题的，倒是原始利息这个现象。而且，原始利息这个现象还解释一块可利用的土地会在有限的价格下买卖。假若对一块土地所可提供的未来的功用，也和对它所提供的现在的功用一样评值，则有限的价格无论如何无法高到足以使它的所有者愿意出卖它。在这个假设下，土地既无法用有限的金钱数量来买卖，也无法与那些只提供有限功用的财货直接交换。一块土地只能与另一块土地直接交换。一幢在十年期间每年可产生一百元收益的建筑物，在这期间的开始时估价一千元（不管它的地基），在第二年的开始则为九百元，以此类推。

原始利息不是在市场上由资本或资本财的供需相互作用而决定的价格。它的高低不系乎这种供需的程度。倒是原始的利率决定资本和资本财的供需。它决定把多少财货用于立即的消费，多少用于较远的将来。

人们不是因为有利息而储蓄、而累积资本。利息既不是储蓄的促动力，也不是对于不立即消费这个行为的报酬或补偿。它是现在财与未来财彼此评价间的比率。

贷放市场不决定利率。它是把放款的利率调整到与那个表现于未来财的折扣的原始利率相适应。

原始利息是人的行为的一个元范。任何对外在事物的评价,都有它在发生作用,原始利息永不消灭。假若有一天大家都相信世界的末日就要到来了,大家就不为未来的欲望满足打算。生产要素在他们的心目中成为无用、无价值的东西。这时,未来财相对于现在财的折扣不仅是不消失的,而且这种折扣还要大大地提高。另一方面,原始利息的消灭就是意谓人们完全不重视立即的欲望满足。这是意谓着他们愿意放弃今天、明天、一年或十年当中可得到的一个苹果,换那一千年或二千年后可得到的两个苹果。

我们甚至于无法设想一个没有利息的世界是怎样的情况。不管有没有分工和社会合作,也不管社会组织是基于生产手段的私有或公有,原始利息总是存在的。在社会主义的国家,原始利息所发生的作用,无异于在市场经济里面的作用。

庞巴维克曾经断然揭发生产力说的一些错误,也即,"利息是生产要素的生产力之表现"这个想法的一些错误。可是庞巴维克自己的论据也有点生产力的说法。在讲到迂回生产在技术上的优越性时,他避免了天真的生产力的谬见所表现的那种粗疏。但是,事实上他转到生产力的说法上去了,尽管他说得微妙。后来那些忽略了时间偏好的经济学家,只重视庞巴维克理论中所含的生产力观念,因而得到这样的一个结论——如果有一天生产期的延长再也不能使生产力增高,那时原始利息就会没有了。[2]这个结论完全是错的。只要满足欲望的东西是有限、只要人们有行为,原始利息就不会消失。

只要这个世界不变成一个无所不有的安乐乡,人们总是要面对"稀少"这个问题,而必须行为,必须讲求经济;他们不得不在立即的满足和较远将来的满足之间做选择,因为前者也好,后者也好,都是不能充分得到的。把生产要素从那满足立即欲望的用途撤走,转而用之于较远将来的欲望满足,这一变动必然是有损于现在,有利于将来。如果我们假定情形不是如此,我们就陷入一些无法解决的矛盾混乱中。我们最好是想象这种情况:技术知识和技巧已经达到了再也不能进步的那一点,以后再也不会发明使每单位投入的产出得以增加的新的生产程序了。但是,如果我们假定有些生产要素是稀少的,我们就不可假想所有那些最生产的程序(不管它们所用的时间)都充分利用了,而且,为每单位投入提供较少产生的那种程序也没有被采用的,只因为它比那些较生产的程序更快地产生它最后的结果。生产要素的稀少,意谓着我们有些福利因为可用的手段不足够而不能实现,我们可以设法改善。正是这样可欲的改善之不能实现,构成了稀少。生产力说的现代支持者,其推理被庞巴维克的"迂回的生产方法"这个名词的一些内涵,以及它所暗示的技术改进这个观点所误导。但是,如果有"稀少",那就总有一个未用的技术机会,靠延长某些生产部门的生产期以促进福利,不管技术知识是不是有了改变。如果手段是稀少的,如果目的与手段在行为学上的关系还存在,那么必然有些未满足的欲望,这些欲望既有属于立即的,也有属于将来的。总有些财货是我们必须放弃的,因为走向生产它们的那条路太长了,因而妨碍了我们满足更迫切的需要。"我们不为将来准备得更丰富"这个事实,就是我们在立即的满足与将来的满足之间,权衡轻重的结果。经过权衡而得到的比率,就是原始利息。

在这样一个具有完全技术知识的世界里面,有一位发起人拟定一项计划 A,要在风景优美但交通不便的山区建筑一座旅馆,同时,要筑一条对外交通的马路。在检讨这个计划的可行性时,他发现,可用的资力不足够执行这个计划。估计这项投资所可获致的利润,他得到这样一个结论:预期中的收益不会大到足以抵补材料费、工资和利息这些成本。于是他放弃了计划 A 而实行另一个计划 B。按照计划 B,这个旅馆建筑在交通较便利的地区,但没有计划 A 所选择的那样优美的风景。可是,在这里建筑旅馆,或者是建筑费较低,或者是在较短的时期内完成。如果不计较投资利息的话,就会发生这样一个幻想:以为市场情况——资本的供给和大众的评值——容许计划 A 的执行。但是计划 A 的执行,就要把稀少的生产要素从那些可以满足消费者所认为更迫切的欲望的用途拉过来。这就显出是一项错误的投资,也即资源的浪费。

生产期的延长会增加每单位投入的产出量,或者会生产在较短生产期里面根本不能生产的财货。但是,如果说这增加的财富所具有的价值,转嫁到那些为延长生产期而必要的资本财里面,因而产生了利息,这就不对了。如果有人这样说的话,他又是回到庞巴维克所已推翻的生产力说极粗鲁的错误了。一些补助的生产要素对于生产的结果有贡献,这是它们之所以被认为有价值的理由;这解释了对它们支付的价格,而且,在这些价格的决定中充分地顾及到它们的这种贡献。此外,再也没有什么未经说明而可用以解释利息的东西了。

有人说,在一个假想的均匀轮转的经济结构里面,不会出现利息。③但是,这个说法显然是与均匀轮转的经济结构所依据的那些假设不相容的。

首先,我们把储蓄区分为两类:单纯的储蓄与资本家的储蓄。单纯的储蓄只是为着后来的消费而堆积的消费财。资本家的储蓄是那些将用以改进生产程序的财货之累积。单纯储蓄的目的是后来的消费;它只是消费的延缓。所累积的财货迟早是要消费掉的,没有什么东西遗留下来。资本家储蓄的目的首先是生产力的改进。它是累积那些用在将来生产的,而不单是为后来消费的资本财。来自单纯储蓄的利益,是些当时未立即消费而累积下来的储藏品的稍后消费。来自资本家储蓄的利益,是资本财的数量增加,或者是没有这种储蓄的帮助就根本不会生产的那种财货的生产。在构想一个均匀轮转的(静态的)经济结构时,经济学家不考虑资本累积的程序;资本财是既定的,而且根据那些基本假定,也没有变动发生。既不经由储蓄而累积新的资本,也不由于消费超过所得(也即,当期生产减去保持资本的必要的资金),而消费到可用的资本。现在,我们的工作就是要说明:这些假定与没有利息这个想法是不相容的。

在这里,我们用不着从长讨论单纯的储蓄。单纯储蓄的目的是储蓄者为将来准备,在将来他可能比现在收入较少。可是,使假想的均匀轮转的经济结构有其特征的那些基本假定之一,就是未来与现在没有任何的不同,行为者完全知道这种情形,并根据这个情形而行为。因此,在这个结构里面,单纯储蓄这个现象无遗留之余地。

至于讲到资本家储蓄的成果、资本财累积的存量,那就不同了。在均匀轮转的经济里面,既没有储蓄和额外资本财的累积,也不会消耗原有的资本财。这两个现象等于情况的变动,因而干扰了均匀轮转的假想结构。再说,过去的——也即在这个均匀轮转的经济建立以前的时期的——储蓄和资本累积的数量,已适应利率的高度而调整。如果——随着均匀轮转经济的条件之建立——资本财的所有者不再收到任何利息,则那些在为满足不同的未来期之欲望而做的财货配置中发生作用的条件就被搅乱了。改变了的情况需要一番新的配置。而且在均匀轮转的经济里面,对于不同的未来期欲望满足的评值之差异,是不会消灭的。在这种假想的经济结构中,人们给今天的一个苹果的评值,也是高于十年或几百年以后的一个苹果的评值。如果资本家不接受利息,则近期与远期欲望满足的平衡就被扰乱。一个资本家把他的资本保持在刚好十万元,这是因为现在的十万元等于十二个月以后的十万五千元。这个五千元在他的心目中足以胜过当时立即消费掉这个金额的一部分所可提供的利益。如果利息消灭了,资本的消费就跟着发生。

这是熊彼得所描绘的那种静态制度的基本缺陷。只假定这样的制度里面的资本设备已经累积,现在是就这已累积的数量来利用,嗣后保持这个水准不变,这个假定是不够的。我们也要在这个假想的制度中认定,那些使这个水准得以保持不变的力量所起的作用。假若有人消除掉作为利息接受者的资本家的任务,他就是用一个作为资本消费者的资本家任务来替代它。这就没有任何理由可以解释,为什么资本财的所有者不把资本财用之于消费。在假想的静态情况(均匀轮转的经济)的那些假定下,没有为准备意外事故而保存它们的必要。但是,即令假使(这是极不一贯的假定)我们这样假定:它们的一部分是用之于这个目的,所以不立即消费,可是,至少相当于资本家的储蓄超过单纯的储蓄那个数量的资本会消费掉。④

如果真的没有原始利息,资本财不会用在立即的消费,资本不会消耗。正相反,在这样的一个不可想象的情况下,根本没有任何消费,只有储蓄、资本累积和投资。归结于资本消耗的,不是原始利息的消灭,原始利息的消灭是不可能的;而是对资本所有者的利息支付之被废除。资本家之消费他们的资本财和他们的资本,正是因为有原始利息,而现在的欲望满足优于稍后的满足。

所以,废除利息这个问题是不会发生的。任何制度、法律,以及银行政策都不能废除利息。凡是想"废除"利息的人,必须使人们对于一百年以后的一个苹果的评值不低于对今天的一个苹果的评值。法律和命令所能废除的,只是资本家接受利息的权利。但是,这样的法律将会引起资本消费,而且将会很快地把人类推回到原始的穷困境界。

三、利率的高度

在孤立的经济行为人的单纯储蓄和资本家储蓄当中,对于不同的未来期欲望满足的评值之差异,表现于人们为较近的未来,准备得比较远的未来更丰富的那个程度。在市场经济的条件下,如果均匀轮转的经济结构所依据的那些假设都具备的话,原始利率等于今天的一定金额与以后某一时日的被视为等值的一定金额之间的比率。

原始利率指导企业家的投资活动。它决定等待期,以及每一生产部门的生产期的长短。

人们常常提出这样一个问题:怎么样的利率,高的或低的,更能刺激储蓄和资本累积。这个问题毫无意义。对于未来财的折扣愈小,原始利率就愈低。人们并不因为原始利率上升而多储蓄,原始利率也不因为储蓄额的增加而下降。原始利率的变动和储蓄额的变动——假定其他情形不变,尤其是法制方面的情形——是同一现象的两方面。原始利率的消灭,等于消费的消灭。原始利率过度地上升,等于储蓄的消灭,也即对于未来不作任何准备。

资本财的现实供给量,既不影响原始利率,也不影响继续的储蓄额。即令最丰富的资本供给,既不一定使原始利率降低,也不一定使储蓄倾向下落。资本累积和那作为经济进步国家之特征的平均每人投资额的增加,既不一定降低原始利率,也不减弱个人们储蓄的倾向。人们在处理这些问题的时候,大都只拿那些由借贷市场所决定的市场利率来比较,因而被误导。但是,这些毛利率不只是表现原始利率的高度,它们还包含有其他的因素(以下将要讲到),这些因素的影响,可以说明为什么较穷国家的这种毛利率,通常总比较富国家高些。

　　一般的说法是这样：在其他情形不变的假定下，人们为最近的将来所做的准备愈好，则他们为较远的将来的欲望准备得就愈好；因而一个经济制度里面，储蓄和资本累积的总额，系乎这个经济的人口如何安排在不同的所得阶层。在一个所得接近平等的社会，据说，比一个所得较不平等的社会，储蓄得少些。这样的一些说法当中有一点真理。但是，它们是关于一些心理事实的陈述，因而缺乏行为学陈述中固有的一般有效性和必然性。而且，这些说法所假定的"其他的情形不变"的"其他情形"包括各个人的评值，也即，各个人对于立即消费和延缓消费的赞成和反对所作的主观价值判断。当然，有许多人的行为是这些说法所描述的，但也有些人的行为不是这样的。法国的农夫们，尽管大部分有中等收入和财富，在十九世纪当中是以节俭习惯著称的，而那些贵族的富有分子和工商业富有的子弟则以挥霍著名。

　　所以，关于一方面全国或个人可以利用的资本量，与另一方面储蓄量或资本消费以及原始利率的高度之间的关系，我们不可列出行为学的任何公式。稀少的资源配置于不同的未来期欲望之满足，是决定于价值判断，而且，间接地决定于所有的构成行为人之个性的因素。

四、变动经济中的原始利息

　　到这里为止，我们已经把原始利息这个问题放在一些假定之下讨论：财货的周转受到中立的货币之使用的影响；储蓄、资本累积和利率的决定，不受制度上的障碍；以及整个经济程序在均匀轮转的经济架构中进行。在下一章里面，我们将要取消前两个假定。现在我们想讨论变动经济中的原始利息。

　　凡是想为未来的需要满足而做准备的人，必须正确地预料到那些需要：如果他不能做到这一点，则他的准备就会欠周或完全无用。我们不会有一种抽象的储蓄可以为所有各类的欲望满足做准备，而不受情况和评值方面发生变动的影响。所以，原始利息在变动经济里面不会以纯粹而不夹杂的形式出现。只有在假想的均匀轮转的经济结构里面，单凭时间的经过就可产生原始利息；在时间的经过和随着生产程序的进行，发生于那些补助的生产要素之价值愈来愈多；随着生产程序的终止，时间的经过在产品的价格中产生了原始利息全额。在变动经济里面，生产期当中，也会同时发生评值方面的其他变动。有些财货比以前的评值高，有些则较低。这些变动是企业家的利润和亏损的来源。只有那些在生产计划中已经正确地预料到市场的将来情况的企业家们，在出售产品的时候，能够享有超过生产成本（包括原始利息）的收益。至于不能预料将来的企业家，如果他还能出售其产品的话，他的收入就不能包括原始利息在内的全部成本。

像企业家的利润和亏损一样，利息不是价格，而是用一特殊的计算方式，从成功的营业所出卖的产品价格中分解出来的一个数量。一件货物卖得的价格和在生产中花掉的成本（包括投下资本的利息），两者间毛差额在英国古典经济学的术语中叫作利润。⑤现代经济学则把这个数量看作交换学上一些不同项目的一个综合。古典经济学家叫作利润的那份超过费用的毛收入，包括企业家用在生产过程中自己劳动的工资、投下资本的利息，以及最后的企业利润本身。如果在产品的销售中没有收到这份超过额，则这位企业家不仅没有得到利润本身，他也没有收到他所贡献的劳动的市场价值的等值，也没有收到所投下的资本的利息。

把毛利润（古典的意义）分解为经理的工资、利息和企业的利润，这不仅是经济理论的一个设计。它是随着商业会计的趋向于周密，而在商业惯例中发展出来的，商业上的惯例与经济学家的推理无关。精明的商人不重视古典经济学家所使用的那个混乱的利润观点。他的成本观念包括他自己贡献的劳务的可能市场价格，付给借入的资本的利息以及他自己投下的资本如果是供给别人，按照市场情况他所能赚得的利息。只有收入抵补了这样计算的成本以后还有剩余，在他的心目中，才是企业利润。⑥

把企业家的工资从那些包括在古典经济学家的利润概念中的一切其他项目的综合里面分解出来，不引起什么特殊问题。至于要从原始利息中分解出企业利润则较为困难。在变动的经济里面，借贷契约上所载的利息总是一个毛值；从这个毛值当中，必须用一特殊的计算程序和分析，算出纯粹的原始利

率。我们曾经指出,在每一借贷行为中,即令货币单位的购买力不发生变动,
都有企业风险的因素。信用的授予必然是一可能归于失败的企业投机,贷出
的金额可能一部分或全部损失。借贷中约定的和支付的每一笔利息,不仅是
包括原始利息,也包括企业利润。

　　好久以来,这个事实误导了一些想建立满意的利息理论的企图。使正确
地区分原始利息与企业的利润和亏损成为可能的,那只有均匀轮转的经济结
构那样的精心构想。

五、利 息 的 计 算

　　原始利息是一些不断摇动的评值之结果。它也随着它们而动摇。以一年
作时间单位来计算利息,只是商业上的惯例,一个便于计算的规律而已。它不
影响市场所决定的利率之高低。

　　企业家的活动,趋向于在整个市场经济里面建立一致的原始利率。如果
在市场的某一部门现在财的价格与未来财的价格之间的差距不同于其他部门
的差距,则会出现一个倾向于一致的趋势;这种趋势是由于商人们大家挤进差
距较大的那些部门,退出差距较小的部门而引起的。在均匀轮转的经济里面,
最后的原始利率在市场的一切部门都是一致的。

　　归结于原始利息之出现的那些评值,把较近未来的满足,看得比较远未来
同类、同程度的满足更重要些。但是,我们没有理由可以假定,这种对较远未
来的满足打折扣会继续地、均匀地推进。如果我们这样假定,我们就是意涵准
备期是无限的。但是,人们对未来所作的准备,彼此是不同的,即令就最谨慎
的行为人看来,超过了一定时期的准备也是不必要的。单凭这个事实,我们就
不应想到无限期的准备。

　　借贷市场的惯例不应误导我们。惯例是为借贷契约的全期规定一个一致
的利率,[⑦]并用一致的利率来计算复利。利率的真正决定是独立于这些和其
他的算术方法。如果利率被契约规定在某一时期中固定不变,市场利率在这

个时期中发生的变动,就反映在本金价格的相对变动上,这是考虑到到期时要偿还的本金数额是规定不变的。至于我们是用不变的利率和变动本金来计算,或用变动的利率和不变的本金来计算,或用变动的利率和本金来计算,都不影响其结果。

借贷契约的一些条件,不是与规定的借贷期无关的。借贷契约按照所规定的借贷时期之长短,而有不同的评值和估价,这不仅是因为,"使市场利息违离原始利率的那些组成市场利息毛率的因素"受到了借贷时期长短不同的影响,而且也由于那些引起原始利率变动的因素发生作用。

注　释

① 这是流行的利息定义,例如 Ely Adams, Lorcuz, and Young, *Outlines of Economics* (3d ed. New York, 1920), p. 493. 上面所写的。

② 参考 Hayek, *The Mythology of Capital* 载在 The Quarterly Journal of Economics, L (1936), pp. 223 ff. 可是 Hayek 教授已经部分地改变了他的观点,(参考他的论文:Time-Preference and Productivity, a Reconsideration 载在 *Economica*, XII〔1945〕, pp. 22～25.)但是本文所批评的那个观点还有许多经济学家接受。

③ 参考 J. Schumpeter, *The Theory of Economic Development*, trans. by R. Opie (Cambridge, 1934), pp. 34～46, 54。

④ 参考 Robbins, On a Certain Ambiguity in the Conception of Stationary Equilibrium, *The Economic Journal*, XL (1930), pp. 211 ff.

⑤ 参考 R. Whateley, *Elements of Logic* (9th ed. London, 1848), pp. 354 ff.; E. Cannan, *A History of the Theories of Production and Distribution in English Political Economy from 1776 to 1848* (3d ed. London, 1924), pp. 189 ff.

⑥ 但是,现在有些人把经济学的一切概念故意弄得混淆,这有助于蒙蔽这种区别。所以,在美国,大家把公司所发的股利(dividends)叫作"利润"。

⑦ 当然,也有些不同于这个惯例的做法。

第二十章　利息、信用扩张和商业循环

一、一些问题

在市场经济里面，一切人际的交换行为都是靠货币这个媒介来完成的；在这种经济当中，原始利息的元范主要地表现于货币借贷的利息上。

我们曾经讲过，在假想的均匀轮转的经济结构里面，原始利率是一致的。在整个体系当中，只有一个利率。放款利率与那表现于现在财和未来财价格间的比率是相符的。我们可以把它叫作中立的利率。

均匀轮转的经济以中立的货币为前提条件。由于货币之不会中立，于是有些特别问题发生。

如果货币关系——也即关于现金握存的货币供需之间的比率—有了变动，所有的财货和劳务的价格都要受影响。但是，这些变动对于各种财货和劳务的价格的影响，并不是同时发生的，也不是同程度的。各个人的财富和所得所受到的影响，又会影响到那些决定原始利息的因素。在货币关系方面出现了这些变动以后，这个体系所趋向于建立的原始利息的最后情况，再也不是这个体系以前所趋向于建立的那个最后情况。因此，货币的推动力足以在原始利息和中立利息的最后比率方面，引起一些持续的变动。

于是就有了第二个，甚至更重大的问题。这个问题自然也可看作同一问题的另一面。货币关系的变动,在某些环境下可能首先影响到由供需左右其利率的放款市场,那种利率我们可叫作货币毛利率(或市场毛利率)。货币毛利率这样的一些变动,会使其中的净利率永久脱离那个相当于原始利率(即现在财与未来财评值的差额)的高度吗? 放款市场的一些情况会部分地或全部地消灭原始利率吗? 没有一位经济学家对于这些问题不是断然否定的。但是,接着又有一个问题发生了:市场因素的相互作用如何重新调整毛利率,使其相当于原始利率所限定的高度?

这都是些大问题;是经济学家在讨论银行、信用媒介、信用的流通与扩张、商业循环以及一切关于间接交换的其他问题时,所试图解决的问题。

二、市场毛利率中的企业成分

放款的市场利率不是纯利率。在有助于市场利率之决定的那些成分当中,也有些非利率的因素。货币的贷放者总是个企业家。每一笔放款都是一项投机性的冒险,成功或失败是不确定的。放款者总冒着全部或部分丧失其本金的危险。他对于这个危险的估量,决定他签订借贷契约的一些条件。

在放款或其他的信用交易和延期支付的场合,决没有绝对的安全。债务人、保证人以及担保者都会变成破产者,保证品或抵押权会变成无价值的东西。债权人总归是债务人的实际合伙人,或者是那项抵押品的实际所有者。他是会因它们的市场情况之变动而受影响的。他的命运与债务人的命运是相关联的,或者是与那些抵押品价格变动相关联的。资本的本身并不产生利息;资本必须好好地被利用,这不仅是为的生利,也为的免于完全消失。"钱不能生钱"(pecunia pecuniam parere non potest)这句成语,在这个意义下是适切的。这自然与上古和中古的一些哲学家所想的完全不同。毛利息只有那些在放债方面已经成功的债权人才能收获。如果他们终于赚得一点净利息,则毛利息就包括在比净利息较多的一项收入中。净利息是从债权人的毛收入中,用分析的思考抽绎出来的一个量。

在各种各类的放款中,都有企业成分。通常是把借贷区别为消费借贷或个人借贷,与生产借贷或营利事业借贷。前一类借贷的特征是它使借款人能够把预期中的将来收入提前消费。放款人在取得那些将来收入的一份要求权的时候,他成为一个企业家,正同在取得一个营利事业的将来收入的一份要求权一样。他这笔放款的结果之特别不确定,在于这些将来收入之不确定。

还有一个通常的区分是私债和公债。公债是指,借给政府和政府附属机构的那些债。这种债之不安全,是在于政府权力之不可靠。帝国会崩溃而政府会被革命者推翻,而那些革命者每每不承认被推翻的政府所借的债。除此之外,在各类长期的公债中还有一些基本的坏处我们已经指出过。①

各种各类的延期支付,随时有被政府干涉的危险。舆论总是不利于债权人的。它认为债权人就是懒闲的富人,债务人就是辛劳的穷人。它把前者视为无情的剥削者而憎恶之,把后者视为无辜的受压迫者而怜悯之。它把政府为削减债权人的权利而采取的一切措施,认为有利于大众而只有损于少数重利盘剥者。舆论完全昧于十九世纪的资本主义的创革已完全改变了债权人与债务人的组成成分。在雅典索伦时代、在已往罗马实行土地法的时代,以及在中世纪,债权人大都是富人,债务人大都是穷人。但是到了有股票、债票、抵押银行、储蓄银行、人寿保险公司以及一些社会安全福利的这个时代,有了相当收入的大众倒成为债权人了。另一方面,富人们,以股东的资格,以工厂、农场和不动产所有主的资格,成为债务人的时候比成为债权人的时候更多些。一般大众在要求削减债权人利益的时候,不知不觉地是在攻击他们自己的利益。

有了这样的舆论,对债权人不利的机会,大于对他有利的机会而不平衡。这种不平衡将引起一个片面的趋势,趋向于包含在毛利率里面的企业成分之增加,如果政治的危险限之于借贷市场的话,而不会同样地影响到所有各类的私有财产权。就我们这个时代的事情来看,没有一种投资是安全可靠而免于政治没收之危险的。一个资本家不能把他的财富用之于直接投资,而不用之于贷给私人的营利事业或政府以减少风险。

涉及放款的一些政治危险,不影响原始利率的高度;包含在市场毛利率里面的企业成分,却受到这些危险的影响。如果一切有关延期支付的契约,一般人认为有立即被废弃的可能,则毛利率的企业成分就会因之而增加到无法计量。[②]

三、作为市场毛利率一个成分的价格贴水

如果现金引起的货币单位购买力的变动,同时而且同程度影响到一切货物和劳务的价格,则货币是中立的。有了中立的货币,则中立的利率就会可能,假若没有延期支付的话。如果有延期支付,如果我们不管债权人的企业地位和因而产生的毛利率中的企业成分,我们就要进而假定购买力将来的变动莫测,在契约条件的规定中已考虑到。借贷的本金就要周期地用物价指数来乘,因而随着货币购买力的变动而增加或减少。随着本金的调整,利率所从而算出的数额也为之变动。所以这个利率是个中立的利率。

有了中立的货币,利率的中立化也可用另一个约定做到,假若有关方面能够正确地预料到购买力的将来变动。他们可以约定一个毛利率,而这个利率已考虑到那些变动,就原始利率加上百分之几,或减去百分之几。我们可以把这种办法叫作价格贴水——正的或负的价格贴水。在加速通货紧缩的情形下,负的价格贴水不仅能够吞没全部原始利率,甚至把毛利率倒转为一个负数,也即付给债务人的一个利率。如果这价格贴水计算得正确的话,则债权人和债务人的境况都不受货币购买力变动的影响。利率是中立的。

但是,所有的这些假定不仅是虚构的,甚至也无法摆脱一些矛盾而设想。在变动的经济里面,利率决不会是中立的。在变动的经济里面,没有一致的原始利率;有的只是倾向于这种一致的一个趋势。在原始利率的最后情况达成以前,有些新的变动发生,而这些变动又促使利率的重新趋向于一个新的最后情况。在一切都在流变中的环境下,不会有什么中立的利率。

在现实的世界上,所有的价格都是波动的,行为人不得不充分考虑到这些波动。企业家之从事冒险,和资本家之变更他们的投资,只是因为他们预料到这样的一些变动而想从中谋利。市场经济这个社会制度的主要特征,是在这

里有个不断的促进改善的刺激。最精明而有企业精神的人们,被谋利心的驱使一再地调整他们的生产活动,用可能最好的方法来满足消费者的需要——包括消费者自己已经知道的那些需要,和他们自己尚未察觉到的那些潜在的需要。这些发起人(promoters)的这些投机活动,使物价结构天天在更新,因而市场毛利率的高度也天天在变动。

预料某些物价上涨的人,将进到借贷市场去借款,而他所准备支付的毛利率,将高于如果他预料物价上涨得较低或完全不上涨的时候所准备支付的。另一方面,就贷款人来讲,如果他自己也预料物价将上涨,这时如要他愿意放款,那只有毛利率高于在预料中的物价上涨得较缓或完全不上涨的情况下的毛利率。如果借款人的计划似乎有这么样的成功希望,足以承担较高的成本,他就不会因较高的利率而不借款。就贷款人来讲,如果毛利率不足以补偿他自己进到市场购买货物和劳务所可预料赚到的利润,他就不会把款贷出而将留给自己这样运用。所以物价上涨的预期,趋向于使毛利率上升;而物价下跌的预期,趋向于使利率下降。如果预期中物价结构的变动,只关于有限的几种货物和劳务,而且其中有些相反的变动,在货币关系没有变动的情形下,则这两个相反的趋势大体上会抵消。但是,如果货币关系很敏感地发生了变动,而所有的货物和劳务的价格在预期中将有一般的上涨或下跌,于是就有个趋势发生。也即,在所有关于延期支付的交易中就发生正的或负的物价贴水。③

在变动的经济里面,价格贴水的作用,异于我们在上面所讲述的那个假设的(不能实现的)情况下价格贴水的作用。它决不能完全消除——即令仅就信用运作而言——货币关系变动的影响;它绝不能使利率成为中立的。它决不能变更"货币本质上有它自己的推动力"这个事实。即令所有的行为者可能正确地且完全地知道,关于整个经济制度中货币供给(广义的)变动的一些数量的资料、这些变动将会发生的时日,以及哪些人将会首先受到这些变动的影响,他们也不能事先知道来自现金握存的货币需求是不是会有变动、变动到什么程度、接着的结果怎样,以及各种货物的价格变动到什么程度。价格贴水只有在因货币关系的变更而引起的那种价格变动发生之前就已出现,才能使货币关系变动的重大影响和信用紧缩的经济后果保持平衡。这必须是个推理的结果。行为者用这推理，试图估计一切直接或间接有关他的满足的货物与劳务的价格变动将会发生的时日和其程度。但是，这样的估计是无法确定的，因为这需要对未来的情况完全知道。

价格贴水，不是产生于一个可以提供可靠的知识和消除关于未来的不确定的算术运作。它是产生于发起人对未来的领悟以及基于这样的领悟而做的计算。它是一步一步地出现的，首先只有少数行为者，渐渐地有更多的行为者知道了"市场上有了现金引起的货币关系的变动，因而有了倾向于某一方向的趋势"这个事实。只有在人们开始利用这个趋势而从事买进或卖出的时候，价格贴水才出现。

价格贴水是由于预料到货币关系将有变动而发生的，对于这一点的认识是必要的。当大家认为通货膨胀的趋向将会继续进展的时候，诱发价格贴水的，已经是那后来叫作"逃避到有实值的东西"(flight into real values)这个现象的初期迹象，最后将产生病态的市场繁荣和有关的货币制度的崩溃。关于未来的发展之领悟，投机者可能错误，通货膨胀或紧缩的动向可能停顿或缓和，价格也可能不同于预料中的。

引起价格贴水的买进或卖出的那种增强了的倾向，对于短期借贷的影响，常总比对于长期借贷的影响来得快，而且程度也较大。就这种情形讲，价格贴水首先影响到短期借贷市场，只是到后来由于市场各方面的连续作用，也就影响到长期借贷市场。但是，长期借贷中的价格贴水，与短期借贷中所进行的无关而独立出现的事例，也是有的。这种事例特别见之于一个生动的国际资本市场还存在的时代的国际借贷中。偶尔也发生这种情形：放款人对于一个外国的国币具有信心；用这种货币规定的短期借贷，其中就没有价格贴水或只有一点轻微的价格贴水。但是，关于这种货币的长期估价，就不是那么良好了，因而在长期借贷契约中就会考虑到一个相当的价格贴水。其结果是这样：用这种货币规定的长期债券之能发行，只有其利率高于同一个债务人用黄金或外汇规定的借款利率。

我们曾经指出一个理由说明，为什么价格贴水至多只能缓和而决不能完全消除"现金引起的货币关系的变动对于信用收缩所给的反击"(第二个理由将在下节指出）。价格贴水总是落在购买力发生变动之后，因为引起它的，不是货币供给（广义的）的变动，而是这些变动对于物价结构的影响——这必然是较迟发生的。只有在一个不停的通货膨胀的最后阶段，事情才变得不一样。币制崩溃的恐慌、过度的繁荣，其特征不仅是表现于物价异常上涨的趋势，而且也表现于超过了正的价格贴水而上涨。不管毛利率有多高，在精明的放债者心目中，总是没有高到足以抵补预料中的来自货币购买力继续下降的损失。他不愿放款，宁可自己购买"实在的"东西。借贷市场到了这个时候就陷于停顿了。

四、借 贷 市 场

借贷市场所决定的毛利率是不一致的。毛利率里面所包含的企业成分，因各个借贷各有其特点而不同。所有对于利率动向所作的历史研究和统计研究，都忽略了这个事实，这是它们最严重的缺陷。把那些关于公开市场的利率资料或中央银行贴现率的资料安排在时间的序列中，这是无用的。可以用来这样做的各种资料，是不能相互比较的。同一中央银行的贴现率所意味的，是不同时期的不同事情。影响各国中央银行活动、私营银行活动，以及有组织的借贷市场活动的那些制度上的情形，有很多的差异。如果比较那些名目上的利率，而不充分注意这些差异，那就要使人完全误解。我们凭先验知道，在其他情形不变的条件下，放款人愿意在较高的利率下贷出，借款人愿意在较低的利率下借入。但是，其他情形决不会是不变的。有些放款，决定其中企业成分之高度的那些因素和价格贴水是一样的，在这种情形下的毛利率就有个趋向于相等的趋势。这个知识提供了一个心智的工具，可用以解释关于利率史的那些事实。如果没有这个知识的帮助，则那大量的历史和统计材料，只是些无意义的数字的一个累积。在安排某些重要商品价格的时间序列的时候，经验主义至少有一个明显的辩护理由在于"所处理的价格资料涉及相同的物质体"这个事实。那诚然是个假造的口实，因为价格不是与一些东西的不变的物理性质有关,而是与行为人赋予它们的变动价值有关。但是,在利率的研究中,甚至这种不中用的辩解也不能提出。一些毛利率当其实际上出现的时候,除掉交换理论在它们当中所看出的那些特征以外,没有其他的共同点。它们是些复杂现象,决不能用来建构一个经验的利率理论。它们对于经济学在那些有关问题方面所讲的,既不能证实,也不能证妄。如果我们利用经济学的一切知识来仔细分析,它们可成为非常珍贵的经济史资料;对于经济理论,它们毫无用处。

习惯上是把借贷市场区分为短期借贷市场(货币市场)和长期借贷市场(资本市场)。较透彻的分析甚至要更进而按照它们的持续期来把放款分类。此外,还有些关于契约上法律特征的差异。简言之,借贷市场不是同质的。但是,最明显的一些差异是发生于毛利率所包含的企业成分。当人们说到"信用是基于信赖或信心"的时候,所指的就是这回事。

借贷市场的所有部分和那些部分所决定的一些毛利率之间的关联,是由"这些毛利率中,净利率的那个趋向于原始利率的固有趋势"而引起的。关于这个趋势,交换理论可以把市场利率当作一个一致的现象来处理,也可把它从那必然包括在毛利率中的企业成分和那偶尔包括着的价格贴水分开。

一切货物和劳务的价格,任何时候都是趋向于一个最后情况的。如果这个最后情况真的达到了,那就会在现在财和未来财之间的比率上,显现在原始利率这个最后情况。但是,变动的经济永久不会达到这种想象的最后情况。新的情况一再地发生,使物价的趋势转变方向,从原先的目标转到一个不同的最后情况,相应这个新的最后情况的,是个不同的原始利率。原始利率并不比物价和工资率更能持久不变。

有些人的精明行为,是想调整生产要素的雇用,以适应那些出现于极据方面的变动(也即企业家和发起人方面的变动),这些人是以市场所决定的物价、工资率以及利率作基础来作计算的。他们发现,在一些辅助的生产要素的现在价格与那些减去了利率以后的产品的预期价格之间有些差额,于是他们就想从中取利。在这样有计划的商人的一些深谋远虑中,利率所扮演的角色是很明显的。利率告诉他:可以把生产要素从满足较近期欲望的用途中抽出多少，用以满足较远期的欲望。利率告诉他：在每一实际情况下，生产期要多久才是适应大众在现在财和未来财之间所作的评值之差。利率使他不至于着手大众的储蓄所提供的资本财之有限的数量所不可容许的那些计划的实行。

货币的推动力之能以某一特殊方式成为有效力的，是在影响利率的这种基本功用上面。现金引起的货币关系的变动，在某些情况下，会首先影响借贷市场，然后才影响到物价和工资。货币供给（广义的）增加或减少，会使借贷市场所提出的货币供给增加或减少，因而降低或提高市场的毛利息，尽管原始利率没有发生变动。如果这种情形发生，市场利率就脱离了原始利率和可用之于生产的资本财供给所要求的高度。于是，市场利率就不能完成其指导企业作决定的那个功能。这就使企业家的计算失效，而使他的行为转向，从那些原可以最好的方法满足消费者最迫切欲望的行径，转向到不如此的行径。

讲到这里，有第二个重要的事实我们要认识。倘若其他的一些事情不变，货币供给（广义的）增加或减少，因而引起一般的物价趋向于上涨或下跌，正的或负的价格贴水就会出现，而且提升或降低市场利息的毛率。但是，如果货币关系这样的变动首先影响借贷市场，则这些变动就只引起市场毛利率结构相反的变动。因此，必须要有正的或负的价格贴水来调整市场利率使其适应货币关系的变动，可是事实上毛利率是在下降或上升。这是用以解释"为什么价格贴水这个工具不能完全消除现金引起的货币关系的变动对于延期支付的契约所发生的影响"的第二个理由。价格贴水这个工具的运作，开始得太迟，像上面所讲的，它落在购买力变动之后。现在我们知道在某些情况下，那些往相反方向推动的力量之出现于市场，比价格贴水来得早些。

五、货币关系的变动对于原始利息的影响

货币关系的一些变动，像市场资料的每一变动一样，可能影响到原始利率。依照通货膨胀主义者的历史观，通货膨胀大都有助于企业的收入之增加。物价比工资率上涨的较快、较剧烈。一方面，靠工资、薪水过活的人们——也

即收入的大部分用在消费,而很少储蓄的阶级——受到不利的影响而必须限制支出。另一方面,有产阶级——也即储蓄倾向较大的人们——得到利益;他们并不比例地增加他们的消费,而也增加他们的储蓄。因此,就整个社会看,新的资本将有加紧累积的趋势。由于那些消费每年产品的绝大部分的人们之不得不限制消费,额外的投资是其必然的结果。这种强迫的储蓄降低了原始利率。它加速经济进步和技术改进的进度。

重要的是要认识这样的强迫储蓄,会从通货膨胀的过程中发生,实际上过去也常如此。在讨论货币关系的一些变动对于利率高度所发生的影响的时候,我们不可忽略一个事实,即这样的一些变动,在某些情况不会真正改变原始利率。但是,还有一些其他的事实也要考虑到。

首先,我们必须了解,强迫储蓄会因通货膨胀而发生,但不必然如此。这要看通货膨胀的情形是不是工资率的上涨落在物价上涨之后。实质工资率下跌的趋势,不是货币单位购买力低落的一个不可避免的结果。名目工资率的上涨比物价上涨得更多更早,也是可能发生的。④

其次,富有阶级之有较大的储蓄和累积资本的倾向,只是一个心理学上的,而非行为学上的事实,这一点是必要记住的。在通货膨胀过程中,得到额外收益的那些人,不把这份收益用之于储蓄和投资,而用之于消费的增加,这也是可能的。我们不可能正确地预言,从通货膨胀中得到利益的那些人,将如何行为,这是经济学的一切命题所共有的特征。历史会告诉我过去发生的事情。但不能断言将来一定会发生什么事情。

通货膨胀也产生一些促成资本消耗的力量,如果忽略这个事实,那就是个严重的大错。其结果之一是,使经济计算和会计归于无效。它产生假想的或表面的利润现象。如果每年折旧额的决定没有充分注意到再制成本将高于过去的购买成本这个事实,则折旧额显然是不够的。如果在出售存货和产品的时候,把那售得的价款和前此取得这些存货和产品的价格之全部差额,当作盈余记在账上,其错误是一样的。如果把存货和不动产的价格上涨看作是一项利得,也是同样的幻觉。使得人们相信通货膨胀的结果是普遍繁荣的,正是一些这样的虚幻利得。有了这样的虚幻利得,人们就觉得运气好,因而慷慨花钱、享受生活、装饰他们的家、添建新的寓所、资助游乐事业。在花费那些表面利得（错误计算的虚幻结果）的时候，他们是在消耗资本。至于这些浪费者是谁，这是无关紧要的。他们也许是商人或证券经纪商。他们也许是工资劳动者，他们增加工资的要求被慷慨的雇主允许了，而那些雇主们觉得他们自己是一天比一天更富有。他们也许是些靠政府的税收过活的人，这时的税收课去了表面利得的大部分。

最后，随着通货膨胀的进展，领会到货币购买力在跌落的人愈来愈多。对于那些非亲身从事工商业而又不熟悉证券市场的人们，主要的储蓄方式是增加储蓄存款、购买债券和人寿保险。所有这些储蓄都要被通货膨胀伤害。因而储蓄的意念受到挫折，奢侈浪费似乎成为当然。大众最后的反应——"逃避到有实值的东西"——是想从大破坏的废墟上救去一点断瓦残垣而作的拼命努力。从资本保存的观点来看，这不是一种补救，而只是一种可怜的紧急措施。至多，这只能把储蓄者的资金救出一个零头而已。

由此可知，通货膨胀主义和扩张主义的拥护者所持的主要论旨，是相当脆弱的。在过去，通货膨胀的结果常常——但不总是——有强迫储蓄而使可用的资本为之增加。可是，这并不是说，在将来也一定会产生同样的结果。相反地，我们必须了解，在现代情况下，倾向于资本消耗的那些推动力，在通货膨胀的过程中，比那些倾向于资本累积的推动力更易于形成。无论如何，这样的一些变动，对于储蓄、资本和原始利率的最后影响，因每次特殊的情况而定。

这个结论，加以必要的变更以后，也适用于通货紧缩主义或收缩主义的运动所带来的后果。

六、受了通货膨胀与信用扩张之影响的市场毛利率

不管通货膨胀动向或通货紧缩动向如何影响原始利率，在"这些影响"和"那些由于现金引起的货币关系的变动所能带来的市场毛利率的临时变更"之间，没有对应的关系。如果货币和货币代用品之流入或流出市场系统，首先影

响到借贷市场，那就要使市场毛利率和原始利率之间的调和陷于一时的混乱。市场利率的上升或下降，是因为拿出来贷放的货币量之减少或上升，与那在稍后阶段可能因货币关系的变动而发生的原始利率的一些变动，没有对应的关系。市场利率离开了原始利率的高度所决定的那个高度，然后有些力量发生作用，而这些力量倾向于重新调整市场利率，使其适应原始利率的变动。在调整过程所需要的时期当中，原始利率的高度也可能发生变动，这种变动也会是那个使市场利率与原始利率相违的通货膨胀或通货紧缩的过程所促动的。于是，那个决定最后市场利率的最后原始利率，就不是混乱前夕的同样利率。这种事件的发生，可能影响调整过程的一些资料，但不影响它的本质。

我们所要讨论的现象是：原始利率是决定于未来财对现在财的折扣。在本质上，它与货币和货币代用品的供给无关，尽管货币和货币代用品的供给发生变动，会间接影响到它的高度。但是，市场毛利率会受到货币关系之变动的影响。重新的调整一定发生。引起重新调整的过程是怎样的性质呢？

在这一节，我们只涉及通货膨胀和信用扩张。为简单起见，我们假定货币和货币代用品的全部增加量都流入借贷市场，至于流到市场的其他部分的，则只是经由已贷的贷款。这正符合流通信用之扩张的条件。⑤所以，我们的探究等于对信用扩张所引起的过程加以分析。

在做这个分析的时候，我们又要提到价格贴水。前面已经说过，在信用扩张刚开始的时候，不发生正面的价格贴水。在货币（广义的）供给的增加额已经开始影响到货物和劳务的价格以前，价格贴水不会出现。但是，只要信用扩张继续进展，而信用媒介的增加量在借贷市场上被围堵住，则对市场毛利率会有一个持续的压力。市场毛利率将因正的价格贴水而上涨，而这正的价格贴水，随着扩张的过程而继续上升。但是，当信用扩张继续进展的时候，市场利率的高度总赶不上原始利率加上正的价格贴水。

这一点有强调之必要，因为它推翻了一般人用以区分他们所认为低利率和高利率的那些通常的方法。通常只考虑利率的算术高度或其趋势。一般人关于"正常"利率有个定见，大概是在3％与4％之间。当市场利率涨到超过了这个高度的时候，或者当市场的一些利率——不管它们的算术上的比率——

在超过它们以前的水准而上涨的时候,一般人就以为这应该说是高的利率或上涨的利率。针对这些谬见,我们必须强调:在物价普遍上涨(货币单位购买力的下降)的这些情况下,这个市场毛利率可以看作是未变动的。在这个意义下,德国国家银行在一九二三年秋季的 90％ 的贴现率是一个低的利率——确是一个低得荒唐的利率——因为它远落在价格贴水而没有为市场毛利率的其他组成分留下什么。原来这同样的现象出现在每次长期的信用扩张中。市场毛利率在每次扩张的过程中上涨,但是因为上涨得赶不上预期中一般物价上涨的高度,所以它还是低的。

在分析信用扩张过程的时候,我们假定:这个经济适应市场情况而调整以及趋向于建立最后价格和利率的那个过程,被一个新的事件——即在借贷市场上提出的一项信用媒介增加量——扰乱。在流行于这个扰乱之前夕的市场毛利率下,所有准备在这个利率下借钱的人们,在考虑到每次的企业成分以后,他们想借多少就可借到多少。另外的放款只有在一个更低的市场毛利率下才可贷出。至于市场毛利率的这个下降,是否出现在借贷契约所定的百分数,这是无关紧要的。名目上的一些利率仍然不变,而在这些利率下,以前因为所包括的企业成分之高而不会贷放的款,现在也可贷放了,信用扩张就出现在这里。这种情形是可能发生的。这也等于市场毛利率的下降,因而带来同样的后果。

市场毛利率的下降,影响到企业家关于计划中的利润机会的计算。利率,连同物质的生产要素的价格、工资以及预期中产品的未来价格,都是做计划的企业家所要计算的项目。这种计算的结果,告诉企业家某一计划值不值得实行。它告诉他在大众对未来财相对于现在财的某一估值比率下,怎样的投资才可以做。它使他的行为符合这个估值。它教他不要实行那些与大众的那个估值不相符的计划。它强迫他以最能满足消费者最迫切欲望的方法来雇用资本财。

但是,现在利率降低使企业家的计算归于无效。尽管可用的资本财的数量没有增加,计算所用的数字是些只有在发生这种增加的时候才可使用的数字。所以,这样的一些计算,其结果是会引起误解的。有些计划,如果用一个正确的计算——根据一个没有受信用扩张之影响的利率而作的计算——将可知其不可实行,如用上述的计算,则使这些计划显得有利而可实行。于是,企业家就去实行那样的计划。商业活动被鼓励起来。市场繁荣就因而开始。

扩张的企业之新增的需求把生产财的价格和工资率提高。随着工资率的上涨,消费财的价格也上涨。此外,企业家因为被账上表现出来的利得所迷惑,而提高消费水准,这也有助于消费财价格的上涨。物价的一般上涨,扩展了乐观情绪。如果只有生产财的价格上涨,而消费财的价格不受影响,企业家就会陷于困窘,于是将会怀疑他们的计划是否健全,因为生产成本的上涨推翻了他们的计算。但是由于消费财的需求加强了,尽管物价在上涨,销售量的扩增,已成为可能。这个事实又使企业家们安心。于是,他们相信生产是值得的,虽然成本较高。他们就这样继续前进。

自然,为着继续由信用扩张而引起的大规模生产,所有的企业家都因生产成本现在较高而需要额外资金。如果信用扩张只是单独一次的定量信用媒介流入借贷市场,而且一次以后就完全停止,不是一再流入的话,则市场繁荣就会很快终止。企业家不能得到为进一步扩张活动而需要的资金。市场的毛利率因为借贷市场的供不应求而上升。物价则因为有些企业脱售存货和其他的一些企业家停止购买而下跌。商业活动的规模再度萎缩。繁荣之结束,因为引起它的那些力量已不发生作用。那份增加的流通信用量,在物价和工资上面发生的影响已经告罄。物价、工资率以及各个人的现金握存,已就新的货币关系而调整;它们趋向于与这种货币关系相适应的最后情况,而不再受到额外的信用媒介再流入的干扰。适合这新的市场结构的原始利率,大大地影响到市场毛利率。市场毛利率再也不受因现金引起的货币(广义的)供给的干扰。

凡是想解释繁荣(即扩张生产和所有物价都上涨的一般趋势),而又不涉及货币或信用媒介的供给变动的一切企图,其主要缺陷见之于这些企图忽视了这个环境。物价的普遍上涨只有在两种情形下发生,或者是所有的货物供给都减少,或者是货币(广义的)供给的增加。为着便于讨论,让我们暂时承认,关于繁荣和商业循环的一些非货币的解释是对的。尽管货币供给没有增加,物价在上涨,商业活动在扩增。接着很快地就一定有物价跌落的趋势发生,贷款的需求一定增加,市场毛利率一定上升,于是,短期的繁荣就告结束。事实上,凡每个非货币的商业循环论都暗中假定——或者说在逻辑上也应该假定——信用扩张是繁荣的一个附随现象。⑥它不得不承认:在没有这样的信用扩张的时候,繁荣就不会发生,而且,货币(广义的)供给的增加,是物价普遍上涨的一个必要条件。所以在仔细检查以后,我们可以看出:关于循环波动的一些非货币的解释,可以浓缩地说,信用扩张固然是繁荣的必要条件,但仅是它的本身尚不足以引起繁荣,还需要一些其他的条件,繁荣才会出现。

可是,即令在这个限定的意义下,非货币论的一些教义也是无用的。很明显地,信用的每一扩张一定引起上述的繁荣。信用扩张创造繁荣的这个趋势,只有其他因素对它同时发生反作用的场合才会不出现。例如,当银行扩张信用的时候,预见政府将要把商人们的"过分"利润课掉,或者预见政府在大规模"财政"投资引发了物价上涨后将立即停止信用的再扩张,繁荣也就不能发展了。企业家将不会藉助于银行的廉价信用来扩大他们的企业,因为他们不能指望靠此增加他们的利得了。我们之所以要讲到这个事实,因为它可以解释"新政"的积极财政政策和三十年代的一些其他措施之所以失败。

繁荣之能永久持续,必须信用继续而且加速地扩张。当借贷市场再也没有信用媒介的增加量投入的时候,繁荣就马上停止。但是,即令通货膨胀和信用膨胀不停地继续下去,繁荣不会是永久持续的。它终会碰到一些防止信用无限扩张的障壁。它会走到疯狂式的繁荣,而整个货币制度将随之崩溃。

货币理论的精髓,在于认清了现金引起的货币关系的变动对于各种物价、工资率和利率之影响,既不是同时的,也不是同程度的。如果没有这样的不一致,货币就是中立的;货币关系的变动,对于商业结构、工业各部门的生产规模和方向、消费、各阶层的财富与所得,也就没有影响。于是,市场毛利率也不受货币和流通信用方面的变动之影响(暂时的或持久的)了。这些变动能够变更原始利率,这是个事实。这个事实之所以发生,是由于上述的不一致,在各个人的财富与所得中,引起了一些变动。除原始利率的这些变动以外,市场毛利率临时受到影响,这个事实的本身,就是这个不一致的一个表现。假若货币的增加量之流入经济体系是这样流入的:只在它已经使得物价和工资率上涨的日子,才达到借贷市场,那么,对市场毛利率的这些立即的、暂时的影响或者轻微,或者完全没有。货币或信用媒介流进的增加量到达借贷市场愈快,则市场毛利率所受的影响愈是强烈。

当信用扩张而货币代用品的全部增加量都供给商人们的时候,生产就随之扩增,企业家或者从事横的生产扩充(即在其行业中不延长生产期的生产扩充),或者从事纵的生产扩充(即延长生产期的生产扩充)。无论哪一种生产扩充,都需要新增的生产要素的投资。但是,可用以投资的资本财数量未曾增加。信用扩张也没有引起消费节约的趋势。诚然,在前面讨论强迫储蓄的时候曾经指出,当信用扩张再进展的时候,有一部分人会被迫节约消费。但是,这种来自某些人群的强迫储蓄,是否足以超过其他人群消费的增加,而在整个市场经济中总储蓄量有净增加额,这就要看每次信用扩张的一些特殊情形是怎样。无论如何,信用扩张的立即结果,是有些工资所得者的消费增加,这是因为企业家的扩充生产,因而对工资所得者的劳动有了更大的需求,于是,他们的工资率提高,消费也就随之增加。为着讨论方便起见,我们假定:那些受到通货膨胀之利的工资所得者的消费增加额,与那些受到通货膨胀之害的人们的强迫储蓄额恰好相等,因而消费总额没有变动。于是,情形就是这样:生产方面有了变动,其变动是等待期的延长。但是,消费财的需求并未降到使其有效的供给维持一个较长的时期。自然,这个事实的结果是消费财的价格上涨,因而引起强迫储蓄的趋势。可是,消费财的价格这样上涨,加强了商业扩展的趋势。企业家从需求和物价上涨这个事实而推断更多的投资和生产是值得的。于是他们前进,而他们的加紧活动促使生产财的价格和工资又进一步上涨,接着消费财又再上涨。只要银行愿意一再地扩张信用,商业就随之繁荣。

在信用扩张的前夕,所有的那些生产程序,在既定的市场情况下,都是注定有利的在运作。这个经济正走向一个境界:凡是想赚取工资的人都会被雇用,而那些不可变的生产要素,会雇用到消费者的需求和非特殊化的物质要素与劳动的有效供给所可容许的程度。再进一步的扩张,只有在资本财的数量因储蓄的增加而增加,才有可能。储蓄的增加就是生产超过消费。信用扩张的繁荣,其特征在于资本财没有这样的增加。商业活动之扩张所需要的资本财,必须从其他生产部门拉过来。

我们把信用扩张前夕的资本财总供给叫作 p,把"这些 p 在一定的时期可以生产出来,而又不会妨碍进一步生产的消费财总量"叫作 g。企业家们,诱于信用扩张,生产他们原已生产的同类货物的一个增加量,我们把这个增加量叫作 g_3,同时也生产他们以前没有生产过的一种货物,我们把这种货物的生产量叫作 g_4。为着生产 g_3,就需要一个资本财 p_3 的供给量,为着生产 g_4,就需要一个资本财 p_4 的供给量。但是,照我们的假定,可用的资本财其数量仍然不变,p_3 和 p_4 就是缺乏的。正是这个事实,区别了信用扩张引起的"虚假的"繁荣和"正常的"生产扩张。后者只有 p_3 和 p_4 加在 p 上才会引起的。

经过一定的时期,必须在生产毛额当中,有某一数量的资本财是用以换置在这个时期中消耗掉的那些 p;我们把这个数量的资本财叫作 r。如果 r 是用作这样的换置,你就可以在下个时期再生产出 g 来;如果 r 不用在这个用途,p 将会因 r 而减少,而 $p-r$ 在下个时期就只生产 $g-a$。我们还可进而假定,受信用扩张之影响的经济制度,是个进步中的制度。这个制度,在信用扩张的前期可以说是"正常地"生产了一批超额的资本财 p_1+p_2。如果没有信用扩张的发生干扰,p_1 将会用来生产原已生产过的那种财货的一个增加额 g_1,p_2 将会用来生产以前没有生产过的那种财货的一个供给量 g_2。企业家所可自由支配,而用来制定计划的资本财总量是 $r+p_1+p_2$。但是,企业家受了低利贷款的骗,因而他们的行为好像是有了 $r+p_1+p_2+p_3+p_4$ 可以利用,好像他们所能生产的不只是 $g+g_1+g_2$,且会超过而生产出 g_3+g_4。于是他们相互竞买那批不足以实现他们太大野心的计划之资本财,而把资本财的价格抬高。

接着,发生于资本财价格的上涨,在开始时,也许会超过消费财价格的上涨。因此它会引起原始利率低落的趋势。但是随着信用扩张的继续进展,消费财价格的上涨将会超过生产财价格的上涨。工资、薪水的上涨,资本家、企业家和农民的额外利得,尽管其中的大部分是表面上的,却加强了消费财的需求。这里,不必要进而检讨信用扩张的主张者所说的,这个繁荣藉强迫储蓄而实在增加的消费财的总供给。无论如何,我们可以确信:加强了的消费财需求,在额外投资尚未生产出它们的产品时,是要影响市场的。现在财价格与未来财价格之间的差距再度扩大。在扩张初期所会出现的原始利率下降趋势,就被一个相反的趋势来代替了。

原始利率上涨这个趋势,以及正的价格贴水之出现,对于这个繁荣的某些特征,可以提供解释。银行面对着工商界对贷款和垫款更大的需求。企业家准备以较高的毛利率来借款。尽管银行收取较多的利息,他们继续照借。就算术上讲,一些毛利率超过了扩张前夕的高度而上涨。可是,就交换学的意义讲,它们落在原始利率加上企业成分和价格贴水所应有的高度后面。那些银行都认为:当他们以较苛的条件放款,以停止"不健全的"投机的时候,已经做到他们所应做的一切。他们以为,那些指责他们在市场狂热的时候火上浇油的批评者是错误的。他们不知道,把更多的信用媒介一再地投入市场,事实上就是给虚假的繁荣加油。产生、促进和加速这虚假繁荣的,正是信用媒介的供给量之继续增加。市场毛利率的情况只是信用媒介增加的结果。如果你想知道信用是否扩张,你必须注意信用媒介的供给量,而不要注意利率的高低。

习惯上是把虚假的繁荣说成投资过剩。但是,额外的投资所可达到的程度,受限于可用资本财的供给增加额,除了强迫储蓄,虚假繁荣的本身并不使消费减缩,而是使它增加,所以,虚假繁荣不会得到较多的资本财用之于新投资。信用扩张引起的繁荣,其本质不是过多的投资,而是错误了的行业投资。企业家们使用 $r+p_1+p_2$ 的有效供给量,好像他们能够使用 $r+p_1+p_2+p_3+p_4$ 的有效供给量。于是,他们把投资扩张到可用的资本财不足以适应的规模。他们的计划因为资本财的供给之不足,而不能实现。那些计划迟早终归失败。信用扩张不可避免的结果,使所犯的一些错误明显地表现出来。有些厂房之所以不能使用,是因为生产它们所需的辅助生产要素的厂房之缺乏;有些工厂的产品卖不掉,是因为消费者更想购买别的货物,而那些别的货物,其产量又不足够;有些工厂,其建设工程不能继续到完成,是因为那些工程已明显地看出是不合算的。

"虚假的繁荣,其本质是过分投资而不是投资错误"这个谬见,是由于只就有形的、可看得出的东西来作判断的习惯。观察者所注意到的错误投资,只是一些显而易见的,他不知道这些投资之所以错误,只因为其他的一些工厂——生产那些辅助的生产要素所必要的工厂,以及生产大众更迫切需要的那些消费财所必要的工厂——之缺乏。由于技术条件的关系,必须把生产远离最后消费财的那些等级的财货的工厂首先扩充。为着扩充鞋子、衣着、汽车、家具、房子的生产,你必须先开始增加铁、钢、铜等等财货的生产。在使用仅够生产 $a+g_1+g_2$ 的 $r+p_1+p_2$ 这个供给量,而好像是在使用 $r+p_1+p_2+p_3+p_4$ 而足以生产 $a+g_1+g_2+g_3+g_4$,那么,你就要首先去增加那些在技术上必要的产品和必要的建构。把全部企业家看作一个营造师,他的任务是要用有限的建材供给量造出一座建筑物。如果这个人高估了这个有效供给量,则他所拟的计划就是一个没有足够资料来实现的计划。他把基础打得太大,直到后来,在建造的过程中才发现,他完成这个建筑所必要的材料不够。很明显地,这位营造师的错误不是过分投资,而是资源使用得不适当。

同样的错误,是认为形成这个危机的一些事情,等于把"流动"资本不适当地变成"固定"资本。企业家在遇到信用紧缩的时候,他后悔在扩充工厂和购买耐久性设备方面花的钱太多;如果用在那些方面的钱还留在手头运用,他现在的处境就会好些。这个后悔是对的。但是,原料、农产品、半制品、食品等在商业循环开始向下转的当儿,并不缺乏。相反地,危机的特征正是这些财货的供给量多到使它们的价格剧烈下降。

以上的陈述,可以解释为什么生产设备和重工业的生产,以及耐久性消费财的生产之扩充,是繁荣的最显著标志。一百多年以来,金融商业刊物的编辑们,把这些工业和建筑业的生产数字看作商业波动的指数,这是对的。他们只错在说到所谓过分投资的时候。

自然,繁荣也影响一些消费财的生产事业。它们也会作更多的投资以扩充生产能力。但是,那些新建的工厂以及对原有工厂的一些添建,总不是其产品为大众最迫切需要的工厂和添建。它们大概适合于以生产 $r+g_1+g_2+g_3+g_4$ 为目的的那整个计划。这个过大的计划之失败,显露了它们的不适当。

物价的剧烈上涨并不总是繁荣的附随现象。倒是信用媒介数量的增加,确有使物价上涨的影响力。但是,有时也会有相反的力量同时发生,而其强度足够使物价上涨限之于狭隘的范围，甚至完全消除了物价上涨。市场经济的顺利运作一再地因扩张活动而中断的历史时期，是一个经济继续进步的时期。新资本的渐渐累积，使技术的改进成为可能。每单位投入的产出增加了，市场上充满了更多、更廉的财货。如果同时的货币（广义的）供给之增加比实际上的少些，则一般物价就会出现一个下跌的趋势，历史的事实则是：信用扩张出现的环境，每每是一些有力的因素在抵触它提高物价的趋势。相反力量抵触的结果，通常总是那些引起物价上涨的因素占优势。但是，也有些例外，即物价只些微上涨。一九二六年至一九二九年，美国的繁荣就是最显著的一个例子。

信用扩张的一些本质不受这样的一簇市场情况之影响。促使企业家从事一定计划的，既不是高的物价也不是低的物价，而是一些生产成本（包括资本的利息）和那预期中的产品价格之间的差距。由于信用扩张而引起的市场毛利率的下降，总会使某些计划显得比以前更为有利。这鼓励了工商界雇用 $r+p_1+p_2$ 好像它是 $r+p_1+p_2+p_3+p_4$。这必然引起一个投资结构和一些生产活动，而与资本财的实际供给不相容，因而终于失败。有时候，那些有关物价的变动是与购买力上涨的一般趋势相反的，但是，它们并未把这个趋势扭转到相反的方向，只是做到通常所说的物价稳定，这种情形仅仅变更了过程中的某些无关紧要的事情。

不管情形怎样，银行的任何操作决不能为经济制度提供资本财，这是确定的。健全的生产扩张所需要的，是增加资本财，而不是增加货币或信用媒介。虚假的繁荣是建立在银行钞票和存款的沙滩上。那一定是要崩溃的。

一到诸银行凛于这种繁荣的加速进展而停止信用再度扩张的时候，崩溃就马上出现。这种繁荣只能在诸银行对所有为实行过分扩张计划所需要的借款都愿意慷慨贷放的时候，才能继续下去；可是，银行的这种作为完全不符合生产要素供给的真实情况和消费者的评值。低利的货币政策助成营业计算的错误，而营业计算的错误又助成这些虚妄的计划，这些虚妄的计划，只有新的信用按很低的市场毛利率（不自然地低到自由市场所应达到的高度以下）就可以得到的时候才可进行。使得这些计划似乎有利的，就是这个差额。银行操作的变动并不创造这个危机。它只是使工商界在这种繁荣期犯了的错误所扩大的破坏明朗化而已。

假若诸银行真的把他们的扩张政策固执地推行下去，这种繁荣也不会永久延续。凡是想把额外的信用媒介用来替代不存在的资本财（也即，p_3 和 p_4 的数量）的企图，注定是要失败的。如果信用扩张不及时停止，这个繁荣就要变成崩溃的繁荣；逃进实值的现象于是开始，而整个货币制度随之倒塌。但是，诸银行在过去并没有把事情弄坏到这么极端。他们在距离最后大崩溃还远的日子已有警觉了。[⑦]

信用媒介一旦停止增加，空中楼阁的繁荣马上随着消灭。企业家必须缩减他们的活动，因为他们缺乏资金以继续那些规模过大的营业计划。物价突然下跌，因为这些窘困的公司行号为取得现金不得不向市场贱价抛售他们的存货。工厂关门，在建筑中的一些工程也中途停顿，工人多被解雇。一方面，许多公司行号急于需要现金以免陷于破产；另一方面，没有一个公司行号还可享有信赖，市场毛利率当中的企业成分，一跃而升到非常的高度。

制度上和心理上的偶然事件，常常把一个危机促发成一个大恐慌。关于这些悲惨情况的描述可以留给历史家去做。详细记述恐慌时日的那些灾难和偶有的奇怪情形，并不是交换理论所要涉及的。经济学与偶然事件和一些个别的历史环境所限定的事象无关。相反地，它的目的是在把那本质必然的，与那仅属偶然的加以区分。它不涉及恐慌的心理方面，而只涉及“信用扩张的繁荣一定要走上大家所常说的经济萧条这条路上去”这个事实。我们必须认识：经济萧条事实上是个重新调整的过程，重新调整生产活动，使其适应市场的一些既定情况：生产要素方面可用的供给，消费者的评值，以及尤其是表现于大家评值中的原始利率的情形。

但是，这些情况已经不同于扩张前夕的那些情况。有许多事情已经变了。强迫的储蓄，以及正常的意愿储蓄，可能提供一些新的资本财，而这些新的资本财是那繁荣期的错误投资和过分消费所未完全浪费掉的。各个人和不同的人群间的财富与所得发生了变动，这是每次通货膨胀不一致的波动所必然引起的，且莫说与信用扩张的任何因果关系，人口的数字可能有了变动，而个人的特质也会改变；技术知识可能进步，对某些财货的需求也会有变动。市场所趋向于建立的最后情况，再也不是在信用扩张所引起的动乱以前，所趋向于建立的同样情况。

在这种繁荣时期的投资，如果就再调整期的清醒判断来品评（在再调整期间就不会受物价上涨的一些幻觉所迷惑），其中有些投资显得决无希望，而注定要失败。这些投资计划必须干脆地放弃，因为推行这些计划所需的资金不能从其产品的销售收回；这种"周转的"资本在其他满足欲望的生产部门，需要得更为迫切；其证据是：它可以在其他部门以更有利的方式来使用。其他的一些错误投资，多少会提供一些较好的机会。自然，如果你曾经正确地计算过，你就不会把资本投到这些错误的途径，这一点是不错的。在这些途径所作的不可转变的投资，的确是浪费。但是，因为它们是不可转变的——这是个既成事实——它们就给进一步的行为带来一个新问题。如果产品销售所可得到的收入有超过营运成本的希望，则继续经营是有利的。即使购买的人们对这些产品所愿意支付的一些价格，没有高到足以使这整个不可转变的投资成为有利，它们却足以使这投资的一部分（尽管是小部分）成为有利。其余的投资就得视为没有补偿的支出，视为浪费和损失掉的资本。

如果你从消费者的观点来看，其结果当然是一样的。假若那些由放松银根政策而引起的幻觉，未曾诱导企业家们把稀少的资本财浪费于较不迫切的需要之满足，因而使它们不能用于生产更迫切需要的产品，则消费者的境况当更好些。但是，现在的事情既是这样，他们也只好忍受了。如果这繁荣没有走向错误的投资，消费者当可有些更好的享受，现在，他们不得不牺牲那些享受。但是，另一方面，他们会得到部分的补偿，因为，如果经济活动的顺利进展没有受虚假的繁荣之干扰，则消费者现在的某些享受也就享受不到了。这只是点轻微的补偿而已，因为，资本财的使用不当，而他们所没有得到的那些东西，是他们需要得更迫切的东西。但是，现在他们只能得到这些"代替品"而别无选择。

信用扩张的最后结果是普遍的穷困。有的人也许增加了他们的财富；他们没有让他们的理知迷惑于群众的歇斯底里（hysteria）而及时利用了有利的机会。另外还有些人或人群，不是因为他们自己的主动，而仅是由于他们所卖出的货物之价格上涨，与所买进的货物之价格上涨，其间有个时间距离，他们就因这个时差而得到利益。但是，绝大多数的人必定要为这种繁荣期的错误投资和过分消费而支付代价的。

我们切不可误解"穷困"这个名词。如果与扩张前夕的情况比较，那不算是穷困。这种意义的穷困是否发生，这要看各别的情形如何，我们不能凭交换学明确地断定。交换学在说到"信用扩张的必然后果是穷困"的时候，其所说的"穷困"，是与那没有信用扩张、没有市场繁荣时的情况相比较而言的。在资本主义制度下，经济史的特征是不停的经济进步，是资本财的数量稳妥地增加，是一般人的生活标准不断地趋向改善。这种进步的速度是很快的，以致在市场繁荣期中，它会超越错误投资和过度消费所引起的一些损失。于是，就整个经济体系来看，在市场繁荣结束的时候，比在刚开始的时候更繁荣些；只有与那些更好的潜在可能性比较时，才显得是穷困的。

所谓"在全盘管制下没有萧条"

许多社会主义的著作者，强调经济恐慌和商业萧条的一再出现，是资本主义生产制度的一个必然现象。社会主义制度就可免于这种祸患。

商业的循环波动，不是发源于自由市场的一个现象，而是由于政府要把利率压低到自由市场所应有的利率水准以下，因而干扰商业所引起的结果。关于这一点，前面已经说明，以后还要讲到。⑧这里，我们只要讨论所谓社会主义计划所获致的安定。

使经济恐慌出现的，是市场的民主过程，这是必须认清的一个事实。消费者对于企业家所作的生产要素的雇用不赞成。他们的不赞成，表现于他们的行为——购买和不购买。企业家，受到压低了的市场毛利率这个幻觉的误导，因而没有投资在大众最迫切需要的生产部门。一到信用扩张停止的时候，这些错误就显露出来了。消费者的态度逼得企业家重新调整他们的活动，以满足消费者的欲望。通常所谓的萧条，就是这个清算的过程——清算市场繁荣期所犯的错误，而就消费者的愿望重新调整。

但是，在一个社会主义的制度下，只有政府的价值判断是算数的，人民不容许用任何方法使自己的价值判断有效。执政者并不烦心于大众是否赞成他所作的决定，把生产要素投多少于消费财的生产，投多少于资本财的生产，完全取决于执政者。如果他投资过多，因而削减了目前的消费财货，人民必得饿着肚子、闭着嘴。这当然不会有恐慌发生，因为人民没有机会宣泄他们的不满。在完全没有商业活动的地方，商业既不会是好的，也不会是坏的。这种地方有的是饥荒，但没有用在市场经济问题的那种意义的萧条。在个人没有选择自由的地方，他们不能反对那些指挥生产活动的人们所采的一些方法。

如果说资本主义国的舆论是赞成低利政策的，这不是对这个问题的答复。大众是受了一些假专家的说辞之误导，以为低利政策可使他们不付任何代价而享受繁荣。他们不了解，投资的扩张只能做到储蓄所积的资本增加的程度。他们被一些货币方面荒诞的神话所欺骗。在实际上算数的不是神话，而是人们的行为。如果人们不准备减削他们目前的消费而多储蓄一点，则扩张投资的资金就缺乏。这种资金不能靠印刷钞票，也不能由银行的信用放款来供给。

作为一个在政治上投票者的个人，事实上是在反对他自己在市场上的行为，这是一个通常的现象。例如，他会投票赞成势将提高某一货物价格或所有货物价格的那些措施，可是，作为一购买者，他是希望这些价格低落的。像这样的一些矛盾之所以发生，是由于无知和谬见。人性如此，这些矛盾自会发生。但在个人既非政治上的投票者，也非市场上的购买者的那种社会制度下，或者说在投票和购买只是一个幌子的社会制度下，这些矛盾当然不会有。

七、受了通货紧缩与信用收缩之影响的市场毛利率

我们假定在通货紧缩的过程中，货币（广义的）供给减少的全部数量，是从借贷市场取出的。这时，借贷市场和市场毛利率在这个过程一开始的时候，就受到影响，这时，货物与劳务的价格还没有因货币关系方面的发生变动而变动。例如，我们可以假想，一个力求通货紧缩的政府，借一笔公债，然后把借到

的纸币都销毁掉。这种办法在过去两百年当中曾经一再使用过。其目的是要在一个长期的膨胀政策以后，把货币单位价值提高到以前的金属平价。自然，在大多数情形下，紧缩计划一遇到反对，尤其是一遇到国库的负担沉重地增加，就马上放弃了。我们或可假想：诸银行在信用扩张所引起的危机中，有了痛苦的经验，力求增加它们的准备以策安全，因而限制流通信用量。第三个可能，就是那些授信的银行终于宣告破产，而它们所发行的信用媒介之毁灭，减低了借贷市场的信用供给量。

在所有这些情形下，市场毛利率暂时倾向于上升的趋势随之发生。以前显得有利的那些计划，再也不然了。生产要素的价格趋向于跌落，接着消费财的价格也如此。商业变得冷淡。这种冷淡的情形只有在物价和工资率大体上适应新的货币关系而重新调整的时候才终止。这时，借贷市场也适应新情势而调整，市场毛利率再也不因贷款的短缺而受干扰。由此可知，现金方面引起的市场毛利率的上升，会产生暂时的商业停滞。通货紧缩与信用收缩之扰乱经济运作而为动乱的根源，并不次于通货膨胀与信用扩张。但是，如果把通货紧缩与信用收缩看作仅仅是通货膨胀与信用扩张的相对现象，那就是一大错误。

扩张，一开始就会产生繁荣的幻觉。它是特别受欢迎的，因为它似乎使大多数人，甚至会使每个人更为富有，它具有诱惑性。要阻止它，必须有一种特别的精神力量。另一方面，紧缩将会立即产生每个人都要咒骂为祸患的一些情况。它的不受欢迎更甚于扩张之受欢迎。它引起激烈的反对。那些反对的政治力量，很快地就变成不可抗拒的势力。

信用货币的膨胀与对政府的低利放款，是给国库更多的资金；紧缩则是使国库空虚。信用扩张则银行受惠，紧缩则银行的利益丧失。通货膨胀与信用扩张有诱惑力，通货紧缩与信用收缩有排拒力。

但是，在货币与信用方面，这两个相反的操作方式之间的不同，不仅是在于"一是受欢迎的，一是叫人讨厌的"这个事实。通货紧缩与信用收缩不像通货膨胀与信用扩张那样会造成大破坏，这不仅是因为紧缩与收缩的政策很少采用。它们的坏处较小，也由于它们的一些固有的效果。扩张则因错误投资和过分消费而浪费有限的生产要素。如果它一旦停止,则需要一个沉闷的过程来消除它遗留下来的病毒。但是,紧缩既不引起错误投资,也不引发过分消费。它所引起的商业活动之一时的收缩,大体上会因那些失业工人和销售额跌落了的物质的生产要素所有者的消费减少而抵消。决没有后患遗留下来。当紧缩结束的时候,重新调整的过程无需补偿资本消耗所引起的一些损失。

通货紧缩与信用收缩从未在经济史上扮演一个引人注目的角色。显著的事例是,英国在拿破仑战争时期通货膨胀以后和第二次世界大战通货膨胀以后,把币值回复到战前金本位的平价。在这两次事例当中,国会与内阁采取紧缩政策,以恢复金本位,对于膨胀与紧缩这两个方法的一些赞成论与反对论并未加以重视。在十九世纪的第二个十年当中,那是可以原谅的,因为那时的货币理论,还没有弄清那些有关的问题。到了一百多年以后,那简直是表现对于经济学和经济史的无知,这是不可原谅的。⑨

无知也表现于把紧缩、收缩与那扩张性繁荣所引起的重新调整的过程弄得混淆不清。紧急的关头是否引起信用媒介量的收缩,那要看产生市场繁荣的那个信用制度的结构是怎样。当这个危机终于使那些授信的银行宣告破产,而其余的银行没有相对的信用扩张来抵补的时候,信用媒介量的收缩就会发生。但是,这不一定是经济萧条的一个附随的现象;在欧洲,最近八十年来它未曾发生过,美国在一九一三年的联邦储备法之下,它虽然发生过,但其程度被人们大大地夸张了。显出经济萧条的那种信用枯竭,不是因为收缩而引起的,而是由于信用的不再扩张。信用的不再扩张,伤害到所有的企业——不限于那些注定要失败的企业,就是那些本身很健全,如有适当的信用授与就可兴旺的企业,也同样受到伤害。因为放出的款子收不回,银行对于那些最健全的企业也缺乏资金贷放了。于是,萧条成为普遍的现象,使所有营业部门和所有公司行号不得不缩小它们的活动范围。但是,我们没有任何方法可以避免前期市场繁荣所引起的这些后果。这些是不可避免的。

萧条的局面一旦出现,到处弥漫着悲叹之声,人们对紧缩抱怨而要求扩张政策的延续。这时,即令货币本身和信用媒介的供给量没有收缩,萧条也会带来货币购买力倾向于上升的趋势。每个公司行号都力求增加它们的现金握存,而这些努力影响到货币供给(广义的)和为握存的货币需求(广义的)之间的比率。这种现象宜于叫作通货紧缩。但是,如果认为物价的下跌是由于这种力求较多的现金握存而引起的,那就是个严重的大错误。其因果关系不是这样的。生产要素——物质的和人力的——的价格,在市场繁荣时期已经过分高涨。这些价格必须在商业能够再成为有利可图的事业以前跌下来。企业家们增加他们的现金握存,因为在物价与工资结构还没有适应市场的真实情况而调整的时候,他们停止购买货物、停止雇用工人,因而政府或工会想防止或延缓这种调整的任何企图,只是把这个停顿的局面予以延长而已。

甚至经济学家们也常常不了解这个联系。因而他们讲:市场繁荣期形成的物价结构,是扩张压力的一个产物。如果信用媒介的再增加终于停止,则物价与工资的上涨也一定停止。但是,如果不是通货紧缩,则物价与工资不会下跌。

如果通货膨胀的压力在尽其对物价的直接影响以前未曾影响到借贷市场,则这个推理是对的。让我们假定一个孤立国的政府,为着对低所得的公民给予津贴而增发更多的纸币。这样引起的物价上涨,将会干扰到生产;它趋向于使那些未受津贴的公民们通常购买的消费财之生产,转到那些受津贴的公民们所需求的消费财之生产。如果用这种方法来津贴某些人群的政策,后来放弃了,则以前受津贴的那些人所需求的货物价格将会下跌,而未受津贴的那些人所需求的货物价格将会上涨得更厉害。但是,货币单位的购买力不会回复到通货膨胀以前的那种情况。如果政府不把它那些以津贴的方式用出的额外纸币,从市场上收回,则物价结构将要永远地受通货膨胀的影响。

如果信用扩张首先影响到借贷市场,情形就不同了。在这种情形下,通货膨胀的影响将受错误投资和过分消费的影响而产生乘数效果。企业家们对于有限的资本财和劳工的竞争雇用,把它们的价格和工资抬高到只有信用扩张加速进展才可维持的那个高度。一到信用媒介不再加速增加的时候,所有货物和劳务的价格都剧烈下降,这是不可避免的。

当市场繁荣在进展中的时候,一般的趋势,是大家尽可能地多买,因为他们预料物价还要上涨。另一方面,在经济萧条的时候,大家都不购买,因为他们预料物价还要下跌。"正常状态"的回复,只能开始于物价和工资已低到有足够的人数认为不会再跌落的时候。所以,缩短萧条时期的唯一方法,是不要限制物价和工资的下跌。

只有在恢复开始实现的时候,货币关系的变动——因为信用媒介的增加而引起的——才开始在价格结构中显现出来。

信用扩张与单纯的通货膨胀的区别

在讨论信用扩张的一些后果时,我们是假定信用媒介的全部增加额都经由借贷市场对商业的贷款而进入市场体系。所有关于信用扩张的一些后果的陈述,都是指涉这种情形。

但是,在有些情况下,信用扩张的法律手续和技术方法,是用在一个完全不同于真正信用扩张的程序。政治的和制度上的考虑,有时利用银行机构来替代政府发行法币更为方便。财政部向银行借债,银行发行额外的银行钞票或让政府开立支票存款账,以提供政府所需要的资金。从法律上讲,银行成为财政部的债权人。事实上,这全部交易等于法币的膨胀。这笔额外的信用媒介经由财政部供应政府各项支出而流入市场。引起工商业扩张活动的,是这份额外的政府需求。不管政府支付银行的利率是怎样,这些新创造的法币数额的发行,并不直接干涉到市场毛利率。除掉价格贴水之出现以外,它们之影响借贷市场和市场毛利率,只有在一种情形才可能,即:这些新创造的法币的一部分进到借贷市场的时候,它们对于物价和工资率的影响还没有完成。

例如,美国在第二次世界大战时的情形就是这样。除掉信用扩张政策以外(这个政策在大战爆发以前行政当局已经采用),政府向商业银行大量借贷。这是技术上的信用扩张;本质上它是替代绿背纸币的发行。在许多国家还有些更复杂的技术被采用过。例如,德国在第一次世界大战时向大众卖出公债。德意志帝国银行向购买公债的人贷款,那些人可以用公债作抵押,借到购买公债所需要的大部分款项。除掉购买者从自己的口袋拿出的那一小部分资金以外,在这全部交易中,帝国银行和大众所扮演的角色只是形式上的。实质上,这额外增加的银行钞票也就是不兑现的纸币。

为了要不把信用扩张本身的一些后果与政府所干的法币膨胀的一些后果相混淆,必须留心这些事实。

八、货币的或流通信用的商业循环论

英国通货学派所提出的商业循环理论,有两点是不能令叫人满意的。

第一,它没有看出,流通信用的授予不仅是可以经由银行钞票超过银行所握存的现金而发行,而且也可以靠创造超过现金准备的支票存款来授与。因而它没有了解见票即付的存款也可用来作信用扩张的工具。这个错误不很重要,因为它易于修正。这里只要强调一点就够了,即:凡是涉及信用扩张的讨论,对于各形各色的信用扩张都有效,不管所增加的信用媒介是银行钞票或支票存款。但是,通货学派的教义激发了英国以法律防止信用扩张的市场繁荣和其必然的结果——经济萧条——的再出现,那时,这个基本的缺点还没有被揭开。一八四四年的《Peel 条例》和其他一些国家所制定的一些类似条例,并未达成所追求的目的。这个失败,动摇了通货学派的声望。于是,银行学派不应该地胜利了。

通货学派的第二个缺点是更重大的。它把它的推理限之于黄金外流的问题。它只讨论一个特例,即只有一国有信用扩张,而其他的一些地区,或者根本没有信用扩张,或者只有小规模的信用扩张。这种讨论,大体上足以解释十九世纪前期英国的经济危机。但是,它只触及问题的表面,基本问题完全没有提到。对于一般性的信用扩张(不限之于一些银行对于有限顾客的信用扩张)没有作任何解说。货币供给(广义的)与利率之间的相互关系没有分析到。想靠银行制度的改良来降低利率或完全废除利率的各形各色的计划,只是受到嘲笑,却没有受到严肃的剖析和驳斥。货币的中立这个天真的假定是被默认的。于是,就出现了一切用直接交换的理论来解释经济危机和商业波动的徒劳无功的企图。这个迷惑在经过十年之后才被打破。

货币理论或流动信用理论所必须克服的障碍,不仅是理论上的错误,还有政治上的偏见。一般人心目中的利息，不是别的，只是妨害生产扩张的一个制度上的障碍。他们不了解未来财相对于现在财必须打折扣，是人的行为的一个必要的、永恒的元范，而不能靠银行的操作来废除的。在幻想家和野心家的心目中，利息是由于剥削者的邪恶阴谋而产生的。古老的利息反对论，经由现代的干涉主义者而复活。它坚持：尽可能地降低利息或根本废除利息，是善良政府的基本职责之一。所有现代的政府都狂热的推行低利政策。前面曾经提到，英国政府说过：信用扩张曾经完成"把石头变成面包………的奇迹"。⑩纽约联邦准备银行的一位总经理宣告过："每个主权国家要免于国内货币市场的约束，就要靠一个以现代中央银行的那种方式来发生作用的制度，而其通货是不能兑换黄金或其他货物的。"⑪许多政府、大学以及经济研究机构，对那些"以赞扬无限制的信用扩张和诋毁反对者为重利盘剥者的发言人为主要目的"的刊物，不惜予以慷慨的金钱补助。

影响经济制度的这种波浪似的动态，导致经济萧条的市场繁荣期之一再出现，是那些一再发生的、藉信用扩张来降低市场毛利率的企图所必然引起的后果。我们没有任何方法可用以避免信用扩张所引起的市场繁荣的最后崩溃。只是，危机的到来或迟或早而已；而前者是有意放弃信用再扩张的结果，后者是货币制度最后而全部的崩溃。

对于流通信用理论曾经提出的这个唯一的反对论，的确是不完全的。据说，市场毛利率低落到在自由的借贷市场所将达到的那个高度以下，可能不是银行或货币当局方面有意的政策所造成的结果，而是他们保守作风无意形成的后果。这一种情况，如果让它去的话，就会引起市场利率的上升，诸银行遇着这种情况而不变动它们的放款利息，因而不自主地走上扩张⑫。这些说法是不能承认的。但是，如果我们为着辩论起见，姑且承认它们是对的，它们也毫不影响商业循环的货币解释之要点。至于是些什么特殊情形引诱一些银行扩张信用，而把自由市场所决定的市场毛利率压低，那是没有关系的事情。成为问题的只是：银行和金融当局受下面这个观念的指导：自由借贷市场所决定的那个利率高度是个罪过，善良的经济政策是要把这个利率降低，信用扩张是达成这个目的的适当手段，而这个手段除对那些放债的寄生虫以外，对于任何人没有伤害。使银行和金融当局做那些最后必然引起经济萧条的事情的，就是这种迷惑。

如果你考虑到这些事实，你就会不想对纯粹市场经济这个理论架构所涉及的一些问题作任何讨论，而去分析政府对于市场现象的干涉。信用扩张，无疑地是干涉主义的一些主要问题之一。但是，分析这些有关问题的适当处所，不是在干涉主义的理论中，而是在纯粹市场经济的理论中。因为我们所要讨论的问题，基本上是货币供给与利率之间的关系。信用扩张的一些后果只是这个问题的特殊实例。

关于信用扩张方面所讲过的每一句话，对于货币本身的供给量增加，都是有效的，只要这增加的供给量是在流进市场体系的早期就到达了借贷市场。也就是说，如果这个法币增加量是在物价和工资还没有适应货币关系的变动，而完全调整的时候就增加了贷放的货币数量，则其后果与信用扩张的后果没有差异。在分析信用扩张问题的时候，交换学完成了货币与利息的理论结构。它暗中推翻了关于利息的一些古老的谬见，也摧毁了想用货币或信用改革的手段来"废除"利息的那些狂热企图。

信用扩张，与一个只使用商品货币而完全没有信用媒介的经济所可能出现的货币供给量之增加，是不同的。这个不同之所以发生，是由于这种货币供给量之增加，与其对市场各部分之发生影响，在时间上有差距。即令贵金属的生产很快地增加，也不会有信用扩张所可增加的那个幅度。金本位对于信用扩张是一有效的限制，因为它使银行不能超过某一限到来扩张放款。[13]金本位本身的通货膨胀潜力，受到金矿开采量的变动之限制。而且，这增产的黄金只有一部分是立即流入借贷市场的。其中，大部分是首先影响物价与工资，只在通货膨胀的后期才影响到借贷市场。

但是，商品货币数量的继续增加，对于借贷市场也会发生扩张的压力。在过去几百年当中，市场毛利率连续地受到货币增加量流入借贷市场的影响。当然，这种压力，在过去一百五十年的盎格鲁-撒克逊国家和过去一百年的欧陆国家，被当时银行授予的流通信用的后果大大地超过。此外，那些银行还直截了当地扩张信用，以降低市场毛利率。所以，有三个压低市场毛利率的趋势同时发生作用，而且彼此间相互加强。一是商品货币数量继续增加的结果，二是信用媒介同时发展的结果，三是官方和舆论所支持的那些反利息政策的结果。想以定量的方法来确定它们联合运作的后果，以及它们当中每一个后果，那当然是不可能的；对于这个问题的答案，只能由历史的了解来提供。

交换学的推理所能告诉我们的只是：黄金产量的继续增加，以及信用媒介量的微微增加（不是在有意的低利政策下的那种大量增加）所引起的对市场毛利率的一个轻微而继续的压力，会被市场经济固有的重新调整和适应的力量平衡。没有受到市场以外的力量破坏的工商业的适应性，有足够的力量可以抵消借贷市场这样的轻微骚动所能引起的一些后果。

统计人员想用统计方法来观察商业波动的一些长期趋势。这些企图是落空的。现代资本主义史是一部稳健的经济进步记录，在进步过程中一再地有热烘烘的市场繁荣和其后果——萧条出现，从这个投资数量和产品数量趋向于增加的一般趋势中，用统计方法来观察这些一再出现的波动，这大概是可能的。至于想在这一般趋势的本身发现什么规律性的波动，那是不可能的。

九、受了商业循环影响的市场经济

通货膨胀和信用扩张之受欢迎，想以信用扩张使人们富足这种企图的最后根源，以及商业循环波动的原因，出现在习惯的用语上。人们惯于把市场的忽然兴旺叫作生意好、繁荣、向上。把那不可避免的后果——适应市场的实际情况而重新调整——叫作危机、消沉、生意坏、萧条。人们拒绝了解：市场兴旺期的错误投资和过分消费，是促成波动的因素，而这样人为的市场兴旺，终归是要崩溃的。他们却想用仙术使它永久持续下去。

关于这一点，我们在直率地把产品的质量改进和数量增加叫作经济进步的时候曾经指出。如果我们把这个码尺用于商业循环的各个阶段，我们应该把市场的忽然兴旺叫作退步，把萧条叫作进步。市场兴旺是经由错误投资而浪费稀少的生产要素，同时，也经由过度消费而减少了物资的存量；它的所谓利益是以穷困作代价的。相反地,萧条是个回头走的路,走向所有的生产要素都用在使消费者最迫切的欲望得到最大满足的境界。

有人竭力想从市场兴旺当中,找出它对经济进步的积极贡献。他们曾强调,强迫储蓄有促进资本累积的功用。这个议论是白费的。我们曾经说过,强迫储蓄能否补偿市场兴旺所引起的资本消耗之一部分,是很可疑的。如果那些推崇强迫储蓄的所谓有利后果的人们保持一贯的想法,他们就应当提倡一种对中级所得者课税,而用这税款来津贴富人的财政制度。用这种方法所做到的强迫储蓄,将会使可用的资本量净额增加,而又不同时引起更大规模的资本消耗。

信用扩张的主张者又强调:市场兴旺期的错误投资,有些到后来变成了有利的投资。他们说,这些投资投得太早,也即是说,投在资本财的供给情形和消费者的评值还没有容许这些投资的时候。但是,所引起的破坏并不太大,因为这些计划无论如何在稍后的时期是要实施的。这个说法,就市场兴旺所引起的错误投资的某些事例来讲,我们可以承认是对的。但是,谁也不敢断言,凡是受低利政策形成的幻觉的鼓励而付诸实行的一切计划,都适用这个说法。不管怎样,这个说法毫不影响市场兴旺的一些后果,也不能取消接着来的经济萧条。错误投资的后果之出现,无关乎这些错误投资在后来的不同环境下是否变成健全的投资。当一八四五年,铁路在英国建筑的时候——如果不是信用扩张是不会建筑的——随后几年的情况并没有受到"在一八七〇或一八八〇年这项建筑所需求的资本财将可供应无缺"这个展望的影响。后来,从"这条铁路并未靠资本和劳力的新耗费而建筑起来的"这个事实,而得到的利益,在一八四七年,对于过早建筑所惹起的损失没有补偿。

市场兴旺产生贫乏,更坏的是招致精神颓丧,它使人们心灰意冷。在市场兴旺的虚幻繁荣下,愈是乐观的人,他们的沮丧心情和受了委屈的感觉愈大。人总是喜欢把他的好运归之于他自己的效率,而把它看作他的才干和品德所应有的报酬。但是,到了运气转坏了时,就总是责怪别人,大多数是责怪社会和政治制度的荒谬。他从不指责原先促成市场兴旺的那些当局。在舆论方面,通货的更膨胀和信用的更扩张,是补救通货膨胀和信用扩张所惹出的祸患。

他们说,这里有些工厂农场,而其生产能力或者完全没有利用,或者利用得不够充分。这里有堆积如山的货物卖不掉,有许许多多的工人失业。但是,这里也有许多人应该是幸运的,如果他们的欲望有较多的满足。所缺乏的只是信用。更多的信用就会使企业家们能恢复生产或扩大生产。失业的工人会找到职业而能购买一些产品。这个理论似乎很有理。然而,它是完全错误的。

如果货物卖不掉,工人找不着职业,其理由只是他们要求的物价和工资太高。凡是想卖掉他的存货或卖出他的劳力的人,必须降低他的要求,直到找到一个买主为止。这是市场法则。靠这个法则,市场指挥每个人的活动,使其活动的途径对于消费者的欲望之满足最有贡献。市场兴旺期的错误投资,把一些不可转换的生产要素放错了地方,以致牺牲了消费者更迫切需要的生产。那些不可转换的生产要素,在各种生产部门间配置得不匀称。这种不匀称之纠正,只有靠新资本的累积,以及把它用之于最迫切需要的那些部门。这是一个缓慢的进步。这是在进步中,但是,我们却不可能充分利用那些缺乏补助性的生产设备的工厂之生产能力。

有些工厂的生产品,其特征是很少的,这种工厂的生产力也有的未被利用。有人说,这些产品的卖不掉,不能用"资本设备在各部门间配置得不匀称"这个理由来解释。这个说法也是一个错误。如果钢铁厂、铜矿厂、锯木厂不能充分运用它们的生产力,其理由只能是:在市场上没有足够的买者愿意在足敷成本的价格下购买它们的全部产品。因为变动成本只能依存于其他产品的价格和工具,而且因为这些其他产品的价格也如此,所以上面那句话的涵义也包括工资太高,以致不能让所有急于找工作的人都有职业,也不能把那些不可转换的生产设备充分利用,这里所说的"充分",其限度是,那些"与不可转换的生产设备相配合的非特殊的资本财和劳动"不至于从更需要的用途转移出来。

要想从市场繁荣的崩溃回复到"资本的继续累积保证了物质福利稳健改进"的那种情况,只有一个方法:新的储蓄必须足以构成一些资本财,以适应所有生产部门的适当需要。那些在市场繁荣期被忽视,因而缺乏资本财的生产部门必须供给它们。工资率必须降低,人们必须暂时削减他们的消费,等到那些因错误投资而浪费掉的资本恢复的时候为止。凡是不喜欢重新调整期的这些困苦的人们，应该及时停止信用扩张。

至于想用新的信用扩张来重新调整，那是没有用的。这种办法如果不是引起一个新的市场繁荣而带来所有的必然后果，那就是对萧条的矫枉过程加以干扰，使它中断，使它延缓而已。

即令没有新的信用扩张，重新调整的过程也会受失望和沮丧的心理影响而延缓。人们不会轻易地从虚幻繁荣的自欺中清醒过来。工商界的人士还想继续那些没有实质利益的营业计划，他们对于不乐意的事实闭目不看。工人们不愿意及时降低他们的工资要求，以符市场所决定的水准；如果可能的话，他们还想避免降低他们的生活水准，避免改变行业和迁移地址。在市场繁荣期愈是乐观的人，沮丧的心情愈重，他们失掉了自信心和企业精神，以致即令有好的机会，他们也不能利用了。过了几年以后，他们又开始信用扩张，老故事又重演。

失业的生产要素在市场繁荣期第一阶段发生的作用

在变动中的经济总是有些未卖掉的存货（超出因为技术的理由所必须保持的存量）、有些失业的工人，以及未使用的、不能转换的生产设备。这个经济制度是趋向于既无失业工人，也无过剩存货那种境界的。⑩但是，由于一些发生牵制作用的新情况之出现，均匀轮转的经济境界永久不会实现。

不可转换的投资，其生产力之未被利用，是由于过去所犯的错误。投资者所作的假定，经后来的事实证明，是不对的；市场更急于需要的东西，不是这些工厂所生产的。过剩的存货堆积和工人们在这种情形下的失业，都是投机性的。存货的所有者拒绝在市场价格下出卖，因为他希望回复可卖较高的价格。失业的工人拒绝改变他的行业或住址，或者宁可接受较低的工资，因为他希望日后在他所住的地方和他最喜欢的部门找到工资较高的职业。存货的所有者和工人，双方都不及时调整他们的行为，以适应当时的市场情况，因为他们要等待情况转变，变得有利于他们。他们的犹疑，是这个制度未曾达到均匀轮转经济的一些理由之一。

信用扩张的主张者辩称：我们所需要的是更多的信用媒介。有了更多的信用媒介，工厂就可充分发挥生产力，存货就可在它的主人认为满意的价格下卖掉，失业的工人就可找到他们认为工资满意的职业。这个非常有名的议论意涵：由于增加了的信用媒介而引起的价格上涨，将会同时而且同程度影响到所有其他的货物和劳动，同时，过剩存货的所有者和失业工人们，将会满足于他们所要求的名义上的价格和工资——这自然是妄想。因为如果真的出现这种情况的话，则这些未卖掉的存货的主人们和失业的工人们，所取得的实质价格和实质工资率就会降低（比例于其他货物和劳动的价格）到为找到买主和雇主所必须降低的那种程度。

在市场繁荣的前夕，有些未利用的生产力，有些未卖掉的过剩存货，有些失业工人，这个事实对于市场繁荣的过程没有什么重要的影响。我们假设：铜矿的生产设备有些未利用的，铜的存货有些未卖掉，铜矿工人有些是失业的。铜的价格低到有些铜矿不值得开采的水准；它们的工人被解雇了；有些投机者不出卖他们的存货。为使这些铜矿再有利可图，为使失业者有职业，以及为了卖掉那些堆积的存货而不至于把价格压低到不够成本的程度，所必要做的事情，是增加资本财供给量 p，使投资方面以及生产和消费方面可能增加到引起对于铜的需求之相当上升。但是，如果 p 的这种增加没有实现，而企业家在信用扩张的幻觉下所作所为俨如 p 已经真的实现了，则铜市场的一些情况，在市场繁荣持续的时期当中，就好像 p 已经真的增加在可使用的资本财的数量中。但是，凡是关于信用扩张的那些必然后果所已经讲过的一切，也都适合这种情形。唯一不同的是：就铜来讲，不适当的生产扩张不一定要靠把资本和劳动力从那些能满足消费者更迫切需要的部门拉过来。就铜的事例来讲，新的市场繁荣，遭遇着以前的市场繁荣所已引起的资本的误投和劳动力的错误雇用，而这些错误还没有在重新调整的过程中调整过来。

由此可知：想以未利用的生产力，未卖掉的——或者用一般人不正确的说法"卖不掉的"——存货，和失业的工人为理由，认为应该有个新的信用扩张，这很明显的是个妄想。新的信用扩张开始时遇到一些在重新调整的过程中尚未消除掉的以前的错误投资和错误雇用遗留下来的事象，在表面上，新的信用扩张似乎会补救这些有关的过失。但是,事实上这只是重新调整的过程和回复到健全情况的过程之中断。⑮未利用的生产力和失业工人,不是一个作为反对流通信用说的正确性的有效理由。信用扩张和通货膨胀的主张者,认为如不再度信用扩张和通货膨胀,就会使经济萧条长期持续下来。这个信念是完全错误的。这些著作者所建议的补救方法,不会使市场繁荣长期维持住。它们只是搅乱了恢复的过程。

对于商业循环给以非货币的解释之谬误

凡想用非货币的理论来解释景气的循环波动,都是些无益的企图。在讨论这些企图的时候,首先要特别强调一点,这一点从未得到应有的注意:

有些思想派别,认为利息只是取得某一数量的货币或货币代替品使用权的代价。从这个信念,他们就逻辑地得到这样一个结论:把货币和货币代替品的稀少性消灭掉,也就消灭了利息,其结果就是信用的无偿授予。但是,如果你不赞成这个意见,并且了解原始利息的性质,那就出现了一个你所不能处理的问题。由于货币或信用媒介的数量之增加而引起的信用供给量的增加,确有降低市场毛利率的力量。如果利息不仅是一个货币现象,因而不能因货币和信用媒介的供给量之增加(无论增加得多么大)而永久降低或归于消灭,那么,"适应市场上非货币的情况的那个利率高度,将如何自动地建立起来"这个问题的说明,其责任就落在经济学方面。经济学必须解释,怎样的过程会使现金引起市场利率不至于违离人们对于现在财与未来财评值的比率。如果经济学对于这个问题不能解答,它就无异于承认利息是一货币现象,在货币关系的变动过程中,甚至会完全消失。

对于商业循环的那些非货币解释来讲,"经济萧条一再发生"这个经验是主要的事情。那些解释的主张者,首先没有在他们的经济事象关系图型里面看出可以对这些谜似的混乱提供一个满意解答的任何线索来。他们为着把这个经验在他们的教义下弥缝起来,作为一个所谓确实的循环理论,而拼命地寻求权宜的办法。

货币的或流通信用的理论就不同了。现代货币理论终于清除了所谓货币中立的一切想法。它已确切证明,在市场里面有些发生作用的经济要素;一个忽略货币推动力的学说,关于这些要素就没有什么可说的了。包含着货币非中立而有它的推动力这个知识的交换论体系,特别强调"货币关系的一些变动,如何首先影响短期利率,后来又影响长期利率"这一些问题。这个理论体系如不能解答这些问题,它就是有缺陷的。如果它所能提供的解答没有同时解释商业的循环波动,它是矛盾的。即令没有信用媒介和流通信用这类东西,现代交换理论也不得不提出"关于货币关系的变动与利率之间的一些关系"这个问题。

凡是对于循环的非货币解释,都要承认货币或信用媒介的数量增加,是市场繁荣的一个必要条件。这一点在前面已经提到。很明显的,凡不是由于生产和货物供给量的普遍跌落而引起的物价上涨的一般趋势,如果货币(广义的)供给量未曾增加,就不会出现。现在我们会看到,那些反对货币解释的人们,因为一个其他的理由,也不得不求助于他们所诋毁的理论。因为只有这个理论会解答"额外的货币和信用媒介的流入如何影响借贷市场和市场利率"这个问题。只有那些认为利息仅是货币稀少性的结果的人们,才会不要承认商业循环的流通信用论。这可以解释为什么从来没有一个批评者对于这个理论提出任何站得住的反对。

所有这些非货币论的支持者,拒绝承认他们的错误时所表现的那股狂热,自然是政治偏见的一个展示。马克思主义者把商业危机解释为资本主义固有的罪恶,解释为资本主义"无政府状态的"生产之必然结果。[16] 非马克思主义的社会主义者和干涉主义者,也同样地急于论证市场经济不能避免经济萧条之一再出现。因为今天通货和信用的操纵,是一些反资本主义的政府为建立万能的统治权而采用的主要手段,所以他们更热心于攻击货币理论。[17]

想把经济萧条和宇宙的影响联系起来的一些企图,已经完全失败了,其中最著名的是杰逢斯的太阳黑子说。市场经济以颇为满意的方法调整生产和推销,以适应人生的一切自然环境和遭遇,已经相当成功。如果认为市场经济所不知道如何对付的只有一个自然界的事实——也即所谓的周期性的收获变动,那完全是武断的。为什么企业家们看不出收获波动这个事实而把营业活动调整到使它们的损害减轻呢?

　　受了马克思的"无政府状态的生产"这个口号的指导,现在的一些货币的循环理论,用"趋势"的说法来解释商业的循环波动,认为资本主义的经济有个固有的趋势,即各生产部门的投资额趋向于不平衡的发展。这些不平衡的学说,并不否认每个商人都想避免这样的错误,这样的错误是要使他受到严重的金钱损失的。企业家们和资本家们的活动,最要紧的是,不从事那些他们认为无利可图的营业计划。如果你假想商人们在这些努力中有个趋势是趋向于失败的,你就是意涵所有的商人都是短视的。他们也笨到不能避免某些陷阱,因而一再地在事业上失败。整个社会要为这些笨拙的投机者、发起人和企业家的过失而承受损害。

　　人是会犯错的,商人们必然也不免于这个人性的缺陷。但是,我们不可忘记,在市场里面,有个选择过程是在继续发生作用,效率较差的企业家们不断地被淘汰,所谓效率较差的企业家,是指那些在营业活动中,未能正确地预料到消费者未来需求的人们。如果有一组企业家,生产货物超过了消费者的需求,因而不能在有利的价格下把这些货物都卖掉以致蒙受损失,其他各组企业家生产的货物为大众所抢购,因而他们赚大钱。某些营业部门受窘,同时,其他一些部门却兴旺,决没有一般的商业萧条会出现。

　　但是,我们所要讨论的那些学说的提倡者,不是这样讲的。他们认为:受了盲目的损害的,不仅是整个企业家的阶级,而且是所有的人。因为企业家阶级不是一个不让外人加入的封闭式的社会阶层,因为每个有企业心的人实际上是那些已经属于企业家阶级的人们的挑战者,因为资本主义的历史记载着许许多多一文不名的穷人,凭他们自己的判断,从事于可以满足消费者最迫切需要的货物之生产,因而有显赫的成功,因为这些事实,如果假定所有的企业家一律地要因某些错误而受牺牲,那无异于暗示:所有注重实行的人物都缺乏智慧,那也暗示:从事工商业的人们,以及考虑从事工商业的人们,没有一个精明到足以懂得市场的真实情况。但是,另一方面,那些不亲身从事实际的事务活动,而专门把别人的行为理论化的理论家,把他们自己看成聪明得足以发现那些导致工商界人士失败的一些错误。这些全知的教授们,从不被那些混淆其他每个人之判断的谬见所迷惑。他们正确地知道,私营企业的错误是什么。所以,他们所主张的对工商业的专断管制,有了充分的理由。

关于这些学说,最叫人惊讶的事情,是它们还进而暗示:工商业者在他们偏狭的心中,固执于他们错误的作法,而不管"学者们早已揭发了他们的谬见"这个事实。尽管每本教科书都驳斥这些谬见,而工商业界还在不断地重犯。这很明白,除了把最高权力授予哲学家——这是依照柏拉图的空想——以外,别无他法可以防止经济萧条的一再出现。

这里,让我们简单地检讨这些不平衡的学说当中最著名的两个变例。

第一个是耐久性财货的学说。这些财货可以把它们的功用保持一段相当长的时期。只要它们的生命期还在继续,已经有了一件的购买者就不会买一件新的来替换它。所以,一旦所有的人都已购买了,新产品的需求就要萎缩。工商业的行情就要变坏。好景的恢复只有等到相当时期以后,旧的房子、旧的汽车、旧的冰箱等等不能再用了,于是,它们的主人就必须买新的。

但是,工商业者通常是比这个学说所假想的更精明些。他们是一心一意地要把他们的产量调整和他们所预料的消费者的需求量相配合。面包店的老板要考虑到每天一个家庭主妇需要一块面包,棺材店的老板要想到棺材的销售量不会超过在这个期间死亡的人数。机器工业之计算其产品的平均"生命",并不逊于成衣匠、制鞋匠、汽车、收音机、冰箱的制造者,以及建筑商。诚然,经常有些过分乐观的发起人,倾向于过分扩张他们的企业。在实行这样的营业计划时,他们从同业中其他厂商或其他行业部门,抢购到一些生产要素。由于他们的过分扩张,使得其他方面相当萎缩。某一部门走向扩张,同时,其他部门则趋于萎缩,直到前者的赔本和后者的赚钱重新把情况调整过来为止。这先前的市场繁荣与后来的市场萧条,只关乎一部分的工商业。

这些不平衡学说的第二个变例,是有名的加速原理。对于某一货物需求的暂时上升,其结果是该货物增加生产。于是,如果这个需求后来又下降,则这个为扩大生产而作的投资,就显得是些错误的投资。这种情形在耐久性的生产财方面,更是有害的。如果消费财的需求 a 增加了 10％,生产这种消费财的设备 p 也要增加 10％。这样引起的 p 的需求之增加,比例于前者对 p 的需求而言愈是大,则一件 p 的功用耐久性愈是长,因而前者对用坏了的 p 的换置需求愈小。如果一件 p 的生命期是十年,则为换置而每年对 p 的需求就是这个产业原已使用的 p 的存量的 10％。所以对 a 的需求有 10％的增加,就要加倍对 p 的需求,其结果,生产设备的 r 的扩张就是 100％了。如果对 a 的需求停止增加了,则 r 的 50％的生产力赋闲了。如果每年对 a 的需求增加率从10％降到 5％,则 r 的生产力就有 25％的闲置。

　　这个学说的基本错误是,它把企业家的一些活动看成一时的需求情况所引起的盲目地自动反应。当需求增加使一个营业部门更为有利的时候,就认为生产设备就会马上比例地扩充。这个见解是站不住的。企业家们常常犯错误。他们因为错误而受到很大的损失。但是,一个人如果是按照加速原理所描述的那种方式而行为,则他就不是一个企业家,而是一部没有灵魂的自动机器。可是,实在的企业者是一个投机者;⑱所谓投机者,就是一个要利用自己的关于市场未来情况的见解,以从事营利活动的人。这种对不确定的未来情况预先的领悟,是不管什么规律和体系化的。那既不是可以教的,也不是可以学的,否则每个人都可从事企业活动而有同样的成功希望。成功的企业家和发起人,与别人不同的地方,正是因为他不让他自己受“曾经是什么,现在又是什么”这一类的指导,而是按照他自己关于未来情况的意见而处理他的业务。他之看过去和现在,与别人一样;但他对于未来的判断,则与别人的方法不同。在他的行为中,他是受一个关于未来的意见的指导的,这个意见与一般大众所持有的不一样。他的行为推动力是来自他对于一些生产要素和这些要素所可生产出来的货物的未来价格所作的估价与别人不同。如果现在的价格结构使那些现在正在出售有关货物的工商业非常有利,他们的生产扩充只会扩充到一定的程度,即企业家们认为,这有利的市场情况将会持续到足以使新的投资值得投的程度。如果企业家不存这样的指望,即令这个已经在经营的企业有很高的利润,也不会引起扩充。资本家和企业家们不愿意在他们认为无利可图的行业投下资本,这正是那些不了解市场经济运作情形的人们所剧烈批评的。囿于技术观点的工程人员，每每责怪"利润动机的至上"妨碍了消费者得不到技术知识所可能提供的那么丰富的物质享受，政治煽动家大声疾呼，攻击资本家的贪婪有意地要维持物资稀少的局面。

对于商业循环的满意解释，决不可基于"个别的厂商或几组厂商，对于市场的未来情况判断错误，所以做了不利的投资"这个事实。商业循环理论的目标，是商业活动"一般的"上升，所有产业部门都倾向于扩张生产，以及接着而来的"一般的"经济萧条。这些现象不会因为"某些营业部门的利润上升，结果它们扩张生产，为适应这种扩张，于是制造资本财的产业就超比例地投资"这个事实而引起。

大家都知道：市场繁荣愈是向前发展，机器和其他生产设备的购买愈是增多。生产这些东西的工厂收到的订单也就堆积起来。他们的顾客必须等待一个相当长的时期才可收到订购的机器。这很明白地说明：生产财的制造业，扩充它们自己的生产设备，并不像加速原理所假定的那么快。

但是，为着便于讨论，即令我们承认资本家和企业家是像不平衡学说所描述的那样行为，可是，在没有信用扩张的时候，他们如何能继续进行呢？这仍然是不可解的。这样拼命地增加投资，提高了那些辅助的生产要素的价格和借贷市场的利率。这些后果，如果没有信用扩张，就会马上限制了扩张的趋势。

不平衡学说的支持者，引用农业方面的某些事象，来证实他们关于私营企业必然缺乏供应的说法。但是，用中型或小型的农业生产来论证在市场经济里面活动的自由竞争企业的一些特征，这是不可以的。在许多国家当中，农业在市场上，以及在消费者中，已失去最高的地位。政府的干涉是要保护农民使其免于市场变化的损害。这些农民们不是在一个自由市场上活动；他们享有特权而受种种特别优待。他们的生产活动，靠的是权益的保留，于是，技术的落后、小心眼的固执、企业精神的缺乏，统统被保留下来，农业以外的人们，也因此而受损害。如果他们在业务的处理上犯了大错，政府就强迫消费者、纳税人，以及抵押权人来补偿。

不错，在这里，也有"玉米—猪循环"（corn-hog cycle）这样的事情，以及在其他农产品的生产中,也有类似的事象。但是,这样的循环是由于"市场给那些低效率而笨拙的企业家们的惩罚不影响大部分的农民"这个事实。这些农民对于他们的行为不负责任,因为他们是一些政府和政客们的宠儿。如果不是这样的话,他们老早走向破产,而他们的那些农田,早已由一些更明智的人们来利用了。

注 释

① 参考前面的第十二章第五节。

② 这种情形(事例 b)与第十九章第二节所讨论的情形(事例 a)不同的地方在于:在事例 a 中,原始利率之增加到无法计量,是因为未来财完全变成了无价值的;在事例 b 中,尽管企业成分增加到无法计量,而原始利率并不变动。

③ 参考 Irving Fisher, *The Rate of Interest* (New York, 1907), pp. 77 ff.

④ 在这里,我们所讨论的,是个自由的劳动市场的一些情况。关于凯恩斯爵士提出的议论,见第三十章第三节及第三十一章第四节。

⑤ 关于"长波"的动荡,见第二十章第九节。

⑥ 参考 G. V. Haberler, Prosperity and Depression (New ed. League of Nations' Report, Geneva, 1939), p. 7。

⑦ 你不可陷于这个幻觉:以为诸银行在信用政策上的这些转变,是由于银行家和货币当局察觉到继续的信用扩张之必然后果。其实,促成诸银行行为转变的,是我们在下面还要进一步讨论的(第三十一章第六节)那些制度上的东西。在经济学者当中,有些民间的银行家是杰出的;尤其是早期的商业循环论——通货理论(The Currency Theory)——是英国银行家深思熟虑的一项大成就。但是,一些中央银行的经营和各国政府货币政策的操作,通常是付托于那些不知道无限的信用扩张有何不对,而又不接受对他们的扩张政策提出的批评的那些人。

⑧ 参考第三十一章第五节。

⑨ 见第二十一章第二节。

⑩ 见前面第十七章第十八节。

⑪ Beardsley Ruml, Taxes for Revenue Are Obsolete, *American Affairs*, Ⅷ (1946), pp. 35~36.

⑫ Machlup (*The Stock Market*, *Credit and Capital Formation*, p. 248)把银行的这种行为叫作"消极的通货膨胀主义"(passive inflationism)。

⑬ 参考第十八章第二节。

⑭ 在均匀轮转的经济里面，也会有未使用的不可转换的生产设备。这正同边际以下的土地之未被使用，对于均衡并不发生干扰。

⑮ Hayek（*Prices and Production*〔2d ed，London，1935〕，pp. 96 ff）用一个稍微不同的推理得到相同的结论。

⑯ 关于马克思的和所有其他的消费不足理论，参考前面的第十五章第九节。

⑰ 关于这些通货和信用操纵，参考第三十一章第一至九节。

⑱ 值得注意的，是这同一名词（speculation）用来指称营利事业发起人和企业家的事前考虑和接着的一些行为，也用来指称理论家们纯学术上的推理，这种推理并不直接引起任何行为。

第二十一章　工作与工资

一、内向的劳动与外向的劳动

一个人可能为种种理由去克服劳动的负效用(也即放弃闲暇的享受)。

1. 他可能为使他的身心健康活泼而工作。劳动的负效用不是为这些目的的获得而付的代价;克服劳动的负效用与所追求的满足是不可分的。最明显的例子是真正的运动,不以取得奖品和成功的声誉为目的的运动;真理和知识的追求,目的在其本身,而不是为的改进当事人自己的效率和技能以完成其他目的。①

2. 他可能为侍奉神而甘受劳动的负效用。他牺牲闲暇来崇拜神,以求另一个世界的永福,以及在朝圣的过程中,求得宗教上祭务执行所提供的至乐(但是,如果他之侍奉神是为的达到一些世俗的目的——他每天的面包和俗务上的成功——则他的行为,本质上无异于用劳动来换得世俗利益的其他行为②)。

3. 他可能为着避免更大的祸患而作苦工。他甘受劳动的负效用,为的是忘掉或逃避一些沮丧的想头,为的是排遣一些烦恼的情绪;为他自己而工作,好像是游戏的完全改进。这种改进了的游戏决不可与小孩们的单纯游戏相混淆,后者仅仅是发生快乐(但是,也有些其他的小孩游戏。小孩也会懂得排遣于改进的游戏中）。

4. 他之工作，可能是因为他宁可工作赚钱获取收入，而不享受闲暇的快乐。

第一、第二和第三类的劳动，是因为劳动负效用的本身——不是它的产品——提供满足。辛勤劳苦不是为的达到在过程终点的一个目的，而是为的这个过程的本身。爬山的人不仅是想爬到山顶，他是想靠"爬"来达到山顶。上山的高架铁路会把他更快地送上山顶而无麻烦，甚至车费还比爬山的费用（例如，导游的收费）便宜些，但爬山的人不愿意乘这种火车。爬山的那种辛苦不会直接使他快乐；它有劳动负效用。但是，正由于克服了劳动的负效用，所以他得到满足。较不费力的下山，并不给他较大的快乐，而是给他较小的快乐。

我们可以把第一、第二和第三类的劳动叫作内向的劳动（introversive labor），以示别于第四类的外向的劳动。在某些情形下，内向的劳动可能得到——好像是一种副产品——一些结果，由于这些结果的成就，其他的一些人会甘受劳动的负效用。虔诚的教徒会为天国的报酬而去看护病人；真理的追求者，只为知识的寻求而努力的人，可能发现一个实际上有用的东西。就这个程度以内，内向的劳动可能影响市场上的供给。但是，交换学通常只讨论外向的劳动。

内向劳动引起的那些心理学上的问题，在交换学上是些不相干的问题。从经济学的观点看，内向的劳动应该叫作消费。它的完成，照例不仅是需要当事人本人的努力，而且也需要一些物质的生产要素和别人外向劳动的产品。宗教仪式的举行，需要作礼拜的场所和其中的设备；运动，需要种种器具和装置、训练员和教练师。所有这些都应归入消费类。

二、劳动的喜悦与厌恶

只有外向劳动才是交换学讨论的题目，直接叫人满足的劳动不包括在内。

外向劳动的特征是它所要达成的目的,是在这种劳动的完成和其涉及的负效用以外。劳动本身引起负效用。但是,除掉这负效用——负效用是令人厌烦的,而且,即令他的工作能力是无限的,他能够完成无限的工作,这负效用也会教他节省劳动——以外,有时还有些感情的现象发生,随着某种劳动的进行,喜悦或厌恶的情绪油然而生。

劳动的喜悦与厌恶,都属于劳动负效用以外的领域。所以,劳动的喜悦既不能减轻,也不能消除劳动的负效用。劳动的喜悦也不可与某种工作所提供的直接满足相混淆。那是一个附随的现象,或发生于劳动的间接满足——产品或报酬,或发生于某些附带的环境。

人们不会为了附随劳动的那份喜悦而甘受劳动的负效用,而是为了它的间接满足。事实上,劳动的喜悦大都是以该劳动的负效用为先决条件。

劳动的喜悦来自下面几个源头:

1. 对于劳动的间接满足之期待,预先想到成功和收获而喜悦。辛苦工作的人,把他的工作看作达成所追求的目的的一个手段,他的工作进展,正是向这个目的愈来愈接近,因而他高兴。他的喜悦是预先体会到那个将要到来的满足。在社会合作的体制中,这种喜悦显现于"能够保持自己的社会地位和能够提供同胞们所欣赏的劳务"(同胞们的欣赏,表现于购买他的产品或对他的劳动给予报酬)这个满足上。工作者对工作喜悦,因为他享有自尊,他供养他自己和他的家庭,而不依赖别人的恩惠。

2. 在做工作的时候,工人对于自己的技能和其产品会产生一种美的欣赏而喜悦。这不只是鉴赏别人成就的东西所感到的那种喜悦。这是一个能讲下面这句话的人所感到的骄傲:"我知道如何做这样的一些事情,这是我的工作。"

3. 在完成一件工作以后,工作者因想到已经成功地克服了所有的辛苦和烦难而喜悦。困难的、不愉快的,乃至痛苦的事情已做完了,在一个相当的时间以内,已解脱了劳动的负效用,因而他喜悦。他觉得"我已经做好了"。

4. 有些种类的工作可满足某些特殊的愿望。例如,有些职业是在满足色情欲望——意识的或下意识的。这种欲望或者是正常的,或者是变态的。拜物教的教徒们、同性恋者、虐待狂者，以及其他变态人物，有时会在他们的工作中，得到满足他们怪癖的机会。有些职业对于这样的一些人，特别有吸引力。残酷屠杀的工作，在种种堂堂皇皇的职业掩饰下，到处盛行。

种种不同的工作，为劳动的快乐提供一些不同的情况。这些情况的上述的第一类和第三类比第二类更为同质。就第四类讲，它们较少有。

劳动的喜悦会完全没有。精神因素可能完全把它消除。另一方面，你可以有意地以增加工作的喜悦为目的。

对于人的心灵深处有敏锐观察的人，常常有意地提高劳动的喜悦。佣兵的组织者和军头们的一些成就，大部分是在这方面。他们的工作就其提供第四类的满足这方面来讲，是容易的。但是，这些满足并不靠当兵的忠诚。在危急的时候开小差，后来又投到新的军头名下的士兵，也可得到这些满足。所以佣兵的雇主的特殊工作是要加强团体精神和忠诚的训练；有了团体精神和忠诚，才可使那些被雇的佣兵不致被引诱而叛离。当然，也有些军头们不耐烦做这些微妙的事情。在十八世纪的陆海军中，确保忠诚和防止叛离的唯一方法，是些野蛮残暴的惩罚。

现代的工业制度并不专心于增加劳动的喜悦，它靠物质方面的改进。有了物质方面的改进，对于它的雇工们作为工资收入者也好，作为消费者和产品的购买者也好，都得到利益。找工作的人这么多，用不着特殊的方法来维系工人。大众从资本主义制度得到的利益是很明显的，没有一个企业家认为有向工人们做资本主义以前那种宣传之必要。现代资本主义制度，本质上是为大众的需要而大规模生产的制度。产品的购买者也就是在生产过程中合作生产的工资收入者。续涨增高的销售量，给雇主提供了可靠的关于大众生活标准提高了的情报。他并不烦心于他的工人们作为工人的感觉怎样。他只专心于把他们当作消费者而为他们服务。甚至在今天，面对那最顽固、最狂热的反资本主义的宣传而反击的宣传，却不多见。

这种反资本主义的宣传，是一个组织的计谋，其目的是要以劳动的厌恶代替劳动的喜悦。上述第一类和第二类劳动的喜悦，在某种程度以内，是凭一些意理因素的。工人在社会上有他的地位，在社会的生产过程中，他是积极合作的分子,因而他感受到劳动的快乐。如果你蔑视这个意理,而代之以"把工资收入者看作残忍剥削者手下的牺牲品"这个意理,那就会把劳动的喜悦变成厌恶劳动的心情。

意理,不管怎样被强调、被教导,决不会影响劳动的负效用。想用劝说或催眠术来消除或减轻它,那是不可能的。另一方面,我们也不能用语言或教条来增加它。劳动负效用是一个绝对既定的现象。精力和生活机能的自然而轻松地发泄,比严厉督促下的努力对于任何人都更适合些。劳动的负效用,也会使一个全心全意甚至以自我克制的精神专注于工作的人感受痛苦。如果无损于他所期待的间接满足,他也想减轻他的劳动量,而且他会享受第三类的劳动快乐。

但是,第一类和第二类劳动的喜悦,会受意理的影响而消减,并且被劳动的厌恶代替。第三类劳动的喜悦,有时也如此。一个工人,如果他自己觉得:"使他们甘受劳动负效用的,不是他自己对那约定的报酬有较高的评值,而只是不公平的社会制度",那么,他就开始恨他的工作了。他受了社会主义宣传口号之影响,因而不了解劳动负效用是不能用任何社会组织方法来消除的一个既定事实。他囿于马克思主义的成见,以为在一个社会主义的社会里面,工作不会带来痛苦,带来的却是快乐。③

以劳动的厌恶代替劳动的喜悦这件事,既不影响劳动负效用的评值,也不影响劳动产品的评值。劳动的需求也好,劳动的供给也好,仍然没有变动,因为人们工作不是为的劳动的快乐,而是为的间接满足。变动了的,只是工人的心情。他的工作,他在这个社会分工的复杂制度中的地位,他和社会的其他分子,以及社会全体的关系,自他看来,都换成新的了。他把自己看作一个荒谬不公平的社会的牺牲者而自怜。他变成一个郁郁寡欢、成天发牢骚的人,人格不平衡,而且易于相信各形各色的谎言妄语。克服了劳动负效用,完成了自己的工作而感到的愉快,使人兴致蓬勃、精力充沛。工作中感到的厌烦,使人脾气乖张,甚至成为精神患者。一个社会如果弥漫着劳动的厌恶,这个社会就是一些怀恨的、争吵的、愤怨的不满分子的大会合。但是,关于克服劳动负效用的那种意志的活力,劳动的喜悦和厌恶所扮演的角色,只是偶然附随的、非本质的。想使人们只为劳动的快乐而工作,那是不可能的。劳动的喜悦绝不能代替劳动的间接报酬。要使人做更多、更好的工作,唯一的方法是给他更高的报酬。若以劳动的快乐来诱惑他,那是无效的。当纳粹德国和法西斯意大利的独裁者们,想在他们的生产制度中给劳动的快乐派上确定任务时,他们的希望落空了。

劳动的喜悦也好,劳动的厌恶也好,都不能影响提供到市场的劳动量。就这些心情在各种各类的工作中是相同的强度而言,这种情形是显而易见的。但是,就那受了工作的特征或工人的特性之影响的喜悦和厌恶而言,情形也是一样。例如,让我看看第四类的劳动喜悦吧。有些职业是会提供一个机会得以享受这些特殊满足的,谋取这些职业的某些人的那般渴望,倾向于降低这方面的工资率。但是,正是这个后果,使得那些谋取这些职业的渴望比较低的人,宁可到他们能够赚得较多的劳动市场的其他部门去找工作。于是,就有一个相反的趋势发生,把第一个趋势抵消了。

劳动的喜悦和厌恶是心理现象,它们既不影响各个人对劳动的负效用和劳动的间接满足的主观评值,也不影响市场上对劳动所付的价格。

三、工　资

劳动是种稀少的生产要素。因此,它能在市场上卖出和买进。如果工作的人同时也是其产品或劳务的出售者,劳动的价格就包括在这产品或这劳务的价格里面,如果仅是劳动本身的买卖,而劳动的产品是由购买劳动的企业家出卖,或者劳动所提供的服务是由一个消费者自己享受,则劳动的价格就叫作工资。

就行为人而言,他自己的劳动不仅是一种生产要素,而且也是负效用的来源;他不仅是就期待中的间接满足,而且也要就它引起的负效用来对它评值。但是,凡是在市场上出卖的别人的劳动,自他看来(任何人看来也是一样)不过是一项生产要素。一个人处理别人的劳动,与他处理所有稀少性的物质生产要素完全一样。他对它的评价是按照他用之于其他所有财货的一些评价法则。工资率和一切货物的价格，是经由同样的过程，在市场上决定的。在这个意义下，我们可以说，劳动是一种货物。受了马克思主义影响的人们，对这个名词的感情方面的联想，是不相干的。这里，我们只要附带地提一提下面这句话就够了：雇主们处理劳动之所以和他们处理货物一样，因为消费者的行为逼得他们不得不如此。

如果笼统地说到劳动和工资，而不加以某些界限，这是不可以的，一律的劳动或一般的工资率，实际上是不存在的。劳动在质的方面有很大的差异，每类劳动都提供特殊服务。每类劳动都要看作产出消费财和劳务的一种辅助要素而予以评价。对于一位外科医生的工作，与对于一位码头工人的工作所作的评价，其间没有直接的关系。但是，就间接方面看，劳动市场的每一部门与其他所有部门都有关联。外科医生的需求增加了，无论增加到什么程度，不会使码头工人成群地转到外科医生这个行业。可是，劳动市场各部门之间的一些界线不是划得那么严谨明朗的。劳动市场有个持续的趋势，就是工人们经常从他们的工作部门转到条件较优的其他相类似或相接近的部门。因此，一个部门的劳动需求或供给发生变动，最后会间接地影响到其他所有的部门。所有的组合直接地彼此竞争。如果有较多的人加入医生的行业，必定有些人是从接近或类似的行业退出来；而这些类似或接近医生行业的行业，又会有与其类似或接近的行业的人退出来补充。这样可以例推到劳动市场的所有部门。在这个意义下，所有的行业之间都有一个关联，不管每个行业对工作者要求的必备条件，彼此间有多大的差异。这里，我们又想到这个事实：为满足欲望而要求的工作品质的差异，大于人们先天的工作能力的参差。④

不仅是各型劳动与它们的价格之间有关联，劳动与物质的生产要素之间也有关联。在某些限度以内，劳动可用物质的生产要素来替代，而后者也可用前者来替代。替代的程度或大或小，决定于工资率和物质要素的价格之高低。

工资率的决定——与物质要素的价格之决定一样——只有在市场上可以达成。没有所谓"非市场的工资率"这回事，正如同没有所谓非市场的价格。就市场上之有工资来讲，劳动的交易是和任何物质的生产要素一样，是在市场上卖出和买进。通常是把雇用劳动的那一部门的生产财市场叫作劳动市场。劳动市场,连同市场的其他所有部门,都是因企业家要谋取利润而开动的。每个企业家都想以最低的价格来买他为实现他的计划而需要的各种劳动。但是,他所叫出的工资必须高到足以从竞争的行业拉出他所要雇的工人。其最高限是决定于他预期中的从这个工人的雇用而增加的销售所可得到的收益。其最低限决定于竞争的企业家们叫出的工资,而那些企业家也在一些类似的考虑下作决定。这就是经济学家说到“每种劳动的工资率高低决定于它的边际生产力”这句话时,心中所想的情况。这个真理的另一个表达方式就是说:工资率决定于劳动和物质的生产要素之供给与预期中的消费财将来的价格。

这种从交换论上对工资率的决定所作的解释,已成为感情上的攻击目标,但这完全是错误的攻击。有人说:劳动的需求有独占的势力在。支持这个说法的大多数人,总以为拿出亚当·斯密偶然说到的雇主之间为压低工资而有“一种默契的,但是永恒的、一致的联合”这句话⑤就足以证实他们的看法。其他的一些人则含含糊糊地指出,工商各行都有些同业组合。所有这些说法,显然都是空洞的。但是,这些零零碎碎的想法,是工会组织和所有现代政府的劳工政策的主要意理基础,因此,我们有必要对这些想法加以彻底的分析。

企业家们对于劳动出卖者所采取的立场,完全同于对物质要素的出卖者所采取的立场。他们必须以最低的价格来取得所有的生产要素。但是,如果为着这个目的,某些企业家,某几组企业家,或所有的企业家所提出的价格或工资率太低——也即不符自由市场所决定的——则他们只有在一种情形下才可得到他们所想得到的,这种情形,即加入企业家这一阶层的途径,藉制度的障碍封闭起来了。如果对于新的企业家之出现,或已经在营业的企业家的活动之扩张没有防止,则生产要素的价格不符市场结构而跌落,势必为利润的赚取提供了新机会。于是,将会有些想利用现行工资率与劳动边际生产力之间的差距而谋利的人出来活动。他们对劳动的需求将使工资率达到由劳动边际力所限定的高度。亚当·斯密所说的雇主之间的默契联合,即令存在,也不能把工资压到竞争市场的工资率之下,除非进到企业家这个阶层的必要条件不只是头脑和资本,而且也要具有为特权阶级保留的头衔、专利或特许。

有人说：一个求职者必须在任何价格下出卖他的劳动，不管这价格如何低，因为他完全要靠他的工作能力谋生，别无其他的所得来源。他不能等待，他不得不接受雇主所提出的任何报酬。工人方面的这个固有的弱点使得雇主们容易压低工资率。雇主们，如果必要的话，可以等待较长的时间，因为他们对于劳动的需求不像工人对于生活之资的需求那么迫切。这种说法是有瑕疵的。它把"雇主们将边际生产力的工资率与较低的独占工资率之间的差额当作额外的独占利得掠为私有，不经由产品价格的减低而转到消费者"视为当然。因为如果他们按照生产成本的降低而减低产品价格，他们以企业家和产品出卖者的身份，就不能从工资的削减而得到利益了。这全部的利得将转到消费者，因而也转到工资收入者（因为他们同时也是产品的消费者）；企业家本身只能以消费者的身份分享这份利得。但是，雇主们如要能够扣留来自"剥削"工人的那份额外利润的话，他们在出卖其产品的时候，必须相互结合，把所有的各种生产活动都统一起来，形成一个普遍独占，可是，这种局面的形成，只有靠在制度上把进到企业家阶层的途径严密地封闭起来。

问题的要点是在：亚当·斯密和大部分舆论所说到的所谓雇主们的独占结合，必然是一种需求的独占。但是，我们已经知道，这样的所谓需求的独占，事实上是一特殊性质的供给独占。雇主们之能够靠结合的行动来压低工资，只有在一种情形下才有可能，即他们独占了每种生产所不可少的那种要素，而又以独占的方式来限制这种要素的供给。因为，事实上决没有某一物质要素是每种生产所不可少的，他们就得独占所有的物质要素了。这种情形只有在一个社会主义的社会才会出现，在那里，既没有市场，也没有物价和工资。

就物质要素的所有主来讲，就资本家来讲，以及就地主来讲，他们就不可能组成一个与工人利益冲突的普遍性的卡特尔。生产活动的特征，在过去以及在可预见的将来，都是：劳动的稀少性大过自然赋予的物质的生产要素的稀少性。因而劳动的稀少性决定了比较丰富的自然要素被利用的程度。我们有些未耕种的土地，有些未开采的矿藏等等，因为，我们没有足够的劳动来利用它们，如果现在在耕种的那些土地的地主们，为着谋取独占利得而组成一个卡特尔，他们的计划将会被边际下的土地所有主们的竞争而归于失败。同样的道理，人造的生产要素的所有主们，如果没有自然要素的所有主们的合作，也不能组成一个普遍性的、有效的卡特尔。

对于"雇主们为剥削劳工而默契地或明示地组成独占"这个说法的反对理由，除上述的以外，还有些别的理由。我们曾经论证：在自由市场经济里面的任何地方、任何时期，绝不会发现这样的卡特尔存在。我们已经说明，"找工作的人不能等待，所以必须接受雇主们所提出的工资率，不管它是如何低"这不是真的。每个失业的工人都面对饿死的威胁的说法，也不是真的，工人们也有储蓄而且能等待；事实证明他们能等待。另一方面，等待也会给企业家和资本家财务方面的伤害。如果他们不能利用他们的资本，他们将受损失。所以，关于在议价中的所谓"雇主们的利益"和"工人们的不利"的一切论著，都是没有什么内容的。[6]

但是，这都是些次要的和附带的考虑。中心的事实是：凡是对劳动的需求独占，在一个自由市场经济里面不能存在，而且事实上也不存在。它的出现，只是由于制度上堵塞了进到企业家阶层的途径。

还有一点我们必须特别指出的。"雇主们独占地操纵工资率"这个教条，一说到劳动的时候，好像劳动是一个同质的实体。它讨论像对"一般劳动"的需求，和"一般劳动"的供给这样的一些概念。但是，这样的概念没有实际上相符的东西。在劳动市场买卖的不是"一般的劳动"，而是提供某些特定劳务的特定劳动。每个企业家是在寻找适于完成他计划中的特定工作的那些工人。他必须把这样的专门人才从他们当时的工作部门拉出来。要达成这个目的，唯一的方法是给他们较高的工资。一个企业家所计划的每个创新（一种新物品的生产，一种新的生产程序之采用，为一个分支机构选择一个新的地点，或者只是把自己的或别人的原有的企业加以扩充）都要雇用当时已在别处受雇了的工人。企业家们不是单纯地面对着"一般的劳动"之缺乏，而是面对着他们所需要的那些特殊劳动的缺乏。企业家们之间为取得最适当的职工而发生的竞争，其剧烈程度并不低于为取得必要的原料、工具、机器以及在资本借贷市场上为取得他的资本而发生的竞争。个别厂商的活动之扩张，也如同整个社会的活动之扩张一样，不仅是受限于可以使用的资本财的数量和"一般劳动"的供给量。

在每个生产部门,活动的扩张也受限于专门人才的供给量。这当然只是一个暂时的障碍,在长期当中,有较多的工人,因为那些缺乏专门人才的部门对专门人才给以较高的工资而受到鼓励,将会把他们自己训练到适于那些有关的专门工作。但是,在变动的经济理论里面,这专门人才之缺乏这个现象,每天都会重新出现,因而决定了雇主们经常在寻求工人。

每个雇主一定要力求以最便宜的代价买到他所需要的各种生产要素,包括劳动在内。一位雇主,如果对他的佣工所提供的劳动给以较高于市场所决定的价格,这位雇主就会马上保不住他的企业地位。另一方面,一位雇主如果想把工资率压低到相当于劳动边际力的那个高度以下,这位雇主就不会雇到他的生产设备所赖以充分利用的那些工人。工资率有个必然的趋势,即趋向于与那种劳动的边际产品的价格相等。如果工资率跌到这一点以下,则来自增雇工人的利益就会提高劳动的需求,因而工资率又再上升。如果工资率高于这一点,则来自雇用工人的损失就会使雇主不得不解雇工人。失业者求职的竞争,将形成工资率下降的趋势。

四、交换论上的失业

一个找职业的人,如果找不到他所希望的位置,他就必得去找其他的职业。如果他找不到能赚得他所希望的那个报酬的职业,他就必得降低他的要求。如果他不如此,他就找不到任何职业。他只好继续失业。

引起失业的,是那些想赚得工资的人们能够等待,而且是在等待。这个事实正与上面提到的"工人不能等待"的说法相反。一个找职业的人,如果不想等待的话,他在自由的市场经济里面,总可以找到一个职业,因为,在市场经济里面,经常有些自然资源未被利用,而且,也常常有些人为的生产要素未被利用。只要他肯降低他所希望的报酬,或变更他所希望的职位或工作地点就行了。

有些人只是在某些时候工作，在其他时期，他们就靠工作时累积的储蓄来过活，在一些大众的文化水准很低的国家，要发动那些准备休息的工人继续工作，常常是件难事。一般人只知道赚钱为的是买得闲暇。他之所以工作只是为的将来不做事。

在文明国家，情形就不一样了。这里的工人是把失业看作一种坏事。为着避免失业，他宁可忍受一点别的牺牲，如果牺牲不太大的话，他在就业与失业之间做选择，也和在其他的一些行为之间的选择一样；他权衡其间的利害得失。如果他选择失业，这种失业就是一种市场现象，这种现象的性质和那些在一个变动的市场经济里面所出现的其他市场现象没有什么不同。我们可以把这种失业叫作市场形成的失业或交换论上的失业。

有几种考虑会使一个人作"宁可失业"的决定。这些考虑可以分类如下：

1. 这个人相信他不久会在他的居住地，或在他所更喜欢的和受过训练的职业中，找到一个合意的工作。他是要免得从一个职业转到另一个职业，从一个地区转到另一个地区的费用和其他的不利。这种费用有时因某些特殊情形而增加。一位有自己住宅的工人比那些租房子住的工人，更不愿迁离他的居住地。已婚的妇女比未婚的妇女更少流动性。还有一种情形，就是某些职业会伤害工人日后回到原来职业的工作能力。例如，制钟表的工人如果转到伐木业去做一个时期的工作，他就可能把制钟表的那种技巧失掉了。在所有这些情形下，个人之选择暂时的失业，是因为他相信这个选择从长期看是合算的。

2. 有些职业，其需求是受季节变动之影响的。在一年当中的某些月份，对它的需求非常强烈，在其他的一些月份，就变得很弱，或完全消失。工资率的结构减低这些季节性的波动。受这种季节变动之影响的行业，要想在劳动市场上雇用到工人，必须在好的季节所付的工资，高到足以补偿他们因不规律的季节需要而受的损失。于是，有些工人已经把兴旺季节所赚的高工资之一部分，积蓄起来，到了坏的季节就可以不就业了。

3. 有些人之所以选择暂时失业，是由于通常所说的一些非经济的考虑，或甚至不合理的考虑。他不接受与他的宗教、道德和政治信念不相容的那些工作。有损他的社会声望的职业,他也是要拒绝的。他受"所谓绅士应当作的和不应当作的那种传统的行为标准"的影响。他不愿意丢面子或身份。

在自由市场上,失业总是自愿的。在失业者的心目中,失业是两害相权取其轻。市场结构有时会使工资率下降。但是,一个未受限制的市场上,对于每样劳动,总有一个凡是想工作的人都可得到工作的工资率。最后的工资率,是那些找工作的人都得到工作的工资率,而且是所有的雇主想雇用多少工人就可雇用多少的工资率。这种工资率的高度,决定于工人在每样工作的边际生产力。

工资率的一些波动,是消费者的主权所赖以在市场上表现的手段,有了这些波动,劳动才会适当地配置在各种生产部门。在工人过多的生产部门,工资率下降,在工人过少的生产部门,工资率上涨。于是给个人一种严厉的社会压力。很明显地,它们直接限制了个人选择职业的自由。但是,这个强制性不是严密的。它还为人留有余地,让他能够选择他所认为较适合的。在这个范围以内,他可照自己的意愿自由行为。这是个人在社会分工的架构里所可享有的最大量的自由,而这个强制,是为保持社会合作制度所不可少的最低度的强制。如果说由工资制度发挥出来的这种压力不好,那只有一个代替的办法:即由一个绝对的权威——计划一切生产活动的一个中央统制机构——用命令来为每个人分配工作。这就等于消灭所有的自由。

不错,在工资制度下,个人没有选择永久失业的自由。但是,也没有其他可以想象的社会制度,可以容许一个人享有无限休闲的权利。人之不能免于劳动的负效用,并不是什么社会制度的结果。它是人生和人的行为不可避免的一种自然情况。

从力学借来一个形容词,把交换论上的失业叫作"摩擦的"(frictional)失业,这是不妥当的。在假想的均匀轮转的经济结构里面,没有失业,因为我们把这种结构建立在这样的一个假定上。失业是变动经济中的一个现象。因为在生产过程的安排中,发生变动而被解雇的工人,没有马上利用到每个机会取得另一个工作,而要等待较有利的机会。这种事情,不是对情况变动而作的调整之迟缓的结果,而是延迟了调整步骤的那些因素的结果。那不是对那些已发生的变动的一个自动反应,不是与找工作的人们的意愿和选择无关的,而是他们有意的行为结果。那是经过考虑的,不是什么"摩擦的"。

交换论上的失业不可与制度上的失业相混淆。制度上的失业不是各个找工作的人有意决定的结果。那是用强制力把工资率规定得高于自由市场所决定的工资率的结果。制度上失业的讨论,属于干涉主义的诸问题之分析,这里将不涉及。

五、毛工资率与净工资率

雇主在劳动市场所买的以及他以工资所换得的,总是一项确定工作的成就。劳动市场各部门的习惯并不影响对那些特殊成就的确定数量所支付的价格。毛工资率所趋向的一点总是等于来自雇用边际工人而增加的生产在市场上所可卖到的价格(这当然要考虑到那些必要原料的价格,以及那必要的资本的原始利息)。

雇主在考虑要不要雇用工人的时候,他并不问工人拿回家的工资是多少。雇主关心的问题只是:为着得到这个工人的一些劳务,我必须支付的全部代价是多少?交换论在讲到工资率之决定的时候,总是指的雇主为取得某种劳动的一个确定工作量,所必须支付的全部代价,也即,指的是毛工资率。如果法律或习惯规定雇主除付雇工的工资以外,必须还有其他的支出,这时,工人拿回家的工资就要因之而减少。这种附带的一些支出,不影响毛工资率。这些支出完全归于工资收入者。它们的总额使净工资率减低。

了解这种情况所引起的下列一些后果,这是必要的。

1. 工资是就时间计算的,或就件数计算的,都没有关系。同样地,在以时间计算工资的地方,雇主只考虑一件事情,那就是,他希望从所雇的每个工人身上得到的平均工作量。他会把在论时计算工资的制度下,那些偷懒和不诚实的工人们的一切作为都考虑到。他开除完不成最低工作量的工人。另一方面,想赚得较多工资的工人必定转到论件计算工资的职业,或者去找一个最低工作量规定得较高因而工资也较高的职业。

在一个自由的劳动市场上，论时计算的工资是每天支付，每周支付，或每月支付，都没有关系。解雇前的通知期限是长是短，契约是就一定的期限订立的，还是就工人终生订立的，雇工是否有权利退休，而他自己、他的遗孀，他的孤儿是否享有年金，休假日是否还有工资，生病或残疾时是否有救济金或其他的利得，这都没有关系。雇主面对的问题总是一样的：订立这样的一个契约，值不值得呢？就我所可得到的报酬来讲，我不是支付太多吗？

2. 所以，一切所谓的社会负担和利得的归宿，最后都着落在工人的净工资率上。至于雇主是否有权从他付给工人的工资中扣缴各种各类的社会安全捐，这是不相干的问题。无论如何，这些税捐是雇工的负担，不是雇主的负担。

3. 在工资上面课税，也是如此。至于雇主是否有权从工人拿回家的净工资中扣掉这些税，这也是不相干的问题。

4. 工作时间的缩短，也不是对工人的免费赠与。如果他不增加他的产出量以抵补工作时间的缩短，则论时计算的工资就会降低。如果法律规定工作时间必须缩短而工资率不许降低，其结果就是政府命令工资率提高所必然引起的那些结果一齐出现。同样的结果，也发生于所有其他的所谓社会利得，例如不扣工资的假期等等。

5. 如果政府对于雇用某类工人的雇主给以补助金，则这类工人拿回家的净工资就增加了这个补助金的数额。

6. 如果政府对于工资不够某一最低标准的每个工人给以津贴，使他的收入提高到这个最低标准，工资率的高度没有直接受到影响。可是，间接地由于这个制度会诱发原来未工作的人们出来找工作，因而使劳动的供给增加，以致工资率可能降低。[7]

六、工资与生活费

原始人的生活是个不停止的争取，对那自然赋予的、稀少的生活资料的争取。在这种拼命的斗争中,许许多多的人和整个家族、部落乃至种族归于灭亡。原始人总是在饥饿的威胁下。文明曾经使我们解脱了这些危险。人的生命时时刻刻有危险发生;它会随时被那些不可控制的,或至少是我们现有的知识和潜力所不可控制的自然力量毁灭,但是,饿死的恐怖再也不会威胁我们这些生活在资本主义社会的人们了。凡是能工作的人,一定会赚到多于基本生活所必需的所得。

当然,社会上也有些不能工作的残疾人。还有些只能作少量工作的病弱者,他们不能赚到正常工人所赚到的那么多;有时他们所能赚到的工资率低到无法维持生存。这些人只能靠别人的帮助才可过活。亲戚、朋友、慈善家、救贫机构照顾这些贫穷人。受救济的人们不是在社会生产过程中合作生产;就其满足欲望的资料之得以供应而言,他们没有行为;他们之得以生活,是因为得到别人的照顾。关于救贫的一些问题,是属于消费安排的问题,不属于生产活动的问题。人的行为理论只涉及消费之资的供应,不涉及消费的方式,因而关于救贫的一些问题是人的行为理论这个架构以外的问题,交换理论之讨论救贫方法,只就其可能影响劳动供给这个范围以内讨论。救贫政策有时会促使一些身体健康的成年人懒于工作。

在资本主义的社会中,每人平均投资额有个稳定增加的趋势。资本累积超过人口增加而增加。因而劳动的边际生产力、工资率以及工人的生活水准,趋向于继续上升。但是,这种福利的增进,并不是一个必然的人类演进法则的作用之表现;而是那些只有在资本主义制度下才能自由发生作用的力量相激相荡的结果。一方面资本耗损,另一方面人口增加或减少得不够,那是可能把事情弄得逆转的,如果我们考虑当前的一些政策的取向,那甚至是必会如此的。于是,人们又要再来领会饿死是怎么一回事,可利用的资本财数量与人口数字之间的关系将变得那么不利,以致有些工人赚不到足以维持最低生活的工资。只要这些情况一接近,一定会在社会内部引起一些不可和解的冲突,这些冲突的剧烈可使一切社会纽带完全崩解。如果社会的合作分子有一部分注定赚不够他们的基本生活费用,社会分工就不能维持下去。

"工资铁则"所指的和政治煽动家们所一再提倡的生理上最低生活这个观

念,在交换理论的工资理论中没有用处。社会合作所赖以建立起的一个基础
是这个事实:依照分工原则而合作的劳动,比个人单独努力更能生产得多,因
而身体健康的人们再也不担心饥饿的威胁了。在资本主义社会里面,"最低生
活"这个观念,没有交换论上的地位了。

而且,"生理上最低生活"这个观念,缺乏人们赋予它的那种精密性和科学
的严格性。原始人的生活环境,是那些受了资本主义的纵容,而惯于享受的后
裔所决不能忍受的,可是原始人却能适应。可见没有所谓生理的最低生活这
么一回事。为维持一个人的健康和其生殖力,需要一定量的卡路里,为补充在
工作上消耗的体力,需要更多的、一定量的卡路里。这个想法,同样是站不住
的。这些关于豢养牲畜和解剖试鼠的观念,无助于经济学家对于有目的的人
的行为之了解。"工资铁则"以及本质上相同的马克思主义理论中所谓的决定
于"为它的生产,因而也为它的生产所必要的工作时间"的"劳动力价值"⑧,是
交换论所讲的,一切站不住的观念中最站不住的。

可是,对于工资铁则所隐含的一些观念加以某种意义,这是可能的。如果
你把工资收入者仅看作一种动产——奴隶,而认为他在社会上没有其他作用,
如果你假定除掉食色的满足以外,他没有其他的追求,而且除掉为满足这些兽
欲以外,他也不知道为赚取收入而就任何职业,那么,你就可以把"工资铁则"
看作工资率所依以决定的一个理论。事实上,古典的经济学家们——受挫于
错误的价值论——对于这里所涉的问题想不出任何其他的解答。就 Torrens
和李嘉图来讲,"劳动的自然价格,是使工资收入者得以维持他们自己的生存
和延续他们后代的那个价格,不会有任何的增多或减少"这个定理,从逻辑上
讲,是他们不健全的价值论必然推演出来的结论。但是,当他们的门徒们发
现,这种明明白白的荒谬法则再也不能叫他们自己满意的时候,他们就来修正
这个法则,这一修正等于完全放弃对工资率的决定作一经济解释的任何企图。
他们想用一个"社会的"最低限的观念,代替生理的最低限的观念,以保持他们
所珍爱的最低生活费的想法。他们不再说"为维持工人必要的生活和保持不
减少的劳动供给所必需的最低限"。他们换个方式来说:为维持历史传统和
风俗习惯所承认的生活标准所必需的最低限。尽管日常的经验明明白白地告

诉我们：在资本主义制度下的实质工资和工资收入者的生活水准是稳定地上升，尽管由于产业工人社会地位的改善，推翻了社会等级和社会尊严的那些既有的观念，而那些把人们分隔成各种阶层的传统藩篱，已显得再也不能维持，可是，这些空想家们却宣称，古老的风俗习惯决定工资率的高度！我们现在这个时代，是工业生产为大众的消费一再提供前所未有的新奇产品，这些新产品是过去的帝王们所梦想不到的，现在的一般工人却可享受，在这样的一个时代，只有那些蔽于先入的偏见和党派偏见的人们，才会用上述的那种解释来解释工资率。

普鲁士的所谓政治经济学的历史学派，把工资率看作和物价及利率一样，都是"历史的题目"；在讨论工资率的时候，它藉助于"适合个人社会地位的所得"这个概念。这不是特别可惊异的事情。这个学派的要旨是在否认经济学而代之以历史。但是，我们觉得惊奇的，倒是马克思主义者，竟不知道他们对这个学派的赞成正是粉碎所谓马克思的经济学体系。当十九世纪六十几年，英国出版的那些论著使马克思相信，再也不容坚持古典经济学家的工资理论的时候，他就修正了他的劳动力价值说。他宣称"所谓自然欲望的广狭和其满足的方式，其本身是历史演进的结果"，而且"大体上决定于那个国家所达到的文明程度，尤其是决定于自由劳动阶级所赖以形成的那种生活水准的一些条件和习俗"。因此，"历史的和道德的因素进到劳动力价值的决定"。但是，当再说到"就某一定的时间、某一定的国家而言，最低生活所必需的平均量，是一个既定的事实"⑨的时候，他是自相矛盾而且给读者的误导。在他的心中，再也没有"不可少的必需品"了，若有，也是从传统的观点，而认为不可少的一些东西，也即，为维持那种适合工人们在传统社会阶层中的地位，而必需的那些东西。借助于这样的解释，那就等于放弃了任何经济学的或交换论的关于工资率决定的说明。工资率被解释为历史事实，不再被看作市场现象，而被看作来自市场以外的东西。

但是，认为实际上工资率的高度是在市场以外决定而强使市场遵照的那些人，不能免于推演出一种理论，而把工资率的决定解释为消费者们评值和抉择的结果。如果没有这样的交换论的工资说，则市场的经济分析就不会是完全的,在逻辑上不会是圆满的。把交换论所研究的对象,限之于物价和利率的决定问题,把工资看作历史事实而接受,那简直是荒谬的。经济理论值得称之为经济理论的,必须能够对于工资率所讲的,不只是说决定于一个"历史的和道德的因素"。经济学的特征,是它把那些市场交易上表现出来的交换率,解释为市场现象,而其决定是受一些事象连续的规律性之影响的这一点,正是经济概念与历史了解不同的地方,也是理论与历史不同的地方。

我们很可以想象一种历史情况,在这种情况下,工资率的高度是由市场以外的干涉力量强使市场遵照的。这样用法令来规定的工资率,是我们这个干涉政策盛行的时代最主要的特色之一。但是,关于这样的事情,这就要靠经济学来查究它的后果了——查究两个工资率之不一致所引起的一些后果,一个是由劳动的供给和需求的相互作用,应该在自由市场上出现的工资率,一个是市场以外的强制力,命令市场交易的双方必须遵行的工资率。

不错,工资收入者确有这个想法——工资至少要高到足以使他能够维持一个符合他的社会地位的生活标准。每一个工人关于他应有的社会地位,各有其特殊的想法,正如同他关于他自己的效率和自己的成就各有其特殊的想法是一样的。但是,这样的"自以为"和自我陶醉的想法,对于工资率的决定毫不相干。既不影响工资率的上升,也不影响工资率的下降。有时工资收入者所乐意接受的工资率比那依照他自己的想法,符合他的地位和效率的工资率要低得多。假若雇主给他的工资高于他所希望的,他是受之无愧的。在"工资铁则"和马克思的"工资率决定于历史"的说法畅行的那个自由放任的时代当中,实质工资率有个逐渐上升的趋势,尽管这个趋势有时短暂地中断。工资收入者的生活标准上升到史无前例的高度,也是以前所梦想不到的高度。

工会要求:名目的工资率至少要适应货币购买力的变动而经常提高,使工人可以保持原先的生活标准而不致降低享受。他们的这些要求,在战时也一样提出。他们认为,即令在战时,通货膨胀也好,所得税的扣缴也好,都不可影响实质工资的净额。这个主张隐含着《共产党宣言》所说的"工人无祖国"和"所失掉的只有锁链"的意旨;因此,他们在资产阶级剥削者之间的战争中,是中立的,国家的胜利或灭亡,他们都不关心。对于这些说法的检讨,不是经济学的事情。经济学只要确认一个事实,即:无论对于把工资率提高到高于自由的劳动市场所会决定的那个工资率以上这件事,提出怎样的赞成理由,都是不相干的。如果由于上述的那些要求,实质工资率真的提高到有关的劳动边际生产力所决定的高度以上,则那些不可避免的后果一定会出现,至于这些工资率所赖以提高的理论是什么,与这些后果之是否出现毫无关联。

上面所说的,同样适用于"工人有权取得来自工会主持人所说的劳动生产力的改进的全部利益"这个暧昧的教条。在自由的劳动市场上,工资率总是趋向于劳动边际生产力相一致的那一点。笼统地说劳动生产力,正和笼统地说铁的价值或金的价值一样,都是空洞的概念。说到劳动生产力而不是指的边际的生产力,那就毫无意义。工会主持人所想的,是要为他们的政策加以道德上的辩护。但是,这些政策的后果并不因为辩护的理由而有所改变。

工资率最后决定于工资收入者的国人对于他的劳务和成就所给的评值。劳动之所以和货物一样论价,不是因为企业家和资本家的狠心和无情,而是因为他们是无条件地受到无情的消费者的支配。消费者不会让任何人的自我陶醉得以满足。他们是要得到最便宜的服务。

工资率的历史解释与回溯定理的比较

照马克思主义和普鲁士历史学派的说法,工资率是个历史事实而不是个交换论上的现象。我们把这种说法与货币购买力回溯定理⑩作一比较,也许是有用的。

回溯定理确认一个事实,即:凡是可以用来作为交换媒介的东西,在开始作为交换媒介的时候,总会因为其他用途而有交换价值。这个事实并不严重地影响货币购买力的逐日决定;货币购买力的逐日决定,是货币的供给和那些想保持现金的人们,对货币的需求相互作用的结果。回溯定理并没有说货币与货物、劳动之间的任何实际交换率是个历史事象,而与今天的市场情况无关。它只解释,一种新的交换媒介如何能够开始被使用和继续使用。在这个意义下,它说在货币购买力当中,有个历史的成分。

这与马克思和普鲁士的定理完全不同。照它们的说法,出现于市场的工资率的高度是个历史事象。消费者(劳动的间接买者)和工资收入者(劳动的卖者)的评值是完全不关事的。工资率是过去的历史事件所决定。既不会高于,也不会低于历史所决定的高度。今天,瑞士的工资率比中国的较高这个事实,只能用历史来解释,正如同只有历史才可解释,为什么拿破仑第一成为法国人而不成为意大利人,成为一位皇帝而不成为科西嘉的一名律师。在解释这两国的牧人或泥水匠的工资率之差异的时候,藉助于在每个市场上运作的那些因素,是不可以的。解释,只能由这两国的历史资料来提供。

七、受了劳动负效用之影响的劳动供给

影响劳动供给的一些基本事实是:

1. 每个人只能支付有限的劳动量。

2. 这个一定量的劳动不能在任何想用的时候使用。休息和消遣的时期是不可少的。

3. 不是每个人都可提供任何种类的劳动。先天的秉赋和后天的学习有很大的不同,因而各人所能做的工作也不一样。有些种类的工作所必要的先天秉赋,不是任何训练和教育所可成就的。

4. 如果工作能力没有减退或完全消失,它必须有适当的照顾。一个人在精力必然减退的时期,为与维持他先天秉赋的和后天学习的那些能力,尤其需要特别的照顾。

5. 当工作接近于一个人在当时所能做的全部工作量的顶点,而休闲的时间成为必要的时候,疲劳会伤害工作的量和质。[①]

6. 人们乐于不劳动,也即乐于休闲。用经济学家的说法,人们认为劳动有负效用。

仅为自己的需要而求直接满足,工作于经济孤立状态自给自足的人,在他开始感觉到闲暇的价值比从工作得到的满足之增加更大的时候,就停止他的工作。满足了最迫切的需要以后,他就认为,那些尚未满足的需要比闲暇次要了。

就一个孤立的自给自足的工人而言是如此，就工资收入者们而言，也是一样。到了他们已经把他们所能用的全部工作能力用完的时候，他们也就不想工作了。这时，从增加工作所可得到的直接满足，再也不能补偿增加工作所带来的负效用，于是他们也要停止工作。

一般的见解，囿于隔代遗传和马克思的口号，对于这个事实的了解非常迟钝。它固执，甚至今天还在固执着一个习惯，即惯于把工资收入者看作奴隶，把工资看作资本家给工人维持生命的生活费，等于奴隶和畜牲的主人们给他们的奴隶和畜牲的生活资料。一般的见解总以为：资本阶级法律家的形式主义把这种隶属关系叫作自愿的，解释为雇主和受雇者双方平等的契约关系，其实，工人是不自由的；他是在被迫下行为；他不得不受制于实际上是奴隶的枷锁，因为被社会遗弃的人是没有其他选择的。甚至那些表面上的选择主人的权利也是假的。雇主们之间公开的或默契的结合，把雇佣条件规定得一致，以致这种表面上的自由成为虚幻。

如果你以为工资只是对于工人为保持劳动力和生殖劳动力的费用所作的补偿，或以为工资的高度是决定于传统，那么，你把劳动契约课于工人方面的那些职责的每一减轻，视作工人方面的片面利益，这是很一贯的。如果工资的高度不随工作的量和质转移，如果雇主给工人的工资不是按照市场对这工人的成就所决定的价格，如果雇主不是购买一个确定的量和质的劳动，而是购买一个奴隶，如果工资率低到基于自然或历史的理由，而不能再低的程度，那么，你就可以用强迫方式，缩短工作日的时间，以改善工资收入者的命运。于是就可以把限制工时的法律看作等于十七世纪、十八世纪以及十九世纪初期，欧洲各国用以逐步减轻而终于完全废除地主对农奴徭役之征的那些法令，或看作等于减轻囚徒们工作的那些勒令。于是，由于资本主义工业化而引起的工作日的时间缩短，被认为是受剥削的工资奴隶们争来的胜利。凡是责成雇主为工人们谋福利的一切法律，都被称为"社会利得"，被称为"工人无须任何牺牲而得到的施舍"。

一般人认为，这个说法的正确性可由一个事实充分证明，即工资收入者个人,对于劳动契约条件的决定,只有一点微不足道的影响。关于工作日的时间长短,星期天和其他假期的工作,以及对于用餐和其他许多事情所规定的时间等等所作的决定,都是没有问过工人们的。工资收入者只有屈服于这些规定,否则就要饿死。

这样的推理所犯的基本错误,在前面几节中已经指出。雇主们要的不是一般劳动,要的是适于完成他们所需要的那种工作的那些人。正如同一个企业家必须为他的工厂选择最适当的位置、设备和原料一样,他必须雇用最有效率的工人。他必须把工作条件安排得可以吸引他所想雇用的那些类别的工人。不错,单独一个工人对于工作条件的安排,没有什么影响。工作条件,像工资率本身的高度、像物价、像那些为大众消费而产生的产品样式一样,是无数的人们在市场活动中相激相荡的结果。它们都是些大量现象,因而不大受到单独一个人的影响。但是,如果你说个人的投票是没有影响的,因为决定这个问题必须有几千甚至几百万的票;或者说,不属于任何党派的人的投票实际上是没有关系的,这种说法是扭曲事实。即令你为了争辩而准备承认这个说法,也不能据以推论出:用极权主义替代民主程序的选举,更能使政府官吏真正代表民意。在市场的经济民主方面与这极权的神话相对称的,是说:个别的消费者无力对付供给者们,个别的被雇者无力对付雇主们。当然,为大众消费而大量生产的那些货物的品质,不是决定于一个人的嗜好,而是决定于大多数人的愿望和喜好。某些地区或某些工业部门劳动契约的一些条件,不是决定于单独一个找工作者的行为,而是决定于大多数找工作者的行为。如果午饭的时间习惯是排在中午和一点钟之间,一个想在下午二时至三时之间用餐的工人,就没有满足他的希望的机会。但是,在这个事例中,这个工人所不得不服从的社会压力,不是来自雇主,而是来自这个工人的大多数伙伴。

雇主们在物色适当工人的时候,如果无法在其他的条件下找到,他们也不得不适应环境来牵就诸多的不便。在许多国家里面,雇主们必须满足工人们基于宗教、阶级、身份等的考虑而表示的愿望,这样的雇主们,有的被一些反资本主义的斗士污蔑为社会的落伍分子。这些雇主必须把工作时间、假期以及许多技术上的问题,按照工人们这样的一些愿望来安排,不管这样的安排是如此的麻烦或不便。一个雇主所要寻找的工人,如果其工作是人所厌恶的,他必须用额外的报酬来补偿。

劳动契约所规定的,涉及一切工作条件,不仅涉及工资率的高低。工厂里面的协同工作以及各种企业的相互依存,使劳动契约的内容不可能违离这个国家或这个有关行业习惯上的安排,因而形成了一致的标准。但是,这种情形既不减弱,也不消除工人们在这些安排上所发生的作用。对于各个工人来讲,这些安排正如同铁路的行车时间表对于各个旅客那样地不可变。但是,谁也不能讲:铁路公司在决定行车表的时候,不考虑到潜在的顾客们的愿望。铁路公司是要尽可能使更多的旅客满意。

关于现代工业化的演进之解释,已被反资本主义的一些偏见弄糟了。这些偏见包括政府方面的、大众方面的,以及所谓亲劳工的作家们和历史家们。照他们的说法,实质工资率的上升、工作时间的缩短、童工的消灭、已婚女工的限制,都是政府和工会的干涉,以及人道主义的作家所激发的舆论的压迫之结果。如果没有这些干涉和压迫,企业家和资本家就会把那些来自投资增加和技术改良的利益,全部据为己有。所以,工资收入者生活水准的提高是要牺牲资本主、企业家和地主们不劳而获的利益的。这些干涉政策之继续推行是特别可取的。这是因为,有利于多数人而只牺牲少数自私自利的剥削者,而且使那些有产阶级不公平的利得日渐减少。

这种解释的不正确,是很明显的。凡是限制劳动供给的一切措施,在其增加的劳动的边际生产力和减低物质生产要素的边际生产力的程度以内,直接或间接加重资本家们的负担。因为这些措施限制劳动的供给而不减少资本的供给,它们增加了那来自生产努力的净生产总额而用以分配给工资收入者的那部分。但是,这净生产总额将也降低。至于一个较小的饼的相对较大的配额是大于或小于一个较大的饼的相对较小的配额,那就决定于各个场合的特殊情况。利率和利润不受劳动总供给减缩的直接影响。物质生产要素的价格下跌,各个工人完成的工作每个单位的工资率(不一定也是被雇工人的每人的工资率)上涨。产品的价格也上涨。至于所有这些变动的结果是平均收入者的所得改善或变坏,那就是个别情况下的一个事实问题。

但是，我们的这个假定——这样的一些措施不影响物质的生产要素的供给——是不可以的。工作时间的缩短、夜间工作的限制，以及对某类工人的雇用所加的限制，都有损于一部分资本设备的利用，也即等于资本供给的降低。资本财的稀少性因之加甚，这会完全消除劳动边际生产力相对于资本财边际生产力的可能上涨。

如果政府或工会在强迫缩短工作时间的同时，又禁止市场情况所必需的工资率下降，或者，如果原有一些制度防止这样的下降，则其结果必然是"制度的失业"。

过去二百年，在西方文明中留下的资本主义史，是工资收入者的生活水准续涨增高的记录。资本主义固有的特征，是为大众消费而大规模的生产。它的推动力是利润动机；藉助于利润动机，工商业者经常为消费者提供更多、更好、更廉价的一些享受。超过损失的利润只能在进展的经济中才会出现，而且，其程度也以大众生活水准改善的程度为限。[12]所以，资本主义是促使一些最敏捷的人尽他们的能力为迟钝的大众增进福利的制度。

在历史的经验方面，是不能依靠衡量的，货币绝不是价值和欲望满足的码尺，因而不能用它来比较不同时期的人们的生活标准。但是，凡未被一些离奇的偏见弄混了对事物的判断的历史家们，一致地认为：资本主义的演进曾经使资本财大大地超过同时期的人口增加而倍增。今天的资本设备，就全部人口的每个人来讲也好，或就能够工作的每个人来讲也好，都比五十年以前，一百年以前，或二百年以前多得多。同时，工资收入者从产出的货物总额中得到的配额也已大大地增加，而这个总额本身也比过去的大得多。接着来的大众生活水准的上升，与已往的情形比较，真是像奇迹一样。在快乐的往昔，甚至最富有的人们所过的生活与今天美国工人或澳洲工人的平均生活水准比起来，只能说是平凡。不假思索地一再称颂中古时期的马克思曾说，资本主义有个必然的趋势，就是把工人们弄得愈来愈穷。其实，资本主义已使工资收入者的生活过得日益丰富，尽管工人们经常反对采用那些使他们的生活过得更好的发明创新。请试想想，如果一个美国工人被迫生活在中古地主的庄园中，没有铅管类的设备和其他一些被视为当然的新玩意儿，他将如何地苦恼！

物质福利的改善，改变了工人对闲暇的评值。当他的生活过得较舒服，他就会把增额劳动带来的负效用看作一个再也不能被它带来的直接满足所胜过的苦痛。于是，他就急于想缩短每天的工作时间，而且也急想不让他的妻子儿女为赚钱而就辛劳的职业。由此可知，使工作时间得以缩短，使已婚妇女和儿童得以脱离工厂的，不是劳工立法和工厂的压力，而是资本主义。资本主义使工资收入者能够有力量为他自己和他家属购买较多的闲暇时间。十九世纪的劳工立法，大体上不过是把当时市场力量相激相荡所已促成的一些变动，给以法律的承认而已。劳工立法有时候走在工业演进的前面，可是，财富的迅速增加马上又使立法与实况相适应了。如果那些所谓利于劳工的法律所规定的内容，不只是对那些已发生的变动予以承认，或者不只是对于那些即将发生的变动预作准备，这些立法就要损害工人们的物质利益。

"社会利得"这个名词，是个完全叫人误解的名词。愿意每星期工作四十八小时的工人，如果法律强迫他不得工作四十小时以上，或者强迫雇主们为雇工们的利益而承担某些费用，这样的法律并不损雇主而利工人。不管社会安全法的内容是些什么，它们的负担最后还是落在被雇者的身上，而不是落在雇主的身上。它们影响那些拿回家去的工资数量；如果它们把工人看一次戏所必须付的价格提高了，它们就制造了制度上的失业。社会安全法没有责成雇主们多花些钱购买劳动，而是对工资收入者花费他们的总所得加以限制，限制了工人照自己的决定来安排自己家务的自由。

这样的一种社会安全制度是好的政策或是坏的政策，本质上是政治问题。也许有人会说，工人的见识和自制力不足以自动地为自己的将来做准备，所以社会安全制度是对的。但是，另一方面却不易于平息像下面这样的一些质问：把国民福利委之于投票人决定，而这些投票人正是法律本身所认为没有能力管理他们自己事务的人们，这不是矛盾吗？明明是些需要一个监护人来防止把他们自己的所得胡乱花掉的人们，而又使他们在政治行为中居于高位，这不是荒谬吗？把选择监护人的权力委之于被监护人，这是合理的吗？德国，创立社会安全制度的这个国家，是现代两种反民主的制度——马克思主义的和非马克思主义的——的摇篮，这绝不是偶然的。

关于"工业革命"一般解释的批评

一般的说法,以为现代工业制度史,尤其是英国"工业革命"史,对于"现实的"或"制度上的"教义,提供了实证的说明,而且完全推翻了经济学家们的"抽象的"教条。⑬

经济学家直率地否定工会和政府的劳工立法能够永久为所有工资收入者谋取利益,而提高他们的生活水准。但是,那些非经济学家却说:事实已经驳斥了这些谬论;努力于工厂立法的那些政治家和立法者,对于实际问题比经济学家看得更透彻;自由放任的哲学,毫无怜惜地宣称,劳苦大众的遭殃受罪是不可避免的,倒是一些外行人的常识终于抑制了工商业者过分的利润之追求;工人们生活情况的改善,完全是政府和工会的一种成就。

目前对于现代工业化演进史的研究,大部分被这样的见解渗透。那方面的一些历史作家,一开始就用诗情画意来描写"工业革命"前夕的境况。同时告诉我们,一切事情都是叫人满意的。农民是快乐的,家庭工业的工人也如此。他们在自己房子里面工作而享有经济独立,因为他们保有一块场地和一些工具。但是,"工业革命的灾害像战争或时疫一样落在这些人的身上"。⑭工厂制度把自由工人变成实际的奴隶;把他们的生活降低到仅够生存的水准;把妇女和儿童塞进工厂,因而摧毁家庭生活,动摇社会、道德以及公共健康的基础,至于少数无情的剥削者,则灵巧地奴役大多数人以达成他们的利益。

事实是这样:"工业革命"前夕的经济情况是很坏的。传统的社会制度没有足够的弹性可以适应剧增的人口。农业或行会对于增加的人手都不能容纳。工商业大都具有某种特权和独占力量;它的法制基础是些特许状和专利权;它的哲学是束缚性的,是限制国内外竞争的。在这种僵硬的家长制和政府指导的工商界里面,无地可容的人数迅速增加。他们实际上是些被遗弃的分子。他们当中的大多数是靠那些既得利益阶级的残羹冷炙过生活。在丰收的季节,他们可在农场上做点零工赚得些许生活费用;其余的季节则依赖私人的慈善事业和社会救贫组织过活。这些阶层中,精力最旺盛的青年,成千上万地被迫当兵;其中,有许多是在作战中被杀掉或伤残,有更多的是默默无闻死亡于野蛮的训练与惩罚，死亡于时疫或梅毒。⑮其他成千上万的青年，最强悍最残忍的，则成为流氓、盗匪和娼妓，政府当局对于这些人无可奈何。大家对于一些新的发明和节省劳力的机械群起反对，而政府却支持这种反对。这使得事情完全无改善的希望。

工厂制度是在不断地克服无数障碍而发展起来的。它必须克服大众的偏见、古老的习俗、法制方面的规律、各方权威的憎恶、特权集团的既得利益、行会的嫉妒。各个厂商的资本设备是不够的，信用的提供极端困难，而且昂贵。技术的和商业的经验都缺乏。许多工厂的老板失败了；只有少数是成功的。利润有时很大，但是损失也有时很大。这种情形持续了几十年，直到大家有了经验，知道把赚得的利润之大部分用之于再投资，以扩大生产规模为止。

尽管有这些障碍，但工厂制度终于能够发展起来，这是由于两个理由：首先，有些新的社会哲学的理论被一些经济学家说明。这些理论推翻了重商主义、家长主义和限制主义的威望。它们打破了"节省劳力的机器和程序造成失业而使大家趋于贫困"这个迷信。有了这些不干涉主义的经济学家，才会有近二百年来技术的空前成就。

其次，还有另一个因素，也是使创新的反对力量为之减弱的。工厂使各级政府和当权的地主阶级解脱了一个重大的、不堪困扰的问题。工厂为贫民大众提供了生计。工厂使救贫院、贫民习艺所和监狱腾空了。工厂把饥饿的乞丐变成了自力赡养家属的人。

工厂的老板没有力量强迫任何人来做工。他们只能雇用那些愿意在现行工资率下作工的人们。这些工资率虽然是低的，可是比这些贫民在任何其他途径所可赚得的要多得多。如果说工厂把主妇们从育儿室和厨房里拉出来，把儿童从他们的游戏中拉出来，那简直是歪曲的说法。这些妇人事实上没有什么东西可烹调，也没有什么东西可喂养他们的小孩。这些小孩是在饥饿状态下生存的。他们唯一的避难所是工厂。严格地讲，工厂解救了他们，工厂使他们免于饿死。

这种情况，确是悲惨的。但是，如果你想责备那负责的人，你决不可责备工厂的老板；工厂的老板——自然是受自利心而非"利他心"的驱使——尽了他们的一切能力来消除这些悲惨事情。引起这些悲惨事情的是，资本主义以前的经济秩序，也即所谓"好的旧时代"的秩序。

在"工业革命"头几十年的工厂工人的生活标准，如和现代高阶层以及工业界大众的生活情况相比，是坏得惊人的。工作时间很长，工厂的卫生环境恶劣。个人的工作能量很快地被用完。但是，事实仍然是：对于那些因"圈地运动"陷于困境，而在当时生产制度下无地容身的过剩人口而言，工厂的工作是一种解脱。那些挤进工厂的人们不是为的别的，而是为的改善他们的生活。

自由放任的意理和其衍生物——"工业革命"，摧毁了那些意理上和法制上进步与福利的障碍。它们推翻了那个不断增加穷民人数的社会制度。早期的加工业几乎完全是迎合富人们的欲望。这些工业的扩张受限于富有阶级所能购买的奢侈品的数量。凡是未从事农产品生产的人们，谋生之道只有靠富有阶层乐于利用他们的技能和服务。但是，现在的情形就不同了。工厂制度开始了一个崭新的生产方式，同时也开始了一个崭新的推销方式。它的特征是：产品的制造不是为那少数富人的消费而设计，而是为那些向来在市场上是无足轻重的消费者而设计的。为多数人制造便宜东西，是工厂制度的目的。工业革命初期的典型工厂，是棉织品工厂。当时的棉织品不是富人们所要的东西。富人们所要的是丝织品和麻纱制品。一到用机器的动力从事大规模生产的工厂侵入一个新的生产部门，它就开始为大众生产便宜的货物。只有到后来，大众的生活水准因为工业革命而空前地提高了，工厂才把大规模的生产方法也用来制造一些较精良、较昂贵的货物，因为要到这个时候，工厂才能这样作而有利。例如，工厂制造的鞋子有很久的时间只由"普罗阶级"购买，较富的消费者继续找个别的鞋匠定做。那些甚遭物议的"汗衫工厂"，并不为富人，而只为一般平民制造衣服。绅士淑女们总是喜欢定做的服装。

关于工业革命的显著事实是，它为适应大众的需求开启了一个大规模生产的时代。工资收入者不再是只为别人的福利而辛苦工作的人，他们自己是工厂生产品的主要消费者。大的企业，靠的是大众消费。在今天的美国，大规模企业内没有一个部门不是迎合大众的需要的，资本主义企业的经营原则就是为一般大众服务。做为消费者身份的一般大众，其购买或不购买，对于企业的命运有决定的力量。就这一点讲，他们是握有主权的。在市场经济里面，财富的取得和保持，只有靠以价廉质美的东西来满足大众的需要，此外别无他法。

许多历史家和著作人，蔽于他们的偏见，对于这个基本事实完全不了解。照他们看来，工资收入者是为别人辛劳的。他们从不提出这些"别"人究竟是谁的问题。

Hammond 夫妇告诉我们：一七六〇年的工人比一八三〇年快乐。[16]这是个任意的价值判断。我们没有任何方法可用以比较和衡量不同的人或同一个人不同时间的快乐。为着论辩起见，我们无妨同意一七四〇年出生的人，在一七六〇年比在一八三〇年更快乐些。但是我们不可忘记：一七七〇年，英国的居民只有八百五十万人（依照 Arthur Young 的估计）；到了一八三一年，就有一千六百万人（依照人口调查）。[17]这种显著的人口增加，主要地是决定于工业革命。若干杰出的历史家关于这些增加的人口的陈述，只有那些欣赏 Sophocles 的悲惨诗句的人们才能同意。Sophocles 的诗句：

> 生，的确不是最好的事情，一个人一经诞生，最好是快快地回到他所从来之处。

早期的工业家，大多数是和他们所雇用的工人来自相同的社会阶层。他们的生活过得非常简朴，他们所赚得的金钱，只一小部分用在他们的生计，其余的都用在事业上面。但是，当企业家愈来愈富的时候，他们的儿子就开始挤进统治阶级的圈子。那些生长名门的绅士，嫉妒这些暴发户的财富，并怨恨他们对改革运动的同情。他们就以研究工厂员工的物质精神状况并促成工厂立法来打击。

英国的一部资本主义史也和其他资本主义国家的一样，是一部不断地改良工人生活水准的记录。这个演进，一方面是与劳动立法和工会组织的发展相一致，另一方面是与劳动边际生产力的增加相一致。经济学家说，工人物质生活的改善，是由于按每人计算的投资额的增加，以及这份增加的资本之利用所引起的技术成就。劳动立法和工会的压力所提高的工资，如果未超过工人们在生产力的标准下所应得的，那就无害于事。如果超过了，则有害于大众利益，因为资本的累积延缓了，因而劳动边际生产力和工资率的上涨趋势也为之迟缓了。这是对某些工资收入者赋予特权而以其他一些工资收入者作牺牲。这是制造大量失业并减少工人们以消费者的身份所可得到的产品数量。

为政府的干涉政策辩护的人们，以及为工会辩护的人们，每每把工人生活的一切改善，归功于政府和工会的作为。他们说，如果没有政府和工会，今天的工人生活水准就不会比工厂制度初期的更高。

这种争辩，当然不能靠历史经验来解决。关于这些事实的存在，争辩的双方是没有异议的。他们之间的对立，在于对这些事实的解释，而其解释一定是受他们所选择的理论之指导的。那些决定一个理论之正确与否的认识论的和逻辑的考虑，在逻辑上和时间上都是先于有关的历史问题的阐释。历史事实之为历史事实，既不证明任何理论为真，也不证明任何理论为伪。历史事实必须藉理论的洞察力来解释。

有很多写资本主义下工人生活史的历史家，不仅对经济无知，而且夸耀此无知。可是，对于健全的经济理论的蔑视，并不意味他们着手他们的研究时，没有任何理论的成见或偏见。他们是受了政府万能和工会神圣这一类流行的谬见的支配。的的确确，韦伯夫妇和 Lujo Brentano 以及一些二、三流的作家一样，在他们的学问方面，一开始就感染了一个偏见，即对市场结构极端厌恶，对社会主义和干涉主义热烈赞成。他们确实是忠于他们的信念而力求实现。把他们作为“个人”来看，因为他们的坦白和诚实，我们可以宽恕他们；把他们作为历史家来看，我们就不能因为他们的坦白和诚实而宽恕。一位历史家的意旨不管怎样纯洁，绝不能因此纯洁而宽恕他采用荒谬的学说。历史家的第一个职责，是要对他自己所用以处理问题的一切学说加以仔细的检查。如果他忽略这一点而不这样作，轻率地接受时论中一些歪曲和混淆的想法，那么，他就不是一位历史家，而是一个辩护者和宣传家。

这两个相反的观点之敌对，不仅是个历史问题。它也一样地涉及今天一些最热门的问题。这是关于现在美国所谓的工业关系问题的争辩。

让我们只强调这个问题的一方面。广大的地区——东亚、东印度群岛、南欧和东南欧、拉丁美洲——只是表面上受到现代资本主义的影响。这些地区的情况，大体上无异于“工业革命”前夕的英国情况。那里有千千万万的人在传统的经济环境中无以为生，这些可怜的大众只有靠工业化才能改善他们的命运。他们所迫切需要的是企业家和资本家。因为他们自己的愚蠢政策使这些国家不能大大地享受外国资本给他们的帮助，他们必须力求本国的资本累积。他们必须经历西方工业化所已经历的那些阶段。他们必须从较低的工资率、较长的工作时间来开始。但是，误于西欧和北美今天流行的一些学说，他们的政治家们以为，他们能够走一条不同的路。他们鼓励工会的压力和所谓有利于劳工的立法。他们那种狂热的干涉主义，把国内工业所赖以创造的一切企图，在萌芽中都摧毁了。这些人们不了解，工业化绝不可以国际劳工局（The International Labor Office）和美国产业组织的工会（American Congress of Industrial Organizations）的那些信条来开始。他们所固执的这些教条，为印度和中国的苦力（coolies）、墨西哥的匹鞍（peons——以劳力代替还债的工人），以及其他千千万万在饥饿边缘拼命挣扎的人们，带来这悲惨的命运。

八、受市场变化之影响的工资率

劳动是种生产要素。劳动出卖者在市场上所可得到的价格，随市场的情况而变动。

一个人所适于提供的劳动量和劳动质，决定于他的先天禀赋和后天学习的那些特征。天赋的才能不会因任何有意的作为而改变，那是他的祖先遗传给他的。他可以珍惜这些禀赋而培养他的才能，他可以保持这些禀赋不让它们过早地衰退；但是，他绝不能超越自然给他的才能所划定的界限。他可以在他的努力中表现几分技巧，以期在市场现况下所可赚得的最高价格来出卖他的工作能力；但是，他不能改变他的性质使它更适于市场情况。

如果市场情况使他所能提供的那种劳动得到很高的报酬，这是他的好运；如果他的先天禀赋被他同时的人们特别欣赏，这是机会，而不是他自己的功劳。Greta Garbo 小姐（电影明星）如果生在一百年以前，她所能赚到的钱一定比她在电影时代所赚到的要少得多。就她天赋的才能来讲，正如同一个农夫保有的一块土地,因为邻近城市的发展由耕地变成了都市土地,可以很高的价格出售了。这都是幸运。

在天赋才能的限度以内,一个人的工作能力靠训练来加强,使其最适于某些特定工作。这个人——或他的父母——负担训练的费用,而其收获,就是学到做某种工作的能力。这样的教育和训练,增加了一个人的专长,使他成为专家。每种特别训练都是使一个人的工作技能特殊化的。为着学习这些特殊技能,一个人所受到的辛苦和麻烦,训练期间损失掉赚钱的机会,以及支付的一些必要费用,都是基于一个希望,希望提高将来赚钱的能力以补偿。所以,这些损失的忍受可说是一种投资,因其为投资,所以也可说是一种投机。这种投资值不值得,要看将来的市场情况。一个工人在训练他自己的时候,可说是一个投机者,是个企业家。将来的市场情况会决定他的投资是获利或是亏损。

所以一个工资收入者每每有双重意义的身份:一为具有天赋的特定才能的人,一为具有后天学得的特定技能的人。

工资收入者就当时市场所允许的价格出卖他的劳动。在一个假想的均匀轮转的经济结构里面,企业家所必须支付的一切生产要素的价格的总和,一定等于(对于时间偏好加以适当考虑以后)产品的价格。在一个变动的经济里面,市场结构的变动会引起这两者间的差额。如果后者大于前者则有利润,前者大于后者则有亏损。利润或亏损不影响工资收入者,盈亏都只落在雇主的身上。至于未来的不确定影响到雇工的,只限于下列几项:

1. 因为训练而蒙受的时间牺牲、金钱牺牲,以及辛苦和麻烦。

2. 为转到某一特定的工作地点而花的费用。

3. 在劳动契约订明了一个确定时期的场合,在这个时期里面,这种特定劳动的价格发生变化,以及雇主的资力发生变化。

九、劳 动 市 场

工资是付给生产要素——人力——的价格。正如同所有其他生产要素的价格一样,工资的高度最后决定于劳动买卖的时候对于该劳动所将生产的产品所预期的价格。至于劳动者,是把他的劳动卖给一个雇主,由这位雇主把他的劳动和别人的劳动,以及和一些物质的生产要素结合起来,或者是他自己独立从事生产而把这些结合的行为自己承担起来,这是与本问题无关的事情。同质劳动的最后价格在整个市场体系中无论如何是一致的。工资率总是等于劳动的全部产品的价格。"工人有权取得劳动的全部产品"这个流行的口号,是主张消费财应该全部分配给工人们,一点也不该留给企业家和物质生产要素的所有者。这是个荒谬的主张。不管从哪个观点来看,凡是人为的东西决不能看作完全是劳动的产品。它们都是劳动和一些物质生产要素经由有意地结合而制造出来的。

在变动的经济里面,市场的工资率有个自动调整的趋势,即调整到最后工资率的那种情况。这种调整是个费时间的过程。调整期的长短,决定于新工作训练所需要的时间和工人们迁居到新地址所需要的时间。而且还决定于若干主观因素,例如,工人们对于劳动市场的现状和其前途的展望是否熟习。这种调整,就新工作的训练和住址的迁移所引起的费用来讲,是一种投机行为,因为这些费用的支出只是由于当事人相信劳动市场的未来情况会使这些支出得到补偿而有余。

关于所有这些事情,并没有什么东西是劳动、工资和劳动市场所特有的。形成劳动市场之特征的,是工人不仅是劳动这个生产要素的提供者,而且也是一个人;一个人和他的行为是不能分离的。这个事实常被用来批评工资理论,这种批评是不适当的、荒谬的。但是,这些荒谬决不可以妨碍经济学对于这个基本事实予以适当的注意。

对于工人而言,在他所可做的各种劳动当中,他究竟做哪种劳动、在什么地方以及在些什么特殊条件与环境下做这种劳动,这都是很重要的事情。有一些想法和一些情感,使一个工人宁可就某些工作,不愿就其他的一些工作;宁可往某些地区工作,不愿到其他的一些地区工作;宁可接受某些条件而工作,不愿接受其他的一些条件。一个天真的观察者也许认为,这些想法和感情是没意义的,甚至是荒唐可笑的偏见。但是这样天真的学究式的判断,毕竟是无用的。关于这些问题的经济处理,在下述的那个事实当中,没有什么特别值得注意的。这个事实是:工人不仅是从劳动负效用的观点来看他在劳动中所受的辛苦和烦恼,而且也考虑到那些工作的特殊条件和环境是否干扰他的生活享受以及干扰到什么程度。一个工人宁可留在他的本乡本土,不愿迁居到他所不喜欢的地方,因而放弃增加货币所得的机会。这个事实并不比下述的事实更值得注意:一个富有而没有职业的绅士,宁可在繁华的都市过昂贵的生活,而不愿迁居到小的村镇过便宜的生活。工人与消费者是同一个人;经济理论把工人与消费者的功能统合起来而又把这个单元分裂为二,这只是推理过程所不得不然。人们所作的决定,有关于他们的工作能力之使用者,有关于他们赚得的钱之享受者,可是,他们不能把前者与后者分离。

世系、语言、教育、宗教、心境、家庭的牵绊,以及社会环境,都把工人束缚得不能仅凭工资的高度来选择工作地点和工作部门。

如果工人们对于不同的一些工作地点一律看待,在工资率相等的情形下,他们不会舍此就彼或舍彼就此。在此假定下,市场上某些特定种类的劳动当会有些通行的工资率,我们可以把这些工资率叫作标准工资率(S)。但是,如果工人们基于上述的考虑,对于不同地点的工作作不同的评值,则市场工资率(M)的高度会经常与标准工资率差异。在市场工资率与标准工资率之间,有一个尚不致引起工人们从市场工资率较低的地点转移到市场工资率较高的地点去的最高差额,我们可以把这个最高差额叫作附着成分(A)。某一特定地区的附着成分可以是正的,也可以是负的。

我们还要进一步考虑到:个别地区因为运输成本(广义的)的关系,关于消费财的供应也有所不同。这些成本有的地区较低,有些地区较高。因此,同量的物质满足所需要的物质投入也就不同了。在某些地区,一个人为着得到同程度的欲望满足,必须花更多的钱,而这种程度的欲望满足(且不说那些决定附着成分的环境),他可以在别处较便宜地得到。另一方面,一个人在某些地区可以省掉某些费用而无损于他的欲望满足,但在其他地区,如果省掉这些费用就会减少他的满足。我们可以把一个工人在某些地区为得到这种意义的同等程度的欲望满足而必须支付的那笔费用,或者他可以省掉而不致减少他的欲望满足的那笔费用,叫作成本成分(C)。某一地区的成本成分可以是正的,也可以是负的。

如果我们假定没有任何法制上的障碍阻止资本财、工人,以及货物从甲地转到乙地,而工人们对于他们的住址和工作地,无论在何处都一律看待,那么,地球的人口分布,将会趋向于按照基本的自然的生产要素之物质生产力以及过去所形成的那些不可转变的生产要素之不动性来分布。如果我不管成本成分,则全球同类劳动的工资率将趋向于一致。

如果在某个地区,市场工资率加上(正的或负的)成本成分还低于标准工资率,我们就可把这个地区看作一个人口比较稠密的地区;如果在某个地区、市场工资率加上(或正或负)成本成分,高于标准工资率,我们就可把它看作人口比较稀少的地区。但是,这样说法是很不方便的。它不能帮助我们检讨工资率的形成和工人们的行为之一些真实情况。选择另一种说法就比较方便。如果一个地区的市场工资率低于标准工资率加上(正或负的)附着成分和(正或负的)成本成分,也即 $M < (S+A+C)$,我们就可把它看作人口比较稠密的地区。因此,在一个 $M > (S+A+C)$ 的地区,则这个地区就应看作人口比较稀少的地区。如果没有法制上的障碍,则工人们会从人口比较稠密的地区迁移到人口比较稀少的地区,这种迁移一直要继续到每个地区的 $M = S+A+C$ 为止。

上面这个结论,加以必要的修改以后,同样适用于自力劳作或提供个人服务的那些人们的迁徙。

附着成分和成本成分这些概念,同样地适用于从某一行业转移到另一行业。

这里所描述的一些迁徙,只在没有法制上的障碍防止资本、劳工和货物流通的情形下才发生的,这几乎是不必说的。我们这个时代是在瓦解国际的分工而力求每个主权国的经济自足。在这样的一个时代,上面所描述的那些趋势只有在每个国界以内出现。

畜牲与奴隶的工作

对于人而言,畜牲是一种物质的生产要素。也许有一天,人类的道德情操有个改变,因而人给畜牲待遇变得更友善点。可是,只要人们不放任畜牲自由过它们自己的生活,他们总是把畜牲当作他们自己行为的标的来处理的。社会合作关系只会存在于人与人之间,因为只有人才能洞察分工与和平合作的意义和利益。

人把畜牲当作一件物质的东西而纳入他的行为计划。在驯养、训练畜牲的时候,人也常常对这动物的心理特征表现欣赏;这好像是和它的心灵发生共鸣。但是,即令在这个时候,人与畜牲之间的鸿沟仍然是不可搭桥的。一个畜牲除掉可以得到食欲、性欲的满足,以及免于环境伤害的适当保护以外,再也不能得到更多的东西。畜牲毕竟是兽类而非人类,正因为它们像"工资铁则"所想象的工人那样。如果人类只致力于饮食和交配,此外无所事事,人类文明就决不会产生。畜牲之既不能结合成一个社会,也不能参加人类社会,就是因为它们只求食欲、性欲的满足而不知其他。

有些人也曾以看待畜牲的态度来看待他们的同类,而把同类当作畜牲来对待。他们用过鞭子强迫船奴们像起锚的马那样地工作。但是,经验曾经指出:这些放纵的野蛮办法,其结果是很坏的。即令最笨拙的人,当他自由工作的时候,其成就总比在鞭子威胁下的工作要好得多。

原始人把妇、孺和奴隶当作他的财产,正如同把畜牲和无生物当作财产,其间是没有区别的。但是,一旦他开始想从奴隶的身上得到一点不同于牛马所能提供的劳务的时候,他就不得不放松奴隶们的锁链了。他必须以自利的刺激来代替单纯的威胁;他必须以人际的情感来维系奴隶和自己的关系。如果不再专靠锁链和鞭子来防止奴隶逃亡和强迫奴隶工作,则主人与奴隶的关系就变成一种社会关系。这个奴隶也许悲叹他的不幸而力求解脱,尤其是较快乐的自由日子如果记忆犹新的话,更是如此。但是,尽管如此,他还可忍受那些似乎是不可避免的事态而自作排遣。于是奴隶变得靠勤勉、靠完成那些派给他的工作来满足他的主人;而主人也变得靠合理待遇来激发奴隶的热心与忠忱。于是,在主人与役工之间,发展出一些可称之为友谊的亲密关系。

奴隶制度的颂扬者,当他们说"许多奴隶安于他们的地位而并不想变更它"的时候,或许不是完全错的。事实上,可能有些人、有些人群,甚至有些民族或种族,是乐于在奴役之下享受安全保障的;他们不感觉到什么羞辱,而乐于提供适度的劳动,以分享寄人篱下的舒适生活,在他们的心目中,偶尔忍受一下主人的坏脾气,不过是一点小小的痛苦,或根本不算是什么痛苦。

当然,在大规模的农场、矿区、工场,以及古代希腊罗马的军舰中辛苦工作的奴工们所处的环境,与家庭仆人、旅馆侍女、厨师和保姆们的轻快生活大不相同,而且也不同于小农场的那些不自由的劳工们,挤牛奶的女工、牧人们的生活环境。为奴隶制度辩护的人,谁也不敢赞美罗马农奴或者美国棉田蔗园黑奴的命运。[⑱]

奴隶和农奴制度的废除,既不能归功于神学家与道德家的教义,也不能归因于奴隶主的衰弱或仁慈。在宗教和伦理的教师中,赞成奴隶的人数和反对的人数同样地多。[⑲]奴工的消灭,是因为在自由劳动的竞争下站不住;在市场经济里面,再也不会有奴工了。

购买一个奴隶所支付的价格,决定于从利用他(包括他本人和他的子孙)所可能得到的净收益,这和购买一头牛所支付的价格决定于利用这头牛所可能得到的净收益是一样的。奴隶的所有者并没有把什么特别收益据为己有,对于他,并没有在下述的事实中有所谓的"剥削":奴隶的工作没有报酬,而他对于奴隶的劳务所支付的市场价格,可能大于蓄奴所花的衣食住等的费用。购买奴隶的人,必须以他后来所收到的价格来抵偿他已整付的价格,这里也要考虑到时间偏好这个因素。不管奴隶的所有者是在他自己的家庭中或企业中使用奴隶,或者是把奴隶的劳务租给别人,他都没有因奴隶制度的存在而享受到任何特殊利益。特殊利益完全归于奴隶的贩卖者,即虏掠自由人而去贩卖的人。但是,贩卖奴隶这一行业的利得,当然是取决于购买奴隶的人出价的高低。如果这个价格跌到低于奴隶贩卖业的成本,则这个行业也就不值得做而归于消灭了。

在市场经济里面,利用奴工的企业决不可能与雇用自由劳工的企业竞争。

奴工，只能在没有遇到自由竞争劳工的处所才会被利用。

如果你把人当作畜牲来对付，你从他身上所能榨出的东西，就不会比畜牲所能提供的更多。但是，这时有一个事实更显得重要，那就是就生理上讲，人比牛和马软弱，而且，对于一个奴隶的养育和保护所必要的费用，比例于所可收获的结果而言，比养育和保护一匹牛或马的费用，要昂贵得多。如果你想从一个非自由的劳工得到自由人所做的成就，你就必须对他给以特属于人的鼓励。假若这个雇主所想得到的产品，其质与量均胜过在鞭子威胁下所逼出来的产品的质和量，他就必须让辛苦工作的人也分享他的努力成果。不要对懒惰、疏忽加以惩罚，而要对勤勉、熟练、热忱加以奖赏。但是，不管他在这方面怎样做，他决不会从一个受束缚的工人（也即，不能享受他所作的贡献的全部市场价格的人）得到一份等于自由人（也即在自由的劳动市场上被雇用的人）所做的成就。奴隶和农奴所产生的产品和提供的劳务，其质和量所不能超越的最高限，远比自由劳工的标准要低得多。在产物的品质特别精致的行业中，那些雇用廉价而非自由的劳工的厂商，决不能和那些雇用自由劳工的厂商竞争。正是这个事实，使得一切的强迫工作归于消灭。

有些社会制度曾经把整个生产界或某些生产部门完全为非自由的劳工而保留，不让雇用自由劳工的企业来竞争。于是奴隶和农奴就成为一个森严的阶级制度的基本特征；既不能因某些个人的行为来废除，也不能加以改变。至于情形不是这样的地方，奴隶主本身的所作所为终于一步一步地废除了这全部奴工制度。使得古代罗马那些冷漠无情的奴隶主放松奴隶们的束缚的，不是人道主义的情操和仁慈心，而是想从他们的财产上面得到最大收益的这个动机。他们放弃了大规模集中管理的领地制，而把奴隶变成实际上的佃农，让他们基于自己的利益来耕种他们的佃田，对于地主只就产品的一部分缴纳地租。在加工业和商业方面，奴隶变成了企业家，而他们得自主人所给的资金变成他们的合法准财产。奴隶之大量释放，是因为自由人对于以前的主人所提供的劳务比一个奴隶所可提供的更可贵。奴隶解放，不是奴隶主这方面的恩赐。那是一次信用运作，好像是用分期付款的办法买自由。自由人有义务在许多年当中，乃至终身对那以前的主人报答定额的金钱和劳务。这个自由人以前的主人，在自由人死亡的时候，对于后者的土地还有特别世袭权。[20]

　　随着那些使用非自由劳工的庄园之消灭，奴役就再也不是一种生产制度而变成贵族阶级制的一种政治特权。一些君主们有权要他们的属下贡献定量的实物或金钱以及定量的劳务；而且，他们的奴隶的子孙也有义务为他们服定期的劳役，或当家事的奴仆，或当军事的侍从。但是，那些非特权阶级的农人和工人，则为他们自己的利益打算而经营他们的农田和工场。仅仅是在他们的生产过程完成的时候，君主才来要索他们的生产成果之一部分。

　　后来，在十六世纪以后，人们也开始在农业方面使用非自由的工人，有时甚至在工业的大规模生产中也如此。在美洲的一些殖民地，使用黑奴成为农场的标准生产方法。在东欧——德国的西北部，Bohemia 及其属地 Moravia 和 Silesia、波兰、波罗的海的诸国、俄国、匈牙利及其属地——大规模的农业经营靠的是奴隶的劳动。美洲和东欧的这两个非自由的劳工制，是受政治制度保障而免于那些雇用自由工人的企业的竞争。在那些殖民地里面，有许多因素妨阻了自由劳动的充分供给和独立农民这个阶级的成长：例如，人口迁入的费用高，保护个人使免于政府官吏和地主贵族的任意虐待的法制之缺乏。在东欧，阶级制度使外面人无法进到农业生产部门。大规模农业为上流社会的分子所占据。小规模的，为非自由的农奴保留。可是，"使用非自由的劳工的企业不能够与雇用自由劳工的企业竞争"这个事实，谁也没有对它发生争论。在这一点上面，十八世纪和十九世纪初期，论农业管理的作家们的意见之一致，不下于古代罗马论农业问题的作家们。但是，奴隶和农奴制不会受市场自由活动的影响而废除，因为，这个时候的政治制度已经破坏了市场作用。奴隶和农奴制的废除是靠自由放任的意理所支配的政治行动。

　　今天，人类又面对着"以强迫劳动代替自由，人把他的工作能力当作'商品'在市场上出卖的那种劳动"的搞法。当然，有些人认为，社会主义国家的同志们所应做的工作与奴隶或农奴所应做的工作，其间有本质的不同。他们说：奴隶和农奴的血汗是为一个剥削的地主的利益而流的。但在社会主义制度下，劳动的产物是归之于社会，而辛苦工作者是社会的一分子；这里，工作者是为自己而工作。这个理论所忽视的是：把各个同志与那据有一切工作成果的全体同志的集体,视为相同。这只是不符事实的虚构。政府官吏所追求的目的与各个同志的愿望或希求是否相同,这还是一次要问题。重要的是,个人对这集体财富所作的贡献,不是以市场决定的工资形式来报酬的。一个社会主义国家缺乏任何经济计算方法;它不能分别决定在产品总量中各种补助的生产要素所应有的配额。因为它不能确定社会得自各个人所贡献的量,所以它不能按照各人的成就来给报酬。

为着区分自由劳动与强迫劳动,不必涉及关于自由与强迫的本质那些玄学上的微妙问题。我们可以叫作自由劳动的,是指一个人或者为着他自己的欲望直接满足而提供的劳动,或者先把它出卖于市场,再把卖得的钱用来满足自己欲望的劳动。强迫劳动是指,在其他的一些诱因的压迫下,所提供的劳动。如果有人不满意这样的说法,因为像自由和强迫这些字眼的使用,会惹起一些足以伤害问题之冷静处理的联想,那么,就无妨选用其他名词。我们可用 F 来代替自由劳动,用 C 来代替强迫劳动。最基本的问题并不受名词选择的影响。要紧的事情只是:如果一个人自己的欲望满足,既不直接也不间接系于他的工作量和工作质,那么,什么诱因可以激发他甘心忍受劳动的负效用呢?

为着辩解起见,让我假定:有许多工人,甚至大多数工人,忠诚地以最大努力来完成上司派给他们的工作(我们且不提社会主义国家在分派工作的时候所将遭遇的一些无法解决的问题)。但是,对于那些在指派的工作上偷懒和不经心的人怎样处分? 除掉惩罚别无他法。他们的一些上司必须具有提出主观的理由,作为判罪、定刑的权威。这是以统治的束缚代替契约的束缚。工人动不动就受上司们任意权力的支配,他是以人身隶属于他主子的任意权力。

在市场经济里面,工人之出卖他们的劳务,正如同别人之出卖他们的货物一样。雇用者不是被雇者的主人。他只是劳务的购买者,而且他必须按市场价格来购买那些劳务。当然,劳动的雇用者像其他的购买者一样,也会任意作为的。但是,如果他在雇用或解雇工人的时候,任意作为,他就要承受其后果。一个雇主或雇员担任了一个企业部门的经理,就可自由决定雇用工人,也可自由开除他们或削减他们的工资。但是,如果他过于任意行动,他就是损害他的企业或其部门的利益,因而损害他自己的所得以及在这个经济制度中的地位。也就是说,在市场经济里面的任意作为,将招致对自己的惩罚。市场经济唯一真实而有效的工资收入者的保障,那些决定价格形成的因素的相互作用。市场使工人得以免于雇主和其助手的胡作非为。工人们和他们的雇主们一样,只受制于消费者的最高权力。靠购买或不购买而决定产品价格和生产要素的雇用时,消费者就给每种劳动确定了它的市场价格。

使得工人成为自由人的是这个事实:雇主在市场价格结构的压力下,把劳动看作一种商品、一种谋利的工具。在雇主谋利的心目中,雇工只是一个帮助他赚钱的一个人。雇主对雇工所提供的劳务支付工资,雇工为赚得工资而提供劳务。在他们之间的这种关系里面,没有什么恩惠或刻薄的问题。被雇用的人不感激雇用者的恩宠;他只对他提供定量的某种性质的劳动。

这就是为什么在市场经济里面,雇主用不着对雇工有惩罚权的道理。至于非市场经济的生产,管理人员必须握有对工人的惩罚权,以促使迟钝懒惰的工人加紧工作。因为监禁的惩罚会使工人不能工作,或至少是大大减低他的工作量,所以体罚曾经是促使奴隶和农奴工作的典型手段。随着非自由劳动的废除,我们不用鞭子作驱策的工具也行。鞭打曾经是奴工的象征。市场社会的分子,把体罚看作不人道的、羞辱的,以致在学校里面、刑法里面,和军队的训练里面,也都废除了。

如果有人相信一个社会主义国家对付疏懒的工人不用强迫手段也行,因为每个人将会自愿地尽他的义务,这人就是陷于无政府主义者同样的幻想。

注 释

① 认知不是为的达到"知,这一行为"以外的目的。使思想家得到满足的是思想本身,而不是在获得完全的知识,完全的知识是我们人类所不可及的。

② 把渴求知识和虔诚的宗教行为与运动和游戏相提并论,并不意涵对前者或后者有何轻蔑之意。

③ Engels, *Herrn Eugen Dührings Umwälzung der Wissenschaft* (7th ed. Stuttgart,

1910), p. 317.

④ 参考前面第七章第三节。

⑤ 参考 Adam Smith, *An Inquiry into the Nature and Canses of the Wealth of Nations* (Basle, 1791), Vol. I, BR. I, Chap. Viii, p. 100. Adam Smith 自己似乎已无意地放弃了这个想法。参考 W. H. Hutt, *The Theory of Collective Bargaining* (London, 1930), pp. 24~25。

⑥ 所有这些以及许多其他论点,在上列的 Hutt 的书中(pp. 35~72)都有仔细的分析。

⑦ 十八世纪末年,英国由于对法国的长期战争以及用通货膨胀办法筹取战费而陷于贫困;在这贫困中采用了这种权宜的手段(the Speenhamland system)。这个手段的真正目的,是防止农业方面的工人离开他们的农场到工厂去工作,因为,在工厂里面可赚得较高的工资。所以这个制度实际上的给地主的津贴,使地主免于支付较高的工资。

⑧ 参考 Marx, *Das Kapital* (7th ed. Hamburg, 1914), I, 133. 在 *The Communist Manifesto*(第二节)里面,马克思和恩格斯把他们的教条写成这样一个公式:"工资劳动的平均价格是最低工资,也即,为维持一个工人作为工人而生存的绝对必需的最低生活费。"这种平均工资"只够延长工人的生命而让他生殖"。

⑨ 参考 Marx, *Das Kapital*, p. 134。文中所说的"生活所必需的"这个词是马克思原著的"Lebensmittel"这个词的翻译。

⑩ 参考第十七章第四节。

⑪ 每个单位时间的工作量和质的其他一些波动——也即,紧接着休闲之后的再工作时间的较低效率——就市场的劳动供给而言不是很重要的。

⑫ 见第十五章第九节。

⑬ 把"工业革命"一词形容英国 Hanover 王室两个 George 的朝代,是由于有人故意要把经济史弄成通俗的戏剧化,以期使它适合那些强求平等的马克思策略(the Procrustean Marxian schemes)。从中古的生产方法转变到自由企业制度的生产方法是一七六〇年以前的一个长远过程。即令就英国来讲,直到一八三〇年尚未完成。可是,英国的工业在十八世纪后半期已大大加速地发展,这却是真的。所以,我们无妨把"工业革命"一词用在对费边主义(Fabianism)、马克思主义、历史学派,以及制度学派赋予它的情感意义的检讨上。

⑭ J. L. Hammond 和 Barbara Hammond. *The Skilled Labourer 1760~1832* (2d ed. London, 1920), p. 4.

⑮ 在七年战争当中,有 1,512 名英国水兵在作战中死亡,同时有 133,708 名病死或失踪。参考 W. L. Dorn, *Competition for Empire 1740~1743* (New York, 1940), p. 114.

⑯ J. L. Hammond 和 Barbara Hammond,同 ⑭所引之上书。

⑰ F. C. Dietz, An Economic History of England (New York, 1942), pp. 279, 392.

⑱ Margaret Mitchell 在她的那部名著《飘》(*Gone With the Wind*)里颂扬南方的奴隶制度,可是,她足够小心地不涉及农场奴隶的生活细节,而只描述家庭奴仆的生活情形。在她的故事中,家庭奴仆显得像是奴隶群中的"贵族"。

⑲ 关于赞美奴隶制度的文献，可参考 Charles 和 Mary Beard，*The Rise of American Civilization* (1944)，I，703～710；以及 C. E. Merriam，*A History of American Political Theories* (New York，1924)，pp. 227～251。

⑳ 参考 Ciccoti，*Le Dèclin de lesclavage antique* (Paris，1910)，pp. 292 ff.；Salvioli，*Le Capitalisme dans le monde antique* (Paris，1906)，pp. 141 ff.；Cairnes，*The Slave Power* (London，1862)，p. 234。

第二十二章　非人的原始的生产要素

一、关于地租理论的一般观察

在李嘉图的经济学架构里面，地租这个观念是用来处理现代经济学用边际效用分析[①]来处理的那些问题。李嘉图的理论，从今天透彻的观点来判断，显得不能叫人满意；无疑地，主观价值论的方法是优越得多。但是，这个地租论之享有盛名仍然是应该的；其创意产生了一些好的结果。就经济思想史来讲，我们没有理由以这个地租论为差。[②]

品质和肥沃度不同的土地(也即每一投入单位所收获的报酬不同的土地)其评价也不一样。这个事实对于现代经济学并不提出任何特殊问题。就李嘉图理论所说的土地分级评价，完全容纳在现代的生产要素价格论中。这不是客观的地租论的要旨，而是在这个复杂的经济体系中，派给它的特别地位。差别租是一个普遍现象，而不限于土地价格的决定。"租"和"准租"这种强词夺理的区分是杜撰的。土地和它的功用与其他的一些生产要素和它们的功用，是要以相同的方法讨论的。在生产中，控制一个较好的工具与控制一个较差的(因为较好的工具供给量不够，不得不利用较差的)比较，前者就有"租"的收获。较能干、较热忱的工人所赚的工资，与那笨拙而懒惰的工人所赚的工资比较，前者就有"租"的成分。

靠地租概念来解决的那些问题,绝大部分是由于使用一些不妥当的名词而引起的。在日常用语中,那些概括的概念和通俗的想法,不是就行为学和经济学的需要而形成的。早期的经济学家毫不迟疑地误用了它们。只有天真地执著于像"土地"或"劳动"这样概括的名词的人,才会对"为什么'土地'和'劳动'有不同的评价"这个问题感到迷惘。至于不受语言的欺骗,而能看到生产要素与人的欲望满足之关联的人,就会把"不同的劳务而有不同的评价"看作当然的事情。

现代的价值价格论,不是基于生产要素之分类为土地、资本和劳动。它的基本区别是在高级财货与低级财货,生产财与消费财。当它在生产要素这一类里面区分原始的(自然赋予的)要素与产出的要素(中间产品),以及进一步在原始的要素这一类里面再区分非人的(外在的)要素与人的要素(劳动)的时候,它并没有破坏它的理论——关于生产要素价格决定的理论——的一致性。决定生产要素价格的法则,对于各种各类的生产要素都是同样有效的。生产要素的功用不一样,人们对它的评值、估价和处理的方法也不一样。这个事实只会使那些没有注意到这些功用不同的人们感到迷惑。不懂得绘画的人看到收藏家愿意出较高的价钱来买梵高的作品而不买天资较差的画家的作品而觉得奇怪;可是,就艺术鉴赏家看来,这是自明之理。买土地或租土地的人,对比较肥沃的土地出较高的价钱或较高的租金,这不会使农人惊奇。老辈经济学家对于这种事情觉得奇怪的唯一理由,是他们用了"土地"这个概括的名词来想问题,而忽略了生产力的差异。

李嘉图的地租论的最大优点是,认识了"边际土地不产生地租"这个事实。从这个知识,只要再进一步就可发现主观价值论的原理。可是,古典的经济学家和他们的门徒,都蔽于"实质的成本"观念而不能再进到这一步。

差别租这个观念,大体上尚可容纳于主观价值论,但是,从李嘉图的经济学派生出来的第二个地租概念,也即"剩余租"这个概念,必须完全抛弃。这个概念是基于"实质的"或"有形的"成本观念,这种成本观念在现代的生产要素价格论的架构中,毫无意义。法国 Burgundy(Burgundy 这个地方生产的红葡萄酒——译者附注)的价格之所以高于 Chianti(意大利 Tuscany 这个地方生产的红葡萄酒——译者附注)的价格的理由,不是 Burgundy 的葡萄园的价格高于 Tuscany 的葡萄园的价格,其因果关系是颠倒的。因为人们愿意支付比 Chianti 的价格较高的价格来买 Burgundy,所以种葡萄的人们愿意支付比 Tuscany 的葡萄园的价格较高的价格来买或租 Burgundy 的葡萄园。

　　利润不是一切生产成本都支付了的时候的一份剩余。在均匀轮转的经济里面,产品的价格永久不会有超过成本的剩余。在变动的经济里面,产品的价格与"企业家为购买各种补助的生产要素,所已支付的代价再加上资本的利息的总额"之间的差额是可正可负的,也即,其差额或为利润或为亏损。这些差额之所以发生,是因为产品的价格在时间的间隔中有了变动。凡是能够预测这些变动而据以采取行动的人,就可赚到利润。凡是不能预测将来的市场情况而据以调整他的企业经营的人,就会受到亏损的惩罚。

　　李嘉图的经济学的主要缺点,在于它是一个一国的联合努力的总产品的分配论。像其他的古典经济学家一样,李嘉图没有把他自己从重商主义的那个"国家经济"的影像下摆脱出来。在他的思想中,价格决定这个问题是附属于财富分配问题。一般的说法是说,他的经济哲学的特征是代表当时英国中层阶级工业家的哲学。[3]这个说法离了谱。十九世纪早期,英国工商业人士并不关心总生产和其分配。他们是受"谋取利润避免亏损的动机"所驱使。

　　古典经济学当它在它的理论结构中给土地以特殊地位的时候,就犯了错误。就经济的意义讲,土地是个生产要素;决定土地价格的那些法则,也同样地决定其他生产要素的价格。关于土地的经济教义的一切特点,都涉及有关资料的某些特点。

二、土地利用中的时间因素

　　关于土地的经济教义,其出发点是把原始的生产要素分作两类,即人的与非人的要素。因为非人的要素之利用,通常总要关联到地球的一片断,所以当我说到非人的要素时,我们所指的就是土地。[4]

　　在讨论土地(也即非人的原始生产要素)的经济问题时,我们必须清清爽爽把行为学的观点与宇宙论的观点分开。宇宙论在研究宇宙事象时,常说到质量和能量的不灭,这种说法是很有意义的。如果我们把"人的行为能够在其中影响生活之自然环境的那个轨道"和"自然的实体之运作"加以比较的时候,我们无妨说,自然的力量是永久存在而不毁灭的——或更精确地讲——不是人的行为所可毁灭的。就宇宙论所指涉的那些悠长的时期来讲,由于人为的影响而引起的土壤蚀损是微不足道的。今天,谁也不知道宇宙的变化在几百万年当中是不是会把沙漠变成良田,把良田变成沙漠。正因为没有人能预测这样的变动,也没有人敢于干扰那些会引起变化的宇宙事象,因此,如果在讨论人的行为问题时去预测它们,那就是不安分。⑤

自然科学可以这样讲:土壤利于植林、畜牧、农田、水利的那些能力是会周期更生的。人类即令故意以最大的努力来破坏地壳的生产力,至多也只能破坏它的几个小部分。但是严格地说,这些事实无关乎人的行为。土壤能力的周期更生,并不是怎么规律的。土地的利用,情形不一样:有的会使这种更生减弱和迟缓,或者土壤的能力在某个时期当中完全消失,或者要靠很大的资本和劳力投入才能恢复它。人在利用土地的时候,必须在一些不同的方法中选择某一方法,而这些方法对于地力的保持和更生,各有不同的影响。和在其他的生产部门一样,在渔、猎、畜牧、农、林、水利的活动中,也有时间因素发生作用。在这里,人也要在即时的满足与较远将来的满足之间加以选择。在这里,表现在人的一切行为中的原始利息这个现象,也发生它的重要作用。

有些制度上的情况使得人们只顾眼前的最大满足,完全或几乎完全忽视较远将来的满足。如果土地不归某些人所有,同时所有的人或某些人因为特权或实际情势的关系,可以按照自己的利益暂时自由利用它,这些人对于将来就不会加以注意。当土地有地主的时候,如果这些地主知道他们的土地所有权不久将会被没收,情形也会如此。在上述的两种情况下,当事人会专心于尽可能地榨出眼前的利益,至于他们所用的那些方法,在较远的将来有什么后果,他们就一概不管。伐林、打猎和捕鱼的历史,对于这种情形提供了充分的证据;但在其他部门的土地利用方面,也可看到许多这样的事例。

从自然科学的观点来看,资本财的维持与土壤力的维护,属于两个完全不同的类目。制造出来的生产要素或迟或早要在生产过程中完全消掉，也即一点一点地转化成终被消费的消费财。如果我们不想让过去的储蓄和资本累积消灭，我们除去生产消费财以外，也要生产一些资本财，而其数量要足以抵补消耗掉的资本财。如果我们忽视这一点，我们最后就要"消费"资本财。这就是为现在而牺牲将来；今天的享受奢侈，日后就要陷于贫困。

但是，我们常常听说，地力不是如此。地力是不会"消耗掉的"。这种说法只有从地质学的观点讲才有意义。但是，从地质学的观点，我们也可以或应该同样否认，工厂的设备或一条铁路会被"吃光"。铁路路基的砂砾石头和路轨的钢铁，以及桥梁、车厢、机车等等，在宇宙的意义下是不会消灭的。只有就行为学的观点才可以说：一个工具、一条铁路或一个纺织厂被消费掉、被吃光了。我们说土地的生产力被消费了，是在这同样的经济意义下说的。在农林和水利方面，土地的这些生产能力之被处理，是和处理其他生产要素一样的。关于地力的利用，行为人也必须在不同的生产过程中加以选择，有的生产过程是牺牲后来的生产力以求眼前较高的收获，有的不伤害将来的生产力。把地力榨取到使将来的利用只提供较小的报酬（就所投下的资本和劳动量的每单位而言）或实际完全没有报酬，这是可能的。

不错，人的这种破坏力是有些外界限制的（这些限制在伐林、打猎、捕鱼方面，比在耕地方面更快地达到）。但是，这个事实在资本销蚀与地力浸蚀之间所造成的差异，只是在量的方面而非在质的方面。

李嘉图把这种地力叫作"原始的不会毁灭的"。[⑥]但是，现在经济学必须强调：在原始的生产要素与制造出来的生产要素之间，评值与估价没有差别；宇宙论的物质和能量的不灭，不管它的意指是什么，并不是土地利用特异于其他生产部门的特征。

三、边际以下的土地

一块土地的功用在一定的时期当中总是有限的。如果是无限的话，人们就不会把土地看作一种生产要素和一种经济财。可是,可用的土地,其量是那么大,自然是那么慷慨,以致到现在还是丰富的。所以,只有那最有生产力的土地才被利用。有些土地,人们认为——或就它的生产力来看,或就它的位置来看——太差,不值得利用。因而李嘉图认为,边际土地(也即在耕种中的最差的土地)不产生地租。⑦边际以下的土地,如果没有人预料在不久的将来会被利用的话,那就被视为毫无价值。⑧

市场经济没有更丰富的农产品供给这个事实,是由于资本和劳力的稀少而引起的,并非因为可耕地的稀少。在其他事物不变的条件下,可用的土地面积之增加,引起谷类、肉类的供给增加,只有在一种情形下才可能,即,那增加的土地,其肥沃度超过已在耕种中的边际土地的肥沃度。另一方面,农产品的供给会因可用的劳动和资本的数量之增加而增加,假使消费者不认为这些新增的资本和劳动还有其他的用途更能满足他们最迫切的欲望。⑨

地下的有用矿藏,其量是有限的。不错,它们有些是自然演化过程中的产品,而这些过程还在继续中,因而还在增加既有的矿藏量。但是,这些过程的进度迟缓和悠长,使得它们对于人的行为而言,没有什么意义。人必须考虑到可用的矿藏是有限的。每一个矿藏或油源总会枯竭的;其中有些已经枯竭了。我们希望有新的矿藏会被发现,我们也希望技术进步将使今天所完全不能开采或只能在不合理的成本下开采的矿藏也可开采。我们也可假想,技术知识的更进步,会使后代的人们能够利用今天所不利用的那些物质。但是,所有这些希望和假想,对于我们今天开矿和钻油井的行为毫无关系。就交换论来讲,农业用地与矿业用地的区分,只是一种资料的区分。

尽管这些矿藏的可采量是有限的,尽管在理论上讲,我们认为这些矿藏总有一天会枯竭,可是行为人却不把它们看作毫无弹性地有限。他们的活动固然会考虑到某些特定的矿藏和油井将会枯竭这个事实,但是,他们并不关心某些矿物的全部蕴藏在一个未知的来日也会完结。因为,就今天的行为来讲,这些矿藏的供给量丰富到谁也不会就想把它们开采到现在技术知识所可做到的充分程度。矿藏的开采,只做到开采时所必须雇用的那些劳动和资本没有更迫切的用途为止。所以,有些边际以下的矿藏完全没有利用。每个已开采的矿,其生产程度决定于产品价格与那些必需的非特殊的生产要素的价格之间的关系。

四、容身之用的土地

用在住宅、工厂和道路方面的土地如果增加，则在其他用途的土地势必减少。

古老的经济学认为，都市土地之所以产生地租的那种特殊地位，我们不必在这里讨论。人们对于可做住宅基地的土地评值较高，因而支付的价格比他们评值较低的为高，这是当然的事情，不值得特别注意。为了做工厂、仓库和铁路的堆置场，人们要选择那些位于可减低运输费地点的土地，因而对这些土地愿意支付较高价格。这也是当然的事情。

土地也可用来作娱乐场所、花园、公园以及其他美化环境之用。随着对自然界爱好"布尔乔亚"所特有的心情，这一类享受的需求大大增高了。以前仅视为荒芜凄凉的悬崖深谷和冰河，今日却成为高尚的游乐地带而受到高度的欣赏。

自古以来，任何人都是可以免费进到这些地带的。即令这带土地是私人所有，地主们也无权禁止游人和登山客前来观光或向他们收费。谁有机会来游览这些地方，谁就有权享受这个地方的美景，好像是他自己所有的。名义上的主人并不因为他的财产给了游客的满足而从游客方面得到任何利益。但是，"这个地方为人提供福利因而被人欣赏"这个事实并不因此而改变。私有土地是要让别人可以通过的，这使得任何人有权在风景地带游览或露营。这种地区或冰河，除供游览以外，不可能有其他用途。而供游览这一特殊功用，是不会损耗、不会竭尽、不需要投入资本和劳动来维持的。这与伐林、打猎、捕鱼的地区完全不同。

如果这些风景地区的邻近可用以建筑旅馆和交通工具（例如高架铁路）的土地是有限的，这些土地的地主们就可在更有利的条件下出卖或出租他们的土地，因而把观光客免费享受的利益转移一部分到他们自己了。否则，这些观光客就是无代价地享受这些利益的全部。

五、土地价格

在那假想的均匀轮转的经济结构里面,买卖某些特定地皮的功用与买卖其他生产要素的功用没有什么不同。所有一切生产要素都是按照它们在未来时期所将提供的功用而估价的。这里,当然要考虑到时间偏好。对于边际土地(边际以下的土地当然也包括在内)完全不付地租。有地租的土地(与边际土地比较,每单位资本和劳动有较高产品的土地)是按照它的优越程度来估价的。它的价格是它将来的全部地租的总额,那些将来的地租每一笔都要以原始利率来折算。⑩

在变动的经济里面,买卖土地的人们对于这块土地的功用的市场价格之可能变动,要加以相当考虑。他们所考虑的或预测的,当然也会错误,但这是另一回事。他们尽他们的能力来预测那些会影响市场情况的未来的事情,并按照这些预测来决定他们的行为。如果他们认为这块土地的年收益净额将会增加,则地价就会比没有这种预测时为高。例如,那些人口增加的城市的近郊土地,就是如此。另一方面,如果土地的净收益有全部或局部被没收的可能时,则地价趋向于下跌。在日常的商业用语中,人们常讲到地租的"资本化",常看到资本化的比率随土地的等级不同而不同,而且即令在同一等级以内,每块土地的资本化比率也不一定相同。这个名词是颇不方便的,因为它把它所要表现的这个过程表现得不对。

买卖土地的人对于租税的考虑,正如同对于那些将会降低土地净报酬的未来事件的考虑一样。课在土地的税将降低它的市场价格,降低的程度按照将来的负担量来折算。这种不容易取消的新税一经采行,其直接影响就是有关的那块土地的市场价格马上下跌。这就是租税理论里面所说的"租税折入资本"的现象。

在许多国家里面,地主或某些不动产的所有人享有政治上的一些特权或社会特权。这样的制度对于地价的决定,也会发生作用。

关于土地的神话

浪漫主义者指责那些关于土地的经济理论,以为那都是些功利主义的狭隘想法。他们说,经济学家是从冷漠无情的投机者的观点来看土地,投机者只知道金钱和利润,除此以外没有什么永恒的价值。但是,土地不仅是一种生产要素,它是人的活力和人的生命永不枯竭的来源。农业不只是许多生产部门中的一个部门,它是人的活动中唯一的自然而受敬重的活动,也即唯一的高尚的生活境界。如果仅凭从土地榨取出来的净收益来衡量农业,那是不正当的。土地不仅产生营养我们身体的食物;最重要的,它也产生道德的和精神的文明力量。城市、制造业和商业,是些堕落的腐败现象;它们的存在是寄生的;它们所毁坏的就是农夫所要继续创造的。

几千年以前,当渔猎的部落开始耕种土地的时候,不会有什么浪漫的幻想。但是,如果在那些时代已有浪漫主义者,他们也会赞美打猎的道德价值,而把土地耕种说成邪恶现象。他们会指责农夫把神给人作为打猎场所的土地亵渎了,把土地贬抑为生产工具了。

在浪漫时代以前,谁也不会在行为中,把土地看作人的福利来源(促进福利的手段)以外的东西。施之于土地方面的魔术仪式和典礼,无非是想改善土壤的品质,提高它的生产量。这些人们并非寻求藏在土地里面的什么神秘。他们的目的只是较多较好的收获。他们之所以诉之于魔术的仪式和恳求,因为在他们的见解中,这是达成目的的最有效手段。后人从"理想主义的"观点来解释这些仪式,这是错误的。一个实际的农夫,不会迷惑于关于土地的胡言乱语而相信它有什么神秘力量。对于他而言,土地是一种生产要素,不是情感的标的。他之所以贪得土地,因为他想增加他的所得以提高他的生活水准。农民们买卖或抵押土地;他们出卖土地的产物,如果产物的价格没有高到他们所想的程度,他们就非常愤怒。

自然的爱好和美丽风景的欣赏,不是乡下人的事情,是城市的居民带到乡下去的。只有在城市的居民开始把土地当作"自然"来欣赏的时候,乡下人才就一个不"限于从农林畜牧的生产力观点"来给土地评值。阿尔卑斯山脉的岩

石和冰河，好久以来在山地人看来只是废地。到了城市的人来冒险爬登山峰
而带来了一些金钱来花的时候，山地人才改变他们的想法，最初前来爬山和滑
冰的那些人是被当地的土著嘲笑的，那时他们尚未发现他们可从这种奇怪的
行为中得到利益。

　　田园诗歌的写作者，不是牧童农夫，而是贵族和城市中人。Daphnis 和
Chloe 是远离俗念的雅品创作家。现代的关于土地的政治神话，其远离实际
的程度不下于前者。但它不是从森林原野的泥淖中开出来的花，而是从城市
的铺路和沙龙的地毯开出来的花。农民之所以利用它，因为他们知道了那是
取得政治特权的一个实际手段，而那些特权会使他们的产品和他们农田的价
格为之提高。

注　释

① Fetter 在 *Encyclopaedia of the Social Science*，ⅫⅠ，p. 291 说，这是"一个断章取义的边
　际理论"。

② 参考 Amonn, *Ricardo als Bégründer der thearetischen Nationalökonomie* (Jena, 1924)，
　pp. 54 ff.

③ 例如，参考 Haney, *History of Economic Thought* (rev, ed. New York, 1927)，p. 275.

④ 法律条文把渔、猎和采矿权从地主的其他权利分开，这与行为学没有关系。

⑤ 因而关于熵(entropy)的问题是在行为学的思考范围以外。

⑥ Ricardo, *Principles of Political Economy and Taxation*，p. 34.

⑦ 有些地区几乎每个角落的土地都被耕种或作其他的利用。但是，这种情形是制度所形成
　的结果，制度限制了这些地区的居民接近那些较优良而未被利用的土地。

⑧ 对于一块土地的评价，不可以和对于土地改良的评价相混淆。所谓土地改良，是指为裨益土
　地的利用和提高将来收获率而投下的资本和劳动所引起的那些不能取消、不能转换的效果。

⑨ 当然，这些说法仅就那些对于资本和劳动的流动没有制度上任何障碍的情况而言。

⑩这里必须记着：假想的均匀轮转的经济结构不能一贯地讲到它的终极的逻辑结论(见第
　十四章第五节)。关于土地问题，我们必须强调两点：第一，在这种假想的结构里面，没有
　土地买卖行为发生的余地。第二，为着把开矿和钻油井这类的活动纳入这个假想的结构
　里面，我们必须把矿藏和油井看作永久不变的，至于开采中的矿和油井之可能枯竭，其产
　生量或投入量之可能变动，都要一概不管。

第二十三章　市场的极据

一、理论与极据

交换论,也即市场经济理论,不是一种纯属理想而不可实行的理论体系。交换学的全部定理,只要其所假定的一些特殊条件是具备的,对于市场经济的一切现象都是一定有效而毫无例外的。例如,直接的或间接的交换之有无,这是一个单纯的事实问题。但是,在有间接交换的地方,则间接交换理论的一切通则,对于交换行为和交换媒介就是有效的。像已指出的,[①]行为学的知识是关于现实的正确知识。凡涉及自然科学认识论问题的一切引证,以及把这两个极端差异的现实和认知领域相比较而得来的类比,都是误导的。撇开形式逻辑不谈,绝没有"既可用之于靠因果的认知,也可用之于靠最后元范的认知"的那一套"方法论的"规律。

行为学是用概括的方法就人的行为来处理人的行为。它既不涉及行为于其中的那些特殊环境,也不涉及促起行为的那些价值的具体内容。因此,行为学的极据是:行为人身心方面的一些特征,他们的愿望和价值判断,以及他们为适应环境而调整自己,以达成他们所追求的目的而发展出来的那些理论、学说和意理。这些极据,即使在它们的结构中是持久的,是全然决定于那些控制宇宙秩序的法则,可是它们是不断地在变动;时时刻刻变动。[②]

真实究竟是怎样,只有靠行为学的概念和历史的了解才可以心领神会;后者必须具有运用自然科学的能力。认知和预测是知识的全体所提供的。科学的各个部门所提供的,总是片断的知识;它必须以所有其他部门研究的成果来补充。从行为人的观点来看,知识的专门化,分作各种科学,这只是一个分工的设计。同样地,消费者在利用各个生产部门的产品的时候,他必须根据各种思想部门和研究部门所形成的知识来作决定。

在处理"真实"这个问题的时候,绝不可不理睬这些部门的任何一个。历史学派和制度学派想抛弃行为学和经济学的研究,专注于极据料——或者照他们现在所说的,专注于制度——的记录。但是,关于这些极据的陈述,绝不可能不涉及一套确定的经济法则而作成。一个制度学派的人,当他说某一事象由于某一原因的时候(例如他说大众失业是由于资本主义生产方法的缺陷的时候),他总要凭藉一项经济定理。在反对进一步检讨隐含在他的结论中的那个定理的时候,他只是想避免把他的论议中的错误暴露出来。不涉及任何理论的纯粹事实的记录,是不会有的。把两件事记录在一起或合为一类的时候,也即一种理论的运作。至于它们之间有没有任何关系的问题,只可靠理论来答复。如果是属于人的行为,则靠行为学来答复。如果我们不从事先获得的理论见识出发,而想寻求相关的系数,那是徒劳无功的。这个系数也许有高的数字值,但不指示两组之间的任何意义和相关性。[3]

二、权力的作用

历史学派和制度学派指责经济学不理睬权力在实际生活中所发生的作用。他们说,经济学的基本概念,也即有选择而行为的个人,是一个不切现实的概念。真实的人是不能自由选择、自由行为的。他受制于社会压力,受制于不可抗的权力分配。决定市场现象的,不是个人的价值判断,而是权力的一些力量相互影响。

　　这些反对论之不切实，并不逊于所有其他对经济学的批评。

　　概括地说，行为学，详细地说，经济学和交换学，并不就"自由"一词的玄学意义而认为人是自由的。人是绝对地受制于他所生活的环境中的自然条件。在行为中，他必须把他自己调整得适于自然现象；自然现象的规律性是不会迁就他的。人之所以不得不行为者，正是因为自然对于他的生活福利之赐予是稀少的。④

　　在行为中，人是受意理指导的。他在一些意理的影响下选择目的和手段。一个意理的威力或是直接的或是间接的。行为人有时确信某个意理的内涵是对的，因而遵照这个意理而行为，以达成他自己的利益。这个时候，意理的威力是直接的。行为人有时认为某个意理是荒谬的因而拒绝它，但是这个意理是别人所肯定的，他又不得不调整自己以迁就这个事实。这时，意理的威力就是间接的。社会的风俗习惯是人们不得不重视的一种力量。看出了大众接受的见解和习俗是错误的那些人，必须做这样的选择：或者随波逐流以求行为的顺利，或者甘犯大众的偏见、迷信和传统，而蒙不利。

　　关于强暴的场合也是如此。人在选择中必须考虑到"有一个运用暴力的因素在压迫他"这个事实。

　　行为学所有的定理，也适用于接受这样的社会压力或自然压力之影响的行为。一个意理的直接威力或间接威力，以及自然界的压力，只是市场情况的一些极据。至于何种考虑促使一个人不出更高的价格来买到他出了较低的价格而未能买到的货物，那是无关紧要的问题。就市场价格的决定来讲，一个人是否自愿地把他的金钱用在其他的目的，或者是否怕别人把他看成一个暴发户、一个败家子，或者是否怕犯了政府限价的命令，或是否怕一个竞争者的暴力报复，这些都是无关紧要的。在任何情形下，他之不出较高的价格，对于市场价格的出现是发生同程度的影响。⑤

　　把财产所有者在市场上所占的地位说成一种经济力量，这是今天的惯例。这种说法是大有问题的。无论如何，这个名词是不适当的，因为它意涵，在这种经济力量的影响下，市场现象是受一些非交换论所处理的法则所支配。

三、战争与征服的历史作用

许多作家赞美战争和革命、流血和征服。卡莱尔（Carlyle）和拉斯金（Ruskin）、尼采、索里尔（Georges Sorel）和斯宾格勒（Spengler）皆为那些观念的先驱者。

这些哲学家是说：历史的行程不是决定于孜孜求利的行商坐贾们那些卑贱的活动，而是决定于斗士和征服者的英雄事业。他们认为：经济学家错在从短暂的自由时期的经验，抽绎出他们认为普遍有效的一套理论，这个自由主义的、个人主义的、资本主义的时代，民主的、宽容的、自由的时代，把一切"真正的"、"永恒的"价值置之不理的时代，庶民最高的时代，现在是在消失中，而且永不再来了。大丈夫气概的黎明时期，需要一套新的人的行为理论。

但是，经济学家从来没有否认，战争与征服在过去的重要性，从来没有否认匈奴（Huns）和鞑靼（Tartars）、汪达尔人（Vandals）和维京人（Vickings，第八世纪至十世纪侵掠欧西海岸的海贼）、诺曼人（Normans）和拉丁美洲的征服者（congquitadors）在历史上扮演的主要角色。决定人类现状的因素之一，是过去有几千年的武装冲突。但是，现在仍遗存而为人类文明之精髓的，不是从斗士们继承下来的。文明是"布尔乔亚"精神的成就，不是征服精神的成就。那些不以工作代替掠夺的野蛮民族，已从历史的舞台上消失了。如果他们的存在还留有遗迹可寻的话，那就是在那些被征服的民族文明的影响下，他们所完成的事迹。拉丁文明遗留于意大利、法国和西班牙半岛。假使 Clive 爵士和 Warren Hastings 在印度的统治没有资本主义的企业家继承，则英国在印度的统治，会有一天变成像土耳其在匈牙利一百五十年的统治那样的无意义的历史陈迹。

经济学的任务，不在于检讨那些想复活维京人精神的图谋。它只是不得不驳斥"武装冲突总是有的，这个事实把经济学的教义化为乌有"的这些说法。关于这个问题，在这里必须再强调下列各点：

第一，交换学的教义并不涉及历史的一个特定时期，而是关于以生产手段私有和分工制这两个条件为特征的一切行为。在生产手段是私有的社会里面,任何时候、任何地方,人们不仅为直接满足他们自己的欲望而生产,同时也消费别人生产的货物,交换学的一些定理的确是有效的。

第二,如果撇开市场而在市场以外有盗窃劫掠的事情,这些事实也是市场运作的一种极据。市场中的行为者必须考虑到谋杀者和劫掠者的威胁。如果杀人劫掠风行到任何生产行为都显得无用的程度,则生产性的工作完全停止,而人类则陷于每个人对每个人战斗的局面。

第三,为要获得战利品,必须先有某些东西可被掠夺。英雄们必须靠有足够的"布尔乔亚"可被剥削才能生活。生产者的生存,是征服者还可生存的一个条件。但是,生产者用不着有掠夺者才可生存。

第四,当然,在生产手段私有的资本主义制度以外,还可想出基于分工的其他社会制度。黩武主义的斗士们要实现社会主义,这是一贯的主张。整个国家必须组成一个斗士的社会,在这里,凡属非战斗人员,除了供应战斗部队所需要的一切东西以外,别无他事可做(社会主义的问题,在本书第五篇里面已讨论到)。

四、经济学所处理的实实在在的人

经济学所处理的,是实在的人的一些实在的行为。它的一些定理既不涉及理想的或完全的人,也不涉及荒唐无稽的"经济人"这个妖怪,也不涉及统计观念的"平均人"。具有他的一切弱点和限度的人,像他所生活、所行为的每个人,是交换学的题材。人的每项行为是行为学的一个论题。

行为学的题材不只是社会、社会关系和大量现象的研究,也包括所有人的行为之研究。"社会科学"这个名词和它的一切内涵,在这方面是引起误解的。

除掉行为人从事某一行为时所想实现的那些最后目的可作为衡量人的行为的码尺以外,再也没有科学研究所用的码尺了。那些最后目的的本身,是超出任何批评而在任何批评以外的。谁也不能确定使别人快乐的是什么。一位冷静的观察者所可问的问题只是：为达成那些最后目的而采取的手段,是否适于达成行为者所希望的结果。仅仅在答复这个问题的时候,经济学才可对个人的行为、团体内个人的行为,或政党的政策、压力团体的政策、政府的政策,自由地表示意见。

对别人的价值判断有所攻击,而把这些攻击变换为对资本主义或对企业家的批评,以掩饰这些攻击的武断,这是通常的做法。经济学关于所有这样的陈述是保持中立的。

"在资本主义社会,各种财货生产间的平衡明明是错误的。"⑥经济学家对于这个武断的陈述并不提出反对。经济学家所说的是：在不受束缚的市场经济里面,这种平衡是与消费者的行为(从支用他们的所得表现出来的)符合的。⑦至于指责他的同胞,而说他们的行为结果是错的,这不是经济学家的任务。

在市场经济生产过程的行为中,个人的价值判断是至高无上的,如果不要这个制度,替代的就只有独裁。在独裁制下,只有独裁者的价值判断决定一切,尽管独裁者价值判断的武断性并不下于别人的价值判断。

人,的确不是一个完善的东西。人性的弱点,污染到所有的人类制度,因而也污染到市场经济。

五、调 整 时 期

市场极据的每一变动,对于市场都发生一定的影响。在所有这些影响完全结束以前,也即,这个市场完全调整到新的情况以前,要经过一个一定长的时期。

交换学必须处理所有各个人对这极据的变动有意采取的反应,而不只是处理在市场结构中这些反应相互作用所引起的最后结果。极据的某一个变动的后果,被另一个同时、同程度的变动后果完全抵消,这种情形是可能发生的。这时,市场价格最后就没有多大的变动。统计人员只注意大量现象和市场交易总额表现于市场价格的结果，因而他们忽略了"价格高度方面的变动之不突显，只是偶然的，并非极据方面的连续而没有一些特殊调整活动"。统计人员看不出这些动静和这些动静的社会后果。可是极据方面的每个变动，都有它自己的过程，在有关的人们方面引起某些反应，而且会搅动市场活动中各个分子间的关系，即令到了最后各种货物的价格没有多大变动，而且在整个市场里面关于资本总额的数字也仍然不变。⑧

经济史会在事后对于调整期的长短提出含糊的情报。取得这样情报的方法，自然不是测量，而是历史了解。

不同的调整过程，实际上不是孤立的。数目无限的调整同时发生，它们所循的途径常常交叉，彼此相互影响。要解开这种错综复杂的现象，而观察其中的主动和反应的连锁关系，就历史家的了解而言，是一件难事，因而其所了解的非常有限，而且是有问题的。

企业家们是极想知道未来的，因而他们也要了解调整期的长短，可是，对于他们而言，这也是一件最困难的事。为着企业活动的成功，仅仅预料到市场对于某一事件的反应所趋的方向，而没有正确地预料到各个有关的调整期的长短，那就没有什么意义。企业家在营业行为中所犯的错误，大多数也由于对调整期长短的预测有错误，而那些作预测的"专家"，对于未来的商业趋势之所以预测错了，大多数也是由于同一原因。

在处理那些因极据变动而引起的后果时，通常是把那些后果区分为近期的和远期的。这种区分由来已久，远在现在所用的这些术语（短期、长期）以前。

为着发现一个极据变动所引起的立即后果——短期后果，通常用不着彻底的研究。短期后果大都是明显的，一个不惯于研究工作的天真的观察者，也会看得出来。经济学研究之所以开始，是因为有些聪明人想到，一件事情的较远后果会不同于头脑最简单的人所看得出的较近后果。经济学主要的功绩，是发现了一些长期的后果，而这些后果迄今未受一般观察者和政治家的注意。

古典经济学家从他们的一些惊人的发现中，为政务导出了一个规律。他们说，政府、政治家以及政党，在作计划和行动时，不仅要考虑短期的后果，也遮分析不去，一直分析到最后的后果以外，别无他法来研究变动的后果。长期分析必须充分地包括短期分析。

某些人、某些政党、某些压力团体之所以极力宣扬短期后果的绝对重要，是容易了解的。他们说，政治决不可关心于一个计划的长期后果，决不可因为某一计划虽有短期的利益而长期后果是有害的因而不去进行。值得重视的只是短期后果；"在长期，我们都死了。"对于这类激情的批评，经济学家所要答复的只是说：每一决定必须把它的所有后果——包括短期的和长期的——仔细权衡。在个人的行为中，以及公务的行为中，确实有些环境使行为人有充分理由忍受很坏的长期后果，以避免他们认为更坏的短期情况。把家具送进火炉去烧以取暖，对于某一个人也许是方便的办法，但是，如他这样做，他必须知道较远的后果是怎样。他决不可认为这是一个新奇取暖法的发现而欺哄自己。

经济学所要反对短期主义信徒们之狂热的，尽于此矣。有一天，历史将会说出更多的。它将会确定短期主义（这是路易十五的皇后所说的那句众所周知的"死后的遭遇，管它的！"的遗留）在欧洲文明最严重的危机中所发生的作用。历史将会告诉大家：有些政府和政党，其政策是要把前人遗传下来的精神方面和物质方面的资本统统消耗掉，短期主义的口号受这种政府和政党的欢迎。

六、财产权的限制以及外部成本与外部经济的一些问题

受法律界定而由法院和警察保护的财产权，是个长时期演进的结果。这些时期的历史，是一部为取消私有财产而奋斗的记录。专制君主们和群众运

关于损害赔偿责任的法律,过去是缺乏的,现在在某些方面仍然是不够的。"每个人如果行为损害了别人,对于这种损害是要负责的"这个原则,大体上讲,是被接受了的。但是,法律上还有许多漏洞,立法者拖拖拉拉没有把它们弥补起来。这样的拖拉,有的是故意,因为这里的漏洞正符合政府当局的意图。

以前在许多国家中,工厂和铁路的所有主,对于他们的企业行为所引起的对别人的损害——例如,煤烟、噪音、污水以及不完善的设备所引起的意外事件,对于邻居、顾客、员工和其他人等的损害是不负责任的;那时的想法是:谁也不应妨碍工业化和交通发展。同样的想法,曾经而且还在怂恿许多政府为奖励投资于工厂铁路而给予津贴、租税减免、关税保护以及低利贷款等等。在这种场合,这些企业的责任,或者是在法律上或者是在事实上,都减轻了。后来,在许多国家又有一个相反的趋势:工业家和铁路的责任,相对于别的公民和别的行业而言,加重了。这也是有个政治目标在发生作用,即立法者想保护要考虑长期的后果。这个论断的正确性是不容争辩的。行为的目的在于，以更满意的情况替代现在的情况。至于某一特定行为的结果是不是被认为更满意，那就要看对于它的一切后果——短期的和长期的——的预测是否正确了。

有些人批评经济学，说它忽视短期后果，只着重长期后果的研究。这种批评毫无意义。经济学除掉从直接的后果开始，一步一步地跟着那些连续的反应分析下去，一直分析到最后的后果以外，别无他法来研究变动的后果。长期分析必须充分地包括短期分析。

某些人、某些政党、某些压力团体之所以极力宣扬短期后果的绝对重要，是容易了解的。他们说，政治决不可关心于一个计划的长期后果，决不可因为某一计划虽有短期的利益而长期后果是有害的因而不去进行。值得重视的只是短期后果；"在长期，我们都死了。"对于这类激情的批评，经济学家所要答复的只是说：每一决定必须把它的所有后果——包括短期的和长期的——仔细权衡。在个人的行为中，以及公务的行为中，确实有些环境使行为人有充分理由忍受很坏的长期后果，以避免他们认为更坏的短期情况。把家具送进火炉去烧以取暖，对于某一个人也许是方便的办法，但是，如他这样做，他必须知道较远的后果是怎样。他决不可认为这是一个新奇取暖法的发现而欺哄自己。

经济学所要反对短期主义信徒们之狂热的，尽于此矣。有一天，历史将会说出更多的。它将会确定短期主义（这是路易十五的皇后所说的那句众所周知"死后的遭遇，管它的！"的遗留）在欧洲文明最严重的危机中所发生的作用。历史将会告诉大家：有些政府和政党，其政策是要把前人遗传下来的精神方面和物质方面的资本统统消耗掉，短期主义的口号受这种政府和政党的欢迎。

六、财产权的限制以及外部成本与外部经济的一些问题

受法律界定而由法院和警察保护的财产权，是个长时期演进的结果。这些时期的历史，是一部为取消私有财产而奋斗的记录。专制君主们和群众运

动再三再四地想限制或完全废除私有财产。不错,这些企图是失败了。但是,它们的影响遗留在一些观念上;而这些观念决定着财产的法律形成和定义。财产的法律概念,没有充分考虑到私有财产的社会功用,因而有一些疏漏和抵触,从市场现象的决定中反映出来。

为着一致地贯彻,财产权的内容应该是有两方面的。一方面,承认财产主有权取得来自财产运用的一切利益;另一方面,要他承担来自财产运用的一切损害。这样,就只有财产主对于财产运用的结果负起完全的责任。在处理他的财产时,他将会把他的行为所可能引起的一切后果——认为有利的和认为有害的——都考虑到。但是,如果他的行为结果,有些不属于他有权取得的利益范围,有些不属于他应承担的损害范围,那么,在他的计划中不会烦心于行为的一切后果了。凡是不增加他自己满足的利益和不增加他自己负担的损害,他都置之不理。如果关于财产权的一些法律好好地调整到符合私有财产的经济目标,则财产主的行为就不会是这样。现在,他之所以着手某些计划,只因为法律免除他对所引起一些损害的责任。他之所以不做其他的计划,只因为法律不许他取得所可得到的一切利得的权利。

关于损害赔偿责任的法律,过去是缺乏的,现在在某些方面仍然是不够的。"每个人如果行为损害了别人,对于这种损害是要负责的"这个原则,大体上讲,是被接受了的。但是,法律上还有许多漏洞,立法者拖拖拉拉没有把它们弥补起来。这样的拖拉,有的是故意,因为这里的漏洞正符合政府当局的意图。

以前在许多国家中,工厂和铁路的所有主,对于他们的企业行为所引起的对别人的损害——例如,煤烟、噪音、污水以及不完善的设备所引起的意外事件,对于邻居、顾客、员工和其他人等的损害是不负责任的;那时的想法是:谁也不应妨碍工业化和交通发展。同样的想法,曾经而且还在怂恿许多政府为奖励投资于工厂铁路而给予津贴、租税减免、关税保护以及低利贷款等等。在这种场合,这些企业的责任,或者是在法律上或者是在事实上,都减轻了。后来,在许多国家又有一个相反的趋势:工业家和铁路的责任,相对于别的公民和别的行业而言,加重了。这也是有个政治目标在发生作用,即立法者想保护穷人、工资收入者和农民，以对抗富有的企业家和资本家。

　　财产主对于他的行为所引起的某些损害不负责任，或者是由于政府和立法者的政策使然，或者是由于传统的法律条文的漏洞，不管怎样，这总是一些行为者必须考虑到的一个极据。他们遇着"外部成本"这个问题。于是，有些人仅仅因为"成本的一部分不由他们负担而落在别人身上"这个事实而选择某些满足欲望的方式。

　　极端的例子，是前面所讲的无主的财产那种情形⑨。如果一块土地不为任何人所有，尽管法律的形式主义把它叫作公有财产，这块土地之被利用是不会考虑到不利的后果的。能够把这些报酬——森林的木材和猎物、水域的鱼类、地下的矿铁等——据为己有的那些人们，不会顾虑他们利用的方法所引起的后果。对于他们而言，土壤的蚀耗、矿藏的枯竭以及对于将来利用的其他损害，都是外部成本，不纳入他们的投入产出的计算中。他们砍伐树木，完全不想到新苗的重生。在打猎捕鱼的时候，他们不会避免采用那些伤害渔猎资源的方法。在人类文明的初期，品质优良的土地还有许多没有被利用，当然，人们并不觉得那些伤害资源的掠夺方法有什么错。当这些方法的后果显现在净报酬之减少的时候，耕种者放弃他的农田，迁徙到别处耕种。人们之开始想到那样的一些掠夺方法是浪费的时候，只在人口的密度增加，而第一级土地再也没有可以自由占有的时候。在这个时候，他们才巩固土地私有制。私有制开始于耕地，后来一步一步地推广到牧场、森林和渔业区域。新开辟的海外殖民地区——尤其是美国那么大的空地，当欧洲第一批移民到来的时候，那惊人的农业潜力几乎原封未动。这些殖民地之土地利用，也经过了上述的同样过程。直到十九世纪后期的几十年，那里总有些空地让新来者——拓荒者——自由占有。美国之有拓荒者和其拓荒的经过，都不是美国独有的特征。美国情形之特殊，在于当拓荒者销声匿迹的时候，一些意理的和制度的因素妨碍了土地利用方法适应极据的变动而调整。

　　在欧洲大陆中部和西部地区，私有财产制已坚固地建立了几百年，情形就不同了。在那里，以前耕种的土地没有地力蚀耗的问题。在那里，森林没有被蹂躏的问题，尽管建筑和开矿用的材料，以及取暖、铸铁、做陶器和玻璃的燃料,长久以来都要靠国内的森林来供给木材。森林的所有主不得不基于他们的私利来保护它。直到最近几年以前,在人口最密的工业地区,还有 1/5 至 1/3 的地面是第一级的森林区,而这些森林都是依照科学方法来管理经营的⑩。

　　详细说明现代美国土地所有权情况之所以形成的那些复杂因素,这不是交换学的任务。不管这些因素是什么,它们毕竟造成了一种情形,在这种情形下,许许多多农民和大多数伐木业者都有理由把那些因土壤、森林的疏于保养而发生的损害看作外部成本⑪。

　　如果从行为的个人或行为的企业的观点看来,行为的成本有大部分是外部成本的话,则他们所作的经济计算就显然是有缺陷的,而其结果也就是虚假的。这个说法是不错的。但是,这不是像某些人所说的,是生产手段私有制固有的一些缺陷的结果。恰相反,这是遗留在这个制度里面的一些漏洞的结果。这是可以靠修改有关的法律来改革的:修改那些有关损害责任的法律,并废除那些妨害私有权充分运用的法制障碍。

　　外部经济,并不仅是外部成本的反面。它有它自己的境界和特征。

　　如果一个人的行为结果不仅有利于自己,而且也有利于别人,那有两种可能的情形。

　　1. 作计划的行为者认为,他所期待的对于他自己的那些利益是很重要的,以致他情愿支付这个计划所必需的全部费用。至于这个计划也有利于别人这个事实,并不妨碍他独力完成这个计划。例如,一个铁路公司建筑堤坝保护它的轨道以免雪崩或山洪的冲击,这个计划也保护邻近的房宅。但是,邻近人家分享这个利益并不妨碍这个公司实施它所认为重要的这一计划。

　　2. 一个计划所需要的费用是很大的,以致因这个计划而得到利益的人们,谁也不愿意全部承担。于是,这个计划的实现,只有靠分享其利益的人多到足够分摊这全部的费用的数目。

　　假使不是因为这个现象完全被现行的伪经济学误解,关于外部经济这个问题,似乎无需再多讲了。

　　当消费者们宁可牺牲某一计划(我们把它叫作 P)的实现所可得到的满足

而去实现某些别的计划的时候，计划 P 是不能赚钱的。P 的实现要用掉许多资本和劳力，而这些资本和劳力是可以用来实现消费者所更迫切需求的那些别的计划的。外行人和冒充的经济学者不知道这个事实。他们坚不承认生产要素的稀少性。照他看来，P 的实现无须任何代价，也即，无需放弃任何其他的满足；使我们这个国家不能无偿地享受 P 的利益的，只是利润制度在作祟。

这些短视的批评者还继续说，如果 P 的不能赚钱，只是由于企业家的计算不顾那些对于他们而言是外部经济的 P 的利益，则利润制度更是荒谬了，从整个社会观点来看，这些利益不是外部的。它们至少使社会的某些分子受益，因而会增加"总福利"。所以，P 的未实现是社会的一项损失。因为专心于别的营利事业，不愿实现这些不能赚钱的计划，填补这个空隙就是政府的责任。政府应该以公营事业的形式来经营，或者津贴民间企业家和投资者经营。津贴的方法，或者直接从公库予以金钱津贴，或者间接地用保护关税的手段来津贴，使关税的负担落在产品购买者的身上。

但是，政府为着自己赔本经营或者津贴民间经营，使其不赔本而需要的那笔资金，必须靠课税或借债得来。课税就是减少纳税人的消费能力和投资能力，借债则是减少借贷市场可借给民营事业的资金。政府没有比个人更多的能力可以从无生有。政府花的钱多，民间所能花的就少了。公共工程不是靠一根魔杖的神秘来完成的，它是靠取自民间的资金支付代价。如果政府不干预的话，民间将用这笔资金来经营有利的业务，现在因为这笔资金被政府减削了，民间原可经营的有利业务就必须放弃。每一个要靠政府的资助才可实现的不赚钱的计划，都有一个相对的计划是由于政府的干预而被放弃的。可是这未实现的计划却是有利的，也即是说，它将按照消费者更迫切的需要使用有限的生产手段。从消费者的观点来看，把这些生产手段用来实现不赚钱的计划，是浪费。它剥夺了他们所想得到的满足，而强迫他们接受政府所支持的计划。

一般大众是没有想象力的，他们不能超越肉眼的视域来看事情，所以，他们易被欺骗，易被统治者的惊人成就弄得神魂颠倒。他们看不出他们自己为那些成就支付了代价而终于放弃了"如果政府少做那些事情，而他们将可享受的"许多利益。他们没有想象力想到政府所不许可实现的那些可能的事情。⑫

如果政府的干预使用一些边际以下的生产者能够挡得住更有效率的工厂、商店或农场的竞争而继续生产,则那些神魂颠倒者更是惊讶得手足无措。这时,他们会说,这明明白白的是总产量增加了,如果没有政府的帮助,就不会有这项增加的财富。事实上发生的事情恰好相反;总生产和总财富的数量是减少了。高成本的生产被促成了,或被保留了,低成本的生产就被迫减少了,或不继续了。消费者所得到的不是更多,而是更少。

例如,我们常听到的一个说法,说政府在自然资源贫瘠的地区促进农业发展是件好事。这些地区的生产成本高于其他地区;这正是这些地区的大部分土地成为边际以下的土地的原因。如果没有政府资助,耕种这些边际以下的土地的农民就挡不住较肥沃的农场竞争。农业萎缩或不能发展,而这整个区域就成为这个国家的落后地区。由于充分明了这个情况,营利事业就不会在这里投资建筑铁路,把这些不幸的地区与一些消费中心连接起来。这里的农民们的困境不是缺乏交通便利引起的。因果关系是反过来的;因为营利的事业家看出了这里的农民没有好景的前途,他们不愿投资建筑一条缺乏货运而势必赔本的铁路。如果政府屈服于一些压力团体的要求,建筑这条铁路而在赔本的情形下经营,那确实有利于这些贫瘠地区的农地所有者。因为运输他们产品的成本有一部分由国库负担,他们就比较容易和那些耕种肥沃土地而没有政府补助的农民竞争。但是,这些受惠的农民所得到的利益是由纳税人支付代价的,纳税人必须供给这条铁路所亏损的资金,这既不影响市场价格,也不影响农产品总供给量,而只使那些原为边际以下的农地经营变成有利,使其他原为有利经营的农地变成边际以下的土地而已。这是把生产活动从那些需要较低成本的土地转移到需要较高成本的土地。这并不增加总供给和总财富,而是减少了它们。因为那些用来耕种高成本土地的资本和劳动增加额是从其他的用途拉过来的,如果留在那些用途,它们将可生产些其他消费财而为消费者所更迫切需要的。政府达到了它的目的——使国家的某些地区能够得到它们所不能得到的利益,但是,它在别处却制造了一些损失,而这损失超过了受惠地区所得的利益。

智慧创作的外部经济

外部经济的极端事例,见之于各种加工业和建筑业智慧方面的产品。指导技术程序的那些聪明设计所提供的服务是无穷尽的,这是它们的特征。因为这些服务是不稀少的,所以没有节省使用的必要。经济财私有制所据以建立的那些考虑,不适用于智慧的创作。它们留在私有权的范围以外,不是因为它们是无形的、非物质的、不可触知的,而是因为它们的服务不会穷尽。

人们到后来才开始认知这种事象也有它的坏处。它把一些这样秘诀的生产者——尤其是技术程序的发明者和著作家、作曲家——安置在一个特殊地位。他们承担了生产成本,而他们创造的产品所提供的服务却可被每个人自由享受。就他们而言,他们所生产的,完全是或几乎完全是外部经济的。

假若我们既没有版权制度,也没有专利制度,发明家和著作家就是处在企业家的地位。他们相对于别人而言,享受一种暂时的利益。当他们刚开始自己利用他们的发明或他们的稿本,或者使别人(制造者或出版者)得以利用它的时候,他们在这个当儿有机会赚得利润,直到每个人可以同样利用它为止。一到这个发明或这本书的内容大家都知道的时候,它就成为"自由财",而这位发明者或著作家只享有荣誉了。

这里所涉及的问题与那有创造力的天才的一些活动无关。空前的事物的发明者或创造者们的作为,不是用之于一般人的那种意义的"生产"或"工作"。他们的作为不因当时的人对他有何反应而受影响。他们的作为是无待鼓励的。[13]

至于其劳务为社会所不可少的那些知识分子,情形就与此不同了。我们可以不管第二流的诗人、小说家、戏剧家和作曲家的问题,我们无需探究,如果没有这些人的作品,对于人类是不是一个严重损失。但是,为着把知识传授给后代人,为着使行为人得以熟习他们为实现他们的计划所需要的一切知识,那就很明显地要有一些教科书、一些范本、一些手册和一些其他非小说的作品。如果每个人可以自由免费复制这些作品,人们大概是不会辛辛苦苦地写这种出版物。就技术方面的发明和发现来讲,这种情形更为明显。这方面的一些成就所需要的广博实验,常常是很费钱的。如果对于那些发明者和那些在实验上花了很多钱的人们而言，他们所得的结果不是别的，只是一些外部经济，那么，技术的进步大概是要严重地受到妨碍的。

专利制和版权制是最近几百年法律演进的结果。它们在财产权传统的体系中的地位，还在争论中。人们对它们侧目而视，认为它们是不正当的。它们被视为特权，是当年仅靠政府当局授予作家和发明家的特权，因而得到法律保障的一个遗迹。它们的作用是可疑的，因为它们只有在使独占价格下的出卖成为可能时才是有利的。⑬而且，专利法的是否公平，基于下列理由也发生争论：专利法只是奖赏那些在最后阶段完成某些发明而使这些发明进入实际用途的人们。这些发明是逐渐接近成功的，以前还有些人对于这些发明的贡献比享有专利权的这个后继者要大得多，但是，他们没有享受到专利权的利益。

对于赞成和反对版权与专利制的一些议论的检讨，不是交换学范围以内的事。交换学只要强调一点，即：这是财产权划定界域的问题，随着专利和版权的废除，作家和发明家大概就是些外部经济的生产者。

特权与准特权

法律制度对于选择自由和行动自由所加的限制，并不是在任何情形下都不可克服。法律本身，或法律执行机关的行政命令，对于某些特殊人物明白地给予特权，让他们不履行别人所必须履行的义务。另外有些人敢于明目张胆地蔑视法律的限制；他们这种大胆的作为，使他们享有一种准特权。

无人遵守的法律，是无效的法律。不是对所有的人都有效的法律，或不是所有的人都遵守的法律，会给那些豁免了的人们（或由于法律本身或由于他们自己胆大妄为）取得差别租或独占利得的机会。

这种豁免，不管是合法的特权还是非法的准特权，对于市场现象的决定，都没有关系。取得特权或准特权的个人或商号，在取得时如果支付了成本，这些成本不管是合法的（例如，执照税）还是非法的（例如，贪污官吏的纳贿），也都没有关系。如果输入的禁令对某一数量的进口可以通融，市场价格就受到两个因素的影响：（1）这个输入数量，（2）为取得和利用这个特权或准特权的特殊成本。至于这批输入是合法的（例如，在数量管制的输入制下对某些人给予的特权）还是违法的走私，对于价格结构没有关系。

注　释

① 见第二章第三节。

② 参考 Strigle, *Die ökonomichen Kategorien und die Organisation der Wirtschaft*（Jeua，1923），pp. 18 ff。

③ 参考 Cohen 和 Nagel, *An Introduction to Logic and Scientific Method*（New York，1939），pp. 316～322。

④ 许多社会改革家，其中尤其是 Fourier 和马克思，对于"自然赐与人类的解除不舒适的手段，是稀少的"这个事实，不置一词地放过。照他们看来，"一切有用的东西不是丰富的"这个事实，只是由于资本主义生产方法之不适当而引起的，所以，在共产主义这个"较高层次"的社会中就会消灭。有一位终于不得不讲到自然对人类幸福给与的障碍的杰出的孟什维克（Menshevik）作家，用典型的马克思口吻说，自然是最无情的剥削者。参考 Mania Gordon, *Workers Before and After Lenin*（New York，1941），p. 227。

⑤ 对于市场现象加以强制的干涉所引起的一些经济后果，在本书第六篇已经讨论。

⑥ 参考 Albert L. Meyers, *Modern Economics*（New York，1946），p. 672。

⑦ 这是政治民主或经济民主的共同特征。民主的选举并不保证被选的人是不犯错误的，而只保证大多数的投票人所选的人当选。

⑧ 关于决定货币购买力的那些因素的变动，见第十七章第五节。关于资本的累积和耗损，见第十八章第七节。

⑨ 见第二十二章第二节。

⑩ 十八世纪后期，欧洲的一些政府开始制定保护森林的法律。但是，如果把保护森林的任何任务归之于这些法律，那就是一个严重的错误。在十九世纪中叶以前，那里还没有什么行政机构来执行这些法律，除掉奥国和俄国政府以外——较小的德意志各邦政府更不必说——实际上没有力量对抗那些贵族地主来执行这样的法律。在一九一四年以前，政府的官吏谁也没有足够的勇气敢于触怒一位波希米亚的（Bohemian）或西利西亚的（Silesian）贵人或一位德意志的大地主（Mediatized Standesherr）。这些名公巨擘自发地负起保护森林的责任，因为他们从财产的保有得到充分的安全感，因而极想把他们的收入来源和财产的市场价值保持住，不让它们减低。

⑪ 我们也无妨说：他们把那些土壤森林的注意保护而产生的利益看作外部经济（external economics）。

⑫ 参考 Hengy Hazlitt, *Economics in One Lesson*（New York，1946）对于政府支出的明朗分析。

⑬ 见第七章第三节有创造力的天才。

⑭ 见第十六章第六节。

第二十四章　利益的和谐与冲突

一、市场上的利润与亏损的最后根源

　　市场情况反复无常的变动,使经济制度不能成为均匀轮转的经济而一再地产生企业利润和亏损,有些人受益,有些人吃亏。因此,人们得到结论:"一个人的利得是另一个的损失;如果没有别人损失,谁也不能得到。"这个武断的说法曾经由某些已往的作家提出。在现代的作家中 Montaigne 是第一个复述的人;我们简直可以把这个说法叫作 Montaigne 的武断。这个武断是新旧重商主义的精髓。在所有现代重商主义的教义中,都含有这个意思: 在市场经济的架构里面,一国内部各个社会阶层的利益是冲突的,任何国家与其他所有的国家之间,更是冲突的。①

　　就货币购买力因现金诱发的变动对于延期支付的影响而言,Montaigne的武断是对的。但是,就任何种类的企业盈亏而言——不管这些盈亏是出现于静态经济(这里,利润的总额与亏损的总额相等),还是出现于进步的或退步的经济(这里,盈与亏的两个总额不相等),这个武断完全是错的。

　　在一个未受束缚的市场社会里面,一个人之所以获得利润,不是由于他的同胞们的困境或苦难,而是由于他减轻或完全消除同胞们的不适感。伤害病人的是那些病,而不是治病的医生。医生的利得不是来自疾病的流行,而是来自他给病人的诊治。利润的最后根源,总是关于将来的远见。比别人看得远、看得准,而又能把自己的活动调整到适于将来的市场情况的人们,赚得利润,因为他们能够满足大众最迫切的需要。有些人所生产的货物或所提供的劳务,购买者抢着买,因而他们赚得利润;有些人拿到市场去卖的商品是大众不愿以够它总成本的代价购买的,因而他们赔本。但是,前者的利润并不是来自后者的亏损。这些亏损是因为对于未来的消费者需要缺乏先见之明。

影响供需的外来事件有时会来得很突然、很意外,以致有人这样说:有理知的人,谁也不能料到这些事情。于是,嫉妒心强烈的人就认为,从这种变动赚得的利润是不公平的。但是,这样武断的价值判断,并不改变利害关系的真实情况。对于一位病人而言,用大的价钱请一位医生诊治,确比缺乏医疗要好些,否则他不会请教医生。

在市场经济里面,买者和卖者之间的利益没有任何冲突。亏损是由于对将来的缺乏远见。如果每个人和市场社会的所有分子,都能正确地预料到将来情况而且据以行动,则大家都有利得。如果情形真是这样的话,则资本与劳力不会有一点浪费在较不迫切的欲望之满足上。但是,人,毕竟不是全知的。

从怨恨和嫉妒的出发点来看这些问题,是错的;把观察点限之于各个人一时的地位,也同样是错的。这里,有些社会问题,必须就整个市场制度的运作来判断。可以保证社会每个分子的需要得到最可能满足的,正是"那些比别人有更能预料将来的人们在赚取利润"这个事实。如果要为那些受害于市场变动的人们而削减利润,则供给对于需求的调整不仅不会改善,而且弄得更糟。如果我们不许医生有时收取高的诊费,那并不是使选择医生职业的人数增加,而是这种人数减少。

交易总归是买卖双方都有利的。即令一个人在赔本的价格下出卖,也比完全不出卖或只在更低的价格下出卖还好些。他的赔本是因为他缺乏远见;即令他所接收的价格是低的,出卖毕竟使他的损失有一限度。如果买者和卖者都不认为,在当时的情形下,交易是他们所能选择的最好的行为,他们就不会实行交易。

"一个人的利得是别人的损失"这个说法,适用于盗窃、战争和劫掠。盗窃的赃物就是失主的损失,但是,战争与商业是两件不同的事情,Voltaire 在一七六四年写他的哲学词典 Patrie 这一条的时候,他写着:"要做一个好国民就要希望本国以贸易致富,以武力致富;很明显的,一个国家如果不牺牲别国,就不能致富;如果不加害于别国,就不能称强。"Voltaire 和许多其他的作家(包括他的前辈和他的追随者)一样,认为研习经济思想是不必要的。如果他读过和他同时的休谟的论著,他就应该知道,把战争与对外贸易相提并论是如何荒谬。Voltaire 这位对一些古老的迷信和谬见的伟大揭发者,竟不知不觉地陷入这个最可悲的谬见中。

面包商人以面包供给牙科医生,牙科医生为面包商人诊治牙痛。面包商人也好,牙科医生也好,都未受害。如果把这样的劳务交换与武装流氓的抢劫面包店,看作同一事情的两个表现,那就是大错。对外贸易不同于国内贸易的,只在于货物和劳务的交换超越了两个主权国的疆界。奇怪的是:在休谟、亚当·斯密、李嘉图以后的数十年,拿破仑皇子——也即后来的拿破仑三世——还写着:"一国输出的货物数量,与这一国为它的荣誉和尊严,对它的敌国所能放射的炮弹数量成正比。"[②]关于分析国际分工和国际贸易之后果的一切经济学说,到现在还不能摧毁重商主义"对外贸易的目的在于把外国人弄穷。"[③]这种谬见的势力。揭发这种武断和其他类似的一些幻想和错误的根源,这是历史研究的工作。就经济学而言,这个问题早已解决了。

二、生 育 节 制

生活资料之天然的稀少,逼得每个生物在生存斗争中不得不把所有其他生物看作不共戴天的仇敌,而惹起残酷的生物学上的竞争。但是,就人与人的关系来讲,当分工制度代替了个人的、家庭的、部落的和国家的经济自给自足的时候,不可解的利害冲突就消失了。在这个社会制度里面,只要人口还没有多过适度的数量,是不会有利害冲突的。只要增加的人口就业后的报酬,超过人口增加的比例,那就是利益和谐而不会利益冲突。这时,人们就不至于为争取有限的生活资料而彼此为敌。他们在追求共同的目的下成为合作者。人口数字的上升并不削减而是增加各个人的平均份额。

假若人们所追求的只是营养和性的满足，人口就会趋向于超过有限的生活资料所限定的适度数量，但是，人们所要的不止于单纯地过活和性交，他们要过像人的生活。不错，环境的改善，通常是引起人口增加；但是，人口增加会落在生活资料的增加之后。如果不然的话，人们决不会成功地建立社会关系，不会成功地发展文明，就鼠类和微生物而言，生活资料一增加，它们就繁殖到超过资料所能维持的限度；没有一点东西剩下来以备其他的目的的寻求。工资铁律的基本错误，在于它把人——至少是把工资收入者——看作只有动物冲动的东西。主张工资铁律的人们没有看出，人之异于禽兽是由于他还要追求一些特属于人的目的，这些目的，我们无妨叫作较高尚的或较庄严的目的。

马尔萨斯的人口法则是伟大的思想造诣之一。连同分工原理，它给现代生物学和进化论提供了理论基础；这两个基本定理对于人的行为科学之重要性，仅次于错综复杂的市场现象中的规律性之发现。对于马尔萨斯法则提出的反对论，也如同对于报酬律提出的反对论一样，是浅薄不足道的。这两个法则都是不容争辩的。但在人的行为科学体系里面派给它们的任务，与马尔萨斯派给它们的不同。

非人的生物完全受马尔萨斯所描写的生物学法则的支配。[④] 对于它们而言，"它们繁殖的数目趋向于超过生活资料，因而那些得不到生活资料的'冗员'就被淘汰掉"这个说法是有效的。最低生活资料这个观念，就非人的禽兽而言，有一个不含糊的、独特的确定意义。但是，就人来讲，情形就不同了。单纯的动物学上的冲动是所有的动物所共有的。可是，人把这种冲动的满足统合于一个价值系统，在这个系统里面，特属于人的一些目的，尤有它们的地位。行为人也要把他的性欲满足做到合理化；这是经过正反两方面的考虑以后的结果。人并非像公牛一样盲目地受性欲的支配，如果他认为成本——预料中的不利——太高，他就会自制而不性交。在这个意义下，我们无妨采用马尔萨斯所用的"道德的节制"（moral restraint）这个名词，但不含任何价值或伦理的意思。[⑤]

　　性交的合理化已经包含生殖的合理化。后来又有一些与节制性交无关的节制后嗣的方法被采用。人们采用弃婴或杀婴,以及堕胎这些残忍办法。最后,他们学习了不致怀孕的性交行为。在最近几百年当中,避孕法已经改良,而且采用的人也大大增多了。可是这个方法是早已知道的、早已实行了的。

　　现代资本主义带给一般大众的财富以及资本主义带来的卫生环境和医疗防治方法的改良,大大地减低了人类的死亡率,尤其是婴儿的死亡率,而使平均寿命延长。现在,在这些资本主义国家,节制生育如要成功,只有比以前更加厉行。进到资本主义的这个转变——也即把以前曾经束缚私人创业和企业功能的那些障碍予以消除——已深深地影响到性行为的习惯。新的事情并不是生育节制的实行,而只是实行生育节制的愈来愈多。尤其新的是生育节制的实行不再限于社会的上层阶级,而且普及全社会。因为资本主义使社会的所有阶层都脱离了贫民境界,这是资本主义最重要的社会效果之一。它把手工劳动者群的生活水准提高,因而他们也成为"布尔乔亚",也会像小康的市民们那样想、那样做。为了他们自己和子女们都能保持住他们的生活水准,他们就也参与生育节制。随着资本主义的扩展和进步,生育节制成为一个普遍运动。由此所见,进到资本主义的这个转变,伴着两个现象:出生率和死亡率都降低,平均寿命延长。

　　在马尔萨斯的时代,还不可能看出资本主义在人口方面会发生的效果。今天再也不容怀疑了。但是,有许多人蔽于一些浪漫的偏见,竟说这是特属于西方文明的白种人衰颓堕落的现象。这种浪漫思想引起一个严重的忧虑,那就是亚洲主义的亚洲人(The Asiatics)没有把生育节制推行到西欧、北美和澳洲人的同样程度,因为治疗和预防疾病的现代方法也使东方的人口死亡率降低,因而他们的人口增加比西方国家的快得多。在这种情形下,印度人、马来亚人、中国人和日本人(他们自己对于西方的技术和医疗的成就没有贡献,只是把它们当作意外的赠品来接受)不会到最后仅凭其人数之优势来压榨西方人的子孙吗?

　　这些恐惧是无稽的。历史的经验告诉我们,所有高加索民族对于资本主义带来的死亡率减低的反应,是降低出生率。当然,从这样的历史经验不一定推论出一般的法则。但是,行为学的思考会指出,这两个现象有必然的连续性。关系生活福利的外在环境有了改善,使人口数字的增加成为可能,但是,如果生活资料的增加量因养活增加的人口而完全消费,那就没有剩余的东西可用以再提高生活。文明的进步就到此为止;人类就处在一个停滞状态。

如果我们假定防治疾病的发明是由一种幸运所达成的,而这个发明的实际利用,又无需大量的投资,也无需大量的费用,则上述的那种结果更为明显。当然,现代的医药研究,尤其是研究结果的应用,是需要大量资本和劳力的。它们都是资本主义的产物。它们绝不会在非资本主义的环境中出现。但是,在以前曾有过不同的事例。天花的种痘预防法,不是来自费钱的实验室研究,而且那些原始的、粗疏的方法,应用起来所花的成本也有限。如果天花的种痘预防法,早已在那些没有推行生育节制而又未进到资本主义阶段的国家普遍采用,请试想现在的结果会怎样?那就是人口大大增加,而生活资料没有随之增加,平均生活水准就要降低。

于是,天花的预防不是一件好事,而是一个祸因。

亚洲和非洲的情形大体上是一样的,这些落后地区的人民,从西方接受了一些现成的防治疾病的办法。他们甚至有时可免费享有药物、医院设备,乃至医生的服务。白种人支付这些成本,有时是出之于人道的想法,有时是为他们自己的利害关系所迫。不错,在这些落后国家,输入的外国资本,以及用本国的小小资本而采用的外国技术,也会提高劳动的生产力,因而引起平均生活水准走向改善的趋势。但是,这不足以抵消由于死亡率降低,出生率没有适度降低而引起的相反趋势。落后地区的人民与西方接触,并没有得到利益,这是因为这种接触还没有影响到他们的心;没有把他们从一些古老的迷信、偏见和误解中解放出来;它只是改变了他们的技术和医疗知识而已。

东方民族的一些改革家,想为他们的同胞得到西方国家所享受的物质福利。迷于马克思的、民族主义的、军国主义的一些观念,他们以为,为达到这个目的只要引进欧美的技术就行了。斯拉夫民族的布尔什维克和民族主义者,以及他们在印度、中国和日本的同路人,都不了解他们的人民所最需要的不是西方的技术,而是在一些别的成就以外还产生了这种技术知识的那个社会秩序。他们最缺乏的,是经济自由和民间的原创力、企业家和资本主义。但是,他们实际上寻求的,只是工程师和机器。产生资本主义的那个西方精神,对于东方人还是陌生的。他们只输入一些资本主义的行头或道具,而不许资本主义原封输入,这是没有用的。资本主义文明的功绩不会在非资本主义的环境中达成,也不能在一个没有市场经济的世界里保持住。

假若亚洲人真的进入西方文明的轨道,他们就得毫无保留地采纳市场经济。那时,他们的民众将会超越现在的贫困境界而和每个资本主义国家的人民一样实行节制生育。再也没有过多的人口出生,以致妨碍生活水准的改善。但是,如果东方民族将来还是只接受西方的一些物质的成就,而不信奉它的基本哲学和社会意理,他们将永远留在现在这样劣势的贫困地位。他们的人口可能大大增加,但是,他们将不会超脱出他们的困境。这些悲惨贫穷的民众对于西方国家的独立,不会构成严重的威胁。只要武器还有需要,市场社会的一些企业家决不会停止生产更有效力的武器,因而保障他们的国人得以优越的装备胜过仅有黩武精神而非资本主义的东方人。两次世界大战的军事经验,已重新证明资本主义国家在军需生产方面也是卓越的。资本主义文明,除非它自己毁灭自己,外国的侵略者决不能摧毁它。凡是资本主义的企业精神被容许自由发挥的地方,战斗部队总会好好装备而不是落后地区的庞大军队所可对抗的。我们常常听说,"秘密"武器的制造公式被大家知道了是很危险的。这也未免过度夸张。如果战争再起,资本主义世界的研究人员,总会走在只知道抄袭模仿的那些民族的前面。

发展了资本主义制度而继续保持它的这些民族,在任何方面都比别的民族优越。他们之急想保持和平,并不是他们柔弱而不能作战的说明。他们爱好和平,因为他们知道武装冲突是使社会分工解体而有害于各方面的。但是,如果战争终于不可避免,他们在军事上也显示他们的优越效率。他们会击退野蛮的侵略,不管侵略者的人数有多少。

把出生率故意地调整到适于幸福生活的可能的物质供给量,这是人的生活和行为所不可缺少的一个条件,也是文明和财富、福利的增进所不可缺少的一个条件。至于节制性交是不是唯一的节制生育的有利方法,这是一个要从身心卫生的观点来决定的问题。如果把这个问题扯到世世代代发展出来的一些伦理教条，那是荒唐可笑的。各个时代所面临的情况不是一样的。但是，行为学无关乎这个问题的理论研究。它只是确定一个事实：凡是在没有生育节制的地方，就不会有文明和生活水准改善的这一类的问题。

一个社会主义国家必得由政府来管制生育率。人民的性行为也和其他方面的行为一样，要纳入组织中。在市场经济里面，每个人自动自发地注意到这个问题，他不愿生下"不降低他的家庭生活水准就不能养活的孩子"。因此，出生率受到限制，由资本供给量和技术知识水准所决定的那个适度人口不至于超过。各个人的利益与其他所有的人的利益是一致的。

那些反对生育节制的人们，是想废弃保持人类和平合作和社会分工所不可少的一个办法。凡是平均生活水准因人口的过度增加而下降的地方，不可分解的利害冲突势必发生。每个人又在生存斗争中成为其他所有人的敌人，消灭敌人是增进自己福利的唯一办法。那些宣称生育节制违反上帝意旨或自然法则的哲学家和科学家，是在闭着眼睛不看事实的真相。自然限制了改善人类生活所必需的资料。自然情况既如此，人，就得在相互仇杀或社会合作二者来选择。但是，如果人人纵欲生殖，社会合作就不可能。人在节制生育的行为上，正是把他自己调整到适于自然情况。性行为的合理化是人类文明和社会联系所不可少的一个条件。如果这个条件不具备，长期地看，生存的人数不会增加只会减少，而且将使每个人的生活穷困悲惨，和数千年前我们祖先所过的生活一样。

三、"正确了解的"利益和谐

自古以来就有许多人盲目地赞美他们的祖先在原始的"自然境界"所享受的幸福。经由这些古老的神话、童话和诗歌，这种原始幸福的影像就成了十七八世纪一些流行的哲学的成分。在他们的用语中，"自然的"这个形容词，是指在人事方面是好的和有利的，而"文明"一词则有"臭名"或"耻辱"的涵义。

人脱离了原始境界(在原始境界里面,人与其他动物很少差异)就被认为人的堕落。当时,这些赞美往古的浪漫主义者宣称:那时人与人之间没有冲突。在伊甸园里面,和平不受干扰。

可是,自然并不造就和平和善意。"自然境界"的特征是不可和解的冲突。每个人是其他所有的人的敌对者。生活资料是稀少的,养不活所有的人。冲突决不会消灭。如果有一帮人为打击共同的敌人而联合起来,在敌人被消灭了以后,在这帮胜利者当中又会为战利品的分配问题而发生新的冲突。冲突的根源,总是在每个人的所得份都会减削别人的所得份。这是一个不容和平解决的难题。

使得人与人之间的友好关系成为可能的,是分工后的较高生产力。它消除了自然的利益冲突。因为凡是有分工的地方,就不会再有"不可增加的供给量"的分配问题。幸亏在分工下劳动的较高生产力使财货的供给量加倍增加。这是个显著的共同利益。保持并加强分工与合作,会消灭一切根本上的冲突。行为学上的竞争,代替了生物学上的竞争。它使社会全体分子的利益达于和谐。不可和解的生物学上的竞争所从而发生的那个条件——也即所有的人大体上是争夺一些相同的东西这个事实——转变成有利于利益协调的一个因素。因为许多人,甚至所有的人都要面包、衣服、鞋子和车辆,所以,这些货物的大规模生产才行得通,而且生产成本也因之减低,大家可以低价买到。与我同时同地的一些人,和我一样,也需要鞋子这个事实,并不使我更难于得到鞋子,而是使我更易于得到,抬高鞋子价格的是"自然没有供给更多的皮革和其他必然的原料"以及"要把这些原料做成鞋子,必须忍受劳动的负效用"这个事实。那些和我一样急想买到较便宜鞋子的人们的行为学上的竞争,使鞋价便宜,而不是使鞋价更贵。

这就是关于市场社会中,全体分子之利益的正确了解的利益和谐定理的意义。⑥当古典经济学家做这个陈述时,他们是要强调两点:第一,每个人都利于社会分工的保持,这个制度使劳动的生产力加倍增多;第二,在市场社会里面,消费者的需求终于指导一切生产活动。"不是所有的人的欲望都可满足"这个事实,不是由于不适当的社会制度或市场经济制度的缺陷。这是人生的一个自然状态。"自然赐予人类不竭的财富"、"贫穷苦难是由于人们不能组成一个好的社会"这个信念是完全错误的。改革家和空想家描述成天堂般的那种"自然境界"，事实上是一个极端贫困的境界。边沁说过："贫穷不是法律的作品，而是人类的原始状态。"⑦这就是说，就社会最底层的人们来讲，也比没有社会合作时的人们，生活好得多。他们也受惠于市场经济的运作而分享文明社会的利益。

十九世纪的改革家们也未放弃原始的人间天堂这种神话。恩格斯(Frederick Engels)把它纳入马克思的人类社会进化论。但是，他们不再把黄金时代的极乐世界作为社会经济制度改造的模型。他们把他们所谓的资本主义的邪恶，和将来人们在社会主义的福地所可享受的理想幸福相对照。社会主义的生产方式将会解除资本主义用以钳制生产力发展的那些束缚，将会无限地提高劳动的生产力，无限地增加财富。自由企业和生产手段私有制的保存，只是有利于少数寄生的剥削者，对于大多数的工人是有害的。因此，在市场社会的架构里面，"资方"和"劳方"之间不可和解的冲突总是盛行的。这种阶级斗争的消失，只有在一个公平的社会组织——或者是社会主义的，或者是干涉主义的——代替了显然不公平的资本主义生产方式的时候。

这样的说法几乎是我们这个时代普遍接受的社会哲学。这不是马克思创造的，尽管它的流行是由于马克思和马克思主义者的著作。现在接受这个说法的，不仅是马克思主义者，有许多强调反马克思主义的人们以及口头上赞成自由企业的人也接受它。它是罗马天主教的社会哲学，也是安格鲁天主教的社会哲学；新教各派和东正教中许多有名的人物也支持它。它是意大利的法西斯主义、德国的纳粹主义，乃至各形各色干涉主义所共有的一个主要部分。它是德国 Hohenzolerns 皇室和法国力图复辟 Bourbon—Orléans 王朝的保皇党人的社会政治哲学，乃至美国罗斯福总统的新政以及亚洲和拉丁美洲的民族主义者所共同的意理。至于这些方面和党派之间的对立或敌对，只是关于一些偶然事件——例如宗教、教条、宪政制度、外交政策——尤其重要的，是关于用以代替资本主义的那个社会制度的特质。但是，他们都同意于一个基本的说法，即：资本主义制度的存在，是有害于工人农民这绝大多数人的主要利益的;他们都以"社会正义"的口号要求废除资本主义。⑧

　　所有的社会主义和干涉主义的作家以及一些政客们,都是从两个基本的错误观点来分析批评市场经济。第一,他们没有看出:凡是为将来的欲望满足而作准备的一些努力——也即人的一切行为——必然是投机性的。他们天真地假定,关于用来为消费者做最好准备的那些方法,是没有什么可怀疑的。在一个社会主义国家,不需要主管生产的独裁者(production tsar,或中央生产管理局)来投机(推测)。他"只"要用那些有利于他的子民们的那些方法。主张计划经济的人们从来没有想到这个工作是要为将来的欲望满足作准备——将来的欲望是与今天的欲望不同的;是要以最方便的办法为这些不确定的未来欲望作最好的准备,而使用各种可用的生产因素。他们没有想到,这个问题是要把稀少的生产要素分派在各种生产部门,而分派得使那些被认为更迫切的欲望较那些次迫切的欲望先得到满足。这个经济问题绝不可与技术问题混淆。技术知识只会告诉我们,在我们现在的科学知识水准下,可以成就些什么。它不答复像"生产什么"、"生产多少",以及"在许多可采用的生产程序中,应该采用哪一个"这一类的问题。主张计划社会的人们,不懂得这个要点,所以,他们迷信主管生产的独裁者在他的决定中不会有错。在市场经济里面,企业家和资本家不能避免犯严重的错误,因为他们既不能正确地知道消费者想要什么,也不能正确地知道,他们的竞争者要做什么。社会主义国家的总经理,是不会犯错的,因为只有他有权决定生产什么和如何生产,也因为没有别人的行为会干扰他的计划。⑨

　　社会主义者对市场经济的批评所涉及的第二个错误,是来自他们错误的工资理论。他们没有看出工资是对工人的成就——他的努力对有关货物之加工的贡献——所支付的代价,或者如一般人所说,工人的劳务增加了原料的价值,工资是对这个价值所支付的代价。不管是计时的工资或计件的工资,雇主总是购买工人的劳务而不是购买他的时间。所以,"在未受束缚的市场经济里面,工人对于他的工作没有亲身的兴趣"这种说法是不对的。社会主义者说,那些以每小时、每天、每周、每月,或每年为单位赚得工资的工人,当工作有效率的时候,并不是受他们自己的自利心所驱使;这是最错误的说法。在论时计工制下的工人,之所以不敢疏忽、不敢胡混,并不是崇高的理想和责任感发生作用,而是一些很实在的论证在督促他。工作愈多、愈好的工人,得到愈高的报酬,想赚得更多的工人,必须增加他所完成的量,并改善他所完成的质。雇主们决不会糊涂到让他们自己受懒惰工人的欺骗;他们决不会糊涂到像那些给成群胡混的官僚们照例发放薪水的政府。工人们也不会愚昧到不知道偷懒和无效率是要在劳动市场上受严重惩罚的。⑩

社会主义的作家们既把工资在行为学上的性质误解了,而又以这个误解的工资论作基础(这是个不稳定的基础),提出关于"劳动生产力将因他们的计划之实现而增加"这种异想天开的神话。他们说,在资本主义制度下,工人的工作热情受到严重的损害,因为他知道他自己不收获他的劳动成果,他的辛辛苦苦只是增加雇主——寄生的不做事的剥削者——的财富。但是,在社会主义制度下,每个工人将会知道,他的工作是为社会的利益,而他是这个社会的一分子。这个认识会促使他尽最大的努力来工作。劳动生产力于是大大地增加,因而财富也大大地增加。

但是,把每个工人的利益与社会主义国家的利益视同一体,这纯然是个法律上的和形式上的虚构,而与真实的事情无关。一个工人在加强他的努力时所作的牺牲,只是他一个人单独承担,而那因他的加强努力而增加的生产,只有极小极小的一部分分到他,而改善他的福利。如果一个工人偷懒怠工,他就完全享受这休闲的快乐,至于因他的偷懒而减少的生产,对于他所分得的那一份,减少得微乎其微。在这样一个社会主义的生产方式下,所有在资本主义制度下个人自利心发生的一切诱因,完全消失了,而且还对偷惰的人给以奖赏。在资本主义制度下,自利心激发每个人的勤劳;在社会主义制度下,它使每个人懒惰。社会主义者还可胡扯地说:社会主义社会的降临,会使人性发生神奇的改变,高尚的利他心将会取代卑鄙的自利心。但是,面对现有的经验,他们再也不应该沉溺于这种神话了。⑪

凡头脑清醒的人,都会从这些彰明较著的理由得到这个结论——在市场经济里面,劳动生产力比在社会主义制度下的,高得不能相提并论。但是,这个认识并没有从行为学的,也即科学的观点,解决资本主义的拥护者与社会主义的拥护者之间的争论。

不顽固、没有偏见，且具有善意的社会主义者还可这样说："在市场社会里面生产出来的净所得总额 P，可能大于社会主义社会所生产出来的净所得总额 p。但是，如果社会主义制度把 p 平均地分摊给社会所有的分子（也即，$p/z=d$），则那些在市场社会里面，其所得小于 d 的人们，将会因为社会主义替代了资本主义而得到利益。而且，这一组人可能是社会的大多数。不管怎样，市场社会全体分子的利益和谐这个说法之站不住，是很明显的。由于市场经济的存在，有一群人的利益是受害的，如果在社会主义制度下，他们的生活就好得多。"对于这个论断，自由主义者们有异议。他们相信 p 会远远地落在 P 后，以致 d 会小于市场经济里面赚得最低工资的那些人的所得。自由主义者提出的这个反对论，无疑地很有根据。但是，他们对社会主义者的一些论点所加的驳斥，却不是基于行为学上的考虑，所以缺少行为学的论证所固有的那种明确而不容争辩的说服力。它是基于一个有关联的判断，P 与 p 两个数量之差的估计。在人的行为方面，这种数量的知识是得之于领悟，关于领悟是不能得到大家完全同意的。行为学、经济学和交换论都无助于这样的数量问题的纷争之解决。

社会主义者还可再进一步说："即令在社会主义制度下，每个人比资本主义制度下最穷的人还穷，我们还是要拒绝资本主义。我们基于伦理的理由，看到资本主义是不公平的、不道德的制度而不赞成它。我们基于通常所说的非经济的理由而赞成社会主义，即令它减损了每个人的物质福利，我们也宁愿忍受。"⑫这种对物质福利傲然无动于衷的态度，是一些逃避现实的象牙塔里的知识分子和禁欲的隐士们的特权，这是不容否认的。可是，相反地，使得社会主义受人欢迎而博得许许多多的人拥护它的，却是"它会比资本主义给大家更多的生活舒适"这一幻想。但是，无论如何，这样偏袒社会主义的议论，不是那些从劳动生产力方面来理论的自由主义者所能影响的。这一点是很明显的。

如果对于社会主义的计划所提出的反对理由只是说"社会主义将会降低所有的人，或者至少是大多数人的生活水准"，再也没有其他的理由提出，那么，就行为学来讲，要宣布一个最后判断，那是不可能的。人们应该基于价值判断的立场和关联判断的立场,来判决资本主义与社会主义之间的争论。他们应该在两个制度之间来选择,正如同在许多别的东西之间加以选择。我们无法发现一个客观的标准,可以把这个争论解决得叫每个头脑清醒的人都同意。每个人的选择自由和判断自由,不可用任何藉口来消灭。可是,事情的真相完全不同。在这两个制度之间是不容选择的。人类的分工合作只有在市场经济里面才有可能。社会主义是一个不能实现的社会经济组织制度,因为它缺乏任何经济计算法。对于这个基本问题的讨论,是本书第五篇的事情。

确认这个事实,并不等于贬抑从生产力方面推论出来的社会主义反对论的确实性和说服力。这个反对论是很有力的,以致清醒的人谁都不迟疑地选择资本主义。可是,这种说法仍然是社会经济组织的不同制度之间的一种选择,接受一个制度,拒绝另一个制度。但是,这不是二中取一的事情。社会主义不可能实现,因为这样的一个社会制度之建立是人力做不到的。这个选择不是两个制度之间的选择,而是资本主义与混乱之间的选择。在一杯牛乳和一杯钾氰化合的溶液之间来选择的人,不是在两种饮料之间选择,而是选择于生死之间。一个社会,在资本主义和社会主义之间选择,不是在两种社会制度之间选择,而是选择于社会合作和社会解体之间。社会主义不是资本主义的替代物;它是我们人类能在其中过着人的生活的任何制度的替代物。强调这一点,是经济学的任务,正如同强调钾氰化合的溶液不是饮料,而是致命的毒物,乃是生物学和化学的任务一样。

事实上,生产力的议论是有坚强的说服力的,以致社会主义的鼓吹者不得不放弃他们的旧策略而要新的手法。他们急于想转移论点,而把独占问题抬出来大事喧嚷。所有现代的社会主义宣言,无不在独占这个问题上面大做文章。政治家和教授们也争先恐后地描述独占的罪恶。我们这个时代,简直被叫作独占资本主义的时代。今天,偏袒社会主义的前锋议论,都是涉及独占问题的。

不错,独占价格的出现(不是指未索取独占价格的独占之出现),引起了独占者与消费者之间的利益冲突。独占者不是按照消费者的愿望来生产独占货物的。独占价格高到什么程度,独占者利益就优于大众的利益到什么程度,而且市场的民主也就受到限制。有了独占价格，就有了利益冲突，而非利益和谐。

关于在专利权和版权制度下，因出卖物品而接受独占价格的那些说法，是可能发生争论的。我们可以这样说：如果没有专利权和版权的立法，则这些书籍、乐谱、技术的创新不会出现。大众支付独占价格所买到的东西，是在竞争价格下所买不到的东西。但是，我们很可不管这个问题。这与我们今天大独占的争论没有什么关系。当人们讨论独占的坏处的时候，他们所指的是，在那未受束缚的市场经济里面，有个一般的而不可避免的趋势，趋向于以独占价格替代竞争价格。他们说，这是"成熟的"或"后期的"资本主义的特征。不管在早期资本主义的演进中情形是怎样，也不管对古典经济学家关于正确了解的利益和谐这个说法的有效性是如何想法，现在再也没有像和谐这样的问题了。

上面曾经指出⑬独占化的趋势是没有的。许多国家有许多货物是以独占价格出卖的，而且还有许多货物在世界市场上以独占价格出卖。但是，几乎所有的这些独占价格的事例，都是政府干涉的结果。它们不是产生于那些活动于自由市场上的因素的相互作用。它们不是资本主义的产物，而是为抵消市场价格的决定力量而作的那些努力所引起的后果。说到"独占的资本主义"，这是歪曲事实的说法，更恰当的说法应该是说"独占的干涉主义"，或"独占的国家主义"。

至于那些在一个不受束缚和政府干涉的市场上也会出现的独占价格，是属于次要的。这些独占价格是些产量不多，而集中于某些地区的原料的价格，因而是地域性的有限空间的独占。可是，在这种情形下，即令政府的政策既没有直接也没有间接要建立独占价格，而独占价格也是会出现的。消费者的主权，不是完全的，市场的民主程序，也是有些运作上的限制的，这是我们所必须承认的。在某些例外而稀少的次要事例中，即令在一个未受政府干涉的束缚和破坏的市场上，生产要素的所有主和别人之间的冲突也是有的。但是，这些冲突的存在，并不损害市场经济里面大家利益的一致性。市场经济是个唯一能够运作，而且实际上已经在运作的社会经济组织。社会主义是不能实现的，因为它弄不出一个经济计算的方法。干涉主义所引起的后果，从它的主张者的观点来看，一定比它所想更换的那个不受束缚的市场经济的情形要坏些。而且，当它推行到超越了一个狭窄的实用范围以后，它就要马上毁掉它自己[14]。情形既然是这样，唯一能够保持并进而加强社会分工的社会秩序，就是市场经济。凡是不愿社会合作归于瓦解，而回复到原始野蛮状态的人们，都乐于市场经济永久保持下去。

古典经济学家关于正确了解的利益和谐那些理论，是有些缺点的，他们没有看到市场的民主程序是不完全的，因为在某些次要的事例中，即令在未受束缚的市场经济里面，独占价格也会出现。但是，更为明显的是，他们没有看到社会主义决不能被认为是社会经济组织的一个制度。古典经济学家的利益和谐论，是基于一个错误的假设，以为毫无例外地，生产要素的所有主总是受市场程序的驱使，不得不按照消费者的愿望来运用他的资产。现在，这个命题必须放在"在社会主义下没有经济计算的可能"这个知识的基础上。

四、私 有 财 产

生产手段的私有权，是市场经济的基本建构。这个建构的存在是市场经济之所以为市场经济的特征。凡是没有这个建构的地方，那就没有市场经济的问题。

所有权就是对那些会来自财货的劳务之充分控制。这个行为学上的所有权和财产权观念，有别于各国法律所陈述的所有权和财产权的定义。政府机构以强制办法使任何人得免于权利之被侵占，因而给了财产所有者之充分的保障，这是立法者和法庭所持有的财产的法律概念。如果这个目的适当地实现了，则财产权的法律概念与行为学的概念是一致的。但是，现在的情形不是如此，而是有了一些废除私有财产的趋势，即经由法律的改变，把财产所有主对他的财产有权作的那些事情的范围改变了。这些改革固然保留私有财产这个名词，而其目的在于以公有替代私有。这个趋势是各派基督教社会主义和国家社会主义者所提出的计划的显著特征。但是，这些派别的领袖们，像纳粹哲学家 Othmar Spann 那样直言不讳的倒也不多。Spann 曾明白宣称，他的计划一实现，私有权这个建构，将只保留"形式的意义，事实上只有公有权"⑮。为着免于流行的谬见和混淆，对于这些事情有提出的必要。行为学在讨论私有财产的时候，是讨论实际的控制，而不是讨论法律的一些名词、概念和定义。私有财产是指财产所有主决定生产要素的使用，而财产公有则是指政府控制生产要素的使用。

私有财产是个合乎人性的设计。它不是神圣的。它在历史的早期就已出现了，那时，人们用他们自己的能力，把那些尚未成为任何人财产的东西据为己有。有财产的人，其财产一再地被没收。私有财产史可追溯到它是发源于一些非合法的行为。但是，现在每个财产所有主或者是直接的，或者是间接的合法继承人，被继承者之得到所有权，或由于据有无主之物，或由于强夺别人。

每一笔合法财产权或可追溯到自由据有，或可追溯到强行掠夺。但是，不管怎样，这对于市场社会的情况没有什么关系。市场经济的所有权，再也不和私有财产的远古起源相联关。远古发生的那些事情，湮没在原始人类史的黑暗中，无关乎我们的今天。因为在一个未受束缚的市场社会里面，消费者天天在重新决定，谁应该保有财产以及他应该保有多少。消费者把生产手段的支配权分派给那些最善于用它们来满足消费者最迫切欲望的那些人。只有在法律的和形式主义的意义下，财产所有主才可被看作自由占有者或强行掠夺者的继承人。事实上，他们是受消费者的委托，受市场运作的指导而为消费者好好服务的一些人。资本主义，是消费者群的自决所成就的一种经济秩序。

私有财产在市场社会里面的意义，与那在每个家庭自给自足制度下的意义根本不同。在每个家庭经济自给自足的场合，私有的生产手段，完全是为财产所有主服务。只有他收获那些从财产运用得来的全部利益。在市场社会里面，资本和土地的所有主如想享受财产的利益，必须利用财产来满足别人的欲望。为了要从自己的所有权得到利益，他们必须为消费者服务。正由于他们保有生产手段这个事实，使得他们不得不顺从大众的愿望。财产权只对那些知道以最好方法为消费者的利益来利用的人们而言，才是一项资产。这是一个社会功能。

五、我们这个时代的一些冲突

通常的看法总以为，我们这个时代引起国内和国际战争的根源是市场经济所固有的一些"经济"利益的冲突。内战是"被剥削的"大众对"剥削"阶级的造反。国际战争是一些"无"的国家对那些把自然资源不公平地据为己有的国家的反抗。面对这些事实而还讲正确了解的利益和谐，这种人如果不是白痴，就是替不公平的社会秩序做辩护的坏人。明智而诚实的人，谁也不会看不出今天有些不可和解而只能用武力解决的冲突普及各处。

我们这个时代确确实实充满了引起战争的冲突。但是这些冲突不是发生于未受束缚的市场社会的运作。我们也可以把它叫作经济冲突，因为它们关涉到通常所说的经济活动方面的生活面。但是，如果从这个名称而推论到这些冲突的根源是在市场社会里面发展出来的那些情况，这就是严重的大错。产生这些冲突的，不是资本主义，倒是那些目的在于阻碍资本主义功能的反资本主义的政策。这些冲突是来自各形各色的政府干涉：干涉工商业、限制移民、歧视外国的劳工、外国的产品、外国的资本。

这些冲突，不会从未受束缚的市场经济里面产生。试想象这样的一个世界：在那里面每个人都自由生活、自由工作，想到哪里去就可到哪里去，想如何选择就可如何选择，试问这些冲突的哪一项还会存在。试想象这样的一个世界，在那里面生产手段私有这个原则完全实现，资本、劳动和货物的流动没有任何障碍，法律、法庭和行政官吏都不歧视任何个人或团体，不管是本国的或外国的。试想象这样的一种情况：政府的任务只限于保护个人的生命、健康和财产，以免暴力或诈欺的侵害。在这样的一个世界里面，画在地图上的国家疆界不妨碍任何人追求他所认为值得追求的事物。在这种情形下，任何人都不会对自己国家疆界的扩张有何兴趣，因为他不能从这扩张得到什么利益。征服别国不值得，战争变成无用的行为。

在自由主义兴起和现代资本主义出现以前的时代,绝大部分的人们只消费在他们附近可以得到的那些原料制成的东西。国际分工的发展大大地改变了这个情势。从遥远的国家输进来的食物和原料是一般大众消费的东西。欧洲最进步的一些国家,只有在物价高到使他们的生活标准大大降低的时候才不要这些输入品。他们对于那些迫切需要的矿物、木材、油类、谷物、脂肪、咖啡、茶叶、可可、水果、羊毛和棉花等的输入,必须靠输出工业产品以支付代价,这些工业产品大都由输入的原料加工制成的。他们的主要利益受害于农产品生产国的保护贸易政策。

二百年以前,一个非欧洲国家是否有效率地利用它的自然资源,对于瑞典或瑞士,没有什么关系。今天的情形,就不同了。一个富有自然资源的外国,如果经济落后,就会伤害到所有别的国家,假定这些别的国家的生活水准要靠那些国家的自然资源之适当利用才可提高的话。每个国家的无限主权这个原则,在政府干涉工商业的世界里面,是对所有国家的一个挑战。"有的"国家与"无的"国家之间的冲突是实在的冲突。但是,这种冲突只是在一定的情况下才发生,即任何主权政府可以自由妨害本国资源的好好利用,以致剥夺了消费者所可得到的利益,因而伤害了所有有关的各国人民(包括本国的)。在这种情况下,上述的冲突才会发生。引起战争的,不是主权本身,而是那些不服从市场经济原则的政府所运用的主权。

自由主义不会,而且也未曾把它的希望建立在各国政府的主权之废除上,这是个会引起不断战争的冒险。自由主义的目的在于经济自由这个观念之获得普遍承认。如果所有各国的人民都成为自由主义者而认识到经济自由最有益于他们自己,则国家主权再也不会惹起冲突和战争。维持永久和平的必要条件,既不是国际条约和盟约,也不是国际法庭以及那已瓦解的国际联盟和它的后继者联合国这一类的组织。如果市场经济的原则被普遍接受,则像这一类的权宜办法都是不必要的;如果这个原则不被接受,那些办法终归无用。永久和平只会是些意理改变的结果。只要人们固执 Montaigne 教条而认为经济繁荣只有靠牺牲别国才可求得,则和平也者,不过是下一次战争的预备期。

经济国家主义与永久和平是不相容的。可是凡在政府干涉工商业的地方,经济国家主义是无法避免的。凡在没有国内自由贸易的地方,保护主义是免不了的。凡在政府干涉工商业的地方,自由贸易即令在短期以内,也会使各种干涉政策所追求的目标终归失败⑯。

如果相信一个国家会长久容忍别国严重地伤害本国国民的那些政策,那就是个幻想。我们假想联合国早在一六〇〇年已经成立,而北美的一些印第安部落被承认为联合国的会员国。于是这些印第安国的主权应该被承认为不可侵犯的。他们有权排斥所有的外人,不让外人进入他们的领土,不让外人利用他们自己所不知道利用的自然资源。有谁真会相信国际盟约或宪章会防止欧洲人不侵入这些国家?

地球上有许多极丰富的矿藏而所在地的居民太无知、太懒惰或太笨拙,因而不能利用自然赐予的这些资源。如果这些国家的政府阻止外人开发,或者那些政府的作为,武断到使外人的投资没有完全保障,那么,对于所有有关各国的人民是严重的损害。因为他们的物质福利可以因这些矿藏的更善利用而增进。这些政府的这种政策无论是文化落后的结果,还是推行干涉主义和经济国家主义这一类时髦观念的结果,这都不关事。这两种情形的结果是一样的。

靠一厢情愿的想法来消除这些冲突,是无济于事的。造就持久和平的必要条件是一些意理的改变。惹起战争的,是现在的一些政府和政党所几乎一致采纳的那个经济哲学。照这种哲学看来,在未受束缚的市场经济里面,各国间的利益有些不可和解的冲突。自由贸易对国家有害;它带来贫穷。用贸易壁垒来阻止自由贸易为害,这是政府的职责。为着论证简便起见,我们且不提"保护政策也会伤害采行这个政策的国家利益"这个事实。但是无疑地,保护主义的目的在损害外国人的利益,而且也实实在在损害了他们。如果那被害者自认为其国力已经到足以武力排除别国的保护政策的时候,而你还相信那被害者仍会容忍别国的保护政策,那真是幻想。保护主义的哲学是一种战争哲学。我们这个时代的一些战争,不是与流行的一些经济学说不相容的,恰相反,它们正是实行这些学说的必然结果。

国际联盟的失败,不是失败于组织的不健全,而是失败于缺乏真正的自由主义精神。它是一些感染了经济国家主义而专心于经济战争的政府的一个集会。一方面,那些代表团只是空谈国与国之间的善意;另一方面,他们所代表的那些政府则在加害其他国家。国际联盟二十多年的作为,表征在每个国家对所有其他国家的经济作战。在一九一四年以前的保护关税与二十年代及三十年代发展出来的那些办法——禁运、贸易量的控制、外汇控制、货币贬值等等——比较,的确温和些。[17]

联合国的前途不是较好,而是更坏。每个国家都把输入,尤其是工业制成品的输入,看作一个灾难。尽量地排斥外国的工业制成品不让进入本国市场,这几乎是所有的国明明宣告的目标。几乎所有的国家都要反对贸易入超。他们不要合作;他们是要保护自己免受他们所认为的合作的危害。

注 释

① 参考 Montaigne, *Essais*, ed. F. Strowski, BK. Ⅰ, chap. 22 (Bordeanx, 1906), Ⅰ, 135~136; A. Oncken, *Geschichte der Nationlökonomie* (Loipzig, 1902), pp. 152~153; E. F. Heckscher, *Mercantilism*, trasl. by M. Shapiro (London, 1935), Ⅱ, pp. 26 ~27。

② 参考 Louis Napolean Bonaparte, *Extinction du Pauperisme* (èd. populaire, paris 1848), p. 6。

③ H. G. Wells(在他的 *The World of William Clissold*, BK. Ⅳ, Sec. 10)用这些字句来描写英国贵族们的典型见解。

④ 当然,马尔萨斯法则是一个生物学的而不是行为学的法则。但是,这个法则的认知,对于行为是不可少的,因为它有利于行为学显出人的行为之特征。因为自然科学没有发现它,经济学家必须填补这个缺陷。人口法则的历史也推翻了一个流行的神话,这就是:关于人的行为科学落后,要向自然科学借用若干东西的神话。

⑤ 马尔萨斯用这个名词也是没有任何价值或伦理涵义的。参考 Bonar, *Malthus and His Work* (London, 1885), p. 53. 我们还可用"行为学的节制"代替"道德的节制"。

⑥ 我们也可用"长期的利益"来代替"正确了解的利益"。

⑦ 参考 Bentham, *Principles of The Civil Code*, in "Works", I. p. 309。

⑧ 罗马教会的官方教条摘录于教皇 Piux XI 的通谕 Quadragegimo anno (1931)。安格鲁天主教的教条是由 Canterbury 的大主教 Willian Temple 写在 *Christianity and the Social*

Order（Penguin Special，1942）这本书里面的。欧洲大陆新教教义的代表作，是 Emil Brumer 的 *Justice and the Social Order* 这本书（M. Hottinger 译。New York，1948）。一件很有意义的文献是一九四八年九月 the World Council of Churches 提出的报告里面论"教会与社会混乱"这一节。这件报告是向出席会议的一百五十个旧宗派的代表们建议采取适当行动。关于俄国东正教最杰出的说教者 Nicolas Berdyaew 的一些想法，参考他的 *The Origin of Russion Communism*（London，1937），尤其是 pp. 217~218 和 225。我们常常听说：马克思党人与其他社会主义及干涉主义党人之间的主要不同，是马克思党人主张阶级斗争，而其他党派则把阶级斗争看作资本主义制度下阶级利益冲突的一个可悲的结果，而想用他们所推荐的改革来消除它。但是，马克思党人并不是为阶级斗争而鼓吹阶级斗争。在他们的心目中，阶级斗争之所以是好的，只是因为它是一个有用的手段，凭这个手段，"生产力"（在马克思主义中，生产力是指导人类演进过程的一个神秘力量）就必然使"无阶级的"社会实现，在这样的社会里面，既无阶级，当然也就无阶级冲突。

⑨ 关于这个迷信的彻底揭穿，见本书第五篇论社会主义制度下经济计算的不可能。

⑩ 参考第二十一章第五节。

⑪ 本文所驳斥的这个教条，John Stuart Mill 是个最好的说明者。（参考 *Principles* of Political Economy [People's ed. London，1867]，pp. 126 ff）。但是，Mill 只是为着反驳一个反社会主义的议论而用到这个教条。那个议论是说，消灭了对自利心的诱因，那将有害于劳动生产力。他没有盲目到这样讲：劳动生产力在社会主义制度下将会加倍提高。关于 Mill 的理论之分析和辩驳，参考 Mises，*Socialism*，pp. 173~181。

⑫ 这种议论方式，是许多有名的基督教社会主义的宣传家所常用的。马克思主义者之宣扬社会主义，则是基于"社会主义会使生产力倍增，而为每个人带来空前的物质福利"这个理由。仅仅是在最近，他们才改变他们的宣传策略。他们宣称，苏联的工人比美国的工人更快乐，尽管他们的生活水准比美国工人低得多；因为，他们知道，他们是生活在一个公平的社会制度下，就凭这一点，就可补偿物质的困苦而有余。

⑬ 参考第十六章第六节。

⑭ 参考本书第六篇。

⑮ 参考 Spann，*Der Wahre Staat*（Leipzig，1921），p. 249。

⑯ 参考第十六章第六节及后面的第三十四章第一节。

⑰ 关于国际联盟为消除经济战而作的那些努力之失败，参考 Rappard，*Le Nationalismne economique et la Société des Nations*（Paris，1938）。

第五篇

没有市场的社会合作

第二十五章 一个社会主义社会的想象结构

一、社会主义这个构想的历史根源

当十八世纪的社会哲学家们奠立行为学和经济学的基础时,他们碰到一个几乎被普遍接受而无争论的"自私的个人"与"国家"——整个社会利益的代表——之间的区别。但是在这个时候,那种终于把那些掌握社会强制机构的人们奉之为神的神化程序还没有完成。当大家说到政府的时候,他们心中所想的还不是"全知全能的神,一切美德皆归焉"那种半神学的观念,而是在政治舞台上活动的实实在在的那些政府。那是一些不同的主权体,其领土的广阔是流血战争、外交阴谋,以及异族通婚和继承的结果。那是一些君主,而其私人财产和收入大都是与公库不分的,那是一些寡头政制的共和国,像威尼斯(Venice)和瑞士的一些州,在那里,公共行政的终极目的,是在为执政的贵族们增加财富。这些统治者的利益,一方面与他们的那些"自私"而只追求自己福利的子民们的利益相冲突,另一方面又与那些渴求征服以扩张领土的外国政府的利益相冲突。在讲到这些冲突的时候,许多讨论公务的刊物的作者们总是袒护他们本国的政府所持的理由。他们非常真诚地认为:统治者是为全社会谋利益的一些斗士,不可避免地是要与个人们的利益冲突的,在抑制子民们的自私自利的时候,正是政府在增进全社会的福利以替代各个人各自为谋的小利。

自由主义的哲学抛弃这些想法。从它的观点来看,在未受束缚的市场社会里面,正确了解的利益是没有冲突的。人民的利益与国的利益不冲突,每个国的利益与其他所有的国的利益也不冲突。

可是在论证这个命题的时候,自由主义哲学家自己也对于"像神的国"这个想法贡献了一个精制的因素。他们在他们的研究中,用了一个理想国的影像替代他们那个时代实在的国。他们构想一个模模糊糊的政府影像,而这个政府的唯一目的是在使它的人民快乐。这样的理想,在欧洲旧制度下,确实找不着与它相类似的东西。当时的欧洲,有德国那样的一些儿童皇帝,把他们的子民当作牛马卖给外国打仗;有些皇帝一有机会就侵袭邻近的弱国;有分割波兰的惊人事实;有与最荒淫无度之徒——the Regent Orléans 和 Louis XV——连续统治的法国;有与皇后私通的鲁莽奸夫统治的西班牙。但是,自由主义哲学家只讨论和那些腐败宫廷贵族政府毫无共同点的一个国家。在他们的著作中出现的国家,是由一个完全的超人统治的,这个超人的王国只有一个目的,就是增进人民的福利。从这个假定出发,他们提出这样的一个问题:公民们的个人行为,如果让它自由不受政府任何管制,会不会走向这位贤明的国王所不赞成的方向去呢?自由主义哲学家对这个问题的答复是否定的。他们承认,企业家们是自私自利,寻求他们自己的利润的,这是事实。但是在市场经济里面,他们要想赚得利润,只有以最好的方法来满足消费者最迫切的欲望。企业家的目的与那完善的国王的目的没有差异。就这仁慈的国王来讲,也是要善用生产手段使消费者得到最大的满足,除此别无目的。

很明显地,这样的理论是把一些价值判断和政治偏见引进问题的讨论。这种爱民如子的父权统治者,不过是这种经济学家的别名,这种经济学家利用这个诡论,把他个人的价值判断抬举成普遍有效的、绝对的、永恒的价值标准那么尊严。他把他自己和那完善的国王视为一体,如果他具有国王的权力,他会把他自己所要选择的那些目的叫作"福利"、"公益"和"国民经济的生产力",以示别于自私的个人所追求的那些目的。他竟天真到看不出这个假想的国家元首只是他自由任意的价值判断的化身,而沾沾自喜地以为他自己发现了一个不容争辩的善恶标准。在这个仁慈的父权的独裁者假面具之下,他本人的那个"自我"被奉为绝对道德律的福音。

这个假想的国王的理想政权，其特征是所有的国民都无条件地服从极权统治。国王发号施令，大家服从。这不是一个市场经济；这里没有生产手段私有权。市场经济这个名词是保留着，但事实上再也没有任何生产手段私有权，没有真正的买和卖，也没有市场价格。生产不是由消费者在市场上所表现的行为来指导的，而是官方的命令在指挥。政府指派每个人在社会分工的体系中所处的地位，决定应该生产什么、如何生产，以及每个人可以消费多少。这就是现在所可叫作德国型的社会主义统制。①

现在，有些经济学家把这个假想的制度——这个制度在他们的心目中是道德律本身的具体化——与市场经济比较。他们所能说的市场经济的最好处是，它不会引起一个不同于完善的独裁所做成的情况。他们之赞成市场经济，只是因为市场的运作——照他们看来——最后会达成完善的国王所要达成的同样结果。所以把"那道德上是善的、经济上是有利的东西"与"极权的独裁者的一些计划"（极权的独裁是所有主张计划经济和社会主义的斗士们共有的特征）视为二而一、一而二，这是已往许多自由主义者所不争辩的。我们甚至必须这样讲：当他们把这个理想的影像来替代那个充满了邪恶的、无耻的暴君和政客的现实世界的时候，他们就开始陷于这种混淆了。当然，自由主义的思想家会以为，这个完善的境界只是一个推理的补助工具，也即用以比较市场经济运作的一个模型。但是，人们终于提出这样的一个问题：为什么我们不把这个理想的情况从思想方面搬到现实方面呢。这个问题的提出是不足为怪的。

所有已往的社会改革家都想没收一切私有财产，来个重新分配以实现好的社会；每个人的所得份额，应该彼此相等，政府应该不断地警戒，保障这种平等制继续维持住。这些计划，当大规模的工矿交通事业出现的时候，已成为不可实现的计划。把大规模的企业单位分解成小单位而平均分配，这是绝对做不到的。②于是，古老的重分配计划被社会化的想法代替了。生产手段是要没收的，但不是用来重分配。而是国家本身来经营所有的工厂和农场。

一到人们开始不仅把道德的完全而且也把智慧的完全归之于"国"的时候，这种论断已成为逻辑上的不可避免。自由主义的哲学家们，曾经把他们想

象中的"国"形容为不自私的存在体，只专注于增进其子民的福利。他们曾经
发现，在一个市场社会的架构里面，公民们的自私自利一定引起与这个不自私
的"国"所力求实现的目的相同的结果；正是因为这个事实，所以他们认为市场
经济是应该保留的。但是，一到人们开始不仅把至善而且也把全知归之于
"国"的时候，事情就变得不一样了。这时你就不得不得到这样的一个结论：
不会犯错的"国"，在生产活动方面，能够比犯错的个人做得更好些。企业家和
资本家常常因为错误以致计划失败，所有的这些错误，这个"国"都可避免。错
误的投资和稀少资源的浪费，都不会有；财富将倍增。"无政府"的生产，与"万
能国"的计划相比较的时候，就显得浪费，于是，社会主义的生产方式显然是唯
一的合理制度，而市场经济似乎是不合理的具体化。在社会主义者的心目中，
市场经济只是人类史一个短暂时期的越轨。在那些受了历史自足主义
（historicism）影响的人们心目中，市场经济是人类进化过程中一个低级的社
会秩序，这个社会秩序是那必然的进化程序为建立社会主义制度所将消除的。
这两个思想路线都同意，理知的本身就会保证进化到社会主义。

　　天真的人所说的"理知"，不过是他自己的价值判断之绝对化。这个人，天
真地把他自己理知的产物和绝对理知这个漠然的观念视同一体。没有一个社
会主义者曾经想一想：他所想赋予无限权力的那个抽象东西——不管是叫作
"人类"、"社会"、"民族"、"国家"或"政府"——可能做出他所不赞成的事情。
社会主义者鼓吹社会主义，因为他充分相信，社会主义国家的最高统治者，从
他的——这个社会主义者的——观点看来，一定是明白道理的；他会努力达成
他——这个社会主义者——所完全赞成的那些目的；他会选择他——这个社
会主义者——也会选择的那些手段。每个社会主义者只把这个制度——即完
全满足了上述那些条件的——叫作真正的社会主义；所有其他号称社会主义
的都是假的，完全不同于真的社会主义。每个社会主义者都是一个伪装的独
裁者。所有反对的人遭殃了！他们丧失了他们的生存权而一定受到"清算"。

　　市场经济使人与人之间的和平合作成为可能，尽管关于他们的价值判断
彼此不能一致。在社会主义者的计划中，没有包容异议的余地。他们的原则
是在警察力量的强制下完全一致。

人们常常把社会主义叫作宗教。它确是一个自我神化的宗教。计划者所说的"国"和"政府"，民族主义者所说的"民族"，马克思主义者所说的"社会"，实证主义者所说的"人类"，无非是这些新宗教的神的名称。但是所有这些偶像，仅是那个改革者自己的意志的别名。把神学家们归之于上帝的那些属性，全部归之于他的偶像，改革者在这样做的时候，那个膨胀了的"自我"给它自己增光。它是至善、全能、全知、无所不在、无时不在的。它是这个不完全的世界里面唯一完全的东西。

经济学并不是用来检讨盲目的信仰和执迷的。诚实的人经得起任何批评。在那些计划者的心目中，批评是羞辱的，是坏人的反叛，亵渎到他们的偶像尊严。经济学只讨论社会主义者的一些计划，不管那些驱使人们信奉那些新宗教的心理因素。

二、社会主义的教条

马克思不是社会主义的创作人。社会主义的观念，在马克思接受社会主义信条的时候，已经很充实了。对于他的前辈所发展出来的关于社会主义制度行为学上的记述，已没有什么可以增加的，马克思也确未增加什么。马克思也没有驳斥早期作家以及他同时的人们对社会主义所提出的那些反对论。他甚至从未着手于这件事情，好像他已完全知道在这件事上他不能成功。他在对付社会主义所遭受的批评所做的事情，只是想出了"多元逻辑论"（polylogism）而已。

但是，马克思对于社会主义的宣传所提供的贡献，就不限于多元逻辑的发明。更重要的是他的"社会主义不可避免"说。

马克思是生活在社会进化论被普遍接受的时代。神的无形之手指引人从较低的、较不完全的阶段走向较高的、较完全的阶段，而人不自觉。在人类的历史过程中有个不断进步和改善的趋势，是不可抵御的。人事的每一较后阶段，正因为其为较后，也就是较高的、较善的阶段。在人事方面除掉这个不可抵抗的进步趋势以外,别无永久不变的事物。黑格尔,在马克思初露头角的前几年死去,曾经把这个论断陈述在他那迷人的历史哲学里面。尼采,正在马克思引退的时候初露头角,也使这个论断成为他那同样迷人的一些论著的焦点。这是最近二百年的一个大神话。

马克思所做的,是把社会主义信条统合在这个社会进化论。社会主义的到临是不可避免的,就凭这一点,即可证明社会主义比资本主义更高级、更好。因为资本主义是前一阶段的,社会主义是后一阶段的。赞成或反对社会主义这一类的讨论是无用的。社会主义将因"自然法的不受商量"③而必然到临。只有白痴才会笨拙到提出"必然到来的东西是否比以前的更好"这个问题。只有受了剥削者的贿赂的人,才会蛮横到寻找社会主义的毛病。

如果我们把"马克思主义者"这个称呼来称呼所有接受这个论断的人,那么我们就要把我们同时代的大多数人叫作"马克思主义者"。这些人同意社会主义的到来是绝对不可避免的,而且也是非常可喜的。"将来的潮流"驱使人类走向社会主义。当然,他们对于谁应该受托来驾驶这只社会主义的船,彼此间是有异议的。这个职位有多数的候选人。

马克思想以双重方法证明他的预言。第一是黑格尔的辩证法。资本主义的私有财产是个人财产的第一个否定,必然产生它自己的否定,也即生产手段公有制的建立。④事情会这么简单,简单到像马克思时代横行德国的那许许多多黑格尔主义的作家们所想象的!

第二个方法是渲染资本主义带来的一些叫人不满意的情况。马克思对资本主义生产方式的批评,完全是错误的。甚至最正统的马克思主义者也不敢认真地支持它的要义,即资本主义将使工资赚取者愈来愈穷困。但是,如果为着讨论方便起见,姑且接受马克思分析资本主义的那一切谬见,也得不到这两个结论——社会主义是必定到来的,而且它不仅是比资本主义更好的制度,甚至是最完善的制度。这个制度的终于实现将带给人世间永恒的至福。所有马克思的、恩格斯的以及许多马克思主义者的那些论著中所用的推论式,都不能掩盖一个事实,即:马克思的预言所由出的唯一、而最后的根源是他们所认为的"灵感",靠这个灵感,马克思宣称他看出了决定历史行程的那些神秘力量。

像黑格尔一样,马克思是个先知,把自己得之于神灵启示的那个秘密之音传播给大众的先知。

在一八四八到一九二○年之间,社会主义史的突出事件,是关于它的运作的一些根本问题几乎没有讨论到。马克思主义者把所有想检讨社会主义国的经济问题的企图一概诬之为"不科学的"。谁也没有足够的勇气冒犯这个禁忌。社会主义的朋友也好,敌人也好,都默认社会主义是个可实现的人类经济组织。有许许多多关于社会主义的文献讨论所谓资本主义的缺点,也讨论社会主义的一般文化内容。但是从来没有讲到像社会主义那样的经济学。

社会主义的纲领基于三个"独格码":

第一,"社会"是一个全能全知的东西,摆脱了人类的缺陷和弱点。

第二,社会主义的到来是不可避免的。

第三,历史是不断进化的,从较不完善的情况进到较完善的情况,社会主义的到来是可喜的。

在行为学和经济学的范围以内,关于社会主义所应讨论的唯一问题是:社会主义能作为一个分工制度而运作吗?

三、社会主义在行为学上的特征

社会主义的主要特征是:只有一个意志发生作用。至于这个意志是谁的意志,这是不重要的问题。这个统治者或者是一个神化了的国王或独裁者,靠天授的权力来统治,或者是民选的希特勒型的一个领袖,或领袖们的集体统治。统治者的重要行为是一切生产要素的利用都由一个发动力来指挥。只有一个意志在选择、作决定和发号施令。其余所有的人只是服从命令和教导。组织和计划的秩序替代"无政府的"生产,替代各个人的创造力。分工合作要由一个钳制的制度来保障,在这个制度下,一个统治者独断独行地命令他所有的子民绝对服从。

这个统治者既名之曰"社会"(马克思主义者是这样做的)、"国家"、"政府"或"当局",人民就易于忘记这个统治者毕竟是一个人,而不是一个抽象的观念或一个神秘的集合体。我们也可承认这个统治者或统治者们的集团,是些能力卓越的人,又聪明又满怀善意。但是如果认为他们是全知的,是不犯错的,那就完全是白痴的想法。

就行为学来分析社会主义的一些问题,我们不要涉及这个统治者的道德或伦理性格。我们也不讨论他的价值判断和他的最后目的的选择。我们所要研究的只是这个问题:像我们这样不是神的人,装备着"人"心的逻辑结构,能不能胜任社会主义社会的统治者所要承担的那些任务。

我们假定这个统治者具有他那个时代的一切技术知识而可自由运用。而且,他还有一份详尽记载一切可用的物质生产要素的清单,和一本可雇用的全部人力的名册。在这些方面,他还可把成群的专家召集到他的办公室向他提供完全的情报,并正确地答复他所问的一切问题。各方面的报告成堆地累积在他的桌上。但是,现在他必须行动。他必须在许许多多不同的计划中来选择,选择的结果,是使他自己所认为的那更迫切的欲望,不因为那些必要的生产要素用在他认为次要的欲望满足而得不到满足。

这个问题与最后目的的价值判断根本无关;这个认识是很重要的。它只涉及为达成最后目的而选择的手段。我们假定这个统治者对于最后目的的价值判断已有决定。我们不问他的决定如何。我们也不问他的人民或子民对于这个统治者的决定是赞成或反对。为着讨论简便起见,我们也可假定有个神秘的力量,使得每个人一致地同意这个统治者对最后目的的价值判断。

我们的问题——决定性而且唯一的社会主义问题——是个纯粹的经济问题,因为如此,所以仅涉及手段而不涉及最后目的。

注 释

① 参考后面第二十七章第二节。

② 但是,甚至在今日的美国,还有些人想粉碎大规模的生产而且解散公司组织。

③ 参考 Marx, *Das Kapital* (7th ed. Hamburg. 1941), I. 728。

④ 同上。

第二十六章　社会主义不可能有经济计算

一、问　　题

　　统治者想建造一座房子,现在有许多可用的方法。从这个统治者的观点看来,这些方法的每一个有利也有弊,花在建筑材料和人工上面的经费不一样,所需要的时间也不一样。这个统治者将选择哪一个方法呢? 他不能把那些要用的各种材料和各类劳动放在一个共同的标准来计算。因此他不能比较它们。他既不能对这个等待期(即建筑所费的时期)也不能对这座房子的耐用期,用个确定的数字来表示。简言之,在比较要花的成本和预期的利益时,他不能用算术来运算。他的工程师们的计划列举许许多多分类的项目;它们所指涉的是各种材料的物理和化学的性能,以及各种机器、工具和程序的实物生产力。但是,所有这些项目彼此之间仍然不相干。没有方法把它们联系起来。

　　试想这个统治者在面对一个方案的时候所处的苦境。他所要知道的是:这个方案的执行会不会增加福利,也即,会不会使财富有所增加,而又不损害他所认为更迫切的需要之满足。但是,他所有收到的报告都没有给他提供解决这个问题的线索。

　　为着讨论简便起见,我们首先无妨把消费财的生产如何选择这个难题撇开。我们可假定这个问题已经解决了。但是,生产财的种类多得无法列举,而可用以制造消费财的程序也是无数的。每个产业最有利的地点，每个工厂和每件工具最适度的大小，都要作决定。每个产业应该用哪一类的动力，在发动动力的许多方法中又该选择哪个方法。所有这些问题每天都会发生，发生时的情况又各不相同。在每个不同的情况下，又要有适于这个特殊情况的个别解决法。这个统治者的决定所要涉及的因素之多，远超过仅从技术的观点就物理和化学来分类列举的生产财的数目。以煤为例来讲吧，这个统治者不仅要考虑煤的本身，还要考虑千千万万已在各地开采的煤矿，还要考虑新矿开采的可能，还要考虑各种不同的开矿法，还要考虑不同矿藏的不同煤质，还要考虑利用煤来产生热、产生力以及产生其他许多衍生物的种种方法。我可以说，现在的技术知识水准，差不多可以做到从任何东西产生出每样东西。例如，我们的祖先只知道木材的有限用途。现在技术为它增加了许许多多的新用途。木材可用以造纸，造各种纤维、食品、药物以及许多其他综合产品。

今天有两个方法可用来供应一个城市的清水。一个是用些引水管从遥远的水源把水引来，这是个用了很久的老方法。一个是化学方法，把这个城市邻近的水加以澄清。为什么我们不在工厂里面用综合法生产"人造水"呢？现代的技术知识当可容易解决有关人造水的一些问题。可是，一个平常人凭他的常识也会把这样的计划视为疯癫的行为而加以嘲笑。今天，人造水之不成为问题——今后也许不然——的唯一理由是：用金钱做出的经济计算告诉我们，这是一个比其他方法更费的方法。由此可知，没有经济计算，你就不能在不同的办法中作合理的选择。

社会主义者的反对是说经济计算不是不会错的。他们说资本家在他们的计算中常常错误。当然，错误是有的，而且是永久会有的。因为人的行为都是对着将来的，将来总归是不确定的。即令最周密的计划，如果关于未来的预测成为泡影，它就要失败。今天，我们是从我们现在的知识观点，来计算我们现在预测中的未来情况。我们不涉及这个统治者能不能预测将来情况这个问题。我们所考虑的是，这个统治者不能从他自己现在的价值判断的观点来计算他自己预测中的未来情况，不管他的价值判断是些什么。如果他今天投资于罐头工业，有一天消费者嗜好的改变或者关于罐头食物的卫生观念有了改变,他的投资就变成错误的投资。这是可能发生的事情。但是,他在"今天"如何能够算出要怎样建筑和装备这个罐头工厂才是最经济的呢?

如果在十九世纪、二十世纪之交,大家预料到公路运输和空中运输将要大大发展,那时就不会建筑那许多铁路了。但是,当时建筑铁路的那些人知道从他们的估量预测以及由当时消费者的评值反映出来的市场价格的观点,在一些可能的方法中来选择其中的一个,来实现他的筑路计划。这就是这个统治者所缺乏的识见。他像一个不熟习航海术而在远洋航行的水手,或者像一位中古时代的学者在搞铁路工程。

我们已假定这个统治者已经决心建筑某一个工厂或其他建筑物。但是,为做这样一个决定,他早已要有经济计算。如果是一座水力发电厂要建筑,他就要知道这是不是提供能源最经济的方法。如果他不能计算成本和产出量,他如何知道这个方法是不是最经济?

我们无妨承认,在初期,一个社会主义的政府在某种程度以内可以依赖以前资本主义的经验。但是,情况愈来愈有变化,以后怎么办呢? 一九〇〇年的物价对于一九四九年的统治者有何用处? 一九八〇年的统治者能从一九四九年的物价知识得到什么教益呢?

"计划"的矛盾,是它不能计划,因为缺少经济计算。凡是叫作"计划经济"的,根本就不是经济。它只是一个黑暗中摸索的办法。没有"为达成最后目的而合理选择手段"这个问题。所谓有意识的计划也者,正是有意识、有目的的行为之消灭。

二、过去没有认清这个问题

一百多年以来,社会主义的计划替代私人企业,是个主要的政治问题。赞成和反对共产党计划的书籍成百成千地出版。在私人圈子里、在报刊上、在公开集会中、在知识分子的团体内、在竞选的场合、在国会内,没有别的问题比这个问题讨论得更热烈的。为了社会主义这个问题,战争打过了多少次,血也流成了不少的河。可是,在这些岁月当中,基本问题还没有被提出。

不错,有些杰出的经济学家——Hermann Heinrich Gossen, Albert Schäffle, Vilfredo Pareto, Nikolas G. Pierson, Enrico Barone——触及了这个问题。但是,除掉 Pierson 这个例外,他们都没有透察这个问题的核心,他们都没有看出它的基本重要性。他们也不敢把它统合于人的行为理论体系中。正是这些失败,使大家不大注意他们的言论。他们既被忽视,不久也就湮没无闻了。

如果责备历史学派和制度学派对于人类最重要的问题置之不理,那是个严重的错误。这两个思想路线,狂热地毁谤经济学,在他们的那种干涉主义或社会主义的宣传中,经济学是"忧郁的科学"。但是,他们并没有做到完全消灭经济学的研究。费解的事情,不是这些诽谤经济学的人为什么看不出这个问题,而是为什么经济学家也犯同样的罪过。

数理经济学有两个基本错误,我们应该指出。

数理经济学家几乎只专心于他们所说的经济均衡和静态的研究。前面曾经说到,①一个假想的均匀轮转经济结构是经济推理所不可少的心智工具。但是,如果把这个辅助的工具看作非假想的结构,同时忽视这个事实——它不仅是实际上没有这么回事,甚至也不能把它一贯地想通到它最后的逻辑结论——那就是严重的错误。数理经济学家蔽于一个偏见,总以为经济学必须按照牛顿力学的模型来构想,而且可用数学方法来研究,他完全误解了他的研究对象,他不是在研究人的行为,而是在研究一个没有灵魂的机械,这个机械被一些不可再分析的力量神秘地驱使着。在假想的均匀轮转的经济结构里面,当然没有企业功能活动的余地。所以,数理经济学家在他的思想中排除了企业家。他不需要这种引起变动的人物(指企业家),因为他那不停的干扰使那假想的制度不能达到完全均衡的静态。他恨企业家这个扰乱因素,照数理经济学家看来,生产要素的价格决定于两条曲线的相交,而非决定于人的行为。

而且,在画他所宠爱的成本和价格曲线时,数理经济学家也没有看出,把成本和价格化成可比较的同质的量,就要涉及一种共同的交易媒介的使用。

他创造了这个幻想——即令在没有可表现生产要素间交换率的共同分母的场合，成本和价格的计算也可以做到。

其结果是这样的：从数理经济学家的著作中出现了一个社会主义的想象结构，而这个结构被看作一个可实现的分工合作制度，被看作一个足以代替那个以"生产手段由私人控制"作基础的经济制度。于是，这个社会主义社会的统治者能够把各种生产要素合理地配置，也即靠计算来配置。人们既有社会主义的分工合作，而生产要素也合理使用。他们自由地采行社会主义而又不放弃在手段选择方面的经济。社会主义并不是不考虑生产要素的合理使用。它是合理的社会行为的另一型态。

这些错误的一个明显的证明，见之于苏联和纳粹德国的社会主义政府的经验。人们没有看出，它们不是孤立的社会主义制度。它们是在价格制度还在工作的环境中运作。它们之能够作经济计算，靠的是国外的物价。如果没有这些物价的帮助，他们的行为将成为无目的、无计划的。只因为他们能够藉助于外国的物价，他们才能计算、才能记账、才能准备他们所常说的计划。

三、最近对于社会主义的经济计算的一些建议

社会主义者的论著曾经讨论到每一件事情，就是不讨论社会主义的基本的和独特的问题——经济计算。只是到了最近几年，社会主义的作家们再不能逃避这个根本问题而不予注意了。他们已开始觉得，马克思主义者臭骂"布尔乔亚的"经济学这个策略，不是一个实现社会主义乌托邦的有效方法，他们在尝试用一套社会主义的理论来替代马克思教条里面的黑格尔玄学。他们已着手设计社会主义的经济计算。在这个工作上，他们自然是要惨败的。对于他们的那些不是建议的建议，本来没有检讨的必要，可是对它们加以检讨，可以使市场社会和假想的非市场社会，这两方面的基本特征有个显明对照的机会，所以我们还是讲一讲它们的那些建议。

那些建议可分类如下：

1. 以实物计算替代以货币计算。这个方法是没有价值的。谁也不能给不同类的数量加减②。

2. 从劳动价值说的观念出发,建议用劳动作计算单位。这个建议没有考虑到原始的物质生产要素,而且忽略了同一个人和不同的人在不同的工作时间所完成的工作品质不一样。

3. 以效用的"量"作单位。但是,行为人并不衡量效用。他只把效用分等级。市场价格不是等值的表现,而是交换双方评值的一个分歧。现代经济学有个基本定理是不可忽略的,即:附着在n−1个单位供给量当中,一个单位的价值,大于附着在 n 个单位供给量当中的一个单位的价值。

4. 建立一个人为的准市场,使计算成为可能。对于这个设计将在本章第五节讨论。

5. 靠微分方程式的帮助来做计算,对于这个设计将在本章第六节讨论。

6. 靠试试改改的办法使计算成为多余的,对于这个想头,在本章第四节讨论。

四、试试改改的办法

企业家和资本家对于他们自己的计划是否最适于生产要素之配置于各个生产部门,并不能预先确定。只有事后的经验告诉他们,他们的计划和投资是对还是错,他们所用的方法是试试改改的方法。有些社会主义者说,企业家和资本家既可用此方法,为什么社会主义的统治者不可以用呢?

试试改改的方法,可以应用于"凡是其正确的解决可以从那些不易误会的标记看得出来,而那些特征又是与试试改改的办法本身无关的"一切场合。如果一个人遗失了他的皮夹子,他会到处寻找。如果他找着它,他就认得这是他的东西;无疑地,他所用的试试改改的方法成功了;他解决了他的问题。当Ehrlich 研究梅毒治疗法的时候,他试验过几百种药物,最后才发现他所要找的一种药既可以杀螺旋状菌而又不损害人的身体:这个正确解决的标记——

药号 606——就是它兼有这两个性质，这是从实验室的试验和临床经验知道的。

如果正确解决的唯一标记，是由一个被认为适于解决这个问题的方法达成的，事情就不同了。两个因数相乘的正确答数只有从算术程序的正确运用才可看得出来。用试试改改的方法来猜，固然也可以，但是在这种场合，试试改改的方法决不是算术程序的替代法。如果算术程序未曾提供一个区别对错的码尺，它就无用。

如果想把企业家的行为叫作试试改改的方法之应用，那就不要忘记，这正确的解决是容易看出其为正确的；那就是收入有超过成本这个现象的出现。利润告诉企业家，消费者赞成他的做法；亏损告诉他，消费者不赞成他的做法。

社会主义经济计算的问题确是这样：没有生产要素的市场价格，盈亏的计算是不可能的。

我们可假定，在社会主义国里面，有消费财的市场，而且消费财的货币价格是在这个市场决定的。我们可假定统治者按期配给每个分子一定量的金钱，而且把消费财卖给那些出价最高的人。或者我们也无妨假定，把各种消费财的一定部分，用实物配给的方式配给每个分子，而这些分子可以自由地在一个有交易媒介（一种货币）的市场相互交换。但是，这个社会主义国的特征是生产财被一个机构管制，统治者藉这个机构的名义而行为。生产财不是买卖的，它们没有价格。像这样，投入和产出自然不能用算术方法来比较。

我们并不是说资本主义的经济计算法可以保证生产要素配置问题得到绝对最好的解决。任何问题绝对完全的解决，不是人力所能做到的。一个未受强制力干扰的市场运作所能实现的，只是在既有的技术知识水准，以及当时最聪明的人们的智慧下所可想出、所可做到的最好的解决法而已。一旦有人发现生产的实际情况与一个可以实现的较好③情况之间有了差距的时候，利润动机就会驱使他尽最大努力来实现他的计划。到了他出卖他的产品的时候，就可知道他事先的预测是对还是错。市场天天在重新考验企业家，凡是经不起考验的就受淘汰。它总是把生产事业委托那些能够满足消费者最迫切需要的人。只有就这唯一的要点来讲，我们才可以把市场经济叫作试试改改的制度。

五、准 市 场

　　社会主义的特征,是只有"一个"意志指挥整个社会的一切生产活动。当社会主义者宣称"要以'秩序'和'组织'替代'无政府的'生产,以有意识的行动替代所谓社会主义的无计划,以真正的合作替代竞争,以为使用而生产替代为利润而生产"的时候,他们心中所想的无非是以"一个"机构的独占权力来替代消费者们,以及那些为消费者服务的企业家和资本家们无数的计划。社会主义的精髓是完全消灭市场和行为学上的竞争。社会主义制度,是个没有市场、没有生产要素的市场价格,没有竞争的制度;这就是把一切一切无限制地集中、统一于一个权威之手。在那个指挥一切经济活动的独特计划的草拟中,公民的合作——如果有点合作的话——只有靠选举统治者或选举统治者们组织委员会。在其余的事情上面,他们只是无条件地服从统治者的命令,而他们的福利也由统治者照顾。社会主义者所说的社会主义的一切优点,以及他们希望因社会主义的实现而得到的一切幸福,被说成是这绝对的统一和集中的必然结果。

　　社会主义的知识领袖们现在正忙于设计一种社会制度,在这个制度里面,预备把市场、生产要素的市场价格以及行为学上的竞争,都保存下来。他们之所以这样作,因为他们已完全承认经济学家对于社会主义者的计划所作的分析和批评是正确的,是不容反驳的。"在社会主义制度下不可能有经济计算"这个论断的迅速得势,是人类思想史上空前的事情。社会主义者不得不承认他们的最后失败。他们再也不能说,因为社会主义消灭市场、市场价格和竞争,所以它是无比地优于资本主义。相反地,他们现在急于想指出,即令在社会主义制度下,也能保存这些东西。他们正在草拟一种有市场价格和竞争的社会主义的纲领。④

　　这些新社会主义者的提议,实在是矛盾的。他们想废除生产手段的私有权、市场交易、市场价格以及竞争。但是,同时他们又想组织一个社会主义乌托邦，在那里面，让人民的行为能够像在这些东西都还存在的环境中一样。他们想人民玩耍市场像小孩们玩耍战争、铁路或学校一样。他们不了解小孩们的这种游戏为何不同于所模仿的真实事情。

这些新社会主义者说：老辈社会主义者（指 1920 年以前的所有社会主义者）的严重错误，在于相信社会主义必然要废除市场和市场交易，乃至相信社会主义经济的要义和特征就在此。这个信念是新社会主义者无可奈何地承认这个想法是荒谬的，如果实行的话，其结果就是乱得一团糟。他们又说，所幸者，还有较好的方法实行社会主义。他们认为，叫各种生产单位的经理们用他们在资本主义制度下所用的方法来经营他们那个单位的业务，市场社会的一个公司经理之经营业务，不是为自己打算而自冒风险的，而是为的公司利益，也即为的股东利益。在社会主义制度下，他也可以同样的心情来作，唯一不同的，是他的努力成果使整个社会富有，而不是使股东们富有。至于其余的，他仍然是买进和卖出、招募工人、给工人发放工资、设法谋取利润等等和以前所作的一样。从成熟的资本主义经理制度转变到计划的社会主义经理制，将会很顺利地做到，除掉投下的资本的所有权以外，没有任何改变。用"社会"来替代股东，因而人民就分享股利。如是而已矣。

这个提议和所有类似的提议有同样的一个基本错误，就是这些提议人是从知识范围不超过附属工作的低级职员的眼界来看经济问题。他们把生产结构和资本配置看作不变的，而没有考虑到为适应情况的变动，这个结构有改变的必要。在他们心目中的世界，是个不会再有改变的世界，而经济史已到了它的最后阶段。他们不知道公司职员们的工作范围只在于忠实执行他们的老板——股东——所委托的事情，而在完成所接受的命令时，他们是要调整他们自己以适应市场价格结构，市场价格最后是决定于经理的工作范围以外的一些因素。经理们的工作，他的买进和卖出，只是市场运作的一个小部分。资本主义社会的市场，也完成所有资本财配置于各种生产部门的工作。企业家和资本家创设公司和其他行号，扩大或缩减它们，解散它们或把它们与别的企业合并；他们买进和卖出老公司和新公司的股票债券；他们授予或收回信用；简言之，他们的所作所为，遍及资本和货币市场的全部活动。指挥生产事业以最好的方法去满足消费者最迫切的欲望的,是发起人和投机者的这些金融交易。这些交易构成这样的市场。如果你废除它们,你就不能保存市场的任何部分。因为遗留下来的,是个不能单独存在的片断,而且不能发挥市场的功能。

忠实的公司经理在业务经营中所扮演的角色,比这些计划的拟订者所假定的要谨慎得多。他的功能只是一个经理的功能,是给企业家和资本家的一个辅助,他们只做些从属的工作。经理的功能决不能替代企业家的功能⑤。投机者、发起人、投资者以及贷放金钱的人,在决定证券和货物交易所与货币市场的结构时,就形成一个轨道,经理们受托应做的工作限于这个轨道以内,经理们在做这些工作时,必须调整他的程序以适应越出经理任务以外的那些因素所创造的市场结构。

我们的问题不涉及经理的活动;它是关于资本之配置于各种生产部门。问题是:哪个部门的生产应该增多或减少,哪个部门的生产目标应该改变,什么新的生产部门应该创设?关于这些问题不是忠实的公司经理和他的高度效率所可解答的。凡是把企业精神与经理才干弄混淆了的人,是看不清经济问题的。在劳工的争执中,有关的双方不是经理部门与劳工,而是企业(或资本)与薪资收入的受雇员工。资本主义制度不是一个经理制度,它是一个企业制度。如果我们说决定生产要素配置于各种生产部门的不是经理们的事情,这并不损伤经理之为经理的功绩。

谁也没有建议过社会主义可以招来一些发起人和投机者继续他们的投机事业,然后把他们的利润移交公库。那些建议为社会主义制度创立准市场的人们,也未曾想到保留证券和货物交易所、远期交易以及银行家和金钱贷放者,作为准市场的建置。我们不能把投机与投资当作游戏。投机者和投资者是把他们自己的财富命运做赌的。这个事实使得他们要向消费者负责任。如果我们解除他们这个责任,我们就是取消了他们的特征,他们也就不是生意人,而只是一群由统治者交付任务的人,统治者把他的主要任务——也即指挥一切工作的最高权力——交给他们,于是他们(不是那名义上的统治者)就变成一些真正的统治者,要面对那些名义的统治者所不能解决的同样问题:计算问题。

鼓吹准市场计划的那些人，在看出了这个想法是荒唐的以后，有时又含含糊糊地推荐另一个办法。即这个统治者应该像一个银行一样，放款给那出价最高的人。这又是一个要失败的想法。在社会主义的社会里面，很显然地，凡是能叫价借款的人，都是自己没有财产的人。在叫价时，他们不怕借款的利率太高对自己有何金钱上的危险而受到限制。他们一点也不减轻统治者的责任负担。贷给他们的那些款子的不安全，无论如何决不会像在资本主义制度下的信用借款，可因受借款人自己的财产所提供的部分保证而减少。所有这些不安全的危险，只有落在"社会"，社会是一切可用资源的所有者。如果统治者毫不迟疑地把可用的资金借给那些叫价最高的人，那他简直是在奖励粗心大胆以及无理由的乐观。他那等于让位给最不小心的空想家或恶棍。他应该把社会资金如何利用的决定权给自己保留。但是这样一来，我们又回到我们所从而出发的地方：统治者，在指挥生产活动的时候，不藉助于资本主义制度下为经济计算提供一个实际可行方法的那种智力分工。⑥

生产手段的使用，可以由私人控制，也可以由行使强制力的社会机构控制。在第一种情形下，有市场，一切生产要素也有市场价格，而且经济计算是可能的。在第二种情形下，这些东西都没有。如果说集体经济的一些机关将是"无所不在"、"无所不知"的⑦以这个希望来安慰自己，那是落空的。我们在行为里面，不讨论无所不在、无所不知的上帝的行为，而只讨论具有人心的凡人的行为。这样的人心没有经济计算就不能计划。

一个有市场和有市场价格的社会主义制度这个观念，正如同一个"三角的四方形"的观念同样是自相矛盾。生产，或者由追求利润的生产人来指挥，或者由一个享有绝对权力的统治者来决定。所生产出来的，或者是企业家希望赚得最高利润的那些东西，或者是这个统治者所要生产的那些东西。谁应该是主人，消费者或统治者？一些生产要素的一定供给量应该用来生产消费财 a 呢，还是消费财 b 呢？应该让谁来作这最后的决定？这样的一个问题，不容许含糊的答复。我们必须答复得直截了当、毫不模棱两可。⑧

六、数理经济学的一些微分方程式

为了适当地鉴定"数理经济学的一些微分方程可以用来作社会主义的经济计算"这个观点,我们必须记住这些方程式的实际意义是什么。

在设计那个均匀轮转经济的假想结构时,我们是假定所有的生产要素都是雇用在这种情形下:每种要素提供它所可能提供的最高价值的劳务。在现状下,再也不能变动任何一种要素的雇用而可改善欲望满足的情况。这种情形——也即,不再改变生产要素的处分——是微分方程式所陈述的情形。但是,这些方程式对于这个假想的均衡状态所赖以达成的那些"人的行为"并未提供任何讯息,它们所说的不过是:如果在这个静态均衡的状态下,a 的 m 个单位用来生产 p,a 的 n 个单位用来生产 q,再改变 a 的那些单位的雇用,不会使欲望的满足有何增加(即令我们假定 a 是完全可以分割的,而且可以把 a 的单位分到无限小,我们也不能说 a 的边际效用在两个雇用中是相等的。如果这样讲,那是个严重的错误)。

这个均衡状态纯粹是个假想结构。在一个变动的世界中,那是决不会实现的。它不同于今日的情况,也不同于任何其他可实现的情况。

在市场经济里面,一再改变交换率和生产要素之配置的,是企业家的行为。一个有企业心的人发现生产要素的时价与他所预期的产品的将来价格,两者之间有差距,于是就利用这个差距为自己谋利。他心中的那个未来价格当然不是假想的均衡价格。凡是行为人,谁也不管什么均衡和均衡价格;这些观点无关乎实际生活和行为;它们是行为学推理的辅助工具,就行为学的推理来讲,没有其他的心智工具可用来想象行为的永不停止,只好用这个完全静止的观念来和它对照。就理论家的推理来讲,每一变动都是趋向于——假定没有新的变动发生——最后走到均衡状态的那条途径的一个步骤。理论家也好,企业家和资本家也好,消费者也好,对于这样的均衡价格究竟有多高这个问题,谁也不能基于他们所熟知的现况而形成一个意见。他们也不需要这样的意见。驱使他们趋向于改变和创新的，不是什么均衡价格的幻想，而是他所预期的某些货物在他预备出卖的时日市场价格的高度。企业家在开始作某一计划时心中所想的，只是走向那最后归结于均衡状况的一个转变——假定除他的计划所引起的变动以外，没有其他的任何变动发生——的第一步。

如果没有利用描述均衡状态的那些方程式，则需要知道在这均衡状态下消费财的价值等差。这种等差是假定已知的那些方程式的诸因素之一。可是统治者只知道他现在的评值，不会也知道在假定的均衡状态下他的评值。他相信，就他现在的评值讲，生产要素的配置是不满意的，因而想改变它。但是，对于在均衡达到的那一天，他自己将如何评值这个问题，他一无所知。这些评值是要反映他自己在生产方面发动的连续变动所引起的那些情况的。

我们把今天叫作 D_1，均衡达成的那一天叫作 D_n，依此类推，我们把下述的这些数值按照这两天分别命名：

第一级财货的评值标准分别称为 V_1 和 V_n；

所有原始的生产要素的总供给⑨分别称为 O_1 和 O_n；

所有人造的生产要素的总供给分别称为 P_1 和 P_n。

简约地讲，$O_1 + P_1$ 为 M_1；$O_n + P_n$ 为 M_n。

最后，我们把技术知识的水准分别称为 T_1 和 T_n。

为了解开这些方程式，必须知道 V_n，$O_n + P_n = M_n$，以及 T_n。但是我们今天所知道的只是 V_1，$O_1 + P_1 = M_1$，以及 T_1。

我们不可以假定 D_1 所代表的数值等于 D_n 所代表的。因为如果资料再有变动发生，均衡状态就不会达成。"资料之不再变动"（这是达成均衡的必要条件）这句话里面所说的变动，只是指会扰乱对今天已在发生作用的那些因素所作的调整的那些变动。如果有些新的因素，从外面渗入的，把这个制度干扰得转向，转离了达成均衡的方向，则这个制度就不能达成均衡。⑩但是，只要均衡还没有达成，这个制度就继续地在一个变动资料的运动中。这个趋向于均衡建立的趋势，如果不因外来的干扰而中断，其本身是个资料变动的连续。

P_1 是一组与今天的评值不相符的数值。它是过去的评值所指导的那些行为的结果，那些行为所面对的技术知识以及关于基本生产要素的信息都与今天的不同。这个制度之不均衡的理由之一,正是因为 P_1 不是就现在的情况而调整的。有些工厂、工具和别的生产要素的供给,是不会在均衡状态下存在的,而其他的一些工厂、工具和别的生产要素的供给,又是为建立均衡而必须生产的。均衡的出现,只有在 P_1 的这些紊乱部分。就其尚可利用的来讲,将要耗完而被那些相当于别的同期资料(也即 V, O 和 T)的项目所替换的时候。行为人所要知道的,不是均衡状态下的事象,而是关于把 P_1 变换成——以连续的步骤—— P_n 的最适当的方法的讯息。就这个任务来讲,方程式是无用的。

我们不能排除 P 而专靠 O 来解决这些问题。不错,利用原始生产要素的那个方式,独特地决定了人为的生产要素(中间产品)的质和量;但是,在这方面所可得到的讯息只关于均衡的条件。它没有告诉我们关于要实现均衡而必用的那些方法和程序的任何事情。今天,我们面对着一个不同于均衡状态的 P_1 的供给量。我们必须考虑的是实在的情形,也即 P_1,而不是考虑 P_n 的假设条件。

这个假设的未来的均衡状态,将出现于一切生产方法都已按照行为者的评值和技术知识水准而调整的时候。那时,我们就在最适当的场所,用最适当的技术工作。今天的经济不是这样。它是用一些与均衡状态不相符的其他手段在运作,而且不能把它放在一个用数学符号来描述均衡状态的方程式体系中来考虑。知道了均衡时的那些情形,对于统治者也无用处,统治者的任务是要在今天的现况下作为。他所必须知道的,是如何利用今天所可利用的手段以最经济的方法来作为。他还要知道下一个步骤应该做什么。这都不是方程式可给他帮助的。

我们假定有个孤立的国家,它的经济情况是十九世纪中期中欧的那种情形,由一个完全熟习我们这个时代美国技术的统治者统治。这个统治者大体上知道他受托要把这个国家的经济导向怎样的目标。可是,即令充分知道今天美国的情形,也不能帮助他逐步地用最适当、最便利的方法,把既定的经济制度变成他所希求的制度。

为了讨论简便起见,即令我们假定有个神秘的灵感,使这位统治者能够不靠经济计算来解决关于生产活动如何作最有利安排的一切问题,并且假定他所必须追求的那个最后目标的清晰影像常留在他心中,仍然有些基本问题不能不靠经济计算来解决。因为这位统治者的工作不是从文明的真空开始的,不是写经济史的第一页。他的作为所必借助的东西,不仅是未经动用的自然资源,还要有过去生产出来而不能改作或不能完全改作别用的一些资本财。我们的财富正是体现在这些人工做成的东西上面;这些东西是在一些不同于今天的评值、技术知识以及许多其他事物的一个大聚合下生产出来的。这些东西的结构、品质、数量和位置,对于选择进一步的经济运作非常重要。其中有些也许是完全不能再用的;但是,其中的大部分,我们必须利用,否则我们就要像原始人一样从一无所有做起,而且也难以渡过按照新计划制造资本财的那个等待期。统治者不能只是来个新建设而不顾及子民们在等待期的死活。他必须把已有而且可用资本财尽量地善于利用。

不仅是技术主义者,就连各形各色的社会主义者也一再地说:使他们的大计划得以成功的,是迄今累积的大量财富。但是,同时他们又漠视这个事实——这些财富大部分是依存于过去生产出来的资本财,从现在的评值和技术知识的观点来看,或多或少是陈旧了的。照他们看来,生产的唯一目的是利用产业的装备把后代人的生活变得更丰富。在他们的心目中,现代的人简直是被丢掉的一代,他们唯一的意旨是为那些尚未出生的人的福利而劳碌辛苦。但是,实在的人并不是这样。他们不仅是要为他们的子孙谋福利,他们自己也要享受生活。他们要用最有效率的方法来利用现在所可利用的资本财。他们追求较好的将来,但是,他们想以最经济的方法达到这个目的。为了实现这个愿望,他们不能不靠经济计算。

如果相信均衡状态可以凭非均衡状态下的那些情况的了解,而以数学运算计算出来,那是个严重的错误。如果相信对那些在一个假设的均衡状态下的情况的了解,会给行为人在寻求最好的方法以解决其日常的选择和活动中所遇到的问题时有所用处,那也是同样严重的错误。一个人为了数学方法的实际应用,他必须每天重新解答的那些方程式的荒唐数字,将会使整个观念成为荒唐,即令它真的是个合理的替代市场经济计算的东西。[①]关于这一点,没有再加强调之必要了。

注　释

① 参考第十四章第五节。

② 如果这个方法不是由"逻辑实证论者"（logical positivists）提出而且大力宣扬这是"科学单位"的话，甚至连提一提都不值得。参考这个集团已故的主要组织者 Otto Neurath 的论著，尤其是他的 *Durch die Kriegswirtschaft zur Naturalwirtschaft*（Munich，1919），pp. 216 ff. 也参考 C. Landauer，*Planwirtschaft und Verkehrswirtschaft*（Munich and Leipzig，1931），p. 122。

③ 这里所说的"较好"，自然是就市场上从事购买的消费者的观点来讲的。

④ 这里，自然只是指像 H. D. Dickinson 和 Oskar Lange 这两位教授的社会主义者和共产主义者。他们是熟习经济思想的。迟钝的"知识分子"们不会放弃"社会主义优越"这个迷信。迷信是难于消释的。

⑤ 参考第十五章第十节。

⑥ 参考 Mises，*Socialism*，pp. 137～142；Hayek，*Individualism and Economic Order*（Chicago，1949），pp. 119～208。

⑦ 参考 H. D. Dickinson，*Economics of Socialism*（Oxford，1939），p. 191。

⑧ 关于劳资协会主义国家（corporative state）这个计划的分析，见第三十三章第四节。

⑨ 供给是指全部存货。在存货里面，全部有效的供给都记明等级和数量。每一级所包括的项目，只限于就任何方面讲，对欲望的满足有相同的重要性者。

⑩ 当然，如果我们假定技术知识已到了最后阶段的话，则 T_1 就等于 T_n。

⑪ 关于这个代数上的问题，参考 Pareto，*Manuel d'économie Politique*（2d ed. Paris，1927），pp. 233 ff. ；Hayek，*Collectivist Economic Planning*（London，1935），pp. 207～214。

第六篇

受束缚的市场经济

第二十七章　政府与市场

一、第三制度的构想

生产手段的私有制（市场经济或资本主义）和生产手段的公有制（社会主义或共产主义或"计划"经济）可以清清楚楚地区分。社会经济组织的这两种制度的每一种，都可给以明确的描述和界说。它们决不会彼此混淆；它们不会混合或合并；决不会逐渐地从这一种转变成那一种；它们的转变，就是矛盾。就某一个生产要素来讲，不是受私人控制的，就是受一个社会机构控制的，只能是其中之一，而不能同时兼是。如果在一个社会合作制的架构里面，只有某些生产手段是公有的，其余的是由私人控制，这也不助成社会主义和私有制两者合并的混合制度。这个制度仍然是个市场社会，假使那社会化的部分没有和那未社会化的部分完全隔离而成为一个自给自足的单位的话（否则就是两个制度独立共存：一个资本主义的，一个社会主义的）。公有的企业（在一个有私人企业和市场制度里面经营的公有企业）和社会主义国家（与非社会主义的国家交换货物和劳务的社会主义国家）是统合在一个市场经济的体系里面，与市场经济成为一体。因而它们要受市场法则的支配，因而有机会用经济计算。①

如果我们想在这两个制度之间加上一个分工合作的第三制度，我们只能从市场经济这个观念出发,而决不能从社会主义观念出发。社会主义是一元论的中央集权主义,主张把选择和行为权委之于唯一的意志,因而社会主义观念不容任何妥协或折让;这样的建构是不会接受任何调整或改变的。但是,市场经济就不同了。在市场制度下,市场与政府的强制权力之二重性,会提示一些不同的意义。人们会这样问:政府远离市场,真的是绝对必要还是为的方便? 干涉或纠正市场的运作,不应该是政府的任务吗? 只能在资本主义或社会主义之间加以选择吗? 是否还有其他可以实现的社会组织,既非共产主义,也非纯粹的未受束缚的市场经济呢?

于是,人们就想出了一些第三制度。据说,这些第三制度远非社会主义,也远非资本主义。它们的设计者宣称,这些制度是"非社会主义的",因为它们的目的在于保留生产手段的私有权;同时它们也不是资本主义的,因为它们消灭了市场经济的一些"缺陷"。处理问题的科学方法是不涉及一切价值判断的,所以不把资本主义的任何方面谴责为罪过、有害或不公平,干涉主义的这种情感上的说辞全然无用。经济学的任务是要分析和寻求真实。它不从任何预定的标准或成见来表示赞成或反对。它对于干涉制只有一个问题要提出,要答复:它如何做?

二、政府的干涉

社会主义的现实有两个不同的典型。第一个典型(我们可把它叫作列宁型的或俄国型的)是纯官僚的。所有的工厂、商店和农场都正式地国有化;它们都是政府的一些部门,由公务人员来经营。生产机构的每个单位与最高级的中央组织的关系,正如同一个邮局与邮政总局局长的关系一样。

第二个典型(我们可把它叫作兴登堡型的或德国型的)名义上表面上保留生产手段私有制,也保留市场、物价、工资、利率的面貌。但是,再也没有企业家,只有一些工场店铺的经理(在纳粹的立法术语叫作 Betriebsführer)。这些经理们都是些工具;他们做买卖、雇用和解雇员工、给员工发薪资、借债付息,乃至做质押。但是,在这一切的活动中,他们必得无条件地服从政府的上级管理机关所发的命令。这个机关(在纳粹德国叫作 Reichswirtschaftsministerium)告诉这些经理们生产些什么、如何生产、按什么价格从谁买进、按什么价格向谁卖出。它指派每个工人的工作,也规定每个工人的工资。它命令资本家把他们的资金按什么条件委之于什么人。市场的交换只是一个幌子。所有的工资、物价和利率都是政府规定的;它们不过是形式上的工资、物价和利率;事实上,它们只是政府规定每个人的工作、所得、消费和生活标准的那些命令中的一些数量名词。这些经理们是服从政府的,不是服从消费者的需求和市场的价格结构。这是在资本主义这个名义的掩饰下的社会主义。资本主义市场经济的一些事物的名称是保留着了,但是,这些名称所指的东西,完全不同于市场经济里面的那些东西。

为了免于社会主义与干涉制的混淆,我们必须指明这个事实。干涉制或受束缚的市场经济不同于德国型的社会主义,前者仍然是一个市场经济。政府干涉市场经济的运作,但是,政府并不想完全消灭市场。它要生产和消费循着那些不同于自由市场所形成一些线路发展,它要在市场的运作中加上一些命令和禁令,以达成它的目的,为着这些命令和禁令的执行,就有警察权和其他的一些运用强制力的机构。但是,这都是干涉制下的一些"隔离分散的"行动。政府并不要把这些行动并为一个整体的制度而用以决定所有的物价、工资和利率,因而生产和消费都全盘控制在政府的手中。

受束缚的市场经济或干涉制,是要把政府和市场这两方面的活动都保持住。它的特征是在政府不把它的活动限之于生产手段私有权的维持和保护。政府也用命令或禁令来干涉工商业。

干涉是由政府直接或间接发出的命令强迫实行的。强迫企业家们和资本家们以不同于市场所决定的方法来使用生产要素。这样的命令,或者是命令做某些事情,或者是命令不做某些事情。这种命令不一定要由既定的和一致承认的政府本身直接发出。也会有些其他机构擅自发布这样的命令或禁令,而用它们自己的强制力来执行(这似指工会而言——译者附注)。如果公认的政府宽容它们或者支持它们,那就无异于政府本身在如此做。如果政府反对其他机构的强暴行动而又不能用自己的武力来镇压,其结果就陷于无政府状态。

政府的干涉总归是强暴的行动或以强暴的行动来威胁,这一点是要紧记着的。政府的最后手段是使用武力、警察、宪兵、军队、牢狱和死刑。政府的基本特征是靠打、杀和牢狱来执行它的命令。要求政府更多干涉的那些人,正是要求更多的强迫,更少的自由。

注意到这个事实并不意涵对政府的活动有何非难。事实上如果对那些强悍执拗的个人或人群所作的反社会行为不用强暴的手段来镇制,则和平的社会合作势必不可能。"政府毕竟是个祸害,尽管是必要的、不可少的祸害。"对于这句常常被引用的话,我们必须反对。为达成一个目的必须有个手段,也即必须支付代价。如果把政府说成一个"祸害"——道德意义的"祸害",那就是武断的价值判断。但是,当今的趋势是把国家和政府奉为神圣,在这个趋势下,我们最好是记着:古代罗马人把一束棍子围绕着一个斧头来象征国家,那比我们现代人把上帝的一切属性都归之于国家,要更切实际些。

三、政府职务的界限

在法律哲学和政治科学这些冠冕堂皇的名称下夸耀的一些思想派别,耽迷于思索政府职务的界限,这是徒劳无益的。他们从一些关于所谓永恒的、绝对的价值与正义纯武断的假定出发,而自以为对于世俗事务有最后裁判的职责。他们把他们自己的那些来自直觉的武断的价值判断,误解为全能之神的声音或事理之当然。

但是,所谓自然法,所谓正义和非正义的永恒标准,根本没有这样的东西。"自然"不知道什么叫作对错。"你不可以杀人"确不是自然法的成分。自然状态的特征是动物与动物间的杀斗,有许多种类的动物非杀害其他动物就不能保持自己的生命。对错的观念是人类的设计,是为使分工合作成为可能的设计的一个功效概念。一切道德律和人的行为法则,都是达成一些确定的目的的手段。这些规律法则只能从它们能否达成我们所选择的目的来评判它们的好坏,此外没有其他的方法可用以评判。

有些人从自然法的观点推断生产手段私有制是符合正义的。也有些人用自然法来主张废除生产手段私有制。因为自然法观念是十分武断的,所以像这样的讨论无法得到结论。

国家和政府不是目的而是手段。加害别人以取乐,只有虐待狂者才如此。既存的政府之使用强制力来压迫人民,为的是保障一个确定的社会制度得以顺利运作。强制力使用的范围以及警察所执行的那些法律内容,都要受限于已有的社会秩序。因为国家和政府是用来使这社会制度安全运作,所以政府职务的界限必须随社会制度的要求而调整。对于法律和其执行的方法要加以评判,唯一的评判标准是看它们对那个应予维持的社会秩序是否有效地予以保障。

公平这个观念,只有在涉及那些本身被认为没有争论而可免于批评的规范的时候才有意义。有许多人固执地认为,对的和错的是自古以来就确定了的,而且是永远如此的。立法者和法官的任务不是要造法,只是要寻求那不变的公平观念所确定的对是什么。这种学说,其流弊是顽固的保守,把老的惯例和制度保持得一成不变,这是自然正义说所否认的。"较高的"法,自然法这个观念,是与成文法不相容的。从自然法的武断标准来看,有效的法规制度叫作公平的或不公平的。遵照自然法来制造成文法,是优良的立法者所承受的任务。

这两个学说所犯的那些基本谬见,早经揭发。就那些未受欺骗的人们看来,在辩论关于制定新法的时候诉之于公平,这很明显的是个循环推理的实例。因为就立法而言,没有公平这样的东西。公平的观念,逻辑地讲只能诉之于现行法(已制定的法律)。公平,只有从一些有效的法律观点来赞成或反对实际的行为时才有意义。在考虑法制变革的时候,在修改或废除现行法以及制定新法的时候,面临的问题不是公平不公平的问题,而是社会便利和社会福祉的问题。绝对的,不涉及明确的社会组织的公平观念,是不会有的。决定赞成某一社会制度的,不是公平,相反地,决定什么是对,什么是错的,倒是社会制度。离开了社会关系既无所谓对，也无所谓错，就假想中的孤立而自足的个人而言，公平不公平的观念毕竟是空洞的。这样的个人只会区分什么对他是更便利的，什么对他是较不便利的。至于公平观念，总要涉及社会合作。

从一个虚构的、武断的、绝对公平的观念来判断干涉主义的是非，这是无意义的。从任何成见的永恒价值的标准来考虑政府任务的适当界限，这是徒劳无功的。甚至于从政府、国家、法律和公平这些观念来推论政府固有的任务，也同样是不可以的。这正是中古烦琐哲学的费希特（Fichte）的、谢林（Schelling）的、黑格尔的，以及德国的理想法理学派（Begriffsjurisprudeng）的那些空论的荒唐无稽。概念，是推理的工具。决不可把概念看作行为方式的指导原则。

如果强调"国家和主权这两个观念在逻辑上必然意涵绝对的至高无上"，这是一种过分的精神训练的把戏。谁也不怀疑"一个国家有权力在其辖区以内建立极权的统治"这个事实。问题是在从社会合作的观点来看，这样的统治方式是否便利。关于这个问题决非概念和观念的精确注释所可解答。那要靠行为学而不能靠捏造的国家和权利的玄学来判断。

为什么政府不应管制物价，也不应惩罚那些蔑视限价法令的人如同惩罚杀人犯和盗贼那样，法律哲学和政治科学对于这个问题难于发现任何理由来解释。照他们的看法，私有财产制不过是全能的主权对这些可怜的人们的一个恩赐，而这个恩赐是可以撤回的。把这种恩赐的法制完全取消或局部取消，没有什么不对。立法者之可以自由地用任何社会制度来代替生产手段私有制，正如同可以自由地用另一首国歌来代替已经采用的国歌。"这是我所喜欢的"（car lel est notre bon plaisir）这个公式，是立法者行为的唯一箴言。

对于这个形式主义和法律的独断论，我们必须再度强调：法律和强制性的社会机构的唯一目的，是在保障社会合作的顺利进行。显然地，政府有权力规定最高价格，有权力把那些违反限价的人关进监牢或甚至杀掉。但是问题在于这样的政策能否达成政府用此政策所想达成的那些目的。这是个纯粹的行为学的经济问题。法律哲学也好，政治科学也好，都无助于这个问题的解决。

干涉主义这个问题,不是一个对国家和政府的"自然的"、"正当的"、"适当的"任务加以正确的界定问题,问题是:一个干涉主义的制度如何行得通？它会实现人们想靠它实现的那些目的吗？

在讨论干涉主义的一些问题时所显现的混淆和缺乏判断,确是叫人吃惊的。例如,有些人竟这样讲:公路上的交通管制,显然是必要的。谁也不反对政府干涉司机的行为。主张自由放任的人,既反对政府干涉市场价格,但不主张废除交通管制,这是自相矛盾的。

这种议论的荒谬是显而易见的。公路上的交通管制是经营这条公路的机关的职责之一。如果这个机关是政府或市政当局,它就不得不照料这件事。规定行车时间表,是铁路管理局的事情;决定餐厅里要不要音乐节目,是旅馆经理的事情。如果政府经营一条铁路或一家旅馆,则这些事情的管理,就是政府的职责。至于邮政总长选择邮票的图案和色彩,这不是政府干涉市场经济的一个例子。在一个国营的歌剧场中,政府决定什么歌剧可以演出,什么歌剧不可以演出;但是,如果从这个事实推论出,政府对于非国营的歌剧场也决定这些事情,那就是不合逻辑。

四、作为个人行为最后标准的正义

据一个普遍的见解,即令政府不干涉买卖,市场经济的运作也可能从那完全由利润动机控制的发展方向转变到别的方向。那些主张遵照基督教义或遵照"真正的"道德要求而实行社会改革的人们以为:善良的人在市场交易时,良心也会发生指导作用。如果所有的人不仅是关心自己的私利,同样也关心宗教的和道德的义务,则无需政府的强制力以维持秩序。我们所需要的不是政府和法律的改革,而是人的道德净化,皈依于上帝的训诫,皈依于道德律,从贪婪自私的罪恶转过头来。于是,生产手段的私有和公平正义才易于调和。资本主义的一些恶果将可消灭,而又无害于个人的自由和创造。这样就是废除了作恶的资本主义而又不建立作恶的政府。

在这些见解底层的那些任意的价值判断,我们不必在这里讨论。这些批评者对于资本主义的指责都是不相干的;他们的谬误,是不中肯。要紧的是把社会制度建立在双重基础上这个想头,一方面以财产私有权为基础,另一方面又以一些限制私有财产使用权的道德原理为基础。主张这种制度的人们说,这种制度既非资本主义,也非社会主义,也非干涉主义。之所以非社会主义,因为它仍维持生产手段的私有权;之所以非资本主义,因为良心主宰一切而非发动于谋利的动机;之所以非干涉主义,因为无需政府干涉市场。

在市场经济里面,个人在私有财产和市场这个轨道上是行动自由的。他的选择是最后的。他的行为是他的同胞在他们自己的行为中所必考虑的资料。每个人自主自发的那些行为的协调,是由市场的运作来完成的。用不着什么特别的法令或禁令强求协调。非协调的行为会惩罚它本身。适应社会的努力生产之要求而调整,与追求个人自己的利益,彼此并不冲突。因而不需要任何机构来解决什么冲突。这个制度自会运行,自会完成它的任务,用不着一个发号施令和实行惩罚的机构来干涉。

在私有财产和市场这方面以外,就是要用强制力的地方;这里有些堤防,是有组织的社会建筑起来,用以保护私有财产和市场,使其免于暴力和欺诈的侵害,这里是个不同于自由领域的限制领域。这里有些规律,区分什么是合法的,什么是非法的,什么是许可的,什么是不许可的。这里有军警、有监狱、有杀人的刑具和执刑的刽子手,用以压服那些敢于不服从的人们。

其计划为我们所关心的那些改革家,主张伦理的规范连同那些用以保持私有财产的规范都要由政府制定,他们想在生产和消费方面实现的一些事情,不同于那些实现于自由的社会秩序下的事情,在自由的社会秩序里面,个人所受的限制只限于不侵害私人的人身和其私有财产。他们想扼杀在市场经济中指挥个人行为的那些动机(他们把这些动机叫作自私、贪婪、追逐利润),而代之以其他的推动力(他们把这些推动力叫作良心、正义、利他心、敬畏上帝、仁慈)。他们相信,这样的道德改革其本身就是以保障一个从他们的观点看来比不受束缚的资本主义更叫人满意的经济制度的运作,而又不用干涉主义和社会主义所要用的那些特别的行政措施。

　　这些学说的支持者，没有认清他们所指责为邪恶的那些行为动机在市场经济的运作中所发生的作用。市场经济之所以能够运作而无需政府命令每个人应该作什么以及如何作它，其唯一的理由是，市场经济并不要求任何人违背他自己的利益而行事。把个人的行为统合于社会生产制度全体的，是他自己的目标的追求。每个行为人耽于他的"贪得无厌"，他乃贡献他的部分于生产活动。因此，在私有财产和保护私有财产的那些法律范围以内，个人的利益与社会利益之间没有任何抵触。

　　私有财产是改革家们污蔑为自私自利的东西，但是，如果私有财产权废除了，市场经济就变得一团糟。敦促人们静听良心之音而以公共福利的考虑代替私人利润的考虑，这是不会创立一个可行的满意的社会秩序的。告诉一个人"不要"到价格最低的市场去买，"不要"到价格最高的市场去卖，这是不够的。告诉他"不要"追求利润，"不要"避免亏损，也是不够的。我们必须建立一些不含糊的规律，作为实际情况下行为的指导。

　　改革家说：企业家每每利用他自己的优势，把价格叫低到效率低的竞争者所叫的价格以下，因而把这个竞争者排斥于这个行业以外。这个时候企业家是蛮横而自私的。但是，"利他的"企业家应该怎样呢？是不是在任何情况下他都不可以把价格叫低到任何竞争者所叫的价格之下呢？或者是在某些情况下他可以这样呢？

　　另一方面改革家又说：企业家每每利用市场结构把价格叫高到使穷人们买不起。这个时候企业家是蛮横而自私的。但是，"善良的"企业家应该怎样呢？他应该白白地把货物送给别人吗？如果他可以索取代价，这代价不管低到什么程度，总归是有人买不起的，那么企业家应该让哪些人买得起，哪些人买不起呢？

　　在这里，我们不必讨论由于远离了自由市场所决定的价格高度而引起的那些后果。如果卖者避免把价格叫低到效率较低的竞争者所叫的价格之下，则他的供给至少有一部分是卖不掉的。如果卖者把价格叫低到自由市场所决定的高度以下，则他的供给就不足以使那些在此较低的价格下愿意购买的人们都买得他们所要买的数量。价格如果违离市场所决定的高度，还有一些其他的后果,我们将在后面一并分析。② 在这里,我们所要认识的是:我们不能仅以告诉企业家不要受市场情况的指导为已足。要紧的是要告诉他叫价和付价应做到什么程度。如果没有利润的动机来指导企业家的行为,来决定他们生产些什么,来促使他们为消费者提供最佳的服务,那就必须给他们一些明确的指令,要他们做些什么、禁止他们做些什么,这些指令正是政府干涉的标志。凡是想用良心之声、仁慈、博爱来代替这些干涉的企图,都是白费的。

基督教社会改革的鼓吹者,总以为人们贪婪求利心因为良知的约束而被制服了,道德律的遵守,在过去做得相当好。当今的一切罪恶都是由于不履行教会的戒律而引起的。如果人们不违反这些戒律,不贪求不义的利益,人类还可享受中古时期的幸福,那时,至少有些优秀分子遵从福音的原则而行为。现在所要的,是回复到那良好的古代,然后再防止新的叛教使人们失去他们的善果。

这些改革家把十三世纪的社会经济情况称赞为人类史上最伟大的时期,在这里,我们对于那种情况无需加以分析。我们所关心的只是"公平的"物价与工资率这个观念,这个观念是基督教的长老们的社会教义的精髓,也是改革家们想奉之为经济行为最后标准的。

很明显地,就理论家看来,公平的物价和工资率这个观念总是指称他们所认为可能最好的那个社会秩序,他们建议采行他们的理想计划,并保持到永久。任何改变皆不容许。因为社会事务任何可能最好的改变,只会是变坏。这些理论家的世界观,没有考虑到人之为着改善物资环境而不断的努力。历史的变动和一般生活水准的上升,对于他们都是陌生的观念。他们把那符合他们所想象的行为方式叫作"公平的",其他的都是不公平的。

但是,公平的物价和工资率这个观念,在一般人的心中与在哲学家的心中是很不同的。非哲学家把一物价叫作公平的时候,他的意思是说,这个物价的保持就可改善或者至少不损害他自己的收入和社会地位。凡是损害他的财富和地位的任何价格,他都叫作不公平的。他所出卖的那些财货和劳务的价格,如果愈来愈涨,而他所买进的如果愈来愈跌,那就是公平的。小麦的价无论涨到多高,在农民的心中没有什么不公平。工资无论涨到多高,在工人的心中也没有什么不公平。但是，当小麦的价格每一下跌的时候，农民就立刻说是违犯了神的和人的法律；当工资下降的时候，工人们就起来反对。可是，市场社会却没有方法调整生产以适应市场运作以外的一些变动情况。市场只能靠价格的变动来强迫人们减少那些不大受人欢迎的物品之生产，而去扩张那些为人所更需要的物品之生产。一切安定物价的企图，其荒谬正在于安定会防止任何改善，因而形成僵固停滞。物价与工资率的弹性，是调整、改善和进步所依赖的工具。把物价工资的变动叫作不公平的那些人，和要求保持他们所谓的公平价格的那些人，事实上是在对那些使经济情况更满意的努力作战。

农产品的价格决定，很久以来就有这样一个趋势，即：人口的大部分不得不放弃农业而转到工业方面去。如果没有这个趋势，则人口的90％或者更多，仍然会停留在农业方面，而工业的成长会受到阻碍。这样，各阶层的人，包括农民在内，生活过得更坏。假若 Thomas Aquinas 的公平价格的主张见诸实行，则现在的经济情况会和十三世纪的一样。人口会比现在的少得多，生活水准也会低得多。

两个不同的公平价格学说——哲学的和通俗的，都非难自由市场所决定的物价和工资率。但是，这种否定论对于"公平的物价和工资率应该达到什么高度"这个问题，其本身并未提供任何答案。如果要把"正义"抬举为经济行为的最后标准，那就要在每个场合毫不含糊地告诉每个行为者他应该做什么，他应该要什么价格，以及他应该付什么价格，而且必须强迫——用威胁和压制的机构——所有想违反的人都不得不服从命令。这就要建立一个至高无上的权威来颁布法规以管制各方面的行为，如有必要，则由它修改这些法规，它是这些法规的唯一解释者，也是这些法规的执行者。这样一来，用社会正义来代替自私的谋利心这个理想的实现所必要的手段，正是这些主张人类道德净化的人们所想使其成为不必要的政府干涉。我们无法想象不用极权的管制而可越出自由市场经济的正轨。至于这个极权是世俗的政府或神权的教职，那毫无区别。

这些改革家们，在劝告人们摆脱自私心的时候，总是以资本家、企业家、有时也以工人为劝告的对象。但是，市场经济是个消费者至上的制度。这些讲仁义说道德的人们,应该以消费者作对象不以生产者作对象。他们应该说服消费者不买价廉物美的东西而买价贵物劣的,以免伤害那些效率较低的生产者。他们应该说服消费者限制他们自己的购买以便较穷的人们有机会多买。如果想消费者这样做的话,那就必须明明白白地告诉他们买什么,买多少,向谁买,以及在什么价格下买;而且为着执行这些命令,还要用强制力的机构。但是,这又正是道德改革所要使其成为不必要的极权控制制度。

在社会合作的架构里面,个人们所可享受的任何自由,都是以私利与公利之协调为条件的。个人在追求自己的福利时也促进——至少是不妨害——别人的福利,在这种生活轨道上,我行我素的人们,既不妨害社会的安宁,也不妨害别人的利益。于是,自由而个人创发的境界为之出现,这是个人们被容许选择而照己意行事的境界。经济自由这个领域是所有适于分工合作的其他自由的基础。这就是市场经济或资本主义的政治上的必然结果(马克思主义者说是它的上层结构),是代议政治。

有些人认为各个人的贪求利得,其间是有冲突的,或者认为个人们的贪求利得与别人的公益之间是有冲突的。这些人就不免要主张对个人的选择和行动权加以压制。他们必定要以一个中央生产管制局的权威来取代人民的决定,在他们"好的"社会计划中,没有个人创发的余地。只有一个权威发布命令,每个人不得不服从。

五、放任的意义

在十八世纪的法国,放任(laissez faire, laissez passer)这个口号是一些自由主义的斗士们所常喊的。他们的目的是要建立无束缚的市场社会。为达成这个目的,他们认为,较勤勉而较有效率的人是应该打败较不勤勉而效率差的竞争者,货物和人是应该自由流动的,凡是妨碍这些事情的法律,他们主张都废除。这就是"放任"这个格言的涵义。

我们这个时代是热衷于政府万能的时代,在这个时代当中,"放任"这个格言是声名狼藉的。当今的舆论把它看作一个道德堕落和完全无知的表示。

照干涉主义者的幻觉，要就是凭"自动力"，要就是凭"有意的计划"。③他的意思是说，凭自动力显然是愚蠢的。没有一个有理知的人真会主张无为而让一切事情自由发展而不以有意的行动干涉之。一个计划——正因为它是有意的行为——是绝对优于无计划。"放任"的意义，据他们讲，是：让那些坏事继续下去，不预备用理知的行为来改善人类的命运。

这是绝对的谬论。主张计划的议论完全来自一个隐喻的不应有的解释。这个隐喻是把市场程序描述成"自动的"，蕴含于"自动的"这个形容词的语意，就是这个议论唯一的论据。④照 *The Concise Oxford Dictionary*⑤的说法。"自动"的意思是"无意识的，不了解的，仅仅机械的"。照*Webster's Collegiate Dictionary*⑥的说法，"自动的"的意思是，"不受意志支配的……未经思考，也非志愿而完成的"。主张计划的人利用这张王牌是多么得意啊！

真实的情形是这样：两者之间的选择，不是在死板的或机械的自动与有意的计划之间选择，也即是说，两不相容的，不是计划与无计划。问题是谁在计划？社会的每个分子为他自己计划呢？还是仅由一个行仁政的政府为他们全体计划呢？这个问题就不是无意识的自动对有意的行为；而是每个人自动自发的行为对政府包办一切的行为。也即个人自由对政府万能。

放任并不意味：让那些没有灵魂的机械力量自由运作。而是意味：让各个人选择如何在社会分工中合作之道；让消费者决定企业家生产什么。计划的意思是：让政府单独选择的情况下，以强制的机构来执行它的决定。

主张计划的人说：在放任下所生产出来的那些财货，不是人民"真正"需要的财货，而是可希望卖得最高报酬的一些财货。计划的目的是要指导生产，使其满足"真正的"需要。但是，谁来决定什么东西才是"真正的"需要呢？

例如，英国工党前主席拉斯基教授（Harold Laski）以为，"把投资者的储蓄用之于住宅的建造而不用之于电影院的建筑"⑦是计划投资的目标。拉斯基教授的见解以为较好的住宅比电影院更重要。至于你同意或不同意这个见解，与这个问题不相干。可是，那些把部分的金钱花费在看电影的消费者们，做了别的决定，这是一个事实。再假定英国的大众，也即票选工党上台的那些人,不想光顾电影院而要在舒适的住宅和公寓方面多花钱,那么,谋利的企业家自会在住宅和公寓的建筑上多投资,在电影方面少投资。可是,拉斯基先生的想头,抹煞了消费者们的愿望,而以他自己的愿望代替消费者们的愿望。他是想消除市场的民主而建立一个绝对权力的生产界的"沙皇"。他也许自信:从"较高的"观点看,他是对的,他自视是一个超人,有使命把自己的价值判断加诸大众。但是,他应该坦坦白白地这样讲。

所有这些对政府的作为加以热烈赞扬的人,不过是干涉主义自我神化的一个可怜的伪装。伟大的神国之所以是一个神,只是因为要靠它来做干涉主义者个人所想做成的事。只有这位计划者所完全赞成的计划才是纯正的。所有其他的计划只是冒牌的。讨论计划之利的书籍,其作者在说到"计划"的时候,在他的心中自然是他自己的计划。各个计划者相同的一点,只是他们都反对放任,也即,都反对个人的选择和行为的自由。至于选择那一个计划来实行,他们完全不能同意。如果有人揭发干涉政策的缺陷——明显而不容争辩的缺陷,他们总是用同样的方法对付。他们说,这些缺陷是那些冒牌的干涉主义所造成的后果;我们所提倡的是好的干涉主义,不是坏的干涉主义。自然,好的干涉主义是他们自己所取的品牌。

放任的意思是:让普通人自己选择、自己行为;不要强迫他服从独裁者。

六、政府对于消费的直接干涉

政府的作为,有时是为了要直接影响消费者对于消费财的选择,我们在查究干涉主义的经济问题时,无需讨论政府的这种行为。政府对于工商业的每一干涉,一定间接地影响消费。因为政府的干涉会变动市场资料,它也一定会变动消费者的评值和行为。但是,如果政府的目的只是直接强迫消费者消费别的财货,而非他们在没有政府强迫的命令下所愿意消费的财货,那就不发生什么特别问题需要经济学来研究的。无疑地,一个强暴的警察机构有力量执行这样的命令。

在讨论消费者的选择时,我们并不问是什么动机促使一个人购买甲物而不购买乙物。我们只查究消费者的实际行为对于市场价格的决定发生了什么影响,因而对于生产发生什么影响。这些影响不是决定于促使人们购买甲物而不购买乙物的那些考虑;它们只决定于购买和不购买这些实际的行为。人们之购买防毒面具是出于自愿或由于政府的命令强迫,这对于防毒面具的价格决定是不重要的。重要的只是需求的大小。

有些政府甚至在削减自由的时候还想维持自由的外表,于是,他们就在干涉工商业的外衣下掩盖他们对于消费的直接干涉。美国禁酒的目的是在防止本国的居民服用酒精的饮料。但是,禁酒的法律却伪善地不规定饮酒是违法的,不惩罚饮酒。它只禁止酒类的制造、销售和运输,这都是在饮酒这个行为以前的一些事情。其想法是:人们之所以染上饮酒的恶习只因为奸商们害了他们。但是,很明显地,禁酒的目的是在侵犯个人花钱的自由,不让他们按照他们自己的兴趣享受。对于工商业的限制只是为的这个最后目的。

政府直接干涉消费所涉及的一些问题不是市场经济学问题。这些问题越出市场经济学的范围以外很远,而关乎人的生活和社会组织的基本问题。如果政府的权力真的是来自神授,而且是受天命来保护无知的庶民,那么,规定人民的每一行动就确是政府的职责。上帝派遣的统治者对于他所保护的庶民的利益知道得比他们自己知道的更清楚。如果让那些无知的庶民自由选择、自由行动,他们会伤害自己,所以这位统治者有责任使他们免于伤害。

自以为是"现实的"人们,没有看到这里所涉及的一些原则的极大重要性。他们以为他们不想从他们所说的哲学或学术的观点来讨论这件事情。他们辩称,他们只就实际方面来考虑。他们说,有些人因为消费麻醉品伤害了自己和他们无辜的家人,这是事实。反对政府管制麻醉品买卖,那只是一些偏激的武断。管制的利益是不容争辩的。

但是,问题不是这样简单。鸦片、吗啡确是有害的上瘾的毒物。但是,如果"保护人民使其免于受自己的愚昧之害,是政府的责任"这个原则一被承认,则我们就不能对政府进一步的侵犯自由提出严重的反对了。我们有很好的理由赞成政府禁止饮酒吸毒。为什么把政府的好意只限之于保护人民的身体呢？一个人伤害他自己的心灵不比伤害身体更糟吗？为什么不禁止他读坏的书刊，看坏的戏剧、绘画、雕刻以及听坏的音乐呢？坏的意理所造成的灾祸，对于个人、对于社会，确比饮酒吸毒所造成的要严重得多。

这些恐惧并不是想象中的。没有一个父权式的政治——古代的也好，现代的也好——不管制人民的心灵、信仰和意见。这是个事实。如果剥夺了一个人的消费自由，也即剥夺了他的一切自由。那些主张政府干涉消费的人，太天真了；当他们不理睬他们所认为的学究式问题的时候，他们是在欺骗自己。他们无意中对于检查制度、宗教的不容忍，给反对者的迫害，都予以支持。

从市场经济的观点来看干涉主义，我们不讨论政府干涉人民的消费所引起的这些政治后果。我们只讨论为要强迫企业家和资本家把生产要素用之于非市场所指导的用途，政府所采取的那些干涉。在这样的讨论中，我们不凭任何成见提出"这样的干涉是好是坏"的问题。我们只问它会不会达到干涉主义者所想达成的目的。

贪 污 腐 败

对于干涉主义的分析，如果不讲到贪污腐败的现象，那就不够完全。

政府干涉市场的任何作为，从有关的人民看来，几乎没有例外地不是没收就是赠予。通常是一个人或一群人因政府的干涉而增加财富，另一个人或另一群人因而受损害。但在许多情形下，给某些人的损害并不相当于另些人的受益。

干涉主义给立法者和行政者的那种大权，决没有什么可以叫作公平的运用法。

干涉主义的主张者，自以为是以贤明无私的立法者和那些善良勤谨的官僚们的自由裁决，来代替私有财产和既得私益所产生的那些后果——照他们的讲法，这些后果是对社会有害的。在他们的心目中，一般平凡人是无能、无用的小孩，急于需要父亲的保护以免受坏人伤害。他们以"较高尚的"正义作藉口，排斥传统的法治观念。他们自己的所作所为总是对的。因为那是打击那些自私的人，从他们所谓较高尚的正义来看，自私的人是想把一些应该属于别人的东西据为己有。

用在这种推理的"自私"和"不自私"观念是自相矛盾的。前面曾讲过,每个行为都是为要达到一个比没有这个行为时较好的情况。在这个意义下,每个行为都可说是自私的。对饥饿儿童施舍的人之所以施舍,或者是因为他对施舍行为带来的满足所作的评值,高于对这笔钱用在购买所带来的满足,或者是因为他希望来生得到好报。在这个意义下,政客们总是自私的,不管他是为取得一份官职而支持一个趋时的方案,或是固执他自己的——不合时尚的——一些信念,因而丧失掉"如果违背那些信念所可得到的利益"。

在反资本主义的用语中,"自私"和"不自私"这种字眼,是用来把人分类的。分类的标准是以财富与所得的平等看作唯一的自然而公平的社会情况。凡是保有或赚得超过了平均数的人都归入自私的剥削者的一类,而把企业家的活动斥之为公害。凡是从事工商业的,凡是完全凭消费者来裁判其行为对错的,凡是迎合购买者争取其光顾的,凡是能够比其竞争者更能满足购买者而赚得利润的,从官方的观点看来,都是自私的、可耻的。只有在政府机关支领薪俸的人们,才可说是不自私的、高尚的。

不幸地,政府机关的首长和他们的属僚们并不是天使般的人物。他们会很快地知道,他们所作的那些决定,对于工商业者或者是大大的损失,或者——有时——是大大的利得。不错,官僚们也有不接受贿赂的,但是,有些人是很想利用一切"安全的"机会来"分享"在他们的决定下得到利益的人的利益的。

在干涉的措施中,有许多地方,简直是无法避免徇私的。国际贸易的输出或输入特许制,就是一个例子。这种特许对于被特许者有一明确的金钱利益。政府应该给谁特许,对谁不特许呢?这决没有中立的或客观的标准可用以判断而可免于偏私。至于在这种场合有没有金钱过手,这是无关紧要的。只要接受特许者对那作特许决定的人报以或将会报以其他的好处(例如投他的票),同样也是徇私舞弊。

贪污腐败,是干涉主义一定的后果。对于这里的一些有关问题的处理,可以留待历史家和法律家。

注 释

① 见第九章第一节。
② 见第三十章第一节。
③ 参考 A. H. Hansen, *Social Planning for Tomorrow*. 载在 *The United States after the War* (Cornell University Lectures, Ithaca 1945), pp. 32～33。
④ 同上, pp. 311～312。
⑤ (3d ed. Oxford, 1934), p. 74.
⑥ (5th ed. Springfield, 1946), p. 73.
⑦ 参考拉斯基的广播 Revolution by Consent, 刊在 *Talk*, X. no. 10 (October, 1945) 7。

第二十八章　用租税干涉

一、中立的税

　　要使社会的强制建构能够运作,必须花费人力物力。在一个自由政治制度下,这些费用只占全国个人所得总和的一小部分。政府的活动范围愈扩大,它的预算也就愈增加。

　　如果政府本身保有并经营工厂、农场、森林、矿产,它也许想用所赚得的收益和利润来支付财政需要的全部或一部分。但是,公营事业照例是效率很低的,赔本的时候多,赚钱的机会少,所以政府必得靠课税收入。也即,必须强迫人民把他们的财富或所得缴出一部分。

　　中立的税,是不干扰市场运作的税。但是,关于课税问题和财政政策问题的大量文献,几乎没有想到中立的税这个问题。它们是更急于寻求"公平的"税。

　　中立的税当然也影响到人民的境况,但其影响的程度,只限于政府机关所课去的那部分人力和物力。在假想的均匀轮转经济结构当中,财政部继续地课税,同时把全部税收用出去,不多也不少,以支付政府活动所必需的经费。每个公民,以其所得的一部分用之于公共支出。如果我们假定,在这个均匀轮转的经济里面,所得分配是完全平等的,即每个家庭的所得比例于各家庭的成员,那么,人头税也好,比例的所得税也好,都是中立的税,两者之间没有区别。这样,每个公民的所得被公共支出用去一部分,再也没有第二种后果发生。

变动的经济与这假想的均匀轮转而又所得平等的经济结构,完全不同。不断的变动与财富所得的不平等,是变动的市场经济之必要的特征,也即,市场经济唯一真实可行的体制。在这样的体制架构中,没有任何租税是会中立的。中立的税这个观念,正如同中立的货币观念一样,是不能实现的。但是,这两者之必然非中立的理由,彼此不同。

人头税是不管各个人的所得和财富多寡,一律课以相等的税额。这种税,经济情况较差的人负担重,而经济情况较好的人却负担轻。大众消费的商品比富人们消费的商品之生产,受到较大的妨害。另一方面,这种税之损害储蓄和资本累积,却比对富人课的重税来得轻些。这种税不会把边际资本财的生产力相对于边际劳动的生产力而降低的趋势减缓到那种歧视富人的课税所会减缓的程度,因此,它也不致把工资率上涨的趋势减缓到相同的程度。

现在,所有的国家所采行的财政政策,完全是受一个想法的支配,即税负应按每人的"付税能力"来分摊。在那些最后归结于能力原则之普遍接受的考虑中,有个颇为模糊的概念,即:对富有者课得较重的税,是比较中立的税。不管怎样,凡是说到税的中立性,都是不足置信的。能力原则已被抬举为社会公平的一个条件。现在大家都认为,课税的财政目的、预算目的只是次要的。课税的主要功用是要社会情况改造得公平。课税是政府干涉的手段。愈是良好的税、愈是不中立的税,愈是使生产消费违离自由市场所指导的途径。

二、全 部 课 税

隐含于能力原则的社会正义之想法,是所有的人财富完全相等。只要所得或财产的不平等还存在,那就振振有词地说:这些较大的所得和财产,不管它们的绝对量是多么小,即表示有了超额的付税能力,也可以说:所得和财产一有不平等的事实,即表示付税能力的差异。能力说在逻辑上唯一的终点,是把所有的所得和财产高于任何人的最低数量的部分没收①以实现完全的平等。

全部课税这个想法,是与中立税的想法相反的。全部课税即完全课掉——没收——所有的所得和财产。然后政府就从装满了的公库拿出钱来给每个人的生活费用。或者,政府在课税的时候,留下被认为是每个人应得的公平份,对于那些不够公平份的人们则补足之。这个做法其结果是一样的。

全部课税这个想头,终极的逻辑结果是不堪设想的。如果企业家和资本家不能从他们的生产手段的利用中有任何的个人利润与损失,他们对于行为方式之选择,就无可无不可了。他们的社会功用于是消失了,他们成为不关心不负责的公有财产的管理人了。他们再也不必适应消费者的愿望来调整生产。如果只把所得课掉,而把财产本身留给个人自由处分,那就是鼓励财产所有人消费他们的财产,因而也伤害到每个人的利益。为了实现社会主义,全部的所得课税,毕竟是一个非常不适当的手段。如果全部课税,对财产也和对所得一样地课税,那就不是税了——税只是在市场经济里面筹取政府收入的一个方法,否则就变成了转到社会主义的一个措施。一旦完成了的时候,社会主义就取代了资本主义。

即令我们把它看作实现社会主义的一个方法,全部课税也是有争论的。有些社会主义者发动了倾向社会主义的税制改革计划。他们有的提议百分之百的遗产赠与税,有的提议课掉全部的地租或全部的"不劳而获"——在社会主义的用语中,凡不是经由劳动赚得的,都叫作不劳而获。对于这些计划的检讨是多余的。我们只要知道那些计划与市场经济的保持是决不相容的。

三、课税的财政目的和非财政目的

课税的财政目的和非财政目的是不一致的。

就酒税为例来讲。如果把酒税看作政府收入的一个来源,那就是税收愈多愈好。当然,酒税是会增加酒的价格的,因此限制了销售量和消费量。所以，必须设法找出在什么税率下才可有最大的税收。但是，如把酒税看作寓禁于征的手段，税率就愈高愈好。高到某一程度以上，就可使消费大减，同时税收也大减。如果酒税完全达成了使人们戒酒的非财政目的，税收就是零。它再也不为财政的目的服务，它的效果只是禁止的。这样的情形不限于所有的间接税，直接税也是如此。对于公司和大规模企业所课的差别税，如果高到某一程度以上，其结果就会是那些公司和大企业的完全消灭。资本捐、遗产税，以及所得税，如果推行到极端，就会同样地自我摧毁。

课税的财政目的与非财政目的之间不可调和的冲突，是没有方法解决的。大法官 Marshall 说得很对：课税的权力是破坏的权力。这个权力可以用来摧毁市场经济，有些政府和政党确有决心用它达到这个目的。社会主义接替了资本主义以后，两个显然不同的行为领域，就不再并存了。政府把个人自发行为的轨道完全吞没，而成为极权的政府。为了财政目的，它再也不靠取之于民的手段。再也没有公产与私产之分了。

课税是市场经济的事情。市场经济的特征之一是政府不干涉市场现象，它的技术建构很小，因而这个建构的维持费只要征取全部个人所得的一小部分。这时，税是筹取政府经费的一个适当办法。之所以适当，因为它们是低的，对于生产和消费没有什么可察觉到的干扰。如果它们高到某一程度以上，它们就不是税了，就变成了破坏市场经济的工具。

租税变成破坏的工具这种转变，是现代财政的特征。重的税是好是坏，用税收来应付支出是否明智、有利，关于这些问题的十分武断的价值判断，我们不加讨论。[2]要紧的事情是要知道，课税变得愈重，它愈是与市场经济的保持不相容。这里，无需提出这个问题——"现在还没有一个国家因为大众大量花钱而被拖垮"[3]这句话是否真实。市场经济是会被巨额的公共支出摧毁的。而且，有许多人是想用这个方法来摧毁它，这是不容否认的。

工商界时常为重税的压迫诉苦。政治家常被警告：不要"吃掉了种子"。可是，课税问题的真正难点，见之于"税愈是增加，愈是破坏市场经济，同时也毁灭税制本身"这个矛盾。所以，私有财产的维持与没收式的措施之不相容的这个事实，是很明显的。单一的税目也好，整个税制也好，当其税率高过某一程度的时候，都是要自我毁灭的。

四、租税干涉的三个类别

有几种课税方法可用来管制经济——即作为干涉政策的工具。这些方法可分为三类：

1. 对于某些特定货物的生产加以遏止或限制的税。这种税也间接地干涉到消费。为达到干涉消费这个目的，有的是征课某些特殊的税，有的是豁免某些产品，而课在所有其他产品的一般的税，或者豁免消费者在没有租税歧视时所愿意购买的那些产品的税。采用哪一种方法是无关紧要的。税的豁免，在关税方面用作干涉的工具。国内产品不负担关税；关税只课在国外输入的货物上。有些国家用差别的课税来管制国内的生产。例如，他们想鼓励葡萄酒的生产（中小规模的葡萄种植者的产品）以对抗大规模制造的啤酒生产而课啤酒更重的货物税。

2. 征收所得和财产一部分的税。

3. 征收全部所得和财产的税。

第三类的税我们不要讨论，因为它只是实现社会主义的一种手段，因而在干涉主义的范围以外。

第一类的税在它的效果方面无异于下一章所讨论的那些限制政策。

第二类的税包含第三十二章所讨论的那些没收的办法。

注　释

① 参考 Harley Lutz, *Guideposts to a Free Economy* (New York, 1945), p. 76。

② 这是处理财政问题的习惯方法，参考 Ely, Adams, Lorenz, and Young, *Outlines of Economics* (3d ed. New York, 1920), p. 702。

③ 同上书。

第二十九章　生产的拘限

一、拘限的性质

在这一章里面，我们将讨论那些想转变生产（广义的，包括商业和交通事业）方向的措施。在一个无束缚的市场经济里面，生产活动的方向是由消费者的需求指导的，极权政府对于工商业的每一干涉，都使生产活动转向。对于生产加以拘限的干涉，其特征是：生产的转向不是一个不可避免的非意图的附随的后果，而是政府当局所想达成的后果。和任何其他的干涉一样，这样的拘限性措施也影响消费。但是，就我们在这一章所讨论的拘限措施而言，这也不是政府当局的首要目的。政府所直接干涉的是生产。它的措施影响到消费方式这一事实，从它的观点来看，也是与它的意图完全相反的，或者至少是它所不欢迎的后果，它之所以忍受这个后果，是因为这是不可避免的，而且与不干涉的后果比较，这可视为较小的害。

生产拘限是指政府对生产、运输及对某些特定货物的分配，或对生产、运输、分配的一些特定方式的采用加以禁止，或使其更难、更费。于是乎政府消灭了某些可用以满足人的欲望的手段。干涉的结果是：使人们不能把他们的知识和能力、他们的劳动以及他们的物质的生产手段用于赚得最高报酬和最满足他们需要的途径。这样的干涉是使人民更穷、更不满足。

这是这件事的难题。凡是想推翻这个基本结论的任何努力都是白费的。在无束缚的市场里面,有个不可抗拒的趋势,即每个生产要素都雇用在最能满足消费者最迫切的需要方面。如果政府干涉这个过程,那只会减损满足而决不会促进满足。

这个结论的正确性,已经从国际贸易的一些人为的障碍得到证明。在古典经济学的国际贸易理论中,尤其是李嘉图理论中,是最后的,再也没有更正确的。关税所能达成的目的,只是把生产方向从每单位投入的产出量较高的途径扭转到较低的途径。这不是增加生产,而是削减生产。

人们常常说政府鼓励生产。可是,为了实现这个目的,政府采取什么行政程序,倒是没有什么关系的。它可以公开津贴,或者用保护关税给以变相津贴而增加一般人的负担。值得重视的只有一点,即:一般人不得不放弃他们评值较高的某些满足,而得到的补偿只是他们评值较低的满足。在干涉主义者的议论中,最基本的想法是:政府或国家是社会生产过程以外和以上的存在体,它保有一些非靠课税于民而得来的东西,它可以为某些特定的目的,支用这项神秘的东西。凡是希望从政府的支出得到个人利益的人们,都相信这个神话。为了驳斥这些通行的谬见,我们必须强调:一个政府的支用和投资只能取之于民,它的支用和投资增加,民间的支用和投资就要同额减少。这是自明之理。

政府的干涉不会使人民更富有,但它确可使生产削减,因而使人民的满足较差。

二、拘 限 的 代 价

拘限生产一定会减损众人的满足。这个事实并不意味这样的限制必然地被视为有害的。一个政府之采用限制措施,并不是随随便便毫无目的的。它是想达到某些目的,而认为这些限制是实现那些计划的适当手段。所以,对于限制政策的评价是基于两个问题的解答:政府所选择的手段是适于达成所追求的目的吗？这个目的的实现足以补偿大众因限制而遭受的损害吗？在提出这些问题的时候，我们之视生产拘限与我们之视租税是一样的。缴纳租税也直接减损纳税人的满足。但是，这是他对于政府为社会和社会每个分子所提供的服务所支付的代价。只要政府完成它的社会功用，而税收不超过为使政府机构得以顺利运作所需要的数额，那些租税就是些必要的成本而有所报偿的。

处理拘限措施的这种方法的适当性，在把拘限当作租税的代替品来使用的那些场合尤其明显。国防经费的大部分是国库用公共收入来支付的。但是，也偶尔采用其他的办法。国家的抵抗侵略，有时也要依赖自由市场里面不会存在的某些工业部门。这些工业必须给予补助，而所给的补助可看作军费的一部分。如果政府对于有关的产品课以进口税而间接地来补助这些工业，结果也是一样的。所不同的是，这时消费者直接负担所发生的成本，而在政府直接补助时，他们则是经由缴纳较高的租税而间接支付这些费用的。

在实行拘限措施的时候，政府和国会几乎从未想到对于工商业的干扰所发生的一些后果。所以，他们很轻松地认为，保护关税能够提高国民的生活水准，而坚不承认关于保护制度之后果的那些经济理论的正确性。经济学家对于保护制度的谴责是无法反驳的，也是无任何偏见的。因为经济学家并不是有任何成见而说保护都是坏的，他们是指出，保护制度不能达到政府想靠它来达成的那些目的。他们也不对政府这项措施的最后目的表示异议，他们只不承认它是实现那个目的的适当手段。

在一切拘限的措施中，最风行的是那些所谓保护劳工的立法。这又是政府和舆论对其后果作了错误判断的地方。他们认为限制工时和禁止童工只是加重雇主的负担，对于工资收入者是一"社会利得"。但是，这只有在这些法律减少了劳动供给，因而使劳动边际生产力相对于资本边际生产力而提高的程度内，才会如此。可是，劳动供给的减少也将减少产品的总量，因而每人的平均消费量也将为之减少。整个饼缩小了，而这个较小的饼分给工资收入者的那部分，在"比例上"将高于他们从较大的饼所分摊到的；同时，资本家的那部分在"比例上"降低了。[①]这要看每个场合的具体情况，也即是看，这个结果是否改善或损伤各业工资收入者的实质工资率。

通常对于劳工立法的评价是基于这个谬见：工资率与工人的劳动增加对于物质的价值，没有任何因果关系。照"工资铁则"的讲法，工资率决定于必须的最低的生活费；它决不会超过这个水准以上。工人所生产的价值与他所收到的工资，两者间的差额，归于剥削的雇主。如果这项剩余因工时的限制而减少，则工资收入者解脱了一部分辛苦，他的工资仍旧不变，只是雇主的不当利得削减了一部分。总产量的减少，只是减少剥削的资产阶级的所得。

我们曾经指出，劳工立法在西方资本主义的演进中发生的作用，直到最近几年前，其重要性远比热烈主张的人所讲的小得多。劳工立法大部分只是对那些已经因工商业的迅速发展而引起的情况变动予以法律承认而已。[②] 但是，在那些迟缓采取资本主义生产方法而工业落后的国家里面，劳工立法这个问题是很严重的问题。这些国家的政客们误于干涉主义的教条，以为他们可以靠抄袭先进的资本主义国家的劳工立法，来改善穷苦大众的命运。他们对于这里一些有关的问题，好像只要从所谓"人道的观点"来处理就行了，他们没有认清真实的问题。

在亚洲有几百万孱弱的儿童是穷苦饥饿的，那里的工资与美国或西欧的比较，是极端的低的，工作时间很长、工厂的卫生环境又很坏，这确是悲惨的事实。但是，要消除这些惨象，只有工作、生产、多储蓄，因而多累积资本，此外别无他法。凡是长久持续的改善必须如此。至于一些自以为的慈善家和人道主义者所主张的那些限制措施，终归是无效的。它们不仅是不能改善情况，反而会把事情弄得更糟。假如做父母的人穷到养不起他们的小孩子，禁止童工就等于要那些小孩饿死。如果劳动的边际生产力低到一个工人十小时的工作只能赚得仅够糊口的工资收入，这时，要以命令把工作时间减到八小时，那不是有利于工人的。

这里所要讨论的问题，不是改善工资收入者物质福利这个愿望。主张所谓劳工保护法的人们一再讲：较多的闲暇、较高的实质工资，以及使小孩和已婚妇女不必找工作，这就可使工人的家庭更快乐。这种讲法是有意地把问题弄混淆。他们靠说谎和卑劣的毁谤，把那些认为这样的法律是伤害工资收入者主要利益而加以反对的人们,叫作"劳工的陷害者"或"劳工的敌人"。其实,反对这些法律的人们所不同意的,不涉及前者所追求的目的,而只涉及他们为着目的的实现而采用的那些手段。问题不是在大众福利的改善是不是可欲的。它只是在政府命令限制工时和女工、童工的雇用是不是提高工人生活水准的正确手段。这是一个要靠经济学来解决的纯粹的市场交换问题。感情的言论是不相干的。它是对于"这些自以为是的限制政策的主张者不能提出任何有力的反对来反对经济学家健全的理论"这个事实的一个可怜的托词。

美国工人的平均生活水准比中国的高,美国工人的工作时间短,儿童被送到学校而不是送到工厂,这不是美国的政府和法律的一个成就。这是因为,就每个工人平均使用的资本财远多于中国的,因而劳动的边际生产力也远高于中国的。这不是"社会政策"的好处;这是由于过去的放任政策没有妨碍资本主义的演进。如果亚洲人想改善他们人民的命运,他们所应采取的是这放任政策。

亚洲和其他落后国家之所以贫穷,其原因和西方资本主义早期的情况之所以叫人不满,是相同的。人口迅速地增加,而限制政策却延缓了为适应人口增加的需要而作的生产方法的调整。经济自由把一般生活水准提高到空前的高度,为经济自由铺路的是一些主张放任的经济学家,他们的功绩是不朽的,可是,我们现在一些大学里所用的标准教科书,却把他们贬之为悲观主义者和贪婪的、剥削的资产阶级的辩护人。

经济学不是像那些自命为"非传统的"鼓吹政府万能和极权独裁的人们所主张的独断。经济学对于政府限制生产的措施,既不赞成,也不反对。它只是说明这些措施的一些结果。这是经济学的责任。至于政策的选择则是人民的事情,但在选择政策时,如果他们想达成所追求的目标,他们就不可忽视经济学的教义。

确也有些场合,人们会把某些特定的限制视为正当的。关于防火的管制是拘束的,而且提高生产成本。但是,这些管制所引起的总产量的减少,是为着避免更大的灾难所付的代价。关于每一限制措施的决定,必须仔细权衡得失利弊。这是一个谁也不会置疑的常例。

三、作为一种特权的拘限

市场情势的每一扰乱，对于不同的个人和不同的人群会有不同的影响。对于某些人有利，对于其他的人有害。只有在相当的时间以后，生产适应了新的情势而调整的时候，这些影响才消失。所以，一个限制的措施，虽然是不利于大多数人的，也会暂时地改善某些人的境况。对于那些受益的人而言，这个措施等于一种特权的取得。他们要求这些措施，因为他们想享有特权。

我们还可举出保护政策所提供的最显著例子。对进口货物所课的保护关税是增加消费者的负担的。但是，对于这种货物的国内生产者却是一种恩物。就他们的观点来看，制定新的关税和提高原有的关税税率，都是极好的事情。

许多其他的拘限措施也是如此。如果政府对于大规模的公司加以限制——或直接限制或用差别课税的办法，则小规模的竞争力量就因之而加强。如果它限制大商店和连锁商店的活动，则小店的老板就开心。

这些措施的受益人所认为是他们自己的那种利益，只会在有限的时期以内可以继续保有。对于这一点的认识是很要紧的。在长期中，某一部门的生产者得到的特权终会丧失它可取得特别利益的那个能力。这是因为，享有特权的那个生产部门吸引了新来者，他们的竞争，趋向于消灭那些来自特权的特别利益。所以，为想取得特权而寻求法律恩宠的这种欲求，是永不满足的。他们继续要求新的特权，因为旧的特权丧失了它的能力。

另一方面，生产结构已经适应它的存在而作过调整，因此，如果那个限制措施一旦取消，那也是市场情势的一个新扰乱，也同样地短期有利于某些人，短期有害于其他的人。让我就一个关税项目来说明这个问题。我们假设多年以前，比方说一九二〇年吧，R 国对于进口的皮革课以关税。这是对于当时的硝皮业的一项恩宠。但是，后来这个行业扩大了，在一九二〇年及以后的几年，硝皮业所享受的滔来之利就消失了。所遗留下的只是这样一个事情：世界上皮革的生产有一部分转移了地区，从生产成本较低的地区转移到生产成本较高的 R 国以内的地区。R 国的居民就要比课关税前支付较高的价来买皮革。同时，R 国的资本与劳力雇用在硝皮工业的数量，也比在皮革自由贸易下所雇用的数量较多。于是，R 国其他的生产业势将减缩，至少是扩张受到了限制。从国外输入的皮革减少了，为偿付进口皮革而输出的产品也随之减少。R 国的对外贸易总量也就因而减削。这样一来，全世界没有一个人因为保留这个旧关税而得到一点利益。相反地，每个人都因为人类生产努力的总产量减少了而受害。假设 R 国对于皮革输入所采的政策被所有的国家用来对付所有的输入品，因而完全消灭国际贸易，使每个国家完全自给，那么，所有的人都完全放弃了国际分工所带来的利益。

很明显地，如果 R 国取消皮革的进口关税。就长期看，对于每一个人——R 国本国的和外国的——都有利。但在短期当中，这会损害曾在 R 国制革业投资的资本家的利益。也同样损害 R 国专长于制革的工人的利益。这些人当中，就得有一部分迁居国外，或者转业。所以，这些资本家和工人势必激烈反对皮革进口关税的降低或完全取消。

这就明白地指出，为什么限制生产的一些措施一经产业结构相应调整以后，要想取消就极为困难了。尽管这些措施的后果对于任何人都是有害的，把它们取消只在短期内对于某些特定的人群有害。这些利于保持限制措施的人群，当然只是少数。在 R 国只是人口中的一小部分从事制革业，这一小部分的人会因皮革进口关税的取消而受害。大部分的人是皮革和皮革制品的购买者，他们将因皮革跌价而受益。在 R 国以外，只有那些因为皮革业扩张而他们所从事的行业将随之萎缩的人们才受到损害。

反对自由贸易的人们所提出的最后理由是这样说的：即令只是那些从事制革的 R 国人直接与皮革关税的保持有关，但是，R 国的每个人属于许多生产部门的一个部门。如果每种国内产品都是受关税保护的，则从保护转到自由贸易就会损害每个行业的利益，因而也损害所有的劳资的专业集团，也即全国的人。于是，就得到一个结论：取消保护关税，在短期内将不利于所有的国民。而且值得我们计较的，也正是短期的利益。

这个议论涉及三重错误。第一，所有的生产部门都会因为取消保护关税转向自由贸易而受害,这一说法是不对的。相反地,那些比较成本最低的生产部门在自由贸易下将会扩张。它们的短期利益会因关税的取消而增进。对于它们自己产出的那种产品所课的关税,对于它们没有好处,因为它们在自由贸易下不仅可以生存,而且可以发展。至于对 R 国内的生产成本高于国外的那些产品所课的关税,也损害它们,因为原可用来使它们多生产的资本和劳动力,转到那些被关税保护的生产部门。

第二,短期原则完全是谬见。在短期中,市场情势的每一变动不利于那些未及时料到这种变动的人们。主张短期原则的人如果是一贯的话,一定会主张一切情况的完全固定不动,反对任何变动,乃至包括医疗学和工艺学的改进。③如果人们在行为中一味地只想避免眼前的损害而无远虑,他们就会沦为禽兽。人之所以异于禽兽者,就是人会自觉地为着达成某些较大的、较远的满足而放弃某些近利。对于人而言,时间偏好不是绝对的;它只是用以权衡利弊得失的一些项目当中的一个项目而已。人会知道苦口的良药会有治病的后果。他不会无条件地放弃长期利益而取短期利益;想象中的不同时期的满足,他都考虑到。

最后,如果 R 国的全部关税一律废除这个问题是在讨论中,我们就不可忘记这个事实:那些制皮革的人们的短期利益之受害,只是由于许多税目中的一个税目的取消,至于其他的一些税目之取消,对于他们是有利的,因为那些税目所涉及的产品是一些本国生产成本较高的产品。制革业的工资率相对于其他行业的工资率而言,诚然有一些时是会下降,直到各种行业的工资率之间的适当的长期的比例重新建立的时候为止。但是,制革业的工人们在其收入暂时减少的同时,他们所买的许多物品的价格也在下跌。而且,这个有利于他们的趋势,不是一个暂时的现象。这是自由贸易的一些持久福利的极致,它把每个生产部门安排在比较成本最低的地区,因而提高劳动的生产力而使产品的总量增加。这是自由贸易给市场社会每一分子的长期的、持久的利益。

如果保护关税只课在进口的皮革,那么,从制革业者的观点来讲,反对关税的废除可说是合理的。这时,我们可把他们的反对态度解释为特殊利益所使然,这种属于一个行业的利益,由于这个特权的废除是会受到损害的。但是,在这个假设的事例中,制革者的反对一定是无效的,因为大多数的国人会推翻它。保护关税的主张者之所以能够得势,是由于许多的生产部门都同样接受保护,而不只限于制革业一个部门,因而这许多部门都反对关于自己部门的那些税目的废除。这种情形,自然不是基于每个集体特殊利益的一个联盟。如果每个人受到同样程度的保护,每个人不仅是以消费者的身份所受的损失等于以生产者的身份所得的利益。而且,每个人将因劳动生产力的普遍降低而受害。劳动生产力之所以普遍降低,是由于一些生产事业从较有利的地区转移到较不利的地区而引起的。相反地,把所有的税目一律废除将使每个人享受长期的利益,同时,由于废除某些特定税目而使有关的集团受到的暂时损失,已经在短期内至少有一部分是会抵消的——因为所废除的税目中,有的是属于这个集团所购买、所消费的东西。

有许多人把保护关税看作是给予本国工资收入者的一种特权;当保护关税存在的时候,他们可赚得比在自由贸易下更高的工资,而享受较高的生活水准。这种说法不仅闻之于美国,凡是平均实质工资高于别国的国家都有这种说法。

如果资本与劳动的流动有完全的自由,则全世界同类、同质的劳动价格(工资)当然有趋向于相等的趋势④。可是,即令产品是自由贸易的,但在移民和资本输入方面却有障碍,这个趋势也就不会出现了。美国的劳动边际生产力高于中国的,因为美国所投的资本,就平均每个工人而言,高于中国的,同时,也因为中国的工人不能自由进入美国的劳动市场来与美国工人竞争。在解释这种差异的时候,我们不必过问是不是美国的自然资源比中国的多,也不必问是不是中国的工人比美国的差劲。不管怎样,妨害资本与劳动流动自由的那些法制上的障碍,已足够说明工资相等的趋势之所以缺乏的理由。因为美国关税的废除不影响这方面,那就不会损害美国工资收入者的生活水准。

相反地,在资本与劳动的流动受到限制的场合,产品的贸易转变到自由贸易,必然提高美国人的生活水准。美国的成本较高的(也即美国的生产力较低的)那些工业势将萎缩,而其成本较低的(也即生产力较高的)那些工业势将扩展。

瑞士制表业的工资率和中国刺绣业的工资率，比起美国这两业的工资率确实是低些。在自由贸易下，瑞士人和中国人在美国市场将会扩展他们的销路，美国竞争者的销路将会萎缩。但是，这只是自由贸易的一些后果的一部分。瑞士人和中国人，因为卖出的较多，生产的较多，也就有较多的赚得，较多的购买。至于他们是多买美国其他工业的产品，还是多买他们本国或别国（例如法国）的产品，那是无关紧要的。不管怎样，他们所多赚的那笔钱终归会流进美国，增加对美国产品的购买。如果瑞士人和中国人不是把他们的产品当作礼物白送，他们就得把那笔钱花在购买上。

相反的流行见解是由于这个幻想：美国可以靠减少公民们现金握存的总量来增加输入品的购买。这是个有名的谬见。照这个谬见，人们可以不管他们现金握存额的多少而购买，而且照这个谬见，现金握存的存在，只是因为没有更多的东西可买而剩余下来的。我们曾经指出，这种重商主义的教条是如何地完全错误。⑤

保护关税在工资率和工人生活水准方面所发生的影响，实际上不是这回事。

在一个货物贸易是自由的，而劳动和资本的流动是受限制的世界里面，有一个趋势是趋向于在各国对于同类、同质的劳动所付的价格之间建立一个确定的关系。这里不含有工资率趋于相等的趋势。但是，各国对于劳动所付的最后价格保有某种数字关系。这个最后价格的特征表现于这个事实：凡是想赚取工资的人都得到一个职业，凡是想雇用工人的人，都能雇到他所想雇的人数。这就是"充分就业"。

让我们假设只有两个国家——R 国和 M 国。在 R 国里面，最后工资是 M 国的一倍。R 国的政府采用那些被误称为"保护劳工"的方法。它增加雇主的负担，使他们比例于雇用的人数而负担一笔额外开支。例如，它减少工作时间而不许相对地降低每周的工资率。其结果是，产出的货物数量减少，而货物的单价上升。工人享受了较多的闲暇，但是，他们的生活水准却降低了。可用的货物量一般的减少会引起什么别的后果吗？

这个结果是在 R 国内部发生的。R 国不是自给自足的，它与 M 国有输出输入的贸易关系,这个事实并不改变上述的结果。但是这涉及 M 国。当 R 国的人们生产少了,消费少了,他们也就少买 M 国的产品。在 M 国,生产没有普遍减少。但是,有些为输出 R 国而生产的工业将因此不得不为 M 本国市场而生产。M 国眼见国外贸易量减少;它将变得更自给自足了。这是保护主义者认为的好事。其实,这是生活水准的降低;成本较高的生产代替了成本较低的生产。人们削减其对市场的供给量,对于每个人的损害将随分工的程度高低而或大或小。

可是,R 国的保护劳工的新法律所引起的这些国际后果,并不同样地影响 M 国的工业各部门。生产之适应新情势而作的调整,从开始到最后完成,必须经过一连串的步骤。这些短期效果与长期效果不同。它们比长期效果更显得可观。短期效果几乎每个人都会注意到,长期效果只有经济学家才看得出来。掩盖长期效果不让大家知道,这不是一件难事,可是,为免于那股赞助所谓劳工保护法的热情消失,关于容易看出的那些短期效果,却有些事情要做。

第一个出现的短期效果,是 R 国的某些生产部门的竞争力,相对于 M 国的而言减弱了。因为 R 国的物价上涨,就可能有些 M 国的人在 R 国扩张他们的销售量。这只是暂时的效果;到了最后,所有 M 国的工业在 R 国的销售总额是会减少的。尽管 M 国对 R 国的输出总额一般地说是减少了,但是,M 国的某些工业仍可能在长期中扩张他们的销售量(这就要看比较成本的新情势如何)。但是,在短期效果与长期效果之间没有必然的相互关系。过渡期的一些调整,会引起一些完全不同于最后结果的千变万化的变动情况。可是,缺乏远见的大众,其注意力完全被这些短期效果吸引住。他们听到商人们诉苦,说 R 国的新法律使 M 国人有机会在 R 国和 M 国低价出卖。他们看到有些 R 国的商人不得不限制他们的生产并裁减工人。于是,他们开始怀疑那些自以为"非正统的劳工朋友们"的教义可能有什么毛病。

但是,如果在 R 国有一种关税,其税率高到足以防止 M 国人在 R 国市场扩展他们的销售(甚至暂时的扩展也不可能),情形就不一样了。这时,这个新方法最显著的短期效果,就被掩蔽得大家看不出来了。长期效果,自然是不能避免的。但是,它们是由一些短期效果的另一个次序引起的,而这个次序因为比较不明显而较少令人不快。关于因缩短工作时间而产生的所谓"社会利得"的传说，不是凭每个人和被解雇的工人所认为不好的那些后果之立即出现而推翻的。

今日，关税和其他一些保护策略的主要功用，是在掩饰那些用来提高大众生活水准的干涉政策的真实后果。经济的国家主义是这些风行的政策的必要补充，而这些政策号称为改善工资收入者的物质福利，事实上是损害他们福利的。⑥

四、作为一个经济制度的拘限

我们曾讲过，有些场合，拘限的策略是可以达成所追求的目的的。如果采取那个策略的人们认为，那个目的比拘限所引起的不利——即，可用以消费的物质财货的数量减少——更为重要，则采取拘限策略，从他们的价值判断来讲，是对的。他们蒙受损失，支付代价，为的是取得他们所评值较高的东西。任何人，包括理论家在内，都不能与他们议论关于他们的价值判断之是否适当。

处理那些拘限生产的策略之唯一适当的方式，是把这些策略看作为达成一个特定目的而作的牺牲。这些策略是些"准开销"和"准消费"。它们是使用那些可以为实现某些别的目的而生产、而消费的东西。这些东西不能出现了，但是，这准消费对于这些策略的制作人所给的满足，却胜于取消这些策略所可产生的财货之增加。

就某些拘限策略而言，这个观点是被普遍采纳的。如果政府规定一块土地必须保存它的自然状态作为一个国家公园，而不许作任何其他的利用，这种做法，谁也不会认为不是消费。政府剥夺了人民耕种这块土地所可获致的增产，而供给他们另一种满足。

由此可知，对于生产加以拘限，只可辅助生产体系的运作，决不会有其他的作用。我们不能单单靠一些拘限的策略来建立一个经济行为的体系。它们不能形成一个生产体系。它们属于消费领域,不属于生产领域。

在检视干涉主义所引起的那些问题时,我们是专心于讨论干涉主义者所宣称的他们的制度可替代其他的一些经济制度。这种说法是没有理由的。拘限生产的干涉措施是削减产量和满足。财富的生产是要消耗生产要素的。减少生产要素就是减少产品的数量,而不是增加它们。即令减少工时所想达成的目的可以靠命令来达到,那也不是一个生产的策略。那一定是减少产量的一个途径。

资本主义是个社会生产制度。社会主义,照社会主义者的说法,也是个社会生产制度。但是,关于拘限生产的那些策略,即令是干涉主义者也不能提出同样的说法。他们只能说在资本主义下生产太多了,因而说为实现其他的一些目的,他们想防止这过剩的生产。他们自己也得承认拘限策略的应用是有限度的。

经济学并不认为拘限是个坏的生产制度。它是说那根本不是一个生产制度,而是个准消费制度。干涉主义者想用拘限的策略达成的目的,大都不能靠这种策略达成。但是,即令在拘限策略适于达成所追求的目的的场合,它们也只是拘限的。[7]

拘限策略今日之所以风行,是由于人们不知道它的一些后果。在讨论政府规定缩短工时这个问题的时候,人们不了解总产量一定减少,而工资收入者生活水准也将随之降低。至于说这样的“保护”劳工的策略是一“社会利得”,而其成本完全落在雇主的身上,这完全是今日“非正统派”的一种独断。谁怀疑这个独断,谁就被扣上“剥削者的辩护人”的帽子,而遭受残酷的打击,他就被暗示为:想把工资收入者压成穷人,想把工作时间延长到现代工业化的早期状态。

为了驳斥这种污蔑,我们必须再强调:带来财产和福利的,是生产不是拘限,在资本主义国家里面,一般工资收入者比他的祖先们消费更多的财货,而且能够享受更多的闲暇,他能够抚养妻儿而不必送他们去工作,这都不是政府和工会的成就。而是由于谋取利润的工商业累积了更多的资本,投下了更多的资本,因而把劳动生产力提高了百倍乃至千倍。

注　释

① 企业的利润和亏损不受保护劳工的立法的影响,因为企业的盈亏完全要看适应市场变动而作的生产调整的成败。关于这方面,劳工立法只有作为引起变动的一个因素来看,才成问题。

② 参考第二十一章第七节。

③ 这种一贯已见之于某些纳粹党的哲学家。参考 Sombar, *A New Social Philosophy*, pp. 242～245。

④ 关于详细的分析,参考前面第二十一章第九节。

⑤ 见前面第十七章第十三节。

⑥ 参考第十六章第六节关于卡特尔的功用的分析。

⑦ 关于从李嘉图效果的观点提出的对于这个命题的反对,参阅第三十章第三节。

第三十章 对于价格结构的干涉

一、政府与市场的自律

对于市场结构的干涉，就是政府要把货物与劳动的价格和利率规定在一个不同于自由市场所决定的高度。政府公告，或暗示或明示地授权一些特定的人，公告被认为最高限的或最低限的一些价格与费率，政府并提供强制力来执行这些公告。

政府用这样的策略或者是想加惠于买者——在最高价格的场合，或者是想加惠于卖者——在最低价格的场合。最高价格的目的是要使买者可能用低于自由市场的价格买到他所想买的。最低价格的目的是要使卖者可能以高于自由市场的价格卖掉他所想卖的货物或劳务。至于政府想加惠于哪些集团，这就要看政治力的差异。对于某些货物，政府有时采用最高价格，有时也采用最低价格。对于工资，政府有时公布最高工资率，有时也公布最低工资率。至于利息，政府从未公布过最低的利率；当政府干涉利息的时候，总是公布最高利率。政府对于储蓄、投资和放款总是嫉视的。

如果对于物价、工资、利率的干涉，包括所有物价、工资和利息，那就是充分地以社会主义（德国型的）替代市场经济。于是，市场、人际交换、生产手段私有权、企业以及民间的积极性，也就统统消灭了。任何人再也没有机会按照自己的本意来改变生产程序；每个人都得服从生产管理局的命令。在这些命令之下的所谓价格、工资率和利率，再也没有交换论中这些名词的意义了。它们只是由指挥者所作的一些数量决定，无关乎市场程序。如果采用价格管制的政府和主张价格管制的改革家总是想建立德国型的社会主义，那就无须经济学来各别讨论价格管制问题。关于这样价格管制所要说的，已经全部包括在社会主义的分析中。

许多主张价格管制的人，对于这个问题非常模糊。他们不知道市场经济与非市场社会的基本区别。他们观念上的模糊，反映在他们的用语中。他们常常把这些完全不相容的东西拼凑起来。他们的一些主要概念都是逻辑学家所说的"contradictio in adjecto"①那种矛盾的例子。

但是，居然有些主张价格管制的人，公开宣称他们要保持市场经济。他们竟直率地说：规定物价、工资和利率的政府，可以靠颁布命令达成所想达成的目的，而不完全废除市场和生产手段私有权。他们甚至于宣称，价格管制是保持私有企业制和防止社会主义到来最好的或唯一的办法。如果有人怀疑他们这种说法的正确性而指出"价格管制，如果不是从政府和干涉主义者的观点看来把事情弄得更糟，那就是归结于社会主义"，他们就变得愤怒。他们抗议说，他们既不是社会主义者，也不是共产主义者，他们的目的是经济自由而不是极权统治。

我们所要检讨的就是干涉主义的这些说辞。问题是在用警察的力量能否达成想靠物价、工资和利率规定在不同于自由市场所决定的高度来达成的那些目的。当然，一个坚强而有决心的政府，有力量规定这样的最高价格或最低价格，而对于不服从的人给以严厉的惩罚。但是，问题在于政府不能靠这样的命令达成它所想达成的那些目的。

历史，是物价管制和反高利贷的一部长编记录。皇帝们、国王们，以及革命的独裁者一再地试图插手市场现象。严厉的惩罚加在那些不服从的商人和农民之上。许多人在群众所热烈支持的迫害下被牺牲了。但是，所有这些做法都是失败的。法律家、神学家以及哲学家们对于这种失败所提供的解释，与统治者和群众的想法完全一样。他们说，人是生来自私的、有罪的，政府在执行法律的时候未免太松懈了。权力的行使应该还要更毅然决然。

对于这一点的认识，是从一个问题开始的。许多政府早已实行通货贬质
（currency debasement）。他们用较劣、较便宜的金属渗进铸币原先所含的金
银成分，或者把铸币的重量和体积减低、减小，但是，他们仍使这贬质的通货保
持原先的名称，而且规定要按照名义上的平价授受。后来，那些政府又规定金
与银之间以及金属币与信用之间的比率，命令人民必须按照这法定的比率交
换。在追究这些企图之所以归于无效的原因时，中世纪后期的经济思想的一
些先驱们，已经发现了后来叫作格雷欣法则（Gresham's Law）的那个规律性。
可是，从这个孤立的透视进到十八世纪的哲学家们认知了所有市场现象的互
相关联，其间经过了一段很长的时期。

古典的经济学家和他们的继承人有时说到价格管制的"不可能"。这个说
法很容易被那些想曲解的人曲解。古典学派经济学家的真正意思不是说价格
管制的规定不可能的，而是说那些管制不可能达到政府想用以达成的目的，而
且会把事情弄得更糟。他们的结论是说：这样的一些规定是与目的冲突的，
而且是不利的。

价格管制问题不仅是经济学所应讨论的问题之"一"，不是在不同的经济
学家之间所可引起争论的一个问题；这是必须看清的一点。这里的问题毋宁
说是：是不是有所谓经济学这样的东西？在市场现象的连续与相互的关联
中，有没有什么规律性？对于这两个问题给以否定答复的人，否认作为一个知
识部门的经济学的可能存在。他回复到经济学诞生以前的时代所保持的那些
信念。他断言没有什么经济法则；物价、工资和利率，是由市场情势所决定的
这个说法是不确实的。他说警察有力量任意决定这些市场现象。社会主义的
鼓吹者不一定要取消经济学；他的基本假设不一定意涵市场现象的不确定。
但是干涉主义者，在主张价格管制的时候，却不得不抛弃经济学。如果否认市
场法则，经济学就没有什么东西了。

德 国 历 史 学 派 猛 烈 攻 击 经 济 学 而 想 以 政 治 学 的 经 济 部 分
（Wirtschaftliche Staatswissenschaften）来替代经济学，这是一贯的。英国费
边主义（British Fabianism）和美国的制度学派也是如此。但是，那些不完全

抛弃经济学而又宣称价格管制可以达成所追求的目标的人们，却是自相矛盾了。经济学家的观点与干涉主义者的观点之妥协，逻辑上是不可能的。如果价格唯一的是由市场情势决定的，那就不能由政府的强制力来自由操纵。政府的命令只是一个新的情势，所以，它的效果是由市场运作决定的。它不一定产生政府所想用以实现的那些后果。干涉的最后结果，从政府所企图的那个观点来看，可能比政府所想革除的那些弊病更坏些。

任何人不能把经济法则这个名词放到括号里面并挑剔法则这个概念的缺点，而使上述的那个命题归于无效。在说到自然法则时，我们心中所想的是物理与生物现象有个不可变动的关联存在于其间，而行为人如果想行为成功，就得受这种规律的支配。在说到人的行为法则时，我们所指的是，在人的行为领域也有个不可变动的关联存在，而行为人如果想行为成功，也必得承认这个规律。行为法则的真实性之显现与自然法则的真实性之显现，是经由相同的信号，即："人的达成目的的力量总是受限制的"这个事实。如果没有法则，人就会是万能的，而永不感觉到任何他所不能即刻完全消除的烦恼，或者他根本不能行为。

这些宇宙法则绝不可与人为的国家法律以及人为的道德规律相混淆。与物理学、生物学和人的行为学所提供的知识有关的那些宇宙法则，是和人的意愿无关的，它们是些本体论上的事实，严格地限制着人的行为能力。至于道德规律和国家法律是人们为想达成某些目的而采取的手段。这些目的能否靠这些手段真的达成，这就要决定于一些宇宙法则。人为的一些法则如果适于达成其目的，那就是合宜的；如果不适于达成其目的，那就是与意愿相反的。所以，这些人为的法则要从适宜与否的观点来加以检讨。至于那些宇宙法则，我们不能过问它们是否适宜。它们就是它们那样，谁也管不了它们，违犯了它们，违犯的本身就是惩罚。但是，那些人为的法则必须靠一些特定的制裁来实施。

只有疯子才敢于不顾物理和生物法则。但是，藐视经济法则却是极普通的事情。统治者们不愿意承认他们的力量也受物理学和生物学以外的法则之限制。他们决不会把他们的失败和挫折归因于对经济法则的违反。

最不承认经济知识的是德国的历史学派。对于这个学派的一些教授而言，"他们所崇拜的那些偶像——勃兰可登堡·霍亨索伦的选侯们（the Hohenzollern Electors of Brandenburg）和普鲁士的国王们——不是万能的"这个想法，是不能忍受的。为拒绝经济学家的教义，他们埋首于记述那些光荣君主们之史迹的故纸堆中。他们说，这是对国家政治问题的一个切实研究法。在这里，你可看到真正的事实和真实的生活，而非英国学院的那种无生气的抽象和错误的概念化。其实，所有这些汗牛充栋的卷册，都是因为藐视经济法则而归于失败的那些政策和措施的冗长记录。这些 Acta Borussica② 是最有教益的历史文件。

但是，经济学对于这样的例解是不能同意的。它必须进而仔细检讨市场对于政府干涉价格结构而起的反应方式。

二、市场对于政府干涉的反应

市场价格的特征是它使供需相等。需求量与供给量不仅是在假想的均匀轮转的经济结构里面相等。基本价格论所发展出来的那个静态概念，是市场上每一瞬息所发生的情形的忠实描述。在未受束缚的市场上，价格一离开供需相等的那个高度，马上就会自动更正过来。

但是，如果政府把物价规定在一个异于自由市场所决定的高度，则这个供需均衡就被打破。这时（在限定最高价的场合）就有些潜在的买者尽管愿意照政府所规定的价格乃至更高的价格来买，也不能买到。如果在限定最低价格的场合，就有些潜在的卖者尽管愿意照政府所规定的价格乃至更低的价格来卖，也不能卖掉。这个法定的价格再也不能把那些能买或能卖的潜在的买者或卖者与那些不能买卖的潜在的买者卖者分开。于是，关于财货和劳务的分配，以及关于谁可得到那部分的供给，就必然由一个不同的原则来决定。那就是能够买到货物和劳务的人，只有那些先到的人，或者只有那些有特殊人身关系的人，或者只有那些用威胁或暴力来抢过别人的人。如果官方不想让机会或暴力来决定供给的分配,不想让情况变成混乱,它就要出来管制每个人所可购买的数量。这就是实行配给制。③

但是,配给制并不影响这个问题的核心。把已经生产出来的东西分配给那些急于想取得它的人们,这只是市场的次级功能。市场的主要功能是在指挥生产。它把生产要素导向那些可以满足消费者最迫切的需要途径。如果政府的限价只涉及一种消费财或涉及消费财有限的数量,而让那些辅助的生产要素的价格自由,则有关的消费财的生产就会减少。边际生产者将不继续生产它们,以免损失。那些非绝对特殊的生产要素将被使用得更多,因为可用来生产那些未受价格管制的其他货物。于是,那些绝对特殊的生产要素将有更大的部分(比不限价的场合)未被使用。生产活动趋向于从那些受到限价影响的生产转到其他货物的生产。这个结果,显然是与政府的意愿相反的,政府采取限价政策,是想使消费者更易于取得那些货物。政府认为那些货物是生活上特别重要的,特意挑选出来加以特别管制,以期即令是穷人也能得到充分供给的。但是,政府干涉的结果却是这些货物的产量减少或完全停顿。这是个彻底的失败。

如果政府想免于失败而再把生产这些被限价物品的生产要素的价格,也规定一最高限,那也是白费的。这种做法,只有在所有的那些必需的生产要素都是绝对特殊化的场合,才会成功。因为这种场合决不必有,所以政府在采取了第一个办法——把一种消费财的价格限制在潜在的市场价格之下——以后,必须接二连三地推广限价的范围,不仅是对所有的消费财和所有的物质生产要素限价,而且也要限定工资。那就是要强迫每个企业家、每个资本家、每个雇主按照政府所规定的物价、工资和利率来生产政府命令他们生产的数量,并卖给政府所指定的那些人——生产者或消费者。如有一个生产部门不受这些限制,资本和劳力就会流进这个部门;生产之受到限制的,只是政府认为极关重要,因而必须加以干涉的那些部门。

政府只对一种货物或少数货物加以管制,经济学并不认为是不公平的,是坏的,或行不通的。它只说这样的干涉所产生的结果将与干涉的目的相反,将使情形更坏,而不是更好,这里所说的更坏而不是更好,当然是就政府和那些支持干涉政策的人们的观点来说的。在政府干涉以前，那些有关的货物，在政府的眼中是太贵。可是限价的结果，那些货物的供给减少了或完全绝迹。政府的干涉是因为它认为这些货物特别重要、必需、决不可少。但是，它的行动却削减了它们的供给量。所以，从政府的观点来看，这是荒谬的。

　　假使政府不愿意承受这个不好的结果，而再来更多的干涉，假使它对所有各级的一切货物和劳务的价格都加以规定，同时命令所有的人按照这些规定的物价和工资继续生产、继续工作，这就是把市场完全消灭掉。于是，计划经济、德国的强制经济型（German Zwangswirtschaft pattern）的社会主义取代了市场经济。消费者再也不以他们的购买和不购买来指挥生产了；只有政府指挥它。

　　限价的结果是减缩供给，因而与限价所想达成的目的完全相反。这个定律只有两个例外：一是关于绝对租的；一是关于独占价格的。

　　限价的结果是供给萎缩，这是因为边际生产者遭受损失而不得不停止生产。非特殊化的生产要素被用在那些未限价的其他产品的生产。绝对特殊的那些生产要素的使用量为之减缩。在自由市场的情形下，绝对特殊的生产要素被利用的程度，只受限于为满足更迫切的欲望在那些辅助要素当中使用非特殊化要素的机会之缺少。现在，这些绝对特殊的要素只有较小部分的供给可被利用；而未被利用的那部分供给随之增加。但是，如果这些绝对特殊的要素之供给是如此稀少，以致在自由市场的价格下它们的全部供给都被利用，那么，政府的干涉所不会在其间减削其产品之供给者的那个领域就是既定的。只要它没有完全吞没这绝对特殊要素的边际供给者的绝对租，这最高价格的限定就不减削供给。但是无论如何，其结果总归是产品的需求与其供给的不配合。

　　一块土地在都市的租金超过在农村的租金，在这个超过额以内的租金管制，可以不至于使租地的供给为之减少。如果租金的限额还没有限到使地主宁可把土地用之于农业而不用之于建筑的那个程度，那就不会影响到公寓和商业房屋的供给。但是，租金的限价会增加公寓和商业房屋的需求，因而闹房荒，而房荒是政府想用限制租金的手段来解决的问题。政府是否配给土地，这是次要的问题，无论如何，政府这样的限价并未消灭都市地租这个现象，不过是把这种租从地主的所得中转到房客的所得中。

事实上，限制租金的政府从未基于这些考虑来调整租金的最高限。政府或者就干涉之前夕的毛租金予以冻结，或者是照那毛租金稍稍增加一点。毛租金包括两个项目：都市租金的本身和利用地面建筑物所支付的代价。这两个项目之间的比率是因每幢房屋的特殊环境而不同的，因而租金限制的后果也不一样。在某些场合，从地主转给承租人的利益，只是都市租与农地租之间的差额之一部分，在其他的一些场合，它会大大地超过这个差额。但是，不管怎样，租金的限制总归要引起房荒。因为它增加了需求而未增加供给。

如果租金最高限不只是为那些已有的出租场所而规定，而且也为尚待建筑的房屋而规定，则新房屋的建筑就不再有利了。这种建筑或者完全停止，或者减缩到一个低水准，房荒现象就持续下去。但是，即令新房屋的租金不受管制而可自由索取，新房屋的建筑也会减少。有先见之明的投资者不愿在这方面投资，因为他们考虑到政府在稍后的时日会宣布新的紧急情势到临，因而会以对付旧房屋的同样方法来征收他们的收益的一部分。

第二个例外是关于独占价格。某一有关货物的独占价格与竞争价格之间的差额，就是最高价格可以在其间限定而不致不能达成政府所追求的目的。如果竞争价格是 p，而在一切可能的独占价格之中的最低者为 m，最高限价为 c，c 低于 m，这个 c 使得出卖者不利于把价格抬到 p 以上。于是，这个最高限价重新建立竞争价格，并且使需求、生产和供给都增加。基于对这种连续关系的模糊认识，所以有人主张政府干涉以保持竞争，使竞争尽可能地顺利进行。

为着便于讨论起见，我们可不提"这样的一些建议如果用在那些因政府干涉而形成的独占价格上面，那是不切实际的"这个事实。假若政府反对新发明的独占价格，它就应当停止专利权的授予。既授予专利权而又强迫享有专利权的人，按竞争价格出售因而剥夺他们的专利，这真是荒谬可笑。假若政府不准许卡特尔，那就应当把所有让商人有联营机会的一切措施都放弃掉。

凡不是由于政府的帮助而存在的独占价格，情形就不同了。如果能够研究出事实上不存在的竞争市场所会决定的价格高度，政府的最高限价就可重建竞争环境。凡是想建立非市场价格的一切努力都是白费的,关于这一点前已讲过。④公用事业的劳务价格怎样才算公平,对于这问题所做的决定,都是不能叫人满意的,这是所有的经济学家熟知的事实。

这两个例外说明了为什么在稀少的情况下最高限价(很谨慎地用在一个狭小的领域内)不至于减缩有关货物或劳务的供给。这究竟是例外,它不影响上述的一般原则的正确性,即:最高限价所导致的情况,从颁布限价办法的政府的观点来看,比不限价的情况更坏。

对于上古文明衰落的原因之观察

知道了政府干涉市场价格的一些后果,我们就可了解上古文明之所以衰落的若干经济原因。

把罗马帝国的经济组织叫作资本主义是否正确,这是个不必决定的问题。可是,无论如何,有一点是确实的,即在二世纪的罗马帝国"好"皇帝安东尼的时代,已经发展到高度的社会分工和区域间的贸易。几个大都市中心、一些中级的城市和许多小镇市是高度文明的所在地。这些城市的居民们不仅是由附近地区供应食粮和原料,而且也由遥远的地方供应。这些供应的一部分流进了这些城市,成为那些拥有地产的富人们的收益。但是,其中的大部分是由乡村农民购买市民的加工产品而得来的。在广大的帝国领土上,不同的区域间有很繁盛的贸易。分工又分工的趋势,不仅见之于工业部门,而且也见之于农业部门。帝国的很多部分已经不是经济的自给自足。它们是互相依存的。

罗马帝国的式微与其文明的衰落,其原因是这种相互的经济关联的解体,而不是野蛮民族的侵入。外来的侵略者只是利用帝国本身的内部衰落的机会而已。从军事的观点看,四、五世纪侵入帝国的那些部落,并不比早期罗马军团所轻易击败的那些军队更可怕,但是,帝国已经变质了。它的经济社会结构已经是中古型的。

罗马给与工商业的自由已经减缩了。对于谷物和其他重要必需品的市场所加的限制,更甚于对别的货物。凡是谷物、油类、酒(这是当时大宗的主要产品)叫价高于平常价格的,都认为不公平、不道德,而市政当局马上就查核他们所认为的不法利润。于是，这些货物有效率的批发贸易的进展就被阻碍了。annona⑤政策（这等于谷物贸易的国营或市营）是想用来补救这个缺陷。但是，它的后果是不好的。谷物在城市里面显得稀少，而农民们又以种植谷物无利可图叫苦。⑥政府的干涉打乱了供给适于需求的调整。

当三、四世纪政治纷乱的时候，罗马帝国的皇帝们又采取通货贬值政策，这是最后无可奈何的一手。通货贬值和限价制度，完全破坏了主要粮食的生产和贸易，而使社会经济组织解体。政府愈是急于推行限价政策，而那些靠购买粮食过活的城市居民愈陷于苦境。谷物和其他必需品的贸易完全消灭了。为了免于饿死，人们离开城市，迁居乡下，为自己的需要而种植谷物，制造油、酒和其他必需品。另一方面，拥有大地产的人们减缩他们过剩的谷物生产而开始在他们的农舍里面制造自己所需要的手工制品。大规模的耕种在当时是不合理的，因为生产出来的大量谷物，再也不能卖到有利的价格。大地主既不能像以前那样，在城市里面出卖他们的谷物，他们也就不能再做城市工人的雇主了。他们不得不找个替代的方法来满足需要，于是，照着自己的打算雇用手艺工人在他们的农舍中工作。他们中断了大规模的农业经营，而变成向佃户收取租金的地主了。这些佃户或者是解放了的奴隶，或者是迁居到村庄来的城市贫民。这样一来，每个地主的领地都趋向于自给自足。城市的功用、工商业的功能萎缩了，意大利和帝国的一些省份，都转变到社会分工落伍的境况了。上古文明中高度发展的经济结构，退化到现在大家所熟知的中古时期的庄园组织。

罗马帝国的皇帝们面对这种结果惊慌起来，但是，他们的反应是徒劳无功的，因为没有触及祸根。他们所依赖的强制和暴力，毕竟不能挽回社会瓦解的趋势；相反地，这个趋势正因为过分的强制和暴力而促成。罗马人谁也不了解这种情况是政府干涉物价和通货贬值所引起的。政府颁布法令不许人民迁离城市到乡村居住⑦的法律，结果也是无效的。富人必须服公役的那个leiturgia⑧制度，只是加速分工的退化。那些关于船主们特殊义务的法律，是想用以防止航运的衰退。其结果也和那些为防止农产品在城市的供给量之减缩的谷物处理法一样地不成功。

令人惊羡的古代文明之所以毁灭,是因为它没有把它的道德律和法律体制适应市场经济的要求而调整。一个社会秩序的正常功能所必须的那些行为,如果被道德标准反对,被国家法律宣布为非法,被法院和警察看作犯罪来惩罚,社会秩序注定要崩溃。罗马帝国的冰消瓦解,因为它缺少了自由主义的精神和自由企业。干涉政策和其政治上的必然结果——领袖主义,毁了强大的帝国;这种政策和这种主义,也同样地要瓦解和毁灭任何社会组织。

三、最低工资率

主张干涉政策的政客们的聪明办法是靠政府的法令或工会的暴行来提高工资。把工资提高到自由市场所会决定的高度以上,这是被认为是永恒的道德律的一个基本要求,也是从经济观点认为是必要的。谁敢向这个伦理的和经济"独格码"(dogma)挑战,谁就被骂为卑鄙的、无知的。许多现代的人看那些愚勇得敢于违犯工会纠察队的人,正如同原始部落时代的人看那些敢于违犯禁忌戒律的人一样。如果那些敢于不参加罢工的"工贼"们,从罢工者的手头受到"应有的"惩罚,而警察、检察官和刑事法庭都持超然中立的态度,这时就有成千成万的人欢呼叫好。

市场工资率所趋向的高度,是供需趋于相符的高度,即所有想赚工资的人都可得到职业,而所有想雇用工人的人都可雇到他们所想雇用的人数。它趋向于达成现代人所说的充分就业的境界。在没有政府或工会干涉劳动市场的地方,就只有自愿的失业。但是,一旦有了外来的压力或强制,不管是政府或工会把工资规定在一较高点,制度性的失业就马上发生。在自由市场上,自愿的失业可能归于消灭,可是只要政府或工会的命令执行得有效,制度性的失业就不会消灭。如果最低工资率只涉及一部分的职业,而劳动市场的其他部门得准许自由,则那些因最低工资率的规定而失业的人们,就进到自由的部门,因而增加这些部门的劳动供给。如果工会组织只限之于技术工人,则工资的提高不致引起制度性的失业。它只是使那些没有工会组织或工会组织松懈的部门的工资率降低。有组织的工人的工资提高，必然的结果是无组织的工人的工资降低。但是，如果政府出来普遍地干涉工资或者出来支持工会的强制行为，情形就改变了。制度性的失业就变成长期的或永久的普遍现象。

Beveridge 爵士，现在是一位热心主张政府和工会干涉劳动市场的人，他在一九三〇年指出"高工资政策"招致失业这个可能的后果，是"任何够格的专家所不否认的"。⑨事实上，否认这个后果，等于是完全推翻市场现象的连续和相互关联的任何规律性。那些同情工会的早期经济学家，都充分了解工会要成功地达到它的目的，只有在少数工人组织工会的时候才可能。他们把工会看作有利于特权的劳动贵族的一个策略而予以支持，他们可没有想到对于其余的工资收入的影响。⑩谁也不能有效地说明，工会的那套办法会改善、会提高"所有的"工资劳动者的生活标准。

马克思没有讲过工会可以提高工资的平均水准，记着这一点也是重要的。照马克思的说法，"资本主义的生产不是提高，而是压低工资的平均水准。"趋势既是如此，工会在工资方面的努力只能做到"尽可能地利用偶然的机会谋暂时的改善而已"。⑪马克思之看得起工会，仅仅是因为工会攻击"工资奴隶制和当今的生产方法"。⑫照马克思的说法，工会应该懂得"放弃保守的标语（公平的以日计的工作，得到公平的以日计的工资！）而代以革命的旗帜（打倒工资制度！）"。⑬现代的劳工运动，一开始就有了工会与社会主义者之间的对立。较老的英美两国的工会，完全是努力于工资率的提高。他们讨厌社会主义，"乌托邦的"社会主义也好，"科学的"社会主义也好，他们一律看待。在德国，马克思主义者与工会的领袖也是冲突的。最后，在第一次世界大战之前的几十年，工会胜利了。它们实际上转变了"社会民主党"的性质，使该党的党员接受了干涉主义和工会的主张。在法国，Georges Sorel 志在把马克思曾想渗进工会的那种残酷的革命的战斗精神灌注到工会。今天，在每个非社会主义的国家里面，工会内部都有两个不相容的派系间的冲突。一派是把工会作为在资本主义制度下改善工人情况的一个工具；另一派是想把工会带到战斗性的共产主义的阵营，他们之所以支持工会，只是要工会在暴力推翻资本主义制度的革命中做先锋。

关于工会的一些问题,曾被伪人道主义者的胡言乱语弄混淆了。最低工资率(或者是政府所规定的,或者是工会用暴力要挟的)的主张者总以为那是可以改善劳工大众的生活情况。他们武断地说,最低工资率是为所有急于赚得工资的人们永久提高工资的唯一的适当的办法。他们不容许任何人对于这个武断的说法提出质问。他们自以为他们是"劳工的"、"普通人的"、"进步的",以及"社会正义的"真正朋友,并以此自傲。

但是,问题是在于除掉靠加速资本对人口的增加以提高劳动的边际生产力以外,还没有什么方法提高所有想工作的人们的生活水准。工会的一些空论家,一心想把这个要点弄模糊。他们从来不触及这唯一的要点,即工人的人数与可用的资本财的数量之间的关系。但是,工会的某些政策却又暗地承认,关于工资率决定的交换理论的正确性。工会总想用移民限制法防止外来的人在劳动市场发生竞争作用,因而削减劳动供给。他们也反对资本输出。如果每人可使用的资本配额对于工资的决定真的没有什么重要性的话,则工会所采的这些政策也就没有理由了。

工会教条的精义隐含在"剥削"这个口号中。按照工会对"剥削"一词的解释(有些地方与马克思主义者的解释不同),劳动是唯一的财富源泉,劳动的消耗是唯一的实质成本。就正义讲,出卖产品所得到的收入应该全部属于工人。工人有权要求劳动的全部产物。资本主义生产方法对工人的不平待遇,在于它允许地主、资本家和企业家扣留工人应得份额的一部分。这些寄生虫所扣留的部分是不劳而获的所得。这显然是掠夺的收入,也即赃物。工人们努力于提高工资率,一步一步地提高到没有一点剩余可以供养那些懒散而无用的剥削者,这是对的。为达成这个目的,他们接着前辈的斗争来解放自己,前辈的斗争为的是解放奴隶、农奴及解除农民所负担的苛捐杂税。劳工运动是为争取自由平等,是为维护那些不可出让的人权。它的最后胜利是不容怀疑的,因为,它是历史演进不可避免的趋势,这一趋势在于扫荡所有的阶级特权,而坚牢地建立自由平等的社会。反动的雇主们阻止进步的企图,注定要失败的。

这些说法是今天的社会教条的主要内容。有些人,尽管完全同意它的一些哲学观点,但对于激进分子所推演出来的那些实际结论,只附以某些保留和修正而予以支持。这种温和派的人们并不主张完全废除"经理部门的"应得份额；他们满意于把它削减到"公平的"数量。因为关于公平的见解是有很大差异的，激进者的与温和者的观点之间的不同也就无关紧要了。温和者也赞成"实质工资必须经常提高而永不降落"这个原则。在两次世界大战时期，美国人几乎没有对工会的要求提出异议的，他们的要求是：工人拿回家的净工资应该比生活费增加得更快。

所有这些感情上的议论，没有考虑到重要的问题，即，这个争点的经济方面。他们没有注意到制度性的失业；这种失业是把工资提高到自由市场所决定的高度以上时必不可免的结果。

照工会的教条看来，没收资本家和企业家特有的收入之一部分或全部，是绝无害处的。在讲到这一点时，他们所说的"利润"，是用古典经济学家赋予这个名词的意义。他们对于企业家的利润，使用资本的利息，与企业家所提供的技术服务的报酬这三种性质不同的东西不加区分。在后面，我们将要讨论没收利润利息所引起的后果，以及包含在"量能付税"原则和利润分享制度的工团主义的成分。[14]我们曾经检讨过，为赞成把工资升到潜在的市场工资率以上的政策而提出的购买力理论。[15]剩下来有待检讨的是所谓李嘉图效果的要旨。

"工资上涨会鼓励资本家以机器代替劳工，工资下跌则相反。"李嘉图是这个说法的提出者。[16]因此，工会的辩护人就从这个问题得到结论：不管自由劳动市场的工资率如何，提高工资率的政策总是有利的。它会引起技术进步因而提高劳动生产力。较高的工资是值得支付的。工会在强迫雇主提高工资的时候，竟成了进步与繁荣的先驱！

许多经济学家承认李嘉图的这个说法，尽管他们当中同意工会辩护人的推论的很少。这个李嘉图效果无非是大众经济学常识当中的存货。但从它推论出的结论却是最坏的经济谬论之一。

观点的混淆开始于对"机器'代替'劳工"这一陈述的误解。实际发生的事情是劳工因机器的帮助而更有效率。因而同量的劳动，产出较多或较好的产品。使用机器件事的本身，并不直接使雇用的人手减少。引起这个间接结果的是："其他事物不变"，A产品的供给增加，相对于其他产品单位的边际效用而言,一个单位 A 的边际效用就降低了,所以劳动就从 A 的生产中退出而转雇于其他产品的生产。生产 A 的技术改进,使某些在以前不能实现的计划能够实现,那些计划之能够实现,之所以在以前不能实现,是因为所要雇用的工人被雇用在消费者所更需要的 A 的生产上。这个 A 行业雇用的工人之所以减少,是这些有了扩张机会的其他部门的增加需求所引起的。附带地在这里提一句:这个透视推翻了所有关于所谓"技术性失业"的无稽之谈。

工具与机器主要地不是节省劳动的东西,而是增加每个投入单位的产出量的手段。如果只就有关的个别生产部门的观点来看,它们似乎是些节省劳动的东西。如果从消费者和全社会观点来看,它们就显出是提高工人生产力的东西。它们的供给增加,使我们能够消费更多的物资财货,享受更多的闲暇。至于哪些财货会消费得更多,以及人们所可享受的更多闲暇,多到什么程度,那就取决于人们的价值判断。

较多较好的工具之利用,受限于必要的资本额。储蓄——也即生产超出消费的一部分剩余——是趋向技术改进的每一步骤所不可缺少的条件。仅仅是技术的知识而缺乏必要的资本,那是无用的。中国的工商业者熟习美国的生产方法。他们之所以不能采用美国方法,不是因为中国的工资低,而是因为缺乏资本。

另一方面,资本家的储蓄必然地促成更多的工具和机器的使用。单纯的储蓄(即为准备不时之需的消费财的积存)在市场经济所担任的角色是不足道的。在资本主义下,储蓄,通常是资本家的储蓄。生产超过消费的那份剩余或者直接投资于储蓄者本人的生产事业,或者经由储蓄存款、普通股、优先股、公司债等工具间接投资于别人的企业,[17]人们把他们的消费保持在净所得以下的那个程度,就是资本被创造的程度,同时,也就是可以用来扩张资本设备的程度,前面曾经讲到,这个结果不会因现金握存的趋向于增加而受影响。[18]一方面,更多、更好的工具之使用所绝对必要的,是额外的资本累积;另一方面,额外资本之得被利用,又必须有更多、更好的工具之被采用。

李嘉图的说法和工会所推出的结论,把一些事情弄得颠颠倒倒。工资率的趋高,不是技术改进的原因,而是技术改进的结果。以谋利为目的的工商业，不得不使用最有效率的生产方法。妨碍工商业者改善他的作业设备的，只是资本的不够。如果得不到必要的资本，决不是干涉工资率所可济事的。

关于机器的使用这件事，最低工资政策所能做到的，不过是把增加的投资从一个生产部门转移到另一个生产部门。我们假设，在一个经济落后的 R 国里面，码头工人工会成功地压迫工商业者支付很高的工资——远高于其他行业的工资。其结果就会是：增加的资本最有利的用途是采用机器在船上装卸货物，但是，这样使用的资本，是从 R 国其他的一些生产部门移转过来的，而那些其他的生产部门没有工会政策，那些资本本来可以用在更有利的途径。由此可见，码头工人高工资的结果，不是 R 国总生产的增加而是它的减少。⑲

实质工资的提高要靠资本的增多。在其他事物不变的假定下，前者提高的程度取决于后者增多的程度。如果政府或工会成功地把工资强迫提高到自由的劳动市场所决定的工资率以上，劳动的供给就会超过劳动的需求，于是制度性的失业发生。

有些固执干涉政策的政府，为要防止干涉所引起的上述不良后果而又采取今日所叫作的充分就业政策：包括失业津贴、劳资争议的仲裁、挥霍公帑兴办公共工程、通货膨胀、信用扩张。所有这些补救的方法，比所想补救的弊病更坏。

失业津贴没有解决失业。它是使失业者较易于过闲散的生活。这种津贴的高度愈是接近于自由市场所会决定的工资率，它就使受益者愈不想找工作。这是使失业继续存在，而不是使失业消失的方法。失业津贴所引起的这种后果是很明显的。

仲裁，不是解决关于工资争论的一个适当方法。如果仲裁者把工资定得和潜在的市场工资率一样高或者较低，那就是仲裁者做了超出本分的事。如果把工资定得高于潜在的市场工资率，其结果就和其他规定最低工资率的一些方法所招致的结果是一样的，即引起制度性的失业。至于仲裁用什么理由来辩护他的裁定，那是毫无关系的。有关系的，不是从某种武断的标准来看工资的"公平"或"不公平"，而是看工资会不会引起劳动的供给超过劳动的需求。照某些人看来，把工资定在让大部分潜在的劳动力长期失业的那个高度似乎是公平的。但是，谁也不会说这是对社会方便的、有利的。

如果政府用以津贴失业的经费来自对人民的课税或向人民借债，则人民的消费力量和投资力量为之削减，而其削减的数额与政府支出的数额相等。因而不会创造更多的工作机会。

但是，如果政府用通货膨胀的办法来筹取这项经费，即增加货币量和扩张信用，那就使所有的货物和劳务的价格来一个普遍的"现金引发的"上涨。如果在这样的通货膨胀过程中，工资率的上涨落在物价上涨之后而落后得足够，制度性的失业可以减少或者完全消灭。但是，使得失业减少或消灭的，正是"这样的一个结果等于'实质'工资率的下降"这个事实。凯恩斯爵士把信用扩张看作消除失业的有效办法；他认为，"由于物价上升的结果实质工资率的渐渐而自动的下降"不至于受到工人像反抗货币工资率下降的那么强烈的反抗。[20]可是，这样一个削减工资的计划，其成功就要靠工人那方面的无知和糊涂到了一个不大可能的程度。只要工人们相信最低工资率有利于他们，他们就不至于让这样的狡计来欺骗。

实际上，这些所谓充分就业政策的一切方法，最后都是导向德国型的社会主义。因为仲裁法庭的仲裁人是由资方和劳方指派的，绝不会彼此同意某一工资率是公平的。工资的裁定，实际上是落在政府所指派的仲裁人手中。因此，规定工资率的权力仍然是在政府。

公共工程愈是扩大，政府为填补"民间企业不能为大家提供就业机会"而遗留下来的缺口而做的事情愈多，则民间企业愈是萎缩。所以，我们所面临的问题，又是一个资本主义或社会主义的选择问题。决不会有什么持久不变的最低工资率的问题存在。

从行为学的观点来看工会政策

关于工会政策唯一的行为上的问题是，"用强迫的手段把所有想赚工资的人的工资率提高到自由市场所会决定的高度以上，是否可能"这个问题。

在所有的国家，工会实际上取得了暴力行动的特权。暴力强制本应属于政府的独占权利，政府为取得工会的欢心，现已放弃了这种独占。法律上规定任何人如果不是因为自卫而采用暴力行为是要治罪的,这样的法律在形式上并未废除或修改。可是,工会的暴力行为却在一个宽大的限度内容想。工会在实际上可以自由使用暴力来防止任何人违背他们关于工资率和其他劳动条件的命令。他们可以自由加害于破坏罢工的工人和雇用这些工人的企业家和企业家的代理人。他们可以自由捣毁这样的雇主的财产,甚至还伤害到这些雇主商店的顾客们。政府宽恕这样的暴力行为,还可得到舆论的支持。警察不制止这样的罪犯,国家检察官不控告他们,因而没有机会使他们的行为受到刑事法庭裁判。如果暴力行为来得过分激烈的时候,就有些畏畏缩缩的镇压或抑制的措施。但是,这些措施照例是失败的。它们的失败,有时是由于官僚作风的没有效率,或者是由于政府所用的方法无效,但是,通常总是由于整个政府机构不愿意有效地镇压这类的暴行。

这是在所有非社会主义国家已经出现了很久的事态。经济学家们在确认这些事实的时候,既不归咎于任何人,也不责备任何人。他们只是解释,什么条件使得工会有力量厉行他们所规定的最低工资率,以及"集体议价"这个名词的实在意义是什么。

按照工会的提倡者对"集体议价"这个名词的解释,那只意谓着以工会的议价代替各个工人的个别议价。在充分发展的市场经济里面,关于同类、同质而又经常以大量买卖的那些财货和劳务的议价,并不受非同类、同质而不可相互替代的那些财货和劳务的贸易方式之影响。可替代的消费财或可替代的劳务的买者或卖者,在定价或叫价的时候是试试看的,接着他会按照有关方面的反应而加以调整,一直调整到他能够买到或卖出他计划买到或卖出的数量为止。就技术上讲,没有其他可行的程序。百货商店不会和它的顾客斤斤计较。它是把每件货物定一个价格,然后就等候。如果在这个价格下卖不掉足够的数量,它就把它减低。一个需要五百名焊接工人的工厂,把工资率定在它希望能够雇到这么多工人的高度。如果雇不足这个人数,它就不得不提高工资。每个雇主都得把他所给付的工资提高到没有竞争者可以拉去他所需要的工人的那个程度。最低工资率之所以没有用,正是因为工资率提高到超过了这一点时,劳动的需求就不足够消纳劳动的全部供给。

如果工会真的是议价的经办所,他们的集体议价就不会把工资率提高到高于自由市场所决定的水准。只要还有失业的工人存在,就没有理由要雇主提高他所付的工资。真正的集体议价不应有异于个别的议价。它应该像个别的议价一样,让那些正在寻找工作,而还没得到工作的人们有机会说出他们的希望。

但是,工会的领袖们,以及偏袒劳工的立法所婉转叫作的"集体议价",是属于一个完全不同的性质。它是在枪口之下的议价。它是在一个武装团体(准备使用它的武器的团体)和一个被威胁的非武装团体之间的议价。这不是一个市场交易,而是强加于雇主的命令。其后果无异于一个政府用警察和刑事法庭来执行的那种命令的后果。这种议价引起制度上的失业。

舆论方面以及许多冒牌的经济论者,对于这些问题的讨论完全错误。这不是一个结社的权利问题,而是对于民间的结社应不应该允许授之以特权,使其可用暴力而不虞惩罚。这个问题与那关于"三 K 党"(Ku Klux Klan)活动的问题是同一性质。

从"罢工权"的观点来看这个问题,也是不对的。这不是罢工权的问题,而是用威胁或暴力逼迫他人罢工,因而制止任何人在工会已经宣告罢工的工厂中工作的这种"权利"问题。工会利用罢工权这个说法为使用威胁和暴力做辩护,这和一个宗教团体利用良心自由权的说法,为迫害异教徒作辩护没有什么区别。

过去,有些国家的法律不承认工人组织工会的权利,那时立法者的想法,是认为这样的工会除掉使用暴力和威胁以外别无目的。以前的政府有时指挥武装力量来对抗罢工者的暴动以保护雇主、雇主的经理们以及雇主的财产,这时,那些政府的行动并不是敌视"劳动"。他们只是尽了每个政府认为是它的主要职责。暴力的行使是政府的独占权。他们只是维持这个独占权而已。

经济学无需进而检讨关于罢工的一些法律问题,尤其是美国新政时期的一些法律,明白地不利于雇主,而使工会处于特权的地位,我们在这里都不必讨论。这里只要指出重要的一点,即:如果一个政府下命令或工会用暴力把工资提到高于自由市场所将决定的那个水准,制度的失业就会发生。

注　释

① 译者注：这是拉丁文，即一个名词和它的形容词之间的逻辑矛盾。例如，"四方的三角形"、"开明的专制"、"管制的或非市场的价格"。

② 译者注：Acta Borussica(拉丁文)。这是官方文件的一个集子的名称；这个集子所收集的，都是关于勃兰登堡和普鲁士王国选侯的历史文件，在历史学派的领袖 Gustav von Schmoller(1838－1917)的指导下，由普鲁士的档案保管局编辑印行的。Borussica 是普鲁士这个地区原来的名称。——见 Percy L. Greaves, Jr. *Mises Made Easier* p. 1.

③ 为说明简单起见，在这一节的进一步讨论将只涉及限定的最高物价，在下一节只涉及最低的工资率。但是，我们的这些陈述，加以必要的若干变更，即可同样地适用于法定的最低物价和最高工资率。

④ 参考第十六章第十五节。

⑤ 译者注：annona 是个拉丁字。指罗马帝国(27 B. C.－476 A. D.)所实行的政策。这个政策是把一些最重要的食物——谷物、酒和油类免费分配给穷苦的市民。这个政策鼓励了人们拥挤到城市来，而其结果是谷物大量地运进城市而城市仍闹粮荒。见 Percy L. Greaves (dr.) *Mises Made Easier* p. 3。

⑥ 参考 Rostovtzeff, *The Social and Economic History of the Roman Empire*(Oxford, 1926), p. 187。

⑦ Corpus Juris Civilis, I. un, C. X. p. 37.

⑧ 译者注：这是来自希腊文的一个古拉丁字。富人对国家必须履行的强制性服役或贡献；古代的希腊城市如雅典和后来的埃及与罗马帝国课在富人身上的一种特税。原先，富人必须无偿地帮助一些重要公务的推行，如征收租税、办理公务、灾难时供给贫民的粮食、供应军队的食住、国家如要运输人员和货物时，就要供应牲口及赶牲口的人，或供应船只等等。后来，这些强征法变成了当权者掠夺富人财富和对付政治上失宠者的一个手段，其结果加速了经济崩溃。

⑨ 参考 W. H. Beveridge, *Full Employment in a Free Society*(London, 1944), pp. 362～371。

⑩ 参考 Hutt, *The Theory of Collective Bargaining*, pp. 10～21。

⑪ 参考 Marx, *Value*, *Price and Profit*, ed. E. Marx Aveling(Chicago, Charles H. Kerr & Company), p. 125。

⑫ 参考 A. Lozovsky, *Marx and the Trade Unions*(New York, 1935), p. 17。

⑬ 参考 Marx, op. cit., pp. 126～127。

⑭ 参考后面的第三十二章第一至三节。

⑮ 参考前面的第十五章第九节的末尾。

⑯ 参考 Ricardo,*Principles of Political Economy and Taxation* Chap. i. sec. v. 李嘉图效果这个名词是 Hayek 所使用的，见之于 Hayek, *Profit Interest and Investment*(London, 1939),p. 8。

⑰ 因为我们在这里是讨论未受拘束的市场经济,我们可以不管政府借债所引起的资本消耗的后果。

⑱ 见前面第十八章第九节。

⑲ 这不过是假设的事例,这样强而有力的工会大概会妨害货物装卸方面采用机器以创造更多工作机会。

⑳ 参考 Keynes, *The General Theory of Employment, Interest and Money* (London, 1936), p. 264. 关于对这个想法的批评,参考 Albert Hahn, *Deficit Spending and Private Enterprise, Postwar Readjustments Bulletin* No. 8, U. S. Chamber of Commerce,pp. 28～29,关于凯恩斯的政策在三十几年代的成功,参考后面第三十一章第四节。

第三十一章　通货与信用的操纵

一、政府与通货

交换媒介与货币是市场现象。使一种东西成为交换媒介或货币的，是那些在市场交易中的人们的行为。政府干涉货币问题的一个时机，与他们干涉所有其他交换物的时机是一样的，即从事交换的某一方没有履行他的契约义务的时候，我们需要政府来判断这个行为应否加以严厉的制裁。如果交易的双方都如期履行他们相对的义务，那就没有争执发生，但是，如果一方或双方的义务没有如期履行，那就会诉之于法庭，请其判决如何履行契约的条款；如果涉及一笔金钱数额，那就要法庭判决契约中所定的金钱条款是什么意义。

因此，国家的法律和法庭，就要判定签约的双方在说到一笔金钱数额的时候，心中所想的是什么，以及确定如何按照同意的条件来解决支付这笔金钱的义务。他们必须确定什么是法偿和什么不是法偿。在做这件事的时候，法律和法庭都不是"创造"货币。一种东西之所以成为货币，只是因为那些交换货物和劳务的人们，通常都用它作为交换媒介。在不受拘束的市场经济里面，法律和法官在认为某种东西具有法偿资格的时候，不过是把从事买卖的当事人所习以为常地认为是货币的东西加以确认而已。他们对于商业惯例作解释，与对于契约所定的任何其他条款的意义作判决，是用的同样方法。

铸造货币，很久以前就是国家统治者的一种特权。但是，政府这种活动的原始目的只是要标明和保证它的重量和成色，别无其他企图。到了后来，国君们用些质劣价廉的金属来代替贵金属的一部分，同时还仍保留它原有的名称和面值，他们偷偷摸摸地这样做，因为他们自己完全知道这是一种欺骗行为。一到人民发现这种诡计，这些劣质的铸币马上就按原来优质的铸币打折扣。政府的反应是诉之于强力的压制。凡在交易中或在债务的偿付中区分"优"币和"劣"币的就是违法，同时采取限价政策。可是，其结果并不是政府所想达成的。他们的命令不能阻止物价对劣币发生调整作用的那个过程。而且，格雷欣法则（Gresham's law）所描述的那些后果随之发生。

政府干涉货币的历史，不单是贬值而又想避免那些必然后果的无效企图的一部记录。有些政府并不把他们的铸币特权看作是欺骗的手段来欺骗那些信赖统治者诚实的人民，以及由于无知而肯按照面值来接受劣币的人民。这些政府不把铸币看作一个鬼鬼祟祟的财政收入的来源，而视为保证市场运作圆滑进行而作的一项大众服务。但是，甚至这些政府——由于无知和一知半解——也常采用那些等于干涉价格结构的方法，尽管他们不是故意要如此做。在两种贵金属同时当作货币用的时候，有些政府当局天真地相信，用命令来规定金银之间不变的比率，是他们为统一币制所应做的事情。这种复本位的币制完全失败了。复本位没有形成，形成的是一个交替的本位。在金银之间瞬息万变的市场交换率之下，法定比率过高的那种金属，在国内的流通中占优势，而另一种金属的货币为之绝迹。最后，政府放弃了他们无效的企图而老老实实地接受单一金属的币制。现在美国政府的购银政策不是一个当真的货币政策。那只是为提高银价以利于银矿的主人和其雇工以及银矿所在地的那些州而做的一件事。那是一种变相的津贴。它的货币意义仅在于：靠增发钞票来购买白银，而所增发的钞票与联邦准备银行的钞票同样具有法偿资格，尽管前者印上了那毫无实际意义的字样的"银券"。

可是，经济史里面也有些设计得很好，而又成功的货币政策的事例，制定这种货币政策的政府，只是想为他们的国家装置一种可以圆滑运作的货币制度。自由放任主义并不放弃传统的政府铸币特权。但是，在自由的政府手中，这种国家独占权的性质完全改变了。把它看作政府干涉工具的这个想法被抛弃了。再也不把它用作财政目的的手段，也不用它特惠于某些人群而牺牲其他的人群。政府的货币活动只有一个目的，那就是要使交易媒介的使用顺利而简单。这里所说的交换媒介是人民的行为所已形成的货币，一个国家的币制，必须是健全的。健全的原则是指，那些本位币——也即法律上承认它们具有无限法偿资格的铸币——必须是经过适当的检验和戳记的，如有剪削磨损或伪造就很容易发现。政府戳记的唯一目的，是在保证铸币金属的重量和成色，别无其他作用。铸币因流通太久而磨损，或者因为别的原故，其重量减低到某一限度以外，它们就失去法偿的资格；政府本身就要把这样的铸币收回，重新铸造。凡是外表没有磨损的铸币，接收的时候用不着天秤和熔炉来鉴定它的重量和成色。另一方面，人民也可把金块送到铸币厂请其铸成本位币，铸币费仅按成本收取，或者完全免费。在这种情形下，有些国家的通货成为真正的金本位。凡是遵守这健全币制原则的国家，国内的法偿与国际间的汇率就趋于稳定了。国际金本位的成立，各国政府间并没有什么条约和建置。

在许多国家里面，金本位的出现是格雷欣法则发生的后果。政府的政策在英国扮演的角色，仅在于批准格雷欣法则形成的结果；它把事实的存在变为合法的存在。其他一些国家的政府，是在金银的市场比率变动到应该引起以事实上存在的银币作为那时事实上存在的金币的代用品的时候，经过深思熟虑而放弃复本位的。在这些国家，金本位的正式采用，只要就既有的事实制定法律而已，除此以外，并不需要行政当局和立法机关有何其他的作为。

另外，有些国家想以金本位替代一种——事实上或法律上的——银币或纸币，情形就不同了。在十九世纪七十年代，德意志帝国想采用金本位的时候，国家的货币是银币。它想仿效那些仅靠批准既存事实而使金本位具有法律基础的国家那个简单程序，是不能实现它的目的的。它必须把大家手上的银本位币换成金币。这需要一段相当长的时间，而且是一个很复杂的金融运作，其情形与那些想以金币代替信用币或法币的国家的情形相类似。

认识这些事实是很重要的，因为它们说明了自由时代的情形与今天干涉主义时代的情形之所以不同。

二、法偿立法上的干涉主义

最简单而最古老的货币干涉,是为了减轻债务而降低铸币的品质或减轻它们的重量,缩小它们的体积。政府给这种贬值的货币完全的法偿资格。所有的延期支付都可按照它们的面值偿付。债务人得到利益,债权人遭受损失。但是,在这同时,却使未来的信用交易对于债务人更为不利。因为当事人考虑到这样减轻债务的把戏会重演,市场毛利率上涨的趋势就接着发生。币值的降低固然有利于那些已经是债务人的人们,但它有损于那些想借新债的人们。

减债的这种典型——经由货币手段的债务变值——也曾经被采用过,尽管采用的时候不多。但是,这种手段却从来没有被故意地用来加惠于债权人而使债务人受损。如果这种事情发生了,那只是币制变动的副作用,不是故意地以此为目的。币制变动是从其他的一些观点认为必要的。在采用这种货币手段的时候,那些政府忍受它对于延期支付的后果,或者是因为这些政府认为这个手段是不可避免的,或者是因为这些政府已假定债权人与债务人在决定契约条件时,已经预料到这种变动而作了适当的考虑。英国在拿破仑战争以后以及第一次世界大战以后的币制变动,就是最好的例子。在这两次事例中,英国都是在战争结束后或迟或早地用紧缩政策回复到战前英镑制的金平价。至于用金本位来替换战时的信用币而承认英镑与黄金间已经发生的市场比率的变动,把这个比率当作新的法定平价来采用,这个想法没有被接受。之所以未被接受,是被视为国家的破产,被视为不公平的赖债行为,被视为对所有那些在银行钞票无条件兑现时期取得要求权的人们的权利所加的恶意侵犯。人们在"通货膨胀引起的害处,终会因接着的通货紧缩而矫正"这个幻想下而努力工作。可是,回复到战前金本位,对于债权人损失的补偿并不能补偿到在货币贬值期间债务人已经偿还他们旧债的那个程度。而且,这是有利于所有在这个期间已经放债的人,而有害于所有在这个期间已经借债的人。但是,那些负责采用这种紧缩政策的政治家们,不知道他们的行为的重要性。他们没有看出那些不良的(即令在他们的眼中也是不良的)后果,而且,假若他们及时地看出这些后果,他们也不会知道如何避免它们。他们的行为确实是加惠于债权人而使债务人受损,尤其是有利于公债持有人而不利于纳税人。在十九世纪二十几年当中,这个行为使英国农业的困境更加严重,而在以后的一百年,英国出口贸易的处境也如此。但是,如果把英国这两次的币制改革叫作有意的干涉而目的在于债务变值,那就是错误的。债务变值仅是一个为达成其他目的的政策所引起的副作用而已。

政府每次实行债务变值的时候,总是说,这个手段以后再也不用了。他们强调:那些再也不会发生的非常情况已经引起了一个不得不采取这种坏手段的紧急关头,在其他的环境下,这种手段是绝对应该谴责的。他们宣称,只此一次,下不为例。债务变值的实行者和支持者为什么不得不做此诺言,这是易于想到的。假若消灭债权人的全部或部分权利成为经常的政策,放债的事情也就会完全消灭了。延期支付的契约,靠的是有收回债款的希望,如果早知这个希望是不可靠的,也就没有人肯放债了。

所以,我们不允许把债务变值看作经济政策的一个制度,可用来替代常设的社会经济组织的其他制度。这决不是建设行为的一个工具,而是一个破坏性的炸弹,除破坏外另无作为。如果只用一次,被破坏的信用制度还可重建。但是,如果爆炸一再发生,其结果是总毁灭。

只从它们对于延期支付的后果这个观点来看,通货膨胀和通货紧缩,都是不对的。我们曾经说过,现金引起的购买力变动对于各种货物劳务的价格不是同时、同程度地发生影响;这种不一致的影响在市场上发生的作用,我们也曾经讲过。[①]但是,如果把通货膨胀和通货紧缩作为一个手段而用以重新安排债权人与债务人之间的关系,则用此手段的政府所想达成的目的,必然只是在很不完全的程度下达到。而且,即使从这个政府的观点来看,其结果也是很不满意的。正如同对于物价结构政府所采的各种各样的干涉一样,其结果不仅是与政府的意愿相反,而且引起的情况,就政府的观点来看,比那不受束缚的市场情况更坏。

政府用通货膨胀手段图利于债务人而损及债权人这个企图,其成功也只限于以前约定的那些延期支付。通货膨胀并不能使借新债者占便宜;相反地,由于放债者考虑到物价是在上涨而加在利率中的补贴将使债务人更费。如果通货膨胀推进到它的极点,凡是以膨胀的通货作延期支付手段的一切契约,就完全销毁了。

三、现代通货操纵法的演进

金属通货不受政府的操纵。当然,政府有权力制定一些法偿的法律。但是,格雷欣法则所引发的后果会使政府追求的目的无法达成。从这个观点来看,金属本位对于想用货币政策干涉市场现象的一切企图,是一个障碍。

要检讨政府之所以有权力操纵本国货币制度的演进过程,我们必须首先提到古典经济学家们最严重的缺点之一。亚当·斯密也好,李嘉图也好,都把维持金属通货所费的成本看作浪费。照他们的看法,纸币替代金属币就可把那些用在货币用途的金银的生产费——也即资本与劳动力——用来生产可以直接满足欲望的东西。从这个假定开始,李嘉图就想出了他那个有名的,而于一八一六年发表的关于建立一种既经济又安全的通货制的若干建议(Proposals for an Economical and Secure Currency)。李嘉图的计划湮没无闻了。一直到他死后几十年,有些国家才在"金汇兑本位"这个名称下采用了李嘉图计划的基本原则,金汇兑本位的采用,是为了减少所谓金本位的浪费。

在金本位(现在叫作"古典的"或"正统的"金本位)下,个人的现金握存有一部分是金币。在金汇兑本位下,个人的现金握存全部是代用币。这些代用币可以按照黄金或采用金本位或金汇兑本位的那些国家的外汇的法定平价兑现。但是,这样的货币银行制度,是要用来防止大众向中央银行提取黄金作为国内的现金提存。兑现的基本目的,在于维持汇率的稳定。

在讨论金汇兑本位问题的时候,所有的经济学家——包括本书的著者——都未曾认清一个事实,即:这个制度给了政府容易操纵本国通货的权力。经济学家们轻易地假定,文明国家的政府决不会故意地把金汇兑本位作为通货膨胀政策的工具。当然，最近几十年，在通货膨胀中，金汇兑本位所扮演的角色我们不应该讲得过分，主要的因素毕竟是那个赞成通货膨胀的意理。金汇兑本位不过是实现通货膨胀计划的一个方便工具而已，如果没有它，通货膨胀的一些策略也不见得不采用。美国在一九三三年，大体上还是在古典的金本位制度下，这个事实并未阻止"新政"的通货膨胀。美国是用没收人民握存的黄金的方法，一下子放弃了古典的金本位而将美元贬值（对黄金贬值）。

在第一次与第二次世界大战之间的那些年份发展出来的那种新式的金汇兑本位，也可叫作弹性金汇兑本位，或者为简单起见就叫作弹性本位。在这个制度下，中央银行或外汇平准账户（或同性质的政府机构所定的任何名称）自由地将本国具有法偿的代用币兑换黄金或兑换外汇，同时也自由地将黄金或外汇兑换本国的代用币。这些兑换所依据的比率，不是一成不变，而是随时变更的。正如人们所说，平价是有弹性的。但是，这个弹性实际上总是下降的弹性。行政当局总是运用他们的权力降低本国货币对黄金的平价，以及对那些币值对黄金尚未降低的国家的货币的平价；他们从来没有把这平价提高过。如果对别国通货的平价真的提高了，那只是由于别国通货对黄金的平价，或者对那些通货平价维持不变的国家的通货的平价之降低。

如果平价的向下跳动是很显著的，这就叫作贬值。如果平价的变动不怎么大，金融报告的撰稿人就把它说成这种通货在国际评价中疲弱。[②]在这两种情形下，那总是指这个国家已经提高黄金价格这件事。

从交换论的观点来看弹性本位的特征，与从法律的观点来看的，决不可混淆。交换论的那些方面，不受法制问题的影响。变更平价的权力是赋予立法机关的还是赋予行政部门的，这无关紧要。对于行政当局的授权是无限的还是有限的（像美国的新政立法是有限的授权），也是无关紧要的。就这件事的经济论述来讲，重要的只是弹性平价的原则替代了固定平价的原则。不管法制方面的情形怎样，如果舆论反对"提高黄金价格"，政府就不会这样作。相反地，如果舆论赞成这样做，法制方面就不会完全置之不顾，甚至不会稍为延缓。一九三一年在英国、一九三三年在美国、一九三六年在法国和瑞士所发生的事情，明明白白地告诉我们：如果舆论赞成所谓专家们关于通货贬值的意见，代议政治这个机构就能够以最大的速度来实行。

通货贬值——不管是大规模的或小规模的——的主要目的之一是要重新安排国外贸易的一些情况，下一节就要讲到这一点。这些对于国外贸易的影响，使一个小国在通货操纵方面不可能照它自己的意思，而不管与它的国际贸易有最密切关系的国家如何作。这样的一些国家，不得不跟随一个外国的货币政策。在货币政策上，它们自然成为一个外强的卫星国。它们把本国的通货与一个币制"宗主国"的通货维系在一个固定的平价上，因而凡是"宗主国"在它本国通货对黄金和对别国通货的平价上有何变动，它们也就跟着变动。它们结合成一个货币集团，把它们的国家统合为一个货币区。我们讲得最多的是英镑集团或英镑区。

有些国家的政府，仅是宣告本国货币对黄金和对外汇的官定平价，而并不真正使这个平价有效；这种情况也不可与弹性本位的情况相混淆。弹性本位的特征是：任何数量的本国代用币，事实上可以按照所选定的对黄金或对外汇的平价自由兑换，而且是相互地自由兑换。按照这个平价，中央银行（或其他名称而作这个工作的政府机构）自由买卖任何数量的本国代用币，以及任何数量的外汇——这里所说的外汇，是指那些采用金本位或弹性本位的国家的外汇。本国的银行钞票是实实在在地兑现的。

不具备弹性本位的这种基本特征而公告一个官定平价的那些命令，有个完全不同的意义，而且引发一些完全不同的后果。[3]

四、通货贬值的目的

弹性本位是一个便于通货膨胀的工具。采用它的唯一理由，是它会使一再的通货膨胀，在技术上非常简单。

在一九二九年结束的那个市场兴旺时期，几乎所有各国的工会都成功地把工资率提高到劳动市场（如果这个劳动市场只有移民的限制）所决定的水准以上。当这种工资率在许多国家已经引起了大量的制度性失业的时候，信用还在加速地扩张。最后,不可避免的萧条到来了,物价开始降落了,这时,工会还要固执他们的高工资政策,政府坚决地支持工会的立场,甚至那些被骂为反劳工的人们也表示支持。工会或断然地拒绝名目工资率的任何减低,或稍示让步作轻微的减低。其结果是,制度性的失业大大地增加了(另一方面,那些保持住职业的工人,由于每小时的实质工资的上升而改善他们的生活水准)。失业津贴的支出,大到不堪负担的程度。几百万的失业者对于国内和平构成一个严重的威胁。工业国家笼罩在革命阴影之下。但是,工会的领袖们是倔强得难以相处的,没有一个政治家有勇气敢于公开地向他们挑战。

在这个苦境中,那些被吓住了的统治者,想起了好久以前通货膨胀主义者所推荐的一个权宜之计。由于工会拒绝调整工资以适应货币关系和物价的情况,他们就来调整货币关系与物价,以适应工资率的高度。照他们看来,太高的不是工资率;他们本国的货币单位就黄金与外汇来讲,价值高估了,所以必得重新调整。贬值是一帖万灵药。

贬值的目的是:

1. 保持名目工资率的高度,甚至创造一些为将来提升工资率所需要的条件,可是实质工资率则是下降的。

2. 使物价,尤其是农业品的价格(以本国货币计的)上涨,或者至少阻止它们再下跌。

3. 使债务人受益,债权人受损。

4. 鼓励输出,抑制输入。

5. 吸引更多的外国观光客,使本国人民出国旅行的费用(以本国货币计算)增加。

但是,政府也好,拥护政府政策的人们也好,从未坦白地公开承认,贬值的主要目的之一是要降低实质工资率的高度。他们大都是说,贬值的目的在于消除所谓国内外物价"水准"之间"基本的失衡"。他们说到降低国内生产成本的必要。但是,他们极力避免说到他们希望用贬值来降低的两种成本之一是实质工资率,另一种成本是长期的营业借款的利息和这种借款的本金。

为支持贬值而提出的那些议论，我们不可能把它们当真的。它们完全是混淆而又矛盾的。贬值不是一个对赞否两方的理由作了冷静权衡以后所制定的政策。工会的领袖为怕丢面子而不承认他们的工资政策已经失败，并且已经产生空前的大规模的制度性失业，贬值是政府对这些工会领袖们的投降。也即，那些专想保持自己官职而软弱愚昧的政客们的一个非常手段。在为自己的政策做辩护时，这些政客们也就不管言词的矛盾了。他给制造业者和农民的诺言，是说贬值将使物价上涨。但是，同时他们又向消费者说，严格的物价管制将会防止生活费用的增高。

政府毕竟还可以舆论作藉口来辩护他们的行为，说是在这既定的舆论——完全受工会武断的谬见所支配的舆论——下，没有别的政策可行。至于那些把弹性汇率捧为完善的最好的币制的人们，却不能以此作藉口。政府方面还可强调，贬值是个紧急措施，以后不再采用，可是，那些鼓吹弹性汇率的人们却宣称，弹性本位是最好的币制，而且急于说明所谓汇率安定的一些坏处。他们盲目地热心于取悦政府和有力量、有组织的农工压力团体，过分夸张弹性平价的好处。但是，弹性本位的一些缺点很快地暴露出来了。贬值的热情也随之冷却。在第二次世界大战期间，也即，英国创立弹性本位以后将近十年的时候，甚至凯恩斯和他的高足们也发现，汇率的稳定有它的一些好处。国际货币基金（the International Monetary Fund，简称 IMF）所宣布的目的之一，是在稳定汇率。

如果不以政府和工会的辩护者的观点，而以经济学家的观点来看货币贬值，那么，首先就要强调所谓贬值的一切好处都是暂时性的。而且这些好处还要靠一个条件，即：只有一个国家货币贬值，其他所有的国家都不这样做。如果其他国家的货币也同比例贬值，则对外贸易就没有什么变动发生。如果别国贬值的程度更大，则所有暂时性的好处只有它们才会享有。由此可知，如果弹性汇率的那些原则普遍地被接受，其结果将是国家间争先恐后地相互贬值。竞争的结果是，所有国家的货币制度完全崩溃。

常常被讲到的货币贬值，在对外贸易和观光事业方面所得到的利益，完全是由于国内物价和工资率适应贬值所造成的情势而调整，需要相当的时间才能完成。只要这个调整过程还没有完成，输出就受到鼓励，输入受到抑制。可是，这只是说，在这个过程中，贬值国的人民得之于出口的渐渐减少了，支付于进口的渐渐增多了，因而他们必须减缩他们的消费。这种后果，照那些把贸易平衡看作国家福利的码尺的人们的说法，显得像是繁荣。用简洁的话来讲，可以这样说：英国人必须输出更多的英国货，才能买到贬值以前他输出较少的英国货所能买到的那个数量的茶叶。

主张贬值的人们说：贬值会减轻债务负担。这确是真的。它有利于债务人、损害债权人。他们认为这是有益的。因为他们还没有认清，在现代经济中，债权人并不就是富人，债务人也不就是穷人。实际的后果是，借债的不动产所有主、农地所有主以及借债公司的股东，都得到利益，而那些把储蓄投之于公私债券、储蓄银行存款以及保险单的大众，受到损失。

我们也要考虑到外债。当英国、美国、法国、瑞士以及某些别的欧洲债权国，把他们的货币贬值时，就是对他们的外国债务者送一次礼。

赞成弹性本位的主要说法之一，是它减低国内货币市场的利率。据说，在古典的金本位以及固定的金汇兑本位下，一个国家必须适应国际货币市场的情况来调整国内的利率。在弹性本位下，利率的决定可以自由采用一个完全就本国福利来考虑的政策。

这个说法显然不适用于所有的国家，因为有些国家欠外国的债务总额大于对外国的债权总额，就这种国家来讲，这个说法是站不住的。在十九世纪当中，有些这样的债务国采行一种健全的货币政策，它们的厂商和人民个人，可以用他们本国的货币订约借外债。这种机会随着这些国家的货币政策之改变而完全消失了。绝没有一个美国银行家愿意用意大利的货币订约放债或发行债券。就国外借贷来讲，债务国本国货币情况的变动不会有何作用。就国内借贷来讲，货币贬值只减轻那些已经订约的债务。至于新的债务则提高了它的市场毛利率，因为它加上了物价上涨的贴水。

就债权国的利率来讲，这也是有效的。利息，不是一种货币现象，就长期看，不会受到货币政策的影响，对于这个论证无需增加什么。

一九三一年与一九三八年之间，若干政府所实行的货币贬值，在若干国家使实质工资率降低，因而也减少了制度性的失业人数，这是确实的。所以历史家在陈述这些贬值的时候，他们会说：这些贬值是成功的，因为它们防止了不断增加的失业所会引起的革命动乱，在当时流行的意理下，都认为在这种紧急关头没有别的方法可用。但是历史家应该再加说一句话：这个药方并没有医到制度性失业的病根——工会的那些谬误的说辞。贬值是为着闪避工会行动的支配力而想起的一个诡计。它之所以行得通，因为它不伤害工会的尊严。但是，正因为它让工会的声誉不受损伤，它只能在短期内行得通。工会的领袖们后来也懂了名目工资率与实质工资率的区别。现在，他们的政策是在提高实质工资率。他们再也不受骗于货币单位购买力的低落了。作为减少制度性失业的一个设计——货币贬值，已失去它的效用了。

认识了这些事实，就可扼要地对于凯恩斯的理论在第一次与第二次世界大战之间所扮演的角色给以正确的评价。凯恩斯对膨胀主义的一团谬见，并没有增加什么新的观念，而那膨胀主义的谬见，是被经济学家驳斥过千百次的。凯恩斯的教义甚至比他的前辈们的教义更矛盾、更不一贯，他的前辈们，像 Silvio Gesell 这种人，曾被斥为货币奇想者(monetary crank)。凯恩斯只知道如何用些数理经济学的那些牵强的术语，来掩饰通货膨胀和信用扩张的主张。干涉主义者不知道如何提出有力的说辞来赞成随便支出的政策；他们简直找不出理由来反对关于制度性失业的经济理论。在这个当儿，他们用 Wordsworth 赞美天堂的诗句来欢迎"凯恩斯革命"。④我们也可承认，在本世纪三十几年当中，就英国和美国政府来说，除掉货币贬值、通货膨胀、信用扩张、不平衡的预算以及赤字支出以外，没有别的路子可走。政府不能摆脱舆论的压力。他们不能反对那些普遍接受的意理，不管这些意理如何荒谬。但是，这并不是为政府官吏辩护，他们可以辞职而不执行这些危害国家的政策。最不可宽恕的，是替膨胀主义的谬见提供所谓科学的辩护的那些作者。由于他们的写作，谬见变成真理，而且更为普及。

五、信用扩张

前面曾经指出,把信用扩张看作完全是政府干涉市场的一个方式,这是错误的。信用媒介的出现,并不是由于政府有意提高物价、提高名目工资率、降低市场利率,以及减轻债务而设计的政策工具。信用媒介是从银行业务演化出来的。银行给活期存款户的收据(也即银行钞票)被大众当作货币代用品。当银行利用这种情形,开始把存款的一部分贷放出去的时候,他们只就自己业务的利益打算。他们认为,对于存款不保持十足准备,是没有什么害处的。他们相信,即令把存款贷出一部分,他们总可以履行兑现的义务而不致迟缓。在自由市场经济的运作中,银行钞票成了信用媒介。信用扩张的酿成者,是银行不是政府。

但是,今天的信用扩张,却是政府的绝对特权。就私人银行有助于信用媒介之发行而言,它们的作用只是辅助的,只与技术上的事情有关。唯有政府在全程中是指挥者。关于信用流通量的一切事情,政府握有充分的最高权力。私人银行在自由市场上所能操纵的信用扩张量,是严格地受限制的,可是,政府却以最大可能的信用扩张为目的。信用扩张是政府用以对付市场经济最重要的斗争工具。这个工具在政府的手中成为可以用来耍许多把戏的魔杖:可用它驱除资本财的稀少性,可用它降低或完全消除利率,可用它供应政府的浪费支出,可用它没收资本家的财富,可用它"激发持久的繁荣",可用它"使每个人富有"。

信用扩张不可避免的后果,已由商业循环论指出。即令那些拒绝承认商业循环的货币论或流通信用论的正确性的经济学家,也不敢对这个理论所说的信用扩张的必然后果表示怀疑。这些经济学家也要承认,而且确已承认:信用扩张必然引起循环上升的趋势;如果没有信用扩张,上升的趋势不会发生,也不会继续;当信用扩张一旦停止的时候,萧条马上到临。他们给商业循环的解释,事实上也即是说,最初引起上升趋势的不是信用扩张,而是其他的一些因素。甚至在他们的见解中,那种为一般繁荣之必要条件的信用扩张,也不是一个故意降低利率和促进投资的政策之后果,信用扩张总是在那些其他因素开始发生作用的时候,莫名其妙地出现,无需政府方面有何积极的作为。

很明显地,这些经济学家在反对不以信用扩张来消除经济波动的那些计划时,是自相矛盾的。至于那些膨胀主义历史观的天真的支持者,当他们从他们的信念——信用扩张是经济的万灵药——来推理的时候,倒是一贯的,尽管他们的信念是错误的。但是,那些不否认信用扩张是繁荣的必要条件的人们,在反对抑制信用扩张的计划时,却违背了他们自己的信条。政府和压力团体的发言人,以及现在支配大学经济学系的"非正统理论"的拥护者,都同意经济萧条是应该设法避免的,而且也同意要达成这个目的必须防止市场的突然兴旺。他们提不出站得住的议论来反对放弃鼓励信用扩张的那些建议。但是,他们顽固地拒绝听取这方面的任何意见。他们激烈地骂那些防止信用扩张的计划,认为那些计划会使经济萧条延续下去。这种态度很明白地指出,"商业循环是那些故意降低利率促进人为的繁荣的政策的后果"这一说法是正确的。

凡是用以降低利率的方法,现在普遍地被认为极有利,而信用扩张被认为是达到这个目的的有效方法。这个偏见使得所有的政府都反对金本位。扩张是我们这个时代的大口号。所有的政党,所有的压力团体,都坚决地致力于放松银根的政策。[5]

信用扩张的目的是有利于某些人群而损及其他的人群。干涉主义在不损害所有的人群时自然是最好的。但是,它固然使全社会更为贫穷,它还可使某些阶层富有。至于富有的是属于哪些阶层,那就要看个别的情形。

现在有所谓"质的信用控制"。这种控制之所由产生的想法,是要把信用扩张所引起的所谓利益给某些人群而不给其他的人群。据说,信用不应流进证券交易所,不应使股票价格飞涨。信用的授与应该是利于加工业、矿业、"合法的商业",尤其是农业的"合法的生产活动"。此外,有些主张质的信用控制的人们,想防止增加的信用用之于固定资本的投资因而被冻结不动。他们想把增加的信用只用之于流动财货的生产。按照这些计划,政府给银行一些具体的指示,哪些款可以放,哪些不可以放。

但是,这些计划是白费的。放款的差别待遇,绝不可替代对信用扩张所加的限制。对信用扩张加以限制,是真正能够防止证券市场风险和防止固定资本投资扩展的唯一方法。至于信用的增加量如何进到借贷市场,只是次要的问题。重要的是有了一笔新生的信用流入。如果银行对于农民的授信较多,农民就能够偿还从别方面借到的债,以及能够用现款来购买东西。如果银行以较多的信用授予商人作为流通资本,商人就可把原先用作流通资本的资金用在其他用途。在任何情形下,银行创造出许多可支用的货币,而这些货币的所有者用来作最有利的投资。很快地这些资金会在证券市场或固定的投资方面找它们的出路。信用扩张而不引起股票价格上涨和固定的投资扩张这个想法,是荒谬的。⑥

信用扩张的典型过程,直到几年前才由两个事实确定:一是金本位下的信用扩张,一是各国政府和受这些政府指挥的一些中央银行不一致的行动结果。第一个事实就是政府不准备放弃银行钞票按照固定的平价兑换黄金。第二个事实的结果是信用扩张的规模缺乏量的一致。有些国家跑在其他国家的前面,而它们的银行面对黄金和外汇准备有大量外流的严重危险。为保持它们自己的偿付能力,这些银行不得不采严厉的信用限制。于是,它们就引起经济恐慌,使国内市场陷于萧条。这种恐慌很快地蔓延到其他国家。而这些其他国家的商人也就开始戒惧,因而增加借款以加强他们的流通资金以备万一。正由于这新的信用需求的增加使得本国的货币当局——已经因第一个国家的经济恐慌而引起戒惧的——也采取紧缩政策。于是,在几天或几周以内,经济萧条就成为国际现象。

贬值政策已经使这种典型的过程有些改变。货币当局遇到黄金外汇准备有枯竭的危险时,他们不以信用限制来对付,而提高中央银行体系所收取的利率。他们实行贬值政策,可是贬值解决不了问题。如果政府不管汇率上升得多高,一律置之不顾,它还可以暂时继续固执于信用扩张。但是,总有一天,市场的突然兴旺会毁灭它的币制。另一方面,如果政府想避免一再地加速贬值,它就必须把国内的信用政策安排得在信用扩张上不超过它所想与之保持货币平价的那些国家。

扩张信用总会引起兴旺期与后继的萧条期。这几乎是有规律的交替。这是许多经济学家所视为当然的。他们以为,信用扩张的后果,将来也不会不同于十八世纪末期以来,英国所经历的,以及十九世纪中期以来,西欧、中欧和北美所经历的那些后果。但是,我们不知道情况是否已经有了转变。商业循环的货币说,到了今天已成为大众皆知的教义,以致在过去兴旺期激发企业家的那种天真的乐观,已经被某种戒惧心替代了。商人们将来对信用扩张所采取的反应态度也许不同于过去所采取的。他们也许不把便宜得到的金钱用之于扩张他们的营业,因为他们将记住兴旺的必然结局,有些迹象预示了这样的改变。但是要作肯定的断言,却还太早。

反循环政策这个怪想

所有的社会主义者和所有的干涉主义者所提出的一些"非正统"学说的精髓都是说,经济萧条的反复出现是市场经济的一个固有现象。但是,社会主义者认为,只有以社会主义替代资本主义才能消除这个祸害,而干涉主义者则主张,把那纠正市场经济运作的权力委之于政府,由政府运用权力达到他们所说的"经济安定"。如果这些干涉主义者的反萧条计划是要彻底放弃信用扩张政策,那么,他们是对的。可是,他们预先就拒绝这个想法。他们所想的是,把信用扩张再扩张,而采用特别的"反循环的"措施来防止萧条。

在这些计划的前后关系中,政府像神一样地站在人事轨道以外而作为,它独立于人民的行为以外,而具有从外部干涉这些行为的权力。它保有可以自由处分的资金,而这资金不是人民提供的,可以自由地用在统治者所想的用途。要使这个权力运用得最有利,所需要的只是听取专家们的建议。

在这些建议中吹捧得最力的,是公共工程和公营事业支出的反循环的时间安排。这个想法并不是像它的鼓吹者希望我们相信的那么新颖。过去,当萧条来临的时候,舆论总是要求政府兴办公共工程以创造就业机会,阻止物价下跌。但是,问题是在如何筹取公共工程的经费。如果政府向人民课税,或向他们借债,这就对于凯恩斯学派所说的总支出量没有什么增加。人民的消费或投资能力的减低,抵消了政府支出的增加。可是,如果政府采用素所喜欢的通货膨胀这个方法来筹取经费,那就把事情弄得更糟,而不是弄得更好。它可以把物价暴跌的开始期延缓一时。但是，到了不可避免的后果终于到来的时候，激变的程度视其延缓时期的长短为转移，延缓的时期愈长，激变的程度愈厉害。

干涉主义的专家们，对于这里的真正问题没有把握住。照他们的想法，主要的事情是"好好地预先计划公共资本支出，并准备一些做好了的，而且随时可以实行的方案"。他们说，这"是正确的政策，是我们建议的而所有的国家都应该采行的"。⑦但是，问题不在于制作一些方案，而在于如何筹取实施那些方案的资金。干涉主义者以为这易于办到，此即，在兴旺期节省政府的支出，到了萧条期增加支出。

节省政府的支出确是一件好事。但它并不能供给政府在以后扩张支出时所需要的资金。个人可以这样做。他可以在所得高的时候储蓄，到了所得低的时候用它。但就一个国家或所有的国家而言，情形就不同了。因为市场兴旺，税收增加，国库可能保有一大部分税收没有用出去。就这笔退出流通的资金的数量和其退出的时期长短，其紧缩后果的大小和久暂也随之确定，信用扩展所引起的市场兴旺，将同程度地减弱。但是，当这些资金再用出去的时候，那又改变货币关系而创造一个现金引起的货币单位购买力降低的趋势。这些资金决不能供应公共工程所需要的资本财。

干涉主义者的基本错误，在于他们不管资本财的缺乏。在他们的心目中，经济萧条只是因为人们的消费倾向和投资倾向的神秘性的减退。唯一的真正问题是，要生产得更多，消费得更少，以增加可以利用的资本财存量，干涉主义者却想增加消费和投资。他们希望政府兴办那些没有利润的事业，而这些事业之所以没有利润，正因为它们所需要的那些生产要素必须从其他的用途挪过来，而那些生产要素用在那些其他用途更能满足消费者所认为的更迫切的欲望。他们不知道这样的公共工程一定大大地加深这个真正问题——资本财缺乏——的严重性。

当然，我们也可想到另一方式来利用政府在兴旺期所留下的储蓄。财政部可以把它的超收用来购买萧条期到来时所要用以兴办公共工程的那些物资，以及做公共工程的员工们所需要的消费财。但是，如果政府这样做，那就是使兴旺更加兴旺,加强激变的到来,而使后果更加严重。⑧

所有关于反环境的政府活动的说辞,其目的只有一个,即使大家的注意转向,使其不能认清循环波动的商业景气的真正原因。所有的政府都固执于低利率政策、信用扩张和通货膨胀。当这些短期政策的必然后果出现了的时候,他们只知道一个挽救的办法——走向通货膨胀的冒险途径。

六、外汇管制与双边外汇协定

如果一个政府把国内信用币对黄金或外汇的平价规定在比市场所决定的更高水准——也即是说,如果一个政府把黄金和外汇价格的最高限规定得比潜在的市场价格为低——那么,格雷欣法则所说的那种后果就会出现。其后果就是一般所谓的"外汇稀少"——这个名词非常不适当。

凡是经济财都具备的一个特征,是它的有效供给不会丰富到可以满足任何用途。在供给方面不缺乏的东西不是经济财,不要为它支付代价。因为货币必然是经济财,"不会稀少的货币"这个想法是荒谬的。可是,那些为外汇稀少而诉苦的政府,所想到的"稀少"却是不同的事情。那是他们定价政策必然的后果。那是在政府武断规定的价格下,需求超过了供给。如果那个靠通货膨胀降低本国货币单位对黄金、外汇、货物和劳务的购买力的政府,不作控制汇率的任何企图,那就不会有什么"稀少"——就政府用这个名词的意义来讲的——问题发生。凡是愿意照市价购买外汇的人,想买多少就可买多少。

但是,政府却决心不容许汇率上涨(就那膨胀的本国通货而言)。政府靠它的法官和警察,不许人民用非官定的价格买卖外汇。

照政府和它的从属机构看来,汇率的上涨是由于支付平衡的逆差和投机者的购买而引起的。为消除这件坏事,政府就用限制外汇需求的办法。此后有权购买外汇的人,只限于做政府所许可的贸易而需要外汇的人。凡是政府认为不必要的货物,再也不许进口。外债的还本付息也被禁止。本国人民不许到国外旅行。这个政府却不知道这样的办法决不会"改善"收支平衡。如果输入减少,输出也就随之减少。不得买外货、不得还外国债、不得到外国旅行的人民,并不把这省下的本国钱作为他们的现金握有。他们会增加消费财或生产财的购买,因而促成国内物价更上涨。但是,物价愈是上涨,输出愈是受到阻碍。

现在,政府更进了一步。它把外汇交易直接国营。凡是取得了外汇——例如,经由输出而取得——的人民,必须按官价卖给外汇管制机关。如果这个规定(这等于一项输出税)有效地执行,输出就会大大减缩或完全停止。这个结果,当然是政府所不喜欢的。但是,它也不想承认它的干涉完全不能达到它所追求的目的,而且产生了比原先的情况更为恶劣的情况,这里所说的“更恶劣”,是从政府自己的观点来说的。于是,政府又采用权宜手段。它给输出商津贴以补偿它的政策对于输出商造成的损失。

另一方面,管制外汇的政府机构,顽固地抱持“汇率未曾‘真正地’上涨,而官定的汇率是个有效的汇率”这个假想,把外汇按照这个官定的汇率卖给输入商。如果这个政策真的施行了,那就等于给那些有关的商人一些奖金。他们把输入的货物在国内市场出卖就可得到淌来之财。于是,政府又用些权宜手段。它或者提高进口关税,或者对进口商人课特别税,或者用其他方法增加他们购买外汇的负担。

这样一来,外汇管制当然行得通。但是它之所以行得通,只是因为它实际上承认了市场的汇率。输出商得之于外汇收入的是,按官定汇率所换到的本国货币,再加上政府所给的津贴,这两者合计就等于市场汇率。输入商付之于外汇的是按官定汇率折合的本国货币再加上一项特别贴水,税或捐,加起来也等于市场汇率。只有那愚蠢到不能了解真实情况,而让官方的言词愚弄的人们,才会著书写文章讨论新的货币管理法和新的货币经验。

政府独占外汇的买卖,对外贸易也就在政府的控制中。这并不影响汇率的决定。政府是否把报纸所发表的真实有效的汇率视为非法,这是无关紧要的。只要对外贸易还在进行,只有真实的汇率是有效的。

为着把真实的事实掩盖得更周密,政府就想消灭关于实质汇率的一切消息。他们想,对外贸易再也不可用货币作媒介。它必须是物物交换。他们与外国政府订立易货和清算协定。订约国双方的每一方,必须以某一数量的货物和劳务换取对方某一数量的其他货物和劳务。在这些契约的文字中,小心地避免涉及实质的市场汇率。但双方都是用那以黄金表示的世界市场价格来计算他们的销售和购买。这些清算和易货协定,把两国间的双边贸易代替自由时代的三角贸易或多边贸易。但是,这决不影响这个事实:一个国家的本国通货已经损失了对黄金、外汇和货物的一部分购买力。

　　作为对外贸易国营的政策,外汇管制是走向"以社会主义代替市场经济"这个途径的一个步骤。除此以外,从任何其他的观点来看,它是无效的。它既不能在短期中,也不能在长期中影响汇率的决定。

注 释

① 见第十七章第四节。

② 见第十七章第十六节。

③ 参考本章第六节。

④ 参考 P. A. Samuelson. Lord Keynes and the General Theory, *Econometrica*, 14(1946), 187;重刊于 *The New Economics*, ed. S. E. Harris (New York, 1947), p. 145.

⑤ 如果银行不靠增发信用媒介(或者是银行钞票或者是存款通货)来扩张流通信用,它就不会引起市场的突然兴旺,即令它把收取的利息降低到自由市场的利率以下。降低利率只是对债务人的赠与。那些想防止突然兴旺的重现,因而防止后继的萧条的人们,从货币的循环论所应推演出来的不是说银行不应降低利率,而是说银行应该不做信用扩张的事情。Haberler 教授(在他的 *Prosperity and Depression*, pp. 65~66)完全没有理解这个要点,因而他的评议是白费的。

⑥ 参考 Machlup. *The Stock Market*, *Credit and Capital Formation*, pp. 256~261。

⑦ 参考 Leaque of Nations, *Economic Stability in the Postwar World*, Report of the Delegation on Economic Depression, pt. II (Geneva, 1945), p. 173。

⑧ 在讨论反循环政策的时候,干涉主义者总会提到,这些政策在瑞典的所谓成功。在一九三二年至一九三九年间,瑞典的公共资本支出,事实上诚然增加了一倍。但是,这不是本世纪三十几年瑞典繁荣的原因,而是它的一个后果。瑞典的那个繁荣完全是由于德国的重新武装。纳粹的这个政策,一方面增加了德国对瑞典产品的需求,另一方面缩减了德国在世界市场上对瑞典所能供给的产品的竞争。于是,瑞典的输出大大地增加:铁砂从2 219千吨增加到12 485 千吨;铁块从 31 047 千吨增加到 92 980 千吨;铁的混合物从

15 453 千吨增加到 28 605 千吨；其他各种钢铁从 134 237 千吨增加到 256 146 千吨；机器从 46 230 千吨增加到 70 605 千吨。申请救济的失业人数在一九三二年是 114 000 人，一九三三年是 165 000 人。一到德国重新武装进入高潮的时候，失业人数随之大减：一九三四年减到 115 000 人；一九三五年减到 62 000 人；一九三八年减到 16 000 人。这个奇迹造成者不是凯恩斯，而是希特勒。

第三十二章　没收与再分配

一、没收哲学

干涉主义是受这个想法的指导：对于财产权的干涉不会影响到生产量。这个谬见的最简单表现是在没收式的干涉。生产活动的收获，被认为与社会秩序的偶然安排无关，政府的干涉，被视为在社会各分子间把国民所得作公平的分配。

干涉主义者和社会主义者以为，一切货物是由一个社会的生产过程制造出来的。等到这个过程结束了而其产品收获了，第二个社会过程，也即分配过程，就跟着来把产品分配给各个分子。资本主义社会的特征，是分配的不平等。有些人——企业家、资本家和地主们——据为己有的多于他们所应当分到的。因此，其余的人所分到的就被削减了。政府当然要取长补短没收前者的过多份额以补偿后者。

在市场经济里面，没有所谓两个独立过程——生产和分配过程——的双重性，而只有一个过程。财货不是先生产然后再分配的。把无主的财货据为己有，这样的事情是决不会有的。产品总归是以某人的财产而产生的。如果有人想分配它们，他首先就要没收它们。政府是个使用强力的机构，所以，政府没收是非常容易的。但是，这并不证明一个持久的经济制度可以建立在这样的没收和据有的上面。八世纪与十世纪之间,西欧海岸的那些北欧海盗们,当其离去他们所劫掠的那个自给自足的农业社会的时候,那个劫后余生的社会又开始工作、种田和造房子。过了几年,海盗们再来的时候,他们又有了可劫掠的东西。但是,资本主义是经不起这样反反复复的劫掠的。资本主义下的资本累积和投资,是基于一个希望,即希望没有这样的劫掠或没收的事情发生。如果这个希望幻灭了,人们就宁可消费他们的资本而不会为劫掠者保存它。凡是一方面想维持私有财产权,另一方面又想一再地没收人民财富的一切计划,都是荒谬的。

二、土 地 改 革

早期的社会改革者,志在建立一个自给自足的农业社会。分配给社会每个分子的土地是相等的。在这些乌托邦的理想社会里,没有分工和专业化的余地。如果把这样的社会秩序叫作农地社会主义,那是个严重的错误。它只是一个经济上自足的家计单位而已。

在市场经济里面,土地是生产手段,和其他任何物质的生产要素是一样的。把土地平均分配于农民的那些计划,在市场经济的情况下,即等于给那些效率较低的生产者特别优惠,而使消费大众蒙受损失。有些农民,其生产成本高于为生产"消费者所愿意购买的那个数量"所必需的边际成本;这样的农民,在市场运作中是会完全被淘汰的。市场运作决定生产方法,也决定生产数量。如果政府为使农业方面有不同的安排而采取干涉政策,那就会提高农产品的平均价格。如果在竞争的情况下,m 个农民,每个农民耕耘 1 000 亩土地,产出消费者所需要的全部农产品,现在政府为要以 $5m$ 个农民代替原先的 m 个农民,每个农民只耕耘 200 亩土地。这样的干涉政策,是消费者承担了损失。

用自然法和其他抽象的观念为这样的土地改革做辩护,那是白费的。简单的事实是农产品的价格被提高了,农业以外的生产,也受到伤害。由于生产一个单位的农产品所需要的人力增加了,在农业方面所雇用的人数就增多,因而可雇用于农业以外的生产事业的人数就减少了,可用以消费的货物总量就降低,因此,某一群人得利,而大多数人受害。

三、没收式的课税

现在,没收性的干涉之主要工具是课税。至于财产和所得税的目的,是所谓平均财富与所得的社会目的,还是以收入为主要目的,这是无关紧要的,重要的只是它的后果。

一般人是以赤裸裸的嫉妒心来看这些问题。为什么别人比他更富呢? 至于有修养的人士就把他的感情隐藏在一些哲理的论著中。他说,一个保有千万元的人,不会因为再增加九千万元而更快乐。相反地,一个保有一亿元的人,如果他的财富减少到只有千万元,不会感觉到他的快乐受到损害。这样的推理对过分的所得都有效。

这样的判断,意即从个人主义的观点来判断。所用的码尺是假想中的个人的情感。可是,这里所涉及的问题是些社会问题;这些问题必须就它们的社会后果来评判。有关重要的,既不是任何一个富翁的苦乐,也不是他个人的功过;而是社会,而是人们的生产力。

凡是限制任何人的财富累积不得超过千万元,或者限制任何人一年所赚的所得不得超过一百万元的法律,正是限制那些最能满足消费者欲望的企业家的活动,如果五十年前美国制定了这样的法律,则今天那些拥有千百万的富人们,会生活在更朴素的环境中。但是,所有为大家提供前所未有的产品的那些新的工业部门,即令生产的话,也只能是很小规模的生产,而其产品不会普及到一般人的手上。最有效率的企业家是会有很广大的活动范围的,他们的活动范围的扩张,是由于消费者购买他们的产品而促进的。如果对于企业家的活动加以限制,这显然是与消费者的利益冲突的。这里的问题又是"谁应当是至上的",消费者呢,还是政府? 在未受束缚的市场上,消费者的行为——购买或不购买——最后决定每个人的所得和财富。我们应该授权给政府限制消费者的选择吗？

这是那无可救药的国家崇拜者（statolatrist）所反对的。在他的见解中，促使大企业家活动的不是财富欲，而是权力欲。像这样的一个"高尚的商人"，不会因为要把赚得的过多财富缴纳于税吏而减缩他的活动范围。为了讨论方便起见，我们姑且承认这个心理学的说法。但是，商人的权力如果不基于他的财富，那是基于什么呢？假若洛克菲勒（Rockefeller）和福特（Ford）不能赚得他们那么多的财富，他们如何可以取得"权力"？可是，正因为财富会给人经济权力，[①]因而那些想限制财富累积的国家崇拜者，比上述的国家崇拜者，倒是站在较好的立场上。

课税是必要的。但是，在累进的所得税和遗产税这个误导的名称下，被普遍接受的那种差别税制，与其说是一个课税方式，不如说是对成功的资本家和企业家的一种变相的没收方式。不管政府所豢养的食客们如何地称赞它，它总归是与市场经济不相容的。累进的所得税和遗产税，至多也只能当作实现社会主义的手段。我们把一九一三年开始演变到现在的美国联邦所得税的税率作一回顾，我们就难于相信，这个税不会在很快的将来把那超过工会领袖们的薪水的所得统统用100％的税率课掉。

经济学对于那些主张累进税的一些玄论，可以置之不管，而它所要讨论的是，累进税对于市场经济的影响。干涉主义的作家们和政客们，是从他们那种武断的所谓"社会利益"的观点，来看这里所涉及的一些问题。照他们的看法，"课税的目的决不是为了筹取经费"，因为政府"可以印刷钞票来筹取它所需要的经费"。课税的真正目的在于"让纳税人的手中少留些钱"。[②]

经济学家们是从一个不同的角度来看这个问题。他们首先要问：没收式的课税对于资本累积的影响是怎样？被课掉的高所得，有一大部分是会用在额外资本之累积的。如果财政部把这课到的税收用之于经常支出，其结果就是资本累积的数量减少。对于遗产课累进税，其结果也如此，而且资本累积的数量甚至减少得更多。因为这样的遗产税逼得继承人不得不变卖遗产的大部分来完税。当然，这项资本并没有毁灭；它只是转换了所有权而已。但是，购买这份财产的人们所用掉的那笔储蓄，原是可以构成一笔资本净增额的。所以,新的资本累积是减低了。因此,技术改进的实现也受到了损害;每个在职工人所分配到的资本额也减少了;劳动生产力不能上升,工人的实质工资率也就不能上升了。通常的想法是,以为这种没收式的课税只是有损于直接纳税的富人,这很明显的是个谬见。

如果资本家眼看着所得税或遗产税将有提高到 100％ 的可能,他们就宁可把他们的资金都消费掉而不留给税吏来征收。

没收式的课税之妨害经济进步与改善,不仅是由于它对资本消费的影响。它还引起一般的趋势,即趋向于"在自由市场经济里面不会持久存在的"工商业活动的长期停滞。

资本主义的一个固有的特征,就是不偏袒既得的利益。它逼得每个资本家和企业家,每天都要适应市场的变动来重新调整他们的行为。资本家与企业家永远得不到轻松。只要他们还留在工商界,他们就无法安逸地享受他们的先人和他们自己所获致的成果。如果他们忘记了他们的任务是在尽最大的努力为消费者服务,他们就马上丧失他们优越的地位而落到普通人的阶层。他们的领导地位和他们的资金,不断地受到新来者的挑战。

每个有才干的人都可自由创办新的企业。他也许是个穷人,他的资金也许很少,其中的大部分也许是借别人的。但是,如果他能够以价廉物美的东西满足消费者的欲望,他就会靠"过分的"利润而成功。他把利润的大部分用来再投资,因而使他的企业快速发展。市场经济之所以富有动力,就是由于这样的一些暴发户的活动。这些暴发户是促动经济改进的先锋队。他们那种恐吓性的竞争,逼得老的、大的公司行号不得不调整作为,为大家提供最好的服务,否则就是退出工商界。

但是,今日的课税常是没收新来者的"过分"利润的大部分,因而他们不能累积资本;他们不能扩展他的营业;他们不会成为大规模的企业家而与既得利益者抗衡。老的公司行号不必怕他们的竞争;它们受到税吏的庇护。它们就耽于例行的工作而无戒惧;对于大众的欲望它们不予重视而变成保守的态度。所得税固然也使它们不能累积新的资本,但是对于它们更重要的,是使那具有威胁性的新来者一点资本也不能累积。老的公司行号实际上是因为这种税制而受到特权保障。在这个意义下，累进税妨碍了经济进步而形成僵固。在未受束缚的资本主义制度下，资本所有权是一个责任，这个责任逼得所有者不得不为消费者服务，可是，现代的课税方法却把资本所有权变成一种特权。

干涉主义者有时发牢骚，说大的企业渐渐僵固，变成官僚化，有能力的新来者再也不可能向那些老而富有的家庭的既得利益挑战了。这些牢骚所涉及的事实是对的，可是这些事实，却是干涉主义者自己的那些政策所引起的结果。

利润是市场经济的推动力。利润愈多，消费者的需要愈是满足。因为利润的获得，只能靠把"消费者的需求"与"以前的生产活动状况"之间的差异消除掉。最善于服务大众的人就赚到最高利润。政府之反对利润，也即故意破坏市场经济的运作。

没收式的课税与风险承担

有个流行的谬见把企业家的利润看作承担风险的报酬，把企业家看作一个赌徒，这个赌徒在权衡得失的机会以后投下他的赌注。这个意见最明显地表现于，把证券市场的交易称之为赌博。从这个流行的错误观点看来，没收式的课税所引起的弊病，是弄乱了得和失的机会之间的比率。赢得的数量削减了，而输掉的机会仍然不变，因而资本家和企业家就不乐于承担风险了。

这种推理的每一个字都是错误的。资本的所有主不是在大危险的、小危险的和安全的投资之间作选择。他是在市场活动的压力之下，不得不把他的资金投之于最能满足消费者最迫切的欲望之途径。如果政府所采的课税方法引起资本消耗或妨害新资本的累积，则那笔为边际就业所必要的资本就缺少了，而在没有这些课税时所会发生的投资扩张也被阻止了。于是，消费者的欲望只在一个较低的程度下满足。但是，这个结果并不是由于资本家的不愿承担风险，而是由于资本供给的降低。

没有所谓安全的投资这样的一回事。如果资本家真的依照上述的避险神话而行为，只向他们认为最安全的途径去投资，那么他们的行为本身就会使这个投资途径不安全，他们一定会丧失他们所投下的资金。就资本家来讲，没有任何方法可以逃避这个市场法则——投资者必须遵从消费者的愿望而在资本供给、技术知识和消费者评值的既定情况下生产所可生产的东西。资本家之选择投资，绝不是照他对未来的了解来选择那亏本的、危险性最小的途径，他是选择他认为可赚得最高利润的途径。

凡有自知之明，知道自己对于市场趋势没有正确判断之能力的资本家，不会投资于普通股，而是把他们的资金借给那些投资于普通股的股东。于是，他们与他们认为对市场趋势具有较好的判断能力的那些人们之间，就有了休戚相关的关系。通常是把投之于普通股的资本叫作风险资本。但是，优先股、公司债、抵押和其他放款等投资方式的成功或失败，最后也是同样地决定于所谓风险投资的成败所赖以决定的那些因素。③市场的情况是变动不居的，没有任何事物与市场的变动无关。

如果课税是要鼓励贷放资本的供给，而以风险资本的供给作牺牲，那就会使市场毛利率落落，同时，在公司行号的资本结构中借到的资本，相对于普通股的资本比例为之上升，因而使贷放的投资也变得不安全。所以，这个过程是会自我抵消的。

一个资本家照例不愿把他的资金全部投之于普通股或贷放，也不全部投之于一个行业或一个部门，而是把他的资金分散于许多不同的投资途径。这个事实并不证明这个资本家想减轻他的"赌博风险"，他只是想改善他赚得利润的机会。

如果不是希望投资赚钱，谁也不会投资。谁也不会故意选择一个错误的投资。使一项投资成为错误投资的，是那位投资者事先没有正确预料到的那些情况的发生。

我们曾经指出，没有所谓"非投入的资本"（noninvested capital）这么一回事。④资本家不能在投资与非投资之间自由选择。他在选择投资的途径时，也不能自由地违背消费者尚未满足的欲望中最迫切的欲望所决定的那些途径。他必须试图正确地预测这些未来的需要。租税会减少资本的可能增加量，甚至会引起原已累积的资本的消耗。但是，租税并不影响可利用的资本之利用，不管资本的数量是多少。

对于很富的人课以高的所得税和遗产税税率，资本家就会认为"以现金方式保存他的全部资金，或者存在银行的活期存款户而不孳生利息"是最聪明的办法。他消费他的部分资本，不纳所得税，也可减少他的继承人将来要纳的遗产税。但是，即令人们真的这样作，他们的行为并不影响可以利用的资本之利用。它所影响的是物价。但是，绝没有资本财因为这个缘故而成为非投资的。市场的运作，把投资推到最适当的途径上去。所谓最适当的途径，也即可以使消费者尚未满足而又最迫切的欲望得以满足的途径。

注　释

① 在讨论经济问题时，使用政治的术语是完全不适当的。关于这一点，无需在这里再强调。参考前面的第十五章第四节的"政治术语的比喻用法"。

② 参考 A. B. Lerner，*The Economics of Control*，Principles of Welfare Economics（New York，1944），pp. 307～308.

③ 参考第二十章第三节。

④ 参考第十八章第九节。

第三十三章　工团主义与劳资协作主义

一、工团主义者的想头

"工团主义"(syndicalism)这个名义用来指称两个完全不同的东西。

照 Georges Sorel 的党徒们的用法,工团主义是指那些为实现社会主义而使用的革命策略。它意涵：工会不应当在资本主义的架构下浪费他们的精力来求工人生活境况的改善。他们应当采取直接行动,不屈不挠地以暴力摧毁资本主义的一切建构。为着最后目的——社会主义——的实现,他们决不可停止斗争。无产阶级决不可让自己受资产阶级的那些口号——为自由、民主、代议政制——的欺骗。他们必须从阶级斗争中、在流血的革命中、在无情地消灭资产阶级中,求自己的解放。

这种教条曾经发生作用,而且在现代的政治中也还发生重大的作用。它曾经成为俄国新政权、意大利法西斯和德国纳粹的中心思想。但是,这是一个政治问题,在交换行为的分析中,可以不管它。

"工团主义"这个名词的第二个意义,是指社会经济组织的一个方案。社会主义的目的是要以生产手段的公有制代替私有制,工团主义是要把工厂的所有权给与工厂所雇用的工人。"铁路工人有其铁路"、"矿工有其矿场"这一类的口号,最能表现工团主义的最后目的。

就其"直接行动"这个意思来讲,社会主义和工团主义的一些观念,是由一些知识分子发展出来的。而这些知识分子,却是马克思宗派中,那些思想一贯的信徒所不得不称之为资产阶级的。但是作为社会组织的一种制度而言,工团主义的观念就是"无产阶级的心灵"的一件产物。它正是天真的佣工所认为的改善他的物质福利的一个公平而便利的手段。消灭那些赋闲的寄生动物——企业家和资本家,把他们"不劳而获的"所得给与工人!没有比这更简单的事情。

如果有人把这些计划认真地想,他就不会在讨论干涉主义的一些问题时来讨论它们。他就会认识工团主义既不是社会主义,也不是资本主义,也不是干涉主义,而是异乎这三个主义而自具特征的一种制度。但是,你不会认真地去想工团主义的方案,谁也未曾认真地想过。谁也没有糊涂到把工团主义当作一种社会制度来公开颂扬。在经济问题的讨论中,工团主义曾经扮演过角色的,只是在某些方案无意中包含着工团主义的一些特征的场合。在政府和工会干涉市场现象的某些目标中,具有工团主义的一些要素。而且,还有基尔特社会主义(guild socialism)和劳资协作主义(corporativism),这两种主义掺合工团主义的成分,来假装避免一切社会主义和干涉主义所固有的政府万能。

二、工团主义的谬误

工团主义的思想根源,见之于"企业家和资本家是些任意作为,而不负责任的横行霸道的人"这个信念中。像这样的横行独裁,绝不可容忍。自由运动,曾经以代议制度代替世袭的君主和贵族专制的自由运动,必须以"产业民主"代替世袭的资本家和企业家的暴政而完成其功绩。经济革命一定会把政治革命所发动的人民解放推进到最高峰。

这种议论的谬误是显而易见的。企业家和资本家不是不负责任的暴君。他们无条件受消费者的主权之支配。市场是消费者的民主。工团主义者想把市场变成生产者的民主。这个想法是错误的,因为生产的唯一目的是消费。

工团主义所认为资本主义制度最严重的缺点,以及他们所诬蔑为专横的谋利者的残忍无情,正是"消费者至上"的结果。在无拘束的市场经济的竞争情况下,企业家不得不致力于改善生产技术,而不管工人的既得利益。雇主付给工人的工资,势必不能高于消费者对他们的成就所做的评价。如果一个工人因为他的妻子生了一个小孩而要求加薪,雇主基于这个婴儿的诞生无益于他的工厂这个理由而拒绝这个要求,这时,雇主的行为是遵照消费者的命令。这些消费者不准备仅为这个工人有个大的家庭而对他所生产的货物支付较高的代价。工团主义者的天真幼稚,可从"他们自己决不会因为生产某一货物的工人经济情况不佳,而出较高的价钱来买这件货物"这个事实看出来。

工团主义的原则是要把每个公司的股份从不做工的股东手中拿出来,平均地分配于工人;债本债息的支付应当停止。管理权放在一个委员手中,这个委员由工人选出,这时的工人也就是公司的股东。这样的没收和重分配的方式,不会在一个国家内部或世界上实现平等。那将使一些工人收获较多,而另一些工人收获较少,前者是每个工人所使用的资本配额较大的那些工业所雇用的工人,后者是资本配额较小的那些工业所雇用的工人。

工团主义者在处理这些问题的场合,总是说到管理工作,从不提及企业家的一些活动。照一个平凡的低级职工的见解,工商业里面所要做的事情都是一些委之于管理部门的辅助工作。在他的心目中,今天在开工的各个工厂或工场,是个永久的建构。它将永不变更。它总是生产同样的产品。其实,一切情况是在一个不停的流变中,产业结构必须天天调整以解决新的问题。他对这些现象一概置之不理。他的世界是静态的。这个世界不理会新的工商业部门、新的产品、新而更好的制造方法用以制造旧的产品,企业的基本问题是为新的产业和已有的产业提供资本,缩减那些需求降低了的产品的生产部门,促进生产技术的改良。这些问题,工团主义者全不理会。如果我们把工团主义叫作短视者的经济哲学,叫作顽固的保守分子的经济哲学,不是不公平的。这样的一些保守分子嫉视任何的创新,而其嫉妒心使他们蔽固到连那些为他们提供较多、较好、较便宜货物的人们也要咒骂。有些病人对于那个为他们诊好痼疾的医生的成功,反而心怀嫉妒,这些保守分子正像这样的病人。

三、一些时髦政策中的工团主义的成分

工团主义的风行，显现在当今一些经济政策的各种标语中。这些政策的精髓，总是牺牲大多数人而使少数人的集团享有特权。这些政策的后果，总是损害大多数人的财富和所得的。

许多工会是要限制在被雇用的会员人数。一般大众总希望有更多、更便宜的书刊、报纸可读，如果在自由的劳动市场里，他们是会实现这个希望的；可是，印刷业工会偏要限制印刷厂雇用新工人。其结果当然是会员工人所赚得的工资提高。但连带发生的事情就是，那些不能进入印刷业的工人们的工资率降得很低，以及印刷品的价格上涨。工会的反对技术改良以及工作均摊的策略（featherbedding），也引起同样的结果。

急进的工团主义是要完全消灭股东的股息和贷款人的利息。干涉主义者则热心于中庸之道，他们想把利润分一部分给工人，以缓和工团主义者的激烈情绪。利润分享是个很响亮的口号。这个口号所涉及的一些谬见，没有再进一步检讨的必要，这里只要指出它所会引起的一些后果也就够了。

如果生意赚钱给员工额外分红，这在小规模的商店或雇用高级技术员工的企业，有时是个好的政策。但是，如果把这个在特殊情况下就单独一个厂商而言是明智的政策，也视为可以普遍实行的一般制度，那就不合逻辑了。我们没有理由主张，一个焊接工人因为他的雇主赚得高的利润，他也应当赚得更多，其他的焊接工人因为他的雇主赚得较低的利润或完全没有利润，他就应当赚得少些。对于这样的报酬法，工人们自己也会起来反对。即令是在短暂的时期，这个办法也不能实行。

利润分享制的一个滑稽办法，是美国工会最近采用的"给付能力"原则。原来的利润分享是要把已经赚得的利润分一部分给员工，"给付能力"制是要把某些局外人所认为的雇主在将来会赚到的利润提前分配。杜鲁门政府在接受这个新的工会教条以后，宣布成立一个"事实调查"局，这个机构为着决定雇

主们较高工资的给付能力,有权查阅雇主们的账册。可是,账册所能提供的情报只是一些关于过去的成本与收益,以及过去的利润与亏损。至于将来的产量、将来的销售量、将来的成本、将来的利润或亏损,都不是事实,而是预先的测度。关于将来的利润是没有什么事实可查的。[①]

依照工团主义的理想,企业的收益应该全部归之于被雇的员工,不给所投的资本留下利息,也不留下利润,要实现这个理想,是不会有任何问题的,但是,就我们所知,如果取消所谓"不劳而获",也即是采行社会主义。

四、基尔特社会主义与劳资协作主义

基尔特社会主义(Guild socialism)与劳资协作主义(corporativism)的想法是渊源于两个不同的思想路线。

颂扬中世纪制度的一些人,一向是赞美基尔特的。洗涤所谓市场经济的罪恶所要做的事情,只是回复到那些经过多次试验的老办法。但是,对于市场经济的这些恶骂,仍然是徒劳无益的。那些批评者从来没有为社会秩序的重建,具体地提出他们的办法。他们至多只是妄说法国的 Etats-Généraux 和德国的 Ständische Landtage 那些旧式的准代表制会议优于现代的国会。但是,即令在这种制度问题上,他们的观念也是有些模糊的。

基尔特社会主义的第二个渊源,可从英国的特殊政治环境中看出。当英国与德国的冲突愈来愈激烈,而终于在一九一四年引发战争的时候,英国年轻的社会主义者对于他们自己的方案开始感到不安。费边社社员们的国家崇拜,以及他们对德国和普鲁士的那些制度的赞扬,到了他们自己的国家和德国作殊死战的时候,确实是很矛盾的。当本国最"进步的"知识分子渴望采行德国社会政策的时候,和德国人打仗有什么用呢?颂扬英国的自由,谴责普鲁士的奴役,同时又推荐俾斯麦和其后继者的那些办法,这是可能的吗?于是,英国的社会主义者就想要有一种特属于英国牌子的社会主义,尽可能地做到与条顿牌子的社会主义不同。这个问题就是要建立一个免于国家至上、国家万能的社会主义制度,也即个人主义型的集体主义。

要建立这样的社会制度,正如同要制作一个"三角形的四方"一样的不可能。可是,牛津的青年们却很自信地想解决这个问题。他们从一群不著名的复古主义者(颂扬中世纪制度的人们)借来"基尔特社会主义"这个名称以命名他们的方案。他们宣称,他们的方案特异于别国的社会主义,是产业自治,是最有名的英国政治制度——地方政府所衍生的一个经济制度。在他们的计划中,他们把领导的任务委之于英国最有力量的压力团体——工会。他们尽力把他们的设计做得合乎本国人的口味。

可是,这些迷人心窍的修饰也好,鲁莽烦嚣的宣传也好,对于明智的人们都不会发生误导作用。计划本身是矛盾的、行不通的,不到几年以后,它就在它的发祥地完全湮没了。

但是,后来又一度复活。意大利的法西斯党人急于需要一种属于他们自己的经济方案。他们在退出马克思社会主义的国际政党以后,就不能再以社会主义者的姿态出现。他们是那无敌于天下的古罗马军团的团员们的后裔,他们以此自傲,所以,他们既不愿对西方资本主义让步,也不愿向普鲁士的干涉主义学习。普鲁士的干涉主义,在他们的心目中是些伪装的野蛮人的意理,而那些野蛮人曾经打垮他们的光荣帝国。他们要探求一种纯粹的专属于意大利的社会哲学。至于他们是否知道他们的信条只是英国基尔特社会主义的复制品,这一点是无关紧要的。无论如何,劳资协作国家(the stato corporativo)不过是基尔特社会主义的一个再版。其间的差异只是一些不重要的枝节。

劳资协作主义由于法西斯党人的大肆宣传而获惊人的成功。许多外国的作家也极力赞扬这个新制度的奇迹。奥地利和葡萄牙的政府也特别强调,他们要坚决实行这个高尚的劳资协作主义。教皇的通谕——Quadragesimo anno (1931),也有些地方可以(但是不必)解释为对协作主义的承认。无论如何,天主教的作家,在那些经教会当局认可出版的书籍中,是支持这种解释的。

可是,意大利的法西斯党人也好,奥地利和葡萄牙的政府也好,都没有认真地想实现劳资协作的幻想。意大利人给种种机构加上"劳资协作的"(corporativist)名称,而且把大学的政治经济学讲座改为"政治的与劳资协作的经济"(economia politica e corporativa)讲座。但是,关于劳资协作主义的本质,也即工商各部门的自治,只是见之于空谈。法西斯的政府首先是固执干涉主义的同样原则(干涉主义是我们这个时代所有名义上非社会主义的政府所已采行的经济政策)。后来,它一步一步转向到德国的社会主义制度,即政府对经济活动的全盘控制。

基尔特社会主义和劳资协作主义的基本观念都是:每个营业部门形成一个独占体,这个独占体叫作基尔特或劳资协作(corporazione)。②这个存在体享有充分自治;它可自由处理所有的内部事务而不受外在因素的干涉、不受外人的干涉。各个基尔特之间的相互关系,则由它们直接商讨处理,或由所有基尔特的代表大会来决定。在通常的情形下,政府不加任何干涉。只有在特殊情形下,当各个基尔特之间不能得到一致的意见时,才需要政府干预。③

在草拟这个方案的时候,基尔特社会主义者是记住英国地方政府的情况,以及那些地方政府与中央政府之间的关系的。他们的目的是要使产业的每个部门得以自治;像 Webb 夫妇所说的,他们想"给每个行业的自决权"。④这正如同每个地方政府管理它的地方事务,中央政府只处理那些有关全国利益的事务,基尔特对于它内部的事情应有处理权,政府应把它的干预限之于基尔特本身所不能解决的那些事情。

但是,在一个分工合作的社会制度下,决没有仅仅关系一个特定的工场、特定的行业或特定的产业部门,而与外人无关这样的事情。任何基尔特或劳资协作团体,决没有什么内部事务而其处理不影响到全国的。一个营业部门不仅是为它内部的人们服务,它是为每个人服务。任何营业部门如果其内部缺乏效率,稀少的生产要素被浪费,或者不采用最适当的生产方法,则每个人的物质利益都受到损害。我们不能把那些关于生产技术、生产的数量与品质、工作时间以及许许多多其他问题的决定委之于基尔特内部的成员,因为这些事情不仅关系其成员的利益,也同样地关系外人的利益。在市场经济里面,企业家在做这些决定的时候,是无条件地受制于市场法则的。他是向消费者负责。如果他拒绝消费者的命令,他就要赔本,而且,会很快地丧失他的企业家地位。但是,独占的基尔特却不怕竞争。它在它的生产范围以内享有处理一切的全权。如果置之不管而让它自治自决，它就不是消费者的仆人，而是它们主人的仆人。它就可自由地采取牺牲别人以利其成员的一些办法。

在基尔特的内部，是仅由工人们统治，还是与资本家、企业家合作管理，这是无关紧要的。基尔特的管理部门是不是有消费者的代表参加，这也是无关紧要的。重要的是：如果基尔特是自治的，它就不受制于市场压力以调整它的活动来满足消费者。它就把其成员的利益放在消费者的利益之上。在基尔特社会主义和劳资协作主义的制度下，决不会想到"生产的唯一目的在于消费"。事情恰好颠倒。生产本身变成了目的。

当美国的"新政"开始实行国家工业复兴方案的时候，政府和它的智囊团完全知道，他们所计划的不过是建立一个机构，以便政府对工商业的全盘控制。基尔特社会主义者和劳资协作主义者认为，自治的基尔特或劳资协作团体可当作一个可行的社会合作制度。从这一点就可看出他们的短视。

每个基尔特要把它的所谓"内部事情"处理得叫它的成员们充分满意，这是很容易做到的。缩短工作时间、提高工资率、不再做那些使成员们感觉不便的生产技术改良——好极了。但是，假若所有的基尔特都这样做，其结果将会怎样呢？

在基尔特制度下，再也没有市场的问题。再也没有任何价格（行为学意义的价格）。竞争价格也好、独占价格也好，都不存在。那些独占了必需品供给的基尔特，取得一种独裁的地位。它是必需的食物和燃料的生产者，以及电力和交通的供应者，它可以榨取全民而无所恐惧。谁会认为大多数人可忍受这种情形呢？假若这些与基本生活有关的产业，滥用它们的特权地位，而政府不加以干涉，则为实现劳资协作这个乌托邦而做的任何企图，将会很快地导致暴力的冲突，这是不容置疑的。于是，这些空想家视为仅是一个例外措施的——政府干涉——将会变成惯例。基尔特社会主义和劳资协作主义将会变成政府对一切生产活动的全盘控制。普鲁士的统制经济（zwangswirtschaft）是基尔特社会主义和劳资协作主义所想避免的，但其发展的结果，却正是这种统制经济。

对于基尔特社会主义的其他基本缺点，这里没有讨论的必要。它和任何其他的工团主义者的方案一样,都是有缺陷的。它没有想到,资本和劳动从这个部门转到另一个部门,以及创立一些新的生产部门,都是必要的。它完全忽视了储蓄和资本累积的问题。总而言之,它是荒谬的。

注　释

① 参考 F. R. Fairchild, *Profits and the Ability to Pay Wages* (Irvington-on-Hudson, 1946), p. 47。

② 对基尔特社会主义叙述得最详细的是 Sidney & Beatrice Webb 合著的 *A Constitution for the Socialist Commonwealth of Great Britain* (London, 1920);关于劳资协作的最好的一本书是 Ugo Papi, *Lezioni di Economia Generale e Corporativa*, Vol. III (Padova, 1934)。

③ 一九三四年一月十三日,墨索里尼(Mussolini)在上议院宣布:"只有在更后的阶段,当基尔特相互间没有达成协议的时候,政府才能干预。"(Papi 上书 p. 225 引用)

④ Sidney and Beatrice Webb, op. Cit, pp. 277 ff。

第三十四章　战争经济学

一、全体战争

市场经济提供了和平合作。一到平民变成了兵士的时候,市场经济就破碎了。于是,货物、劳务的交换被相互的争战替代。

原始部落间的战争并不影响分工下的合作。这样的合作,在战争爆发以前并不存在于交战双方之间。这些战争是无限的,或全体的战争。它们的目的是全面胜利、全面征服。被征服的或者是被消灭,或者是被撵走,或者是收为奴隶。至于说条约可以解决纷争,可以使双方和平相处,这一类的想法,不是战斗者的心中所会有的。

征服者是不知道自我约束的,除非有个坚强的抗力阻止他。建立帝国的原则,是尽可能地扩张统治区域。亚洲的一些大征服者和罗马帝国的一些大将军,只有在他们不能再前进的时候才停止下来。这时,他们把侵略行为向后延缓一些时。他们从不放弃征服的野心。在他们的心目中,独立自主的外国不是别的,只是日后攻击的对象。

这种无止境征服的哲学,也鼓励了中世纪欧洲的统治者。他们的首要目的,在于尽量扩张他们的领土。但是,封建制度供应他们的战争经费只是微薄的。诸侯们为他们的君主作战,也只在有限的时间以内。诸侯们自己的打算,限制了君主的侵略。于是,若干主权国的和平共存就开始出现了。十六世纪,有一位叫作布丁(Bodin)的法国人,就发展出国家主权学说。到了十七世纪,有一位荷兰人叫作格劳秀斯(Grotius)的,又给这个学说补充上战时和平时国际关系学说。

随着封建制度的瓦解,国家主权再也不能依赖诸侯们的支持,于是就有了军队国家化。此后,作战的人就是君主的一些佣兵。这样的军队、组织、装备和给养的费用是很大的,这对于统治者的财政,是个沉重的负担。君主的野心无限,可是财政的考虑使他们不得不节制他们的企图。他们再也不想征服一整个国家。他们的目的只在征服少数几个城市或一个州。占有得过多,在政治上也许是不聪明的办法。欧洲的列强都不愿他们当中有一个变得太强,因而危害到他们的利益。极凶猛的征服者,也会恐惧那些被威胁者会结合起来对付他。

由于这些军事的、财政的和政治的联合影响,欧洲在法国革命以前的那三百年当中的一些战争,就成为有限的战争。战争是由一些职业的兵士组成的小规模的军队来打的。战争不是人民的事情,它只与统治者有关。人民都厌恶那些带给他们灾难、增加他们租税负担的战争。他们认为,他们自己是在一些他们所未参与的事情中的牺牲者。甚至交战的军队,也尊重人民的"中立"。照他们的想法,他们是要为夺取军事的优势而战,至于敌方非战斗的人民,不是他们战争的对象。所以,在欧洲大陆的那些战争中,平民的财产被认为是不可侵犯的。一九五六年,巴黎会议已把这个原则应用到海军作战方面。接着,就有许多伟大的人物们开始讨论完全废除战争的可能性。

看到无限战争所引起的情况,哲学家们发现,战争是无用的。一次战争下来,多少人被残杀,多少财富被破坏,多少地方遭蹂躏,为的是什么?为的是国王和少数统治者的利益。战争胜利了,对于人民没有任何好处。他们的统治者扩张了统治区域,并不使他们富有。对于人民而言,战争是不值得的。武装冲突的唯一原因,是专制君主的贪婪。民主政制替代君主专制,会完全消灭战争。民主政制是和平的。国家领域的或大或小,不是民主政制所关切的事情。领土问题的处理,不凭偏见和激情,而诉之于和平谈判。要使和平得以永久维持,就要废除独裁政制。这自然不是循和平的途径所可成功的。国王的佣兵必须完全击溃。但是,人民对于专政君主的这种革命战争,将是最后的战争,也即根绝战争的战争。

这个观念,在法国革命领袖们击退了普、奥的侵略军队以后,他们自己发动侵略的时候,已经是模模糊糊地存在他们的心中,在拿破仑的领导下,他们自己很快地采取无限扩张、无限吞并的最残忍的政策,一直到所有欧洲的列强联合起来挫折了他们的野心时才放手。但是,持久和平这个观念不久又复活了。这是十九世纪自由主义躯干中的要点之一,也即是曼彻斯特学派(The Manchester School)所遵循的那些原则中所力图实现的自由主义。

这些英国的自由主义者和欧洲大陆上他们的友人,都有敏锐的眼光看出了永久和平的维持不能单靠民主政治,而要靠自由放任的民主政治。在他们的心目中,自由贸易是保持和平的必要条件,就国内讲如此,就国际讲也是如此。在这样一个没有贸易障碍和移民障碍的世界里,就没有引起战争和征服的诱因了。他们充分相信,自由理念有不可抗拒的说服力,因而他们放弃了"根绝一切战争的最后战争"这个想法。所有的民族将会出自本意地承认,自由贸易与和平是大家的幸福,将会约束他们本国的专制君主而无需国外援助。

大多数的历史家完全没有看出使古代的"有限"战争被现代的"无限"战争代替的那些因素。照他们的看法,这个变更是随"朝代的国家"转变到"民族的国家"而俱来的,是法国革命的一个后果。他们只注意到附随的现象,而把原因与结果弄混淆了。他们说到军队的组成成分,说到战略和战术的原则,说到武器和交通设备,说到军事技术和行政技术的许多其他事情。[①]但是,所有这些事情都没有解释,为什么现代国家要侵略而不愿和平。

全体战争是侵略性的民族主义的衍生物,这是一致公认的事实。但是,这只是个循环推理。我们把民族主义叫作形成现代全体战争的意理。侵略性的民族主义是干涉政策和国家计划的衍生物。自由放任会把国际冲突的原因消除掉,干涉主义和社会主义则招致一些无法和平解决的冲突。在自由贸易和自由移民的场合,没有人会关心到他的国家领土的大小,在经济国家主义的保护措施下,几乎每个国民在领土问题上都有利害关系。本国领土的扩大,对于他是福利的增进，至少是解脱外国政府对于他的福利所加的限制。使皇朝与皇朝之间有限战争变成民族之间的冲突的，不是军事上的技术，而是福利国家替代了自由放任的国家。

假若拿破仑一世达到了他的目的，法兰西帝国该已大大地超越了一八一五年的境界。西班牙和那不勒斯（Naples）该已被 Bonaparte-Murat 家族的皇帝统治，而不是统治于另一个家族 The Bourbons 的皇帝；Kassel 皇宫该已被一个法国花花公子占据，而非 Hesse 家族的选侯们所保有。所有这些事情并不使法国的人民更为富有，普鲁士的人民并不因他们的国王于一八六六年把 Hanover，Hesse-kassel 和 Nassau 的那些堂表兄弟们撵出豪华邸宅而得到什么。但是，如果希特勒实现了他的计划，德国人就可希望享受较高的生活水准。他们相信，消灭了法国人、波兰人和捷克人，就可使他们本族的每个分子更富有。为争取更多的"生存空间"而作战，是关系他们自身利益的战争。

在自由放任的经济环境下，多国的和平共存是可能的。在政府统制经济的环境下，那是不可能的。威尔逊（Wilson）总统的悲剧性错误，就在于忽视了这个要点。现代的全体战争，与古代皇朝的有限战争没有什么是相同的。那是对付贸易障碍和移民障碍的战争，人口过多的国家对人口较少的国家之战争；那是为废除有碍全世界工资率趋向于平等的那些制度的战争；那是一些耕种贫瘠土地的农民，反对政府不许他们去耕种更肥沃空地的战争。简言之，那是一些把自称为特权的"没有者"的工人和农民，反抗那些他们认为特权的"有者"的其他国家的工人和农民的战争。

对于这个事实的认知，并不是说，胜利的战争真的会消除掉侵略者们所诉说的那些弊害。那也不是说，撤除了移民障碍即可以安抚侵略者而免于战争。就今日的情形看来，美洲和澳洲容许德国人、意大利人和日本人移民进来，不过是对敌军的先锋队敞开他们的大门而已。

信赖条约、国际会议以及国际联盟（The League of Nations）和联合国（The United Nations）这样的一些官僚建置，终归是无用的。在意理之间的战斗中，全权大使们、政府官员们以及专家们所表现的都是失败。征服的野心不是官样文章所可遏止的。所必要的是意理和经济政策的改变。

二、战争与市场经济

社会主义者和干涉主义者说,市场经济最好也不过是和平时期所可容许的一种制度。但是,当战争降临的时候,这样的放任是不可容许的。它只有利于资本家和企业家的私人事业而危害国家。战争,无论如何,现代的全体战争,绝对需要政府的经济管制。

几乎没有人有足够的勇气敢于向这个"独格码"挑战,在两次世界大战当中,这个"独格码"成为许许多多经济管制的口实。有些国家经由那些经济管制,一步一步走向彻底的"战时社会主义"。到了战斗结束的时候,一个新口号又开始叫起来了。他们说,从战时到平时的过渡期间和"复原"时期,甚至比战时更需要政府的经济管制。而且,在两次战争之间的时期,可以行得通的一种社会制度,为什么不把它长久维持下去,而为任何可能的紧急变故作最适当的准备呢?

我们对于美国在第二次世界大战当中所面对的那些问题做一检讨,即可明白地看出,这样的推理是如何荒谬。

为赢得战争,美国所需要的是很快地转变所有的生产活动。凡非绝对必需的民间消费都得停止,工厂和农场除为非军事用途生产最低限的数量以外,把全部生产力用之于生产军用品。

这个方案的实现,并不需要建立经济管制。如果政府用课税和向人民借债的办法来筹取全部战费,每个人就不得不大大地削减他的消费。企业家与农民们也将转而为政府的需要而生产,因为销售给人民的货物减少了。政府,这时由于大量的税收和债款的收入,成为市场的最大买者,因而它能够取到它所需要的一切。即令政府筹取战费大部分是靠增加货币流通量以及向商业银行借债而非向一般人民借债,也不会改变这个事态。通货膨胀,自然要引起所有的货价和劳务价格的上涨。政府也得支付较高的名目价格。但是,政府仍然是市场上最有偿付能力的买者。它能够出高于人民所出的价来抢先购买,因为人民既没有为自己的需要而制造货币的权利,同时也被沉重的租税所榨取。

但是,政府却要故意地采取一个必然使它不能依赖自由市场之运作的政策。它采用物价管制政策,使提高物价成为非法。而且在征课通货膨胀所膨胀的所得时,政府的动作是很缓慢的。政府对于工会的要求也总是屈从,工会要求战时拿到家中的(意即扣掉一切税捐以后的)实质工资必须使工人能够维持战前的生活标准。事实上,这个人数最多的阶级,在平时消费了全部消费财最大部分的这个阶级,在他们的口袋中有更多的钱,因而他们的购买力和消费力大于平时。这些工人,会使政府指挥生产界多生产军用品的这种努力受到挫折,在某种程度内,农民以及为政府生产的那些厂主也会如此。他们会诱导生产界多生产而非少生产战时被认为的奢侈品。正是因为这种情形,政府不得不采取优先制和配给制。这些筹取战费的办法,其缺点使得政府的经济管制成为必要。如果没有通货膨胀,如果税课是把全民的所得,而不只是把那些赚得较高所得者的所得都课掉一些,使全民的税后所得都是战前的税后所得的一部分,则经济管制的一切措施就是不必要的。但是,如果接受"工人的实质工资在战时甚至要高于平时"这个信条,则经济管制就无法避免了。

美国赢得战争的那些物资,以及美国供应盟国的那些装备,不是政府的命令和一些官吏们的纸上工作所生产出来的,而是民间企业所生产的。经济学家并不从这些历史事实来作何推论。但是,当干涉主义者要我们相信"一纸禁止钢铁用在民房建筑的命令,就可自动地生产出飞机和军舰"的时候,提一提这些事实来驳斥它,是个方便的办法。

适应消费者的需求变动来调整生产活动,这是利润的根源。调整前的生产活动与适应新的需求结构的生产活动,两者间的差异愈大,则所需要的调整也就愈大,因而那些调整得最成功的人们所赚得的利润也就最大。从平时突然地转到战时,这是对市场结构的革命,这使剧烈的调整成为必要,因而成为某些人高度利润的来源。经济计划者和干涉主义者把这种利润看作可耻的东西。照他们的看法,政府在战时的首要任务在于防止新的百万富翁的出现。他们说,当一些人在战场上被杀或伤残的时候,让某些人发财是不公平的。

战争中没有什么是公平的。大军团战胜小军团,装备精良的打败装备恶劣的,这不是公平的。在前线的兵士默默无闻地流血,司令官舒适地在战壕后面几百公里的司令部里面享受荣誉,这不是公平的。一场战争结束,张三被杀掉,李四终生残疾,王五安全回家,永久享受退役军人的一切特权,这不是公平的。

战争使那些最有贡献于军事装备的企业家的利润增加,是不"公平"的,这个说法我们也可承认。但是,如果否认利润制度生产最好的武器,那就是愚昧了。社会主义的苏联并没有用租借的办法援助美国;苏联在用美制的炸弹投在德国以前,苏联军队在得到美国大公司制成的武器以前,是在战场上惨败。战时最重要的事情,不是避免高度利润的出现,而是要为本国的兵士供给最好的装备。一个国家最坏的敌人,是那些把嫉妒心的发泄置之于国家利益之上的人们。

当然,战争与市场经济的维持,在长期中,是互不相容的。资本主义,本质上是和平国家的制度。但是这并不是说,一个被迫起而抵抗外来侵略的国家,必须以政府的管制来替代私人企业。如果政府这样做,它就是自毁最有效的抗战武器。社会主义的国家战胜资本主义国家的记录,从来没有。尽管德国人特别推崇战时社会主义,可是,在两次世界大战当中,他们都战败了。

战争与资本主义是不相容的,这句话的真义,是战争与高度文明的不相容。如果资本主义的效率被政府用之于毁灭性的工具之生产,则私人企业的发明潜力就会制造出其威力足以毁灭一切的武器。使得战争与资本主义彼此不相容的,正是资本主义的生产方法具有无与伦比的效率。

受制于消费者选择的市场经济,生产一些使大家的生活更为舒适的物品。它投合消费者的需求。这一点正是那些主张暴力的狂徒们认为资本主义是卑鄙的主因。他们所崇拜的是"英雄"、毁灭者和屠杀者,瞧不起资产阶级和其"市侩气"(peddler mentality-Sombart 的名词)。现在,我们人类的受苦受难,是由于这般人所种下的祸根。

三、战争与自给自足

如果一个在经济上自足的人,对另一个经济自足的人发动斗争,这不会有什么特殊的"战时经济"问题发生。但是,如果一个成衣匠与面包师傅斗争起来了,他以后就要为自己制造面包。如果他忽视这一点而贸然与面包师傅作对,他就比他的敌人——面包师傅——更快地陷于困境。因为面包师傅等新衣服穿可以等个较长的时期,成衣匠等面包吃,是迫不及待的。所以,作战的经济问题,就他们两人而言,是不一样的。

国际分工,是在"再也不会有战争"这个假定下发展起来的。曼彻斯特学派的哲学,是把自由贸易与和平看作互为条件的。做国际贸易的商人们,不认为新的战争有其可能。

参谋本部和研究战术的学生们,都没有注意到国际分工所引起的情况变更。军事学的方法在于检讨过去作战的经验,从而抽绎出一般的法则。

欧洲的军事专家不重视美国内战的研究。在他们的心目中,那次战争没有什么教益。那是一些非职业的军官所率领的非正规军所打的仗。像林肯这样的一些文人参与战役。他们认为,没有什么可从这种战争经验中学习的。但是,地域分工的问题第一次发生决定性的作用,是在这次内战中。南方,大体上是农业地区;它的工业是不足道的。南方邦联(The Confederates)要依赖欧洲输入的工业产品。当北方联邦的海军强到足以封锁南方海岸时,他们就马上缺乏所需要的装备。

德国在两次世界大战中遇到这同样的情形。德国人依赖海外输入的粮食和原料。但是,他们不能冲破英国的封锁。两次大战的结局都决定于大西洋的战役。德国人之所以失败,是因为他们既不能切断英伦三岛与世界市场的交通,又不能保护自己的海上运输线,战略的问题被国际分工的情况所决定。

德国一些战争贩子总想采用一些"不顾对外贸易的阻碍而可使德国从事战争"的政策。他们的秘方就是代替品(Ersatz)。

代替品，或者比被代替品较不适用，或者比被代替品的成本高，或者既较不适用而又成本较高。如果制造的技术改进了，或者发现了比原先使用的东西更适用或更便宜的东西，这就是创新，而不是代替。代替品，当这个名词用在军需方面的时候，其特征就是品质较劣，或成本较高，或两者兼备的东西。[②]

德国的战争经济学的教条是说：生产成本也好，品质也好，对于战争都不是重要的。营利的事业关心产品的成本和品质。但是，优等民族的英雄气概，哪会计较这些孜孜求利的人所计较的事情。值得计较的，只是军备。好战的国家，为了不依靠对外贸易，必须做到自给自足，它必须不顾拜金主义的一些计算而发展代替品的生产。要这样做，非由政府全盘管制生产不可，否则人民的自私心会使领袖的计划失败。甚至在平时，总司令也得有经济独裁权。

代替品主义(The Ersatz doctrine)的两个命题，都是荒谬的：

第一，"代替品的质和其适用性是不重要的"这个命题不是真的。如果那些上战场的士兵，营养很坏，而所装备的武器又是劣质的材料做成的，战胜的机会也就渺茫了。而且，兵士们知道了他们所用的武器是质劣的，这也影响他们作战心理。Ersatz既瘫痪军队的物质力量，也瘫痪他们的精神力量。

第二，"代替品的生产成本较高，不值得计较"这一命题，也是错的。生产成本较高这句话的意思，是说为要在生产方面得到敌人所得到的同样效果，我们必须花更多的劳力，更多的物质生产要素。这等于把有限的生产要素，即物质和人力浪费了。这样的浪费，在平时则是使生活标准降低，在战时则减少了军需的供给。在现有的技术知识下，如果说任何东西都可生产得出来，这不算太夸张。但是，要紧的是，要从许许多多可能的方法中挑选那最经济的方法——产出量就投入的每单位而言是最高的那个方法。违背这个原则就是损害自己。其后果，无论在平时或战时，同样是有害的。

像美国这样的国家，只有很少很少的原料要依赖外国输入，所以它可能靠合成橡皮这类的代替品来改善军备。合成橡皮当然不及被代替的橡皮，但其不利的后果与有利的后果比较，究竟是小的。但是，像德国这样的国家，也认为它可以用合成汽油、合成橡皮、劣质代用的纤维、劣质代用的脂肪来打胜仗，那就大错特错了。在两次世界大战中，德国都是处在成衣匠的地位与那个供给他面包的人作战。尽管纳粹党人残忍暴虐,终不能改变这个事实。

四、战 争 无 用

　　人之所以特异于其他动物的地方,是能够看出分工合作的利益。为了与别人合作,他会抑制他先天的侵略本能。他愈是想改善他的物质福利,他愈要扩展分工制度;同时,他愈是要避免军事行动。完全废除战争是国际分工的必要条件。这正是曼彻斯特的自由放任哲学的精髓。

　　这个哲学,当然是与国家崇拜(statolatry)不相容的。在这个哲学体系中,国家,这个使用暴力的社会建构,是用来对付那些反社会的个人和帮会的捣乱,使市场经济得以顺利操作。国家的这个功用是必要的、有利的。但是,我们没有理由把警察权力当作偶像来崇拜,把它看作无所不能、无所不知的。有许许多多事情是它绝对做不到的。它不能用魔术来消除生产要素的稀少性,它不能使人民更为富有,它不能提高劳动的生产力。它所能做的充其量是防止歹徒们破坏那些专心于物质福利之促进的人们的所作所为。

　　边沁和 Bastiat 的自由哲学,当"国家神圣"这种捏造的神话开始风行的时候,还没有做到把贸易障碍和政府对经济活动的干涉完全消除。政府用命令来改善工人和小农的生活而做的那些努力,必然把那些联系国际经济的纽带弄得愈来愈松解了。经济国家主义——国内干涉主义必要的补充——伤害外国人的利益,因而引发国际冲突。有了国际冲突就会引起国际战争。为什么一个强国要容忍一个势力较弱的国家之挑衅呢? 一个小国,用关税、移民限制、外汇管制、贸易数量的限制等方法来伤害一个大国的国民,或者没收大国国民在它国内的投资,这不是小国的傲慢吗? 大国的军队要打垮小国的那点武力,不是轻而易举的吗?

　　这就是德国、意大利和日军的战争贩子们的意理。我们必须承认,他们怀着这种意理,从那个新的"非正统的"教义的观点来看,却是一贯的。干涉主义孕育出经济国家主义,经济国家主义孕育出黩武精神。如果人民和货物不许越过疆界，为什么不用军队来打通这条路呢？

自从一九一一年意大利攻击土耳其的那一天以来，战斗一直在继续，世界上总有一些地方在射击。一些和平条约，实际上只是暂时的停战协定而已。而且那些停战协定只是与某些大国有关，有些小国经常是在战争中。此外，还有些同样有害的内战和革命时常发生。

我们现在离开了有限战争时代所发展出来的那些国际法的规律多么远啊！现代战争是残忍无比的，它不宽恕孕妇和婴儿；它不分青红皂白地杀戮和毁灭。它不尊重中立权。千千万万的人被杀、被奴役，或撵出世代定居的故乡。谁也不能预言，在这永无止境的战斗中的下一回合，将会发生什么事情。

这与原子弹无关。祸根不在于新的更可怕的武器的制造。祸根是那征服欲。科学发现某些方法来防御原子弹，这大概是可能的。但是，这并不改变情势，不过是把文明完全毁灭的过程延长一点而已。

现代文明是自由放任哲学的产物。它无法在政府万能的意理下保持住。国家崇拜是来自黑格尔的教条。但是，我们也可以放过黑格尔的许多不可宽恕的谬见，因为黑格尔也说出"胜利无用"（die Ohnmacht des Sieges）③这句话，打败侵略者不足以缔造永久和平。主要的事情，是消除那个孕育战争的意理。

注　释

① 最有代表性的传统解释是 E. M. Earle 所编的这本书——*Makers of Modern Strategy Military thought from Machiavelli to Hitler*（Princeton University Press，1944），尤其是 R. R. Palmer 所编的那一篇 pp. 49～53。
② 就这个意义讲，在德国境内，依赖关税的保护而种的麦子，也是 Ersatz：因为它的成本比外国麦子的成本高。Ersatz 这个概念是行为学的概念，绝不可就那些东西的技术和物理的特征来下定义。
③ 参考 Hegel，*Vorlesungen über die Philosophie der Weltgeschichte*，ed. Lasson（Leipzig，1920），IV，pp. 930～931。

第三十五章 福利原则与市场原则

一、反对市场经济的理由

社会政治学(sozialpolitik)各派对市场经济提出反对的一些理由,是以一种很坏的经济学作论据。他们一再地复述经济学家在好久以前已经驳倒的那些谬论。他们把他们自己所鼓吹的那些反资本主义的政策所引起的后果归咎于市场经济。他们把干涉主义必然失败的责任推到市场经济。

这些宣传者最后终于承认,市场经济毕竟不是像他们的那些"非正统的"教条所描述的那么坏。市场经济不负大家所望。它天天在增加产品的数量,在改进产品的素质。它曾经产生前所未有的财富。但是,干涉主义者却表示异议,从他的所谓社会观点来看,市场经济是有缺陷的。它没有消除贫穷。它是个牺牲大多数人而给少数富人以特权的制度。它是个不公平的制度。"福利"原则,应该用来替代利润原则。

为着讨论方便起见,我们无妨把福利这个概念解释为非禁欲主义的大多数人所会欢迎的一种情况。这样的解释,是要使福利这个概念摆脱任何具体的意义和内容。这样,它就成为人的行为基本元范的一个无颜色的词句,即尽可能消除不快之感的这个冲动。因为大家都知道:为便于消除不快之感,只有靠社会分工,于是,人们就在社会联系的架构内相互合作。异于"自给自足之人"的"社会人"，必须把他的行为调整到适于社会合作的要求，而把别人的成功看作自己成功的必要条件。从这个观点来看，我们可以说，社会合作的目的，是要实现最多数人的最大幸福。不会有人敢于反对这个定义，而说多数人的最大幸福不是一件好事。所有对于边沁这个公式的攻击，都是集中于"幸福"这个概念的模糊和误解；至于说"幸福"——不管它是什么事物——应该由大多数人分享，这是谁也不会反对的。

但是，如果我们把"福利"如此解释，这个概念就变得无意义了。它可以用来为任何种类的社会组织作为辩护。有些赞成黑奴制度的人，以为奴隶制度是使黑人快乐的最好办法；现在，美国南部还有些白人真正相信严格的黑白分离对白人固然有利，对黑人也同样有利。Gobineau 和纳粹种族主义的要旨，是说优等民族的霸权有益于劣等民族的真正利益。凡是一个原则如果广泛到足以包容一切互相冲突的学说，这个原则就毫无用处。

但是，在那些宣传福利的人们口中，福利概念有一个确定的意义。他们故意使用一个大家都喜欢，而不容任何反对的名词。一个正派人即令轻率，也不会轻率到反对"福利"方案的实施。宣传福利的人们，把他们自己的方案叫作福利方案，这是想用一个简易的逻辑把戏以取胜。他们想用每个人所喜爱的名称作护符，使他们的一些计划得以免于批评。他们采用"福利"这个名词已经意涵：凡是反对者都是损人利己、不怀好意的坏人。

这里，只有两个可能的解释。这些自称福利经济学家的人们，或者是自己不知道他们的推理程序是逻辑所不容许的，在这种场合，他们缺乏必要的推理能力；或者是他们故意选择这个手段，以一个可以预先塞住一切反对者之口的字眼来掩护他们的谬见。不管怎样，他们的行为都是有害于西方文明之持续的。

前面几章曾论到各形各色的干涉主义的后果，这里没有作任何补充的必要。篇章浩繁的福利经济学，并没有提出任何理由足以驳倒我们的结论。我们现在还要做的事情，只是检讨福利经济学的宣传品中指责市场经济的那部分。

福利经济学派所有一切的情感语言，可以浓缩为三点。他们说，资本主义是坏的,因为那里有贫穷,所得与财富不平等,以及不安定。

二、贫 穷

我们无妨描述一个农业社会的情况,在那里,每个分子耕种一块足够生产自己和其家庭生活必需品的土地。我们也可把少数的专业者,如铁匠、医生,加进这个社会。我们甚至于还可假设,有的人自己没有土地,而是在别人的土地上做工。地主对于他们的工作给以报酬,而在他们生病或年老的时候照顾他们的生活。

这种理想社会的组织,压根儿是些乌托邦的计划。在某些时候某些地区,大体上实现过这种组织。最接近这种组织的,大概是几百年前在今天巴拉圭(Paraguay)这个国家里面,西班牙耶稣会的神父们所建立的那个社会。可是,我们不必检讨这样的社会制度有何优劣。历史的演进把它消灭了。它的架构过于狭窄,容纳不下现在生活在地球上面的这么多人口。

这样一个社会的固有缺点,是人口增加必然造成加剧的贫穷。如果一个农民死了,他的土地分派给他的儿子们,分割额最后就会小到不足以养活一个家庭。每个人是一个地主,但是,每个人都极端贫穷。见之于中国广大地区的这种情况,是小农悲惨生活的写照。另一种情况,就是无恒产大众的出现,形成贫民与有产农民之间的鸿沟。他们是一个贱民(pariahs)阶级,他们的存在,为社会平添一个无法解决的问题。他们自己无法求生。社会用不着他们。他们只好穷困至死。

在现代资本主义兴起以前的时代,政治家、哲学家以及法律上所指称的贫民和贫穷问题,就是指这过多的可怜人。自由放任和其衍生物——工业化——把这些可雇用的穷人变成赚取工资的工人。在一个未受束缚的市场社会里面,有的人所得高,有的人所得低。但是,再也不会有能够工作而又愿意工作的人找不到正常工作,因为在这个社会生产制度下,不会没有工作岗位留给他们。但是,自由主义和资本主义甚至在最盛时期,也只风行于西欧、中欧、北美和澳洲的少数地区。在其他地区，千千万万的人仍然在饿死的边缘挣扎。他们是古老意义的贫民，过多的可怜人，他们是他们自己的负担，同时也是少数较幸运者的一个潜在威胁。

这些悲惨大众——大都是有色人种——的贫穷，不是资本主义形成的，而是由于没有资本主义。如果没有自由放任主义的盛行，西欧的许多民族甚至比中国的苦力还要苦。亚洲的病根，在于以人口计的投资额远低于西方。流行的意理和其衍生物的社会制度，阻碍了谋利的企业精神的发展。本国的资本累积极少，而又仇视外国人的投资。在这些国家当中，人口的增加率大都超过资本的增加率。

把欧洲列强殖民地的大众贫穷归咎于那些列强，这是错误的。外国的统治者在投下资本的时候，他们曾尽可能地改善大众的物质生活。东方人不肯放弃他们的传统教义，而把资本主义看作外来的意理而厌恶之，这不是白种人的错处。东方人会很快地完全摆脱外人的统治而自由独立。那时，他们大概会转向到各形各色的极权统治。但是，这不会解决他们的经济问题；因而不会使他们的民众过更好一点的物质生活。

有了不受拘束的资本主义，就再也没有资本主义以前的社会里面那种意义的贫穷了。人口增加的结果，不再是过多的坐食者，而是增加一些生产更多财富的生产者。身心健全强壮的贫民再也没有了。从那些经济落后国家的人看来，资本主义国家里面的"劳"、"资"冲突，显得是特权的优越阶级内部的冲突。在一个印度人的或中国苦力的心目中，美国的汽车工人是个"贵族"似的人。他是个属于全世界所得最高的百分之二的人口中的人。不只是有色人种，甚至斯拉夫人、阿拉伯人，以及其他的一些民族，也把资本主义国家的人民所赚的平均所得——大约占全人类的百分之十二或百分之十五——看作是来自他们自己的物质幸福的削减。他们没有看出，那些被称为特权人群的富有，并不是以他们的贫穷作代价得来的，他们的物质生活不能改善的主要障碍，是他们对资本主义的厌恶心。

在资本主义的架构里面，贫穷这个概念只是指涉那些无能力照顾自己的人们。即令我们摆开儿童的事例，我们也得承认，总有些这样不能就业的人。

资本主义固然改善了大众的生活标准、卫生环境、医药的防治,但不会消除一切身体上的无能。不错,今天有许多在往日就会终生残疾的人,完全恢复了健康而保有充分活力;但是,另一方面,也有许多因先天的疾病或意外伤害,在往日就会早已死掉的人,成为永久残疾而活着。而且,平均生命期的延长,也使那些不能自己营生的老年人愈来愈多。

体力衰弱无以谋生这个问题,是人类文明和人类社会的一个特殊问题。其他动物到了这样的情境就会很快地消灭。它们或者是饿死,或者是被别的动物吃掉。野蛮人对于那些健康不够标准的人,毫无怜悯心。有许多部落对于这种人就用纳粹在我们这个时代所用的那种野蛮残忍的方法来消灭。可是,残弱者的人数之增多,却成了文明和物质幸福的一个特征,这是多么矛盾啊!

供给这些无以谋生而又没有亲属照顾的残弱者的生活,这是人类社会自古以来所认为的慈善工作。这种工作所需要的资金,有时是政府支付的,更多的是由私人捐助的。天主教堂和基督教会在收集这种慈善捐款和使用这种捐款,曾有辉煌的成绩。现在,也有些非宗教团体在这方面和宗教组织作高尚的竞争。

这样的慈善事业因为有两个缺点而受到批评。一是资金常感不够。但是,资本主义愈发展,财富愈增加,慈善的资金也就愈来愈充分。一方面,人们愈愿意比例于他们自己的福利改善而提出捐助。另一方面,急待救助的人数也就减少。甚至那些赚取中等所得的人,也有机会——藉储蓄和保险——来准备意外事故、疾病、年老、儿女教育所需的资金,以及孤儿寡妇的生活费用。如果资本主义国家的政府不干扰妨碍市场经济的运作,慈善事业所需要的资金很可能是足够的。信用扩张和货币数量膨胀性的增加,挫伤了一般人储蓄的打算,也挫伤了为逆境作准备而积蓄的打算。但是,其他的一些干涉措施,也同样地伤害工人、雇员、自由职业者,和小商人的主要利益。慈善机构所帮助的那些人之所以需要外来的帮助,大部分只是因为政府的一些干涉措施弄得他们如此。另一方面,通货膨胀以及把利率降低到潜在的市场利率以下的做法,实际上是把那些要捐给医院、养育院、孤儿院,以及同类机构的资金没收了。福利经济的宣传者指责慈善资金的不够，他们所指责的正是他们所主张的那些政策所引起的后果之一。

慈善制度被指责的第二个缺点是说，那只是慈善和怜悯而已。贫困的人没有权利要求别人对他施惠。他是靠好人的仁慈，靠他的困苦所引起的怜悯心。他所接受的是他所要感激的自愿赠予。作为一个受救济的人，是件羞耻的事情。是自尊的人所不能忍受的。

这些控诉都是对的。这样的一些缺点确实是一切慈善工作所不免的。慈善事业既败坏施舍者，也败坏受施者。它使前者煦煦以为仁，使后者恭顺畏缩。可是，使得人们觉得授受救济物是耻辱的，只是资本主义的环境所形成的心境。除掉市场上买者与卖者之间的交易和金钱来往以外，所有的人际关系都沾染了这同样的缺点。市场交易之没有人身因素介入，正是那些指责资本主义冷酷无情的人们同声感叹的。在这些批评者的心目中，在"有所取、有所与"的原则下的合作，使一切社会联系失去了人情味。这是以契约代替彼此间的相爱相助。这些批评者斥责资本主义的法律秩序忽视了"人的方面"。可是，他们又指责慈善事业的依赖怜悯心，这是他们的不一致。

封建社会是基于一些恩惠行为，以及受惠者的感恩图报。强力的大君主给臣下的赏赐，臣下就对他效忠。就臣下必须亲吻上司的手以表示忠贞这一点来看，是合乎人情的。在封建的环境中，来自慈善行为的那种恩惠成分不会开罪于人。它与一般人所接受的意理和惯行是符合的。至于"给穷人一个法律上的要求权——要求社会给养的权利"这个观念的出现，这只是在一个完全基于契约的社会建制中才有的事情。

为了主张这种权利而发展出来的那些形而上的议论，是以自然权利作基础。在上帝或自然之前，人人平等，人人有个不可让与的生存权，但是说到天生的平等，那确与天生的不平等所形成的后果是不相符的。生理上的缺陷使许多人不能在社会合作中发生积极作用，这是个可悲的事实。这些人之所以见弃于社会的，也是自然法则的结果。他们似乎不是上帝或自然的亲生子。我们也可完全赞成宗教和伦理的信条——帮助那些天生残疾的同胞，是人的义务。但是，承认这个义务并不是对于"用什么方法来尽些义务"这个问题作解答。应该尽此义务并不意涵一定要用那些有害社会削减生产力的方法。如果要用这样的方法，则对于身心健全的人也好，对于身心有缺陷的人也好，都是不利的。

这里所涉及的一些问题，不是属于行为学的，而且经济学也不是用以对这些问题提供最佳解决的。这些问题是起因于生物学上的事实，也即怕贫穷和怕受救济而贬损了自己，是人的心理均衡所赖以保持的重要因素。这些因素使一个人不得不自己保重、避免疾病、谨防意外，遇有伤害就力图尽快地复原。社会安全制度的经验，尤其是最老的、德国式的、已经明白地显示出这些心理因素的消失而引起的一些不良后果。①凡是文明社会，决不会冷漠无情地置残疾人于不顾。但是，以法定的给养要求权来替代慈善性的救济，不像是合乎人性之本然的。使"宣布一种法定的给养要求权"成为不妥的，不是一些形而上的偏见，而是实际上便利与否的一些考虑。

而且，相信制定这样的法律即可使穷人在接受救济时免于羞辱之感，这也是个幻想。这些法律愈是制定得慷慨，它们的施行一定变得愈繁琐而拘泥形式。这是以官僚的自由裁决来替代那些基于良心而行善的人们的自由判断。这个变动，是否使那些不幸的人们过得舒服一点，这是很难讲的。

三、不 平 等

所得和财富的不平等，是市场经济固有的特征。消除它，就会完全消除市场经济。②

要求平等的那些人所想的，总是增加他们自己的消费力量。在赞成把平等原则列入政治纲领的时候，谁也不想把自己的所得分给所得较少的人。当美国工人说到平等的时候，他的意思是说股东们的红利应该分给他。他绝不会想把自己的所得分给那些所得更低的地球上百分之九十五的人口。

所得不平等在市场经济中所发生的作用，绝不可与它在封建社会或其他非资本主义社会所发生的作用相混淆。③可是，在历史演进的过程中，前资本主义的(precapitalistic)不平等也是非常重要的。

让我们把中国历史和英国历史作一比较。中国曾经发展到高度文明。两千年前,它已走在英国的前面很远。但是,到了十九世纪末期,英国是一个富而文明的国,而中国则是一个穷国。它的文明与它以前已经达到的阶段,没有很大的差异。它是一个阻塞了的文明。

中国曾经力图实现所得平等原则,而且比英国所做的更进一步。土地可保有的面积,分割又分割。无地的贫农在中国不成为一个阶级。但在十八世纪的英国,这个阶级的人数是非常多的。经过一个很长的时期,对于农业以外的职业所加的种种限制(这是传统的意理所支持的)延缓了现代企业精神的出现。但是,当自由放任哲学完全摧毁限制主义的那些谬见而为资本主义开辟了途径的时候,工业化所需的劳动力已经存在,所以,工业化的演进得以加速进展。

引进"机器时代"的,不是 Sombart 所想象的,贪得无厌的欲望占据了某些人的心,因而把他们变成了"资本主义的人"。而是经常有些人准备好好地调整生产以满足大众的需求而从中获利。但是,他们受阻于"把谋利说成不道德而要建立一些障碍来限制它的"那个意理。到了自由放任哲学替代了那些支持限制的学说的时候,这个哲学就扫除那些物质进步的障碍而进到一个新的时代。

自由哲学攻击传统的阶级制度,因为这个制度的保存是与市场经济的运作不相容的。它主张废除特权,因为它要让那些有聪明才智可以生产价廉物美而又量多的产品的人们得以自由发展。在这个消极面上,功效主义者和经济学家,对于从所谓自然权利的观点和人人平等的学说而攻击特权的那些人的观念是同意的。这两组人都支持"法律之前人人平等"的原则。但是,这一点的同意,并不消除这两个思想路线之间的基本冲突。

在自然法学派的见解中,所有的人在生物学上是平等的,所以,有不可让与的权利来平均分享一切东西。这句话的前一部分显然与事实不符。后一部分,如果解释得首尾一贯,则所导致的荒谬结果,会使这个见解的主张者完全放弃逻辑的一致,最后竟把每个制度,不管是如何不平等的或不道德的,都看作与那人人不可让与的平等权是相容的。激发美国革命的那些杰出的佛吉尼亚人(Virginians)的理想,却容许黑奴制度的保存。有史以来最专制的布尔什维克政治制度,反而夸耀是人人自由平等原则的化身!

主张法律之前人人平等的自由主义者,充分知道人是生而不平等的,正因为他们的不平等,才产生社会的合作和文明。在他们的见解中,法律之前的平等,不是用来纠正宇宙间的冷酷事实,使自然的不平等消灭。相反地,是使全人类能够从在这个不平等的事实下谋最大利益的一个设计。因此,决不可有个人为的制度妨碍一个人取得最善于为他的同胞服务的地位。自由主义者接触这个问题,不是从所谓不可让与的个人权利的观点出发,而是从社会的和功效的角度出发。法律之前的平等,在他们的心目中之所以是好的,因为这最有利于所有的人。谁来掌握政权,让投票者来决定;谁来指挥生产活动,让消费者来决定。于是乎消除了暴力冲突的根源,而保证平平稳稳地进展到一个更满意的人事环境。

这个自由哲学的得势,产生了叫作现代西方文明的全部内容。但是,这个新的意理只有在所得平等这个理想非常微弱的环境下才能得势。如果十八世纪的英国人迷于所得平等的妄想,自由放任哲学就不会投合他们的心意,正如同今天还不投合中国人的心意。在这个意义下,历史家必须承认,封建制度和庄园建制在意理上的遗产有助于我们现代文明的兴起,不管它是如何地不同。

十八世纪与新的功效学说无关的那些哲学家,也会讲中国的国情之优越。关于东方世界的社会结构,他们知道的很少。他们在一些模糊的报导中所发现的,是那里没有世袭的贵族阶级和大地主。于是,他们以为这些国家在建立平等这方面,比他们自己的国家更成功。

后来,到了十九世纪,这些说法又被有关国家的民族主义者重新提出。这队人马是由泛斯拉夫主义(Panslavism)率领的。这个主义的拥护者特别颂扬实行于俄国的 mir 和 artel 以及南斯拉夫的 zadruga 那样的公社土地制的优点。由于把一些政治名词的意义弄成相反的语意这种混淆愈来愈多,"民主的"这个形容词,现在也被滥用了。

经济学家和历史学家不会有这样的情感流露。他们把亚洲的文明记述为低级的文明的时候,并不表示任何价值判断。他们只是确认这个事实:这些亚洲民族不具备在西方产生了资本主义文明的那些意理的和制度的条件,而西方文明的优越又是亚洲人今天所承认的;至少从他们急于追求西方文明工艺和医药治疗的成就上,可看出他们是默认的;许多亚洲民族的古代文明远优于当时的西方文明,正在你看出了这个事实的时候,你就会问,是什么原因阻止了东方的进步呢?就印度文明来讲,这个问题的答案是很明白的。印度文明中那种不可逾越的阶级制度,阻塞了个人的原创力,凡是违背传统标准的任何企图,一开始就会被阻遏住。但是,中国除掉人数比较少的奴隶以外,没有严格的阶级。他们被专制君主统治。但是,在君主之下的人民都是平等的。甚至于奴隶和宦官也可成为高官显要。今天,有些人说到东方民族的民主习俗,就是指这种统治者之前的平等。

这些民族和他们的统治者所要求的经济平等,其观念是很模糊的,没有明确的定义。但是有一点非常明白,就是无条件地谴责私人累积大量财富。统治者把富有的人民看作对他的政治权位的一个威胁。所有的人,统治者也好,被统治者也好,都认为谁也不能不靠剥夺别人的权利而累积大量财富,少数富人之富有,是许多穷人之所以穷的原因。在所有的东方国家中,富商巨贾的地位是极端不稳定的。他们受官吏们的摆布。甚至,慷慨的贿赂还难于保障财产的不被没收。当一个富商在官吏的嫉妒或怨恨下被牺牲了,所有的人都高兴喝彩。

这种反营利的精神,阻碍了东西文明的进步,而使大众挣扎于饿死的边缘。由于资本的累积受到限制,就不会有何技术上的改善。资本主义是作为一个外来的意理,在殖民主义或治外法权的做法下,由外国的海陆军带到东方的。这种用暴力的方法,的确不是改变东方人传统心态的适当手段。但是,我们一方面承认这个事实,一方面我们还是可以说:使成万成亿的亚洲人穷困的,是他们对于资本累积的厌恶心。

我们这个时代一些社会福利的宣传者的平等观念,也就是亚洲人的这种平等观念的复制品。尽管在其他每一方面都是模糊的,而在厌恶巨富这方面却是很明白的。他们反对民营的大企业。他们主张用各种方法限制个人企业的发展,用没收式的所得税和遗产税来实现平等。这是投合不能思辨的大众的嫉妒心。

没收式的政策所直接引起的那些经济后果，我们已经论述过。④从长期看，这样的政策显然不仅是减缓或妨碍资本累积，而且也会消耗以前所累积的资本。这样的政策，不仅是阻止物质繁荣的趋势，甚至会逆转这个趋势，而趋向于穷而愈穷。亚洲的这些理想，也许会胜利；东方与西方到了最后也许会在一个平等的穷困水准上共存。

福利学派不仅是自以为代表全社会的利益，以对抗营利事业的自私；他们还以为，是为国家长久的利益打算，打击投机者和资本家的短期利益，投机者和资本家们只知道营求私利而不管全社会的将来。这第二点，是福利学派自相矛盾之处，因为他们是特别着重短期政策的，而不做长期考虑的。但是，福利经济的那些议论，本来是不重视一致的。为着讨论方便起见，我们且不管他们议论中的矛盾，而只对那些议论本身加以检讨。

储蓄、资本累积和投资，是把那有关的款项不用于当前的消费，而把它用以改善将来的情况。储蓄者放弃现在的满足增加，以改善他自己和家庭将来的福利。他的动机确是自私的。但是，他自私的结果是有益于整个社会和社会所有的分子。他的行为所产生的一切现象，即令是最固执的福利政策宣传者，也得用"经济改善与进步"这一类字眼来形容它们。

福利经济学派所主张的那些政策，消除了私人储蓄的诱因。一方面，用以削减高所得和巨额财富的那些办法，严重地削弱或破坏富人的储蓄力；另一方面，中级所得的人们以前用于资本累积的那些款项，被导引到消费的途径。过去，当一个人把钱储蓄于银行或拿到一份保险单的时候，这个银行或保险公司就做同额的投资。即令储蓄者后来消费所储蓄的款项，也不会有反投资和资本消耗的事情发生。储蓄银行和保险公司的投资总额总是继续增加，尽管有些这样的提存。

现在，有个风行的趋向，就是敦促银行和保险公司多多投资于政府公债。社会安全建制的资金完全是依存于公债。公债既是为当前的消费而借的，则个人用于买公债的那些储蓄，就不形成资本累积。在不受束缚的市场经济里面，储蓄、资本累积和投资是相一致的。但在干涉主义的经济里面，人民的储蓄会被政府浪费掉。人民节省他当前的消费而为他自己的将来做准备；他这样做，既有助于社会经济的更发展，也有助于国人生活水准的提高。但是，政府插手进来，把这些人的行为所可导致的有利于社会的效果统统消除了。这是用以推翻福利的陈词滥调再好不过的例证。福利的滥调是把个人说成自私的、窄心眼的，只顾一时的享乐，对于国人的福利和社会的长久安宁，一概置之不顾。相反地，政府是有远见的，一心一意致力于促进整个社会的长期福利。

福利政策的宣传者，提出两点异议。第一，个人的动机是自私的，政府则是善意的。我们为便于讨论，姑且承认个人是像魔鬼那样坏的，统治者是像天使那样好的。但是，与现实的生活有关的——不管 Kant 会怎样讲——不是意愿，而是成就。使社会可能存在，而又可能进化的，正由于"社会分工下的和平合作，总是最有益于人的自私"这个事实。市场经济的优越，在于它的全部功能和运作是这个原则的完成。

第二个异议是指出：在福利制度下，政府做的资本累积和公共投资是用以替代私人的资本累积和投资的。这就是说，政府过去所借到的债款，不是全部都用在当前的消费。有大部分是投之于建筑公路、铁路、港口、飞机场、发电厂和其他公共工程。另一不少的部分是用在防御性的战争，这部分的费用，明明白白地不可能用其他方法筹取。但是，这种说法是不中肯的。这里的要点是，私人储蓄的一部分被政府用在当前的消费，什么东西也不能防止政府把这部分扩大到全部。

很明显地，如果政府使人民不能累积资本、不能增加投资，那么，新资本的形成，假若还要有的话，其责任就落到政府身上。这样一来，问题就变得更复杂了。福利政策的宣传者看不出这种复杂性；他们总以为"政府管制"是"上帝保佑"的同义语，会把人类悄悄地引到进化过程中较高而又较完善的阶段。

节省今天的消费，不仅是为的增加储蓄和更多资本的累积，即就维持资本于现在水准而言，也同样要节省今天的消费。这叫作忍欲，把现在本可以满足的欲望忍住，而不求满足⑤。市场经济形成一个可以使忍欲做到某一程度的环境，在这个环境中，忍欲的结果——累积的资本——投之于最能满足消费者最迫切需要的途径。讲到这里，问题就发生了：政府的资本累积可否替代私人的资本累积，政府把累积的资本投到什么地方。这些问题不仅涉及社会主义的国家，同样也涉及干涉主义的国家，不管这个干涉主义是全部地或近乎全部地摧毁了私人资本形成的环境。甚至就美国来看，也很明显地是一步一步走向这个境界。

现在，我们来看"政府已经控制了人民储蓄的大部分的用途"这个事例。社会安全制度的投资、民营保险公司的投资、储蓄银行的投资以及商业银行的投资，大部分是由政府决定而投之于公债的购买。一般人民仍然是储蓄者。但是，他们的储蓄是否引起资本形成，因而增加资本财的数量，而有助于生产设备的改善，这就要看政府如何运用它所借得的那些资金。如果政府浪费了这些资金，或者用之于当前的消费，或者做错误的投资，那么，人民的储蓄所发动的，银行和保险公司的投资所继续的，那个资本形成的过程就要中断。把市场经济与政府干涉两相比较，就可明白：

在自由市场经济的程序中，某甲储蓄一百元，而把这一百元存进一家储蓄银行。如果他选择这家储蓄银行选对了，这家银行在放款投资的业务方面也做得很精明，其结果就是资本的增加，劳动生产力就因而提升。增产的一部分就以利息的形式归之于某甲。如果某甲选错了他的银行，把那一百元存到一个后来破产的银行，他就落得两手空空。

在政府干涉储蓄投资的过程中，某乙于一九四〇年支付一百元给国家社会安全机构作为储蓄。⑥他换得一个要求权，也即一张无条件的政府借据。如果政府把这一百元用于当前的消费，就不会有新增加的资本，劳动生产力也不会提升。这张政府的借据等于一张要向将来的纳税人索取现金的支票。到了一九七〇年，纳税人某丙为政府偿还了这笔债，尽管他自己并没有因为一九四〇年某乙储蓄一百元而得到任何利益。

所以，为着了解公债在今天所扮演的角色，我们不必去考察苏俄。"公债没有负担，因为那是我们对我们自己负债。"这是胡说八道。一九四〇年的一些某乙并不欠他们自己的这笔款。欠一九四〇年的那些某乙债的，是一九七〇年的一些某丙。这一套说辞，是主张短期原则者的极致。一九四〇年的政治家们，解决他们当代问题的手法是把那些问题推到一九七〇年的政治家们。

到了那时，一九四〇年的政治家们或者已死了，或者已老了。

福利学派的那些圣诞老人式的童话，是由于他们完全不懂得资本问题而产生的。就凭这个缺陷，就可否认他们对于他们自己的学说所形容的"福利经济学"这个名称。凡不考虑到资本财稀少性的人，就不是经济学家，而是一个童话作家。他所说的不是实在的世界，而是个无限丰富的神话世界。现代福利学派的一切说辞，和社会主义作家们的说辞一样，基于一个隐含的假定——资本财的丰富供给量。有了这样一个假定，当然就容易找到医治百病的万灵药，那就是"各取所需"使每个人百分之百的快乐。

不错，福利政策的主张者，也有些人对于一些有关的问题有个模糊的概念，因而感觉到事情的麻烦。他们知道：如果要不损害劳动的未来生产力，资本就得保持不变。⑦但是，这些人也不了解：即令仅仅保持资本不变，也要靠对投资问题的技巧处理，这总是深思熟虑的成果，而且，保持资本不变的那些作为，必须先有精密的经济计算，因而必有市场经济的操作。这都是他们所不了解的。至于其余的福利政策宣传者，对于一切有关的问题一概置之不理。他们在这方面是否赞成马克思的方略，或是否凭藉一个新的幻想，例如有用的事物的"自我永续性"（the self-perpetuating character）这一类的幻想，⑧这是无关紧要的。无论怎样，他们都是认为，储蓄过多和消费不足引起不良的后果，因而把消费当作万灵药来提倡。他们的一切观点都是为这一点作辩护的。

福利政策宣传者和社会主义者当中，有的人被经济学家逼得太紧的时候不得不承认：要避免一般生活标准的降低，只有靠保持已经累积的资本；经济进步则要靠更多的资本累积。他们说，资本的保持和新资本的累积，今后将成为政府的任务。这种任务再也不能委之于私人。私人只关心他自己和他家庭的福利；政府是从公共利益的观点来执行这个任务的。

问题的症结，正在于自私心的发生作用。在不平等的制度下，自私心驱使一个人储蓄，而且常常驱使他把他的储蓄投之于最能满足消费者最迫切欲望的生产途径。在平等的制度下，这个动机消失了。节省当前的消费，是可感觉到的受苦，也即对个人自私目的的一个打击。由于当前的节约，将来可能增加的供应，是一般人所不察觉的。而且，在一个公共积蓄的制度下，其有利的后果摊派到各个人身上也就微乎其微，微到不足以使一个人觉得这是以前节约的补偿。福利学派的人很乐观地认为：今日储蓄的成果将要平均分配给后代的每一个人，这就会促使每个人的自私心倾向于多多储蓄。这种想法，无异于柏拉图的"不让人们知道他们自己是哪些孩子的父母，将会使他们对所有的年轻人都有父母爱"这个幻想。亚里士多德的看法不同，他认为这样的结果，是所有的父母对于所有的小孩一律不关心。⑨如果福利学派的人注意到亚里士多德的说法，那就聪明了。

维持和增加资本这个问题，在社会主义下无法解决。因为社会主义制度无法做经济计算。它没有任何方法可以确定，它的资本设备是在增加或减少。但是，在干涉主义的制度下，以及在还可靠国外价格作经济计算的那种社会主义制度下，事情不至于这样糟。在这里，至少可能知道情况在怎样发展。

如果这样的国家是在一个民主政制下，则资本保持和新资本累积的问题，就成为政争的主题。那里，将会有些在野的政治煽动家这样说：我们用之于现在消费的东西，可以比执政者，或其他政党所许诺的更多些。他们总喜欢说："在现在非常时期"，没有为将来积蓄资本的必要。相反地，消耗一部分已有的资本是完全对的。各个政党竞相向选民提出诺言，承诺作更多的政府支出，同时又承诺减课所有的税，富人负担的税也不例外。在自由放任时代，人民心目中的政府，是个要他们纳税来支持其活动的机构。在人民的家庭预算中，政府是一个费用项目。今天绝大多数的人民，是把政府看作一个施舍利益的机构。工人和农民都希望得之于国库的，比他们缴纳于国库的要多。在他们的心目中，政府是个支出者，不是一个收入者。这种流行的说法，现在已经凯恩斯和其门徒们的加以合理化而成为半吊子的经济学说了。公共支出与不平衡的预算，不过是资本消耗的同义语。如果当前的消费——不管你把它想得如何有益——是靠课征高所得者将用以投资的那部分所得，或靠课征遗产税，或靠借债，则政府就变成一个消耗资本的机构。现在的美国，每年的资本累积大概还会超过每年的资本消耗，⑩这个事实并不使下面这句话失效：联邦政府、州政府和地方政府财政政策的全盘影响，是趋向于资本消耗。

有些人知道资本消耗的不良后果，但他们却以为，受欢迎的政府是与健全的财政政策不相容的。他们没有看出应受谴责的，不是民主本身，而是想以"圣诞老人"的政府观念替代"守夜人"的政府观念的那些学说。决定一个国家的经济政策趋势的，总是舆论所保持的那些经济见解。民主的政府也好，独裁的政府也好，都不能自免于普遍接受的意理之支配。

有些人主张对国会在预算和课税方面的特权加以限制，甚至主张以极权政府替代代议政府。这些人是被一个完善的国家元首这个幻象所蔽。这样的人，既仁慈，又聪明，一定会诚心诚意致力于人民永久福利的增进。但是，那个实在的元首，毕竟还是一个人，他的行为目的，首先在于保持他自己的优越地位于永久，其次就是他的亲属、他的朋友、他的政党的优越地位。他为着这些目的，他会采取一些恶劣手段。他不投资，不积蓄资本。他建筑堡垒，充实军备。

我们常常听说为着"投资"而节省当前的消费。德国纳粹从来不掩盖"一切投资都是为战争作准备"这个事实。苏联在开始的时候不是这样直言不讳的。但是，现在他们却很骄傲地宣布，他们的一切计划都基于作战的考虑。历史上从来没有政府累积资本的例子。政府固然有时建筑公路、铁路和其他有用的公共工程，但这些方面所需要的资金，都是人民的储蓄，由政府借用的，但是，公债收入的更大部分是用在当前的消费。人民所储蓄的被政府消耗掉。

即令把财富所得的不平等看作可悲的事情的那些人，也不能否认，这种不平等有助于资本继续累积。只有新的资本累积，才会引起技术进步、工资率上升、生活标准提高。

四、不 安 全

主张福利政策的空想家，在申诉不安全的时候，心中怀有的那个安全观念是很模糊的，好像就是认为：我们的社会应保证每个分子（不管他的成就如何）得享受他所认为满意的生活。要如此，才算是有了安全。

有些人说，这个意义的安全，在中古时期的社会中是有的。这班人是一味颂扬古代的。但是，我们不必进而检讨这些说辞。即令在极受称赞的十三世纪，真实的情况也不同于学究哲学所描绘的理想境界；那些被描绘的境界，不是指的曾经如此，而是指的应该如此。但是，甚至有些哲学家和神学家的乌托邦，也承认有个人数众多而完全靠富人施舍过活的乞丐阶级存在。这并不是安全这个观念在现代用语中所蕴含的意义。

安全这个概念，是工人和小农对资本家所保有的安定概念的相对物。^⑪资本家想永久享有一笔不受人事变化之影响的所得，同样地，工人和小农也想使他们的收入不受市场变动的影响。这两组人都想不卷入历史事件的流变中。不要再有什么事情发生损害他们自己的地位；另一方面，他们当然也不表示反对他们的物质福利的改善。过去，他们曾经调整他们的活动以适应市场结构，这个市场不应该再变动而使他们又重新调整。欧洲一个山谷的农民们遇到加拿大农民成本较低的农作物竞争时，就愤怒起来。房屋油漆匠遇到有新的装置出现，影响到他们的那部分劳动市场时，也勃然愤怒。很明显，这些人的愿望只有在一个完全静止的世界才可达成。

不受束缚的市场社会，其特征是不尊重既得利益。过去的成就，如果对将来的改善是障碍的话，那就不值得什么。就这一点来讲，安全的主张者指责资本主义不安全，这是十分对的。但是，他们却意涵资本家和企业家的自私心要负责任，这是歪曲事实。损害既得利益的，是消费者的冲动——冲动于欲望的最大满足。使生产者不安全的，不是少数富人的贪婪，而是每个人都具有的倾向——倾向于利用一切可能的机会，以增进自己的福利。激得房屋油漆匠愤怒的，是他的国人要买便宜的房子而不买华贵的，而且，这个油漆匠自己，在不买价贵的货物而买便宜货物的时候，也有助于引起劳动市场其他一些部分的不安全。

为了适应变动的情况，必须一再调整自己，这确确实实是件麻烦事。但是，变是生活的本质。在一个未受束缚的市场经济里面，没有安全，也即，对既得利益没有保障，这是促成物质福利不断增进的重大因素。我们无需议论罗马诗人 Virgil，以及十八世纪诗人与画家们的那些牧歌式梦境。我们无需检讨实在的牧人们所曾经享受的那种安全生活。现在，谁也不会真正地想和他们掉换生活境界。

对于安全的想念，在一九二九年开始的那个经济大萧条期间特别强烈。那时，有几百万的失业者受到不安全的痛苦。农工压力团体的领袖们大声疾呼说：这是资本主义害了你们。但是事实恰好相反，祸患不是资本主义引起的，而是干涉主义者对于市场运作的"改良"、"促进"而搞出来的。经济崩溃，是扩张信用、降低利率那些搞法的必然结果。制度性的失业，是最低工资率政策的必然结果。

五、社 会 正 义

现在，福利政策的宣传者，至少有一点是比老派的社会主义者和改革家高明的。他们不再强调：不管结果如何不利，人们必须遵守那个武断的所谓"社会正义"。他们赞成功效主义者的观点。他们不反对"评论一切社会制度的唯一标准，是就它们能否实现行为的人们所追求的目的来加判断"这个原则。

但是，一到他们开始检讨市场经济的运作时，他们马上就忘掉了他们那些健全的意向。他们提出一套形而上的原则，预先把市场经济责骂一顿，因为它不合这些原则。他们让那个被拒绝于正门的绝对标准的道德观，从后门走私进来。在寻求方策对付贫穷、不平等和不安全的时候，他们一步一步地接受老派社会主义者和干涉主义者的一切谬见。他们就愈来愈陷入矛盾和荒谬中。最后，他们不得不抓住所有前期的"非正统的"改革家们所要抓住的那根草——统治者的超人智聪。他们最后的口号是国家、政府、社会或其他用以隐射这个超人独裁者的名词。

福利学派，在他们以前的德国讲坛社会主义者（Kathedersozialisten）和其支流——美国的制度学派，曾经发表过许许多多书刊，几乎千篇一律地记载些不满意的情况。在他们的见解中，这些搜集到的资料明明白白证实资本主义的缺点。其实，他们只是证明一个事实，即人的欲望无限，我们还有很多地方可以进一步改善。他们确没有证明福利学说的任何命题。

各种货物较丰富的供给,是人人所欢迎的。这一点用不着他们告诉我们。问题是在:除掉靠更多的投资以提高劳动的生产力以外,我们还有没有什么方法达成较多的供给。福利政策的宣传者的一派胡说,只是一个目的,即在遮蔽这一个要点,而有这一点却是特别重要的。更多的资本累积是促成经济进步的必要手段,而这些人偏偏要说储蓄过分了,投资过分了,偏偏要说更多的消费和限制产出是必要的。所以,他们是经济倒退的领导者,他们所宣传的,是一种使社会崩解的哲学。依照他们的格式来安排的社会,从一个武断的所谓社会正义标准的观点来看,也许有人觉得是公平的。但是,它一定是个使所有的分子愈来愈穷的社会。

至少有一个世纪,西方一些国家的舆论被一个想法弄糊涂了。这个想法就是:有"社会问题"或"劳动问题"这样的一个东西存在。它的含义是说,正是这个资本主义伤害了大众的重要利益。尤其是工人和小农受害最大。保存这个显然不公平的制度,是我们所不能忍受的;彻底改革是不可避免的。

事实是这样:资本主义不仅使人口倍增,同时以空前的进度把人的生活标准提高。经济思想也好,历史经验也罢,都没有告诉我们有任何其他社会制度比资本主义更有利于大众的。后果俱在,其本身就是证据。市场经济用不着辩护者和宣传者。它可以把 Christopher Wren 爵士所写的圣保罗(St. Paul)墓志铭里面的一句话应用到它本身:

如果你要寻找他的纪念物,你就四周望一望(Simonumentum requiris, circumspice)。⑫

注 释

① 参考 Sulzbach, *German Experience with Social Insurance* (New York, 1947), pp. 22～32。

② 参考第十五章第七节及第三十二章第三节。

③ 参考第十五章第十一节。

④ 参考第三十二章第一节。

⑤ 当然,确认这个事实并不是同意"把利息说成对忍欲的奖赏"的那些学说。在现实的世界

里面，没有什么神秘得不能见闻的机构在行赏或处罚。原始利息究竟是什么，已经在第十九章说明。但是，作为对付许多教科书所一再引述的所谓 Lassalle 的反语（Herr Bastiat-Schulze von Delitzsch in *Gesammelte Reden und Schriften*，ed. Bernstein，V. 167），最好还是再度强调：储蓄，就其储蓄者放弃目前的享受这个程度来讲，是一种受苦。

⑥ 不管是某乙本人支付这一百元，或者是法律规定由他的雇主支付，这是无关紧要的。参考第二十一章第五节。

⑦ 这里所指的，特别是 A. C. Pigou 教授的一些论著，如 *The Economics of Welfare* 前后几版和一些杂文。关于对 Pigou 教授的批评，参考 Hayek，*Profits，Interest and Invesment* (London，1939)，pp. 83～134。

⑧ 参考 F. H. Knight，Professor Mises and the Theory of Capital，*Economica*，Ⅷ (1941)，pp. 409～427。

⑨ 参考 Aristotle，*Politics*，BK. Ⅱ，chap. iii in *The Basic Works of Aristotle*，ed. R. Mckeon (New York，1945)，pp. 1148 ff。

⑩ 用统计来答复这个问题的一些企图，在这个通货膨胀和信用扩张的时代，是徒劳无功的。

⑪ 参考第十一及第十二章。

⑫ If you seek his monument，look around.

第三十六章　干涉主义的危机

一、干涉主义的结果

资本主义的西方国家几十年来所实行的干涉政策,已经发生了经济学家所预料的一切后果。国际战争与内战、独裁者给大众的迫害、经济萧条、大量失业、资本消耗、饥荒,一一发生。

但是,导致干涉主义之危机的,并不是这些灾难。干涉主义的理论家和其徒众,把所有这些坏的后果解释为资本主义不可避免的现象。照他们看,正因为有这些不好的现象,所以必须加强政府的干涉。干涉政策的一些失败,一点也不损伤那蕴含着的教条的名望。他们对于这些失败的解释,并不削减那些教义的名望,反而提高它的名望。正如同一种邪恶的经济学说,不能仅以历史的经验来驳倒,干涉主义的宣传家,能够不顾他们自己所播出的灾害而大言不惭。

可是,干涉主义的时代快到末期了。干涉主义已是黔驴技穷,一定会消亡。

二、准备金的枯竭

一切干涉政策的基本观念是:富有者的较高所得和较多的财富,是可以自由用来改善穷人生活的一笔基金。干涉政策的精髓，是取之于一群人用之于另一群人。也即，没收和分配。干涉主义者认为，凡是劫富救贫的办法都是对的。

财政方面对所得与遗产课以累进税，是这个教条最明显的具体化。课富人的税，把税收用于改善穷人的生活，是现代预算的原则。在工业的关系方面，缩短工时、提高工资以及许许多多其他办法的实行，都是被认为有益于受雇者而增加雇主负担的。所有政治问题和社会问题的处理，都从这个原则的观点出发，而不管其他。

国营事业和市营事业所采用的经营方法就是一个例证。这些事业大都是亏本的；其亏损就是国库或市库的负担。亏损的原因是公营事业的缺乏效率呢，还是至少有一部分由于定价太低？这倒没有检讨的必要。更重要的是，"纳税人必须承担这些亏损"这个事实。干涉主义完全赞成这个办法。他们从情感上反对其他的两个解决法：把这些事业出卖给民营，或者把定价提高使其不再赔本。在干涉主义者的心目中，第一个办法是反动的，因为不可避免的历史趋势是一步一步走向社会化。第二个办法是"反社会的"，因为它加重了消费大众的负担。要纳税人——也即富有的公民——承受这笔负担是公平的。他们的支付能力大于那些乘国营火车和市营地铁、电车、公车的一般人们的支付能力。干涉主义者说，要这样的一些公用事业自给自足而不由公库贴补，那是过时的老式的财政观念；如果这些公用事业应当自给自足，那么，公路和国民学校也应当自给自足不用公库贴补。

我们无需和这些贴补政策的主张者辩论。很明显的，"量能付费"这个原则（ability-to-pay principle）的采用，要靠一些还可以征课的所得和财富的存在。一旦到了那些可课征的资金被租税和其他干涉政策榨完了的时候，这个原则就再也不能应用了。

欧洲许多国家现在的情况正是如此。美国还没有到这种程度；但是，如果它的经济政策的现在趋势不赶快大大转变，几年以后美国也会是这种情况。

"量能付费"这个原则的彻底实施，一定会引起许多后果。为了讨论方便起见，我们只就金融方面的后果来讲，而不管其他的一切后果。

干涉主义者在主张政府增加支出的时候,没有想到"可以利用的资金是有限的"这个事实。他没有想到一个部门的支出增加,必使另一部门的支出减少。在他的见解中,金钱是充裕无缺的。富人的所得与财富可以自由汲取。当他主张给学校较多津贴的时候,他只强调"在教育方面多花些钱总是好事"这一点。他并不去证明为学校筹取津贴比为其他部门——例如,保健部门——筹取津贴更方便些。他从未想到,严肃的辩论是会得到"限制公共支出,减轻租税负担"的结论。在他的心目中,凡是主张削减预算的人,都是维护富人阶级利益的人。

在现在这样高的所得税率和遗产税率之下,干涉主义者所赖以汲取作为全部公共支出之用的这项准备资金,很快地就要枯竭了。在欧洲的许多国家,这种资金差不多已经消灭了。在美国,最近提高税率的结果,税收的增加微乎其微。对高所得者课征的高附加税率,是干涉主义的半吊子们特别欢迎的,但是,这些高税率只稍微增加一点税收。①公共支出的大规模增加,不能靠"向富人榨取",而其负担必须由大众承受,这种情形一天一天地明显了。干涉主义时代的租税政策、累进税和浪费支出这一套设计,已经推行到再也无法掩饰其荒谬的程度了。"私经济量入为出,公经济量出为入"这一臭名昭著的原则,否定了它自己。今后,政府该会知道,一块钱不能用两次;政府的各项支出是相互冲突的。政府支出中,每一文钱的增加,正是要取之于那些想把负担转移其他人群的一些人。那些急于想得津贴的人们,必须为这些津贴自行付账。公有公营事业的亏损终归要落在大众的身上。

在雇主与雇工的关系中,情形也将类似。流行的教条是说,工资的赚取者应当获取"社会利得",使剥削阶级的"不劳而获"受牺牲。据说,罢工的人不是为打击消费者,而是为打击"经理部门"。当劳动成本上升的时候,没有理由提高产品的价格;其间的差额应当由纳税人负担。但是,到了企业家和资本家的份内所得渐渐被租税、被更高的工资率、被其他名目的雇工的"社会利得"以及被限价等等榨完了的时候,再也没有什么东西剩下来可作为缓冲之用的。到了那个时候,很明显地,工资提升多少,产品的价格就会升高多少,任何一群人所得到的所谓社会利得,必然全部反映于其他人群所遭受的社会损失。每一次罢工，即令是短期的，也会成为对其余所有的人的打击。

　　干涉主义社会哲学的基础，是要有一项可以永久榨取不竭的资金存在。当这个财源枯竭的时候，干涉主义的整体就要崩溃。圣诞老人的那种做法，是消灭这个做法本身的一种做法。

三、干涉主义的终结

　　干涉主义这段历史上的插曲，一定会终结的，因为它不能成为社会组织的一种永久制度。其理由有三：

　　第一，限制的办法总归是限制生产量，因而限制了可供消费的财货量。对于某些特定的限制和禁止所提出的理由，不管是什么，这些限制办法的本身，决不能构成社会生产的一种制度。

　　第二，所有干扰市场现象的一切措施，不仅不能达成设计者和主张者所想达到的目的，而且会引起——从设计者和主张者的观点来看——比他们所想改变的原先事态更不好的事态。如果对于这些更不好的事态再用干涉的办法纠正再纠正，那就一定走向市场经济的完全崩溃，社会主义取而代之的境界。

　　第三，干涉主义是要把某一部分人的"剩余"没收，而赠予另一部分人。到了这种剩余被全部没收无遗的时候，这种政策的再继续也就不可能了。

　　循着干涉主义的途径再向前走，终于采用了中央计划——兴登堡型的社会主义（Hindenburg pattern of socialism）的，首先是德国，后来是英国和许多其他的欧洲国家。值得注意的是：在德国，采用决定性手段的，不是纳粹，而是希特勒夺取政权以前的魏玛共和（The Weimar Republic）时期那位天主教徒的总理布朗林（Brüning）；在英国，不是工党，而是保守党的首相邱吉尔。事实的真象，被英伦银行国有化、煤矿和其他若干企业国有化这类的轰动事件掩盖了。但是，这些企业的被没收，不过是次要的事情。英国之应叫作社会主义国家，不是因为某些企业已经正式被没收和国有化，而是因为每个人民的一切经济活动都要受政府和它的许多机构的完全控制。政府机关指挥资本和人力配置于各部门;它们决定生产什么、怎样的品质、多大的数量,而且也规定每个消费者的配额。一切经济问题的最高权力完全握在政府手中。人民都降到被保护者的地位。留给工商业者(也即以前的企业家)的,不过是些准经理功能而已。他们所可自由做的事情,不过是在有限的范围以内,把政府机关所做的企业决定付之实行而已。

我们曾经指出,管理制度——即把营业行为的辅助工作委于助手们,对于他们给以一定范围内的决定权——只有在利润制的架构以内才可能实行[②]。经理人员之所以为经理人员,而异于纯粹技术人员之特征,就是在他的任务范围以内,他自己决定那些使他的行为得以符合利润法则的方法。在社会主义制度下,既没有经济计算,也没有资本会计,也没有利润估计,因而就没有管理活动的余地。但是,社会主义的国家,只要还能靠国外市场所决定的价格作计算,它也可以在某种程度内,利用一种准管理的阶层负责制。

把任何一个时期叫作过渡时期,这是个拙劣的权宜之计。在现实的世界里面,总是有变动的。每个时期都是个过渡时期。我们可以把那些会永久存在的社会制度,与那些由于自我毁灭而必然是过渡的社会制度区分得清清楚楚。这已经在上文讲到干涉主义的自我毁灭,而终于走向德国型社会主义的时候指出。欧洲的大多数国家已经到了这个地步,谁也不知道美国会不会追随。但是,只要美国坚守市场经济而不采行全部的政府统制,西欧的社会主义经济还可以作计算。他们的营业行为还不具备社会主义行为的特征;它还是基于经济计算。如果全世界都转到社会主义的话,情形就完全不同了。

常常听到这样的说法:当半个世界是社会主义的时候,另外半个世界就不能仍然是市场经济,反过来说,也是一样。但是,我们没有理由假定这样的两个制度把地球分割而又彼此并存是不可能的。如果真的是如此,那么,那些已经放弃资本主义的国家的现在经济制度,也许会无限期地延续下去。这个制度的推行,会引起社会分解、混乱以及人民穷困。但是,低的生活水准也好、愈来愈穷困也好,都不会自动地消灭一个经济制度。只有人民自己的明智足够了解这种制度的改变是有利的时候,它才会由一个更有效率的制度代替。或者是被外国更厉害的武装力量摧毁,而那些外国的武装力量是由于他们更有效率的本国经济制度所供应的。

乐观的人们，总希望那些曾经发展资本主义的市场经济和其文明的国家，至少也可坚守这个制度于将来。对于这个希望，确有些肯定的迹象，但也有同样多的否定迹象。在财产私有与公有、个人主义与极权主义、自由与独裁这些原则性的意理大冲突之间，预测其结果，是徒劳无益的。关于这个斗争的结果，我们所能预先知道的，可以浓缩成下列三点：

1. 在这个意理的大冲突中，我们不知道有没有什么力量，一定会使那些有利于人类的意理——社会的纽带和人类的物质福利所赖以保持和促进的那些意理——得到最后胜利。没有什么东西叫我们坚信，人类前途一定是更满意的情况，也没有什么东西叫我们坚信，人类前途不可能变得更坏。

2. 人们必须在市场经济和社会主义之间选择。想避免做这种选择而采取所谓"中间路线"，这是做不到的，不管给这中间路线什么名称。

3. 普遍地实行社会主义，废除经济计算，其结果一定是一团糟，社会的分工合作也就归于解体。

注　释

① 参考 *A Tax Program for a Solvent America*，Committee on Postwar Tax Policy（New York，1945），pp. 116～117，120。

② 参考第十五章第十一节。

第七篇

经济学在社会的地位

第三十七章　难以形容的经济学的特征

一、经济学的独特性

经济学在纯粹知识方面和知识的实际应用方面，之所以具有它的独特地位，是由于它的那些特殊的定理是不受经验的证实或证妄的。当然，一个经由健全的经济推理而采取的手段，定会收到所要达成的效果，一个经由错误的经济推理而采取的手段，不会收到所想达成的效果。但是，像这样的经验总还是历史经验，也即复杂现象的经验。前已讲过，它绝不能证明或反证任何特定的定理。①伪造的经济定理之应用，将招致一些不良的后果。但是，这些后果绝没有自然科学在实验室中提供的事实那样，具有不可争辩的说服力。鉴别经济定理正确或不正确的最后标准，只是不藉助于经验的理知。

这种事态所预示的意义，是使天真的人不能认清经济学所处理的那些事情的现实性。在人的眼光中，"现实"是他所不能变动的一切，如果他想达成他的目的，他就必须调整他的行为以适应现实。承认现实，是个可悲的经验。这个经验教我们知道一个人的欲望满足，是有些限度的。有许多事情其间的因果关系非常复杂，不是一厢情愿所能改变的。人，只好勉强自己来透视这个事实。但是，感官的经验会说出一个易于了解的言词。这里用不着讲什么实验。实验所确定的那些事实是不可争论的。

　　但是,在行为知识的领域内,成功也好,失败也好,都说不出每个人所听得进的清晰言词。完全从复杂现象导出的那种经验,难免会误于一厢情愿的解释。天真的人,每每把他的思想看成万能。这个倾向,尽管是荒谬矛盾的,但绝不会明明白白而毫不含糊地由经验证明它的不实。经济学界有些大言不惭的骗子,正如同医术界有些江湖郎中。可是,经济学家却无法像医生驳斥江湖郎中那样驳斥经济学界的骗子。历史只对那些知道如何依据正确理论来解释历史的人们说话。

二、经济学与舆论

　　如果我们了解经济学的实际应用必须有舆论的支持,则认识论的这个基本差异的重要性也就明白了。在市场经济里面,技术上的一些创新的实现,只要一个或少数开明人士承认那些创新是合理的就行了,群众方面的愚昧不能发生阻碍作用。就这些创新讲,无需在事先赢得大众的赞成。开始时即令有人嘲笑,它们也可自由进行。后来,到了新颖的、更好的、更便宜的产品出现在市场的时候,原先嘲笑的人们又争先恐后地来抢购这些产品。一个人不管怎样笨拙,他总会知道一双鞋子的价钱有高低的差异,总会知道欣赏新颖而更合用的产品。

　　但是,在社会组织和经济政策方面,情形就不是这样。最好的学说,如果得不到舆论的支持,也就无用,也就行不通。政治制度不管是怎样,绝不会有个政府是以某些违反舆论的学说作为政权的基础而可长久统治的,终归是大众的哲学大行其道。从长期看,不会有不合舆情的政治制度这回事。民主与专制之间的差异,并不影响这最后的归趋。这差异不过是方法上的差异:为适应大众所持的意理,政治制度所用以调整的方法有所不同。违反舆情的专制君主只有靠革命来打倒,民主政治下不合舆情的政治领袖,可以靠下次和平的选举换掉。

　　舆论的权威不仅是决定经济学在思想和知识的复合体所占的独特角色,

它也决定人类史的全部过程。

通常关于个人在历史上扮演的角色的那些讨论，都是不中肯的。凡是被想到、被做到，以及被完成了的事情，都是一些个人的成就。一些新的观念和一些事物的创新，总是不平凡的人们的功绩。但是，这些伟大的人物，如果不说服舆论，那就不能照他们的计划来调整社会情况。

人类社会的发展，靠的是两个因素：杰出之士的智力想出一些健全的社会经济理论，以及这些人士或其他的人们能够把这些意理说服大众。

三、老辈自由主义者的幻想

群众，大伙子的平凡人，不会有任何理念，健全的或不健全的都不会有。他们只是在知识领袖们所宣扬的一些意理之间加以选择。但是，他们的选择是最后的，而且决定了事情的趋势。如果他们选择坏的主张，那就无法防止灾祸的到来。

十八世纪启蒙时期的社会哲学，没有想到不健全的理念之流行所可引起的危险。古典经济学家和功效主义思想家的理性主义，没有什么是可以反对的。但是，在他们的教义中也有个缺陷。他们轻率地假定，只要是合理的事情仅凭其合理就可以行得通。他们从来没有想到，舆论也可能赞成不健全的意理，这种意理的实现就会危害人们的福利，乃至破坏社会合作。

有些思想家批评自由主义的哲学家对于平凡人的信任，可是，对于这种思想家加以蔑视，却成了今天的时髦风气。但是，Burke 和 Haller，Bonald 和 de Maistre 注意到自由主义者所忽视的一个基本问题。Burke 等人对于群众的评估比他们的对方所做的评估要切实得多。

保守的思想家基于这个幻想——传统的父权政治制度和经济建构的严肃性是可以保持的。他们特别赞美那种曾使大家富庶，甚至曾使战争人道化的旧的社会政治制度。但是，他们没有想到：使人口增加因而在旧的制度下容纳不下过剩人口的，也正是那旧制度的成就。他们对于站在他们所想永久保

存的社会秩序以外的那个阶层的人视而不见。他们对于"工业革命"前夕,人
类所急于克服的那个迫切问题,没有提出任何解决的办法。

资本主义供应了世界所需要的,使继续增加的人口可以过较高的生活水
准。但是,自由主义者、资本主义的先锋和支持者,忽视了一个要点。一个社
会制度,不管怎样有利,如果得不到大众支持,总是行不通的。他们没有预料
到反资本主义的宣传会成功。神化了的国王有其神圣使命这个神话,被自由
主义者戳穿以后,自由主义者自己却陷于另一个迷信,迷信不可抗拒的理知力
量,迷信公意(the volonté générale),迷信大多数人的神灵启示。他们以为,在
长期当中,社会情况的进步、改良,是没有什么可以阻拦的。在揭开了古老的
迷信的时候,启蒙时期的哲学家一下子为理知树立了无上权威。他们以为自
由主义的一些措施,将会为这个新意理之造福人群提供十足的证据。聪明的
人,谁也不会怀疑。在这些哲学家的心意中,绝大多数人是明智的,他们能够
正确地思想。

这些老辈的自由主义者从未想到,大多数人会依据别的哲学来解释历史
经验。他们没有料到他们所认为反动的、迷信的和不理智的那些想法,会在十
九、二十世纪得势。他们假定所有的人都具有正确推理的能力,而竟如此地深
信这个假定,以致完全误解了那些预示的意义。照他们看,所有那些叫人不愉
快的事情,都是暂时的退步、偶然的插曲,从永恒的观点来看,人类历史的哲学
家对于这些事情是不重视的。不管反动者会说什么,有一项事实是他们所不
能否认的,即资本主义为激增的人口提供了一个不断提高的生活标准。

正是这个事实为大多数人所争论的。所有社会主义的论著,尤其是马克
思主义理论,其要点总是说,资本主义是使劳工大众愈来愈穷。就一些资本主
义的国家来讲,这个谬论不会被忽视。就一些落后国家来讲,这些国家仅仅受
到资本主义一点肤浅的影响,空前的人口增加而大众并没有愈来愈穷。这些
国家,与进步国家比较的时候是穷的。他们的穷是人口激增的结果。那里的
人民,宁可多生孩子而不期求较高的生活标准。这是他们自己的事情。但是,
他们却保有财富以延长平均生命,这个事实仍然存在。如果生活之资没有增
加的话,他们就不可能养活较多的孩子。

但是,有些人居然说,马克思关于资本主义演进的预言,大体上被最近八十年的历史证实了。说这种话的人,不仅是马克思主义者,而且许多是所谓"布尔乔亚"的作家们。

注　释

① 参考第二章第一节。

第三十八章　经济学在知识界的地位

一、经济学的研究

自然科学的最后基础是实验室里试验所确定的一些事实。物理学和生物学的理论要有事实印证，与事实冲突的时候就得放弃。这些理论的完成，正如同工艺和医疗的进步一样，需要更多、更好的实验室的研究。这些试验需要许多时间，专家们的辛苦工作，以及很大的经费。研究，再也不能由贫穷的科学家单独来做，不管他如何聪明。今天，一些大规模的实验室是由政府、一些大学、一些大企业和一些基金支持的。在这些研究机构里面的工作已经发展到职业性的例行工作。那些被雇用在实验室的人们，大多数是些记录事实的技工，而这些记录下来的事实，可能有一天被一些发明家作为他们新理论的基础。这些做试验的人当然也可能有些是发明家。就自然科学的理论进步来讲，例行研究者的成绩不过是辅助性的。但是，他的发现对于医疗法和经营法的改进，常常有直接的、实际的功效。

忽视了自然科学与人的行为科学之间这个基本差异的人们，总以为要促进经济知识，就必须按照医学、物理学、化学的那些研究机构实行得很好的方法来组织经济研究机构。于是，大量的金钱花费在名之曰经济研究的上面。事实上，所有这些机构的工作，主题都是最近的经济史。

鼓励经济史的研究,的确是一件可称赞的事情。这方面的研究结果,不管如何有益,我们决不可把它们与经济研究混为一谈。它们会发现事实——这里所说的"事实",是就这个名词用在实验室试验方面的那个意义而言。它们不会为演绎的预设和定理提供资料。相反地,如果不就已有的理论来解释,它们就毫无意义。关于这一点,在前几章已讲得很多,这里无需再多讲。关于一个历史事实的成因的争辩,不能靠那些未经明确的行为理论指导的事实检定来解决。①

癌症研究机构的基金可能有助于这种恶性病的治疗和预防方法的发现。但是,一个商业循环研究机构对于避免经济萧条却毫无帮助。关于过去经济萧条的一切资料最精密可靠的集合,对于我们在这方面的知识,没有什么用处。学者们对于这些资料的看法不同;他们解释这些资料所依据的理论,也彼此不一致。

更重要的事实是,搜集一个具体事件的有关资料,一开始就要受到这位历史家所持的那些学说的影响。摆脱这种影响是不可能的。这位历史家不是报告所有的事实,他只是基于他所持的学说,而认为相干的那些事实;他把那些他认为与事件的解释不相干的资料都丢掉。如果他被错误的学说误导,他的报告就成为粗陋的,乃至毫无用处。

即令是最可靠的一章经济史,乃至最近时期的历史,也不能替代经济思考。经济学像逻辑和数学一样,是一门抽象推理的展示。经济学绝不会是试验的或经验的科学。经济学家用不着一套费用昂贵的研究装备。他所要的是清晰的思考力,靠这种思考力从茫茫浩瀚似的许许多多事件中,辨识出什么是本质的,什么是附随的。

经济史与经济学并没有冲突。知识的每个部门,有它自己的价值和它自己的范围。经济学家从来不轻蔑或否认经济史的意义。真正的历史家也不反对经济学的研究。其间的敌对是一些社会主义者和干涉主义者故意引起的,这些社会主义者和干涉主义者无法驳倒经济学家对于他们的教条所提出的异议,因而制造出两者之间的敌对。历史学派和制度学派想以所谓"经验的"研究来代替经济学,因为他们要压制经济学家不能发言。在他们的计划中,经济史是摧毁经济学声望而宣传干涉主义的一个工具。

二、作为一门专业的经济学

早期的经济学家致力于研究经济学的一些问题。在演讲、写信的时候，他们是要把他们思考的所得传递国人。他们想影响舆论，因而使政府所制定的政策健全、合理。他们从来不把经济学看作一门专业。

经济学家成为一个专业者这种发展，是干涉主义的衍生物。专业的经济学家是个工具性的专家，他帮助政府干涉民间经济活动而设计种种措施。他在经济立法方面是个专家，今天的经济立法，其目的总是在妨碍市场经济自由运作。

成千上万的这种专家，在各级政府机构里面、在各种政党的总部里面、在压力团体里面、在政党报纸和压力团体刊物的编辑室里面，忙忙碌碌。还有一些被工商企业聘为顾问，或经营独立的顾问机构。其中有的闻名全国，甚至全世界；有许多是在他们国家里面最有影响力的人物群中。这样的专家，常常被请去管理大银行和大公司的业务，常常被选为立法者，也常常被任命为阁员或部长。他们在最高的政治事务方面与法律专家相抗衡。他们所扮演的这种突出的角色，是我们这个干涉主义时代最特殊的现象之一。

这一群如此重要的人物，无疑地包括着极有才能的人，甚至包括着我们这个时代最杰出的人物。但是，指导他们活动的那种哲学，却缩小了他们的眼界。靠着与某些特定政党和压力团体的关系，而又急于攫取特权，于是，他们就变成偏于一方面的人物。他们对于他们所主张的政策所可招致的较远的后果，置之不问，而只顾他们所服侍的团体的短期利益。他们努力的终极目的，是牺牲别人而为他们所服侍的团体图利。他们着意于使他们自己相信：人类的幸福与他们团体的短期利益是一致的。他们想把这个观念推销于大众。为较高的白银价格、较高的小麦价格或较高的食糖价格，为他们工会分子的较高工资，或为对较廉的外国产品课征关税而奋斗的时候，他们声称是为至善、自由和正义,为他们国家的繁荣,乃至为文明而奋斗。

　　一般人大都厌恶国会的游说者(lobbyists),而把干涉主义的立法所引起的不良后果归咎于他们。其实,祸根比这更深远。各种压力团体的哲学已渗透至立法部门。现在,国会议员所代表的,是小麦的种植者、畜牲的饲养者、白银的生产者、农民合作社、各种工会,以及那些不靠关税就经不起外国产品竞争的工业和许多别的压力团体。行政部门的情形也如此。农业部长把自己看作农民利益的保护者;他的主要目的在于使粮价高涨。劳工部长把自己看作工会的支持者;他的主要任务是使工会尽可能地庞大。每一个部都有它自己工作的方针而彼此冲突。

　　今天,有许多人在感叹创造性的政治家太缺乏,可是,在干涉主义占优势之下,政治界的参与,只有那些和一个压力团体相互提携的人们才有份。一个工会领袖或一个农民协会的执行秘书的心境,不是一个有远见的政治家所应具备的心境。为一个压力团体的利益而服务,不会有助于一个大政治家之所以成为大政治家的那些性质的发展。政治家的职份必然是长期政策的制定;但是,压力团体是不关心长期的。德国魏玛宪政和法国第三共和国的失败,主要是由于当时的政客们只是些精通压力团体利益的专家。

三、预　　测

　　工商业者终于了解,信用扩张所创造的市场繁荣不会持久,而是必然要走向萧条的。当他们有了这一了解的时候,他们就觉得趁早知道萧条将要到来的时日,对于他们是很重要的。于是,他们就向经济学家请教。

　　经济学家知道这种市场繁荣终归要导致萧条。但是,他不知道、也不能知道危机何时会出现。这要看个案的一些特殊情况来决定。许多政治上的措施也会影响其结果。我们没有什么法则可据以估计这个市场繁荣可延续多久,或下一次的萧条何时到来。而且,即令有这样的一些法则,对于工商业者也没有用处。个别的工商业者为避免营业上的损失而需要的,是要在别的工商业者还相信经济萧条到来的时期还远的时候，他会预先知道那个转机的时日。这样，他的优越知识就可使他有机会调整他的业务，以免受到损失。但是，如果市场繁荣的结束可以按照一个公式来预测的话，则所有的工商业者都会同时预先知道这个时日。这样一来，他们大家都依据这个消息来调整他们的业务，其结果就是立即显现出百业萧条。这时，任何一个工商业者要想避免损失已太迟了。

假若估计未来的市场结构是可能的话，未来也就不是不确定的了。如果真的如此，那就没有企业损失，也没有企业利润。一般人希望于经济学家的，却超越了人世间任何人的力量。

"未来是可预测的：某些公式可用以代替企业活动之所以成为企业活动的那种特别领悟；熟习了这些公式，任何人都可以从事工商业。"这个想法，正是成为现代反资本主义政策之主因的那些谬见和误解的衍生物。在所谓马克思哲学的整个体系中，一点也不提到"行为的主要任务在于为不确定的未来作准备"这个事实。"带头的人"（promoter）和"投机者"这两名词，现在只用作骂人的下流语，这个事实明白地表现出：我们这个时代的人，对于行为的基本问题是什么，甚至连想都没有想。

企业家的判断，是市场上不能买到的东西之一。企业观念不是大多数人所会有的。它不只是产生利润的正确的远见，而是比其余之人的远见更好的远见。奖金只归于那些不受大众所接受的谬见之误导，而有其独特判断的人物。利润之所以出现，是由于有人为那些被别人忽视的未来需要而作准备，因而这些人就得到别人所得不到的利润。

企业家和资本家如果深信他们的计划是健全的，他们就把他们自己的物质福利拿来作赌注。他们决不会因为一位专家教他们怎样做他们就怎样做。靠秘密消息在证券和商品交易所做买卖的那些无知的人们，准会赔掉他们的本钱，不管他们所得到的灵感和"内幕"消息是什么来源。

事实上，经济学家和工商业者都充分知道，未来是不确定的。工商业者知道经济学家不会给他关于将来事情的任何可靠的消息，经济学家所能提供的，不过是关于过去的统计资料的解释。就资本家和企业家来讲，经济学家关于未来的意见,不过是些靠不住的推测。他们都是不容易受愚弄的。但是,因为他们十分正确地相信:知道那些可能与他们业务有关的一切资料,终归是有用的,所以他们订阅一些刊登经济预测的报纸和杂志。他们只想不漏掉任何可利用的消息来源,大规模的企业总要雇用些经济学家和统计家做他们的职员。

经济预测不能使未来的不确定成为确定,因而不能使企业精神失去它固有的投机性。但是,"预测"在收集和解释那些关于最近经济趋势的资料方面,却提供了很有价值的服务。

四、经济学和一些大学

靠税收支持的一些大学,是要受执政党的支配的。政府当局只任用那些准备宣扬他们所赞成的观念的人们做教授。因为,所有非社会主义的政府,今天都坚信干涉主义,所以,他们只任用干涉主义者。在他们的见解中,大学的首要任务,是把官方的社会哲学向下一代推销。② 他们用不着经济学家。

但是,干涉主义在许多独立的大学也一样地流行。

按照古老的传统来讲,大学的目的不只是教学,同时也要促进知识与科学。大学教师的责任不只是把别人发展出的知识体系传授给学生。他应该对他自己那一门的知识库藏有所增益。他应该是举世知识界的一位有充分资格的一分子,在走向更丰富、更优良的知识道路上,他是一位创新者或先锋人物。一个大学不应甘心承认它的教授在其专业领域中不及别人。每个大学教授都要认为,自己比得上他那门学科中其他的大师。像他们当中的最伟大者一样,对于知识的进展,他也贡献他的一份。

"所有的教授是同等的"这个想法,当然是个假想而非事实。在天才的创造性作品与专家的论著之间,有个很大的差异。可是,在经验研究的领域里,倒是可以抱持这个假想。伟大的创新者和简单的例行工作者,在他们的研究过程中,用的是相同的技术性的研究方法。他们做实验室里的试验或收集历史性的记录。他们的工作外表是相同的。他们发表的论著所指涉的是相同的科目和问题。他们是可等量齐观的。

在理论科学，像哲学和经济学方面，那就完全不一样了。这里没有什么是例行工作者按照刻板的模式所能成就的。这里没有那些需要专门论著的作者勤勤恳恳不辞劳苦的工作。这里没有经验方面的研究；所有的成就都要靠深思熟虑与推理的能力。这里没有什么专门化，因为所有的问题都是相互关联的。处理这个知识体系的任何部分，实即处理它的全体。有一位杰出的历史学家从心理和教育的观点形容博士论文的时候，他说，这种论文给作者一种骄傲自信，自信在他的那个知识领域里有一个小角落，尽管小，他不比任何人差。很明显地，这种后果，不会因一篇经济分析的论文而发生。在经济思想的集合体中，没有这样孤立的角落。

对经济学有重要贡献的人，在同一时期从来没有十个以上。有原创力的人，在经济学方面如此之少，在其他知识领域也同样地少。而且，有原创力的经济学家，有许多不是属于教师群的。但是，大学和学院所需要的经济学教师是数以千计。学术界的传统是要求每位教师发表原始贡献以证明他的学问。仅是编教科书和手册等不能算数。一位大学教师的声望和薪水，是看他的学术性著作而不是看他的教导能力来决定的。一位教授不得不出版几本书。如果他觉得他没有适合的能力写经济学的书，他就去写经济史或叙述经济学。但是，为了不丢面子，他又要坚称他所处理的问题是纯经济学的，而不是经济史。他甚至于还要强说，他的论著所包括的仅属经济研究的正当范围，只有这些论著才是经验的、归纳的和科学的，至于那些"讲坛"理论家纯抽象的著作，都是无用的空论。如果他不如此，他就得承认，在经济学的教师当中有两类的人：一类是他们自己对于经济思想的发展曾经有贡献的人；一类是在这方面没有贡献，而在其他方面，如最近的经济史方面，做得不错的人。这样一来，学术界的气氛，就对他们变得不利了。许多教授们——幸而不是所有的教授——存心轻蔑他们所谓的"空理论"（mere theory）。他们想用那个没有系统的历史的和统计的资料的凑合来替代经济分析。他们把经济学分散为许多独立的部门。他们专攻农业、劳工、拉丁美洲和其他类似的一些分目。

使学生们熟习一般的经济史,乃至最近的经济发展,这确是大学教育的工作之一。但是,所有这一类的教学,如果没有经济学作基础,一定是要失败的。经济学不容许割裂为一些特殊部门。它所处理的,必定是一切行为现象的相互关系。如果我们分别处理生产的每个部门,行为学的一些问题就不会成为显而易见的。研究劳动和工资,而不涉及物价、利率、利润和亏损、货币和信用,以及其他一切有关的重大问题,那是不可能的。工资率的决定这个问题的实质面,在"劳动"这一课程当中甚至不会接触到。事实上,没有"劳工经济学"或"农业经济学"这样的东西。我们只有一个首尾一贯的经济学。

这些专家们在他们的讲演和发表的论文中所讲的那些,都不是经济学,而是各种压力团体的论调。他们不理睬经济学,因而不得不成为某一压力团体的意理的俘虏。甚至那些不公开偏袒某一压力团体而号称中立的专家们,也于无意中赞成干涉主义者一些基本信条。在讨论各形各色的政府干涉的时候,他们并没有坚持他们所说的"纯消极主义"。如果他们批评政府所采的措施,他们只是为的推荐他们自己的那个牌头的干涉制以替代别人的干涉制。他们毫不愧疚地赞成干涉主义和社会主义的基本论点——自由的市场经济只有利于无情的剥削者,不公平地伤害绝大多数人的重大利益。照他们的看法,凡是论证干涉主义徒劳无益的经济学家,就是受大企业收买而为不公平的权益作辩护的人。所以,他们主张必须把这样的歹徒排斥于大学以外,而且不让他的论文发表在学校的刊物。

学生们迷惑了。在数理经济学家所授的课程中,他们被填塞了一些关于均衡状态的公式,在均衡下再也没有什么动作了。他们很容易得到这样的一个结论:这些方程式对于经济活动的了解,没有任何用处。在专家的演讲中,他们听到许许多多关于干涉措施的细节,他们必然推想到一些矛盾荒谬,因为从来没有一个均衡,而且工资率与农产品价格也没有高到工会和农民所想的那么高。于是,他们觉得激烈的改革,显然是必要的。但是,怎么样改革呢?

大多数学生毫无抑制地拥护教授们所推荐的干涉主义这种万灵药。他们相信,当政府实行最低工资率,供给每个人适当的食物和住宅的时候,或者当人造奶油的销售和外国糖的输入被禁止的时候,社会情况就叫人完全满意了。

他们没有看出老师们所讲的话里面有许多矛盾,老师们某一天感叹竞争的疯狂,第二天又感叹独占的罪恶;某一天抱怨物价下跌,第二天又抱怨生活费上涨。这些矛盾,大多数的学生察觉不到。他们是要取得学位,是要尽快地向政府或某一有力量的压力团体谋得一个职位。

但是,也有些头脑敏锐的年轻人看透了干涉主义的那些谬误。他们接受了老师们对自由市场经济的反对,但是,他们不相信干涉主义的那些个别孤立的措施能够达成它所追求的目的。他们一贯地把教师们的思想推演到最后的逻辑结论。于是,他们转向社会主义。他们向苏维埃制度欢呼,认为它是一个新的、更好的文明的开始。

可是,使得今天的许多大学成为社会主义苗圃的上述情形,在经济学系里面却不像其他各系那么多。经济学系里面还可以找到若干杰出的经济学家,甚至在经济学系教其他课程的教师也熟习经济学家反对社会主义的理由。这种情形与许多教哲学、历史、文学、社会学和政治科学的教师不同。这些教师们是以断章取义的粗疏的辩证唯物论作基础来解释历史。其中,有些人即令是因为唯物主义和无神论而热烈反对马克思主义,他们仍然受着《共产党宣言》和共产国际的政治纲领所表现的那些观念的支配。他们把经济萧条、大量失业、通货膨胀、战争和贫穷,解释为资本主义下必然的祸害。这些祸害只会随资本主义的过去而消灭。

五、一般教育与经济学

在那些没有复杂的语言集团发生困扰的国家里面,国民教育,如果限之于读、写和计算,就会办得很好。对于聪明的小孩,再教点最浅显的几何学、自然科学和本国现行法律的基本概念,也是可以的。但是,一到他想更进一步,严重的困难就发生了。基层水准的教育必然是注入式的。如果把一个问题的各方面看法都摆在青年们的前面,让他们在许多不同的意见中加以选择,这是行不通的。另一方面,能够把自己所不同意的意见,像自己所同意的一样,乐于讲给学生听,这样的教师,也是难得找到的。还有,主办这些学校的党派,可以在校内宣传它的主义或信条,而轻蔑其他党派的主义或信条。

在教会学校里面,自由主义者解决这个问题是把政治与宗教分开。在自由国家,公立学校不再讲授宗教的教义。但是,学生的家长可以自由地把小孩们送到教会所办的学校去。

可是,这里的问题不只涉及宗教教义及某些与《圣经》冲突的自然科学理论。它甚至与历史和经济学的教学更有关系。

一般人对于这件事所知道的,只是关于国际史的教学。现在,有些人说到历史的教学必须避免民族主义和排外主义(chauvinism)的影响。但是,很少的人知道公平而客观这个问题,同样地,这也发生在国内史的教学方面。教师自己的和教科书作者的社会哲学,会渲染他们所讲的和所写的故事内容。为使小孩和青年们易于了解,必须教得简单扼要;可是愈简单扼要,效果也愈糟。

照马克思主义者和干涉主义者的看法,学校里面所教的历史被古老的自由主义的观点污染了。他们想以他们自己的历史解释来替代"布尔乔亚"的历史解释。在马克思的见解中,一六八八年的英国革命、美国革命、法国大革命以及十九世纪欧洲大陆的一些革命运动,都是布尔乔亚的运动。这些运动的结果,是封建制度的崩溃。资产阶级的优势随着建立。无产阶级的大众没有得到解放;他们只是从贵族阶级的统治下转而受资本主义剥削者的阶级统治。为着解放劳工,打倒资本主义的生产方式是必要的。干涉主义者主张用德国式的社会政策(sozialpolitik)或美国式的新政来实现。另一方面,正统的马克思主义者则断言:只有用暴力推翻资产阶级的政治制度,才会有效地解放无产阶级。

在高中,甚至在学院这个阶段,历史和经济学的传授,实际上是注入式的。大多数的学生,确实不够成熟到有自己的判断。

如果国民教育比实际的更有效率,那些政党将更是要来控制学校,以决定这些课程的教法。但是,普通教育对于后代人政治的、社会的和经济的观念之形成,所发生的作用不大。报纸、广播和周围的环境的影响力,远比教师和教科书的影响来的大。教堂、政党以及压力团体的宣传,也胜过学校的影响力,不管学校所教的是什么。学校里面所学的东西常常是很快地就忘掉，不能够长期保持住以对抗一个人所生活的环境继续不断的锤击。

六、经济学与公民

经济学不可拘限于学校教室和统计官署里面讲授，更不可留在秘密传授的圈子里面。它是人的生活和行为的哲学，关系到每个人和每件事。它是文明的精髓，也是我们人"合乎人情的存在"（man's human existence）所必不可少的东西。

我提到这个事实并不是像某些专家一样，故意夸大自己的知识部门的重要。今天，给经济学重要地位的，不是经济学家，而是所有的人。

今天，一切政治问题都涉及广义的经济问题。当前关于社会公共事务的一切议论，都涉及行为学和经济学的基本因素。每个人都摆脱不了经济问题。哲学家和神学家对于经济问题，似乎比对于前辈人所认为的哲学和神学的主要问题更有兴趣。今天的小说和剧本，大都从经济学说的角度来处理所有的人事——包括性的关系在内。每个人都会想到经济学，不管他知道或不知道他所想的是经济学。加入一个政党和投他的选票，这个公民就是在无意中对于主要的经济理论采取一个立场。

在十六、十七世纪，宗教是欧洲政治争论中的主要问题。在十八、十九世纪，欧洲也好，美国也好，主要的问题是代表制政府对王权专制之争。今天，是市场经济对社会主义的问题。这是一个完全要靠经济分析来解决的问题。诉之于空洞的口号，或诉之辩证唯物论的神话，都是不管用的。

任何人没有方法可用以逃避他的本身责任。凡是疏于检讨一切与自己有关的问题的人，就是自甘放弃他固有的权利而受制于一个自命为超人的精英，在生死攸关的重要事情上面，盲目地信赖"专家"，或不假思索地接受那些流行的标语和偏见，那就等于放弃自决权而听任别人摆布。在今天的情形下，对于每个有理解力的人而言，没有比经济学更重要的，他本人的命运以及他子孙的命运都与它密切相关。

对于经济思想体系能够有所贡献的人，是很少的。但是，所有懂道理的人，都得熟悉经济学。在我们这个时代，这是公民的基本责任。

经济学再也不能是知识的秘授部门，再也不是少数的学者和专家所专有的知识。经济学处理社会的一些基本问题；它关系到每个人，它属于所有的人。它是每个公民所应当研习的。

七、经济学与自由

经济观念在公共事务的决定上所发生的主要作用，可以解释一些政府、政党和压力团体为什么一心一意地要限制经济思想的自由。他们是要宣传"好的"学说，同时不让"坏的"学说声张。照他们的看法，真理并不仅凭它是真理即有力量会使它最后胜利。为了实现真理，必须有警察或其他武装的暴力行动作后援。在这个见解下，真理的标准是看谁能以武力致胜。这意涵：指挥一切人事的上帝或某种神秘力量，总是使那些为正义而奋斗的人胜利。政府是来自上帝，因而它有消除异端邪说的神圣使命。

不宽容异端而加以迫害的这种学说，包含着许多矛盾，而且在逻辑上是不一贯的。对于这种矛盾和不一贯，没有详加讨论的必要。这个世界从来没有像现代政府、政党和压力团体所建立的这么灵巧的宣传和压迫制度。可是，所有这些庞大的建构，遇到一个伟大的意理向它们攻击的时候，马上就像小孩用纸牌做的房子一样倒塌下来。

今天，经济学的研究几乎成为法外的事情，不仅是在野蛮专制和新野蛮专制的国家是如此，在所谓西方民主国也如此。经济问题的公开讨论，几乎完全抹煞了经济学家在二百年前所讲的一切。他们在讨论物价、工资、利率、利润的时候，好像它们的决定，都不受任何法则支配的。政治家劝告工商业者减少利润、降低价格、提高工资，好像这些事情都靠个人们的善意。在讨论到国际经济关系的时候，大家又很轻快地采纳了最天真的重商主义者的一些谬见。

很少人知道所有这些著名学说的一些缺点，或认识到为什么基于这些学说的
政策必然引起普遍的祸患。

　　这些都是可悲的事实。对于这些事实，我们该怎么办呢？只有一个方法，
即：永不放松对真理的寻求。

注　释

① 关于这里所涉及的一些基本的认识论上的问题，参考第二章第一节至第三节；关于经济
　"计量"经济学的问题，参考第二章第八节及第十六章第五节；关于资本主义下劳工境况
　的敌意解释，参考第二十一章第七节。

② G. Santayana，在讲到柏林大学（当时的普鲁士大学）的一位哲学教授的时候，他说，对于
　这个人而言，似乎是："教授的职责是循着政府指定的路线，拖着一船法定的货色疲累地
　走"。（Persons and Places〔New York, 1945〕, p. 11, 7. ）

第三十九章　经济学与人类生存的一些基本问题

一、科学与人生

现代科学之所以常被指责，因为它不表示价值判断。我们常听说，活生生行动的人，用不着"价值自由"（Wertfreiheit——价值自由是这个字的直译，意指对于一切价值判断采取中立立场。一切科学，包括经济学在内，都是如此。——译者附注）；他需要知道他应当追求什么。如果科学不能答复这个问题，它就是无用的。但是，这个异议是没有理由的。科学不作价值判断，可是，它给行为人提供他在作价值判断时所需要的一切讯息。只有在"生活本身是否值得活下去"这个问题提出时，科学是保持沉默的。

这个问题，过去常被提出，将来也会常常被提出。结局是谁也逃避不了一死，那么，生前的一切活动、努力，究竟有什么意思？人是在死亡的阴影下过生活。在一生的过程中，不管他有什么成就，终有一天他都要丢掉他所有的成就。每一瞬间都可能是他最后的时刻。关于个人的未来，只有一件事是确定的，那就是"死"。从这个最后而不可逃避的结果的观点来看，一切一切的人生努力，似乎都是徒劳无益。

而且，即令仅就直接的目标来判断的时候，人的行为也可说是空虚的。它绝不能带来充分满足；它只在一刹那的时间使不愉快之感消失一部分而已。

一个欲望刚刚满足,马上又产生新的欲望待满足。据说,文明使人们更贫乏,因为它繁殖人们的欲望,而且使欲望更强烈而不是使它减轻。辛苦工作的人们,忙忙碌碌所为何来?既得不到快乐,也得不到安静。心灵的宁静与明朗,不能得之于行动和世俗的野心,只能得之于制欲与忘形。唯一的圣哲型的生活方式是逃入沉思冥想的静寂中。

可是,所有这样的一些不安、怀疑和内疚,统统被那不可抗拒的生命力驱除了。不错,人是逃避不了死的。但是,现在他是活着;既然活着,支配他的就是生活,而不是死亡。不管将来是怎么样,他总不能逃避当前的现实。一个人只要他还活着,他就不得不服从本能冲动(élan vital)的摆布。人的本性是要保持和增强他的生命力,是要消除不舒适之感,是要寻求所谓的快乐。在每个人的身体内部,有个莫名其妙而不可分析的"意底"(id)发生作用。这个"意底"是一切冲动力的动源。是驱使人进到生活和行动的力量,是追求快乐人生的渴望。这个渴望是原始的,而又是根深柢固、不能拔除的。只要人活着,它就发生作用;只有生命结束时,它的作用才消失。

人的理知有益于这种本能冲动。理知在生物学上的功能,是保持和改善生活,以及尽可能延长生命期。思想和行为不是违反自然的;它们是人性的主要特征。人与非人动物的区别,最适当的描述是:为反抗有害于他的生活的那些力量,而决心奋斗的一个生物。

因此,凡是说到非理性的因素如何重要的言论,都是废话。宇宙的存在,不是我们的理知所可解释、分析或想象的;在这个宇宙里面,只有一个狭隘的范围是我们人所可把不适之感消除到某种程度的。这就是理知和推理力、科学和有意的行为所施展的领域。这个范围的狭隘,以及在这个范围以内,人所能获得的成果之贫乏,都不会叫人抱持冷漠的态度。无论怎样微妙的哲学理论,也不能说服一个健康的人不采取他所认为可满足其需要的行动。在一个人的心灵深处,也许是想得到一种纯粹植物生态的安宁和静止。但是,在活着的人的内部,这种想望终会被那个为改善自己的情况而行为的冲动胜过。一旦冷漠的倾向占上风的时候,人也就要死了。

的确,行为学和经济学不会告诉一个人应否保持或放弃他自己的生命。

生命的本身以及创生它和维持它活跃的那些不可知的力量，是个极据（ultimate given），因此，它超出了人的科学范围。行为学的论题，只是人生的本质展示，也即行为。

二、经济学与价值判断

有些人指责经济学对于价值判断保持中立；另外一些人认为经济学随便作价值判断而指责它。有些人说经济学必然要作价值判断，所以不真是科学，因为科学是中立于价值判断的；另外一些人又说，好的经济学应该是且能够是不偏不颇的，只有坏的经济学家违背这个基本要求。

在这些问题的讨论中之所以会有语意混淆，是由于许多经济学家不适当地使用了一些名词。一个经济学家研究政策 a 能否达到它之所以被推荐而预定达到的结果 p，他发现 a 的结果不是 p 而是 g；这个结果，甚至从这个政策 a 的支持者来看也是不好的。如果这个经济学家叙述他这一研究的结果，而说 a 是一个坏的政策，他并不是宣布一个价值判断。他仅是说，从那些想达成目的 p 的人们的观点来讲，这个政策 a 是不适当的，在这个意义下，主张自由贸易的经济学家攻击保护贸易政策。他们论证保护贸易，不会像它的主张者所相信的，增加财货的总产量，而是相反地减少总产量；所以，从那些想有较多而非较少的物产供给的人们的观点来讲，保护贸易是坏的政策。经济学家之批评政策，是从那些政策所想达成的目的的观点来批评的。如果一个经济学家说最低工资率是个坏政策，他的意思是说，这个政策的后果与推荐这个政策的人们的意愿是相反的。

从相同的观点，行为学和经济学都重视人类生存和社会合作的基本原则，即：在社会分工下的合作，比起自给自足的个人孤立，是一个更有效率的行为方式。行为学和经济学并不说人们应该在社会架构下和平合作；它们仅仅说，如果人们想使他们的行为比别种方式的行为更成功，他们就得这样做。道德规律，是社会合作的建立、维持和加强所必要的；遵守这些道德规律，不要认为是为一个神秘存在体而作的牺牲,而要认为是采取最有效的行为方法,是为得到更高价值的报酬而支付的代价。

这是以自律的、理性的、自愿的伦理来替代直觉说和天启的圣训那一类的他律的教条。这个替代,正是一切反自由的学派和教义联合起来猛烈攻击的。他们一致指责功效哲学把人性以及人的行为的最后原动力描述和分析得那么冷酷严肃。对于这些批评的反驳,几乎见之于本书的每一页,再也不必多说了。只有一点必须再提到,因为一方面它是所有现代唱反调者的中心论点,另一方面,它给那些怕学经济学这门吃力学科的普通知识分子一个很好的藉口。

他们说,经济学在其"合理"的前提假定下,假定人们唯一地,或最重要地志在追求物质福利。但在实际上,人们常常是不理性的。他们受那种想实现某些神话和幻想的冲动所支配的时候,较多于受那种想享受较高生活标准的冲动所支配的时候。

经济学所必须答复的是这样:

1. 经济学并不假定人们唯一地或最重要地志在追求物质福利。经济学,作为较广泛的人的行为学之一部门,是处理所有的人的行为,也即处理人的有意追求其所选择的目标,不管这些目标是什么。把"合理的"或"不合理的"的概念应用到所选择的目标上,这是毫无意义的。我们也可把这个极据(也即,我们的思考既不能分析它,也不能把它约之于其他最后的什么东西),叫作不合理的。但是,这样一来,任何人所选择的每个最后目标,也可说是不合理的。像六世纪 Croesus 那样的大富豪之以财富为目的,并不比一个佛教和尚之以贫穷为目的更合理或更不合理。

2. 这些批评者,在使用"合理的目的"这个名词时,心中所想的是对于物质福利和较高的生活标准的愿望。他们是说,一般地讲,尤其就我们现代人讲,人们被那种想实现神话和梦想的愿望所驱使的时候,较多于受那种想改善他们物质福利的愿望所驱使的时候。这个说法是不是对,这是一个事实问题。尽管有理解力的人,都会提出正确的答案,我们不妨不理这个问题。因为经济学对于神话,既不说什么赞成的话,也不说什么反对的话。对于工会的理论、信用扩张的理论以及所有那些被认为神话的理论,经济学都是完全中立的。

它处理这些理论只是把它们看作关于手段的理论。经济学并不说工会的那一套理论是一套坏的神话。它只是说，为所有想赚得工资的人提高工资，那不是一个适当的手段。至于工会神话的实现，是否比工会政策的那些必然后果的避免更为重要，那就留给每个人去作判断。

在这个意义下，我们可以说，经济学是脱离政治的，或非政治的，尽管它是一些政策和每种政治行为的基础。我们还可进一步说，它是完全中立于一切价值判断的，因为它总是说到手段，从不说到最后目的的选择。

三、经济的认知与人的行为

人的选择和行为的自由，受三方面的限制。第一，物理学上的法则，这些法则是冷酷无情的，是绝对的。人，如果想活下去，就得调整他的行为来适应它们。第二，个人的一些先天的特征和气质以及环境因素的运作；我们知道，它们既影响目的的选择，也影响手段的采取，尽管我们对于它们的运作所具有的认知颇为模糊。第三，是关于手段与目的互相连结的那些现象的规律性，也即，不同于物理学和生物学法则的行为学的法则。

关于这第三类的一些普通法则的说明，以及类型方面和形式方面的解释，是行为学，和其迄今最进步的部门——经济学的主题。经济知识的本体，是人类文明结构中的基本因素；它是现代工业化和最近一二百年当中，所有道德的、知识的、技术的和医疗的成就所凭藉的基础。至于经济知识提供给人们的这些丰富宝藏，今后是否被善于利用，或置之不用，这就要由人们来决定。但是，如果他们不能善于利用它，且不理睬它的教义和警告，他们不会消灭经济学；将被消灭的，是社会和人类。

夏道平与米塞斯《人的行为》

　　路德维希·冯·米塞斯是一位从属于奥地利经济学派的经济学家。奥地利经济学派的思想可谓源远流长，最新的文献表明，其思想渊源可追溯到十六世纪西班牙经院哲学。虽然这个学派的创始人当属门格尔，学派里还有大名鼎鼎的一九七四年诺贝尔经济学奖获得者哈耶克，但坚定维系并捍卫奥派本色，并在二十世纪晚期对复兴奥派经济学做出卓越贡献的，无疑应归功于米塞斯。

　　米塞斯是二十世纪最出色的经济学理论家之一。他一生坎坷，命运多舛，虽然才华横溢，但从未得到一个付薪的学术职位；他的思想观点超前，以致备受主流思想界的冷落和打压；他热爱祖国，但由于其犹太人身份，不得不背井离乡，一九四〇年辗转到美国纽约，过着漂泊不定的生活。但是，不管环境何等险恶，米塞斯都能坦然应对，持续对经济学及人的行为学做出新的贡献。正如他在回忆录中所说："直到今天，我还是没有失去勇气。我会尽到作为经济学家的职责。为了传达心中的真理，我永远不会感到疲劳。"

　　如是说，也如此行。有学者指出，若没有米塞斯的移民美国和他在纽约大学不知疲倦地传播奥派经济学理念，现代奥地利经济学派是不会存在的。

　　对于奥派经济学的复兴，米塞斯至少做了两件事保证了这个学派思想传统的延续。其一，在纽约大学创建研讨班，薪火相传，培育新人。许多后来声名显赫的奥派经济学家都出自这个研讨班，如柯兹纳和罗斯巴德。他们不仅见解独到、著作等身,而且通过自己的影响吸引了一批又一批本校和外校的学生,以及学生的学生。伴随着基本理念的传播,使得奥派经济学逐渐走出低谷,在学术上得以重生。其二,撰写并出版了《人的行为》这部巨著,为奥派经济学奠定了系统而清晰的理论基石。有趣的是,一九四九年九月十四日,《人的行为》一书的出版日正好是他的首期研讨班的开班时间。米塞斯著作等身,但在众多的著述中,《人的行为》无疑是米塞斯最伟大的成就,它不仅是经济学思想史上难得的对经济学理论进行全面整合的著作,更重要的是,由此开创"人的行为学"的方法论,将建立在个人行为逻辑上的经济学理论提升到社会哲学或人类行为通论的高度来处理。《人的行为》是二十世纪人类智慧的产物,它吹响了奥派经济学复兴的号角,也造就了人类思想史的一名巨匠——米塞斯。

不朽的《人的行为》! 不朽的路德维希·冯·米塞斯!

"不朽的名著,没有时效问题,因而也没有'过时'的翻译;有的,只是无常的'时运'。"这是本书译者夏道平先生在一九九一年台湾远流出版公司出版的《人的行为》(繁体版)修订版译者序中的第一句话。

夏道平,一九〇七年出生于湖北省大冶县保安镇,一九三五年毕业于武汉大学经济学系。本想在学校任教后公费出国,不料因中日战争爆发,悲愤之下弃笔从戎,赴河南洛阳前线御敌,抗战后期返回重庆任"国民参政会"研究室主任,在此期间结识雷震、王云五、胡适等人。一九四九年孤身一人来到台湾,先在华国出版社工作,后因雷震之邀参加了《自由中国》期刊的筹备工作并成为其主要撰稿人。因缘际会,同乡兼校友詹绍启先生一九五七年寄给夏道平一本英文杂志,里面有米塞斯《官僚体制·反资本主义的心态》(*Bureaucracy & The Anti-Capitalistic Mentality*)一书的内容摘要,随后夏道平翻译该书并在《自由中国》刊物上分四期连载,为其以后接受奥派思想、翻译奥派名著埋下种因。而在一九六〇年九月《自由中国》被迫停刊,雷震被捕之际,夏道平、殷海光、宋文明三人共同发表声明,在向当局发出严正抗议的同时,表示愿意为那些所谓"涉嫌叛乱"的文字承担责任,表现出知识分子的良知和傲骨。

《自由中国》被查封后,夏道平又回到大学教书,忍受着孤独寂寞,埋首翻译奥派经典名著。除了早年翻译的《官僚体制・反资本主义的心态》,他又翻译了米塞斯的《经济学的最后基础》(*The Ultimate Foundation of Economic Science*)和《人的行为》,继而又翻译了哈耶克的《个人主义与经济秩序》(*Individualism and Economic Order*)以及德国自由主义经济学家洛卜克的《自由社会的经济学》(*Economics of the Free Society*),其中耗时最长、最费心力的要数八十万字的《人的行为》。

夏道平翻译的《人的行为》,简要归纳有三个特点:一是翻译同研究结合起来,而非单纯的翻译。秉持当代奥派经济学的市场经济原理及站在推动经济自由的立场上,夏道平针对当时台湾物价管制、金融管制、通货膨胀、累进税及工会等问题大加批评,并从个人自由的原则出发,积极宣导奥派经济学的思想观念和财经政策,切实推动台湾的经济自由。二是翻译的严谨程度,认真到字斟句酌。譬如本书原名为 *Human Action*,夏道平坚持翻译为《人的行为》而不译为《人类行动》,为此夏道平竟作了近千字的解释。从纯粹翻译学的角度,可以仁者见仁,但浸淫于奥国学派思想精髓,再结合文字仔细推敲,在当今的翻译界,夏道平的认真精神是值得推崇的。三是翻译不忘传承。夏道平是在苦寂的环境中翻译《人的行为》,正像他所说:“一向浸润于这本不时髦冷门书的译者,好像是寻芳于幽谷的人,虽然也常享有独乐之乐,终不免有点寂寞之感。”所幸夏道平结识了吴惠林、谢宗林两位年轻博士,他们是年轻辈难得的向往自由哲理而不满足于技术层面的经济学者。夏道平在同他们的日常谈论中每每提到米塞斯、哈耶克诸人的著作,吴、谢两人也开始阅读尘封已久的《人的行为》初版并进而产生追溯奥派经济理论渊源的兴趣。当台湾远流出版公司决定将夏道平包括《人的行为》在内的早期翻译的五本经济学名著结集再版时,他抱着这些书找到吴谢两位,请他们帮忙重新校订,于是夏道平译、吴惠林校订的《人的行为》在一九九一年得以出版。谈起这段往事时,谢宗林先生感叹道:“夏先生哪里是请吴惠林和我帮忙,他是在用这种方式鼓励我们这些后辈,继续努力,探索自由经济发展之路。”正像台湾学者马之骕所说:“夏道平先生不但是自由经济学家,亦具有教育家的风范;不但是奥派理论的实践者,也是奥派思想的布道者。"

　　夏道平是我的祖父,对祖父的译著难免有溢美和夸口之嫌。但作为译者的夏道平曾反复强调:"读者若有耐心对照原著阅读而发现译文的错误,不管是严重的或无关紧要的,译者都竭诚欢迎批评指教。要树立翻译界谨慎负责的风气,固然要靠译者本身的自律,同时更有赖于众多的读者之严格督责。"第十届华人哈耶克学会年会去年在台湾逢甲大学举行,在台北紫藤萝的一次学术午餐上,谢宗林先生在充分肯定夏道平《人的行为》的翻译后,也指出,从当今学术发展水平来看,译著还存在诸多瑕疵,因此谢先生正着手重新翻译米塞斯的《人的行为》。这种严肃认真的学术探索精神,正是米塞斯和夏道平所期待的。

　　米塞斯和夏道平,他们的行为和他们的信念是高度一致的。如今夏道平译《人的行为》大陆简体版终于出版,作者和译者虽已双双长眠于尘土,但定会携手含笑于天堂。

夏　明

二〇一五年五月于武汉

读者联谊表

（电子文档备索）

姓名：　　　年龄：　　　性别：　　宗教：　　党派：

学历：　　　专业：　　　职业：　　　所在地：

邮箱：＿＿＿＿＿＿＿＿＿＿手机：＿＿＿＿＿＿QQ：＿＿＿＿＿＿

所购书名：＿＿＿＿＿＿＿＿＿＿＿在哪家店购买：＿＿＿＿＿＿

本书内容：满意　一般　不满意　　本书外观：满意　一般　不满意

价格：贵　不贵　阅读体验：较好　一般　不好

有哪些差错：

有哪些需要改进之处：

建议我们出版哪类书籍：

平时购书途径：实体店　网店　其他（请具体写明）

每年大约购书金额：　　　藏书量：　　每月阅读多少小时：

您对纸质书与电子书的区别及前景的认识：

是否愿意从事编校或翻译工作：　　　愿意专职还是兼职：

是否愿意与启蒙编译所交流：　　　是否愿意撰写书评：

如愿意合作，请将详细自我介绍发邮箱，一周无回复请不要再等待。

读者联谊表填写后电邮给我们，可六五折购书，快递费自理。

本表不作其他用途，涉及隐私处可简可略。

电子邮箱：qmbys@qq.com　　联系人：齐蒙

启蒙编译所简介

　　启蒙编译所是一家从事人文学术书籍的翻译、编校与策划的专业出版服务机构，前身是由著名学术编辑、资深出版人创办的彼岸学术出版工作室。拥有一支功底扎实、作风严谨、训练有素的翻译与编校队伍，出品了许多高水准的学术文化读物，打造了启蒙文库、企业家文库等品牌，受到读者好评。启蒙编译所与北京、上海、台北及欧美一流出版社和版权机构建立了长期、深度的合作关系。经过全体同仁艰辛的努力，启蒙编译所取得了长足的进步，得到了社会各界的肯定，荣获凤凰网、新京报、经济观察报等媒体授予的十大好书、致敬译者、年度出版人等荣誉，初步确立了人文学术出版的品牌形象。

　　启蒙编译所期待各界读者的批评指导意见；期待诸位以各种方式在翻译、编校等方面支持我们的工作；期待有志于学术翻译与编辑工作的年轻人加入我们的事业。

联系邮箱：qmbys@qq.com
豆瓣小站：https://site.douban.com/246051/